北京市
财政规章制度汇编

（2011年度）

北京市财政局 编

中国财政经济出版社

图书在版编目（CIP）数据

北京市财政规章制度汇编．2011年度/北京市财政局编．—北京：中国财政经济出版社，2012.7

ISBN 978-7-5095-3733-6

Ⅰ.①北… Ⅱ.①北… Ⅲ.①地方财政-财政法-汇编-北京 Ⅳ.①D927.122.09

中国版本图书馆CIP数据核字（2012）第126793号

责任编辑：王　飏　　　　责任校对：胡永立

封面设计：孙俪铭

中国财政经济出版社出版

URL：http：//www.cfeph.cn

E-mail：cfeph@cfeph.cn

社址：北京市海淀区阜成路甲28号　邮政编码：100142

营销中心电话：010-88190406　北京财经书店电话：64033436　84041336

北京财经印刷厂印刷　各地新华书店经销

787×1092毫米　16开　50印张　1 220 000字

2012年7月第1版　2012年7月北京第1次印刷

印数：1-3 560　定价：150.00元

ISBN 978-7-5095-3733-6/F·3062

（图书出现印装问题，本社负责调换）

本社质量投诉电话：010-88190744

目　录

一、预算管理类

二、社会保障财务管理理类

三、行政事业财务管理类

四、经济建设资金类

五、基建土地住房类

六、农业财务管理类

七、国库管理类

八、企业财务会计类

九、政府采购类

十、外事财务管理类

十一、国有资本、国有资产管理类

十二、金融监管类

十三、综　合　类

十四、税收管理类

一、预算管理类

北京市人民政府办公厅关于推进本市预算绩效管理的意见

2011年9月27日　京政办发〔2011〕53号

各区、县人民政府，市政府各委、办、局，各市属机构：

为进一步推进政府绩效管理和财政科学化精细化管理，提高财政资金使用效益，经市政府同意，现就推进本市预算绩效管理提出如下意见。

一、充分认识推进预算绩效管理的重要意义

随着社会主义市场经济体制的逐步完善和公共财政体系的初步确立，社会公众对财政资金使用和政府绩效管理日益关注。预算绩效管理是政府绩效管理的重要组成部分，是一种以支出结果为导向的预算管理模式。它要求将绩效理念融入预算编制、执行、监督的全过程，要求政府部门不断改进服务水平和质量，有效提高财政资金使用效益，并成为实施行政问责制和加强政府效能建设的重要抓手。推进预算绩效管理是贯彻落实党中央、国务院有关要求，从根本上深化行政管理体制改革、促进政府职能转变、提高部门责任意识，建设“责任政府”、“阳光政府”和“服务型政府”的有效举措，对提高政府理财和公共服务水平、优化公共资源配置、加快经济发展方式转变具有重要意义。

二、指导思想、基本原则和总体目标

（一）指导思想。以科学发展观为统领，以科学化管理为前提，以精细化管理为手段，建立健全贯穿预算编制、执行、监督全过程的绩效管理制度，强化各部门支出责任和财政部门的监管作用，更好地发挥公共财政职能作用，提高财政资金配置和使用效益，提升政府公共服务水平。

（二）基本原则。一是要整体设计。密切结合各区县、各部门实际，科学制定推进预算绩效管理的整体工作思路，搭建预算绩效管理框架体系；二是要稳步推进。在选择部分单位、部分项目先行试点的基础上，有计划、分步骤地稳步推进相关工作；三是要便于操作。要建立符合实际、便于操作的预算绩效管理体系，优化预算管理流程，做到分工合理、职责明确、简便易行、规范高效。

（三）总体目标。按照加强政府绩效管理的要求，建立以绩效目标为导向，以绩效评价为手段，以制度建设为保障，以改善管理、优化资源配置和提高公共服务水平为目标的预算

绩效管理体系。“十二五”期间，市级各部门要逐步实行比较规范的预算绩效管理。

三、完善预算绩效管理框架体系

预算绩效管理是一个由绩效目标管理、绩效运行跟踪监控管理、绩效评价实施管理、绩效评价结果反馈和应用管理共同组成的综合系统，是深化预算管理改革的具体措施。推进预算绩效管理，要将绩效理念融入预算管理全过程，使之与预算编制、预算执行和预算监督有机结合，逐步建立“预算编制有目标、预算执行有监控、预算完成有评价、评价结果有反馈、反馈结果有应用”的预算绩效管理机制，实现全过程绩效控制和管理。

（一）编制部门事业发展计划。预算单位和主管部门要根据国民经济和社会发展规划及专项规划、部门职责，编制本部门年度事业发展计划。根据各部门事业发展计划编制年度部门预算，加强项目论证和审核，列入项目库中的项目应当按照轻重缓急进行合理排序，并实行滚动管理。加强资产管理工作，严格按照相关配置标准编制资产购置预算。

（二）加强绩效目标编制管理。绩效目标是预算绩效管理的基础，包括绩效内容、绩效指标。预算单位在编制年度预算时要同时制定绩效目标，并编制清晰、量化、便于考核的绩效指标。主管部门要负责对部门本级和下级单位的绩效目标进行审核。财政部门根据各部门上报的绩效目标，结合年度政府工作重点和政府财力，审核确定预算安排。财政部门要加强财政资金投资评审工作，提高评审效率。

（三）突出绩效导向实行科学民主决策。实行事前绩效评估制度，财政部门要依据部门战略规划、事业发展规划、项目申报理由，对重点预算项目的必要性、可行性、绩效目标设置的科学性、申请资金额度的合理性、财政支持的方式等方面进行论证，并根据评估结果安排项目预算。在资金分配环节要探索引入竞争机制，根据预期绩效以公开、竞争、透明的方式分配资金。

（四）加强部门预算执行管理。要健全各单位部门预算执行管理制度，完善预算支出责任制度，提高预算支出执行的及时性、均衡性和有效性。财政部门要加强国库执行管理，健全预算执行动态监控机制，把提高资金使用效益作为加快预算执行进度的落脚点，确保财政资金安全规范运行。加强政府采购管理，规范政府采购行为。主管部门、预算单位要加强资产使用、处置和收益管理，按规定做好相关工作。

（五）预算执行中要加强绩效跟踪管理。预算执行过程中要建立绩效跟踪机制，加强对绩效目标完成情况的跟踪管理、督促检查。当预算执行绩效与绩效目标发生偏离时，主管部门要及时向财政部门报告，并采取矫正措施。

（六）预算执行后要实施绩效评价。预算执行结束后，主管部门要及时组织本部门的绩效自评工作，并将自评结果报财政部门备案。财政部门要研究制定绩效评价有关规章制度，组织、指导、监督和检查各部门的绩效评价工作，并根据年度工作重点对部门支出绩效实施财政绩效评价和再评价。通过实施绩效评价，查找资金使用和管理中的薄弱环节，制定改进和提高工作的措施。

（七）建立绩效报告和公开制度。各部门要按要求向财政部门报告预算绩效管理情况，说明部门预算绩效的完成进度、存在问题、整改措施。财政部门要汇总、分析各部门的预算绩效管理情况，提出整改建议，做好对部门的指导工作。各部门要逐步公开预算绩效信息，主动接受社会监督。

（八）实行绩效奖惩和问责制度。建立绩效问责机制，制定预算绩效管理问责办法。将各部门预算支出纳入市政府绩效管理；对预算绩效管理未达到相关要求的部门，采取收回预算资金等形式实行绩效问责；违反财政法律法规规章及制度规定的，按照《财政违法行为处罚处分条例》执行。绩效评价结果要作为下一年度编制和安排部门预算的重要依据，绩效评价结果较好的部门项目优先考虑或重点支持，绩效评价结果较差的部门项目相应减少预算乃至取消预算安排。

（九）实施绩效审计和绩效监督。预算绩效管理工作要自觉接受人大监督和社会监督。各级审计部门和财政监督机构要将绩效理念贯穿于审计、财政监督工作的始终，积极探索实现绩效审计和绩效监督的有效途径和方法，客观反映财政支出绩效和预算绩效管理存在的问题，督促部门整改。逐步探索建立“政府主导，人大监督，审计跟踪，部门联动”的绩效审计整改工作机制，形成综合监督的合力。

四、强化推进预算绩效管理的保障措施

要切实采取措施，强化推进预算绩效管理的各项保障措施，认真做好预算绩效管理工作，提高预算绩效管理的实效性。

（一）建立组织保障体系。建立政府负责、财政部门牵头、各部门配合、社会广泛参与的预算绩效管理组织保障体系。各级政府要高度重视和切实推进预算绩效管理工作。各部门要充分认识和发挥自身预算绩效管理作用，理顺工作机制，制定具体措施，形成工作合力，切实做好本部门预算绩效管理工作。财政部门要认真履行职责，把预算绩效管理作为深化财政预算改革的中心，并负责对预算绩效管理进行组织、指导、协调和监督。

（二）建立制度保障体系。财政部门和各部门要注重制度保障体系建设，研究完善绩效管理制度及相关配套制度办法，对全过程预算绩效管理工作进行规范，确保预算编制、执行、监督等各管理环节的工作有序开展。同时，不断探索建立相关配套制度办法，完善预算绩效管理制度体系，提高财政财务管理工作水平。

（三）建立技术保障体系。财政部门要积极组织各部门研究建立科学、规范、实用的财政支出绩效指标和标准体系，为管理工作提供有力的技术手段。要充分利用现代信息管理技术手段，推进以预算绩效管理信息网络、绩效信息平台、绩效指标库、专家库、中介机构库等为主要内容的预算绩效管理信息系统建设，为绩效管理提供信息和技术支撑。

北京市人民政府关于印发《北京市市级大额专项资金管理办法》的通知

2011 年 11 月 21 日　京政发〔2011〕67 号

各区、县人民政府，市政府各委、办、局，各市属机构：

现将《北京市市级大额专项资金管理办法》印发给你们，请结合实际，认真贯彻执行。

附件：北京市市级大额专项资金管理办法

附件：

北京市市级大额专项资金管理办法

第一章 总 则

第一条 为规范北京市市级大额专项资金管理，提高财政资金使用效益，根据《中华人民共和国预算法》、《中华人民共和国预算法实施条例》精神，结合本市实际，制定本办法。

第二条 本办法所称北京市市级大额专项资金（以下简称大额专项资金）是指为履行政府经济社会宏观调控职能或者完成某项特定重大工作任务，经市政府批准设立，在市级部门预算之外，由市级财政性资金安排，保持稳定资金投入规模，在一定时期内具有专门用途的资金（不含基本建设投入）。

大额专项资金纳入预算管理，并按照法定程序由市级财政部门负责将大额专项资金预算草案提交市人大审查批准；大额专项资金主要用于市级重点支持方向和事业发展支出以及对区县的专项转移支付；大额专项资金的执行期限根据专项工作的执行期以及资金的绩效管理情况确定。

第三条 大额专项资金管理应当遵循严格设立、统筹安排、绩效导向、竞争择优、公开民主、监督问责的原则。

第二章 设 立 管 理

第四条 大额专项资金的设立应当符合政府支持方向和重点事业发展需要。不得重复设立，不得增设与已有大额专项资金使用方向、用途一致或者相似的大额专项资金。

第五条 设立大额专项资金必须经市政府批准。

设立大额专项资金，由市级业务主管部门提出申请，经市级财政部门审核后，报市政府批准；或者由市级财政部门提出申请，报市政府批准。

第六条 申请设立大额专项资金，市级财政部门应当会同市级业务主管部门对大额专项资金设立的合法性、必要性、可行性、资金规模和绩效目标等组织论证，建立健全公众参与、专家论证和集体讨论决定的大额专项资金设立决策机制。

必要时，市级财政部门可以采取公众听证、专家咨询、专业机构测评、公开征求意见等方式听取社会意见，作为大额专项资金设立决策的重要参考。

第七条 市级业务主管部门应当根据政府支持方向和重点事业发展需要，提供设立大额专项资金的绩效目标、可行性研究报告等材料。

没有明确绩效目标的大额专项资金，原则上不批准设立。

第八条 建立大额专项资金年度目录制度。

市级财政部门应当每年对大额专项资金的设立、使用、绩效评价以及调整和撤销等情况进行梳理，并将梳理结果于每年 9 月底前报市政府审议。由市政府确定下一年度大额专项资金目录，作为编制年度预算草案的重要依据。

第三章 使用管理

第九条 大额专项资金在使用中应当注重量入为出、统筹安排、绩效导向，发挥好引导和杠杆作用。

第十条 大额专项资金经市政府批准设立后，市级财政部门会同市级业务主管部门制定具体管理制度。管理制度应当包括大额专项资金的绩效目标、使用范围、管理职责、分配办法、支出管理、绩效评价和责任追究等主要内容。

第十一条 大额专项资金实施分类管理。

对发展公共事业的社会效益类大额专项资金，可以采取前补助、以奖代补、定额补助等资金支持方式。

对支持重点产业发展的经济效益类大额专项资金，原则上应当采取后补助、贷款贴息、股权投资、创业投资引导、政府采购政策引导等资金支持方式。

第十二条 在确定大额专项资金支持项目时，应当体现公开、择优、绩效、问责的原则。市级财政部门应当协调市级业务主管部门建立大额专项资金支持项目的决策制度和程序，完善项目决策风险评估机制，加强项目绩效跟踪反馈和责任追究。

第十三条 市级业务主管部门和区县财政部门应当按照规定组织大额专项资金支持项目的申报工作。

大额专项资金支持项目的申报单位或者个人应当保证申报材料的真实性和合法性，不得以虚报、冒领、伪造等手段骗取大额专项资金。

第十四条 市级业务主管部门应当按照大额专项资金规模、项目实施进度和绩效目标实现程度，编制大额专项资金使用计划，按照预算管理的要求报市级财政部门批准。

第十五条 市级财政部门批准大额专项资金使用计划后，应当按照财政国库管理制度的有关规定及时拨付资金。

第十六条 市级业务主管部门和区县财政部门应当严格执行大额专项资金支出预算，按照批准的大额专项资金使用计划组织实施。不得无故滞留、拖延大额专项资金的拨款，不得将大额专项资金用于规定用途之外的工资福利和公用经费等一般性支出。

第十七条 项目单位应当按照规定用途使用大额专项资金，未经批准不得变更项目内容或者调整预算。确需变更具体项目使用方向或者资金规模的，应当按照预算调整的要求报市级财政部门，经批准后予以变更。

市级业务主管部门和区县财政部门应当监督项目单位按照规定用途使用大额专项资金，确保实现绩效目标。

第十八条 对已下达到预算单位的大额专项资金结余，按照本市市级行政事业单位财政性结余资金管理有关办法，可结转半年使用。

对截止到当年10月底前仍未细化到项目内容且未下达到预算单位的大额专项资金，市级财政部门将予以核减并统筹用于市委、市政府确定的其他重点事项。

第十九条 预算单位使用大额专项资金采购货物、工程和服务的，应当按规定依法实施政府采购。

第四章 绩效管理

第二十条 市级财政部门负责建立大额专项资金绩效目标管理机制和绩效评价体系，强化大额专项资金绩效跟踪反馈和评估制度，对大额专项资金开展全过程绩效管理。

第二十一条 市级业务主管部门负责提出大额专项资金绩效目标，并负责大额专项资金在使用过程中的绩效管理。

第二十二条 建立大额专项资金绩效评价制度。大额专项资金年度执行结束后，市级业务主管部门应当于3月底前将上一年度大额专项资金执行情况和绩效情况向市级财政部门提交年度总结报告。

市级财政部门每年应当对未到执行期满的大额专项资金执行情况进行年度绩效评价，对执行期满的大额专项资金执行情况进行执行期内绩效总体评价。市级财政部门应当于每年9月底前完成向市政府提交的大额专项资金年度绩效评价结果报告或者执行期内绩效总体评价结果报告。

第二十三条 大额专项资金绩效评价结果应当作为调整或者撤销大额专项资金以及完善大额专项资金预算管理的重要依据。

第五章 调整和撤销管理

第二十四条 大额专项资金在执行期内有下列情形之一的，由市级财政部门报请市政府批准后对资金的支持方向、支持方式、规模、执行年限、业务主管部门等予以调整：

（一）专项工作依据的相关政策发生变化；

（二）大额专项资金的业务主管部门机构设置或者职责发生变化；

（三）经绩效评价，大额专项资金未达到主要预期绩效目标等。

第二十五条 大额专项资金在执行期内有下列情形之一的，由市级财政部门报请市政府批准后予以撤销：

（一）大额专项资金的预期目标已提前实现；

（二）客观情况发生变化，使大额专项资金设立的目标失去意义或者需要完成的特定任务已不存在；

（三）经绩效评价，大额专项资金未达到全部预期绩效目标；

（四）经监督检查，大额专项资金的管理或者使用存在违法违纪问题的、情节严重或者经整改无效等。

第六章 管理职责

第二十六条 市级财政部门应当履行以下大额专项资金管理职责：

（一）负责大额专项资金的宏观管理和政策研究制定，会同市级业务主管部门建立健全大额专项资金具体管理制度；

（二）负责大额专项资金设立、调整和撤销等事项的审核工作，并按程序报市政府审议；

（三）经市政府审议批准后，编制大额专项资金年度目录，提交市人大审议批准；

（四）审核批复大额专项资金支出预算；

（五）健全资金使用情况信息共享机制；

（六）组织开展大额专项资金绩效管理和监督检查；

（七）法律、法规、规章规定的其他职责。

第二十七条 市级业务主管部门应当对本部门管理的大额专项资金履行下列职责：

（一）会同市级财政部门建立健全大额专项资金具体管理制度、开展大额专项资金绩效评价，负责设立大额专项资金绩效目标、明确责任主体、制定管理流程，规范资金管理；

（二）按照预算管理要求，编制审核大额专项资金支出预算；

（三）执行已经批复的大额专项资金支出预算，监督大额专项资金的使用，确保实现绩效目标；

（四）对大额专项资金进行财务管理和会计核算，按照规定向市级财政部门报送大额专项资金使用情况和绩效情况的总结报告；

（五）法律、法规、规章规定的其他职责。

第七章 监督检查

第二十八条 市级财政部门应当强化对大额专项资金的监督管理，推进信息化平台建设，健全大额专项资金使用情况动态监管机制。以大额专项资金使用的合规性、安全性和效益性作为监督检查的重点内容，对大额专项资金的设立、使用、调整和撤销进行全过程监督管理。

第二十九条 行政机关的工作人员和法律、法规授权的具有公共事务管理职能的组织以及国家行政机关依法委托从事公共事务管理活动的组织中从事公务的人员违反本办法的规定，不履行、违法履行、不当履行市级大额专项资金管理行政职责，或者造成不良影响的，依照《北京市行政问责办法》的规定追究责任。

对于虚报、冒领、截留、挪用、挤占大额专项资金等违反财经法律法规的行为，依照《财政违法行为处罚处分条例》等相关法律法规规定进行处理。构成犯罪的，移交司法机关依法处理。

第八章 附 则

第三十条 本办法自发布之日起30日后施行。

北京市财政局转发财政部《关于进一步完善制度规定切实加强财政资金管理工作有关事项的通知》

2011年8月11日 京财预〔2011〕1797号

市级国家机关、事业单位和团体组织，各区县财政局：

为进一步加强财政资金管理，提高资金使用效益，确保资金安全，现将《财政部关于进一步完善制度规定切实加强财政资金管理的通知》（财办〔2011〕19 号）转发给你们。结合我市情况，现就有关事项通知如下，请一并遵照执行。

一、全面加强和完善资金收付管理

各预算部门、单位要严格执行国库集中支付管理规定，严格用款计划、审核、支付等环节管理，确保资金及时、安全支付；要全面推行公务卡改革，2012 年底前所有预算部门和单位要实施到位；要进一步加强非税收入收缴管理，2012 年底前所有执收单位及非税收入项目要纳入非税收入收缴改革范围。

各区县财政部门要紧紧围绕 2012 年底前将国库集中收付制度和公务卡改革全面推开的目标，加强组织领导，制定详细计划，扎实推进改革，保质保量地完成任务。要在将国库集中支付改革向底级预算单位和乡镇（街道）延伸的同时，全面推进非税收入收缴改革和公务卡改革，对于尚未启动这两项改革的区县，今年必须启动改革；对于已启动改革的区县，要继续深化。要加快建立预算执行动态监控机制，将区县所有预算单位和各种财政性资金纳入动态监控的范围，实现对财政支出事前、事中、事后全过程的监督。

各区县财政部门要开展资金安全隐患自查，健全内部控制制度，全面加强财政资金安全管理。一是要落实财政总预算会计岗位设置的要求，规范资金审核拨付流程。二是要完善印鉴使用管理制度，严格实行分人分印管理。三是要建立信息系统安全管理制度，严格系统操作权限和密码管理，切实防范和控制系统运行风险。四是要实行内部稽核制度，对资金拨付、会计核算、系统管理等基础工作和相关制度执行情况实施定期检查或不定期抽查，发现问题及时纠正和处理。

二、进一步强化预算编制和执行管理

各预算部门、各区县财政要进一步完善预算编制工作。建立政府决策与预算编制相衔接的工作机制，做细做实预算编制的各个步骤、环节和程序，提升预算编制的科学性、准确性。

各预算部门、各区县财政要进一步强化预算执行管理。将加强预算执行管理作为日常工作重点，健全预算执行动态监控机制，加强对支出进度的分析评估，促进预算有效均衡执行。同时，加强预算绩效管理，建立健全贯穿预算编制、执行、监督全过程的预算绩效管理体系；扩大项目支出事前评估范围，加强财政绩效评价工作，开展财政再评价试点，提高部门自评质量，加强绩效评价结果应用。

各预算部门、单位是预算编制、支出执行的责任主体。预算部门应对财政资金安全、及时、有效地使用负责，同时负责督促所属单位加强资金管理，提高资金使用效益。

三、完善财政管理信息系统建设

各区县财政部门要结合金财工程应用支撑平台的实施应用，进一步完善财政管理信息系统建设，特别要重视和提高核心业务系统的安全等级保护。将所有财政性资金的收支活动运用信息技术进行全流程控制，并实现全市统一的信息数据标准规范，确保准确及时地掌握和分析财政收支情况。

四、加强财政内控制度建设

各区县财政部门要合力推进保护财政资金安全和廉政风险防范工作，着力从风险评估、控制措施、信息沟通、监督检查等方面加强财政内部控制体系建设。全面贯彻财政部《财政部门内部监督检查办法》（部长令第58号），强化对预算编制、执行、决算和行政审批等管理环节内控状况的监督评价，查找漏洞，改进不足，确保内控制度的有效性，提高防范财政风险能力。

五、大力推进基层财政建设

各区县财政部门要认真落实《北京市财政局关于转发财政部关于切实加强乡镇财政资金监管工作指导意见的通知》（京财预〔2010〕1849号）等文件要求，进一步明确区县与乡镇的监管工作职责和工作目标，健全组织领导、信息通达、公开公示、抽查巡查、督促和保障等工作机制，突出工作重点，不断提高乡镇财政资金监管工作能力和水平。

六、进一步推动预算公开

主动开展预算公开工作，2012年将继续扩大部门预算公开范围，逐步将市级预算单位的部门预算全部纳入市人代会审议范围，并在审议后向社会公众公开。同时，积极做好2010年市级部门决算公开工作，比照部门预算公开的范围、内容，经市人大常委会审议后向社会公众公开。进一步研究推进基层财政专项支出预算公开工作，结合我市实际，制定财政专项资金公开目录，重点公开与人民群众利益密切相关的教育、医疗卫生、社会保障和就业、住房保障支出以及“三农”等方面的财政专项支出。

各区县财政部门应参照市级的做法，完善政府预决算公开工作，积极开展部门预决算公开工作。

七、加强财政财务干部教育管理

加大财政财务干部教育和培训力度，加强理想信念和价值观教育，加大思想政治工作力度，认真落实组织生活制度，大力加强财政文化建设。加强财政财务干部管理，建立健全干部岗位考评、绩效考核、重点岗位定期轮岗交流等制度和办法，规范干部日常管理。加强财政财务干部监督，认真查找廉政风险点，进一步加强财政资金管理风险点防范，切实防微杜渐。

附件：财政部关于进一步完善制度规定切实加强财政资金管理的通知

附件：

财政部关于进一步完善制度规定
切实加强财政资金管理的通知

2011年4月11日　财办〔2011〕19号

党中央有关部门，国务院各部委、各直属机构，总后勤部，武警各部队，全国人大常委会办公厅，全国政协办公厅，高法院，高检院，有关人民团体，新疆生产建设兵团，有关中央管理企业，各省、自治区、直辖市、计划单列市财政厅（局）：

近年来，各地区、各部门在加强财政资金管理方面做了大量工作，财政资金管理总体上规范有序，但部分地方和单位仍存在管理制度不完善，制度执行不到位，内部监督乏力等问题。为进一步加强财政资金管理，提高资金使用效益，确保资金安全，现就有关事项通知如下：

一、规范各类账户管理

加强财政专户管理。地方各级财政部门要按照《财政部关于清理整顿地方财政专户的通知》（财库〔2011〕1 号）要求，切实做好地方财政专户清理整顿工作，对没有国务院、财政部、省级人民政府和省级财政部门四类有效文件依据开设的专户一律予以撤销，对同类性质多头开设的专户予以归并，对一年内没有业务往来的财政专户予以撤并。各级财政部门要进一步规范财政专户开立、变更、撤销等审批管理程序，对违规开设财政专户的，要追究责任；将财政专户统一转归财政国库机构管理，并明确相关业务管理机构的职责分工；制定国库与财政专户之间资金调度、资金运行内控管理、档案资料保管以及定期检查报告等制度，形成有效的监督制约机制和财政专户管理的长效机制。

加强部门和单位银行账户管理。要进一步清理各部门各单位银行账户，凡是不符合规定设置的账户要一律撤销。各部门各单位开设银行账户要经过财政部门严格审批；任何部门和单位不得让下属单位代存代管资金，否则按违反财经纪律处理。各级财政部门要加强对部门银行账户的监控；完善账户日常审批管理制度和年检制度，强化监督检查，严格控制各部门各单位银行账户设置。

规范代理银行选择方式。各级财政部门要按照“集体决策、公平公开、确保安全、廉政高效”的原则，择优选择代理银行。国库集中收付代理银行的选择，原则上应实行招投标方式。财政专户开户银行的选择，要综合考虑银行资质、偿债能力、盈利能力、运营情况及内部控制水平、信息化管理水平、服务水平等因素确定，严格规范选择代理银行的审批程序，建立领导班子集体决策制度，增强公开性和透明度，有条件的可实行招投标方式。预算单位开户银行的选择，也要遵循上述原则。

二、完善资金收付制度

进一步完善非税收入收缴管理制度。各级财政部门要按照统一规范、运行高效、监督有力的原则，建立统一的非税收入收缴管理体系，不断优化收缴流程，更好地满足缴款人和执收单位的需求。非税收入应主要通过非税收入收缴管理信息系统收缴；对涉及多级政府间分成，且通过非税收入收缴管理信息系统实施难度较大的非税收入，可通过就地缴库方式收缴；税务机关征收或代收的非税收入应通过财税库银横向联网系统收缴。2011 年底前所有中央执收单位及其执收的非税收入项目都要执行非税收入收缴管理制度，2012 年底前所有地方执收单位及其执收的非税收入项目都要执行非税收入收缴管理制度。

全面推行国库集中支付制度。各级财政部门要进一步扩大国库集中支付制度的实施范围，尚未全面实施到位的中央和地方预算单位要尽快实施。省级、地（市）和财政收支规模大的县（区）实行会计集中核算的，要尽快恢复预算单位会计核算和财务管理主体地位，资金支付按照规范化要求实行国库集中支付管理；财政收支规模不大的县（区），可在合理界定核算中心与预算单位职责的基础上，将核算中心负责的单位会计核算业务调整为代理记账业务，完善业务流程，不得将财政性资金支付到核算中心实有资金账户。凡国库执行机构设置实有资金账户的，变更为财政零余额账户。2012年底前，所有预算单位的所有财政性资金都要纳入国库集中支付范围，并建立覆盖各级财政的预算执行动态监控体系。

建立健全财政资金对账制度。各级财政部门内部有关机构之间，上下级财政部门之间，各级财政部门与预算单位、人民银行国库、财政专户开户银行之间要建立健全规范的对账制度。各级财政部门内部预算、国库机构分别与业务管理机构核对预算指标和资金账；上下级财政部门要核对资金往来账；财政部门要与本级各预算单位核对预算指标和资金账；与同级人民银行国库核对资金账，与财政专户开户银行通过后台对账的方式核对专户资金账，有条件的地方要与开户银行的上级单位核对专户余额账，确保账证相符、账账相符、账实相符。

严格规范资金管理基础工作。各部门各单位要对资金管理基础工作进行检查，认真落实各项制度要求。一是足额配备会计人员。拨款、拨款复核、会计核算、会计复核、会计档案管理等岗位要按照有关制度规定足额配备相关会计人员，会计人员因故离岗时不得违规替岗。二是严格管理印鉴和票据。拨款印章实行专人负责、分人分印管理；资金收付相关票据和凭证要有专人负责保管，建立严格的领用和核销制度；每位负责保管印章、票据的人员要配置单独的保险柜等保管设备，并做到人走柜锁。三是认真履行资金收付程序。财政汇缴专户、非税收入归集性账户等非税收入收缴账户中的资金要及时清算；严格按照初审、复核、单位主管领导审核等程序办理资金支付，并做到全面审核各类请款凭证及其附件的所有要素；资金收付流程要全面纳入信息系统管理，禁止手工开具资金收付凭证。

三、强化预算编制和执行管理

进一步细化和规范预算编制。各级财政部门要按照有关文件要求，将上级下达的转移支付和补助下级的转移支付全部纳入本级预算，全面反映本地区预算收支情况，努力提高预算编制的完整性；切实将年初预算细化到具体单位和项目，提高年初预算到位率；加强项目库建设，以项目预算滚动管理为中心，研究完善项目设立标准、规范项目审核程序，严肃查处虚报项目、套取财政资金的行为。

进一步做好预算执行工作。各级财政部门对专项转移支付资金的分配，应遵循公平、公正、公开、规范的原则，除确需采用项目法分配的以外，均应客观、科学、合理确定因素和权重，设计规范的资金分配计算公式，采用因素法分配。要进一步加快财政转移支付特别是专项转移支付的下达进度，除据实结算项目外，原则上应在本级人民代表大会批准预算后尽快下达。本级安排和收到上级下达的专项转移支付，要及时通知主管部门和项目单位。各部门、各单位要认真做好项目预算执行的各项前期准备工作，并根据年度预算安排和项目实施进度认真编制用款计划，及时提出支付申请；各级财政部门要认真审核，及时下达用款计划，要严格按照预算、用款计划和项目进度支付资金。严禁违规将国库资金调入财政专户；对在预算中已经列支、资金仍沉淀在财政专户的项目资金要进行清理，需要继续安排的项目资金，要督促有关部门和单位加快执行进度，尽早发挥资金使用效益，不需要继续安排使用的项目资金要收回国库。

加强对结转结余资金的管理。各级财政部门应通过科学合理编制预算、加快预算执行等有效措施，减少财政结转和结余资金规模。对本级财政预算安排形成的结转资金，经清理后确需保留的，要尽快分解下达至本级有关部门和下级财政部门，加快支出进度；属于已经无法支出或无需支出的，将资金收回总预算统筹安排使用；超过预算确定期限一年以上尚未使用的结转资金，原则上收回总预算。对上级专项转移支付安排形成的结转项目，按专项转移支付资金管理办法和相关规定执行。对财政结余资金，要在下一年度编制预算时统筹安排使用。对部门结转资金，要督促部门加快支出进度；对跨预算年度的延续项目，要根据项目结转资金情况和年度资金需求情况统筹安排年度预算；非延续项目超过预算确定期限一年以上尚未使用的结转资金以及项目结束、终止形成的结余资金，要商有关部门收回总预算或调整安排用于其他亟需安排的项目。

加强预算绩效管理。要逐步建立预算绩效管理制度，重点推进教育、医疗卫生、社会保障等民生领域转移支付的绩效管理工作。预算安排时要确定绩效目标，预算执行过程中要监控实施情况，预算执行结束后要形成绩效评价报告，并将评价结果应用于安排预算。

加快财政管理信息化建设。各级财政部门要适应财政管理工作的新形势，完善信息系统控制体系，建立以总账为核心，包含指标、计划、资金收付、账务等的全流程控制体系；将所有财政性资金收支纳入信息系统管理，充分运用现代电子信息技术，实现资金收付各环节之间有效制衡，提高资金运行安全性和透明度。

四、加强内控制度建设

加快构建财政资金管理风险防控机制。各部门各单位要结合实际，建立风险防控管理机制，对财政资金管理风险点进行逐一排查，深入分析风险源、全面排查风险点、正确描述风险表现、准确界定风险等级、科学制定风险防范措施，构建起切实有效的风险防控机制，实现对财政资金的动态防控管理。同时，要对财政资金风险防控管理机制进行考核评估，确保财政资金安全。

建立健全内部监督制度。各级财政部门要加强内设财政监督机构与预算管理机构的工作沟通，建立高效顺畅的工作协调机制，做到预算编制、执行和监督各业务主体间信息沟通便捷顺畅、实时共享，确保内部监督全覆盖，及时发现、纠正存在的问题。研究建立内部监督检查工作考核制度，加大责任追究力度，将内部监督检查结果作为财政部门内部各单位评选先进和干部考核、任用的重要参考依据。

明确财政资金安全管理责任制。各部门各单位一把手要切实负起领导责任，对财政资金安全管理工作负总责；各分管领导要按照分工切实负起分管范围内的责任，做好具体领导工作；部门（单位）内部有关机构要合理安排岗位分工，明确岗位职责，细化落实到人。对财政资金安全出现问题的，要按照党风廉政建设责任制和其他法律法规的要求，追究主要领导、分管领导和直接责任人的责任。

五、大力推进基层财政建设

加强县级财政管理监督。县级财政部门要进一步深入推进部门预算、国库集中收付等财政管理体制改革，继续完善预算管理制度，切实加强预算监督，不断提高财政资金的使用效益，确保财政资金安全运行。实行省直接管理县财政改革的地方，省级财政部门应支持市级财政部门调整工作重心，发挥监管优势，加强对县级财政工作的指导和监督，促进县级财政发展。

充实乡镇财政监管职能。县级财政要加强对乡镇财政的指导和管理，及时将财政政策和资金（项目）安排的相关信息传达到乡镇财政所，并提出监管工作要求。乡镇财政应加强涉农补贴资金管理，落实好各项强农惠农政策，防止骗取涉农补贴行为；加大对乡镇教育、医疗卫生、文化等方面资金运用情况的监督；发挥就地、就近实施监管的优势，建立健全乡镇辖区内项目管理监督机制，对本级和上级财政安排的资金以及其他部门、其他渠道下达的财政性资金，实行全面监管；通过建立档案备案、不定期巡查等形式，加强项目实施和资金管理的监督检查与跟踪问效，并将巡查结果定期上报上级财政部门。

六、进一步推动预算公开

各级财政部门要及时公开经同级人大或其常委会审查批准的政府财政收支预决算，进一步细化和扩大公开的内容；各部门要主动公开本部门的部门预决算。地方财政部门应按照《财政部关于深入推进基层财政专项支出预算公开的意见》（财预〔2011〕27号）要求，制定本地区财政专项支出公开目录，加大基层财政专项支出预算和资金分配办法的公开力度，特别是重点公开与人民群众利益密切相关的教育、医疗卫生、社会保障和就业、住房保障以及“三农”方面的财政支出。县（市）级财政应主要通过政府门户网站或者报刊等方式，公开财政支出的资金管理办法、资金额度、分配标准以及到乡镇、部门的分配结果。乡镇财政应通过政府门户网站、乡镇服务大厅、社区（村组）公示栏等方式，将财政支出的政策、资金额度、发放标准、发放结果予以公示，接受人民群众监督。

七、强化干部教育管理

各部门各单位要加强干部思想教育工作，形成生活正派、情趣健康、操守严格的良好风气，不断提升职业道德水平；加强干部日常管理，建立健全岗位考评、奖惩、轮岗和诫勉谈话等制度；加大对干部的监督力度，发现有赌博行为的，坚决调离资金管理工作岗位。

财政资金管理是一项长期的工作任务，必须常抓不懈。各级财政部门要统一思想，提高认识，按照财政科学化精细化管理的要求，结合本地区实际，组织开展各项检查，督促本级各部门各单位切实做好各项制度的执行落实工作。

北京市财政局关于印发《北京市预算绩效管理办法（试行）》的通知

2011年11月10日 京财预〔2011〕2412号

市政府各委、办、局，各市属机构，各区县财政局：

为进一步推进政府绩效管理和财政科学化精细化管理，提高财政资金使用效益，根据《北京市人民政府办公厅关于推进本市预算绩效管理的意见》（京政办发〔2011〕53号），我们制定了《北京市预算绩效管理办法（试行）》，现予印发，请遵照执行。

附件：北京市预算绩效管理办法（试行）

附件：

北京市预算绩效管理办法（试行）

第一章 总 则

第一条 为规范预算绩效管理，建立规范、科学、高效的预算绩效管理体系，提高财政资金使用效益，根据《中华人民共和国预算法》、《中华人民共和国预算法实施条例》、《北京市人民政府办公厅关于推进本市预算绩效管理的意见》等有关法律、法规、规定，结合本市实际，制定本办法。

第二条 预算绩效管理是指在预算管理中融入绩效理念，将绩效目标设定、绩效跟踪、绩效评价及结果应用纳入预算编制、执行、监督全过程，以提高预算的经济、社会效益为目的的管理活动。

第三条 本办法适用于所有与市财政局发生预算缴拨款关系的市级国家机关、政党组织、社会团体、事业单位和其他组织的预算绩效管理工作。

第四条 预算绩效管理应当遵循以下原则：

（一）目标管理原则。预算管理要围绕绩效目标来进行，事前设定目标、事中跟踪监控目标实现进程、事后评价目标完成情况。

（二）绩效导向原则。预算管理的各环节、每项工作都要以绩效为核心导向，将绩效管理贯穿于预算管理全过程、各环节，实现财政资金运行和预算管理效益最大化。

（三）责任追究原则。预算管理强调各部门的预算支出责任和财政部门的监督责任，实行绩效问责。对无绩效或低绩效的部门，进行责任追究。

（四）信息公开原则。预算绩效信息要逐步向社会公开，接受有关机构和社会公众的监督。

第二章 职 责 分 工

第五条 财政部门负责拟定预算绩效管理制度、办法，统一组织指导预算绩效管理工作。负责绩效目标的形式性审核、事前绩效评估；跟踪预算执行；具体实施财政评价和再评价；根据评价结果提出整改建议；指导各部门和下级财政部门开展预算绩效管理工作。

第六条 主管部门负责具体组织实施本部门的预算绩效管理工作，督促、检查、指导所属单位的预算绩效管理工作。按规定编报绩效目标，配合财政部门开展事前绩效评估工作；对预算的执行进行绩效跟踪，并按规定及时将执行中存在的问题和整改措施报财政部门；组织开展本部门和所属单位的绩效自评工作，并配合财政部门开展财政评价和再评价工作；根据评价结果加强资金管理，改进绩效管理工作。

第七条 预算单位负责具体实施本单位的预算绩效管理工作。按规定编报绩效目标，配合财政部门开展事前绩效评估工作；对预算的执行进行绩效跟踪，并按规定及时将执行中存在的问题和整改措施报主管部门；配合财政部门和主管部门开展绩效评价工作，实施本单位绩效自评工作；根据评价结果加强资金管理，改进绩效管理工作。

第三章 预算编制管理

第八条 预算编制时，主管部门、预算单位要根据年度工作计划，申报绩效目标，并按规定配合财政部门实施事前绩效评估工作。

第九条 绩效目标是绩效评价的对象计划在一定期限内达到的产出和效果。包括绩效内容和绩效指标。

绩效目标要与部门职责相吻合，目标设置应科学可行、准确具体、简洁明了。

第十条 绩效指标是衡量绩效目标实现程度的考核工具，分为产出指标和效果指标。产出指标反映与目标相关的产品和服务的提供情况；效果指标反映与目标相关的预算支出预期结果的实现程度。

绩效指标要与绩效目标密切相关，要尽量使用反映最终结果的指标，指标设置应科学合理、量化可考。

第十一条 事前绩效评估是指在预算编制时，由财政部门委托第三方对项目的必要性、可行性、绩效目标、项目内容等进行研究论证，并提出评估建议，作为资金分配的参考依据。

第十二条 财政部门应当对主管部门、预算单位申报的绩效目标进行形式性审核，符合要求的方可进入下一步预算编审流程。经事前绩效评估结果较好的项目优先安排预算资金；不按规定要求编制绩效目标或事前绩效评估结果较差的项目不予安排预算资金。

第十三条 财政部门要加强投资评审工作，财政投资评审有关事项按照《北京市财政投资评审管理暂行规定》等相关规定执行。

第十四条 主管部门、预算单位要加强资产管理工作，严格按照相关配置标准编制资产购置预算。

第四章 预算执行管理

第十五条 财政部门、主管部门、预算单位要对绩效目标的实现情况进行跟踪管理。

第十六条 主管部门要及时统计本部门及所属单位预算执行中有关的绩效数据，按要求编制年度预算运行半年报告，并于半年终了一个月内向财政部门上报部门和项目绩效完成进度情况。

当预算执行绩效与绩效目标发生偏离时，主管部门要及时向财政部门报告，并采取矫正措施。

第十七条 预算执行中，主管部门、预算单位提出的预算调整事项，要严格按照绩效管理的要求，重新上报绩效目标，并进行论证。

第十八条 财政部门要加强政府采购管理，主管部门、预算单位年度预算执行中涉及的政府采购有关事项按照《中华人民共和国政府采购法》等相关法律、法规、规定执行。

第十九条 财政部门要加强国库执行管理，主管部门、预算单位年度预算执行中涉及的国库执行有关事项按照《北京市市级单位财政国库管理制度改革试点资金支付管理暂行办法》等相关规定执行。

第二十条 主管部门、预算单位要加强资产使用、处置和收益管理，按规定做好相关工作，提高资产使用效益。

第五章 绩效评价

第二十一条 年度预算执行完毕，财政部门、主管部门、预算单位要依据绩效目标，按照统一的评价标准和原则，对预算支出效果和管理情况进行客观、公正的衡量比较和综合评价。

第二十二条 绩效评价的分类：

（一）按照预算级次，绩效评价分为本级部门预算资金绩效评价和上级政府对下级政府转移支付资金绩效评价；

（二）按照组织实施部门，绩效评价分为财政评价和部门自评。

第二十三条 绩效评价的基本内容：

（一）绩效目标的设定情况；

（二）资金投入和使用情况；

（三）为实现绩效目标制定的制度、采取的措施等；

（四）绩效目标的实现程度及效果；

（五）绩效评价的其他内容。

第二十四条 绩效评价的方法：

绩效评价主要采用成本效益分析法、比较法、因素分析法、最低成本法、公众评判法等。

第六章 绩效评价结果应用

第二十五条 财政部门、主管部门、预算单位要将绩效评价结果作为以后年度编制部门预算和安排资金的重要依据。

第二十六条 建立整改机制。财政部门要根据绩效评价中发现的问题，及时提出改进和加强部门预算支出管理的意见，督促部门整改。主管部门、预算单位要及时提出整改措施，并积极落实整改，提高绩效管理水平。

第二十七条 评价结果要逐步公布，以加强社会公众对财政资金使用效益的监督。

第二十八条 建立预算绩效问责机制，具体按照《北京市预算绩效管理问责办法》的有关规定执行。

第七章 附　　则

第二十九条 各区县可参照本办法制定本地区的预算绩效管理办法。

第三十条 本办法自发布之日起执行。

北京市财政局关于印发《北京市预算绩效管理问责办法（试行）》的通知

2011年11月10日　京财预〔2011〕2413号

市政府各委、办、局，各市属机构，各区县财政局：

为进一步推进政府绩效管理和财政科学化精细化管理，提高财政资金使用效益，根据《北京市人民政府办公厅关于推进本市预算绩效管理的意见》（京政办发〔2011〕53号），我们制定了《北京市预算绩效管理问责办法（试行）》，现予印发，请遵照执行。

附件：北京市预算绩效管理问责办法（试行）

附件：

北京市预算绩效管理问责办法（试行）

第一章　总　　则

第一条　为加强我市预算绩效管理，强化绩效理念和支出责任，提高财政资金使用效益，根据《中华人民共和国预算法》、《中华人民共和国预算法实施条例》、《北京市人民政府办公厅关于推进本市预算绩效管理的意见》等相关制度，结合我市实际，制定本办法。

第二条　预算绩效管理问责是指为提高财政资金使用绩效，在预算编制和执行过程中，对预算绩效管理相关材料未达到报送要求、财政资金配置和执行绩效未能达到预期目标或规定标准的主管部门、预算单位实行绩效问责。

第三条　本办法适用于所有与市财政局发生预算缴拨款关系的市级国家机关、政党组织、社会团体、事业单位和其他组织的预算绩效管理问责工作。

第四条　预算绩效管理问责应当遵循实事求是、公平公正、权责统一、教育与惩处相结合的原则。

第二章　职 责 分 工

第五条　财政部门的职责是：制定预算绩效管理问责制度、办法，统一组织实施预算绩效管理问责工作。

第六条　主管部门的职责是：组织本部门绩效目标的编报，配合财政部门开展事前绩效评估、财政评价和再评价工作，对所属单位或项目的绩效实现情况进行监督、评价，并实施问责。

第七条　预算单位的职责是：按照要求编报本单位绩效目标，积极配合事前绩效评估和绩效评价工作的开展，实施本单位绩效自评工作，及时报送相关绩效材料。

第三章　绩效问责的情形、方式

第八条　主管部门、预算单位在预算绩效管理工作中出现以下情况之一的，对其实行绩效问责：

（一）不按规定编报绩效目标的；

（二）事前绩效评估结果较差的；

（三）预算执行中，绩效未按预定目标同步实现或发生偏离的；

（四）项目结束后，绩效达不到预定目标的；

（五）绩效评价结果较差的；

（六）不按规定履行相关预算绩效管理职责、干扰、阻碍预算绩效管理工作、绩效评价工作组织不得力的；

（七）财政资金管理使用过程中，违反《财政违法行为处罚处分条例》或相关法律、法规、规章规定的；

（八）在预算绩效管理工作中弄虚作假的；

（九）其他应该问责的事项。

第九条　对发生第八条所列情形的主管部门、预算单位，责令改正，并视情节轻重选择以下方式进行绩效问责：

（一）不予安排预算资金；

（二）收回年度没有执行或没按规定执行的预算，并相应减少下年度预算；

（三）依照有关规定给予通报批评；

（四）法律法规规定的其他方式。

以上问责方式，可以单独使用或者多款合并使用。

第十条　按照《北京市市级国家行政机关绩效管理暂行办法》及专项考评实施细则，财政部门负责对相关部门实施预算支出专项考评。

第十一条　对财政投资评审、政府采购、国库集中支付、资产管理中出现违法违规行为的，按照相关法律、法规、规章规定处理。

第十二条　对不履行、违法履行、不当履行预算绩效管理职责的，由有关部门依照《北京市行政问责办法》追究当事人的责任。

第十三条　主管部门、预算单位具有第八条所列情形，但有以下情形之一的，可从轻问责：

（一）主动采取措施，及时整改，有效避免损失或者挽回影响的；

（二）积极配合，并且主动承担责任的。

第四章　绩效问责程序

第十四条　预算管理绩效问责主要以财政部门审核绩效目标、事前绩效评估、绩效跟踪、绩效评价的结果为依据。

（一）年度预算执行中，财政部门对主管部门、预算单位当年的预算执行情况进行绩效跟踪，根据预算执行绩效与预定目标的偏离程度，做出问责决定。

（二）每年9月底前，财政部门组织对主管部门、预算单位上年度预算执行绩效实施绩效评价和再评价，根据绩效评价结果，做出问责决定。

（三）每年10月底前，财政部门对主管部门、预算单位编报的下年度预算绩效目标进行形式性审核、对预算项目实施事前绩效评估，根据绩效目标审核情况和事前绩效评估结果，做出问责决定。

第十五条 财政部门于每年12月底前，按照《北京市市级国家行政机关绩效管理暂行办法》及专项考评实施细则的相关规定，对相关部门实施预算支出专项考评，并将考评结果报市政府绩效管理办公室。

第十六条 财政部门应将问责决定及时告知被问责单位。

第十七条 被问责单位要根据问责决定认真查找问题，并及时整改。在收到问责决定之日起3个月内将落实整改情况以整改报告书的形式反馈财政部门。

第五章 附 则

第十八条 各区县可参照本办法制定本地区的预算绩效管理问责办法。

第十九条 本办法自发布之日起执行。

北京市财政局 中国人民银行营业管理部 北京市国家税务局 北京市地方税务局关于印发《北京市地方教育附加预算管理办法》的通知

2011年12月28日 京财预〔2011〕2922号

市级各单位，市国税局、地税局直属分局，各区（县）财政局、国税局、地税局，国家金库北京各代理支库：

根据财政部《关于同意北京市开征地方教育附加的复函》（财综函〔2011〕57号）和北京市人民政府《关于印发北京市地方教育附加征收使用管理办法的通知》（京政发〔2011〕72号）有关要求，我市自2012年1月1日起征收地方教育附加。现将《北京市地方教育附加预算管理办法》印发给你们，请遵照执行。

附件：北京市地方教育附加预算管理办法

附件：

北京市地方教育附加预算管理办法

第一条 根据财政部关于《同意北京市开征地方教育附加的复函》（财综函〔2011〕57号）和北京市人民政府关于印发《北京市地方教育附加征收使用管理办法》的通知（京政

发〔2011〕72号）规定，结合我市实际，制定本办法。

第二条 地方教育附加属于政府性基金，收入全额上缴市级国库，纳入市级基金预算，实行“收支两条线”管理。

第三条 缴库时使用《税收通用缴款书》缴入市级金库。

第四条 地方教育附加缴库时填列《政府收支分类科目》103类“非税收入”01款“政府性基金收入”27项“地方教育附加收入”科目。支出时填列《政府收支分类科目》205类“教育”10款“地方教育附加支出”下的相应项目。

第五条 各级国库部门应认真审核缴库凭证，按照规定的预算级次和预算科目及时办理入库。

第六条 本办法由市财政局、市地税局、市国税局和人行营业管理部负责解释。

第七条 本办法自2012年1月1日起施行。

二、社会保障财务管理类

北京市财政局　北京市人力资源和社会保障局关于转发财政部　人力资源和社会保障部《关于北京国税系统人员参加基本医疗保险有关问题的批复》的通知

2011 年 3 月 4 日　京财社〔2011〕349 号

各区县财政局、人力资源和社会保障局：

为确保北京国税系统人员及时参加基本医疗保险并按规定享受医疗保险待遇政策的落实，现将财政部、人力资源和社会保障部《关于北京国税系统人员参加基本医疗保险有关问题的批复》（财社〔2011〕12 号）转发给你们，请遵照执行。同时，各区县财政局、人力社保局要密切配合、各司其职，认真做好我市国税系统单位参加基本医疗保险的政策宣传、信息采集、费用收缴和费用报销等工作。

附件：财政部　人力资源和社会保障部《关于北京国税系统人员参加基本医疗保险有关问题的批复》

附件：

财政部　人力资源和社会保障部《关于北京国税系统人员参加基本医疗保险有关问题的批复》

2011 年 2 月 1 日　财社〔2011〕12 号

北京市财政局、北京市人力资源和社会保障局：

《北京市人力资源和社会保障局　北京市财政局关于国税系统人员参加基本医疗保险问题的请示》（京人社医文〔2010〕70 号）收悉。经研究，现答复如下：

一、按照《国务院关于建立城镇职工基本医疗保险制度的决定》（国发〔1998〕44 号）、《国务院办公厅转发〈劳动保障部　财政部关于实行国家公务员医疗补助意见〉的通知》（国办发〔2000〕37 号）和《国务院办公厅关于印发〈在京中央国家机关公务员医疗补助暂行办法〉的通知》（国办发〔2001〕55 号）精神，北京市国家税务系统（以下简称国税系统）可以申请参加北京市区（县）公费医疗改革，执行统一政策。

二、北京市国税系统人员参加城镇职工基本医疗保险和补充医疗保险单位缴费所需经费，从 2011 年起在国家税务总局部门预算中安排。

三、本次公费医疗改革（2010 年 12 月 31 日）前北京市国税系统已退休人员不再缴纳基本医疗保险费。本次改革后退休人员，其缴费年限问题按照北京市基本医疗保险有关规定执行。

四、按照国发〔1998〕44 号文件和《中共中央办公厅、国务院办公厅关于转发〈中央组织部、国家经贸委、财政部、人事部、劳动和社会保障部、卫生部关于落实离休干部离休费、医药费的意见〉的通知》（中办厅字〔2000〕61 号）的有关规定，北京市国税系统离休干部医药费暂由原单位自行管理，保障原有待遇水平不下降，所需经费参照北京市相关标准在国家税务总局部门预算中安排。待在京中央单位整体参加医疗保险后再统筹安排。

五、国家统计局北京调查总队、北京市气象局等其他中央垂直管理单位，可参照北京国税系统的办法，结合公费医疗改革进展和各单位实际情况研究解决。

六、请北京市人力资源和社会保障局、财政局会同北京市国税局根据《北京市基本医疗保险规定》和相关规定，测算 2011 年北京市国税系统人员参加城镇职工基本医疗保险、补充医疗保险单位缴费经费需求，由国家税务总局按照部门预算管理规定和要求办理，经财政部审核后列入国家税务总局部门预算。

七、请北京市人力资源和社会保障局、财政局认真总结北京市国税系统等中央垂直管理单位参加北京市区（县）公费医疗改革的经验，加强指导并随时与我们沟通联系，为下一步平稳推进北京全市公费医疗改革奠定良好基础。

此复。

北京市财政局　北京市卫生局转发财政部 卫生部《关于印发〈基层医疗卫生机构财务制度〉的通知》

2011 年 3 月 16 日　京财社〔2011〕382 号

各区县财政局、卫生局：

根据国家关于深化医药卫生体制改革相关文件精神，为加强基层医疗卫生机构财务管理和监督，规范基层医疗机构财务行为，提高资金使用效益，现将《财政部、卫生部关于印发〈基层医疗卫生机构财务制度〉的通知》（财社〔2010〕307 号）转发给你们，请认真学习、遵照执行。市财政局、市卫生局将根据本市实际情况研究制定补充规定，另行下发。

特此通知。

附件：财政部　卫生部关于印发《基层医疗卫生机构财务制度》的通知

附件：

财政部　卫生部关于印发《基层医疗卫生机构财务制度》的通知

2010年12月28日　财社〔2010〕307号

各省、自治区、直辖市、计划单列市财政厅（局）、卫生厅（局），新疆生产建设兵团财务局、卫生局：

为适应社会主义市场经济和医疗卫生事业发展的需要，加强基层医疗卫生机构财务管理和监督，规范其财务行为，提高资金使用效益，根据《事业单位财务规则》（财政部令第8号）和国家关于深化医药卫生体制改革相关文件及有关法律法规，结合基层医疗卫生机构特点，我们制定了《基层医疗卫生机构财务制度》，现印发给你们，请遵照执行。执行中发现问题，请及时向我们反馈。

附：基层医疗卫生机构财务制度

附：

基层医疗卫生机构财务制度

第一章　总　则

第一条　为了适应社会主义市场经济和医疗卫生事业发展的需要，加强基层医疗卫生机构财务管理和监督，规范基层医疗卫生机构财务行为，提高资金使用效益，根据国家有关法律法规、《事业单位财务规则》（财政部令第8号）以及国家关于深化医药卫生体制改革的相关规定，结合基层医疗卫生机构特点制定本制度。

第二条　本制度适用于政府举办的独立核算的城市社区卫生服务中心（站）、乡镇卫生院等基层医疗卫生机构。

第三条　政府举办的基层医疗卫生机构（以下简称基层医疗卫生机构）是公益性事业单位，不以营利为目的。

第四条　基层医疗卫生机构财务管理的基本原则是：执行国家有关法律、法规和财务规章制度；坚持厉行节约、勤俭办事业的方针；正确处理社会效益和经济效益的关系，正确处理国家、单位和个人之间的利益关系，保持基层医疗卫生机构的公益性。

第五条　基层医疗卫生机构财务管理的主要任务是：科学合理编制预算，真实反映财务状况；依法取得收入，努力控制支出；建立健全财务管理制度，准确进行经济核算，实施绩效考评，提高资金使用效益；加强国有资产管理，合理配置和有效利用国有资产，维护国有资产权益；对经济活动进行财务控制和监督，定期进行财务分析，防范财务风险。

第六条　基层医疗卫生机构实行“统一领导、集中管理”的财务管理体制，财务活动在基层医疗卫生机构负责人领导下，由财务部门集中管理。

基层医疗卫生机构应根据工作需要，设置财务核算机构或人员；不具备设置条件的，可实行会计委托代理记账。

有条件的地区，可对基层医疗卫生机构实行财务集中核算，具体办法由地方根据实际情况确定。

第二章　单位预算管理

第七条　预算是指基层医疗卫生机构按照国家有关规定，根据事业发展计划和任务编制的年度财务收支计划。

基层医疗卫生机构预算由收入预算和支出预算组成。基层医疗卫生机构所有收支应全部纳入预算管理。

第八条　政府对基层医疗卫生机构实行“核定任务、核定收支、绩效考核补助、超支不补、结余按规定使用”的预算管理办法。

政府在对基层医疗卫生机构严格界定服务功能，明确使用适宜设备、适宜技术和国家基本药物，核定任务和收支的基础上，采取定项定额或绩效考核等方式核定补助，具体项目和标准由地方财政部门会同主管部门根据政府卫生投入政策的有关规定确定。

有条件的地区可探索对基层医疗卫生机构实行收支两条线管理。

第九条　基层医疗卫生机构按照财政部门预算编制的要求，提出预算建议数，经主管部门审核汇总报财政部门核定。基层医疗卫生机构根据财政部门下达的预算控制数编制预算，由主管部门审核汇总报财政部门，财政部门按照规定程序审核批复。

第十条　基层医疗卫生机构编制收支预算必须坚持以收定支、收支平衡、统筹兼顾、保证重点的原则。不得编制赤字预算。

第十一条　经批复后的基层医疗卫生机构预算是保障其履行基本医疗卫生服务职能、衡量有关部门核定工作任务完成情况的重要依据。基层医疗卫生机构要严格执行预算。

财政部门核定的财政补助等资金预算及其他项目预算执行中一般不予调整；如果国家有关政策或事业计划有较大调整，对预算执行影响较大，确需调整时，要按照规定程序提出调整预算建议，经主管部门审核后报财政部门按规定程序予以调整。

第十二条　年度终了，基层医疗卫生机构应按照财政部门决算编审要求，真实、完整、准确、及时编制决算。

基层医疗卫生机构年度决算由主管部门汇总报财政部门审核批复。对财政部门批复调整的事项，基层医疗卫生机构应及时调整。

第十三条　基层医疗卫生机构应当按照财政部门和主管部门的规定实施绩效考核，并按要求报送绩效考核报告。

主管部门每年都要结合核定工作任务完成情况，对基层医疗卫生机构的预算收支执行情况进行绩效考核，分析和评价预算执行效果，并将绩效考核结果作为年终评比考核、实行奖惩的重要依据，财政部门将绩效考核结果作为财政补助预算安排和结算的重要依据。

主管部门和财政部门应及时分析基层医疗卫生机构实际收支与财政核定的收支预算之间的差额及其变动原因，对不合理的超收或少支，应用于抵顶下一年度预算中的财政补助收入；对不合理的欠收或超支，应按本制度的有关规定处理，并追究相关责任人的责任。

第十四条　实行财务集中管理的基层医疗卫生机构，应由财务集中核算机构会同基层医疗卫生机构编报预算决算。

第三章 收入管理

第十五条 收入是指基层医疗卫生机构开展医疗卫生服务及其他活动依法取得的非偿还性资金。

第十六条 基层医疗卫生机构收入包括医疗收入、财政补助收入、上级补助收入和其他收入。

（一）医疗收入，即基层医疗卫生机构在开展医疗卫生服务活动中取得的收入，包括门诊收入、住院收入。

1. 门诊收入是指为门诊病人提供医疗服务所取得的收入，包括挂号收入、诊察收入、检查收入、化验收入、治疗收入、手术收入、卫生材料收入、药品收入、一般诊疗费收入和其他门诊收入等。

2. 住院收入是指为住院病人提供医疗服务所取得的收入，包括床位收入、诊察收入、检查收入、化验收入、治疗收入、手术收入、护理收入、卫生材料收入、药品收入、一般诊疗费收入和其他住院收入等。

（二）财政补助收入，即基层医疗卫生机构从财政部门取得的基本建设补助收入、设备购置补助收入、人员经费补助收入、公共卫生服务补助收入等。

（三）上级补助收入，即基层医疗卫生机构从主管部门和上级单位等取得的非财政补助收入。

（四）其他收入，即上述规定范围以外的各项收入，包括社会捐赠、利息收入等。

第十七条 医疗收入依据政府确定的付费方式和付费标准确认。

第十八条 基层医疗卫生机构要严格执行国家物价政策，建立健全各项收费管理制度。

基层医疗卫生机构门诊、住院收费必须使用省（自治区、直辖市）财政部门统一监制的收费票据，并切实加强管理，严禁使用虚假票据。

第十九条 医疗收入原则上当日发生当日入账，并及时结算。严禁隐瞒、截留、挤占和挪用。现金收入不得坐支。

第四章 支出管理

第二十条 支出是指基层医疗卫生机构开展医疗卫生服务及其他活动发生的资金耗费和损失。

第二十一条 基层医疗卫生机构支出包括医疗卫生支出、财政基建设备补助支出、其他支出和待摊费用：

（一）医疗卫生支出，即基层医疗卫生机构在开展基本医疗服务和公共卫生服务活动中发生的支出，包括医疗支出和公共卫生支出。

1. 医疗支出是指基层医疗卫生机构在开展基本医疗服务活动中发生的支出，包括人员经费、耗用的药品及材料成本、维修费、其他公用经费等。

其中，人员经费包括基本工资、绩效工资、社会保障缴费、离退休费、住房公积金等。其他公用经费包括办公费、印刷费、水费、电费、邮电费、取暖费、物业管理费、差旅费、会议费、培训费等。

2. 公共卫生支出是指基层医疗卫生机构在开展公共卫生服务活动中发生的支出，包括人员经费、耗用的药品及材料成本、维修费、其他公用经费等。

其中，人员经费包括基本工资、绩效工资、社会保障缴费、离退休费、住房公积金等。其他公用经费包括办公费、印刷费、水费、电费、邮电费、取暖费、物业管理费、差旅费、会议费、培训费等。

（二）财政基建设备补助支出，即基层医疗卫生机构利用财政补助收入安排的基本建设支出和设备购置支出。

（三）其他支出，即医疗卫生支出、财政基建设备补助支出以外的支出，包括罚没支出、捐赠支出、财产物资盘亏损失等。

（四）待摊费用，即基层医疗卫生机构为组织、管理医疗活动等所发生的需要摊销的各项费用。期末将待摊费用合理分摊到有关支出。

基本建设项目支出按国家有关规定执行。

第二十二条 基层医疗卫生机构从财政部门和主管部门取得的有指定项目和用途并且要求单独核算的专项资金，应当按照要求定期向财政部门或者主管部门报送专项资金使用情况；项目完成后，应当报送专项资金支出决算和使用效果的书面报告，接受财政部门或者主管部门的检查、验收。

第二十三条 基层医疗卫生机构的支出应当严格执行国家规定的开支范围及标准；国家没有统一规定的，由基层医疗卫生机构规定，报主管部门和财政部门备案。基层医疗卫生机构的规定违反法律和国家政策的，主管部门和财政部门应当责令其改正。

第二十四条 基层医疗卫生机构要加强对支出的管理，不得虚列虚报，不得以计划数和预算数代替。

第二十五条 基层医疗卫生机构应当严格执行政府采购和国家关于药品采购的有关规定。

第五章　收支结余管理

第二十六条 收支结余是指基层医疗卫生机构收入与支出相抵后的余额，包括业务收支结余和财政项目补助收支结转（余）。当期各类收支结余计算公式如下：

业务收支结余 = 医疗收入 + 财政基本支出补助收入 + 上级补助收入 + 其他收入 - 医疗卫生支出 - 其他支出

财政项目补助收支结转（余）= 财政项目支出补助收入 - 财政项目补助支出

第二十七条 基层医疗卫生机构应于年末将业务收支结余扣除限定用途结转下一年度继续使用的资金后，转入结余分配，年末结余为正数的，可按规定提取职工福利基金等专用基金，剩余部分转入事业基金；年末结余为负数的，不得进行分配，应由事业基金弥补，事业基金不足以弥补的，转入未弥补亏损。

国家另有规定的，从其规定。

第二十八条 基层医疗卫生机构应当加强结余资金的管理，按照国家规定正确计算和分配结余。结余资金应按规定纳入单位预算，在编制年度预算和执行中需追加预算时，按照财政部门的规定统筹安排使用。

第六章 资产管理

第二十九条 资产是指基层医疗卫生机构占有或者使用的能以货币计量的经济资源。包括流动资产、固定资产、无形资产等。

严格禁止基层医疗卫生机构对外投资。

第三十条 流动资产是指可以在一年以内（含一年）变现或者耗用的资产，包括货币资金、应收及预付款项、存货等。

基层医疗卫生机构应当遵守国家有关规定，建立健全货币资金管理制度。应收及预付款项应当及时清理结算，不得长期挂账。对期限超过3年以上，确认无法收回的，要查明原因，分清责任，按规定程序报经批准后核销。

存货是指基层医疗卫生机构为开展业务活动及其他活动储存的低值易耗品、卫生材料、药品和其他材料等。

对存货应当进行定期或者不定期的清查盘点，保证账实相符。对于盘盈、盘亏、变质、毁损等情况，应当及时查明原因，根据管理权限报经批准后及时进行处理。

低值易耗品实物管理采取“定量配置、以旧换新”等管理办法，并建立辅助明细账，对各类物资进行数量、金额管理。低值易耗品报废收回的残余价值，按照国有资产管理有关规定处理。

基层医疗卫生机构自制药品、材料按成本价入库，并建立健全管理制度。

第三十一条 固定资产是指单位价值在1000元及以上（其中：专用设备单位价值在1500元及以上）、使用期限在一年以上（不含一年），并在使用过程中基本保持原有物质形态的资产。单位价值虽未达到规定标准，但耐用时间在一年以上（不含一年）的大批同类物资，应作为固定资产管理。

基层医疗卫生机构固定资产分为四类：房屋及建筑物、专业设备、一般设备和其他固定资产。固定资产按实际成本计价。基层医疗卫生机构应结合本单位的具体情况，制定各类固定资产的明细目录。

大型医疗设备等固定资产的购建和租赁，要符合区域卫生规划，经过科学论证，并按国家有关规定报经主管部门会同发展改革部门、财政部门批准。

基层医疗卫生机构应当提高资产使用效率，建立资产共享、共用制度。

第三十二条 在建工程是指基层医疗卫生机构已经发生必要支出，但按规定尚未达到交付使用状态的建设工程。

基层医疗卫生机构除按本制度执行外，还应按国家有关规定，单独建账、单独核算，严格控制工程成本，做好工程概、预算管理，工程完工后应尽快办理工程结算和竣工财务决算，并及时办理资产交付使用手续。

第三十三条 与固定资产有关的更新改造等后续支出，符合固定资产确认条件的，应当记入固定资产；与固定资产有关的修理费用等后续支出，不符合固定资产确认条件的，应当记入当期支出。

第三十四条 基层医疗卫生机构应当对固定资产进行实地盘点。对盘盈、盘亏的固定资产，应当及时查明原因，并根据规定的管理权限，报经批准后及时进行处理。固定资产管理部门要定期与财务部门核对，做到账账相符、账实相符。

第三十五条 无形资产是指不具有实物形态而能为基层医疗卫生机构提供某种权利的资产。包括土地使用权、基层医疗卫生机构购入的单独计价的应用软件及其他财产权利等。

购入的无形资产，按照实际支付的价款计价。

第三十六条 基层医疗卫生机构出售、转让、报废固定资产或者发生固定资产毁损时，应当按照国有资产管理规定处理。

转让无形资产应按有关规定进行资产评估。

第七章 负债管理

第三十七条 负债是指基层医疗卫生机构所承担的能以货币计量、需要以资产或劳务偿还的债务。包括应付账款、预收医疗款、应缴款项、应交税费、应付职工薪酬和应付社会保障费等。

第三十八条 基层医疗卫生机构应当对不同性质的负债分别管理，及时清理并按照规定办理结算，保证各项负债在规定期限内归还。

第三十九条 基层医疗卫生机构不得借入偿还期在一年以上（不含一年）的长期借款，不得发生融资租赁行为。

第四十条 基层医疗卫生机构应加强病人预交金管理。预交金额度应根据病人病情和治疗的需要合理确定。

第八章 净资产管理

第四十一条 净资产是指基层医疗卫生机构资产减去负债后的余额。

第四十二条 净资产包括固定基金、事业基金、专用基金、财政补助结转（余）和未弥补亏损。

（一）固定基金，即基层医疗卫生机构固定资产、在建工程、无形资产形成的资金占用。

（二）事业基金，即基层医疗卫生机构按规定设置的用于弥补亏损的净资产。包括从结余分配转入资金（不包括财政基本支出补助收入）、资产评估增值等。

基层医疗卫生机构应加强对事业基金管理，统筹安排，合理使用。如事业基金滚存较多，在编制预算时应安排一定数量的事业基金。

（三）专用基金，即基层医疗卫生机构按照规定提取、设置的有专门用途的资金。主要包括医疗风险基金、职工福利基金、奖励基金和其他专用基金等。

医疗风险基金是指从医疗卫生支出中计提、专门用于支付基层医疗卫生机构购买医疗风险保险发生的支出或实际发生的医疗事故赔偿的资金。提取的医疗风险基金不得超过当年医疗收入的1%。具体比例可由各省（自治区、直辖市）财政部门会同主管部门根据当地实际情况制定。

职工福利基金是指按业务收支结余的一定比例提取、专门用于职工集体福利设施、集体福利待遇的资金。

基层医疗卫生机构应加强对职工福利基金和医疗风险基金的管理，统筹安排，合理使用。对于职工福利基金和医疗风险基金滚存较多的基层医疗卫生机构，可以适当降低提取比例或者暂停提取。

奖励基金是指执行核定收支等预算管理方式的基层医疗卫生机构，在年度终了对核定任务完成情况进行绩效考核合格后，可按照业务收支结余的一定比例提取的基金，由基层医疗卫生机构结合绩效工资的实施用于职工绩效考核奖励。

其他专用基金是指按照有关规定提取、设置的其他专用资金。

各项基金的提取比例和管理办法，国家有统一规定的，按照统一规定执行；没有统一规定的，由省（自治区、直辖市）主管部门会同同级财政部门确定。专用基金要专款专用，不得擅自改变用途。

（四）财政补助结转（余），即基层医疗卫生机构历年滚存的有限定用途的财政补助资金。

（五）未弥补亏损，即事业基金不足以弥补的亏损。

第九章 财务清算

第四十三条 基层医疗卫生机构发生划转、撤销、合并、分立时，应当进行财务清算。

第四十四条 基层医疗卫生机构财务清算，应当在主管部门和财政部门的监督指导下，对单位的财产、债权、债务等进行全面清理，编制财产目录和债权、债务清单，提出财产作价依据和债权、债务处理办法，做好国有资产的移交、接收、划转和管理工作，并妥善处理各项遗留问题。

第四十五条 基层医疗卫生机构财务清算结束后，经主管部门审核并报财政部门批准，分别按照下列办法处理：

（一）因隶属关系改变，成建制划转的基层医疗卫生机构，其全部资产、债权、债务等无偿移交，并相应划转财政补助经费指标。

（二）撤销的基层医疗卫生机构，全部资产、债权、债务等由主管部门和财政部门核准处理。

（三）合并的基层医疗卫生机构，全部资产、债权、债务等移交接收单位或新组建单位。合并后多余的国有资产由主管部门和财政部门核准处理。

（四）分立的基层医疗卫生机构，资产按照有关规定移交分立后的单位，并相应划转财政补助经费指标。

第十章 财务报告与分析

第四十六条 财务报告是反映基层医疗卫生机构一定时期财务状况和业务开展成果的总括性书面文件。

基层医疗卫生机构应当按月度、季度、年度向主管部门和财政部门报送财务报告。

第四十七条 基层医疗卫生机构报送的年度财务报告包括资产负债表、收入支出总表、业务收支明细表、财政补助收支明细表、基本建设收入支出表、净资产变动表、绩效考核表、有关附表、会计报表附注以及财务情况说明书。

第四十八条 财务情况说明书主要说明基层医疗卫生机构的业务开展情况、预算执行情况、财务收支状况、资产变动情况、基本建设情况、绩效考评情况、对本期或下期财务状况发生重大影响的事项、专项资金的使用情况以及其他需要说明的事项。

第四十九条 基层医疗卫生机构财务分析是财务管理工作的重要组成部分。基层医疗卫生机构应当按照财政部门和主管部门的规定和要求，根据单位财务管理的需要，定期编制财务分析报告。财务分析的内容包括基层医疗卫生机构事业发展和预算执行、资产使用管理、收入、支出和净资产变动以及财务管理情况、存在主要问题和改进措施等。

财务分析指标包括预算收支完成率、人员经费占医疗卫生支出的比率、公用经费占医疗卫生支出的比率、收支结余率、资产负债率、支出构成及次均费用等。

基层医疗卫生机构可以根据本单位特点增加财务分析指标。

第十一章　财务监督

第五十条　基层医疗卫生机构必须接受财政、审计和主管部门的财务监督，并建立严密的内部监督制度。

第五十一条　基层医疗卫生机构财务监督包括预算管理的监督、收支管理的监督、资产使用管理的监督等主要内容。采用事前监督、事中监督和事后监督等监督方式。

第五十二条　基层医疗卫生机构的财会人员有权按《中华人民共和国会计法》及其他有关法律法规行使财务监督权，对违反国家财经法规的行为，提出意见并向主管部门和其他有关部门反映。

第十二章　附　　则

第五十三条　基层医疗卫生机构基本建设投资财务管理除按照本制度执行外，还应执行国家基本建设投资方面的财务管理制度。

第五十四条　各省（自治区、直辖市）财政部门和主管部门可依照本制度，结合本地实际情况，制定具体实施办法，并报财政部、卫生部备案。

第五十五条　本制度由财政部、卫生部负责解释。

第五十六条　企业事业组织、社会团体及其他社会组织举办的非营利性基层医疗卫生机构参照本制度执行。

第五十七条　本制度自2011年7月1日起执行。1998年11月17日财政部、卫生部发布的《医院财务制度》（财社字〔1998〕148号）同时废止。

北京市财政局　北京市卫生局转发财政部　卫生部《关于印发〈医院财务制度〉的通知》

2011年3月6日　京财社〔2011〕383号

各区县财政局、卫生局、各市属医疗机构：

根据国家关于深化医药卫生体制改革相关文件精神，为加强医院财务管理和监督，规范医院财务行为，提高资金使用效益，现将财政部、卫生部《关于印发〈医院财务制度〉的通知》（财社〔2010〕306号）转发给你们，请认真学习、遵照执行。市财政局、市卫生局将根据本市实际情况研究制定补充规定，另行下发。

特此通知。

附件：财政部 卫生部关于印发《医院财务制度》的通知

附件：

财政部 卫生部关于印发《医院财务制度》的通知

2010年12月28日 财社〔2010〕306号

各省、自治区、直辖市、计划单列市财政厅（局）、卫生厅（局），新疆生产建设兵团财务局、卫生局：

为适应社会主义市场经济和医疗卫生事业发展的需要，加强医院财务管理和监督，规范医院财务行为，提高资金使用效益，根据《事业单位财务规则》（财政部令第8号）和国家关于深化医药卫生体制改革相关文件及有关法律法规，结合医院特点，我们修订了《医院财务制度》，现印发给你们，请遵照执行。执行中发现问题，请及时向我们反馈。

附：医院财务制度

附：

医院财务制度

第一章 总 则

第一条 为了适应社会主义市场经济和医疗卫生事业发展的需要，加强医院财务管理和监督，规范医院财务行为，提高资金使用效益，根据国家有关法律法规、《事业单位财务规则》（财政部令第8号）以及国家关于深化医药卫生体制改革的相关规定，结合医院特点制定本制度。

第二条 本制度适用于中华人民共和国境内各级各类独立核算的公立医院（以下简称“医院”），包括综合医院、中医院、专科医院、门诊部（所）、疗养院等，不包括城市社区卫生服务中心（站）、乡镇卫生院等基层医疗卫生机构。

第三条 医院是公益性事业单位，不以营利为目的。

第四条 医院财务管理的基本原则是：执行国家有关法律、法规和财务规章制度；坚持厉行节约、勤俭办事业的方针；正确处理社会效益和经济效益的关系，正确处理国家、单位和个人之间的利益关系，保持医院的公益性。

第五条 医院财务管理的主要任务是：科学合理编制预算，真实反映财务状况；依法组织收入，努力节约支出；健全财务管理制度，完善内部控制机制；加强经济管理，实行成本核算，强化成本控制，实施绩效考评，提高资金使用效益；加强国有资产管理，合理配置和有效利用国有资产，维护国有资产权益；加强经济活动的财务控制和监督，防范财务风险。

第六条 医院应设立专门的财务机构，按国家有关规定配备专职人员，会计人员须持证上岗。

三级医院须设置总会计师，其他医院可根据实际情况参照设置。

第七条 医院实行“统一领导、集中管理”的财务管理体制。医院的财务活动在医院负责人及总会计师领导下，由医院财务部门集中管理。

第二章 单位预算管理

第八条 预算是指医院按照国家有关规定，根据事业发展计划和目标编制的年度财务收支计划。

医院预算由收入预算和支出预算组成。医院所有收支应全部纳入预算管理。

第九条 国家对医院实行“核定收支、定项补助、超支不补、结余按规定使用”的预算管理办法。地方可结合本地实际，对有条件的医院开展“核定收支、以收抵支、超收上缴、差额补助、奖惩分明”等多种管理办法的试点。

定项补助的具体项目和标准，由同级财政部门会同主管部门（或举办单位），根据政府卫生投入政策的有关规定确定。

第十条 医院要实行全面预算管理，建立健全预算管理制度，包括预算编制、审批、执行、调整、决算、分析和考核等制度。

第十一条 医院应按照国家有关预算编制的规定，对以前年度预算执行情况进行全面分析，根据年度事业发展计划以及预算年度收入的增减因素，测算编制收入预算；根据业务活动需要和可能，编制支出预算，包括基本支出预算和项目支出预算。编制收支预算必须坚持以收定支、收支平衡、统筹兼顾、保证重点的原则。不得编制赤字预算。

第十二条 医院预算应经医院决策机构审议通过后上报主管部门（或举办单位）。

主管部门（或举办单位）根据行业发展规划，对医院预算的合法性、真实性、完整性、科学性、稳妥性等进行认真审核，汇总并综合平衡。

财政部门根据宏观经济政策和预算管理的有关要求，对主管部门（或举办单位）申报的医院预算按照规定程序进行审核批复。

第十三条 医院要严格执行批复的预算。经批复的医院预算是控制医院日常业务、经济活动的依据和衡量其合理性的标准，医院要严格执行，并将预算逐级分解，落实到具体的责任单位或责任人。医院在预算执行过程中应定期将执行情况与预算进行对比分析，及时发现偏差、查找原因，采取必要措施，保证预算整体目标的顺利完成。

第十四条 医院应按照规定调整预算。财政部门核定的财政补助等资金预算及其他项目预算执行中一般不予调整。当事业发展计划有较大调整，或者根据国家有关政策需要增加或减少支出、对预算执行影响较大时，医院应当按照规定程序提出调整预算建议，经主管部门（或举办单位）审核后报财政部门按规定程序调整预算。

收入预算调整后，相应调增或调减支出预算。

第十五条 年度终了，医院应按照财政部门决算编制要求，真实、完整、准确、及时编制决算。

医院年度决算由主管部门（或举办单位）汇总报财政部门审核批复。对财政部门批复调整的事项，医院应及时调整相关数据。

第十六条 医院要加强预算执行结果的分析和考核，并将预算执行结果、成本控制目标实现情况和业务工作效率等一并作为内部业务综合考核的重要内容。逐步建立与年终评比、内部收入分配挂钩机制。

主管部门（或举办单位）应会同财政部门制定绩效考核办法，对医院预算执行、成本控制以及业务工作等情况进行综合考核评价，并将结果作为对医院决策和管理层进行综合考核、实行奖惩的重要依据。

第三章　收入管理

第十七条　收入是指医院开展医疗服务及其他活动依法取得的非偿还性资金。

第十八条　收入包括：医疗收入、财政补助收入、科教项目收入和其他收入。

（一）医疗收入，即医院开展医疗服务活动取得的收入，包括门诊收入和住院收入。

1. 门诊收入是指为门诊病人提供医疗服务所取得的收入，包括挂号收入、诊察收入、检查收入、化验收入、治疗收入、手术收入、卫生材料收入、药品收入、药事服务费收入、其他门诊收入等。

2. 住院收入是指为住院病人提供医疗服务所取得的收入，包括床位收入、诊察收入、检查收入、化验收入、治疗收入、手术收入、护理收入、卫生材料收入、药品收入、药事服务费收入、其他住院收入等。

（二）财政补助收入，即医院按部门预算隶属关系从同级财政部门取得的各类财政补助收入，包括基本支出补助收入和项目支出补助收入。基本支出补助收入是指白财政部门拨入的符合国家规定的离退休人员经费、政策性亏损补贴等经常性补助收入，项目支出补助收入是指由财政部门拨入的主要用于基本建设和设备购置、重点学科发展、承担政府指定公共卫生任务等的专项补助收入。

（三）科教项目收入，即医院取得的除财政补助收入外专门用于科研、教学项目的补助收入。

（四）其他收入，即医院开展医疗业务、科教项目之外的活动所取得的收入，包括培训收入、租金收入、食堂收入、投资收益、财产物资盘盈收入、捐赠收入、确实无法支付的应付款项等。

第十九条　医疗收入在医疗服务发生时依据政府确定的付费方式和付费标准确认。

第二十条　医院要严格执行国家物价政策，建立健全各项收费管理制度。

医院门诊、住院收费必须按照有关规定使用国务院或省（自治区、直辖市）财政部门统一监制的收费票据，并切实加强管理，严禁使用虚假票据。

医疗收入原则上当日发生当日入账，并及时结算。严禁隐瞒、截留、挤占和挪用。现金收入不得坐支。

第四章　支出管理

第二十一条　支出是指医院在开展医疗服务及其他活动过程中发生的资产、资金耗费和损失。

第二十二条　支出包括医疗支出、财政项目补助支出、科教项目支出、管理费用和其他支出。

（一）医疗支出，即医院在开展医疗服务及其辅助活动过程中发生的支出，包括人员经费、耗用的药品及卫生材料支出、计提的固定资产折旧、无形资产摊销、提取医疗风险基金和其他费用，不包括财政补助收入和科教项目收入形成的固定资产折旧和无形资产摊销。

其中，人员经费包括基本工资、绩效工资（津贴补贴、奖金）、社会保障缴费、住房公积金等。其他费用包括办公费、印刷费、水费、电费、邮电费、取暖费、物业管理费、差旅费、会议费、培训费等。

（二）财政项目补助支出，即医院利用财政补助收入安排的项目支出。实际发生额全部计入当期支出。其中，用于购建固定资产、无形资产等发生的支出，应同时计入净资产，按规定分期结转。

（三）科教项目支出，即医院利用科教项目收入开展科研、教学活动发生的支出。用于购建固定资产、无形资产等发生的支出，应同时计入净资产，按规定分期结转。

（四）管理费用，即医院行政及后勤管理部门为组织、管理医疗和科研、教学业务活动所发生的各项费用，包括医院行政及后勤管理部门发生的人员经费、耗用的材料成本、计提的固定资产折旧、无形资产费用，以及医院统一管理的离退休经费、坏账损失、印花税、房产税、车船使用税、利息支出和其他公用经费，不包括计入科教项目、基本建设项目支出的管理费用。

（五）其他支出，即医院上述项目以外的支出，包括出租固定资产的折旧及维修费、食堂支出、罚没支出、捐赠支出、财产物资盘亏和毁损损失等。

基本建设项目支出按国家有关规定执行。

第二十三条 医院从财政部门或主管部门（或举办单位）取得的有指定用途的项目资金应当按照要求定期向财政部门、主管部门（或举办单位）报送项目资金使用情况；项目完成后应报送项目资金支出决算和使用效果的书面报告，接受财政部门、主管部门（或举办单位）的检查验收。

第二十四条 医院的支出应当严格执行国家有关财务规章制度规定的开支范围及开支标准；国家有关财务规章制度没有统一规定的，由医院规定。医院的规定违反法律和国家政策的，主管部门（或举办单位）和财政部门应当责令改正。

医院应严格控制人员经费和管理费用。各省（自治区、直辖市）要按有关规定并结合管理要求制定具体的工资总额和管理费用支出比率等控制指标。

第二十五条 医院应当严格执行政府采购和国家关于药品采购的有关规定。

第五章 成本管理

第二十六条 成本管理是指医院通过成本核算和分析，提出成本控制措施，降低医疗成本的活动。

第二十七条 成本管理的目的是全面、真实、准确反映医院成本信息，强化成本意识，降低医疗成本，提高医院绩效，增强医院在医疗市场中的竞争力。

第二十八条 成本核算是指医院将其业务活动中所发生的各种耗费按照核算对象进行归集和分配，计算出总成本和单位成本的过程。

成本核算应遵循合法性、可靠性、相关性、分期核算、权责发生制、按实际成本计价、收支配比、一致性、重要性等原则。

第二十九条 根据核算对象的不同，成本核算可分为科室成本核算、医疗服务项目成本核算、病种成本核算、床日和诊次成本核算。成本核算一般应以科室、诊次和床日为核算对象，三级医院及其他有条件的医院还应以医疗服务项目、病种等为核算对象进行成本核算。

在以上述核算对象为基础进行成本核算的同时，开展医疗全成本核算的地方或医院，应将财政项目补助支出所形成的固定资产折旧、无形资产摊销纳入成本核算范围；开展医院全成本核算的地方或医院，还应在医疗成本核算的基础上，将科教项目支出形成的固定资产折旧、无形资产摊销纳入成本核算范围。

第三十条 科室成本核算是指将医院业务活动中所发生的各种耗费以科室为核算对象进行归集和分配，计算出科室成本的过程。

（一）科室区分为以下类别：临床服务类、医疗技术类、医疗辅助类和行政后勤类等。临床服务类指直接为病人提供医疗服务，并能体现最终医疗结果、完整反映医疗成本的科室；医疗技术类指为临床服务类科室及病人提供医疗技术服务的科室；医疗辅助类科室是服务于临床服务类和医疗技术类科室，为其提供动力、生产、加工等辅助服务的科室；行政后勤类指除临床服务、医疗技术和医疗辅助科室之外的从事院内外行政后勤业务工作的科室。

（二）科室成本的归集。通过健全的组织机构，按照规范的统计要求及报送程序，将支出直接或分配归属到耗用科室，形成各类科室的成本。成本按照计入方法分为直接成本和间接成本。

直接成本是指科室为开展医疗服务活动而发生的能够直接计入或采用一定方法计算后直接计入的各种支出。间接成本是指为开展医疗服务活动而发生的不能直接计入、需要按照一定原则和标准分配计入的各项支出。

（三）科室成本的分摊。各类科室成本应本着相关性、成本效益关系及重要性等原则，按照分项逐级分步结转的方法进行分摊，最终将所有成本转移到临床服务类科室。

先将行政后勤类科室的管理费用向临床服务类、医疗技术类和医疗辅助类科室分摊，分摊参数可采用人员比例、内部服务量、工作量等。

再将医疗辅助类科室成本向临床服务类和医疗技术类科室分摊，分摊参数可采用人员比例、内部服务量、工作量等。

最后将医疗技术类科室成本向临床服务类科室分摊，分摊参数可采用工作量、业务收入、收入、占用资产、面积等，分摊后形成门诊、住院临床服务类科室的成本。

第三十一条 医疗服务项目成本核算是以各科室开展的医疗服务项目为对象，归集和分配各项支出，计算出各项目单位成本的过程。核算办法是将临床服务类、医疗技术类和医疗辅助类科室的医疗成本向其提供的医疗服务项目进行归集和分摊，分摊参数可采用各项目收入比、工作量等。

第三十二条 病种成本核算是以病种为核算对象，按一定流程和方法归集相关费用计算病种成本的过程。核算办法是将为治疗某一病种所耗费的医疗项目成本、药品成本及单独收费材料成本进行叠加。

第三十三条 诊次和床日成本核算是以诊次、床日为核算对象，将科室成本进一步分摊到门急诊人次、住院床日中，计算出诊次成本、床日成本。

第三十四条 为了正确反映医院正常业务活动的成本和管理水平，在进行医院成本核算时，凡属下列业务所发生的支出，一般不应计入成本范围。

（一）不属于医院成本核算范围的其他核算主体及其经济活动所发生的支出。

（二）为购置和建造固定资产、购入无形资产和其他资产的资本性支出。

（三）对外投资的支出。

（四）各种罚款、赞助和捐赠支出。

（五）有经费来源的科研、教学等项目支出。

（六）在各类基金中列支的费用。

（七）国家规定的不得列入成本的其他支出。

第三十五条 医院应根据成本核算结果，对照目标成本或标准成本，采取趋势分析、结构分析、量本利分析等方法及时分析实际成本变动情况及原因，把握成本变动规律，提高成本效率。

第三十六条 医院应在保证医疗服务质量的前提下，利用各种管理方法和措施，按照预定的成本定额、成本计划和成本费用开支标准，对成本形成过程中的耗费进行控制。

医院应建立健全成本定额管理制度、费用审核制度等，采取有效措施纠正、限制不必要的成本费用支出差异，控制成本费用支出。

第六章 收支结余管理

第三十七条 收支结余是指医院收入与支出相抵后的余额。包括：业务收支结余、财政项目补助收支结转（余）、科教项目收支结转（余）。当期各类收支结余计算公式如下：

业务收支结余 = 医疗收支结余 + 其他收入 - 其他支出

其中：医疗收支结余 = 医疗收入 + 财政基本支出补助收入 - 医疗支出 - 管理费用

财政项目补助收支结转（余） = 财政项目支出补助收入 - 财政项目补助支出

科教项目收支结转（余） = 科教项目收入 - 科教项目支出

第三十八条 业务收支结余应于期末扣除按规定结转下年继续使用的资金后，结转至结余分配，为正数的，可以按照国家有关规定提取专用基金，转入事业基金；为负数的，应由事业基金弥补，不得进行其他分配，事业基金不足以弥补的，转入未弥补亏损。实行收入上缴的地区要根据本地实际，制定具体的业务收支结余率、次均费用等控制指标。超过规定控制指标的部分应上缴财政，由同级财政部门会同主管部门统筹专项用于卫生事业发展和绩效考核奖励。

财政项目补助收支结转（余）、科教项目收支结转（余）结转下年继续使用。

国家另有规定的，从其规定。

第三十九条 医院应加强结余资金的管理，按照国家规定正确计算与分配结余。医院结余资金应按规定纳入单位预算，在编制年度预算和执行中需追加预算时，按照财政部门的规定安排使用。医院动用财政项目补助收支结转（余），应严格执行财政部门有关规定和报批程序。

第七章 流动资产管理

第四十条 流动资产是指可以在一年内（含一年）变现或者耗用的资产。医院的流动资产包括货币资金、应收款项、预付款项、存货等。

第四十一条 货币资金包括现金、银行存款、零余额账户用款额度等。医院应当严格遵守国家有关规定，建立健全货币资金管理制度。

第四十二条 应收及预付款项是指医院在开展业务活动和其他活动过程中形成的各项债

权，包括应收医疗款、预付账款、财政应返还资金和其他应收款等。

医院对应收及预付款项要加强管理，定期分析、及时清理。

年度终了，医院可采用余额百分比法、账龄分析法、个别认定法等方法计提坏账准备。累计计提的坏账准备不应超过年末应收医疗款和其他应收款科目余额的2%—4%。计提坏账准备的具体办法由省（自治区、直辖市）财政、主管部门确定。

对账龄超过三年，确认无法收回的应收医疗款和其他应收款可作为坏账损失处理。坏账损失经过清查，按照国有资产管理的有关规定报批后，在坏账准备中冲销。收回已经核销的坏账，增加坏账准备。

第四十三条 存货是指医院为开展医疗服务及其他活动而储存的低值易耗品、卫生材料、药品、其他材料等物资。

购入的物资按实际购入价计价，自制的物资按制造过程中的实际支出计价，盘盈的物资按同类品种价格计价。

存货要按照“计划采购、定额定量供应”的办法进行管理。合理确定储备定额，定期进行盘点，年终必须进行全面盘点清查，保证账实相符。对于盘盈、盘亏、变质、毁损等情况，应当及时查明原因，根据管理权限报经批准后及时进行处理。

低值易耗品实物管理采取“定量配置、以旧换新”等管理办法。物资管理部门要建立辅助明细账，对各类物资进行数量、金额管理，反映低值易耗品分布、使用以及消耗情况。低值易耗品领用实行一次性摊销，个别价值较高或领用报废相对集中的可采用五五摊销法。低值易耗品报废收回的残余价值，按照国有资产管理有关规定处理。

医院要建立健全自制药品、材料管理制度，按类别、品种进行成本核算。自制药品、材料按成本价入库。

第八章　固定资产管理

第四十四条 固定资产是指单位价值在1000元及以上（其中：专用设备单位价值在1500元及以上），使用期限在一年以上（不含一年），并在使用过程中基本保持原有物质形态的资产。单位价值虽未达到规定标准，但耐用时间在一年以上（不含一年）的大批同类物资，应作为固定资产管理。

医院固定资产分四类：房屋及建筑物、专用设备、一般设备、其他固定资产。

图书参照固定资产管理办法，加强实物管理，不计提折旧。

第四十五条 固定资产按实际成本计量。

（一）外购的固定资产，按照实际支付的购买价款、相关税费、使固定资产达到预定可使用状态前所发生的可归属于该项资产的运输费、装卸费、安装费和专业人员服务费等相关支出作为成本。

以一笔款项购入多项没有单独标价的固定资产，按照同类或类似资产价格的比例对购置成本进行分配，分别确定各项固定资产的成本。

（二）自行建造的固定资产，按照国家有关规定计算成本。

（三）融资租入的固定资产，按照租赁协议或者合同确定的价款、运输费、运输保险费、安装调试费等作为成本。

（四）无偿取得（如无偿调入或接受捐赠）的固定资产，其成本比照同类资产的市场价格或有关凭据注明的金额加上相关税费确定。

大型医疗设备等固定资产的购建和租赁，要符合区域卫生规划，经过科学论证，并按国家有关规定报经主管部门会同有关部门批准。

第四十六条 在建工程是指医院已经发生必要支出，但按规定尚未达到交付使用状态的建设工程。

医院除按本制度执行外，还应按国家有关规定单独建账、单独核算，严格控制工程成本，做好工程概、预算管理，工程完工后应尽快办理工程结算和竣工财务决算，并及时办理资产交付使用手续。

第四十七条 医院原则上应当根据固定资产性质，在预计使用年限内，采用平均年限法或工作量法计提折旧（固定资产折旧年限见附 1）。计提固定资产折旧不考虑残值。计提折旧的具体办法由各省（自治区、直辖市）主管部门会同财政部门规定或审批。当月增加的固定资产，当月不提折旧，从下月起计提折旧；当月减少的固定资产，当月仍计提折旧，从下月起不提折旧；已提足折旧仍继续使用的固定资产，不再计提折旧。

第四十八条 为增加固定资产的使用效能或延长其使用寿命而发生的改建、扩建或大型修缮等后续支出，应当记入固定资产及其他相关资产；为维护固定资产的正常使用而发生的修理费等后续支出，应当计入当期支出。大型修缮确认标准由各省（自治区、直辖市）财政部门会同主管部门（或举办单位）根据当地实际情况确定。

第四十九条 医院应设置专门管理机构或专人，使用单位应指定人员对固定资产实施管理，并建立健全各项管理制度。

建立健全三账一卡制度，即财务部门负责总账和一级明细分类账，固定资产管理部门负责二级明细分类账，使用部门负责建卡（台账）。

大型医疗设备实行责任制，指定专人管理，制定操作规程，建立设备技术档案和使用情况报告制度。

医院应当提高资产使用效率，建立资产共享、共用制度。

第五十条 医院应当对固定资产定期进行实地盘点。对盘盈、盘亏的固定资产，应当及时查明原因，并根据规定的管理权限，报经批准后及时进行处理。

固定资产管理部门要对固定资产采取电子信息化管理，定期与财务部门核对，做到账账相符、账卡相符、账实相符。

第五十一条 医院出售、转让、报废固定资产或者发生固定资产毁损时，应当按照国有资产管理规定处理。

第九章 无形资产及开办费管理

第五十二条 无形资产是指不具有实物形态而能为医院提供某种权利的资产。包括专利权、著作权、版权、土地使用权、非专利技术、商誉、医院购入的不构成相关硬件不可缺少组成部分的应用软件及其他财产权利等。

购入的无形资产，按照实际支付的价款计价；自行开发并依法申请取得的无形资产，按依法取得时发生的注册费、聘请律师费等支出计价；接受捐赠的无形资产，按捐赠方提供的资料或同类无形资产估价计价；商誉除合作外，不得作价入账。

无形资产从取得当月起，在法律规定的有效使用期内平均摊入管理费用，法律没有规定使用年限的按照合同或单位申请书的受益年限摊销，法律和合同或单位申请书都没有规定使用年限的，按照不少于十年的期限摊销。

转让无形资产应当按照国有资产管理规定处理。

第五十三条 开办费是指医院筹建期间发生的费用，包括筹建期间人员工资、办公费、培训费、差旅费、印刷费以及不计入固定资产和无形资产购建成本的其他支出。

开办费在医院开业时计入管理费用。

第十章 对外投资管理

第五十四条 对外投资是指医院以货币资金购买国家债券或以实物、无形资产等开展的投资活动。

对外投资按照投资回收期的长短分为长期投资和短期投资。投资回收期一年以上（不含一年）的为长期投资。

第五十五条 医院应在保证正常运转和事业发展的前提下严格控制对外投资，投资范围仅限于医疗服务相关领域。医院不得使用财政拨款、财政拨款结余对外投资，不得从事股票、期货、基金、企业债券等投资。

投资必须经过充分的可行性论证，并报主管部门（或举办单位）和财政部门批准。

第五十六条 医院投资应按照国家有关规定进行资产评估，并按评估确定的价格作为投资成本。

医院认购的国家债券，按实际支付的金额作价。

第五十七条 医院应遵循投资回报、风险控制和跟踪管理等原则，对投资效益、收益与分配等情况进行监督管理，确保国有资产的保值增值。

第十一章 负债管理

第五十八条 负债是指医院所承担的能以货币计量，需要以资产或者劳务偿还的债务。包括流动负债和非流动负债。

流动负债是指偿还期在一年以内（含一年）的短期借款、应付票据、应付账款、预收医疗款、预提费用、应付职工薪酬和应付社会保障费等。

非流动负债是指偿还期在一年以上（不含一年）的长期借款、长期应付款等。

第五十九条 医院应加强病人预交金管理。预交金额度应根据病人病情和治疗的需要合理确定。

第六十条 医院应对不同性质的负债分别管理，及时清理并按照规定办理结算，保证各项负债在规定期限内归还。因债权人特殊原因确实无法偿还的负债，按规定计入其他收入。

第六十一条 医院原则上不得借入非流动负债，确需借入或融资租赁的，应按规定报主管部门（或举办单位）会同有关部门审批，并原则上由政府负责偿还。

医院财务风险管理指标和借款具体审批程序由各省（自治区、直辖市）财政部门会同主管部门（或举办单位）根据当地实际情况制定。

第十二章 净资产管理

第六十二条 净资产是指医院资产减去负债后的余额。包括事业基金、专用基金、待冲基金、财政补助结转（余）、科教项目结转（余）、未弥补亏损。

（一）事业基金，即医院按规定用于事业发展的净资产。包括结余分配转入资金（不包括财政基本支出补助结转）、非财政专项资金结余解除限制后转入的资金等。

事业基金按规定用于弥补亏损，用于弥补亏损的最高限额为事业基金扣除医院非财政补助资金和科教项目资金形成的固定资产、无形资产等资产净值。

医院应加强对事业基金的管理，统筹安排，合理使用。对于事业基金滚存较多的医院，在编制年度预算时应安排一定数量的事业基金。

（二）专用基金，即医院按照规定设置、提取具有专门用途的净资产。主要包括职工福利基金、医疗风险基金等。

职工福利基金是指按业务收支结余（不包括财政基本支出补助结转）的一定比例提取、专门用于职工集体福利设施、集体福利待遇的资金。

医疗风险基金是指从医疗支出中计提、专门用于支付医院购买医疗风险保险发生的支出或实际发生的医疗事故赔偿的资金。医院累计提取的医疗风险基金比例不应超过当年医疗收入的1‰－3‰。具体比例可由各省（自治区、直辖市）财政部门会同主管部门（或举办单位）根据当地实际情况制定。

医院应加强对职工福利基金和医疗风险基金的管理，统筹安排，合理使用。对于职工福利基金和医疗风险基金滚存较多的医院，可以适当降低提取比例或者暂停提取。

其他专用基金是指按照有关规定提取、设置的其他专用资金。

各项基金的提取比例和管理办法，国家有统一规定的，按照统一规定执行；没有统一规定的，由省（自治区、直辖市）主管部门（或举办单位）会同同级财政部门确定。

专用基金要专款专用，不得擅自改变用途。

（三）待冲基金，即财政补助收入和科教项目收入形成的资本性支出净值。

（四）财政补助结转（余），即医院历年滚存的有限定用途的财政补助结转（余）资金，包括从业务收支结余转入的基本支出结转以及项目支出结转（余）。

（五）科教项目结转（余），即医院尚未结项的科教项目累计取得科教项目收入减去累计发生支出后，留待以后按原用途继续使用的结转资金，以及医院已经结项但尚未解除限制的科研、教学项目结余资金。

（六）未弥补亏损，即事业基金不足以弥补的亏损。

第十三章 财务清算

第六十三条 医院发生撤销、划转、合并、分立时，应当进行清算。

医院清算时，应由各级政府授权主管部门（或举办单位）、财政部门负责按有关规定组成清算机构，并在相关部门的监督指导下开展工作。清算机构负责按规定制订清算方案，对医院的财产、债权、债务进行全面清理，对现有资产进行重新估价，编制资产负债表和财产清单、债权清单、债务清单，通知所有债权人在规定期限内向清算机构申报债权，提出财产作价依据和债权、债务处理办法，做好国有资产的移交、接收、划转和管理工作，并妥善处理各项遗留问题。清算期间，未经清算机构同意，任何组织机构和个人不得处理医院财产。

医院财产包括宣布清算时的全部财产和清算期间取得的财产。

清算期间发生的财产盘盈、盘亏或变卖，无力归还的债务，无法收回的应收账款等按国有资产管理有关规定处理。

第六十四条 在宣布医院终止前六个月至宣布终止之日，下列行为无效：

（一）无偿转让财产；

（二）非正常压价处理财产；

（三）对原来没有财产担保的债务提供财产担保；

（四）对未到期的债务提前清偿；

（五）放弃应属于医院的债权。

第六十五条 医院撤销时清偿的顺序为：

（一）清算期间发生的费用；

（二）应付未付的医院职工的工资、社会保障费等；

（三）债权人的各项债务；

（四）剩余资产经主管部门和财政部门核准后并入接收单位或上交主管部门。

医院被清算财产不足以清偿的，应先按照规定支付清算期间发生的费用，再按照比例进行清偿。

第六十六条 医院清算完毕，清算机构应当提出清算报告，编制清算期间的收支报表，验证后，报送主管部门（或举办单位）和财政部门审查备案。

第六十七条 经国家有关部门批准宣布医院划转、合并、分立时，其资产按照国有资产管理规定处理。

第十四章 财务报告与分析

第六十八条 财务报告是指反映医院一定时期的财务状况和业务开展成果的总括性书面文件，包括资产负债表、收入支出总表、业务收入支出明细表、财政补助收支明细情况表、基本建设收入支出表、现金流量表、净资产变动表、有关附表、会计报表附注以及财务情况说明书。

财务情况说明书主要说明医院的业务开展情况、预算执行情况、财务收支状况、成本控制情况、负债管理情况、资产变动及利用情况、基本建设情况、绩效考评情况、对本期或下期财务状况发生重大影响的事项、专项资金的使用情况以及其他需要说明的事项。

第六十九条 医院应通过相关指标对医院财务状况进行分析，具体分析参考指标详见附2。

第七十条 医院应当按月度、季度、年度向主管部门（或举办单位）和财政部门报送财务报告。

医院年度财务报告应按规定经过注册会计师审计，具体办法另行规定。

第七十一条 医院在办理年度决算前，应对财产物资、债权、债务进行全面清查盘点，并编制盘存表，对盘盈、盘亏、报废、毁损等按本制度规定及时处理。

第十五章 财务监督

第七十二条 财务监督是根据国家有关法律、法规和财务规章制度，对医院的财务活动及相关经济活动所进行的监察和督促。

第七十三条 财务监督的主要内容包括：预算管理的监督、收入管理的监督、支出管理的监督、资产管理的监督和负债管理的监督等。

第七十四条 医院的财务机构履行财务监督职责。医院应当建立健全内部监督制度和经济责任制。

第七十五条 医院财务监督应当实行事前监督、事中监督、事后监督相结合，日常监督与专项检查相结合，接受财政、审计和主管部门（或举办单位）的监督。

第十六章 附 则

第七十六条 医院举办非独立法人分支机构的收支是医院财务收支的一部分，必须纳入医院财务统一管理。

第七十七条 医院必须在取得行医资格之日起 30 日内，持批准文件向主管部门（或举办单位）进行财务登记，并由主管部门（或举办单位）向财政部门备案。

第七十八条 医院基本建设投资财务管理除按照本制度执行外，还应执行国家基本建设投资方面的财务管理制度。

第七十九条 各省（自治区、直辖市）财政部门和主管部门可依照本制度，结合本地实际情况，制定具体实施办法，并报财政部、卫生部备案。

第八十条 本制度由财政部、卫生部负责解释。

第八十一条 企业事业组织、社会团体及其他社会组织举办的非营利性医院可参照本制度执行。

第八十二条 本制度自 2011 年 7 月 1 日起在公立医院改革国家联系试点城市执行，自 2012 年 1 月 1 日起在全国执行。1998 年 11 月 17 日财政部、卫生部发布的《医院财务制度》（财社字〔1998〕148 号）同时废止。

附：1. 医院固定资产折旧年限表

2. 医院财务分析参考指标

*附*1：

医院固定资产折旧年限表

设备分类名称	折旧年限	备 注
一、房屋及建筑物		
1. 业务用房		
钢结构	50 年	
钢筋混凝土结构	50 年	
砖混结构	30 年	
砖木结构	30 年	
2. 简易房	8 年	围墙、货场等
3. 其他建筑物	8 年	

续表

设备分类名称	折旧年限	备　注
二、专用设备		
1. 医用电子仪器	5年	心、脑、肌电图、监护仪器、除颤器、起博器等
2. 光学仪器及窥镜	6年	验光仪、裂隙灯、手术显微镜、内窥镜等
3. 医用超声仪器	6年	超声诊断仪、超声手术刀、超声治疗机等
4. 激光仪器设备	5年	激光诊断仪、激光治疗仪、激光手术设备等
5. 医用高频仪器设备	5年	高频手术、微波、射频治疗设备等
6. 物理治疗及体疗设备	5年	电疗、光疗、理疗、生物反馈仪等
7. 高压氧舱	6年	
8. 中医仪器设备	5年	脉相仪、舌色相仪、经络仪、穴位治疗机、电针治疗仪器
9. 医用磁共振设备	6年	永磁型、常导型、超导型等
10. 医用X线设备	6年	X射线诊断、治疗设备、CT、造影机、数字减影机、X光刀
11. 高能射线设备	8年	医用加速器、放射治疗模拟机等
12. 医用核素设备	6年	核素扫描仪、SPECT、钴60机、PET等
13. 临床检验分析仪器	5年	电泳仪、色谱仪、生化分析仪、血氧分析仪、蛋白测定仪、肌肝测定仪、酶标仪等
14. 体外循环设备	5年	人工心肺机、透析机等
15. 手术急救设备	5年	手术床、麻醉机、呼吸机、吸引器等
16. 口腔设备	6年	牙钻、综合治疗台等
17. 病房护理设备	5年	病床、推车、婴儿暖箱、通讯设备、供氧设备等
18. 消毒设备	6年	各类消毒器、灭菌器等
19. 其他	5年	以上未包括的医药专用设备等
三、一般设备		
1. 家具用具及其他类	5年	
2. 交通运输设备	10年	
3. 电子产品及通信设备	5年	彩电、摄像机、服务器、计算机、电话、传真等
4. 电气设备	5年	发电机、冰箱、空调、洗衣机等
5. 通用设备	10年	锅炉、电梯、空调机组、冷藏柜等
四、其他固定资产		
1. 仪器仪表及量具	5年	电表、万能表、显微镜等
2. 其他		以上未包括的其他固定资产

附2：

医院财务分析参考指标

<table>
<tr><th>指标名称</th><th>计算公式</th><th>反映内容</th></tr>
<tr><td colspan="3">一、预算管理指标</td></tr>
<tr><td rowspan="2">（一）预算执行率</td><td>预算收入执行率 = 本期实际收入总额/本期预算收入总额 ×100%</td><td rowspan="2">预算执行率反映医院预算管理水平。</td></tr>
<tr><td>预算支出执行率 = 本期实际支出总额/本期预算支出总额 ×100%</td></tr>
<tr><td>（二）财政专项拨款执行率</td><td>财政专项拨款执行率 = 本期财政项目补助实际支出/本期财政项目支出补助收入 ×100%</td><td>财政专项拨款执行率反映医院财政项目补助支出执行进度。</td></tr>
<tr><td colspan="3">二、结余和风险管理指标</td></tr>
<tr><td>（一）业务收支结余率</td><td>业务收支结余率 = 业务收支结余/（医疗收入 + 财政基本支出补助收入 + 其他收入）×100%</td><td>业务收支结余率反映医院除来源于财政项目收支和科教项目收支之外的收支结余水平，能够体现医院财务状况、医院医疗支出的节约程度以及医院管理水平。</td></tr>
<tr><td>（二）资产负债率</td><td>资产负债率 = 负债总额/资产总额 ×100%</td><td>资产负债率反映医院的资产中借债筹资的比重。</td></tr>
<tr><td>（三）流动比率</td><td>流动比率 = 流动资产/流动负债 ×100%</td><td>流动比率反映医院的短期偿债能力。</td></tr>
<tr><td colspan="3">三、资产运营指标</td></tr>
<tr><td>（一）总资产周转率</td><td>总资产周转率 =（医疗收入 + 其他收入）/平均总资产</td><td>总资产周转率反映医院运营能力。周转次数越多，表明运营能力越强；反之，说明医院的运营能力较差。</td></tr>
<tr><td>（二）应收账款周转天数</td><td>应收账款周转天数 = 平均应收账款余额 ×365/医疗收入</td><td>应收账款周转天数反映医院应收账款流动速度。</td></tr>
<tr><td>（三）存货周转率</td><td>存货周转率 = 医疗支出中的药品、卫生材料和其他材料支出/平均存货</td><td>存货周转率反映医院向病人提供的药品、卫生材料、其他材料等的流动速度以及存货资金占用是否合理。</td></tr>
<tr><td colspan="3">四、成本管理指标</td></tr>
<tr><td rowspan="3">（一）每门诊人次收入、每门诊人次支出及门诊收入成本率</td><td>每门诊人次收入 = 门诊收入/门诊人次</td><td rowspan="3">门诊收入成本率反映医院每门诊收入耗费的成本水平。</td></tr>
<tr><td>每门诊人次支出 = 门诊支出/门诊人次</td></tr>
<tr><td>门诊收入成本率 = 每门诊人次支出/每门诊人次收入 ×100%</td></tr>
<tr><td rowspan="3">（二）每住院人次收入、每住院人次支出及住院收入成本率</td><td>每住院人次收入 = 住院收入/出院人次</td><td rowspan="3">住院收入成本率反映医院每住院病人收入耗费的成本水平。</td></tr>
<tr><td>每住院人次支出 = 住院支出/出院人次</td></tr>
<tr><td>住院收入成本率 = 每住院人次支出/每住院人次收入 ×100%</td></tr>
</table>

续表

指标名称	计算公式	反映内容
（三）百元收入药品、卫生材料消耗	百元收入药品、卫生材料消耗＝药品、卫生材料消耗/（医疗收入＋其他收入）×100	百元收入药品、卫生材料消耗反映医院的药品、卫生材料消耗程度，以及医院药品、卫生材料的管理水平。
五、收支结构指标		
（一）人员经费支出比率	人员经费支出比率＝人员经费/（医疗支出＋管理费用＋其他支出）×100%	人员经费支出比率反映医院人员配备的合理性和薪酬水平高低。
（二）公用经费支出比率	公用经费支出比率＝公用经费/（医疗支出＋管理费用＋其他支出）×100%	公用经费支出比率反映医院对人员的商品和服务支出的投入情况。
（三）管理费用率	管理费用率＝管理费用/（医疗支出＋管理费用＋其他支出）×100%	管理费用率反映医院管理效率。
（四）药品、卫生材料支出率	药品、卫生材料支出率＝（药品支出＋卫生材料支出）/（医疗支出＋管理费用＋其他支出）×100%	药品、卫生材料支出率反映医院药品、卫生材料在医疗业务活动中的耗费。
（五）药品收入占医疗收入比重	药品收入占医疗收入比重＝药品收入/医疗收入×100%	药品收入占医疗收入比重反映医院药品收入占医疗收入的比重。
六、发展能力指标		
（一）总资产增长率	总资产增长率＝（期末总资产－期初总资产）/期初总资产×100%	总资产增长率从资产总量方面反映医院的发展能力。
（二）净资产增长率	净资产增长率＝（期末净资产－期初净资产）/期初净资产×100%	净资产增长率反映医院净资产的增值情况和发展潜力。
（三）固定资产净值率	固定资产净值率＝固定资产净值/固定资产原值×100%	固定资产净值率反映医院固定资产的新旧程度。

北京市财政局　北京市人力资源和社会保障局关于转发财政部 人力资源社会保障部《关于印发〈新型农村社会养老保险基金财务管理暂行办法〉的通知》

2011年6月2日　京财社〔2011〕1024号

各区县财政局、人力资源和社会保障局：

为加强城乡居民养老保险基金财务管理，现将财政部、人力资源社会保障部印发的《新型农村社会养老保险基金财务管理暂行办法》（以下简称“《办法》”）转发给你们，请遵照执行。为保障此项工作顺利实施，现就有关问题通知如下：

一、我市城乡居民养老保险基金财务管理适用此《办法》。

二、城乡居民养老保险基金实行区县统筹，政府补贴收入原则上由区县财政部门统筹安排，基金征缴收入按月缴存财政专户。

三、城乡居民养老保险个人账户储存额计息标准目前每年参考中国人民银行公布的金融机构人民币一年期存款利率，从缴费的次月开始计息。如果中国人民银行调整一年期存款利率，个人账户储存额计息标准在一个会计年度内不变，从次年 1 月 1 日起按新的利率标准计息。

四、各区县财政部门要严格按照《办法》的要求，按月与经办机构对账，将加盖专用印章的原始凭证复印件交经办机构记账和备查，保证账账相符、账款相符。

五、《办法》自 2011 年 7 月 1 日起实施，同时《北京市城乡居民养老保险基金财务管理办法》（京财社〔2009〕392 号）不再执行。

附件：财政部　人力资源和社会保障部关于印发《新型农村社会养老保险基金财务管理暂行办法》的通知

附件：

财政部　人力资源和社会保障部关于印发《新型农村社会养老保险基金财务管理暂行办法》的通知

2011 年 3 月 3 日　财社〔2011〕16 号

各省、自治区、直辖市财政厅（局）、人力资源社会保障（劳动保障）厅（局）：

为加强新型农村社会养老保险基金的财务管理，根据《国务院关于开展新型农村社会养老保险试点工作的指导意见》（国发〔2009〕32 号）等有关规定，财政部会同人力资源社会保障部制定了《新型农村社会养老保险基金财务管理暂行办法》。现印发给你们，请遵照执行。

附：新型农村社会养老保险基金财务管理暂行办法

附：

新型农村社会养老保险基金财务管理暂行办法

第一章　总　　则

第一条　为规范新型农村社会养老保险（以下简称新农保）基金财务管理，维护参保人合法权益，根据《国务院关于开展新型农村社会养老保险试点工作的指导意见》（国发〔2009〕32 号）等国家有关规定，制定本办法。

第二条　本办法适用于根据国家有关规定设立的新农保基金。

第三条　本办法所称新农保基金（以下简称基金），是指通过参保农村居民个人缴费、集体补助、政府补贴等渠道筹集的，用于支付符合领取条件的农村居民养老金待遇等支出的专项资金。

第四条　新农保经办机构（以下简称经办机构）具体负责基金的日常财务管理和会计核算工作。

第五条　基金财务管理的任务是：认真贯彻执行国家有关法律、法规和方针、政策，合理筹集和使用基金；建立健全财务管理制度，组织落实基金的预算、核算、分析和考核工作，如实反映基金收支状况；严格遵守财经纪律，加强监督和检查，确保基金的安全。

第六条　基金应纳入社会保障基金财政专户（以下简称财政专户），实行收支两条线管理，单独记账、核算。任何地区、部门、单位和个人均不得挤占、挪用，不得用于平衡财政预算，不得用于经办机构人员和工作经费。各级经办机构的人员经费和经办新农保发生的基本运行费用、管理费用，由同级财政按国家规定予以保障。

第七条　经办机构为每个新农保参保人建立终身记录的养老保险个人账户。个人缴费、集体补助及其他经济组织、社会公益组织、个人对参保人缴费的资助，地方政府对参保人的缴费补贴，记入个人账户。个人账户储存额按国家规定计息，全部用于个人账户养老金。

第二章　基金预算

第八条　基金预算是根据国家社会保险和预算管理法律法规建立、反映基金收支的年度计划。

第九条　基金预算的编制应综合考虑上年度基金预算执行情况、本年度经济社会发展水平预测以及新农保工作计划等因素，包括参保人数、缴费人数、享受待遇人数、政府缴费补贴标准及利息等。根据基金收支、财政收支等情况，合理安排财政对基金的补贴支出。基金预算草案由统筹地区经办机构编制，并对引起财务状况发生重大变化的项目进行详细说明。

第十条　统筹地区经办机构编制的年度基金预算草案，由本级人力资源社会保障部门审核汇总，财政部门审核后，由财政部门和人力资源社会保障部门联合报本级人民政府审批。统筹地区财政部门和人力资源社会保障部门将社会保险基金预算草案报本级人民政府审批后，报上一级财政部门和人力资源社会保障部门。省级财政部门和人力资源社会保障部门将本省（区、市）基金预算草案报本级人民政府后，报财政部和人力资源社会保障部。

全国基金预算草案由人力资源社会保障部汇总编制，财政部审核后，由财政部和人力资源社会保障部联合向国务院报告。

第十一条　基金预算草案经统筹地区人民政府批准后，由财政部门和人力资源社会保障部门批复，经办机构等单位要严格按照批准的预算和规定的程序执行。经办机构要认真分析基金的收支情况，定期向本级财政部门和人力资源社会保障部门报告预算执行情况。

财政部门和人力资源社会保障部门应逐级汇总分别上报基金预算执行情况。省级财政部门和人力资源社会保障部门要加强对基金预算执行情况的监控，发现问题立即督促采取措施解决。

第十二条　基金预算不得随意调整。遇特殊情况需调整基金预算时，统筹地区经办机构要及时编制预算调整方案，经人力资源社会保障部门审核汇总，财政部门审核后，由财政部门和人力资源社会保障部门联合报本级人民政府批准。按基金预算编制审批程序报批，并报上级财政部门和人力资源社会保障部门。

第三章 基金筹集

第十三条 基金按照国家规定按时、足额筹集。地方政府应组织引导参保农村居民按当地缴费标准缴纳养老保险费。各级财政部门应根据财政补助标准和行政区域内参保农村居民人口数安排补助资金，纳入同级财政年度预算并按规定程序及时办理拨付手续。任何地区、部门、单位和个人不得截留和擅自减免。

第十四条 基金收入包括：个人缴费收入、集体补助收入、政府补贴收入、利息收入、转移收入、上级补助收入、下级上解收入和其他收入。

个人缴费收入是指参保农村居民按照规定的标准缴纳的新农保养老保险费收入。

集体补助收入是指乡（镇）、村等集体经济组织对参保农村居民个人缴费给予的补助收入，以及其他经济组织、社会公益组织、个人为参保人缴费提供的资助收入。

政府补贴收入是指财政给予基金的补贴收入。

利息收入是指用基金购买国家债券、存入商业银行等存款类金融机构所取得的利息收入。

转移收入是指参保对象跨统筹地区流动而划入的基金收入。

上级补助收入是指下级经办机构接收上级经办机构拨付的补助收入。

下级上解收入是指上级经办机构接收下级经办机构上解的基金收入。

其他收入是指社会组织和个人对基金的捐赠以及其他经财政部门核准的基金收入。

第十五条 政府补贴收入包括政府对基础养老金的补贴收入和政府对个人缴费的补贴收入。

政府对基础养老金的补贴收入是指各级财政因按规定标准补助符合待遇领取条件参保人新农保基础养老金而给予基金的补贴收入。

政府对个人缴费的补贴收入是指地方财政因按规定标准补助参保人个人缴费而给予基金的补贴收入。

第十六条 在保证资金安全、方便群众、便于提高管理层次的前提下，统筹地区经办机构应在同级财政部门和人力资源社会保障部门共同认定，或由同级财政部门和人力资源社会保障部门采取招标等方式选择的商业银行等存款类金融机构设立收入户，原则上一个统筹地区只能开设一个收入户。

收入户的主要用途是：暂存个人缴费收入、集体补助收入、转移收入、上级补助收入、下级上解收入、该账户的利息收入以及其他收入等。

收入户除向财政专户划转收入外，不得发生其他支付业务。收入户月末无余额。未按规定执行的，财政部门委托各开户商业银行等存款类金融机构于期末将全部基金收入划入财政专户。

第十七条 基金征缴收入应定期缴存财政专户。具体时间由各省、自治区、直辖市自定。

第十八条 收缴个人缴费和集体经济组织补助资金应使用省级财政部门统一印制的基金专用收据。

接受社会组织和个人对基金的捐赠资金应使用财政部门统一印制的捐赠收据。

第四章 基金支付

第十九条 基金应按照新农保制度规定的项目和标准支出，任何部门、单位和个人不得擅自调整支出项目和随意改变支出标准。

第二十条 基金支出包括：养老金待遇支出、转移支出、补助下级支出、上解上级支出、其他支出。

养老金待遇支出是指按规定支付给参保农村居民的养老保险待遇支出。

转移支出是指参保农村居民跨统筹地区流动而转出的基金支出。

补助下级支出是指上级经办机构拨付给下级经办机构的补助支出。

上解上级支出是指下级经办机构上解上级经办机构的支出。

其他支出是指经财政部门核准开支的其他支出。

第二十一条 养老金待遇支出包括：基础养老金和个人账户养老金。

基础养老金是指政府规定计发标准，并由各级财政为符合待遇领取条件的参保农村居民全额予以补助的养老金待遇。

个人账户养老金是指参保农村居民达到养老保险待遇领取条件时，按照其个人账户全部储存额除以计发月数计算，支付给参保农村居民的养老金待遇，以及参保人死亡时一次性支付其合法继承人除政府补贴外的个人账户资金余额。

第二十二条 在保证资金安全、方便群众、便于提高管理层次的前提下，统筹地区经办机构应在财政部门和人力资源社会保障部门共同认定，或由财政部门和人力资源社会保障部门采取招标等方式选择的商业银行等存款类金融机构设立基金支出户（以下简称支出户），原则上一个统筹地区只能开设一个支出户。

支出户的主要用途是：接收财政专户拨入的基金；支付基金支出款项；暂存该账户的利息收入；划拨该账户资金利息收入到财政专户。

支出户除接收财政专户拨付的基金和该账户的利息收入外，不得发生其他收入业务。

第二十三条 经办机构应根据财政部门和人力资源社会保障部门核批的基金年度预算及分月支出计划，按月在规定的时间内向同级财政部门报送用款申请，并注明支出项目，加盖本单位公章。财政部门对用款申请审核无误后，应在规定的时间内将基金从财政专户拨入支出户。对不符合用款手续的，财政部门应责成经办机构予以纠正。

第五章 基金结余

第二十四条 基金结余是指基金收支相抵后的期末余额。

第二十五条 基金结余除根据财政部门和人力资源社会保障部门商定的、最高不超过国家规定预留的支付费用外，全部用于购买国家债券或转存定期存款。除国家另有规定外，任何地区、部门、单位和个人不得动用基金结余进行任何其他形式的投资。

第二十六条 当地人民政府在基金出现支付不足时，给予补贴。

第六章 财政专户

第二十七条 财政专户是指统筹地区财政部门按规定在社会保障基金财政专户中设立的

基金专用计息账户。

财政专户原则上只能在财政部门和人力资源社会保障部门共同认定的国有或国有控股商业银行开设。在保证资金安全、方便群众、便于提高管理层次的前提下，也可以由财政部门和人力资源社会保障部门采取招标等方式选择其他商业银行等存款类金融机构作为财政专户的开户银行，一个统筹地区原则上只开设一个财政专户。

第二十八条 财政专户的主要用途是：接收征收机构转入的基金收入；接收基金购买国家债券兑付的本息收入、该账户资金形成的利息收入以及支出户转入的利息收入等；根据经审定的用款申请，向支出户划拨基金；进行定期存款；购买国家债券；向上级或下级财政专户划拨基金。

第二十九条 财政专户发生的利息收入直接计入财政专户，经办机构支出户的利息收入定期转入财政专户，一并计入基金收入。财政部门凭开户金融机构出具的原始凭证记账，并附加盖专用印章的原始凭证复印件，交经办机构记账和备查。

第三十条 政府补贴收入由国库直接划入财政专户。财政部门凭国库出具的拨款单和财政专户开户金融机构出具的收款凭证记账，同时，财政部门要出具财政专户缴拨凭证，并附加盖专用印章的财政专户开户金融机构收款凭证复印件，交经办机构记账和备查。

第三十一条 发生基金下拨业务时，财政部门根据基金预算，将基金从财政专户拨入同级经办机构支出户，经下级经办机构收入户进入下级财政专户；发生基金上缴业务时，将基金从财政专户划入同级经办机构支出户，经上级经办机构收入户进入上级财政专户。

第三十二条 将基金结余按规定用于购买国家债券或转存定期存款时，财政部门凭金融机构出具的原始凭证记账。同时，财政部门要出具财政专户缴拨凭证，并附加盖专用印章的原始凭证复印件，交经办机构记账和备查。

第七章 资产与负债

第三十三条 资产包括基金运行过程中形成的现金、银行存款（含财政专户存款、收入户存款、支出户存款）、债券投资、暂付款项等。

经办机构应尽量减少现金收付业务。确有必要发生现金收付业务的，应认真做好现金的保管、押运、管理工作，建立健全内部控制制度，并严格按照国务院发布的《中华人民共和国现金管理暂行条例》（国务院令第 12 号）进行现金的收付和管理。

财政部门要严格做好财政专户管理和基金收支核算工作；经办机构要及时办理基金存储手续，做好基金收入、支出核算工作，并按月与开户金融机构对账，同时，财政部门、经办机构要按月对账，保证账账相符、账款相符。

用基金购买的国家债券，委托开户金融机构代为妥善保管，确保账实相符。

暂付款项应定期清理，及时结清。

第三十四条 负债包括基金运行过程中形成的暂收款项等。暂收款项应定期清理，及时偿付。因债权人等特殊原因确实无法偿付的，经财政部门批准后作为基金的其他收入。

第八章 基金决算

第三十五条 年度终了后，统筹地区经办机构应根据规定的表式、时间和要求编制年度基金财务报告。财务报告包括资产负债表、收支表、有关附表以及财务情况说明书。

财务情况说明书主要说明和分析基金的年度财务收支及管理情况；对本期或下期财务状况发生重大影响的事项；其他需要说明的事项。

编制年度基金财务报告必须做到数字真实、计算准确、手续完备、内容完整、报送及时。

第三十六条 经办机构编制的年度基金财务报告应在规定期限内经人力资源社会保障部门审核汇总，财政部门审核后，由财政部门和人力资源社会保障部门联合报本级人民政府审批。批准后的年度基金财务报告作为基金决算。

第三十七条 统筹地区财政部门和人力资源社会保障部门将基金决算草案报本级人民政府审批后，报上一级财政部门和人力资源社会保障部门。

省级财政部门和人力资源社会保障部门将本省（区、市）基金决算草案报本级人民政府后，报财政部和人力资源社会保障部。

全国基金决算草案由人力资源社会保障部汇总编制，财政部审核后，由财政部和人力资源社会保障部联合向国务院报告。

统筹地区经办机构编制及调整基金预决算的情况，应及时报上级经办机构。

第九章 监督与检查

第三十八条 经办机构要建立健全内部管理制度，定期或不定期向社会公告基金收支和结余情况，接受相关部门和社会监督。

第三十九条 人力资源社会保障部门、财政部门和审计部门等要定期或不定期地对财政专户、收入户和支出户的基金收支和结余情况进行监督检查，发现问题及时纠正，并向同级政府和基金监督组织报告。

第四十条 单位和个人有下列行为之一的，责令限期改正。对单位及直接负责的主管人员和其他直接责任人员依照国家有关法律、法规追究责任：

（一）截留、挤占、挪用、贪污基金；

（二）擅自提高或降低农村居民个人缴费标准；

（三）未按规定标准支付养老保险待遇或擅自变更支出项目、调整支出标准；

（四）将个人账户储存额用于非个人账户养老金支出；

（五）未按时将基金收入存入财政专户；

（六）未按时足额将基金从财政专户拨付到支出户；

（七）其他违反国家法律、法规规定的行为。

第十章 附则

第四十一条 各省、自治区、直辖市财政部门会同人力资源社会保障部门根据本办法的规定，结合当地实际情况制定实施办法，并报财政部、人力资源社会保障部备案。

第四十二条 开展城乡居民社会养老保险的地区，城乡居民社会养老保险基金财务管理参照本办法执行。

第四十三条 本办法由财政部商人力资源社会保障部解释和修订。

第四十四条 本办法自2011年7月1日起施行，凡与本办法不一致的，以本办法规定为准。

北京市财政局　北京市卫生局
关于印发《〈基层医疗卫生机构财务制度〉
和〈基层医疗卫生机构会计制度〉
的补充规定》的通知

2011年12月23日　京财社〔2011〕1280号

各区县财政局、卫生局、海淀公共委：

为落实财政部、卫生部《基层医疗卫生机构财务制度》（财社〔2010〕307号）和《基层医疗卫生机构会计制度》（财会〔2010〕26号）（以下简称《制度》），保证《制度》从2011年7月1日起顺利实施，现结合北京市实际情况及收支两条线管理要求，对《制度》中部分内容进行补充规定：

一、单位预算管理

政府对实行收支两条线管理的基层医疗卫生机构实行“核定任务、核定收支、绩效考核、结余按规定使用”的预算管理办法。基层医疗卫生机构全部收入上缴区县财政，支出纳入部门预算管理，由财政部门根据基层医疗卫生机构实际工作的需要统筹考虑予以核定。

主管部门和财政部门要加强收支两条线管理的监管，定期对基层医疗卫生机构进行绩效考核，基层医疗卫生机构也应加强机构内部考核，制定绩效考核指标，并将考核结果作为实施奖惩的重要依据，同时结合基层医疗卫生机构实施绩效工资政策，将绩效考核结果与单位奖励性绩效工资分配挂钩，充分发挥绩效考核的激励导向作用。

二、收入管理

（一）基层医疗卫生机构要严格执行北京市物价政策，必须依据规定的收费范围和收费标准进行收费，保证应收尽收。并确保及时足额上缴区县财政。

各区县和相关部门均无权审批设立收费项目和自定收费标准，严禁对任何医疗项目超范围、超标准收费，同时也不得擅自减免或缓收任何项目收费。

（二）实行收支两条线管理的基层医疗卫生机构不使用“医疗收入”科目核算纳入财政专户管理资金。发生医疗收费时，计入“待结算医疗款”科目，定期转入“应缴款项”科目，根据财政部门规定的上缴时间上缴区县财政。待收到财政部门拨付的资金时确认收入，按实际收到金额贷记“财政补助收入”科目。属于纳入国库集中支付改革范围的资金，按相关会计核算办法处理。

“财政补助收入”科目应按照“一般预算”和“专户核拨”设置一级明细科目。一级明细科目下按照“基本支出补助收入”和“项目支出补助收入”进行明细核算。实行收支两条线管理的基层医疗卫生机构在编制报表时，一级明细科目“一般预算”对应填报到“财政补助收入”下，一级明细科目“专户核拨”对应填报到“医疗收入”（事业收入）下。

三、支出管理

基层医疗卫生机构应加强数据测算，及时、合理、有效、准确地将支出分摊到医疗支出和公共卫生支出中。积极探索科学的按工作量、按资源耗费的分摊方法。确保预防保健、疾病诊察、检查治疗等能够直接划分部分应直接计入医疗卫生支出。难以直接划分的组织、管理医疗活动等所发生的支出计入“待摊支出”，期末可平均分摊到医疗支出和公共卫生支出中，区县也可根据实际情况制定分摊系数。基层医疗卫生机构应做到及时分摊，同时尽可能减少使用“待摊支出”科目。

四、收支结余管理

（一）基层医疗卫生机构应加强结余资金管理，严格执行同级财政部门结余资金管理要求。

（二）执行收支两条线的基层医疗卫生机构，转入结余分配后的业务收支结余为正数的，应全部转入“事业基金”，不再提取职工福利基金和奖励基金。原账中“专用基金——职工福利基金”明细科目的余额转入新账中“事业基金”科目。

（三）基层医疗卫生机构在编制年度预算时应统筹考虑单位的事业基金情况，控制事业基金的结余规模。

五、资产管理

（一）基层医疗卫生机构资产管理工作应纳入绩效考核范围。

（二）对期限超过三年以上，确认无法收回的应收及预付款项，可按规定程序报经批准后进行核销。

符合核销条件的应收医疗款的核销由基层医疗卫生机构查明原因，分清责任，每年定期报经同级卫生行政部门及财政部门批准后核销。

符合核销条件的应收医疗款外的其他应收及预付款项，经过清查，应按照《北京市行政事业单位国有资产处置管理暂行办法》的规定，报经卫生行政部门及财政部门批准后进行处置。

（三）根据财政部《基层医疗卫生机构新旧会计制度有关衔接问题的处理规定》（财会〔2011〕5号），基层医疗卫生机构在对新旧制度进行衔接时，应采用药品综合差价率将原账中“药品进销差价”科目相关明细科目的余额分摊转入减少新账中“库存物资——药品”科目的相应明细科目。由此产生的财务账与实物账之间的差异，基层医疗卫生机构应及时报经卫生主管部门及财政部门批准后核销。

（四）基层医疗卫生机构根据《制度》规定加强存货管理，对于盘亏、变质、毁损等情况，应当及时查明原因，按照不同情况进行处理。

对于不超过存货总金额1‰的正常开展业务产生的盘亏、变质、毁损等情况，分清责任，报经院办公会批准后进行核销，并于次年1月底前报卫生主管部门及财政部门备案。

对超过存货总金额1‰的及特殊原因造成的盘亏、变质、损毁等情况，经过核查，基层医疗卫生机构应按照《北京市行政事业单位国有资产处置管理暂行办法》的规定，报经卫生主管部门及财政部门批准后进行处置。

（五）《制度》取消了“药品进销差价”科目，要求药品按照进价核算。根据资产管理要求，财务部门与资产管理部门之间应定期对账，资产管理部门应提供按照进价核算的资产账，并做到账账相符、账实相符。

六、净资产管理

根据《制度》规定，增设医疗风险基金。基层医疗卫生机构可按照当年医疗收入的1%提取医疗风险基金，执行收支两条线的按照当年“待结算医疗款”科目发生额的1%提取医疗风险基金，专门用于支付基层医疗卫生机构购买医疗风险保险发生的支出或实际发生的医疗事故赔偿的资金。对于医疗风险基金滚存比较多的基层医疗卫生机构，可以报经卫生主管部门和财政部门批准后适当降低提取比例。

七、其他规定

（一）根据《制度》规定，基层医疗卫生机构药品收入作为医疗收入明细内容进行核算，各区县财政部门相应取消财政专户中“社区卫生服务收入”下“社区卫生药品收入”明细科目，基层医疗卫生机构相应调整收入上缴相关报表（见附件）。财政专户“社区卫生药品收入”明细科目的余额自2011年7月1日起转入“社区卫生医疗收入”明细科目。

（二）各区县财政部门、卫生主管部门及基层医疗卫生机构应根据实际情况采取措施，确保新旧《制度》衔接工作的顺利进行。基层医疗卫生机构应对本单位的资产、负债和净资产进行全面清查和盘点，提出处理意见，报同级卫生主管部门和财政部门审批。同级财政部门、卫生主管部门应在相应政策规定范围内及时进行处理。

北京市财政局　北京市人力资源和社会保障局　北京市民政局关于印发《北京市城镇居民基本医疗保险基金财务管理暂行办法》的通知

2011年8月30日　京财社〔2011〕1826号

各区县财政局、人力资源和社会保障局、民政局：

为了进一步规范和加强我市城镇居民医疗保险基金管理，根据《北京市城镇居民基本医疗保险办法》（京政发〔2010〕38号）等规定，市财政局与市人力资源和社会保障局、市民政局制定了《北京市城镇居民基本医疗保险基金财务管理暂行办法》。现印发给你们，请遵照执行。并请尽快做好2011年度政府资金补助申报和拨付等工作。

附件：北京市城镇居民基本医疗保险基金财务管理暂行办法

附件：

北京市城镇居民基本医疗保险基金财务管理暂行办法

第一条 为加强城镇居民基本医疗保险基金管理，根据《北京市人民政府关于印发北京市城镇居民基本医疗保险办法的通知》（京政发〔2010〕38号）、《财政部 人力资源和社会保障部关于加强城镇居民基本医疗保险基金和财政补助资金管理有关问题的通知》（财社〔2008〕116号）和《中共北京市委组织部 北京市老干部局 北京市财政局 北京市人力资源和社会保障局 北京市卫生局关于本市去世离休干部无工作配偶参加城镇居民基本医疗保险或新型农村合作医疗个人缴费有关事宜的通知》（京组通〔2011〕6号），并结合本市实际情况，制定本办法。

第二条 本办法所指城镇居民基本医疗保险基金，是指属于《北京市城镇居民基本医疗保险办法》适用范围的学生儿童、城镇老年人、城镇无业居民自愿参保缴费以及政府补助、其他收入等形成的基金，用于参保人员住院和门诊医疗支出。

第三条 城镇居民基本医疗保险基金参照《社会保险基金财务制度》执行，参照《社会保险基金会计制度》核算。

第四条 城镇居民基本医疗保险基金实行全市统筹，全部纳入市社会保障基金财政专户，单独建账，分账核算，实行收支两条线管理。

第五条 城镇居民基本医疗保险基金参照社会保险基金程序编制预决算。

第六条 城镇居民基本医疗保险基金缴拨流程参照《关于调整社会保险基金缴拨流程的通知》（京财社〔2010〕94号）执行。

第七条 城镇居民基本医疗保险年度为每年1月1日至12月31日，缴费期为上一年度9月1日至11月30日。

第八条 政府补助：城镇居民个人按照老年人、学生儿童、无业居民、残疾人等标准缴费，政府按照统一标准给予补助。目前政府补助资金标准为每人每年460元。此标准确需调整时，由市人力资源和社会保障局会同市财政局报市政府批准后执行。

第九条 政府资助：享受本市城市居民最低生活保障和生活困难补助待遇的参保人员，参照《北京市城市特困人员医疗救助暂行办法》享受医疗待遇的退养人员和退离居委会老积极分子，重度残疾人员，七至十级残疾军人、城镇优抚对象、见义勇为人员、福利机构内政府供养的服务对象、离休干部无工作配偶等个人缴费由政府给予全额资助。享受政府资助资格应在办理参保手续前取得。

第十条 政府补助的资金筹集渠道：接受普通高等学历教育的全日制非在职学生，按照高校隶属关系，政府补助资金由同级财政承担；残疾人由区县残疾人就业保障金承担；其他人员由区县财政承担。

第十一条 政府资助的资金筹集渠道：市属福利机构供养对象由市财政承担（其中残疾人员个人缴费资助由市级残疾人就业保障金承担）；重残人员个人缴费资助由区县残疾人就业保障金承担；符合规定的其他人员个人缴费由区县财政承担。

第十二条 第十条、第十一条中所列人员中具备两种及两种以上身份属性的，其政府补

（资）助资金筹集渠道按照该条文叙述顺序核定。

第十三条　市财政对区县政府补助资金予以适当补贴。补贴额度参考城镇居民医疗保险制度整合后各区县政府补助增长总额的一定比例确定。

第十四条　政府补（资）助资金申报程序

市社保经办机构应于每年 12 月 20 日前，按照当年缴费期结束后全市参加下一年度城镇居民基本医疗保险的人数和政府补（资）助标准，计算中央、市和各区县应承担的补（资）助资金，并向市财政部门提出资金申请。同时，市社保经办机构将全市政策覆盖内的高校接受普通高等学历教育的全日制非在职学生人数及所在学校提供市财政局。

区县社保经办机构应于每年 12 月 20 日前，按照当年缴费期结束后本区县参加下一年度城镇居民基本医疗保险的人数、经民政等部门审核后的享受个人缴费资助的人数以及相应的政府补（资）助标准，计算区县承担的补（资）助资金，并向区县财政部门提出申请。

市社保经办机构和区县社保经办机构数据来源保持一致。

政府补（资）助资金原则上每年集中申报一次。缴费期结束后新增参保人员补（资）助资金，与下一年度补（资）助资金合并申报。

第十五条　政府资金拨付程序

中央资金拨付程序：市财政局根据市社保经办机构申请，向财政部提出资金申请。收到中央资金后，及时拨付至市财政专户。

市财政资金拨付程序：市财政局在缴费期内将补贴区县资金预拨区县财政局，下一年度根据缴费期结束后的实际参保人数结算。根据市社保中心申请，于每年 2 月底前将市财政承担的补（资）助资金直接拨付市财政专户。

区县财政资金拨付程序：区县财政局应于每年 2 月底前，根据本区县社保经办机构申请，将区县补（资）助资金拨付至区县社保收入户。

第十六条　城镇居民基本医疗保险基金必须专款专用，任何单位和个人不得截留、挤占和挪用。财政、人力资源和社会保障部门要结合实际定期或不定期对基金使用和结余等情况进行监督检查，发现问题及时纠正。发现违法违纪行为，按相应法律法规严肃处理。

第十七条　社保经办机构要建立健全内部管理制度，定期向社会公布基金收支和结余情况，接受社会监督。

第十八条　本办法由北京市财政局、北京市人力资源和社会保障局、北京市民政局按照各自职责负责解释。

第十九条　本办法自下发之日起执行。2011 年度城镇居民医疗保险政府补助资金申报和拨付时间按照实际情况确定。原《城镇无医疗保障老年人和学生儿童大病医疗保险缴拨流程等有关问题的通知》（京劳社保发〔2007〕108 号）同时废止。

北京市财政局 北京市中医管理局关于印发《北京市中药研发资金管理办法》的通知

2011 年 9 月 23 日 京财社〔2011〕2078 号

各区（县）财政局、卫生局，各有关单位：

为促进北京地区中药产业发展，支持中药科技成果转化，促进中药研究开发保护，根据国家有关法律、法规、规章和北京市人民政府《关于促进首都中医药事业发展的意见》（京政发〔2008〕50 号），北京市财政局、北京市中医管理局共同研究制定了《北京市中药研发资金管理办法》，请严格遵照执行。

附件：北京市中药研发资金管理办法

附件：

北京市中药研发资金管理办法

第一章 总 则

第一条 为推动北京地区中药产业发展，支持中药科技成果转化，促进中药研究开发保护，根据国家有关法律、法规、规章和《北京市人民政府关于促进首都中医药事业发展的意见》，制定本办法。

第二条 本办法所称北京市中药研发资金（以下简称研发资金），是用于支持北京地区中药研发的专项资金。资金来源包括以中药知识产权交易收入、中药研发资金再投入形成的成果利用及转化收入，社会各界对研发资金的捐赠收入。

第三条 研发资金的使用和管理严格遵守国家和北京市有关法律、行政法规和相关规章制度，遵循科学管理、择优支持、公开透明、专款专用的原则。

第二章 机构和职责

第四条 研发资金由北京市财政局和北京市中医管理局共同管理。

第五条 北京市财政局是研发资金的监督管理部门。统筹负责对研发资金用途的审核、评审，对研发资金运作和使用进行监督、检查，实施绩效评价。

第六条 北京市中医管理局是研发资金项目的组织管理部门。设立研发资金绩效目标，负责受理研发资金项目申请并进行评估，论证项目必要性、可行性和资金投入规模、成本效益，提出项目投入的具体意见，对项目实施过程进行综合管理。

第七条 北京市中药研究所是研发资金项目的具体实施部门。负责研发资金项目的申报、老中医药专家名方验方收集、与中药研发企业签订项目合作协议，汇总、整理、报送中药研发企业申请研发资金的各种资料，并全面负责专项资金的具体运作。

第八条 中药研发企业负责提供相关材料，落实项目实施条件和配套资金，保证项目按时完成；对研发资金进行财务管理和会计核算，保证专款专用并接受有关部门的监督检查和审计。同时需要与北京市中药研究所签订有关协议。

第三章 资金使用范围与支持方式

第九条 研发资金的使用范围包括：

（一）中药创新药物研究与开发；

（二）北京中医药科技成果转化和中药自主创新产业发展；

（三）中药现代化新技术、新工艺、新制剂、新剂型等技术研究与引进；

（四）老中医药专家名方验方、名院名药（制剂）的收集及成果转化；

（五）培养具有自主知识产权的中药产品及其他与中药研发有关的项目；

（六）中医药高技术人才短期服务和劳务支出；

（七）经北京市财政局和北京市中医管理局批准的其他支出。

第十条 研发资金的支持方式包括：直接资助和贷款贴息两种方式。直接资助主要用于中药研发单位新产品研究开发、老中医药专家名方验方、名院名药（制剂）的收集及成果转化项目；在中药新产品研发过程中投资规模较大、周期较长的项目可对其就该项目向银行申请的贷款提供贷款贴息。

第四章 资金的管理运行

第十一条 申请研发资金的中药研发企业按照项目申报要求向北京市中药研究所报送研发资金申请。北京市中药研究所根据报送项目情况进行初步审核后，提出书面意见，与中药研发企业资金申请共同报送北京市中医管理局。

第十二条 北京市中医管理局接到研发资金项目申请后，委托有资质的中介机构进行评估或聘请有关方面的专家对申报项目的可行性、示范性及发展方向是否符合北京发展中药产业有关政策要求等方面进行综合评审。

第十三条 通过研发资金评审的项目，由北京市中药研究所报经北京市中医管理局和北京市财政局审批同意后办理拨款手续。

第十四条 北京市中药研究所对研发资金实施专户管理。

第十五条 研发资金拨付中药研发企业前，中药研发企业需要与北京市中药研究所签订协议，确定药品研发成功进行市场转让获利后，向研发资金上缴的资金比例和规模。

第十六条 经过项目评审确有开发价值的老中医药专家名方验方、名院名药（制剂）等，中药研发企业可以采取一次性购买、收益分成等方式鼓励医疗机构、科研单位或个人参与，具体方案报北京市中药研究所初步审核后，由北京市中药研究所报北京市中医管理局批准。

第十七条 申请到研发资金直接资助或贷款贴息的中药研发企业，必须保证研发项目顺利实施和按期完成。必须确保研发资金专款专用、专账核算。研发资金不得用于购买股票和债券、投资房地产、赞助、捐款以及偿债等支出。

第十八条 中药研发企业每年末必须按时向北京市中药研究所报送研发项目年度进展情

况；项目完成后，须及时向北京市中药研究所报送支出决算和使用效果的书面报告。北京市中药研究所及时汇总报送北京市中医管理局和北京市财政局。

第十九条 获得研发资金支持的项目，中药研发企业不得自行调整资金用途。因项目发生终止、撤销、变更等因素确需调整预算的，由中药研发企业按照原申请程序报批。项目单位要按照所适用财务制度的规定严格资金管理。

第二十条 中药研发企业对研发项目的成果转化、技术转让收益要依法纳税，根据国家有关法律法规办理相关手续，并按照与北京市中药研究所签订协议及时、足额上缴中药研发资金。

第五章 监督和检查

第二十一条 北京市中医管理局负责组织项目检查、验收，并按规定对项目组织实施绩效考评工作，并将项目进展情况和资金使用情况书面报送北京市财政局。北京市财政局负责对研发资金的使用情况进行监督和绩效管理。

第二十二条 北京市中医管理局委托中介机构对研发资金的使用情况进行年度审计，审计报告书面报送北京市财政局。

第二十三条 对在研发资金申报和使用过程中发现的违法行为，依据《财政违法行为处罚处分条例》等相关法律法规进行处理；构成犯罪的，依法移交司法机关追究其刑事责任。

第六章 附　　则

第二十四条 本管理办法由北京市财政局、北京市中医管理局按照各自工作职责负责解释。

第二十五条 本管理办法自发布之日起30日后施行。

北京市财政局关于印发《市级财政对区县残疾人职业康复中心建设补助办法》的通知

2011年11月28日　京财社〔2011〕2586号

各区县财政局：

为落实《北京市“十二五”时期残疾人事业发展规划》和市发展改革委、市财政局、市残联等七部门《关于印发推进本市残疾人职业康复劳动项目发展意见的通知》（京残发〔2007〕71号）精神，积极推进我市残疾人职业康复中心的建设，经征求市残联意见，市财政局制定了《市级财政对区县残疾人职业康复中心建设补助办法》，请遵照执行。

附件：市级财政对区县残疾人职业康复中心建设补助办法

附件：

市级财政对区县残疾人职业康复中心建设补助办法

第一条 目的

“十一五”时期我市残疾人职业康复劳动服务网络已初步形成，为落实《北京市“十二五”时期残疾人事业发展规划》，推进残疾人职业康复中心建设，特制定本办法。

第二条 功能定位

残疾人职业康复中心，应为智力残疾人和稳定期精神残疾人提供简单劳动、技能训练、康复训练和托管养护等综合性、公益性服务。

第三条 建设目标

根据《北京市“十二五”时期残疾人事业发展规划》，进一步完善职业康复劳动服务体系，建立市、区（县）和基层三级职业康复劳动服务体系，力争在“十二五”中期全部建成区（县）级职业康复中心。

第四条 补助原则

（一）坚持公益性方向，为残疾人提供专业化服务。

（二）以区县投入为主，多渠道筹集资金，市财政补助资金向远郊区县适当倾斜。

（三）加强管理，发挥已建设施作用，避免闲置浪费和重复建设。

第五条 补助标准

（一）根据市发展改革委确定的总投资，在扣除市发展改革委补助资金后市级财政的补助标准是：

1. 东城区、西城区、朝阳区和海淀区补助不超过40%；

2. 丰台区、石景山区、大兴区、通州区和顺义区补助不超过50%；

3. 门头沟区、昌平区、房山区、平谷区、怀柔区、密云县和延庆县补助不超过60%。

（二）以政府无偿划拨形式取得资产建设的，经市财政投资评审中心评审后，对无障碍建设和设施改造给予不超过评审结果70%的补助。

（三）超过核定面积的部分不予补助。

第六条 申请程序

（一）区县级残疾人职业康复中心项目须按规定办理立项。

（二）根据《关于北京市区县残疾人职业康复中心建设有关事宜的通知》（京残发〔2009〕71号），由市残联对职业康复中心建设规模予以审核。

（三）在市发展改革委批复后，由区县财政局、残联联合提出资金申请，并分别报送市财政局、市残联。资金申请应包括：

1. 区县财政局、残联的请示；

2. 市发展改革委的批复；

3. 可行性研究报告。

（四）申请无障碍建设和设施改造资金的项目，由区县财政局、残联联合提出资金申请，送市财政投资评审中心评审。资金申请应包括：

1. 区县财政局、残联的请示；
2. 无偿取得资产的证明材料；
3. 可行性研究报告；
4. 无障碍建设和设施改造明细预算。

第七条 资金来源

市级财政对区县残疾人职业康复中心建设补助资金，列入市级残疾人就业保障金支出。

第八条 监督检查

（一）市财政局、市残联负责组织市对区县残疾人职业康复中心建设补助资金的监督检查。

（二）对国家机关及其工作人员、企业和个人虚报、冒领、截留、挪用、滞留市级财政对区县残疾人职业康复中心建设补助的，依据《财政违法行为处罚处分条例》（国务院令第427号）的规定追究法律责任。

第九条 其他要求

（一）上述补助标准为最高补助，各区县根据实际情况，在补助范围内提出资金申请。

（二）区县职业康复中心的运行维护经费由区县政府负责。

（三）各区县应充分发挥残疾人职业康复中心的作用，保障职业康复中心为残疾人服务，严禁将残疾人职业康复中心挪作他用。

第十条 本办法自发布之日起实施。

北京市财政局　北京市残疾人联合会关于印发《市对区（县）残疾人就业保障金转移支付暂行办法》的通知

2011年12月7日　京财社〔2011〕2687号

各区县财政局、残联：

为落实《北京市“十二五”时期残疾人事业发展规划》，促进我市残疾人事业发展，进一步加强对残疾人就业保障金的管理、规范市对区县的补助、提高资金使用效益，根据《关于印发〈北京市市级残疾人就业保障金管理使用暂行办法〉的通知》（京财社〔2007〕252号）的有关规定，经研究，市财政局、市残联制定了《市对区（县）残疾人就业保障金转移支付暂行办法》，请遵照执行。

附件：市对区（县）残疾人就业保障金转移支付暂行办法

附件：

市对区（县）残疾人就业保障金转移支付暂行办法

第一条 目　　的

为了进一步加强对残疾人就业保障金的管理，规范市级残疾人就业保障金对区（县）的转移支付，提高残疾人就业保障金使用效益，保障残疾人基本生活，根据市财政局、市残联《关于印发〈北京市市级残疾人就业保障金管理使用暂行办法〉的通知》（京财社〔2007〕252 号）的有关规定，制定本办法。

第二条 基本原则

（一）保障政策性支出，保障市政府及相关部门各项扶助残疾人政策的落实，切实维护残疾人合法利益。

（二）促进残疾人事业发展，在保障政策性支出的基础上，各区（县）根据全市统一部署和实际情况，适当安排事业发展支出。

（三）保障区（县）间残疾人事业均衡发展，对当年合理支出大于收入的区（县）给予转移支付。

（四）市对区（县）转移支付与残疾人就业保障金征缴、资金管理工作挂钩。

第三条 支付标准

市级残疾人就业保障金对区（县）转移支付为两部分，一是保障政策落实和事业发展，对残疾人就业保障金收入不足的区（县）给予补助；二是对区（县）残疾人就业保障金征缴工作和资金管理工作进行考核奖励。

（一）保障性支出和事业发展支出补助方法

1. 收入：上年本区（县）残疾人就业保障金实际入库数。

2. 保障性支出：即保障市政府及其有关部门统一出台的政策规定范围内的支出，依据全市统一出台的政策，按照标准计算其支出总数。

3. 事业发展支出：即在本市确定的残疾人就业保障金使用范围内，促进残疾人事业发展安排的支出。原则上依据北京市残疾人基础信息数据库中各区（县）办证残疾人的人数和人均每年 300 元标准计算。

4. 补助数：支出大于收入的差额。

（二）考核奖励

与各区（县）残疾人就业保障金征缴工作和残疾人就业保障金资金使用管理工作挂钩。

1. 对区（县）按比例安排残疾人就业审核率超过 85% 且高于当年全市审核率的，按照该区（县）残疾人就业保障金收入数的 2% 给予奖励。

2. 对区（县）残疾人就业保障金入库率超过 98% 且高于当年全市入库率的，按照该区（县）残疾人就业保障金收入数的 2% 给予奖励。

3. 对市属及以下机关、团体、事业单位总体按比例安排残疾人就业审核率不低于 98% 的区（县），按照该区（县）残疾人就业保障金收入数的 1% 给予奖励。

4. 根据市级残疾人就业保障金对区（县）转移支付的提前告知数上报本级人代会并于

年初批复使用单位不低于转移支付数70%的，按照该区（县）残疾人就业保障金收入数的2%给予奖励。

5. 根据区（县）残疾人就业保障金预算编制准确率，按照该区（县）残疾人就业保障金收入数的2%—4%给予奖励。

第四条 申请审批程序

（一）申报

各区（县）根据各项残疾人政策规定，编制下一年度支出预算，由区县财政局依据本规定提出转移支付资金申请，于每年9月底前上报市财政局。

（二）审核

市财政局、市残联对区（县）上报的预算和转移支付资金申请进行审核。

（三）提前告知

每年11月底前市财政局提前告知区（县）下一年度残疾人就业保障金转移支付数。

（四）批复

市人代会批准市级预算后，市财政局正式批复区（县）财政局。区（县）财政局根据提前告知数，年初批复使用单位。

（五）考核奖励

市财政局、市残联每年对上一年度区（县）残疾人就业保障金征缴工作、残疾人就业保障金预算编制工作、市级转移支付资金预算下达工作进行考核，根据考核结果下达本年度预算。

第五条 资金来源

市级残疾人就业保障金。

第六条 预算编制要求

（一）预算编制的基础数据以当年8月31日实际数为准，实事求是编制预算。

（二）由区（县）残联（或预算执行部门）负责编制预算，区（县）财政局加强预算的审核，并对预算编制负责。

（三）按照科学化、精细化管理要求，提高预算编制的准确性。

（四）按照规定时间上报市财政局、市残联审核。

（五）资金申请包括请示、申请表和预算说明。（附残疾人就业保障金支出预算表）

第七条 资金使用要求

残疾人就业保障金是政府性基金，所有转移支付资金的使用，必须符合市财政局、市残联《关于印发〈北京市市级残疾人就业保障金管理使用暂行办法〉的通知》（京财社〔2007〕252号）的有关规定，并优先安排保障性支出。

第八条 监督检查

（一）市财政局、市残联负责对市级残疾人就业保障金转移支付资金的监督检查，区（县）财政局负责资金的日常监管。

（二）对国家机关及其工作人员、企业和个人虚报、冒领、截留、挪用、滞留市级财政对区县补助的，依据《财政违法行为处罚处分条例》（国务院令第427号）的规定追究法律责任。

第九条 新出台政策

预算执行中新出台政策和全市性重点工作，对预算支出影响较大（超过当年支出的5%），且当年残疾人就业保障金合理支出大于收入的区县，由市级残疾人就业保障金给予补助，其余由区县负担，新出台政策纳入第二年全市统一的保障性支出。

第十条 本办法自发布之日起实施。

三、行政事业财务管理类

北京市财政局　北京市广播电影电视局 关于印发《北京市电影公益放映场次补贴专项资金管理办法（试行）》的通知

2011 年 4 月 6 日　京财文〔2011〕497 号

各区县财政局、区县文委：

为推动和促进我市公共文化服务体系建设，确保国家“农村电影放映工程”的顺利实施，解决基层群众看电影难的问题，我市设立了“北京市电影公益放映场次补贴专项资金”，专项用于补助农村、社区电影公益放映活动。为规范资金管理，特制定《北京市电影公益放映场次补贴专项资金管理办法（试行）》，现印发给你们，请认真贯彻执行。对执行中发现的问题，请及时向我们反映。

附件：北京市电影公益放映场次补贴专项资金管理办法（试行）

附件：

北京市电影公益放映场次补贴专项资金管理办法（试行）

第一章　总　　则

第一条　为加强我市电影公益放映资金的管理，提高财政资金使用效益，根据《预算法》、《预算法实施条例》、《农村电影公益放映场次补贴专项资金管理办法》以及《北京市市级项目支出预算管理办法》等法律法规的规定，结合我市电影公益放映工作实际，制定本办法。

第二条　为推动和促进我市公共文化服务体系建设，确保国家“农村电影放映工程”的顺利实施，市财政局设立“电影公益放映场次补贴专项资金”（以下简称“专项资金”），并受财政、审计和电影主管部门的监督检查。

第三条　本办法所指电影公益放映活动，是指在我市范围内按照政府电影主管部门规定的放映计划，采取流动放映和农村固定影厅放映方式，享受政府补贴的电影公益放映活动。

第二章　资金管理机构和职责

第四条　市财政局是专项资金筹措、预算安排和对专项资金实施监督管理的部门；市广电局是政策制定和项目宏观指导部门；区县财政局具体落实并直接管理专项资金；区县文化委员会和农村数字电影院线公司、电影服务中心是项目的具体组织和实施部门。

第五条　市财政局职责：

（一）对项目年度预算进行审核，结合财力状况，安排资金并批复预算；

（二）对专项资金使用情况进行监督检查；

（三）对项目执行情况进行绩效评价。

第六条　市广电局职责：

（一）组织协调有关部门制定相关政策，对区县文化委员会的项目计划方案和落实进行宏观指导；

（二）负责核定、下达区县年度放映场次任务，同时抄送各区县财政局；

（三）负责制定检查考核指标，年度执行中及年底进行项目进度检查。

第七条　区县财政局职责：

（一）根据市财政对项目年度预算的批复情况，批复区县文化委员会的项目年度预算，并确保资金及时拨付到位；

（二）对专项资金的使用情况进行监督检查；

（三）对项目执行情况进行绩效评价；

（四）负责与区县文化委员会共同制定专项资金的拨付、使用、监管方案；

（五）向市财政部门报送年度专款使用情况。

第八条　区县文化委员会职责：

（一）根据本地区群众的文化需求及市广电局下达的场次任务做出年度放映计划方案；

（二）负责制定放映责任制度，督促本区县放映队（点）按时完成放映任务；

（三）负责督促本地区县放映队（点）做好放映活动安全工作；

（四）负责与区县财政局共同制定专项资金的拨付、使用、监管方案；

（五）负责本区县放映场次的统计和上报工作。区县文化委员会应在每月5日前（遇节假日顺延）向区县财政局及市广电局报送上一月放映场次统计情况，做好放映原始登记单留存、备查工作。区县文化委员会应对所上报数据的准确性负责。

（六）向区县财政部门、市广电局报送年度“电影公益放映”项目实施情况。

第三章　资金的申报程序和补助标准

第九条　项目申报。市广电局根据确定的下年度放映计划，于9月底前将下年度专项资金项目预算报送市财政局审核。

第十条　预算批复。次年初，由市财政局根据市广电局核定的放映场次，将专项资金直接拨付给各区县财政，由各区县财政局落实资金。

第十一条　预算执行。专项资金应严格按照批复的项目预算执行，不得自行调整。执行过程中确因实施条件与项目申报时发生重大变化需调整的，应当按照申报程序报市财政局履行报批手续。

专项资金须专款专用，单独核算。

第十二条 固定影厅放映每场补助100元，流动放映每场补助200元。直接补助给放映人员的补贴经费不低于50%，其余部分用于区县电影服务中心、(公司、管理处）组织协调放映活动等必要开支，但不得用于提取管理费、维护费、折旧费等。

第四章 监督管理

第十三条 各级财政和电影主管部门要加强专项资金使用的监督管理，确保资金使用公开透明、及时到位、足额发放，并负责组织实施项目绩效评价工作。

第十四条 各级电影主管部门要建立公益放映公示制度、放映回执审核制度、资金使用预决算制度、社会监督及举报制度，定期对项目执行情况及资金使用情况进行专项检查。各区县文委应于次年2月底前，将上年度专项资金使用情况报市广电局和各区县财政局。

第十五条 确保电影公益放映资金专款专用，有下列情形之一的，应当根据具体情况给予停止拨款，收回补助经费处理，并对其中的违法行为，依据《财政违法行为处罚处分条例》及其他相关法律法规进行处理。

（一）放映补贴经费发放不及时、未按使用范围、标准和发放程序发放场次补贴的；

（二）专项经费不能专款专用的；

（三）虚报冒领、截留挪用、克扣场次补贴的行为。

第五章 附则

第十六条 各区县应根据本办法制定本区域的电影公益放映资金使用管理细则，并报市财政局、市广电局备案。

第十七条 本办法由市财政局和市广电局按职能负责解释。

第十八条 本办法自发布之日起30日后实施。北京市财政局北京市文化局《关于印发〈北京市“农村、社区电影放映场次补贴”专项资金管理暂行办法〉的通知》（京财文〔2009〕581号）文件同时废止。

北京市财政局关于在中关村国家自主创新示范区进行北京市市属事业单位科技成果处置权收益权改革试点的意见

2011年9月9日 京财文〔2011〕2028号

市属各行政事业单位、各区（县）财政局：

为贯彻落实国务院关于在中关村国家自主创新示范区开展科技成果处置权、收益权改革试点的要求，根据《财政部关于在中关村国家自主创新示范区进行中央级事业单位科技成果处置权改革试点的通知》（财教〔2011〕18号）和《财政部关于在中关村国家自主创新示范区开展中央级事业单位科技成果收益权管理改革试点的意见》（财教〔2011〕127 号）精神，在中关村国家自主创新示范区进行北京市市属事业单位科技成果处置权、收益权改革试点，现提出如下意见：

一、北京市市属事业单位科技成果处置是指，北京市市属事业单位对其拥有的科技成果进行产权转让或注销产权的行为，包括调拨、捐赠、出售、转让等。

二、北京市市属事业单位科技成果处置权限：以出售、转让方式，一次性处置单位价值或批量价值（账面原值，下同）在 800 万元以下的，由所在单位按照有关规定自主进行处置，并于一个月内将处置结果报北京市财政局备案，同时抄送中关村创新平台；一次性处置单位价值或批量价值在 800 万元以上（含 800 万元）的，由所在单位经主管部门审核同意后报北京市财政局审批，北京市财政局审批后将审批文件抄送中关村创新平台。

三、以其他方式处置的科技成果的，按照《关于印发〈北京市行政事业单位国有资产处置管理办法〉的通知》（京财绩效〔2009〕2817 号）的规定执行。

四、本意见所指的北京市市属事业单位科技成果收益包括：

（一）本意见规定的北京市市属事业单位科技成果处置行为产生的收益；

（二）北京市市属事业单位按照《关于印发〈北京市行政事业单位国有资产处置管理办法〉的通知》（京财绩效〔2009〕2817 号）有关规定，对利用其拥有的科技成果对外投资形成的股权（权益）进行初次处置产生的收益，不包括二次或多次转让股权（权益）产生的收益。

以上收益是指按照相关政策和规定，扣除相关税费或奖励后，应上缴国库的处置收入。

五、科技成果收益分段按比例留归单位，纳入单位预算统筹用于科研及相关技术转移工作，其余部分上缴国库。按照科技成果价值在 800 万元以下、800 万元－5000 万元、5000 万元以上三种情况，分别规定如下（见下表）：

科技成果价值	收益分成额度		留归单位比例（%）	上缴市财政比例（%）
800 万元以下	全部收益		100	0
800 万－5000 万元（含 800 万元）	第一段	收益×（800 万元/科技成果价值）	100	0
	第二段	收益×（1－800 万元/科技成果价值）	90	10
5000 万元以上（含 5000 万元）	第一段	收益×（800 万元/科技成果价值）	100	0
	第二段	收益×〔（5000 万元－800 万元）/科技成果价值〕	90	10
	第三段	收益×（1－5000 万元/科技成果价值）	0	100

六、北京市市属事业单位按照本意见规定报批有关处置事项时，其收益如属于按有关规定扣除奖励资金后的收益，需同时报送有关奖励方案。

七、主管部门应加强对北京市市属事业单位科技成果处置和收益的管理，应上缴市财政的部分要督促单位及时上缴，留归单位的部分要加强管理和监督检查，确保资金安全、规范、有效使用。

八、对于特殊的处理事项，市财政保留对其收益上收的权利。

九、本意见在中关村国家自主创新示范区内北京市市属事业单位中试行。本意见自发布之日起30日后实施，有效期至2013年12月31日止。

北京市财政局 北京市教育委员会转发财政部等三部委《应征入伍服义务兵役高等学校在校生学费补偿国家助学贷款代偿及退役复学后学费资助暂行办法》的通知

2011年12月1日 京财文〔2011〕2636号

各区县财政局、教委、征兵办公室，各市属普通本科高校、高等职业学校、民办学校：

为鼓励北京市属高校在校生积极应征入伍服义务兵役，现将财政部、教育部、总参谋部关于印发《应征入伍服义务兵役高等学校在校生学费补偿国家助学贷款代偿及退役复学后学费资助暂行办法》的通知（财教〔2011〕510号）（以下简称"《暂行办法》"）转发给你们，并结合我市实际情况提出如下要求，请一并遵照执行。

一、各市属高校要向在校生积极宣传《暂行办法》，鼓励在校生积极响应号召应征入伍服役，为提高我国兵员征集质量，推进国防和军队现代化建设做贡献。

二、各区县财政局、教委，各市属高校要组织相关人员认真学习落实《暂行办法》精神，加强对此项工作的领导，切实履行各自职责，制定工作流程。

三、各区县财政局、教委，各市属高校要主动配合征兵办公室的工作，确保按时完成《暂行办法》要求的各项工作。

四、各市属高校应在规定时间将收到的应征入伍在校生材料报北京市学生资助事务管理中心（以下简称"市学生资助管理中心"）。市学生资助管理中心审核无误后，报全国学生资助管理中心备案。对于申请补偿代偿的贷款在校生，各市属高校应按照《暂行办法》的要求，采取相应措施确保补偿代偿资金优先偿还贷款。对于被部队退回并被取消补偿代偿资格的在校生，如退回学生为北京生源且返回其原户籍所在地，其已获得的补偿代偿资金由其原户籍所在地区县资助中心会同同级征兵办公室收回；如退回学生原就读市属高校且返回原就读高校，其已获得的补偿代偿资金由原就读高校会同高校所在地区县征兵办公室收回。各区县资助中心和各市属高校在收回补偿代偿资金后15个工作日内，上缴市学生资助管理中心，由市学生资助管理中心汇总上缴全国学生资助管理中心。

特此通知。

附件：财政部 教育部 总参谋部关于印发《应征入伍服义务兵役高等学校在校生学费补偿国家助学贷款代偿及退役复学后学费资助暂行办法》的通知

附件：

财政部　教育部　总参谋部关于印发《应征入伍服义务兵役高等学校在校生学费补偿国家助学贷款代偿及退役复学后学费资助暂行办法》的通知

2011 年 10 月 19 日　财教〔2011〕510 号

党中央有关部门，国务院有关部委、有关直属机构，武警部队，各省、自治区、直辖市、计划单列市财政厅（局）、教育厅（教委）、征兵办公室，新疆生产建设兵团财务局、教育局，各军区，各军兵种，军事科学院，国防大学，国防科学技术大学，各省军区（卫戍区、警备区），中央部门直属各高等学校：

为鼓励高等学校在校学生积极应征入伍服义务兵役，提高兵员征集质量，推进国防和军队现代化建设，财政部、教育部、总参谋部决定自 2011 年秋季学期起，对应征入伍服义务兵役的全日制普通高等学校在校学生，实施相应的学费补偿和国家助学贷款代偿，退役后复学的原高校在校学生实施相应的学费资助。

现将《应征入伍服义务兵役高等学校在校生学费补偿国家助学贷款代偿及退役复学后学费资助暂行办法》印发给你们，请遵照执行。

附：1. 应征入伍服义务兵役高等学校在校生学费补偿国家助学贷款代偿及退役复学后学费资助暂行办法

2. 应征入伍高校在校生学费补偿国家助学贷款代偿申请表（略）

3. 应征入伍高校复学生学费资助申请表（略）

附 1：

应征入伍服义务兵役高等学校在校生学费补偿国家助学贷款代偿及退役复学后学费资助暂行办法

第一章　总　　则

第一条　为鼓励高等学校在校学生积极应征入伍服义务兵役，提高兵员征集质量，推进国防和军队现代化建设，现根据国家有关规定，制定本办法。

第二条　从 2011 年秋季学期起，国家对应征入伍服义务兵役的高等学校在校生在校期间缴纳的学费实行补偿，退役后复学的原高校在校生实行学费资助。

在校期间获得国家助学贷款（含高校国家助学贷款和生源地信用助学贷款，下同）的，学费补偿必须首先用于偿还国家助学贷款。

第三条 本办法中高等学校指根据国家有关规定批准设立、实施高等学历教育的中央部门和地方所属全日制公办普通高等学校、民办普通高等学校和独立学院（以下简称高校）。

第四条 本办法中高等学校在校生指上述高校中全日制普通本专科（含高职）、研究生、第二学士学位在读生，以及成人高校招收的普通本专科（高职）在读生（以下简称高校在校生）。

在校期间已享受免除全部学费政策的学生，定向生、委培生，国防生以及其他不属于服义务兵役到部队参军的高校在校生不包括在内。

第五条 被批准入伍的高校翌年毕业的毕业班学生，能够完成学业具备毕业资格的，按照高校应届毕业生学费补偿国家助学贷款代偿办法办理；暂不能够完成学业不具备毕业资格的，按照本办法在校生学费补偿国家助学贷款代偿办法办理。其资格认定由学生所在高校负责。

第二章 补偿、代偿和资助的标准、年限及方式

第六条 国家对每名高校在校生应征入伍前在校期间每学年学费补偿或国家助学贷款代偿的金额，按实际缴纳的学费或获得的国家助学贷款金额计算，每人每年最高不超过6000元。

高校在校生应征入伍前在校期间每学年实际缴纳的学费或获得的国家助学贷款高于6000元的，按照每年6000元的金额实行补偿或代偿。

高校在校生应征入伍前在校期间每学年实际缴纳的学费或获得的国家助学贷款低于6000元的，按照学费和国家助学贷款两者就高的原则，实行补偿或代偿。

获得国家助学贷款的高校在校生应征入伍后，国家助学贷款停止发放。

第七条 应征入伍的高校在校生退役复学后，可以按规定申请获得学费资助。

国家对申请学费资助的退役复学的高校学生每学年资助学费金额，最高不超过6000元。每学年学费标准高于6000元的，按照6000元的金额进行资助；每学年学费标准低于6000元的，按照实际学费收费金额进行资助。

第八条 国家对本科、专科（高职）、研究生和第二学士学位在校生学费补偿、国家助学贷款代偿和学费资助的年限，分别按照国家规定的相应学制年限标准据实计算。以入伍时间为准，入伍前应达到的学制规定年限，即是学费补偿或国家助学贷款代偿的年限；退役复学后应完成的学制规定年限，即是学费资助的年限。

专升本、本硕连读学制在校生，在专科或本科学习阶段应征入伍的，以实际学习时间实行学费补偿或国家助学贷款代偿；在本科或硕士学习阶段应征入伍的，以本科已学习时间或硕士已学习时间计算，实行学费补偿或国家助学贷款代偿，其以前专科学习时间或本科学习时间不计入学费补偿或国家助学贷款代偿。中职高职连读学费补偿或国家助学贷款代偿的年限，按照高职阶段实际学习的时间计算。退役复学后学费资助的期限，为国家规定的相应学制剩余期限。复学后继续攻读更高层次学历不在资助范围之内。

第九条 国家对获得学费补偿和国家助学贷款代偿资格的应征入伍服义务兵役的高校在校生，按照上述原则和金额，在学生入伍时实行一次性补偿或代偿；退役复学后学生学费资助，实行一次性申请、一次性审批，经费一次性拨付学校。

第三章 申请与审核

第十条 应征入伍服义务兵役的高校在校生，按以下程序申请学费补偿和国家助学贷款代偿：

（一）每年 10 月 15 日前，应征报名的高校在校生登录大学生网上预征报名系统，填写相关信息，下载打印《应征入伍高校在校生学费补偿国家助学贷款代偿申请表》并提交学校学生资助管理机构。在校期间获得高校国家助学贷款的高校在校生，还需要向学校提供与国家助学贷款经办银行签订的一次性偿还贷款计划书，其中应注明已申请国家助学贷款代偿；在校期间获得生源地信用助学贷款的高校在校生，还需要向学校提供本人签字的一次性偿还贷款计划书，其中应注明代偿经费将直接由学校或由学校通过贷款经办地县（市、区）学生资助管理机构向银行一次性代为偿还贷款。

（二）每年 10 月 31 日前，高校对被确定为预征对象的在校生学费补偿和国家助学贷款代偿的条件资格、具体金额及相关信息资料进行审核，确认无误后，在《应征入伍高校在校生学费补偿国家助学贷款代偿申请表》上加盖公章，提交高校所在地县（市、区）人民政府征兵办公室。

（三）每年 12 月 31 日前，高校在校生按照有关规定在高校所在地县（市、区）参加征兵体检政审，被批准入伍的，由高校所在地县（市、区）人民政府征兵办公室向其发放《入伍通知书》，并在《应征入伍高校在校生学费补偿国家助学贷款代偿申请表》上加盖公章。

（四）次年 1 月 15 日前，高校所在地县（市、区）人民政府征兵办公室将被批准入伍的高校在校生《应征入伍高校在校生学费补偿国家助学贷款代偿申请表》原件和《入伍通知书》复印件交学生就读高校学生资助管理机构。

（五）地方高校和中央高校应在收到上述材料后 10 个工作日内，按照隶属关系，分别报各省（区、市）学生资助管理中心和全国学生资助管理中心审核。各省（区、市）学生资助管理中心应在收到地方高校应征入伍学生的材料后 10 个工作日内完成审核，并报全国学生资助管理中心备案。

（六）全国学生资助管理中心应在收到各省（区、市）学生资助管理中心和中央高校报送的材料后 10 个工作日内，完成备案和审核工作，确定当年应征入伍高校在校生享受学费补偿和国家助学贷款代偿政策的最终名单以及具体金额。

第十一条 应征入伍服义务兵役的高校在校生，退役复学后，按照以下程序申请学费资助：

（一）每年退役复学的原高校在校生，到学校报到后向学校提出学费资助申请，填写并提交《应征入伍高校复学生学费资助申请表》和退出现役证书复印件。

（二）地方高校和中央高校应在收到上述材料后 10 个工作日内，会同高校所在地县（市、区）人民政府征兵办公室对学生申请资格进行认定。确认无误后，按照隶属关系，将《应征入伍高校复学生学费资助申请表》及退出现役证书复印件在规定时间内按年度分别报各省（区、市）学生资助管理中心和全国学生资助管理中心审核。地方高校退役复学生的材料由各省（区、市）学生资助管理中心审核无误后，报全国学生资助管理中心备案。

（三）全国学生资助管理中心应在收到各省（区、市）学生资助管理中心和中央高校报送的材料后10个工作日内，完成备案和审核工作，确定当年退役复学生享受学费资助的最终名单以及具体金额。

第四章 预算下达，补偿、代偿和资助的实施

第十二条 应征入伍高校在校生及退役复学生按照以下程序实施学费补偿、国家助学贷款代偿及学费资助：

（一）中央高校应征入伍在校生学费补偿、国家助学贷款代偿及退役复学生学费资助资金，由中央财政拨付全国学生资助管理中心，并由其拨付中央高校；地方高校应征入伍在校生学费补偿、国家助学贷款代偿及退役复学生学费资助资金，由中央财政下达各省（区、市）财政部门。各省（区、市）财政部门收到中央财政拨付资金后15个工作日内，按照预算管理程序拨付地方高校。

（二）中央高校和地方高校应在收到学费补偿和国家助学贷款代偿资金后15个工作日内，向学生补偿学费。

对于办理了高校国家助学贷款的学生，由学校代替学生按照还款计划，在收到代偿资金后15个工作日内向银行偿还其在本校办理的国家助学贷款本金，并将银行开具的偿还国家助学贷款本金的票据交寄学生本人或其家长。剩余的补偿资金汇至学生指定的地址或账户。

对于入学前在户籍所在县（市、区）办理了生源地信用助学贷款的学生，根据学生签字的还款计划，由学校在收到代偿资金后15个工作日内直接向银行偿还其生源地信用助学贷款本金，或由学校将代偿资金汇入学生户籍所在县（市、区）的学生资助管理机构账户，由县（市、区）学生资助管理机构在收到代偿资金后15个工作日内，向银行偿还其生源地信用助学贷款本金。学校或县（市、区）学生资助管理机构将银行开具的偿还生源地信用助学贷款本金的票据交寄学生本人或其家长。县（市、区）学生资助管理机构代为偿还生源地信用助学贷款本金的，应同时将票据复印件寄送学生就读高校。剩余的补偿资金汇至学生指定的地址或账户。

如应征入伍学费补偿或国家助学贷款代偿的经费不足以偿还国家助学贷款的，应征入伍学生应继续按照还款计划，将剩余部分国家助学贷款偿还经办银行。

（三）中央高校和地方高校应在收到退役复学生学费资助资金后，分年度直接用于缴纳学生本人的学费，并将开具的按年度缴纳学费的票据交学生本人。

第五章 管理与监督

第十三条 因本人思想原因、故意隐瞒病史或违法犯罪等行为造成退兵的原高校在校生，取消学费补偿和国家助学贷款代偿资格。各省（区、市）人民政府征兵办公室应在接收退兵后15个工作日内将被部队退回的学生的姓名、就读高校、退兵原因等情况逐级上报至国防部征兵办公室，并按照学生原就读高校的隶属关系，分别通报同级教育行政部门和中央高校。

被部队退回并被取消补偿代偿资格的原高校在校生，如退回学生返回其原户籍所在地，其已补偿的学费或代偿的国家助学贷款资金由学生户籍所在地县（市、区）教育行政部门会同同级人民政府征兵办公室收回；如退回学生返回其原就读高校，其已补偿的学费或代偿

的国家助学贷款由学生原就读高校会同高校所在地县（市、区）人民政府征兵办公室收回。各县（市、区）教育行政部门和各高校应在收回学费补偿或国家助学贷款代偿资金后15个工作日内，逐级汇总上缴全国学生资助管理中心。收回资金按规定作为下一年度学费补偿或国家助学贷款代偿经费。

第十四条　因本人思想原因、故意隐瞒病史或违法犯罪等行为造成退兵的原高校在校生，不具备申请学费资助的资格。

第十五条　因部队编制员额缩减、国家建设需要、因战因公负伤致残、因病不适宜在部队继续服役、家庭发生重大变故需要退出现役等原因，经组织批准提前退役的原高校在校生，仍具备学费补偿、国家助学贷款代偿及申请学费资助资格。其他原因非正常退役的原高校在校生是否具备学费补偿、国家助学贷款代偿及申请学费资助资格，由学校所在地省（区、市）人民政府征兵办公室会同同级教育行政部门认定。

第十六条　各地教育行政部门、人民政府征兵办公室和高校要认真履行职责，按照规定要求，对应征入伍高校在校生的入伍资格、学费补偿和国家助学贷款代偿以及退役复学后学费资助情况进行认真审核，不得弄虚作假。各地财政、教育行政部门和高校要严格执行国家相关财经法规和本办法的规定，安排专人负责，对学费补偿、国家助学贷款代偿和学费资助资金实行分账核算，专款专用，不得截留、挤占、挪用。

第六章　附　　则

第十七条　经有关部门批准按照学分制收费的高校，其应征入伍服义务兵役的在校生学费补偿或学费资助的总额，按照本办法第六条、第七条确定的每年的补偿或资助标准乘以相应学制计算。

第十八条　本办法实施前已经在部队服义务兵役的原高校在校生，退役后可申请学费资助。对于其入伍前已经缴纳的学费或获得的国家助学贷款，不再进行补偿或代偿。

第十九条　本办法由财政部、教育部、总参谋部负责解释。

第二十条　本办法自公布之日起实施。

北京市财政局　北京市教育委员会关于印发《北京市扶持学前教育事业发展项目经费管理办法》的通知

2011年12月12日　京财文〔2011〕2704号

各区县财政局、教委：

为贯彻落实《北京市中长期教育改革和发展规划纲要（2010－2020年）》、《北京市学前教育三年行动计划（2011－2013年）》，加快推进北京市学前教育事业健康发展，使入园难问题得到有效缓解。根据《北京市市级项目支出预算管理办法》（京财预〔2010〕1956

号）和《市对区县教育专项资金管理办法》（京财文〔2006〕2305号），制定《北京市扶持学前教育事业发展项目经费管理办法》，现将本办法印发给你们，请遵照执行。

附件：北京市扶持学前教育事业发展项目经费管理办法

附件：

北京市扶持学前教育事业发展项目经费管理办法

第一章　总　　则

第一条　为贯彻落实《北京市中长期教育改革和发展规划纲要（2010－2020年）》、《北京市学前教育三年行动计划（2011－2013年）》（京政发〔2011〕26号），加快推进北京市学前教育事业健康发展，使入园难问题得到有效缓解。根据《北京市市级项目支出预算管理办法》（京财预〔2010〕1956号）和《市对区县教育专项资金管理办法》（京财文〔2006〕2305号），制定本办法。

第二条　本办法所指扶持学前教育事业发展项目主要包括新改扩建幼儿园补助工程、办园条件达标工程、生均定额补助及提供普惠服务考核合格的民办幼儿园补助等内容，项目经费纳入年度财政预算。市级学前教育项目补助重点向财力薄弱区县、农村地区、薄弱园所、家庭经济困难幼儿倾斜。

第三条　北京市教育委员会对扶持学前教育事业发展项目进行管理，并对区县教育委员会及所属单位进行业务指导。

第四条　本办法适用于公办性质教育部门、乡镇中心、街道举办的幼儿园及其附属分园、其他部门办园及民办性质幼儿园。

第二章　经费补助内容和标准

第五条　新建改扩建幼儿园补助工程

（一）补助范围

1. 列入本市学前教育三年行动计划新建、改扩建建设项目中已竣工的幼儿园；

2. 小区配套公办性质幼儿园；

3. 新增公办小学附属幼儿园。

（二）补助标准

按照《北京市托幼园所办园（所）条件标准》中一级标准，10个教学班（及以上）规模的幼儿园按照每园300万元的标准给予补助；不足10个教学班的，按照每个教学班30万元标准给予补助。经费需求不足部分由各区县财政及幼儿园所承担，具体分担比例由各区县根据财力情况自行规定。

（三）经费支持方向

1. 幼儿园设施改造：包括幼儿园室内外装修，水电气暖线路改造，办公设施投入及更换；

2. 幼儿园设备：包括幼儿园活动室、寝室、厨房、保健室新购设备及更换、办公设备新购及更换，户外活动场地大型玩具的新购及更换等。

第六条　办园标准达标补助工程

（一）补助范围

教育部门、乡镇中心、街道幼儿园及其附属分园、其他部门办园。

（二）补助标准

按照《北京市托幼园所办园（所）条件标准》中一级标准，对未达标的幼儿园按照每个教学班给予不超过30万元的经费补助。经费需求不足部分由区县财政及幼儿园所承担，具体分担比例由区县结合财力情况自行规定。

（三）经费支持方向

1. 幼儿园所房屋改造、装修：包括水电改造、幼儿活动室、幼儿睡眠室、盥洗室、厨房及室外场地改造及装修；

2. 幼儿园所设备购置：包括购置幼儿桌椅、床、空调、消毒柜、钢（风）琴、玩具柜等设备。

第七条　生均定额补助工程

（一）补助范围

接收本市户籍和进城务工人员子女入园的公办性质非教育部门办园，包括乡镇农村幼儿园、街道幼儿园、集体性质幼儿园、其他部门幼儿园。

（二）补助标准

根据在园儿童数，按照每生每年1200元标准予以补助。

（三）经费支持方向

用于弥补公用经费，不得用于人员支出，偿还贷款、基本建设等支出。

第八条　对提供普惠性服务且考核合格的民办园补助

（一）补助范围

鼓励北京市民办幼儿园加强规范管理，提高办园质量，促进民办幼儿园提供普惠性服务。对保育费收费标准每人每月不超过1200元、接收进城务工人员子女入园人数不低于5%，且考核及年检合格的民办幼儿园实施补助。

（二）补助标准

民办幼儿园规模3个班以下（含3个班），每所幼儿园补助经费4万元；民办幼儿园规模3个班以上6个班以下（含6个班），每所幼儿园补助经费9万元；民办幼儿园规模7个班以上12个班以下（含12个班），每所幼儿园补助经费13万元；民办幼儿园规模13个班以上，每所幼儿园补助经费20万元。

（三）经费支持方向

主要用于支付园舍租金，增添玩教具、保教和生活设施设备，教师培训，校舍维修改造，弥补公用经费等。

第九条　对本市户籍家庭经济困难儿童及革命烈士子女、孤儿等享受社会优抚待遇家庭的儿童入园减免保育费，减免所需经费由市级财政全额负担。

第十条　凡已列入抗震加固改造范围的基础设施改造项目暂不纳入以上各项财政补助范围。

第三章　项目预算的申报与执行

第十一条　北京市财政局、北京市教育委员会根据《北京市学前教育三年行动计划

（2011－2013年）》要求，于每年下半年确定下一年度扶持学前教育事业发展经费补助规模，结合工作重点，按照轻重缓急的原则向区县布置重点支持方向。区县教育委员会、财政局结合本区实际情况，按照实事求是原则，按照年度部门预算要求，提出项目的建设方案和经费使用预算，纳入年度预算，并报北京市教育委员会初审。

第十二条 北京市教育委员会对申报项目的真实性、合理性和规范性进行审查后，报北京市财政局审核。北京市财政局按照预算管理要求审核并批复预算。

第十三条 项目经费预算一经批复，各区县和各部门不得擅自调整。如因国家政策、项目实施环境和条件发生变化等特殊情况确需调整的，由区县教育行政部门、财政部门初审，报北京市教育委员会审核后，报北京市财政局履行批复调整程序。

第十四条 北京市教育委员会依据批复的项目预算组织区县教育行政部门实施项目，并监督项目申报单位严格按照批复的文本内容执行预算。

第四章 经费管理

第十五条 区县财政、教育行政部门和项目单位必须严格执行国家相关财经法规和本办法规定，遵循勤俭节约办事业的原则，加强对项目经费使用的管理。

第十六条 项目经费必须单独核算、专款专用，不得截留挪作他用。项目经费列支范围要严格执行本办法规定的列支范围。

第十七条 区县财政、教育行政部门要加大项目经费监管力度，指导项目实施单位做好项目预算、相关项目招标、设备采购等工作，重点指导公办性质非教育行政部门办园做好财务管理、资产管理和项目审计等工作，确保资金安全高效使用。

第十八条 项目实施过程中形成的国有资产应严格按照国家和北京市国有资产管理有关规定执行，各相关单位要加强管理，防止国有资产流失。

第十九条 项目单位要严格按照政府采购相关规定实施政府采购。

第二十条 项目单位执行中形成的项目结余资金要按照市、区县政府关于结余资金管理的有关规定执行，要加强对项目结余资金的管理，提高财政资金使用效益。

第二十一条 北京市教育委员会、北京市财政局共同组织项目验收，验收注重对项目的整体建设水平评价。

第五章 监督检查与绩效评价

第二十二条 项目单位要加强对项目经费使用情况的跟踪监测，建立经费执行情况年报信息反馈制度，及时反馈项目实施中出现的资金管理问题。每年3月15日前，将上年度项目实施的总体情况、资金使用和管理情况以书面形式分别报北京市财政局、北京市教育委员会。

第二十三条 项目单位必须接受财政、教育行政和审计部门对经费使用情况监督检查。

第二十四条 区县财政部门将项目资金纳入区县教育类项目绩效考评范围，指导、监督、检查项目的绩效考评工作，实行项目追踪问效。北京市财政局会同北京市教育委员会等有关部门根据各区县实际工作情况组织实施项目再评价。

第二十五条 北京市财政局会同北京市教育委员会、北京市审计局等部门对资金使用情况组织检查。对于弄虚作假、截留、挪用、挤占经费等违反财经纪律的行为，财政部门会同相关部门按照《中华人民共和国预算法》、《财政违法行为处罚处分条例》（国务院令第427号）等有关法律、法规进行严肃处理。

第六章　附　　则

第二十六条　本办法由北京市财政局、北京市教育委员会负责解释。

第二十七条　本办法自发布之日起施行。

北京市财政局　北京市教育委员会关于转发财政部　教育部《关于印发〈中央教育费附加支出管理暂行办法〉的通知》

2011年12月17日　京财文〔2011〕2807号

各区县财政局、教委：

为贯彻落实国务院《关于进一步加大财政教育投入的意见》（国发〔2011〕22号）精神，进一步规范中央教育费附加支出管理，提高资金使用效益，现将财政部、教育部《关于印发〈中央教育费附加支出管理暂行办法〉的通知》（财教〔2011〕501号）转发给你们，请遵照执行。

各区县要结合我市和各区县教育发展规划，按照通知明确的资金支持方向和项目组织申报要求，做好项目选取和申报工作。申报的项目要突出重点，能切实促进各区县教育事业发展。各区（县）财政、教育部门要严格按照预算批复和项目文本内容组织项目实施，明确项目责任，加强资金管理，严禁挪用、挤占、截留资金，确保经费专款专用。

附件：财政部　教育部《关于印发〈中央教育费附加支出管理暂行办法〉的通知》

附件：

财政部　教育部关于印发《中央教育费附加支出管理暂行办法》的通知

2011年10月12日　财教〔2011〕501号

各省、自治区、直辖市、计划单列市财政厅（局）、教育厅（教委、教育局）：

为规范中央教育费附加支出管理，提高资金使用效益，财政部、教育部研究制定了《中央教育费附加支出管理暂行办法》，现印发给你们，请遵照执行。

附：中央教育费附加支出管理暂行办法

附：

中央教育费附加支出管理暂行办法

第一条 为规范中央教育费附加支出管理，提高资金使用效益，根据《国务院关于发布〈征收教育费附加的暂行规定〉的通知》（国发〔1986〕50号）、《国务院关于修订〈征收教育费附加的暂行规定〉的决定》（国务院令第60号）和《国务院关于修改〈征收教育费附加的暂行规定〉的决定》（国务院令第448号）等有关规定，制订本办法。

第二条 中央教育费附加是指铁道系统，中国人民银行总行、各商业银行总行、保险总公司随同营业税上缴的教育费附加部分。

第三条 中央教育费附加纳入预算管理，作为基础教育专项资金，按照“先收后支、专款专用、结余结转”的原则进行使用和管理。

第四条 中央教育费附加主要用于现有中央专项资金未覆盖的基础教育薄弱环节以及义务教育学校实施素质教育、普通高中学校特色化办学。具体包括：支持农村义务教育学校（含县镇义务教育学校、完全中学的初中部）体育场地、校园绿化、道路硬化等附属设施维修改造；支持城市义务教育学校和普通高中学校房屋及基础设施维修改造、教学仪器设备购置以及普通高中特色化办学等。

中央教育费附加的具体使用范围，将根据中央专项资金设置情况相应调整，避免重复。

中央教育费附加不得用于行政办公经费或发放津补贴、奖金、福利，不得用于修缮教师住宅、偿还债务或平衡财政预算。

第五条 中央教育费附加的分配，按照地方申请、中央审定的程序，统筹安排、相对集中、突出重点，集中力量解决难点问题和特殊问题。

第六条 各地在组织有关学校编报项目预算时，应符合国家有关基础教育改革发展方向，符合当地基础教育事业发展规划和要求，同时要注意避免与其他专项资金同类建设项目重复。对于获得中央教育费附加并已完成的同一项目，不得再次申报。对于重复申报、重复建设的项目，一经发现并查实，中央财政将从重处理，相应调减所在省份当年或下一年度项目资金预算；情节严重的，取消该省份申请中央教育费附加项目的资格。

第七条 各地要根据当地基础教育发展状况，将布局调整中予以保留、稳定存续的学校，按照教育事业编码一校一码，逐一对应，建立基础教育学校数据库。同时，为加快预算执行进度，各地要对符合中央教育费附加支持方向并且现有资金渠道难以解决的项目，按照轻重缓急的原则，从2012年起编制申请中央教育费附加滚动项目库。申请中央教育费附加支持的项目学校和建设内容要从项目库中产生。

第八条 申请中央教育费附加支持的项目学校应填写项目申请书（附2）。项目申请书经同级财政、教育部门审核后，逐级上报至省级财政、教育部门审核并备案。省级财政、教育部门对项目学校的基本情况、资金用途等进行认真审核汇总后，于每年7月底前将资金申请文件、项目申报汇总表（附1）以及项目申请书电子版统一上报财政部、教育部。

第九条 财政部根据当年中央教育费附加征收入库情况和以前年度中央教育费附加收入的结转情况，结合各地基础教育发展的特殊困难，确定当年中央教育费附加分配额度。财政部、教育部根据省级财政、教育部门的申请，共同提出经费分配方案，并下达经费预算。

中央教育费附加经费预算从2012年起于每年9月底之前下达。根据实际需要，也可于年度中间先行下达部分预算。

第十条　中央教育费附加经费下达后，地方各级财政、教育部门应及时将预算资金下达有关项目学校，并按照财政国库管理制度有关规定，及时拨付项目资金。

第十一条　项目学校要对中央教育费附加单独核算，严格按照财政部、教育部批复的项目及预算执行。执行中如遇特殊事项确需调整的，应按程序上报省级财政、教育部门批准后进行调整，并报财政部、教育部备案。

第十二条　中央教育费附加项目应按照规定实行政府采购。项目实施所形成的国有资产，应按照《事业单位国有资产管理暂行办法》（财政部令第36号）和地方事业单位国有资产管理的有关办法进行管理，防止国有资产流失。

第十三条　各地和有关学校要加强对中央教育费附加的使用管理，及时组织项目验收和绩效考评，并接受相关审计、监察等部门的监督和检查。对虚报、冒领、挤占、挪用中央教育费附加等行为，将按照《财政违法行为处罚处分条例》（国务院令第427号）有关规定严肃处理。

第十四条　本办法由财政部、教育部负责解释。

第十五条　本办法自发布之日起施行。2006年12月22日财政部、教育部发布的《财政部教育部关于印发中央教育费附加支出管理暂行办法的通知》（财教〔2006〕325号）同时废止。

附：1. ××省××年度中央教育费附加申报汇总表

2. 中央教育费附加项目申请书

*附*1：

×××省××年度中央教育费附加申报汇总表

序号	学校名称	学校代码	学校类别	项目建设内容		规划资金总额		备　注
				设备购置	维修改造	资金总额	其中：申请中央教育费附加	
1	××市××县××学校							
2	××市××县××学校							
3	××市××县××学校							
4	××市××县××学校							
5	××市××县××学校							
6	××市××县××学校							
…								
…								

填表说明：

1. 学校名称请按照××市（地、州、盟、直辖市的市辖区）××县（市、区、旗）××学校格式填写，学校类别分为农村义务教育学校、城市义务教育学校和普通高中。
2. 项目建设内容根据项目学校具体项目进行填写，可分为两大类。一类是设备购置，包括：赎买教学仪器设备、图书资料、课桌凳等；另一类是维修改造，包括：修缮校舍、维修改造体育场地和校园附属设施等。

附2：

中央教育费附加
项目申请书

填报单位：________________省（自治区、直辖市）
________________市（地、州、盟）
________________县（市、区、旗）
________________学校事业编码

学校校长：____________________（签字、盖章）
财政部门负责人：______________（签字、盖章）
教育部门负责人：______________（签字、盖章）

中华人民共和国财政部
制
中华人民共和国教育部

<table>
<tr><td colspan="2">学校名称</td><td colspan="7"></td></tr>
<tr><td colspan="2">学校类别</td><td colspan="3"></td><td colspan="3">校园占地面积（m^2）</td><td></td></tr>
<tr><td colspan="2">教职工数（人）</td><td></td><td colspan="2">在校生数（人）</td><td></td><td colspan="2">校舍建筑面积（m^2）</td><td></td></tr>
<tr><td colspan="9">项目规划建设内容</td></tr>
<tr><td rowspan="2">购置仪器设备</td><td>台、件</td><td></td><td rowspan="2">购置图书</td><td>册</td><td></td><td rowspan="2">购置课桌椅</td><td>单人套</td><td></td></tr>
<tr><td>金额（万元）</td><td></td><td>金额（万元）</td><td></td><td>金额（万元）</td><td></td></tr>
<tr><td rowspan="2">修缮校舍</td><td>平方米</td><td></td><td rowspan="2">修缮附属设施</td><td>（单位自填）</td><td></td><td rowspan="2">修缮体育场地</td><td>（单位自填）</td><td></td></tr>
<tr><td>金额（万元）</td><td></td><td>金额（万元）</td><td></td><td>金额（万元）</td><td></td></tr>
<tr><td colspan="2">其他建设内容</td><td colspan="3">（单位自填）</td><td colspan="4">金额（万元）</td></tr>
<tr><td colspan="9">项目规划投资（万元）</td></tr>
<tr><td colspan="5">总投资</td><td colspan="4">其中：申请中央教育费附加</td></tr>
<tr><td colspan="5"></td><td colspan="4"></td></tr>
<tr><td colspan="2">立项依据</td><td colspan="7">项目立项的必要性、紧迫性等。</td></tr>
<tr><td colspan="2">建设目标及主要建设内容</td><td colspan="7">项目总体目标、主要建设内容、资金来源及详细的资金安排等。</td></tr>
<tr><td colspan="2">组织实施条件</td><td colspan="7">项目组织实施条件及保障措施等。</td></tr>
<tr><td colspan="2">预期效益</td><td colspan="7">项目预期效益、主要受益者等。</td></tr>
<tr><td colspan="2">备　　注</td><td colspan="7"></td></tr>
</table>

北京市财政局　中关村科技园区管理委员会关于印发《中关村国家自主创新示范区发展专项资金管理办法》的通知

2011年12月21日　京财文〔2011〕2858号

中关村科技园区所属各园区（产业基地）管委会：

根据《中关村国家自主创新示范区条例》和《中共北京市委北京市政府关于进一步完善市与区县分税制财政管理体制的通知》（京发〔2008〕27号）的精神，市政府决定继续设立中关村国家自主创新示范区发展专项资金。为进一步加强资金的管理，提高资金使用效益，现将《中关村国家自主创新示范区发展专项资金管理办法》印发给你们，请遵照执行。

附件：中关村国家自主创新示范区发展专项资金管理办法

附件：

中关村国家自主创新示范区发展专项资金管理办法

第一章　总　　则

第一条　为进一步加强中关村国家自主创新示范区发展专项资金的管理，提高资金的使用效益，依据《中华人民共和国预算法》、《中华人民共和国预算法实施条例》、《国务院关于同意支持中关村科技园区建设国家自主创新示范区的批复》（国函〔2009〕28号）、《中共北京市委　北京市人民政府关于建设中关村国家自主创新示范区的若干意见》、《中共北京市委　北京市政府关于进一步完善市与区县分税制财政管理体制的通知》（京发〔2008〕27号）和《中关村国家自主创新示范区条例》精神，制定本办法。

第二条　中关村国家自主创新示范区发展专项资金（以下简称“专项资金”）由市级财政统筹安排。

第三条　专项资金的监督管理和安排使用适用本办法。亦庄园即北京经济技术开发区专项资金的管理使用另行制定资金管理办法。

专项资金由市财政局和中关村各分园区所在区（县）财政部门负责管理，中关村管委会和各分园区管委会具体安排使用。

第二章　专项资金的使用

第四条　专项资金重点用于园区创新环境建设、支持中小企业创新创业孵化、培育高成长企业、做强做大企业、人才特区建设以及市政府确定重点扶持方向的其他支出。

（一）中小企业创新创业孵化支持资金主要用于支持创新型中小企业创新创业孵化；推

进大学科技园、孵化器和留学人员创业园建设；鼓励创业投资企业投资中小企业等。

（二）高成长企业支持资金主要用于加大对中关村高成长科技企业贷款促进及信用保险支持，拓展和构建高效、低成本的融资渠道；设立贷款及担保风险补偿机制，鼓励金融机构为示范区高成长企业提供服务；大力推进知识产权战略和技术标准战略，支持企业、高等院校、科研院所创造国际领先的自主知识产权和标准。

（三）做强做大企业支持资金主要用于积极推动重大科技成果转化和产业化；深入推进“十百千”工程，在重点产业领域形成一批具有国际竞争力的领军企业；集成各方面资源形成合力，支持政府采购中关村自主创新产品；深化科技金融改革试点，扩大中关村股份代办转让试点和企业改制上市。

（四）创新环境建设支持资金主要用于加快人才特区建设，吸引和凝聚高端创新创业人才；加快推进中关村开放实验室工程，促进产业技术联盟等新型产业组织发展；加强中关村品牌推广和创新文化建设，营造良好的示范区文化氛围和舆论环境；加强示范区建设和发展过程中的问题和对策研究；积极推进创新集群及国家产业化基地建设，以全面改善示范区创新环境，提升创新能力。

（五）人才特区建设支持资金主要用于加快人才特区建设，吸引和聚集高端创新创业人才；推进示范区人才公租房建设；支持高端人才创业大厦建设；支持留学人员创办企业、留学人员创业服务机构建设；构建并完善全方位、多层次的人才培训体系，优化人才特区创新创业人才队伍结构等。

第三章　专项资金的管理

第五条　专项资金纳入财政预算管理。市财政拨付中关村管委会的专项资金，由中关村管委会根据市级部门预算的编制要求管理使用。各分园区预算经所在区（县）财政部门审批，同时抄送中关村管委会。

第六条　资金使用部门申报的项目应当具备以下条件：

（一）符合国家法律、法规、方针政策和财政资金支持的方向、范围；

（二）符合示范区发展战略和规划需要；

（三）符合本办法第四条规定的支出方向；

（四）有明确的项目绩效目标、组织实施计划和科学合理的项目预算，并经充分的研究和论证。

第七条　市财政局会同中关村管委会根据国家有关法律、法规、方针政策，市委、市政府工作重点和中关村国家自主创新示范区发展战略和规划，确定当年项目支出预算安排的原则和重点。对符合条件的项目，根据轻重缓急纳入财政备选项目库，安排项目支出预算。对预算数额较大或者专业技术复杂的项目，项目申报单位要组织专家或者委托中介机构进行评估论证，按照有关规定或财政部门认为有必要的，应进行预算评审。

第八条　市、区财政部门在规定的时间内，及时批复专项资金预算，同时将各区（县）预算批复抄送中关村管委会。

第九条　专项资金预算一经批复不得自行调整。资金使用部门要严格按照批复的预算组织实施，并责成项目单位严格执行项目支出预算。预算执行过程中，因项目发生终止、撤销、变更等原因，引起预算调整的，或因国家政策调整等特殊因素确需增加项目的，报财政部门审批。

第十条 财政部门根据预算执行进度情况拨付资金。任何单位和个人不得以任何理由或者方式挤占、挪用专项资金。

第十一条 专项资金使用部门应单独核算专项资金，中关村管委会和各区（县）每年按照财政部门的要求报送决算和相关资料。

第四章 专项资金的考核与评价

第十二条 建立和完善专项资金的绩效考评制度。市财政局会同中关村管委会等有关部门跟踪项目资金的使用情况，建立健全考评机制，完善考评指标体系，不断提高专项资金的使用效益。

第十三条 专项资金使用部门要建立完善专项资金使用管理制度，切实落实专项资金的安排、使用和管理责任。

第五章 专项资金的监督与检查

第十四条 市财政局会同中关村管委会对专项资金的预算编制、执行和使用情况进行不定期监督检查，有关区（县）在预算年度终了后一个月内向市财政局和中关村管委会上报专项资金使用情况，包括资金拨付情况、使用效果及存在的问题等。

第十五条 专项资金使用部门要制定专项资金内部监督检查和管理办法，健全内控机制，提高资金管理水平。

第十六条 对专项资金使用中的违反法律法规的行为，依据《中华人民共和国预算法》、《中华人民共和国会计法》和《财政违法行为处罚处分条例》等规定进行处理处分。

第六章 附　　则

第十七条 中关村管委会和各区（县）应根据实际情况制定具体的实施细则，并报市财政局备案。

第十八条 本办法由市财政局负责解释。

第十九条 本办法自发布之日起30日后实施，有效期5年，《中关村科技园区发展专项资金使用管理办法》（京财预〔2006〕1769号）同时废止。

北京市财政局 北京市教育委员会关于印发《北京市地方教育附加经费使用管理办法》的通知

2011年12月30日 京财文〔2011〕2958号

各区县财政局、教委：

根据财政部《关于同意北京市开征地方教育附加的复函》（财综函〔2011〕57号）和

市政府关于印发《北京市地方教育附加征收使用管理办法》的通知（京政发〔2011〕72号）有关要求，本市自2012年1月1日起征收地方教育附加。为规范本市地方教育附加支出预算管理，提高资金使用效益，市财政局、市教委研究制定了《北京市地方教育附加经费使用管理办法》，现印发给你们，请遵照执行。

附件：北京市地方教育附加经费使用管理办法

附件：

北京市地方教育附加经费使用管理办法

第一章 总 则

第一条 为贯彻落实国家和本市《中长期教育改革和发展规划纲要（2010－2020年）》，规范和加强地方教育附加经费的使用管理，加快本市教育事业发展，根据财政部《关于同意北京市开征地方教育附加的复函》（财综函〔2011〕57号）和北京市人民政府《关于印发北京市地方教育附加征收使用管理办法的通知》（京政发〔2011〕72号）要求，按照《中华人民共和国预算法》、《中华人民共和国预算法实施条例》、《北京市预算监督条例》、《北京市市级项目支出预算管理办法》（京财预〔2010〕1956号）和《市对区县教育专项资金管理办法》（京财文〔2006〕2305号）要求，结合北京市实际，制定本办法。

第二条 地方教育附加经费实行政府性基金预算管理，按照“以收定支、专款专用”的原则进行使用和管理。

第三条 地方教育附加经费专项用于各级各类教育改善办学条件，重点用于改善基础教育阶段办学条件。并对本市不同时期教育改革发展的中心任务和重点工作予以优先安排和重点保障，努力实现首都公共教育均等化目标。

第四条 地方教育附加经费的使用和管理，应接受各级财政、教育、审计、监察等部门按照职责分工进行的监督检查。

第二章 预算的申报与执行

第五条 市财政局、市教委于每年9月根据全市基础教育整体规划和市政府重点工作及市级部门预算编制总体要求，发布下一年度市对区县教育专项资金支持方向指南。

第六条 区县教委根据市级投入方向指南，结合本区县教育发展规划，编制申请市级教育专项资金项目计划，并按照市财政局制定的统一文本格式，报区县财政局审核。

第七条 区县财政局结合本地区财力，审核、确定区县教委申请项目。区县财政局、教委共同商定项目的排序后，申报项目纳入基础教育项目库，于每年10月底前将有关项目申报情况报送市教委。

第八条 区县财政局、教委应在加强项目规划和论证的基础上，按照预算管理要求，加强地方教育附加经费预算申报管理。申请专项资金项目，要符合以下要求：

（一）北京市市委、市政府确定的年度重点实事工程、折子工程以及其他当年急需解决的重点工作。

（二）全市教育发展规划，区县年度教育发展中重点、急需解决的问题。

（三）地方教育附加经费专项资金支持方向。

（四）完成区县评审流程并审定的教育项目。

第九条 地方教育附加经费预算由市教委根据市委、市政府确定的工作重点、年度投入方向，按照项目管理原则，对区县上报项目进行审核，并向市财政局提出下达预算申请。市财政局结合财力情况，提出预算安排意见，按照预算管理要求下达项目预算。

第十条 经市财政局正式批复下达的地方教育附加经费支出预算不得随意进行调整。在执行过程中，确因特殊情况需要调整的，应及时按照原经费批复程序报市教委审核，市教委根据审核情况向市财政局提出项目预算调整方案，报市财政局审批。

第十一条 项目库实行滚动管理，项目单位可同时申报当年项目和下年度项目。当年年终未能下达的备选项目以及延续性项目，经区县财政局、教委确认，作为下年度项目纳入项目库管理。

第三章 经 费 管 理

第十二条 地方教育附加经费的支付按照财政国库管理制度有关规定执行，支出时按规定填列《政府收支分类科目》205 类“教育”10 款“地方教育附加安排的支出”。

第十三条 地方教育附加经费要按照规定用途使用，确保专款专用。任何部门和单位不得擅自扩大使用范围，不得挤占、截留或挪用到其他单位、其他项目上。地方教育附加经费支出不得用于行政办公经费或发放津补贴、奖金、福利和基本建设项目，不得用于修缮教师住宅、偿还债务等。

第十四条 已享受市政府其他专项资金支持的项目，地方教育附加经费在同一年度内原则上不再予以支持。

第十五条 地方教育附加经费支出形成的资产属于国有资产，各单位要加强管理，防止国有资产流失。市、区县两级财政和教育部门要加强对国有资产的管理，加快区域内教育资源共享，提高资源的使用效益。资产的处置按照《事业单位国有资产管理暂行办法》（财政部第 36 号令）、市和区县相关资产管理政策规定执行。

第十六条 地方教育附加经费支出项目符合条件的，要严格按照政府采购相关规定实施政府采购。

第十七条 地方教育附加经费支出项目结余资金要按照有关结余资金管理的相关规定执行。

第十八条 市、区县两级财政部门要加强对专项资金的管理，及时拨付资金，提高资金使用效益。市、区县两级教育行政部门要加强对地方教育附加经费的使用管理，严格按规定用途使用，确保专款专用。

第十九条 地方教育附加经费支出项目要建立科学合理的绩效考评制度，区县财政局要做好项目的绩效考评工作，对项目实行追踪问效，逐步把绩效目标与预算管理紧密结合起来。项目考评结果作为下年度预算安排的重要依据。

第四章 监 督 检 查

第二十条 市、区县两级财政部门、教育主管部门应对地方教育附加经费的使用情况进行监督检查。市、区县两级审计、监察部门应对地方教育附加经费的征收使用进行审计和监察。

第二十一条 对于弄虚作假、截留、挪用、挤占地方教育附加经费等违反财经纪律的行为，市、区县两级财政部门会同相关部门按照《中华人民共和国预算法》、《财政违法行为处罚处分条例》（国务院令第 427 号）和《违反行政事业性收费和罚没收入收支两条线管理规定行政处分暂行规定》（国务院令第 281 号）等法律、法规严肃处理，追究相关责任人的行政责任；构成犯罪的，依法追究刑事责任。

第五章 附 则

第二十二条 本办法由市财政局、市教委负责解释。

第二十三条 本办法自 2012 年 1 月 1 日执行。

北京市财政局 北京市司法局关于印发《北京市法律援助补贴办法》的通知

2011 年 11 月 22 日 京财行〔2011〕2483 号

各区县财政局、司法局：

为了进一步推动我市法律援助事业发展，加强法律援助补贴经费管理，提高财政资金使用效益，依据《律师法》、《法律援助条例》、《北京市法律援助条例》有关规定，我们制定了《北京市法律援助补贴办法》。现印发给你们，请认真组织实施。

附件：北京市法律援助补贴办法

附件：

北京市法律援助补贴办法

第一条 为了规范法律援助补贴发放行为，鼓励法律援助人员积极履行法律援助义务，根据《法律援助条例》、《北京市法律援助条例》，结合北京市实际，制定本办法。

第二条 市和区县法律援助中心对依据《北京市法律援助条例》及相关法律法规指派的法律援助事项发放补贴适用本办法。

第三条 本办法规定的补贴标准包括承办法律援助事项所需的交通费、差旅费、通讯费、复印费、误餐费、调查取证费等办案基本费用。

法律援助人员承办法律援助事项过程中发生的需要向翻译人员支付的翻译费，应当列入法律援助业务经费，由主管部门依据相关政策审核后，法律援助中心据实报销。

第四条 接受法律援助中心指派，以接待来访、来电、网络等形式为群众提供免费法律咨询，或者为符合本市法律援助经济困难条件的群众免费代书的，每个工作日补贴 150 元。

第五条 刑事案件按照各办案阶段分别确定补贴标准：

（一）侦查阶段，每件补贴1200元；

（二）审查起诉阶段，每件补贴1200元；

（三）一审、二审、再审、自诉案件，每件补贴2000元。

为同一受援人提供刑事辩护同时代理附带民事诉讼的，以相应案件补贴标准为基数，增加补贴20%。

第六条 民事诉讼案件，按审判阶段每件补贴2000元。本办法另有规定的除外。

民事执行案件，每件补贴1000元。

为刑事诉讼案件被害人代理刑事附带民事诉讼的案件，每件补贴2000元。

为同一被害人代理刑事附带民事诉讼同时代理刑事诉讼的，以相应案件补贴标准为基数，增加补贴20%。

第七条 劳动仲裁、人事争议仲裁代理或其他非诉讼法律事务案件，每件补贴2000元，本办法另有规定的除外。

第八条 法律援助中心指派同一法律援助服务机构承办以下仲裁、诉讼、执行案件及非诉讼案件，以相应案件标准为基数计算补贴，每增加一个受援人或者增加一件案件，增加补贴25%：

（一）在同一案件中，为两个以上受援人进行代理的；

（二）针对同一单位或个人提出的，诉讼标的属于同一种类的两个以上群体性法律援助案件，且人民法院、仲裁机构决定合并审理、执行或仲裁的；

（三）第（一）、（二）项情形的案件以非诉讼方式解决的。

第九条 行政诉讼案件或者国家赔偿案件按照审判阶段，每件补贴2000元。

第十条 同一法律援助服务机构代理法律援助案件有下列情形的，自第二个阶段起按照相应补贴阶段标准的50%予以补贴：

（一）代理一个刑事案件的多个阶段的；

（二）代理一个民事诉讼、行政诉讼案件的多个阶段的；

（三）代理劳动仲裁、人事争议仲裁后再办理民事诉讼或者行政诉讼案件的。

第十一条 承办的法律援助事务有跨省、自治区、直辖市取证等情形的，应当先由指派案件的法律援助中心委托相关省、自治区、直辖市的法律援助中心协助办理。对确需赴其他省、自治区、直辖市办理法律援助事务并经法律援助中心同意的，对于异地办案产生的费用，参照《北京市国家机关和事业单位差旅费管理办法》确定的标准报销，并在社会律师办案补贴项目中列支。

第十二条 法律援助中心应当在法律援助人员承办法律援助事项办理结案归档手续后一个月内支付补贴。

第十三条 法律援助人员有下列情形之一的，不予支付补贴：

（一）无正当理由拖延或者终止实施法律援助的；

（二）办理法律援助事项收取受援人财物的；

（三）经查实不依法履行职责而被更换的；

（四）经法律援助中心或其他有关机构对法律援助事项监督检查，认为严重不负责任给受援人造成损失的；

（五）结案归档时所提交的材料不符合本市法律援助业务档案立卷归档要求，或经修改、补足后仍不能达到要求的；

（六）因违反职业道德、执业纪律被受援人投诉并查证属实的。

第十四条　法律援助人员承办案件有下列情形之一的，尚未开展实质性工作的，不予支付补贴；已开展实质性工作的，可根据援助事项的类型和所处的阶段，按照本办法相应补贴标准的50%支付补贴：

（一）因受援人具有《北京市法律援助条例》第三十条规定的情形之一而被法律援助中心终止法律援助的；

（二）承办的民事诉讼案件被裁定不予受理或者裁定驳回起诉的；

（三）人民法院对受援人再审申请裁定予以驳回的。

第十五条　法律援助补贴经费使用应当主动公示，接受财政、审计和社会监督。

第十六条　本办法全市范围执行。对于预算支出安排较困难的区县，可以逐步提高补贴水平，并在2013年前达到本办法确定的标准，报北京市司法局、北京市财政局备案。

第十七条　本办法执行后，本市消费者物价指数、职工平均工资水平发生较大变化，北京市财政局、北京市司法局应当进行执行情况评估，适当调整补贴标准。

第十八条　本办法由北京市财政局、北京市司法局负责解释。

第十九条　本办法自发布之日起30日后施行。本办法执行之前法律援助中心已经指派的案件，按照以前的有关规定执行。

四、经济建设资金类

北京市财政局　北京市市政市容管理委员会关于印发《北京市城镇地区居住小区垃圾分类收集运输系统建设项目市级专项补助资金管理暂行规定》的通知

2011 年 4 月 17 日　京财经一〔2011〕613 号

各区县财政局、市政市容委、北京经济技术开发区管委会、燕山地区管委会：

为进一步落实市委、市政府《关于全面推进生活垃圾处理工作的意见》（京发〔2009〕14 号），建立和完善垃圾分类收集、分类运输体系，加强财政资金管理，提高资金使用效益，市财政局、市市政市容委特研究制定了《北京市城镇地区居住小区垃圾分类收集运输系统建设项目市级专项补助资金管理暂行规定》，现印发给你们，请认真贯彻执行。

特此通知。

附件：北京市城镇地区居住小区垃圾分类收集运输系统建设项目市级专项资金管理暂行规定

附件：

北京市城镇地区居住小区垃圾分类收集运输系统建设项目市级专项资金管理暂行规定

第一章　总　　则

第一条　为进一步落实市委、市政府《关于全面推进生活垃圾处理工作的意见》（京发〔2009〕14 号），为建立和完善垃圾分类收集、分类运输体系，加强财政资金管理，提高资金使用效益，依据《中华人民共和国预算法》和《中华人民共和国预算法实施条例》等有关法规，特制定《北京市城镇地区居住小区垃圾分类收集运输系统建设项目市级专项补助资金管理暂行规定》（以下简称《规定》）。

第二条　本《规定》适用于各区县政府在 2010 年至 2014 年期间按市级主管部门要求实施并完成的城镇地区居住小区垃圾分类收集运输系统建设项目（以下简称“垃圾分类系统建设项目”）。

第三条 垃圾分类系统建设项目按属地原则由所在地区县政府负责组织实施。垃圾分类系统建设项目投入资金以及项目建成后运行管理所需费用由各相关区县政府负责筹措解决。

第四条 北京市城镇地区居住小区垃圾分类收集运输系统建设项目市级专项补助资金（以下简称“市级专项补助资金”）由市财政从预算中安排，资金专用于市对区县政府垃圾分类系统建设项目的补助。

第五条 各区县垃圾分类系统建设项目年度投入统计范围，包括户用垃圾分类容器、公用垃圾分类收集容器、垃圾分类投放收集站（点）建设、厨余垃圾收集电瓶车、其他垃圾收集电瓶车、厨余垃圾分类周转运输装备、其他垃圾分类周转运输装备等垃圾分类收集及分类运输相关配套设备设施。

第六条 市级专项补助资金安排分配与各区县政府项目建设投入及验收考核情况挂钩，坚持“早启动、早完成、多补助；高标准、高投入、多补助”的原则。

第二章 补助标准与资金分配

第七条 市级专项补助资金按“考核挂钩，比例补助，上限控制，年度递减”原则管理。

第八条 根据各区县政府年度垃圾分类系统建设项目考核结果确定补助系数，具体为：年度考核验收得分大于等于90分（A）的，补助系数为100%；低于90分大于等于80分（B）的，补助系数为80%；低于80分大于等于70分（C）的，补助系数为70%；低于70分大于等于60分（D）的，补助系数为60%；低于60分（不达标）的，不予补助。

第九条 根据各区县政府年度垃圾分类系统建设项目资金投入情况，补助标准按年度户均投资额40%比例确定，同时设定年度户均投资额补助上限。

年度户均投资额，根据辖区内垃圾分类系统建设项目投资总额除以完成的垃圾分类小区居民户数计算得出。

设定年度户均投资额补助上限，鼓励区县政府早实施早见效，分年补助上限为：2010年至2011年户均投资额补助上限为400元/户；2012年至2013年户均投资额补助上限为350元/户；2014年户均投资额补助上限为300元/户。

超过年度户均投资额补助上限部分不予补助。

第十条 年度市级专项补助资金＝年度内完成垃圾分类小区居民户数×本区县年度户均补助标准（最高不超过年度户均投资额补助上限）×年度垃圾分类收集运输系统建设项目补助系数。

第三章 职 责 分 工

第十一条 市市政市容委负责：

1. 制定年度垃圾分类收集运输系统建设计划，编制市级补助资金的年度预算；

2. 制定垃圾分类收集运输系统建设标准和考核办法；

3. 会同市财政局委托中介机构对垃圾分类收集运输系统建设项目进行考核，对各区县垃圾分类系统建设项目投资额进行审核认定；

4. 根据项目验收考核提出年度市级补助方案。

第十二条 市财政局根据年度垃圾分类收集运输系统建设计划，按照本规定落实市级专项补助资金，负责办理市级专项补助资金拨付工作。

第十三条 各区县市政市容委负责组织本辖区垃圾分类收集运输系统建设项目的实施，组织项目的验收。

第十四条 各区县财政局负责筹集本区县垃圾分类收集运输系统项目建设及运行相关资金，配合本区县市政市容管理部门做好垃圾分类系统建设项目投入统计及凭证汇总整理工作，负责做好市级专项补助资金申报、使用等全程监督管理。

第四章 资金使用和监管

第十五条 各相关区县市政市容委应按照市市政市容委的要求报送本区县年度垃圾分类收集运输系统建设计划及实施方案，经市市政市容委审核后，纳入全市年度垃圾分类收集运输系统建设计划。

第十六条 市市政市容委根据全市年度垃圾分类收集运输系统建设计划，编制市级补助资金预算；根据考核结果提出市级补助方案。市财政局核实后将补助资金直接拨付各区县财政局。

第十七条 补助资金年度预算一经下达，各有关单位要严格按照下达的项目和预算执行。

第十八条 市市政市容委、市财政局对各区县垃圾分类收集运输系统建设项目组织检查考核。

第五章 附 则

第十九条 本《规定》市财政局、市市政市容委按各自职责分工负责解释。

第二十条 北京经济技术开发区和燕山地区参照本《规定》执行。

第二十一条 本《规定》自发布之日起30日后施行。

北京市财政局 北京市商务委员会
关于印发《北京市商业流通发展专项
资金管理暂行办法》的通知

2011年6月27日 京财经一〔2011〕1320号

各区县财政局、商务委员会，有关单位：

按照市委、市政府《关于加快北京国际商贸中心建设的意见》的战略部署，以科学发展为主题，以加快转变商务发展方式为主线，全面推进北京市商贸流通“规范化、现代化、特色化、国际化”发展，充分发挥北京市商业流通发展专项资金的作用，提高资金使用效益，促进全市商务经济可持续发展。现将《北京市商业流通发展专项资金管理暂行办法》印发给你们，请认真贯彻执行。

附件：北京市商业流通发展专项资金管理暂行办法

附件：

北京市商业流通发展专项资金管理暂行办法

第一章 总 则

第一条 按照市委、市政府《关于加快北京国际商贸中心建设的意见》的战略部署，以科学发展为主题，以加快转变商务发展方式为主线，为全面推进北京市商贸流通“规范化、现代化、特色化、国际化”发展，充分发挥北京市商业流通发展专项资金的作用，提高资金使用效益，依据《中华人民共和国预算法》、《中国人民共和国预算法实施条例》及市委、市政府《关于加快北京国际商贸中心建设的意见》，特制定本办法。

第二条 北京市商业流通发展专项资金（以下简称“专项资金”）是指由中央财政和市政府安排的专项用于支持我市商业流通服务业发展的财政性扶持资金，资金来源包括：市财政预算安排的商业流通发展专项资金、中小企业发展（商业）专项资金和中央预算下达我市的商业扶持资金。

第三条 专项资金的使用，应符合我市经济发展规划和市政府确定的产业及区域发展政策，确保专项资金的规范和高效使用。

第二章 工作机构与职责

第四条 市财政局负责专项资金管理工作，其主要职责是：

（一）根据市政府确定的我市商业流通领域的重点工作，会同市商务委提出年度资金规模的建议，统筹确定支出结构和重点，并根据市人大审定的预算方案安排管理资金预算指标，办理专项资金拨付。

（二）负责项目评审的管理工作。

（三）负责对项目实施和资金使用情况进行监督检查及绩效评价。

第五条 市商务委负责相关业务管理工作，其主要职责是：

（一）负责研究确定商业流通发展资金的支持方向；会同市财政局编制专项资金年度预算。

（二）负责组织申报项目，进行项目业务审核。

（三）负责项目的组织及实施，对资金支持的项目进行跟踪问效和监督检查。

第三章 资金的使用原则

第六条 资金的安排使用坚持以下原则：

（一）突出支持重点原则。资金重点支持符合国民经济和社会发展及全市商务发展总体规划发展方向的相关项目，优先扶持社会服务性、公益性、民生类项目。

（二）资金统筹使用原则。统筹使用好中央、市级安排的用于促进商贸流通业发展的资金。

（三）公平、公正原则。在全市范围内，公开征集项目，通过多种形式选定专项资金支持的项目。通过支持商贸公共服务平台、打造融资担保平台等方式，重点支持改善商贸企业外部经营环境项目。

（四）市区共同支持原则。符合商业流通发展资金年度支持重点的项目，区（县）财政部门按照一定比例安排项目配套资金的，优先扶持。

（五）事权管理清晰原则。充分调动区县积极性，事权为区县政府的扶持项目，采取因素分析法将相关专项资金分配到区县。

第四章 资金支持重点范围

第七条 专项资金的使用范围包括以下几方面：

（一）发展社区便民商业、生活服务业、农村商业，搞活农副产品流通，加强生活必需品供应等商贸流通体系建设项目。

（二）交易市场、商业服务业及附属设施升级改造项目。

（三）搭建融资担保、信用保险、信息和会展、促消费等公共服务平台，为商贸流通企业营造外部环境。

（四）促进传统、民族、特色商业（产业）发展。

（五）发展现代商务运营模式、商贸流通新型经营业态和现代物流业。

（六）发展商务服务业，加快品牌引进与发展，促进特色产业聚集。

（七）中央部门、市政府确定的重点项目及中央要求地方资金配套的项目。

第八条 专项资金年度支持重点范围或项目申报指南由市商务委会同市财政局根据市政府每年确定的重点工作和发展方向确定并对社会发布。

第五章 资金的使用方式及标准

第九条 专项资金的使用方式主要为财政补助、贷款贴息、以奖代补、政府投资入股或资本金注入及其他经市政府确定或批准的方式。

第十条 资金支持标准：

财政补助、以奖代补、投资入股或资本金注入等扶持项目，原则上不超过项目总投资的50%。

贷款贴息额度，根据银行实际放贷额度及银行同期贷款基准利率确定，每个项目贴息期限不超过三年。

公共服务平台类项目、市政府确定的年度重点项目及中央要求地方配套资金项目，可不受上述规定限制。

第六章 资 金 管 理

第十一条 项目申报条件：

凡符合资金使用原则、使用范围和年度项目申报指南相关要求的项目，均可申请本专项资金。

第十二条 同一项目已享受政府相关专项资金支持的，不得重复申报。

第十三条 申请资金的项目单位提交的项目申报材料，应符合中央和市级项目库管理规定和年度项目申报指南要求。

第十四条 项目申报、审核程序：

项目申报原则上按照隶属关系管理，区县级支持项目由区县商务委会同区县财政局初审后上报市商务委，市级企业项目由市属商业总公司（企业集团）汇总初审后上报市商务委。

市商务委按照项目的轻重缓急及每年确定的支出结构和重点，确定可参加评审的项目，由市财政局委托中介机构进行项目评审。

申报使用中央财政扶持资金的，根据中央部委出台的规定执行。

第十五条　资金拨付：

市财政局对中介机构评审通过的项目复审后，按国库管理制度相关规定办理资金拨付手续。

第十六条　项目单位收到专项资金后，需按国家相关规定进行账务处理。

第十七条　专项资金管理工作中发生的费用可在专项资金中列支，但每年不超过当年专项资金总额的 2%。费用包括：项目申报组织、项目评审及跟踪管理等费用支出。

第七章　监 督 检 查

第十八条　市财政局、市商务委负责对专项资金的使用情况和项目执行情况进行监督和检查。检查可采取现场验收、委托中介机构进行项目评审等方式。各资金使用单位应接受同级及上级财政、商务部门的监督检查，并接受同级及上级审计部门的审计检查。

第十九条　任何单位不得以任何形式截留、挪用专项资金。对蓄意提供假发票、假证明文件、假资质文件等虚假材料的单位，经查属实的，取消其申请本专项资金的资格。对违反规定的，根据《财政违法行为处罚处分条例》（国务院令第 427 号）予以处理。

第八章　附　　则

第二十条　本办法由市财政局和市商务委按照职责分工负责解释。

第二十一条　本办法自颁布之日起 30 日后执行。相关资金政策文件同时废止（见附件）。

附件：

1. 北京市财政局　北京市商务局关于印发《北京市商业流通发展资金使用管理办法》的通知（京财经一〔2005〕448 号）

2. 北京市财政局　北京市商务局关于印发北京市农产品批发市场改造资金管理实施办法的通知（京财经一〔2005〕523 号）

3. 北京市财政局　北京市商务局关于印发北京市公共物流基地设施建设资金管理实施办法的通知（京财经一〔2005〕524 号）

4. 北京市财政局　北京市商务局关于印发北京市商业街区改造资金管理实施办法的通知（京财经一〔2005〕976 号）

5. 北京市财政局　北京市商务局关于印发《北京市商业流通发展项目银行贷款财政贴息资金管理办法》的通知（京财经一〔2005〕1193 号）

6. 北京市财政局　北京市商务局关于印发北京市商业无障碍设施改造资金管理暂行办法的通知（京财经一〔2005〕1251 号）

7. 北京市财政局　北京市商务局关于印发《北京市再生资源集散市场建设专项资金管理实施办法》的通知（京财经一〔2005〕1478 号）

8. 北京市财政局　北京市商务局关于印发《北京市社区便民配送菜店发展资金管理实

施办法》的通知（京财经一〔2005〕1714 号）

9. 北京市财政局　北京市商务局关于印发《北京市食盐配送体系建设资金管理实施办法》的通知（京财经一〔2005〕1111 号）

10. 北京市财政局　北京市商务局关于印发《北京市发展规范化社区菜市场补助资金管理实施办法》的通知（京财经一〔2006〕427 号）

11. 北京市财政局　北京市商务局关于印发《促进北京市商业服务业老字号发展专项资金使用管理办法》的通知（京财经一〔2006〕428 号）

12. 北京市财政局　北京市商务局关于印发《发展郊区村镇连锁超市、便利店扶持资金管理办法》的通知（京财经一〔2006〕461 号）

13. 北京市财政局　北京市商务局关于调整《北京市发展规范化社区菜市场补助资金管理实施办法》的通知（京财经一〔2007〕488 号）

14. 北京市财政局　北京市商务局关于印发《北京市农村集贸市场升级改造补助资金管理实施办法》的通知（京财经一〔2007〕761 号）

15. 北京市财政局　北京市商务局关于印发《进一步加强郊区现代流通网络建设给予资金支持的若干规定》（京财经一〔2008〕1109 号）

16. 北京市财政局　北京市商务局关于印发《北京市商业设施停车系统升级改造资金管理办法》的通知（京财经一〔2008〕1112 号）

17. 北京市财政局　北京市商务局关于印发《北京市商场、超市节能改造资金管理实施办法》的通知（京财经一〔2008〕1115 号）

18. 北京市财政局　北京市商务委员会关于印发《北京市商业无障碍设施改造财政补助资金管理办法》的通知（京财经一〔2009〕932 号）

19. 北京市财政局　北京市商务委员会关于印发《北京市服装干洗行业开启式干洗机更新改造补助资金管理办法》的通知（京财经一〔2009〕1009 号）

20. 北京市财政局　北京市商务委员会关于调整《北京市社区便民菜店发展资金管理实施办法》的通知（京财经一〔2007〕489 号）

21. 北京市财政局　北京市商务委员会关于印发《北市商业街区改造资金管理实施办法的补充意见的通知》（京财经一〔2007〕2024 号）

北京市财政局　北京市商务委员会关于印发《北京市商贸流通企业担保资金管理暂行办法》的通知

2011 年 6 月 27 日　京财经一〔2011〕1321 号

各区县财政局、商务委员会，有关单位：

为促进北京市商贸流通产业发展，切实解决本市商贸流通企业融资担保问题，根据

《中华人民共和国中小企业促进法》、《北京市加快国际商贸中心建设的意见》及有关法律、法规和政策，现将《北京市商贸流通企业担保资金管理暂行办法》印发给你们，请认真贯彻执行。

附件：北京市商贸流通企业担保资金管理暂行办法

附件：

北京市商贸流通企业担保资金管理暂行办法

第一章　总　　则

第一条　为促进北京市商贸流通产业发展，切实解决本市商贸流通企业融资担保问题，根据《中华人民共和国中小企业促进法》、《北京市加快国际商贸中心建设的意见》及有关法律、法规和政策，制订本办法。

第二条　本办法所称的担保，是指债权人在经济活动中，以担保方式保证债权实现的法律行为，由担保人以保证的方式提供担保。

第三条　本办法遵循《中华人民共和国担保法》、《中华人民共和国物权法》等有关规定，在担保业务活动中遵守平等、自愿、公平、诚实、信用的原则。

第四条　北京市商贸流通企业担保资金（以下简称“担保资金”）由北京市商务委员会（以下简称“市商务委”）、北京市财政局（以下简称“市财政局”）共同委托具备相关资质并承担政策性担保业务的融资性担保机构（以下简称“托管机构”）负责资金托管及日常运营。

第二章　资金来源和支持范围

第五条　担保资金由市财政局、市商务委从北京市商业流通发展资金、北京市中小企业发展资金中安排，用于托管机构开展商贸流通企业担保业务的担保代偿补偿。

第六条　担保资金支持领域由市商务委会同市财政局定期向社会公布，2011—2013年支持重点领域为：

（一）商务服务业，特色商业、特色企业。

（二）现代物流、连锁经营、电子商务等现代流通业。

（三）满足居民多元消费需求、提升居民生活品质和商务服务质量的项目。

担保资金重点支持方向如有调整的，以市商务委、市财政局公布文件为准。

第七条　申请本办法担保的企业应具备以下条件：

（一）项目符合本担保资金年度重点支持方向。

（二）项目符合国家产业政策、北京市国民经济和社会发展规划和商贸流通业发展规划的要求。

（三）在北京市登记注册，并年检合格的商贸流通企业。

（四）具备独立法人资格、产权明晰、独立核算、自主经营，内部管理规范、核心业务突出。企业经营状况良好，管理体系较为健全，主营业务已形成并具备一定规模，具备与贷款规模相匹配的经营及还贷能力。

（五）企业及其法定代表人近两年无违法、违规等不良信用记录。

（六）能够提供符合担保资金托管机构要求的反担保措施，具备还贷能力。

第八条 托管机构提供的担保支持主要包括：固定资产投资贷款担保、流动资金贷款担保、综合授信担保、企业短期票据融资、履约担保等。

第九条 为商贸流通企业提供的担保业务，单笔贷款担保额原则上不超过1500万元。特殊项目经市财政局、市商务委审定后，可适当放宽限制。

第三章 管理机构

第十条 市商务委、市财政局共同对担保资金的使用情况进行监督和管理。主要职责是：

（一）确定担保资金托管机构，托管周期为3—5年。

（二）审议、批准托管机构专项担保资金的年度工作报告，审定弥补代偿损失方案。

（三）对备案项目进行书面确认。

（四）审议、核销呆、坏账和变更资金规模。

第十一条 托管机构受市商务委、市财政局的委托，承担下列职责：

（一）对市商务委、市财政局负责，于每年第一季度内报告上年度担保资金运营执行情况。

（二）按照市商务委、市财政局年度担保工作重点支持方向、政策，实施担保项目的具体运营，负责担保资金的日常运营管理。

（三）负责担保资金的安全运营。

（四）提请市商务委、市财政局审议、核销呆、坏账。

（五）提请市商务委、市财政局审定弥补代偿损失的方案。

（六）提请市商务委、市财政局审议变更资金规模方案。

第四章 担保程序

第十二条 项目申请：符合第七条规定条件的企业可向托管机构提出申请。

第十三条 项目初审：托管机构应在2个工作日内对项目进行初步审核。

第十四条 项目资料：按照托管机构的要求，企业提交相关材料（具体清单由托管机构出具）和《委托担保申请书》。

第十五条 项目审查：通过初审的项目，托管机构独立对企业做出评判，决定是否提供信用担保。在企业资料提交齐全后15个工作日内，托管机构应完成项目的评审、决策程序。

第十六条 发放贷款：托管机构对审批通过的项目出具担保意向书。托管机构收取保费、落实反担保措施后通知银行发放贷款。

第五章 资金管理

第十七条 托管机构对担保资金设立专户进行核算管理，严格按照规定的范围定向使用，确保安全运营，接受市商务委、市财政局的监督。

第十八条 担保资金余额沉淀部分严禁投资股票二级市场和向企业或项目直接投资、拆借资金等高风险投资。担保资金托管运营收益用于增加担保资金，代偿项目追偿分配回款用于弥补担保资金。

第十九条　托管机构保证担保资金的委托方每年担保资金余额获得以国家规定的人民币同期一年定期存款利率为准的固定收益，固定收益的净收益用于增加担保资金。若资金运营实际收益高于固定收益，超出部分由托管机构单独记账，用于弥补其日常商贸流通产业担保业务管理发生的工作经费。

第二十条　托管机构向企业收取的担保费率不得高于担保额的 2%，评审费率不得高于担保额的 0.3%。

第二十一条　对信用记录良好、成长快、发展潜力大及商务领域重点支持的项目，托管机构应简化程序，进一步降低反担保门槛。

第二十二条　托管机构每季度应向市商务委、市财政局报送担保资金运营情况及担保项目备案表，备案表信息包括并不限于每笔担保责任金额、期限、担保费率、评审费率、反担保措施、贷款本金偿还情况、代偿追偿情况等内容。

市商务委、市财政局对备案项目进行书面确认。

第二十三条　托管机构应于每年 3 月底前将上年度的担保资金运营报告、财务会计报告及其他有关报表报送市商务委、市财政局。市财政局、市商务委委托中介机构对担保资金运营情况进行专项审计。

第二十四条　市商务委、市财政局每年 4 月 1 日前向托管机构发布担保资金重点支持领域目录及相关政策，托管机构依据该目录及相关政策对涉及的项目给予重点担保支持。市商务委、市财政局、托管机构定期召开联席会议，及时反馈、交流担保资金运营情况，及时调整、完善担保工作及相关担保政策。

第六章　风险比例分担与代偿及核销

第二十五条　市商务委、市财政局根据担保业务的开展情况，核定风险承担比率，对发生的担保代偿在限率内实行比例承担。

第二十六条　担保资金代偿项目风险承担比率：

当年担保代偿率在 3%（含）以内，担保项目代偿额的 70% 由担保资金承担，由托管机构从担保资金中支付，其余 30% 由托管机构自行承担；当年担保代偿率超过 3% 的部分由托管机构自行承担。

每年担保资金承担的担保代偿额不高于 2000 万元（含）。

担保代偿额累计超过一定数额后，担保资金不再承担，由托管机构自行承担。

当年担保代偿率 = 当年发生担保代偿金额/当年末在保责任余额 ×100%

第二十七条　托管机构于每年一季度向市商务委、市财政局提交上年度担保代偿项目的有关材料，包括：代偿通知书、担保代偿凭据复印件、债权追偿情况等，报市商务委、市财政局确认。

第二十八条　托管机构在取得代位求偿权后，应积极制定追偿措施并实施有效追偿。追偿回款按照托管机构与担保资金双方实际承担风险比例进行分配，对属于市商务委、市财政局补偿资金部分的，并入担保资金。追偿债权所得抵债资产，由托管机构按照国家有关规定进行变现处置，处置回款按照双方实际承担风险比例进行分配。

第二十九条　托管机构行使代位求偿权后参照《财政部印发金融企业呆账核销管理办

法》等相关规定的条件确认呆、坏账。担保资金发生的呆、坏账由托管机构报市商务委、市财政局批准后核销。

第七章　附　　则

第三十条　本办法由市商务委、市财政局负责解释。

第三十一条　本办法自发布之日起30日后实施。

北京市财政局　北京市交通委员会　北京市环境保护局　北京市公安局公安交通管理局关于印发《2011－2015年北京市城市货运保障“绿色车队”车辆购置专项补助管理办法》的通知

2011年6月30日　京财经一〔2011〕1322号

各有关单位：

根据市政府发布的《北京市清洁空气行动计划（2011－2015年大气污染控制措施）》、《北京市建设人文交通科技交通绿色交通行动计划（2009－2015年）》的有关要求，为进一步改善首都空气质量，保障城市生产生活物资运输，实现2015年组建5万辆规模“绿色车队”的目标，我们制定了《2011－2015年北京市城市货运保障“绿色车队”车辆购置专项补助管理办法》，现印发给你们，请遵照执行。

附件：2011－2015年北京市城市货运保障“绿色车队”车辆购置专项补助管理办法

附件：

2011－2015年北京市城市货运保障“绿色车队”车辆购置专项补助管理办法

为进一步改善首都空气质量，保障城市生产生活物资运输，根据市政府发布的《北京市清洁空气行动计划（2011－2015年大气污染控制措施）》、《北京市建设人文交通科技交通绿色交通行动计划（2009－2015年）》的有关工作要求，依据《中华人民共和国预算法》和《中华人民共和国预算法实施条例》，特制定本办法。

一、适用范围

（一）“绿色车队”范围：

1. 在2008－2010年被我市确定为城市货运保障“绿色车队”的企事业单位；

2. 本市企事业单位按照北京市交通委员会、北京市公安局、北京市财政局、北京市环境保护局联合发布的《关于组建城市货运保障“绿色车队”工作实施意见》（京交协发〔2010〕118 号）文件中规定的“绿色车队”标准和车辆标准（见附 1），在 2015 年底前新组建的本市“绿色车队”企业。

（二）贷款贴息补助范围

本市“绿色车队”企事业单位在 2011 年 1 月 1 日至 2015 年 12 月 31 日期间签订购车贷款合同，贷款新购置绿标货车并办理完车辆牌照的，给予车辆购置贷款贴息补助。

（三）淘汰黄标车购置绿标车车辆更新补助范围

本市“绿色车队”企事业单位非贷款购车，在 2011 年 1 月 1 日至 2015 年 12 月 31 日期间每淘汰（报废或转出本市，下同）一辆黄标货车并且新购置一辆绿标货车且办理完车辆牌照的，对新购置的绿标货车直接给予车辆更新补助。

二、补助标准与年限

（一）贷款贴息补助标准与年限

本市企事业单位自行办理“绿色车队”车辆购置资金银行贷款手续，市财政按照实际发生的购车贷款以及国家规定的同期银行基准利率（如实际贷款利率低于国家银行基准利率则按实际计算）给予当年 1 年的贴息补助，一次发放完毕。

（二）淘汰黄标车购置绿标车车辆更新补助标准与年限

对本市“绿色车队”企事业单位非贷款购车，每淘汰一辆黄标货车并且新购置一辆绿标货车，市财政对新购置的绿标车辆按照该车辆实际购车款及国家规定的同期银行基准利率标准计算的当年 1 年利息费用直接给予车辆更新补助。

三、补助申请与拨付程序

（一）贷款贴息补助申请与拨付程序

1. 企事业单位按照有关规定取得“绿色车队”资格，贷款购置“绿色车队”车辆并办理车辆牌照后，申请办理贷款贴息补助。

2. 专业性“绿色车队”的企事业单位，到市级归口部门（或主管部门，包括市发展改革委、市农委、市住建委、市经信委、市教委、市市政市容委、市卫生局、市药监局、市商务委、市园林绿化局、市水务局、市新闻出版局、市交通委路政局、市邮政管理局等）申请贴息补助。综合性“绿色车队”的企事业单位，到市交通委运输管理局申请贴息补助。

3. 市级归口部门（主管部门）或市交通委运输管理局审核申请材料，将初审结果通知申请单位，并将企事业单位的申请材料归档。

4. 市级归口部门（主管部门）将审核结果汇总后提交给市交通委运输管理局。

5. 市交通委运输管理局汇总各有关部门的审核结果后，将汇总审核报告提交给市财政局。

6. 市财政局复核后，将贴息补助资金划拨给市交通委运输管理局。

7. 市交通委运输管理局将贴息补助资金发放给有关企事业单位。

（二）淘汰黄标车购置绿标车车辆更新补助申请与拨付程序：

1. 企事业单位按照有关规定取得“绿色车队”资格，每淘汰一辆黄标货车并且新购置一辆绿标货车并办理完车辆牌照后，申请办理车辆更新补助。

2. 专业性“绿色车队”的企事业单位，到市级归口部门（或主管部门，包括市发展改革委、市农委、市住建委、市经信委、市教委、市市政市容委、市卫生局、市药监局、市商务委、市园林绿化局、市水务局、市新闻出版局、市交通委路政局、市邮政管理局等）申请车辆更新补助。综合性“绿色车队”的企事业单位，到市交通委运输管理局申请车辆更新补助。

3. 市级归口部门（主管部门）或市交通委运输管理局审核申请材料，将初审结果通知申请单位，并将企事业单位的申请材料归档。

4. 市级归口部门（主管部门）将审核结果汇总后提交给市交通委运输管理局。

5. 市交通委运输管理局汇总各有关部门的审核结果，并将各企业提交的淘汰车辆信息汇总提交给市环保局和市交管局，分别核查环保标志和车辆淘汰信息；市环保局和市交管局分别将核查结果反馈至市交通委运输管理局，市交通委运输管理局将汇总审核报告提交给市财政局。

6. 市财政局复核后，将车辆更新补助资金划拨给市交通委运输管理局。

7. 市交通委运输管理局将车辆更新补助资金发放给有关企事业单位。

四、补助办理时间

（一）贷款贴息补助办理时间

贷款贴息补助办理时间在贷款到期年度的下一个年度集中办理，过期不予办理。其中：

1 月 1 日至 1 月 31 日：有关企事业单位向市级归口部门（主管部门）或市交通委运输管理局提交贷款贴息补助申请。

2 月 15 日前：市级归口部门（主管部门）向市交通委运输管理局提交审核报告。

2 月 28（29）日前：市交通委运输管理局向市财政局提交汇总审核报告；市级归口部门（主管部门）或市交通委运输管理局将本部门所接受申请的初审结果通知申请单位。

3 月 15 日前：市财政局完成复核并将贴息补助资金划拨给市交通委运输管理局。

3 月 31 日前：市交通委运输管理局将贴息补助资金发放给有关企事业单位。

（二）淘汰黄标车购置绿标车车辆更新补助办理时间

淘汰黄标车购置绿标车车辆更新补助办理时间在购车年度的下一个年度集中办理，过期不予办理。其中：

1 月 1 日至 1 月 20 日：有关企事业单位向市级归口部门（主管部门）或市交通委运输管理局提交淘汰黄标车购置绿标车车辆更新补助申请。

1 月 31 日前：市级归口部门（主管部门）向市交通委运输管理局提交行业审核报告。

2 月 15 日前：市交通委运输管理局汇总各有关部门的审核结果，并将各单位提交的淘汰（报废或转出本市）车辆信息汇总提交给市环保局和市交管局，分别核查环保标志和车辆淘汰信息。

2 月 28（29）日前：市环保局和市交管局分别将淘汰车辆的环保标志和淘汰信息核查结果反馈至市交通委运输管理局。

3 月 15 日前：市交通委运输管理局根据市环保局和市交管局的核查结果将汇总审核报

告提交给市财政局。

3 月 31 日前：市财政局完成复核并将更新补助资金划拨给市交通委运输管理局。

4 月 15 日前：市交通委运输管理局将更新补助资金发放给有关企事业单位。

五、企事业单位应提交的申请材料

（一）申请 1 年贷款贴息补助时需提供以下材料：

1.《“绿色车队”购置车辆贷款贴息审核表》（另附电子版）一式四份（见附 2）。

2. 市级归口部门（主管部门）或市交通委运输管理局审核的《组建城市货运保障“绿色车队”申报表》原件及复印件。

3. 购车合同和购车发票原件及复印件。

4. 购车贷款合同原件及复印件，其中发放贷款的机构为汽车金融公司的，提交银监机构颁发的汽车金融公司《金融许可证》复印件。

5. 购车贷款结算凭证原件及复印件。

6. 利息结算凭证原件及复印件。

7. 归还购车贷款结算凭证原件及复印件。

8. 车辆行驶证原件及复印件。

（二）申请淘汰黄标车购置绿标车车辆更新补助时需提供以下材料：

1.《“绿色车队”淘汰黄标车购置绿标车车辆更新补助审核表》（另附电子版）一式四份（见附 3）。

2. 市级归口部门（主管部门）或市交通委运输管理局审核的《组建城市货运保障“绿色车队”申报表》原件及复印件。

3.《淘汰（报废或转出本市）黄标车车辆明细表》（另附电子版）（见附 4）。

4. 淘汰车辆为转出本市的，需提供已经完成变更登记的《机动车登记证书》复印件。

5. 淘汰车辆为报废的，需提供《机动车行驶证》复印件和《注销机动车登记决定书》原件及复印件。

6. 新购绿标车的购车合同和购车发票的原件及复印件。

7. 新购绿标车的车辆行驶证原件及复印件。

六、部门职责与监督管理

市交通委：指导市交通委运输管理局开展“绿色车队”组建工作，配合市财政局对补助资金进行监管。

市交通委运输管理局：负责“绿色车队”的指导和行业管理；审核综合性“绿色车队”车辆购置贷款贴息补助申请和淘汰黄标车购置绿标车车辆更新补助申请，审核确认申请补助的企业或单位以及购置车辆符合“绿色车队”标准和车辆标准，并监督补助资金和所购置“绿色车队”车辆的使用；统一向社会公告“绿色车队”企事业单位名单；汇总市级归口部门（主管部门）的审核结果；将企事业单位淘汰车辆信息报市环保局核查环保标志，报市交管局核查车辆淘汰信息；将各部门的最终审核结果汇总后报市财政局；将市财政局拨付的补助资金发放给申请单位。

市财政局：负责复核、拨付补助资金；会同市交通委对补助资金进行监管，对在监督检查中发现的问题，将按照《财政违法行为处罚处分条例》（国务院令第427号）等有关法律法规处理。

市环保局：对市交通委运输管理局提交的淘汰车辆核查环保标志，并将核查结果反馈市交通委运输管理局。

市交管局：对市交通委运输管理局提交的淘汰车辆核查是否报废或转出本市，并将核查结果反馈市交通委运输管理局。

市级归口部门（主管部门）：负责审核归口行业或部门"绿色车队"车辆购置贷款贴息补助申请和淘汰黄标车购置绿标车车辆更新补助申请，审核确认申请补助企业或单位以及购置车辆符合"绿色车队"标准和车辆标准，并监督补助资金和所购置"绿色车队"车辆的使用；将审核结果汇总后提交给市交通委运输管理局。

七、其他

（一）享受补助的"绿色车队"车辆，从车辆牌照办理完成之日起3年内不得办理过户手续。

（二）补助资金专款专用。取得补助的企事业单位必须接受监督管理和专项审计，并承担相应的法律责任。

（三）本办法由市财政局、市交通委、市环保局、市公安局公安交通管理局按各自职责负责解释。

（四）本办法自发布之日起30日后实施。

附：1. "绿色车队"标准和车辆标准

2. "绿色车队"购置车辆贷款贴息审核表

3. "绿色车队"淘汰黄标车购置绿标车车辆更新补助审核表

4. 淘汰（报废或转出本市）黄标车车辆明细表

5. 淘汰（报废或转出本市）黄标车车辆信息审核表

附1：

"绿色车队"标准和车辆标准

一、"绿色车队"标准

（一）取得本市道路运输经营许可和工商登记的经营性货运企业，或从事城市运行基本保障的其他部门和单位。

（二）拥有具有绿色环保标志的货运车辆，其中经营性货运企业需拥有5辆（含）以上具有绿色环保标志的营运货运车辆。

（三）近两年内未发生同等责任以上交通死亡事故。

（四）近两年内未发生运输质量责任事故。

（五）近两年内未因违反环保法规被环保部门处罚或处理。

（六）经营性货运企业需应用运输或物流信息管理系统和符合国家标准的GPS卫星定位

监控管理系统，能有效实施车辆的实时监控、管理。

（七）经营性货运企业上年度质量信誉考核等级为 AAA。

二、车辆标准

（一）经营性货运车辆取得道路运输证。

（二）符合本市环保排放标准，经营性货运车辆需符合交通行业营运货车燃料消耗量限值标准。

（三）车辆类别主要为交通运输部道路货运汽车及汽车列车推荐车型，以及适宜从事道路货运的各类货运汽车。

（四）经营性绿标货运车辆技术等级为一级。

（五）经营性货运车辆需安装有 GPS 卫星定位监控系统。

（六）能满足运输需求的其他安全技术条件。

附 2：

“绿色车队”购置车辆贷款贴息审核表

单位名称（公章）： 填表日期： 年 月 日

<table>
<tr><td colspan="2">开户银行</td><td></td><td>开户名称</td><td colspan="2"></td><td>账号</td><td></td></tr>
<tr><td colspan="2">联系人</td><td></td><td>联系电话</td><td colspan="2"></td><td>传真</td><td></td></tr>
<tr><td>序号</td><td>车辆型号</td><td>购置时间</td><td>车牌号</td><td>单价
（万元）</td><td>贷款额
（万元）</td><td>贷款利率</td><td>本次申请贴息
（万元）</td></tr>
<tr><td></td><td></td><td></td><td></td><td></td><td></td><td></td><td></td></tr>
<tr><td></td><td></td><td></td><td></td><td></td><td></td><td></td><td></td></tr>
<tr><td></td><td></td><td></td><td></td><td></td><td></td><td></td><td></td></tr>
<tr><td></td><td></td><td></td><td></td><td></td><td></td><td></td><td></td></tr>
<tr><td></td><td></td><td></td><td></td><td></td><td></td><td></td><td></td></tr>
<tr><td></td><td></td><td></td><td></td><td></td><td></td><td></td><td></td></tr>
<tr><td></td><td></td><td></td><td></td><td></td><td></td><td></td><td></td></tr>
<tr><td colspan="3">市级归口（主管部门）审核意见：
（公章）
年 月 日</td><td colspan="3">市交通委运输管理局审核意见：
（公章）
年 月 日</td><td colspan="2">市财政局复核意见：
（公章）
年 月 日</td></tr>
</table>

注：本表一式四份，市财政局、市级归口（主管部门）、市交通委运输管理局、申请单位各留存一份。（可续页）

附3：

“绿色车队”淘汰黄标车购置绿标车车辆更新补助审核表

单位名称（公章）： 填表日期： 年 月 日

开户银行			开户名称		账号	
联系人			联系电话		传真	
序号	车辆型号	购置时间	车牌号	单价（万元）	补贴利率	申请补贴金额（万元）
市级归口（主管部门）审核意见： （公章） 年 月 日			市交通委运输管理局审核意见： （公章） 年 月 日		市财政局复核意见： （公章） 年 月 日	

注：本表一式四份，市财政局、市级归口（主管部门）、市交通委运输管理局、申请单位各留存一份。 （可续页）

附4：

淘汰（报废或转出本市）黄标车车辆明细表

填表单位（盖章）： 填表日期： 年 月 日

序号	车牌号	车架号	道路运输证号	车辆型号	发动机号	机动车登记日期	淘汰日期	淘汰方式

负责人： 填表人： 联系电话：

填表说明：

1. 车架号、车辆型号、发动机型号、机动车登记日期以机动车登记证书登记为准。
2. 淘汰方式包括：报废或转出本市。

附 5：

淘汰（报废或转出本市）黄标车车辆信息审核表

<table>
<tr><th rowspan="2">序号</th><th rowspan="2">车牌号</th><th rowspan="2">车辆类型</th><th rowspan="2">车架号</th><th rowspan="2">车辆型号</th><th rowspan="2">发动机号</th><th rowspan="2">机动车登记日期</th><th colspan="2">车辆淘汰信息</th><th rowspan="2">车辆环保标志</th></tr>
<tr><th>淘汰方式</th><th>淘汰日期</th></tr>
<tr><td></td><td></td><td></td><td></td><td></td><td></td><td></td><td></td><td></td><td></td></tr>
<tr><td></td><td></td><td></td><td></td><td></td><td></td><td></td><td></td><td></td><td></td></tr>
<tr><td></td><td></td><td></td><td></td><td></td><td></td><td></td><td></td><td></td><td></td></tr>
<tr><td></td><td></td><td></td><td></td><td></td><td></td><td></td><td></td><td></td><td></td></tr>
<tr><td></td><td></td><td></td><td></td><td></td><td></td><td></td><td></td><td></td><td></td></tr>
<tr><td></td><td></td><td></td><td></td><td></td><td></td><td></td><td></td><td></td><td></td></tr>
<tr><td></td><td></td><td></td><td></td><td></td><td></td><td></td><td></td><td></td><td></td></tr>
<tr><td colspan="6">市交管局审核意见：
（公章）
年 月 日</td><td colspan="4">市环保局审核意见：
（公章）
年 月 日</td></tr>
</table>

注：此表由市交管局、市环保局按照各自职责分别核查并填写车辆淘汰信息或车辆环保标志并加盖公章后反馈至市交通委运输管理局。

北京市财政局　北京市交通委员会关于转发财政部交通运输部《车辆购置税用于交通运输重点项目专项资金管理暂行办法》的通知

2011 年 7 月 13 日　京财经一〔2011〕1434 号

各有关单位：

现将财政部、交通运输部《关于印发〈车辆购置税用于交通运输重点项目专项资金管理暂行办法〉的通知》（财建〔2011〕93 号）转发给你们，为加强专项资金实行财政专项转移支付后项目资金管理，提出以下补充规定，请一并遵照执行。执行中有何问题，请及时反馈给我们。

一、对于已纳入市级财政国库管理制度改革的单位，车辆购置税用于交通运输重点项目专项资金（以下简称“专项资金”）纳入财政授权支付；对于未纳入市级财政国库管理制度改革的单位，采取财政直接拨款方式支付。

二、专项资金按项目管理，项目单位在接到市交通委转发的预算通知后，根据年度投资计划和工程进展情况向市交通委上报《交通专项资金支付申请书》（附件2），原则上一个季度上报一次。项目单位须在用款前20个工作日提交《交通专项资金支付申请书》，由市交通委审核后向市财政局申请下拨资金。项目单位为市级部门预算单位的，需同时通过财政预算项目库申报项目。

三、项目单位提交《交通专项资金支付申请书》的同时，还应报送以下资料：经批准的项目概算（项目第一次请款时），工程价款汇总结算单，非计量费用汇总资料，设备、材料付款汇总资料，预付款项汇总资料，本年度各类来源的建设资金按规定比例累计应到位数额和实际到位数额，资金的使用和结余情况。

四、项目单位应当按规定及时提出交通专项资金用款申请，提交的申请资料应当准确、真实、完整，并对其真实性、合法性负责。

五、项目单位应当按照本办法和有关法律、法规的规定，实施财务管理与会计核算，确保资金专款专用，并自觉接受财政、交通运输主管部门、审计部门的监督检查。

附件：1. 财政部　交通运输部关于印发《车辆购置税用于交通运输重点项目专项资金管理暂行办法》的通知

2. 交通专项资金支付申请书

附件1：

财政部　交通运输部关于印发《车辆购置税用于交通运输重点项目专项资金管理暂行办法》的通知

2011年3月28日　财建〔2011〕93号

各省、自治区、直辖市、计划单列市财政厅（局）、交通运输厅（局），天津市市政公路管理局、上海市城乡建设和交通委员会：

为了加强车辆购置税用于交通运输重点项目专项资金的使用管理，进一步促进交通运输事业顺利发展，根据《中华人民共和国预算法》、《交通和车辆税费改革实施方案》（国发〔2000〕34号）等有关规定，特制定《车辆购置税用于交通运输重点项目专项资金管理暂行办法》。现印发给你们，请遵照执行。

各省（区、市）财政、交通运输主管部门可结合工作实际，共同制定具体的实施细则并报财政部和交通运输部备案。

附：车辆购置税用于交通运输重点项目专项资金管理暂行办法

附：

车辆购置税用于交通运输重点项目专项资金管理暂行办法

第一章　总　　则

第一条　为了加强车辆购置税（以下简称“车购税”）用于交通运输重点项目专项资金的使用管理，进一步促进交通运输事业顺利发展，根据《中华人民共和国预算法》、《交通和车辆税费改革实施方案》（国发〔2000〕34 号）等有关规定，制定本办法。

第二条　车购税用于交通运输重点项目专项资金（以下简称“专项资金”）是指中央财政从车购税收入中安排的，用于地方交通运输重点项目支出的专项资金。

第二章　使用范围和预算管理方式

第三条　专项资金的使用范围包括：纳入交通运输行业规划范围的公路（含桥梁、隧道）建设、公路客货运枢纽（含物流园区）建设、内河水运建设以及国务院和财政部批准的其他支出。

第四条　专项资金按项目管理，实行财政专项转移支付，不得用于平衡一般财政预算。

第五条　专项资金的项目管理以交通运输主管部门为主，资金管理以财政主管部门为主。

第三章　项目库管理

第六条　交通运输部会同财政部，按照交通运输建设规划及交通运输事业发展的需求，定期联合向各省、自治区、直辖市、计划单列市（以下简称各省（区、市））交通运输、财政主管部门布置项目申报工作，明确项目申报有关要求。

第七条　各省（区、市）交通运输主管部门按照项目申报的有关要求组织项目申报工作，在与省级财政主管部门协商后，将符合条件并履行完毕基本建设审批程序的项目上报交通运输部。

第八条　交通运输部建立项目库并与财政部共享。交通运输部对地方上报的项目进行审核，将符合条件的项目纳入项目库，并会同财政部通知有关省（区、市）交通运输、财政主管部门，项目库实行滚动管理。对“十一五”期间已安排过资金的续建项目，可由交通运输部商财政部直接导入项目库。

各省（区、市）交通运输主管部门要结合实际情况逐步建立专项资金的省级支出项目库，并实现支出项目的滚动管理，项目库与同级财政主管部门共享。

第九条　专项资金的补助标准原则上五年确定一次。由交通运输部会同财政部确定补助标准的基本原则，具体各类型项目的补助标准由交通运输部制订，报财政部核备。因特殊情况确需调整补助标准的项目，由交通运输部商财政部结合实际情况另行确定。

第四章　资金下达

第十条　交通运输部根据财政部下达的车购税收支规模，提出年度各类型项目资金规模建议报财政部审定。

第十一条 交通运输部按照确定的各类型专项资金支出规模，结合交通运输基础设施建设任务及项目前期工作准备情况，从项目库中遴选项目，提出年度支出预算安排建议，报财政部审核。

第十二条 财政部对年度支出预算审核后，根据车购税入库和支出情况，结合各地施工的季节性要求，将专项资金分批下达有关省（区、市）财政主管部门，同时抄送交通运输部。

第十三条 项目预算一经批准，各有关单位要严格按照下达的项目名称和预算金额执行。在预算执行中，如因项目停（缓）建等情况需要对项目预算进行调整，应由省级交通运输主管部门联合财政主管部门向交通运输部、财政部提出申请，由交通运输部汇总审核后报财政部审批。

第十四条 各省（区、市）财政、交通运输主管部门要切实采取有效措施，保证专项资金得到科学、合理、安全、有效使用。具体资金支付按照财政国库管理制度有关规定执行。

第五章 决 算 管 理

第十五条 专项资金的使用部门应当按照预算安排级次和决算管理的相关规定编制专项资金年度决算，纳入部门决算报同级财政主管部门审批。

各省（区、市）交通运输主管部门应当按照交通运输部的要求定期向交通运输部报送专项资金预算执行情况，并按要求编报资金使用情况统计表。

第十六条 专项资金项目支出预算如当年未执行完毕，可结转下年度继续使用。专项资金结余的具体使用办法，由各省（区、市）财政主管部门商交通运输主管部门制定。

第十七条 专项资金用于基本建设项目的竣工决算报批程序，由各省（区、市）财政主管部门确定。

第六章 监 督 检 查

第十八条 各级财政、交通运输主管部门，财政部驻各省（区、市）财政监察专员办事处要加强对专项资金管理和财务监督，确保专项资金专款专用。

第十九条 对部门、单位和个人违反国家方针政策、法律、行政法规和有关规定，截留、挪用等行为，财政、交通运输等主管部门应及时制止和纠正，并严格按照《中华人民共和国预算法》、《财政违法行为处罚处分条例》（国务院令第427号）及其他有关法规予以处理。

第七章 附 则

第二十条 本办法由财政部商交通运输部负责解释。

第二十一条 本办法自发布之日起执行。此前有关规定与本办法不一致的，以此办法为准。

附件 2：

交通专项资金支付申请书

编制单位： 年 月 日 单位：万元

序号	项目名称	用款单位	收款人			建设年限		总投资情况		至上年底已完成投资		本年计划投资		本年实际完成投资		本年资金到位		本月车购税申请金额
			全称	开户银行	银行账号	开工年	完工年	合计	其中：车购税	合计	其中：车购税	合计	其中：车购税	合计	其中：车购税	合计	其中：车购税	
栏次	2	3	4	5	6	7	8	9	10	11	12	13	14	15	16	17	18	19
	合计																	

财务负责人： 经办人： 联系电话：

北京市财政局 北京市发展和改革委员会关于转发财政部 国家发展改革委《节能技术改造财政奖励资金管理办法》的通知

2011年8月5日 京财经一〔2011〕1606号

各区县财政局、发展改革委，北京经济技术开发区管委会：

为加快推广先进节能技术，提高能源利用率，实现“十二五”期间节能降耗约束性指标，根据《中华人民共和国节约能源法》和《中华人民共和国国民经济和社会发展第十二个五年规划纲要》，财政部、国家发展改革委制定了《节能技术改造财政奖励资金管理办法》，现转发给你们，请遵照执行。

附件：财政部 国家发展改革委关于印发《节能技术改造财政奖励资金管理办法》的通知

附件：

财政部 国家发展改革委关于印发《节能技术改造财政奖励资金管理办法》的通知

2011年6月21日 财建〔2011〕367号

各省、自治区、直辖市、计划单列市财政厅（局）、发展改革委（经委、经贸委、经信委、工信委、工信厅），新疆生产建设兵团财务局、发展改革委，有关中央企业：

为加快推广先进节能技术，提高能源利用效率，实现“十二五”期间单位国内生产总值能耗降低16%的约束性指标，根据《中华人民共和国节约能源法》和《中华人民共和国国民经济和社会发展第十二个五年规划纲要》，中央财政将继续安排专项资金，采取“以奖代补”方式，对企业实施节能技术改造给予适当支持和奖励。为加强财政资金管理，提高资金使用效率，我们制定了《节能技术改造财政奖励资金管理办法》，请遵照执行。

附：节能技术改造财政奖励基金管理办法

附：

节能技术改造财政奖励基金管理办法

第一章 总 则

第一条 根据《中华人民共和国节约能源法》、《中华人民共和国国民经济和社会发展第十二个五年规划纲要》，为加快推广先进节能技术，提高能源利用效率，“十二五”期间，中央财政继续安排专项资金，采取“以奖代补”方式，对节能技术改造项目给予适当支持和奖励（以下简称“奖励资金”）。为加强财政资金管理，提高资金使用效率，特制定本办法。

第二条 为了保证节能技术改造项目的实际节能效果，奖励资金与节能量挂钩，对完成预期目标的项目承担单位给予奖励。

第三条 奖励资金实行公开、透明原则，接受社会各方面监督。

第二章 奖励对象和条件

第四条 奖励资金支持对象是对现有生产工艺和设备实施节能技术改造的项目。

第五条 申请奖励资金支持的节能技术改造项目必须符合下述条件：

（一）按照有关规定完成审批、核准或备案；

（二）改造主体符合国家产业政策，且运行时间 3 年以上；

（三）节能量在 5000 吨（含）标准煤以上；

（四）项目单位改造前年综合能源消费量在 2 万吨标准煤以上；

（五）项目单位具有完善的能源计量、统计和管理措施，项目形成的节能量可监测、可核实。

第三章 奖 励 标 准

第六条 东部地区节能技术改造项目根据项目完工后实现的年节能量按 240 元/吨标准煤给予一次性奖励，中西部地区按 300 元/吨标准煤给予一次性奖励。

第七条 省级财政部门要安排一定经费，主要用于支付第三方机构审核费用等。

第四章 奖励资金的申报和下达

第八条 符合条件的节能技术改造项目，由项目单位（包括中央直属企业）提出奖励资金申请报告（具体要求见*附1*），并经法人代表签字后，报项目所在地节能主管部门和财政部门。省级节能主管部门、财政部门组织专家对项目资金申请报告进行初审；省级财政部门、节能主管部门委托第三方机构（必须在财政部、国家发展改革委公布的第三方机构名单内，下同）对初审通过的项目进行初次现场审核，由第三方机构针对项目的节能量、真实性等相关情况出具审核报告（格式见*附2*）。

第九条 省级节能主管部门、财政部门根据第三方机构审核结果，将符合条件的项目资金申请报告和审核报告汇总后上报国家发展改革委、财政部（格式见附3）。

第十条 国家发展改革委、财政部组织专家对地方上报的资金申请报告和审核报告进行复审，国家发展改革委根据复审结果下达项目实施计划，财政部根据项目实施计划按照奖励金额的60%下达预算。

第十一条 各级财政部门按照国库管理制度有关规定将资金及时拨付到项目单位。

第十二条 地方节能主管部门、财政部门加强项目监管，督促项目按时完工。

第十三条 项目完工后，项目单位及时向所在地财政部门和节能主管部门提出清算申请，省级财政部门、节能主管部门委托第三方机构对项目进行最终现场审核，并依据第三方机构出具的审核报告（格式见附2），审核汇总后向财政部、国家发展改革委申请清算奖励资金（格式见附3）。

第十四条 财政部、国家发展改革委委托第三方机构对项目实际节能效果进行抽查，根据各地资金清算申请和第三方机构抽查结果与省级财政部门进行清算，由省级财政部门负责拨付或扣回奖励资金。

第五章　审核机构管理

第十五条 财政部、国家发展改革委对第三方机构进行审查备案、动态管理，并向社会公布第三方机构名单。

第十六条 列入财政部、国家发展改革委备案名单的第三方机构接受各地方委托，独立开展现场审核工作，并对现场审核过程和出具的审核报告承担全部责任。同时接受社会各方监督。

第十七条 委托审核费用由地方参考财政性投资评审费用及委托代理业务补助费付费管理等有关规定支付。

第十八条 地方委托第三方机构必须坚持以下原则：

（一）第三方机构及其审核人员近三年内不得为项目单位提供过咨询服务；

（二）项目实施前、后的节能量审核工作原则上委托不同的第三方机构；

（三）优先选用实力强、审核项目经验丰富的第三方机构。

第六章　监督管理

第十九条 地方节能主管部门和财政部门要加大项目申报的初审核查力度，并对项目的真实性负审查责任。对存在项目弄虚作假、重复上报等骗取、套取国家资金的地区，取消项目所在地节能财政奖励申报资格。同时，按照《财政违法行为处罚处分条例》（国务院令第427号）规定，依法追究有关单位和人员责任。

第二十条 地方节能主管部门和财政部门要加强对项目实施的监督检查，对因工作不力造成项目整体实施进度较慢或未实现预期节能效果的地区，国家将给予通报批评。

第二十一条 项目申报单位须如实提供项目材料，并按计划建成达产。对有下列情形的项目单位，国家将扣回奖励资金，取消“十二五”期间中央预算内和节能财政奖励申报资格，并将追究相关人员的法律责任。

（一）提供虚假材料，虚报冒领财政奖励资金的；

（二）无特殊原因，未按计划实施项目的；

（三）项目实施完成后，长期不能实现节能效果的；

（四）同一项目多渠道重复申请财政资金的。

第二十二条 财政部、国家发展改革委对第三方机构的审核工作进行监管，对审核报告失真的第三方机构给予通报批评，情节严重的，取消该机构的审核工作资格，并追究相关人员的法律责任。

第七章 附 则

第二十三条 本办法由财政部、国家发展改革委负责解释。

第二十四条 本办法自印发之日起实施，原《节能技术改造财政奖励资金管理暂行办法》（财建〔2007〕371 号）废止。

附： 1. 企业财政节能奖励资金申请报告的主要内容

2. ××××单位××项目现场审核报告

3. ______年度节能技术改造财政奖励资金申请汇总表

附1：

企业财政节能奖励资金申请报告的主要内容

一、企业基本情况表和项目基本情况表（见附表 1、2）

二、企业能源管理情况

三、项目实施前用能状况

四、项目拟采用的节能技术措施

五、项目节能量测算和监测方法

六、其他需要说明的事项

七、附表：1. 项目可行性研究报告

2. 项目的备案、核准或审批文件

3. 相应级别环保部门对项目环境影响报告书（表）的批复

附表1：

企业基本情况表

企业签章　　　　　　　　　　　　　　　　　　　　　　　　　　　单位：万元

企业名称				法定代表人			
企业地址				联系电话			
企业登记注册类型		职工人数（人）		其中：技术人员（人）			
隶属关系		银行信用等级		有无国家认定的技术中心			
企业总资产		固定资产原值		固定资产净值		资产负债率	
企业贷款余额		其中：中长期贷款余额		短期贷款余额			
主要产品生产能力，国内市场占有率，2006 年水、能源及相关资源消费量							

年度（近三年） 企业经营情况	年	年	年	备　注
销售收入				
利　　润				
税　　金				

附表2：

项目基本情况表

单位：万元、万美元

企业名称		所属行业		所属工程类别			
项目名称		建设年限		项目责任人及联系电话			
项目建设必要性（企业资源消耗的现状、存在的主要问题）							
项目建设内容							
建成后达到目标（节能情况，污染物减排放情况）	（注：必须注明项目实施后可能达到的具体目标，如节能××吨标准煤，节油××吨，节电××万千瓦时，削减二氧化硫××吨，减排二氧化碳××吨等）						
项目总投资		固定资产投资		银行贷款		自筹及其他	
新增销售收入		新增利润		新增税金		新增出口创汇	
项目前期工作情况							

注：建成后达到目标必须注明实施后可能达到的具体目标，如节能××吨标准煤，节油××吨，节电××万千瓦时。

附2：

编号：________

××××单位

××项目现场审核报告

审核机构：（加盖公章）

负 责 人：________________

编制日期：____年____月____日

<table>
<tr><td rowspan="2">审核项目</td><td>名称</td><td></td><td>所属单位</td><td></td></tr>
<tr><td>地址</td><td></td><td>电话</td><td></td></tr>
<tr><td rowspan="3">审核组组成</td><td>组长</td><td>（亲笔签名）</td><td>所在机构</td><td></td></tr>
<tr><td>成员</td><td>（亲笔签名）</td><td>所在机构</td><td></td></tr>
<tr><td>成员</td><td>（亲笔签名）</td><td>所在机构</td><td></td></tr>
<tr><td>审核日期</td><td colspan="4">20　年　月　日</td></tr>
<tr><td>审核目的</td><td colspan="4">A. 评价项目实施前能源利用情况和预期年节能量。
B. 评价项目实施后实际年节能量。</td></tr>
<tr><td rowspan="5">审核技术指标</td><td>名　称</td><td>项目实施前</td><td colspan="2">项目实施后</td></tr>
<tr><td>综合能耗</td><td></td><td colspan="2"></td></tr>
<tr><td>产品产量</td><td></td><td colspan="2"></td></tr>
<tr><td>单位产品能耗</td><td></td><td colspan="2"></td></tr>
<tr><td>项目年节能量</td><td></td><td colspan="2"></td></tr>
<tr><td>审核结论</td><td colspan="4">受审核方提出的项目实施前（后）的能源消耗为　　吨标准煤，预期（实际）年节能量为　　吨标准煤。
经审核，×××××项目实施前（后）的能源消耗为　　吨标准煤，预期（实际）年节能量为　　吨标准煤。
项目预期目标与实际效果之间产生差距的原因是：

受审核方法人代表：____________
受审核方公章：____________

审核组长：＿＿（亲笔签名）＿＿
审核员：＿＿＿（亲笔签名）＿＿</td></tr>
<tr><td>审核报告报送部门：</td><td colspan="4"></td></tr>
</table>

注：受审核方不接受审核结论时，应出具由受审核方的法人代表签字的书面意见。

一、受审核方及项目简介

1. 受审核方基本情况（性质、主要产品、生产流程、产值、总体用能情况等）。
2. 受审核项目的工艺流程及其重点耗能设备在生产中的作用。
3. 受审核项目拟投资情况。

二、审核过程描述

1. 审核的部门及活动。

2. 审核的时间安排。
3. 审核实施。

三、项目实施前（后）的能源利用情况

1. 项目实施前（后）的生产情况。
2. 项目实施前（后）的能源消费情况。
3. 重点用能工艺设备情况。
4. 项目实施前（后）能量平衡表。

四、节能技术措施描述

1. 技术原理或工艺特点。
2. 技术指标。
3. 节能效果。

五、项目节能量监测

1. 能源计量器具配备与管理。
2. 能源统计与上报制度。
3. 重点用能工艺设备运行监测。

六、预期（实际）年节能量

1. 确定方法选用。
2. 节能量确定。

七、报告附件

1. 项目节能量审核委托材料。
2. 项目节能量审核计划______页。
3. 项目节能量审核人员名单。

北京市财政局　北京市经济和信息化委员会
关于修订《北京市认定企业技术中心项目
补助政策实施细则》的通知

2011 年 8 月 23 日　京财经一〔2011〕1817 号

各有关单位：

为鼓励企业技术中心加强创新能力建设，引导和支持企业加大技术创新投入，促进企业技术中心健康发展，市财政局、市经济信息化委对2008年共同制定的《北京市认定企业技术中心专项补助政策实施细则》进行了修订，现印发给你们，请遵照执行。

附件：北京市认定企业技术中心项目补助政策实施细则

附件：

北京市认定企业技术中心项目补助政策实施细则

为落实《中共北京市委北京市人民政府关于增强自主创新能力建设创新型城市的意见》（京发〔2006〕5号）和《北京市企业技术中心认定评价管理办法》有关规定，鼓励企业技术中心加强自主创新能力建设，引导和支持企业加大技术创新投入，根据《中华人民共和国预算法》、《中华人民共和国预算法实施条例》，特制定北京市认定企业技术中心专项补助政策实施细则。

一、补助对象

在本市工商管理部门登记注册、具有独立法人资格的制造业企业，信息传输、计算机服务和软件业企业，上年被认定为市级技术中心或经市企业技术中心认定工作指导小组推荐认定为国家级技术中心的企业，或者是企业技术中心上一年度评价得分在70分以上的企业（国家级企业技术中心评价得分为国家发改委公布的评分）。

二、补助项目与额度

（一）针对项目进行补助，补助资金用于提高企业创新能力的实验室建设与改造、购置研发设备和相关支持软件等。

（二）原则上补助金额不超过项目固定资产投资的20%，不超过项目总投资的10%。市级技术中心企业享受补助资金支持额度不超过100万元；国家级技术中心企业享受补助资金支持额度不超过200万元。

（三）对于本办法实施前依照原《北京市认定企业技术中心专项补助政策实施细则》已享受过补助的企业技术中心，原则上不再给予支持。未享受或已享受但未达到原规定标准的企业可申请该资金补助，补助资金与原获得资金之和不得超过上述标准。原则上企业申请不能超过3次。

（四）补助资金从“北京市支持中小企业发展专项资金”中列支。

三、申请条件

（一）企业法人治理结构规范，财务管理制度健全。

（二）经济效益良好，最近连续两年不亏损。

（三）会计信用和纳税信用良好。企业上年度纳税在500万元以上。

（四）项目重点围绕全市的支柱产业，特别是战略性新兴产业和传统产业优化升级的重要领域，支持优势骨干企业建设较为系统的研发设施、工程研究实验设施、系统集成验证平台等综合性基础设施。支持企业技术中心采用新技术、新工艺，促进科技成果在京转化落地。

四、申报程序和审批流程

（一）具体申报材料参照“北京市经济和信息化委员会支持中小企业发展专项资金使用指南”要求。

（二）本项目每年受理一次。市经济和信息化委员会按照公正、公平的原则，委托中介机构组织专家评审，并会同市财政局根据评审情况确定项目。

（三）项目确定后，实行网上公示，待无异议或虽有异议但调查核实无问题后，项目补助资金由市财政当年予以拨付。

五、监督管理

（一）获得财政支持的企业技术中心应承担对技术研发成果进行推广或扩散的义务，应当按照国家有关规定承担公开披露技术信息的义务。

（二）北京市财政局、北京市经济和信息化委员会负责对项目资金的使用进行监督、检查和跟踪。

（三）项目资金管理使用中出现弄虚作假等违反规定使用项目资金的，根据《财政违法行为处罚处分条例》等国家相关法律、法规，进行处分。

六、附　　则

（一）未尽事宜按《北京市支持中小企业发展专项资金管理暂行办法》执行。

（二）本实施细则由市财政局、市经济和信息化委员会负责解释。

（三）本实施细则自发布之日起30日后执行，市财政局、原市工业促进局《关于印发〈北京市认定企业技术中心专项补助政策实施细则〉的通知》（京财经一〔2008〕481号）同时废止。

北京市财政局　北京市环境保护局关于印发《北京市进一步促进老旧机动车淘汰更新补助资金管理办法》的通知

2011年8月31日　京财经一〔2011〕1918号

各区县政府、各有关单位：

为贯彻落实《北京市人民政府关于印发进一步促进本市老旧机动车淘汰更新方案的通知》（京政发〔2011〕42号）要求，做好本市老旧机动车淘汰更新补助资金发放工作，我们制定了《北京市进一步促进老旧机动车淘汰更新补助资金管理办法》，现印发给你们，请遵照执行。

附件：北京市进一步促进老旧机动车淘汰更新补助资金管理办法

附件：

北京市进一步促进老旧机动车淘汰更新补助资金管理办法

第一章　总　　则

第一条　为进一步改善首都空气质量，落实《北京市人民政府关于印发进一步促进本市老旧机动车淘汰更新方案的通知》（京政发〔2011〕42 号）要求，做好老旧机动车淘汰更新补助资金发放工作，加强财政资金管理，制定本办法。

第二条　政府对车主淘汰更新老旧机动车并通过老旧车淘汰更新审核程序的，给予一定额度的资金补助。

第三条　环保、交管、商务、财政等部门授权北京环境交易所（以下简称“环交所”），受理和审核老旧机动车淘汰更新政府补助资金申请，政府各相关部门进行监督审核。审核后，通过市财政局指定的补助资金发放代理银行将补助资金划拨至车主银行账户。

第四条　北京市老旧机动车淘汰更新补助资金由市财政局安排并纳入年度市级预算。

第二章　补助范围及补助标准

第五条　本办法所称老旧机动车是指使用 6 年以上且未达到现行国家第四阶段排放标准的载客汽车、载货汽车和专项作业车（不含黄标车）。

对淘汰（转出本市和提前报废）老旧机动车的车主发放政府补助，其中转出车辆需定期参加机动车检验并检验结果合格。

在京中央国家机关、本市各级党政机关和各级财政供养单位的车辆，以及摩托车和低速载货汽车的淘汰，不享受政府补助。

第六条　补助标准按照机动车车型和使用年限区别确定，执行时间为 2011 年 8 月 1 日至 2012 年 12 月 31 日。具体补助标准详见附 1。

第三章　补助申请及审核程序

第七条　补助资金由车主本人（单位）或委托代理人（以下简称“申领人”）办理申领手续。

第八条　申领人应在 2011 年 8 月 1 日至 2013 年 1 月 31 日期间的工作日，通过网上办理平台“北京市老旧机动车淘汰更新管理信息系统”（以下简称“平台信息系统”）或到环交所指定现场办理网点办理相关手续，逾期不予办理。

第九条　申领人完成老旧机动车淘汰后，通过网上平台信息系统或业务办理网点申请获得企业奖励凭证，更换新车时使用企业奖励凭证在汽车销售单位兑现企业奖励，新车注册登记后，再到环交所办理网点提交相关身份证明，并签字确认审核结果。如申领人承诺只淘汰老旧机动车，但不在办理平台上购置新车，办理平台审核后即可到现场办理网点提交相关材料办理补助申请。审核合格后，于 15 个工作日内，市财政局通过指定的补助资金发放代理银行将补助资金划拨至以车主名义开立的开户银行账户（单位）或建设银行活期储蓄账户

（个人）。

第十条 老旧机动车淘汰更新补助金额的核定，由环交所负责审核。审核依据为相关部门提供的车辆档案信息。包括车辆的注册登记日期、淘汰日期（转出、报废）、检验有效期、环保信息、财政供养信息、车主信息和身份证明。

第十一条 申领人须提交的材料：

（一）车主身份证明文件：车主为个人的，提供身份证原件和复印件（须本人签字），港、澳、台及外国籍车主，须提供护照及居留证件原件和复印件（须本人签字）；车主为单位的，须提供单位组织机构证书原件和复印件、单位营业执照原件和复印件（须加盖单位公章）、单位开具的法定代表人身份证明。

（二）由委托代理人办理申领手续的，除上述（一）的身份证明文件外，还须提供车主委托书或单位法人委托书，代理人身份证原件和复印件（须本人签字）。

第四章 监督管理

第十二条 财政部门、环保部门、交管部门、商务部门按照各自职责对环交所老旧机动车淘汰更新交易办理平台实施监管。按市政府各有关部门授权，环交所通过建立平台信息系统为老旧机动车主审核办理政府补助和企业奖励凭证。

第十三条 补助资金申领人要对填报信息的真实性负责。对采取虚报、冒领等手段骗取补助资金的，财政部门将及时追回资金，并按照《财政违法行为处罚处分条例》（国务院令第 427 号）等有关法律法规处理。

第五章 附则

第十四条 已领取补助资金的转出车辆不能在当地落户注册，如再转入本市的，车主须先行办理补助资金退还手续。车主须在老旧车淘汰更新窗口领取现金交款单、老旧机动车补助退款申请书，到指定银行以现金方式缴纳补助退款。退款缴纳完成后，市公安局交通管理局经查询，确认车辆没有领取补助资金信息后再行办理转入手续。

第十五条 本办法由市财政局、市环保局按各自职责负责解释。

第十六条 本办法自发布之日起 30 日后实施。

附：1. 政府补助标准

2. 老旧机动车淘汰更新补助资金审核发放流程

附 1：

政府补助标准

1. 转出老旧机动车补助标准

（单位：元）

车辆类型 \ 车辆使用时间		6－8 年	8 年以上
载客汽车	微型	3000	2500
	小型	4500	4000
	中型	4000	3500
	大型	14000	12000
载货汽车	微型	2500	—
	轻型	3000	2500
	中型	7000	5000
	重型	10000	8000

2. 报废老旧机动车补助标准

（单位：元）

车辆类型 \ 车辆使用时间		6－8 年	8 年以上
载客汽车	微型	3500	3000
	小型	5000	4500
	中型	4500	4000
	大型	14500	12500
载货汽车	微型	3000	—
	轻型	3500	3000
	中型	7500	5500
	重型	10500	8500

备注：1. 6－8 年是指机动车登记注册之日起至办理转出或报废手续之日止 6－8 年。

2. 8 年以上是指机动车登记注册之日起至办理转出或报废手续之日止 8 年以上。

附 2：

老旧机动车淘汰更新补助资金审核发放流程

1. 淘汰老旧机动车并更换新车流程：

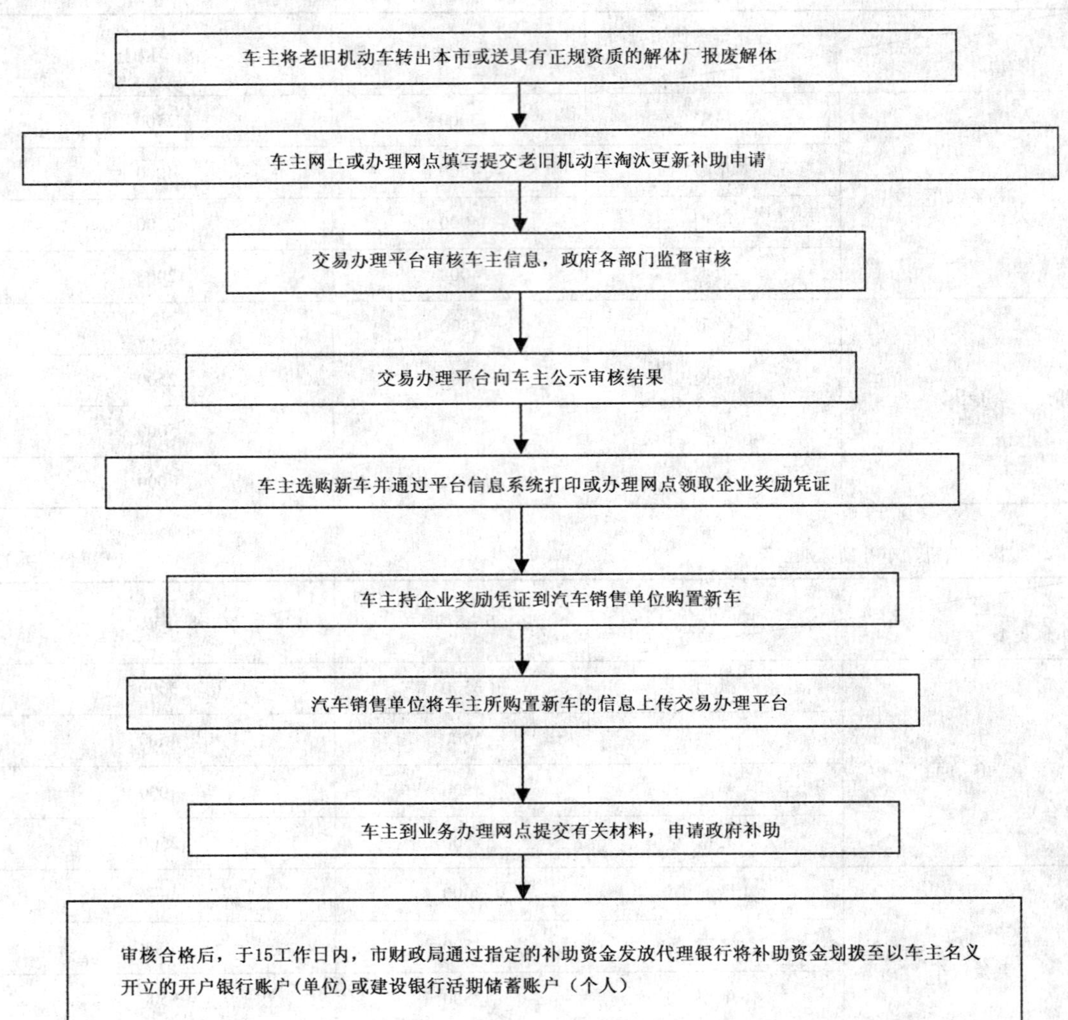

2. 只淘汰老旧机动车流程：

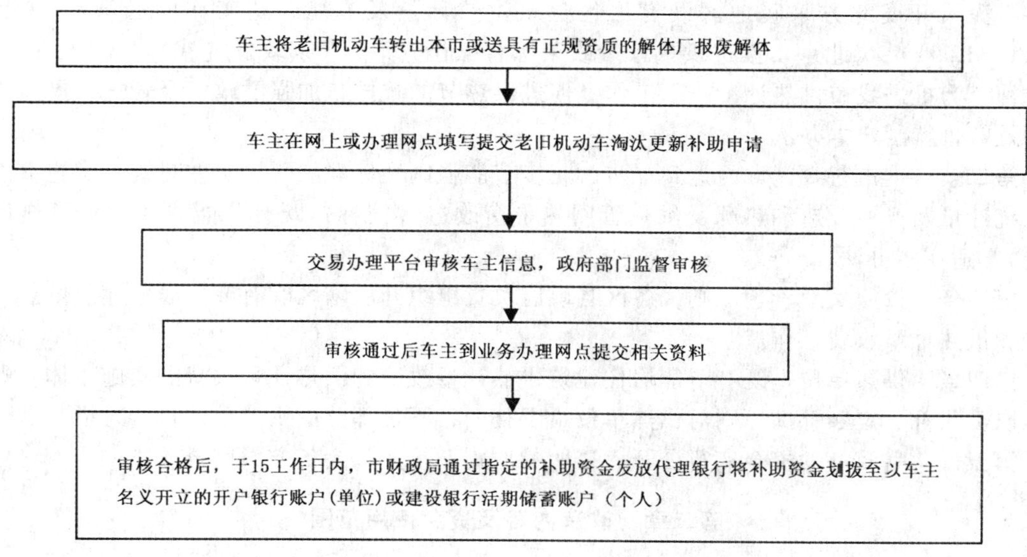

北京市财政局　北京市市政市容管理委员会关于印发《北京市既有节能居住建筑供热计量改造项目补助资金管理暂行办法》的通知

2011 年 8 月 30 日　京财经一〔2011〕1919 号

各区县财政局、市政市容委及有关单位：

为贯彻落实财政部、住房城乡建设部和市政府关于节能减排工作要求，完成“十二五”时期节能减排目标，加快推进供热计量改革工作，我们制定了《北京市既有节能居住建筑供热计量改造项目补助资金管理暂行办法》，现印发你单位，请遵照执行。

附件：北京市既有节能居住建筑供热计量改造项目补助资金管理暂行办法

附件：

北京市既有节能居住建筑供热计量改造项目补助资金管理暂行办法

第一章　总　　则

第一条　依据财政部《关于印发北方采暖地区既有居住建筑供热计量及节能改造奖励

资金管理暂行办法的通知》（财建〔2007〕957 号）以及财政部、住房和城乡建设部《关于进一步深入开展北方采暖地区既有居住建筑供热计量及节能改造工作的通知》（财建〔2011〕12 号）、《北京市推进供热计量改革综合工作方案》（京政发〔2010〕25 号）等文件精神，为推进我市供热计量改革工作，促进供热节能减排，加强财政资金管理，提高资金使用效益，特制定本办法。

第二条 本市行政区域内达到二步、三步节能强制性标准的既有居住建筑，实施室内供热系统计量及温控改造和热源及供热管网热平衡改造（简称：既有节能居住建筑供热计量改造），适用本办法。

第三条 按照属地管理原则，各区县政府负责组织开展辖区既有节能居住建筑供热计量改造和供热计量收费工作。

第四条 供热单位是既有节能居住建筑供热计量改造和供热计量收费的实施主体，财政按照以奖代补、定额补助原则对供热单位给予补助，不足部分由供热单位自行筹措。

第五条 财政补助资金实行公开、透明的原则，接受社会各方面监督。

第二章 改造内容及资金使用范围

第六条 补助资金使用范围

（一）室内采暖系统供热计量及温度调控改造：包括在建筑物热力入口安装楼栋热量表，在建筑物内安装分户热计量装置和室温调控装置，进行必要的管路改造，建立供热计量数据联网远传系统。

（二）热源及供热管网热平衡改造：包括应用管网水力平衡调节、气候补偿、烟气冷凝热回收、水泵风机变频（调速）、分区分时控制、供热系统集中自动控制等节能技术，在锅炉房、热力站安装能耗计量装置。

第三章 补助标准

第七条 对于符合上述补助资金使用范围并按照规定要求和标准完成改造的项目，由财政（中央、市财政和区县财政）按照改造资金的 80% 予以补助。

第八条 中央财政奖励资金标准：根据《北方采暖区既有居住建筑供热计量及节能改造奖励资金管理暂行办法》（财建〔2007〕957 号）和财政部《关于拨付 2011 年北方采暖地区既有居住建筑供热计量及节能改造补助资金的通知》（财建〔2011〕328 号）精神，中央财政对于既有节能居住建筑室内供热系统计量及温控改造的奖励标准为 13.5 元/m^2，对于热源及供热管网热平衡改造的奖励标准为 4.5 元/m^2。市财政根据中央财政下达奖励资金情况和各区县改造任务完成情况，将中央奖励资金下达至各区县财政局。

市级和区县财政补助标准：财政补助资金中，除中央财政奖励外，剩余部分由市级和区县两级财政按照 5∶5 的比例分担。2011 年市财政暂按 6.3 元/m^2 补助标准预拨市级补助资金，具体市级补助标准根据 2011 年改造项目执行情况经财政评审后最终确定。

第四章 补助资金审核拨付

第九条 中央财政和市财政补助资金，以预拨和清算的方式，分两次拨付到各区县财政部门。

第十条 各区县财政局会同区县市政市容委按照全市分解下达的目标任务制定辖区既有节能居住建筑供热计量改造方案及分年度改造计划，联合上报市财政局、市市政市容委，并落实区县财政年度配套补助资金。

第十一条 市财政局会同市市政市容委对各区县上报的改造计划进行确认后，由市财政局向各区县预拨中央财政资金和50%的市财政补助资金。

第十二条 改造项目完成后，各区县市政市容委会同区县财政局对辖区改造项目进行审核验收，并将《既有节能居住建筑供热计量改造验收合格项目备案表》（附）报市市政市容委和市财政局审核确认年度任务完成总量。

第十三条 市财政局会同市市政市容委对各区县完成的改造任务进行审核确认后，对拨付的中央和市财政补助资金进行清算。

第十四条 各区县财政应及时向供热单位拨付补助资金，并可按规定统筹使用中央和市财政拨付的既有节能居住建筑供热计量改造补助资金。

第六章 补助资金的绩效评价和监督管理

第十五条 各区县财政局应在项目竣工后，进行绩效评价工作。各区县财政局要监督补助资金专款专用。

第十六条 市财政局会同市市政市容委委托第三方对各区县改造项目进行抽样复验，抽验项目比例不少于30%。

第十七条 有下列情形之一的，按照《财政违法行为处罚处分条例》（国务院令第427号）及相关法律法规规定进行处理处罚，财政部门可以暂缓或停止拨付补助资金，已经拨付的资金予以追回：

（一）违反中央财政和市财政既有节能居住建筑供热计量及节能改造补助资金使用原则，擅自改变使用范围，挪用、截留或侵占资金的。

（二）提供虚假情况，骗取财政资金的。

（三）未按要求完成进度或未按规定内容实施，竣工后不能实现供热计量收费，验收不合格的。

（四）其他不符合国家和我市有关规定的行为。

第七章 附 则

第十八条 本文所称达到二步、三步节能强制性标准的既有居住建筑，是指1998年7月以后设计建设的居住建筑。

第十九条 各区县财政部门可根据本办法，结合当地实际情况，制定具体实施办法，报北京市财政局备案。

第二十条 本办法由北京市财政局和市市政市容委负责解释。

第二十一条 本办法自发布之日起30日后实施。

附：既有节能居住建筑供热计量改造验收合格项目备案表

附：

既有节能居住建筑供热计量改造验收合格项目备案表

填报单位：区县市政市容委、财政局（联合盖章） 年 月 日

序号	供热单位	小区名称	项目地址	改造面积（万 m^2）	改造内容	项目投资（万元）					节能量（吨标准煤）
						合计	中央财政资金	市财政资金	区县财政资金	自筹及其他	

填表说明：

1. 项目编号按顺序填写。
2. 改造内容：（1）室内供热系统计量及温度调控改造；（2）热源及供热管网热平衡改造（填相应序号即可）。
3. 申请中央财政资金数额按《北方采暖地区既有居住建筑供热计量及节能改造奖励资金管理暂行办法》中的奖励标准确定。
4. 节能量按照《北方采暖地区既有居住建筑供热计量及节能改造项目验收办法》提供的核算方法计算。

北京市财政局　北京市市政市容管理委员会关于非正规垃圾填埋场治理项目市级补助政策管理有关问题的补充通知

2011 年 11 月 1 日　京财经一〔2011〕2323 号

各区县财政局、市政市容委：

2010 年我们印发了《北京市非正规垃圾填埋场治理项目市级补助专项资金管理暂行规定》，政策执行中遇到了一些项目管理实际问题。为推动我市非正规垃圾填埋场治理项目顺利实施，经研究，我们对原非正规垃圾填埋场治理项目市级补助政策中涉及的补助范围、标准及资金使用程序等管理要求进行了调整和完善，现将有关事项补充通知如下，请各相关单位遵照执行。

一、市级补助范围和标准

根据项目风险等级评价结果，对A级非正规垃圾填埋场治理项目，按照最高不超过治理费用的50%比例补助；对B级非正规垃圾填埋场治理项目，按照最高不超过治理费用的40%比例补助。

非正规垃圾填埋场专项治理项目中，采用筛分治理技术工艺方案的项目，项目的预算和决算由各区县财政部门负责审定；市市政市容委核实相关工作量；市财政投资评审中心按照项目市级补助范围、内容和项目情况制定补助定额单价；市财政局和市市政市容委共同确认项目市级补助定额上限（详见附件1）。

非正规垃圾填埋场专项治理项目中，其他技术工艺方案的项目，项目的预算和决算由各区县财政部门负责审定；市市政市容委核实相关工作量；项目决算中涉及市级补助范围内容，由市财政投资评审中心审核；市财政局和市市政市容委根据审核结果共司确认项目市级补助定额上限。

项目结算时，按照各区县财政部门确认的项目总投资中市级补助范围的投资额和市级补助比例计算，超过项目市级补助定额上限的，按市级补助定额上限拨付市级补助资金；低于项目市级补助定额上限的，根据实际数额拨付市级补助资金。

二、市级补助资金使用程序

（一）市市政市容委根据区县政府批复意见及初步设计方案，会同市财政局核定项目市级补助资金定额上限。

（二）根据年度项目实施计划，市财政局和市市政市容委通知代理银行按项目开设项目专用账户。

（三）各区县根据项目年度实施目标制订年度工作进度计划和资金使用计划，并据此编制年度资金预算。

（四）在项目实施过程中，各区县根据项目进展情况和年度资金使用计划先将配套资金拨入银行专户，市级补助资金结合各区县配套资金到位情况和项目实际进展情况，按市区两级分担比例跟进市级补助资金，市级补助资金拨款数额最高不超过核定的项目市级补助资金定额上限的80%。

（五）项目竣工验收后，各区县财政部门负责对项目结算进行审核（详见附件2），根据各区县财政部门确认的项目结算评审结果进行市级补助资金的清算，项目最终市级补助金额不超过核定的项目市级补助资金定额上限。

（六）市级补助资金清算后，代理银行按照项目结算评审结果，监督各区县与项目施工单位进行结算，项目资金全部结算完成后，项目专用账户最终清户，结余款须由区县财政局和市政市容委共同确认后，划入指定账户。

以前下发的相关文件与本通知抵触的，以本通知要求为准。本办法自发布之日起30日后实施。

特此通知。

附件：1. 非正规垃圾填埋场治理项目市级补助资金定额上限计算表

2. 关于××区（县）××××××非正规垃圾填埋场治理项目结算评审报告

附件 1：

非正规垃圾填埋场治理项目市级补助资金定额上限计算表

序号	子项名称		工作量的计算方法或计费依据	单位	数量	市财政补助单位定额	项目定额预算	市级补助定额上限
	项目总计						0	0
一	直接工程费						0	0
1	土方开挖		依据地堪报告提供土方量	m^3		10.39	0	
2	筛分		筛分量按照土方开挖量 1.25 倍计算	m^3		51.63	0	
3	回填量	渣土回填	筛分总量－筛分量中的腐殖土量－筛分量中的轻质筛上物量	m^3		25.83	0	
4		黄土回填（绿化）	1.0m×回填面积	m^3		67.15	0	
5	筛上物处理		筛分总量×筛上物比例值×筛上物体积重量换算系数	吨		58	0	
6	腐殖土外运		（筛分总量×50%－腐殖土绿化量）×0.6	m^3		25.04	0	
二	绿化（硬化）费用		依据回填面积	m^2		60	0	0
三	工程二类费用						0	0
1	设计费		计价格〔2002〕10 号文				0	
2	监理费		发改价格〔2007〕670 号				0	
3	勘查费（含场地测绘）		计价格〔2002〕10 号文				0	
4	招标代理服务费		计价格〔2002〕1980 号、发改〔2008〕1086 号文				0	
四	金融机构手续费		每个项目 0.2 万元			0.2	0	0

注：1. 筛上物比例值根据地勘报告物理成分中塑料等轻质筛上物比例值加上 10% 计算；高于 10% 的按 25%。筛上物体积重量换算系数为 0.6。

2. 腐殖土量按照筛分总量的 50% 计算，筛分量中的轻质筛上物量按照筛分总量×筛上物比例值。

3. 腐殖土绿化量按照场地绿化面积×0.3 米计算。

4. 筛上物处理市级补助单位定额参照 2007 年市属垃圾填埋场填埋工艺结算价 58 元/吨，其他市级补助定额参照〔2011〕京评审核查 2423 号。

附件2：

关于××区（县）××××××非正规垃圾填埋场治理项目结算评审报告

一、项目概况

项目基本情况，治理主要内容和结算申报金额等内容。

二、评审依据

评审过程中引用各项政策依据和相关文件。

三、评审结论

评审最终认定的项目结算金额和主要审减原因等。

四、项目结算审核总表（附表1）

五、项目结算审核明细表（不作统一要求，根据项目实际情况）

六、项目结算分单位明细表（附表2）

七、项目投资明细表（附表3）

附表1：

项目审核总表

项目名称：　　　　　　　　　　　　　　　　　　　　　　　　单位：万元

序号	项目名称（子项、费用等）	送审投资金额	评审审定投资金额	审减金额	备注
	合　计	0	0	0	
项目单位意见：			评审机构意见：		

附表 2：

项目结算分单位明细表

单位：元至角分

施工单位名称	合同内容	合同金额	结算审定金额	已累计支付款项金额	未付款项金额	备注
合计						
施工单位一						
施工单位二						
施工单位三						
……						

注：结算审定金额合计栏具体金额应与项目审核总表（附表 1）审定金额合计数一致。

附表 3：

项目投资明细表

单位：元至角分

<table>
<tr><th>序号</th><th colspan="2">治理内容</th><th>工作量</th><th>结算审定金额</th><th>备注</th></tr>
<tr><td></td><td colspan="2">合计</td><td></td><td></td><td></td></tr>
<tr><td>一</td><td colspan="2">直接工程费</td><td></td><td></td><td></td></tr>
<tr><td>1</td><td colspan="2">土方开挖</td><td></td><td></td><td></td></tr>
<tr><td>2</td><td colspan="2">筛分</td><td></td><td></td><td></td></tr>
<tr><td>3</td><td rowspan="2">回填量</td><td>渣土回填</td><td></td><td></td><td></td></tr>
<tr><td>4</td><td>黄土回填（绿化）</td><td></td><td></td><td></td></tr>
<tr><td>5</td><td colspan="2">筛上物处理</td><td></td><td></td><td></td></tr>
<tr><td>6</td><td colspan="2">腐殖土外运</td><td></td><td></td><td></td></tr>
</table>

续表

序号	治理内容	工作量	结算审定金额	备注
7	……			
8	……			
二	绿化（硬化）费用			
三	工程二类费用			
1	设计费			
2	监理费			
3	勘查费（含场地测绘）			
4	招标代理服务费			
四	金融机构手续费			

注：结算审定金额合计栏具体金额应与项目审核总表（附表1）审定金额合计数一致。

北京市财政局关于印发《中关村国家自主创新示范区现代服务业试点扶持资金管理办法》的通知

2011年11月2日　京财经一〔2011〕2352号

各有关单位：

为加快首都经济发展方式转变和结构调整，推动中关村现代服务业高端化聚集发展，探索现代服务业发展新模式，根据《中关村现代服务业试点方案》等文件，我们制定了《中关村国家自主创新示范区现代服务业试点扶持资金管理办法》，现印发给你们，请遵照执行。

附件：中关村国家自主创新示范区现代服务业试点扶持资金管理办法

附件：

中关村国家自主创新示范区现代服务业试点扶持资金管理办法

第一章　总　　则

第一条　依据《中华人民共和国预算法》、《中华人民共和国预算法实施条例》、《财政部　发展改革委　商务部　科技部关于批复中关村现代服务业试点方案的通知》（财建函

〔2011〕32号）、《中关村国家自主创新示范区现代服务业综合试点协议》等法律法规、文件规定，特制定本办法。

第二条 为贯彻落实党中央、国务院、市委市政府有关加快发展现代服务业指示精神，加快首都经济发展方式转变和结构调整，专门设立中关村国家自主创新示范区现代服务业试点扶持资金（以下简称试点扶持资金），用于支持推动中关村现代服务业试点工作，促进现代服务产业高端化发展、聚集并发挥辐射作用，探索加快服务业发展新模式。

第三条 试点扶持资金来源：一是中央财政安排的中关村现代服务业试点扶持资金；二是北京市财政预算安排的中关村现代服务业发展地方配套资金。

第四条 试点扶持资金规模：北京市财政局会同有关部门按要求编制年度项目支持计划和资金预算呈报财政部。北京市地方配套扶持资金不低于同期中央财政投入规模。

第五条 试点扶持资金按照“集中财力、统一安排、统一管理”的原则进行管理。

第六条 试点扶持资金使用按照“公开、公平、公正”的原则，突出重点、专款专用、讲求实效。

第二章 工作机制

第七条 成立中关村国家自主创新示范区现代服务业试点工作领导小组（以下简称“试点工作领导小组”），由北京市相关主管市领导担任组长、执行组长。试点工作领导小组下设办公室，由市财政局、中关村管委会、市发改委、市科委、市商务委、市经信委、市统计局作为成员单位，办公室设在北京市财政局，负责日常管理工作。

第八条 试点工作领导小组办公室（以下简称“领导小组办公室”）负责组织协调市财政局、中关村管委会、市发改委、市商务委、市科委、市经信委等主管部门，负责组织发布项目申报指南、项目公开征集、项目评审论证、政府扶持项目公示、对已扶持项目监管等项目管理相关工作。

第三章 项目管理

第九条 项目采取公开征集方式组织，由领导小组办公室在首都之窗开设试点项目申报管理平台，每年滚动公布年度项目申报指南和目录。

第十条 对公开征集的项目，由中关村管委会、市发改委、市商务委、市科委、市经信委等主管部门进行项目初审。对符合试点扶持资金支持范围、条件的项目，主管部门初审通过后，通知项目申报单位报送项目申报资料，主管部门汇总签署意见后统一报送领导小组办公室。

领导小组办公室负责委托中介机构或组织专家对项目进行评审论证，评审通过的项目纳入滚动储备项目库。

第十一条 领导小组办公室从滚动储备项目库中筛选项目，提出政府扶持项目、资金额度、支持方式的初步意见，报试点工作领导小组批准。

第十二条 试点领导小组批准同意扶持的项目，由领导小组办公室将政府扶持项目相关资料，经市财政局转呈财政部，财政部会同有关部门结合项目评审情况予以审核确认。

第十三条 经财政部等中央部委审核确认后，由领导小组办公室将政府拟扶持项目通过“首都之窗”对社会进行公示（公示期为7日），公示后由市财政局办理资金拨付手续。

第十四条 市财政局将项目资金预算下达至项目主管部门，由项目主管部门做好资金拨付、项目组织实施、项目竣工验收、项目绩效评价等项目监督管理工作。

第十五条 试点扶持资金管理中发生的工作性经费、政策研究、政策宣传推广，项目公示与公告、中介项目评审、项目库管理等相关费用以及领导小组办公室日常工作经费可从试点扶持资金列支，原则上不超过年度试点扶持资金总额的2.5%，最高上限为1000万元。

第四章 资金支持重点

第十六条 试点扶持资金支持重点

（一）培育基于信息技术的新兴服务业。加强网络融合技术攻关，围绕生活服务领域，构建一批数字生活服务运营平台，开展应用聚合开放服务平台运营示范；推进科技与文化产业融合，加快发展数字文化创意产业等新兴消费服务业；继续支持发展软件服务业；加强新技术与新模式的集成研究，促进物联网、智慧架构、云计算、网络身份认证等技术研发、应用模式创新和示范应用，积极发展基于新技术的新兴服务业态，将中关村建设成为基于信息技术的国际新兴研发和产业化中心，支撑战略性新兴服务业快速发展。

（二）改造提升电子商务和现代物流业。加强电子商务和现代物流技术攻关，加强技术集成创新与模式创新，提升系统研发、金融支付、信用保障、物流仓储、现代运营管理及人才培训等电子商务支撑环节的技术服务水平；扩大电子商务模式应用覆盖领域，支持电子商务云服务、移动电子商务应用、社区电子商务示范及发展、培育网络支付、供应链金融、电子商务公共服务平台、电子商务安全认证等新型现代服务业。大力发展现代物流业，提高物流专业化、社会化、规模化水平，推进现代物流业结构升级和发展壮大。

（三）大力发展科技服务业。培育转制科研院所研发服务业，发展软件、生物医药等研发服务外包服务业，推动国家级产业化基地聚集研发服务资源；做优做强工业设计服务业，建设中国设计交易市场，实施设计提升产业工程，打造“红星奖”国际设计奖项品牌；加快发展科技成果转移转化服务，培育检验检测新兴业态，发展科技咨询业，完善科技孵化体系，建设中国技术交易市场，促进技术转移体系不断完善，推动国际技术转移。

（四）培育实施节能环保产业。大力发展以合同能源管理为主要模式的节能服务业，提升节能服务公司的技术集成和运营能力，培育壮大一批综合性节能服务公司。落实合同能源管理财政奖励政策，创新商业模式，集中实施一批合同能源管理项目。支持企业开展联盟合作，推动产业链上下游协同发展，在京建设一批高端示范项目，实现规模化、品牌化、网络化发展。以中关村科学城为技术辐射源，创新突破一批关键技术。支持鼓励金融机构根据节能环保产业发展的融资需求特点，加强对节能环保的金融创新支持。

（五）财政部等中央部委规定支持的其他试点项目。

试点扶持资金年度支持重点，以正式发布的年度项目申报指南为准。

第十七条 以下各类项目给予优先扶持

（一）通过使用关键技术或创新商业模式能够引领或提升服务业现代化的示范项目；

（二）现代服务业发展中的特色明显、发展基础好、影响力大、显示度高、社会经济效益良好的龙头项目或重大项目；

（三）能够有效整合中央与地方、国有与民营、政府与社会投资等各类资源，形成合力且对产业促进提升起到关键作用的项目；

（四）本资金已扶持项目，承建单位管理严格规范、原项目实施进展顺利、绩效特别突出的，在承建单位组织实施持续分期建设项目时（项目建设内容应与前期申报的建设内容不同），或组织实施试点范围内其他建设项目时，对符合条件的项目试点资金可优先进行扶持。

第五章 资金支持方式和额度

第十八条 资金支持方式包括财政补助、股权投资、贷款贴息、以奖代补等，扶持项目原则上只采用一种支持方式，具备条件的项目优先采用股权投资方式支持。

公共服务平台建设项目和品牌提升、人才培养和市场开拓项目，优先采用财政补助方式扶持。

新兴产业培育及优势产业提升或示范项目，技术创新和应用模式、运营模式、商业模式创新项目，优先采用股权投资或贷款贴息方式扶持。

按计划组织实施并实现增长目标的重点项目和节能环保产业项目，原则上采用以奖代补方式予以扶持。

融资平台项目及融资创新服务项目，优先采用股权投资方式扶持。

第十九条 试点扶持资金支持额度

采取股权投资方式的，对项目支持最高额度原则上不超过5000万元；采取以奖代补方式的，对项目支持最高额度原则上不超过2000万元；采取财政补助方式的，对项目支持最高额度原则上不超过1000万元；采取贷款贴息方式的，按照不超过当期银行贷款基准利率、贴息年限最长不超过两年计算给予贴息，对项目支持最高额度原则上不超过1000万元。

重大项目，经试点领导小组批准同意后，项目支持额度可以上浮。

第二十条 财务处理

以财政补助、以奖代补或贷款贴息方式支持的项目，企业收到拨款时计入“营业外收入”科目。政府股权代持机构收到股权投资资金时做“其他应付款”账务处理。

项目承担单位为事业单位或其他特殊扶持项目，项目承担单位应按国家统一的财务会计制度规定处理。

第六章 试点扶持资金申报条件

第二十一条 项目申报单位须在中关村国家自主创新示范区（包括海淀园、丰台园、昌平园、电子城、亦庄园、德胜园、石景山园、雍和园、通州园、大兴生物医药产业基地以及市政府根据国务院批准划定的其他区域）内注册，具有独立法人资格和健全的财务管理制度，会计核算规范，财务状况良好，无违规违法经营记录，从事现代服务业的企事业单位、中介组织、联盟团体。

由多个单位共同组织实施的项目，项目牵头实施单位应符合本条上述相关规定。

第二十二条 申报项目符合第四章规定的支持范围，具备较好的市场潜力和可行性，能产生较好的经济效益和社会效益。

第二十三条 项目单位在申报项目时，需提供项目申报书、项目支出预算明细表、项目可行性报告等相关资料。有自筹经费来源的，需提供出资证明及其他相关财务资料。申报材料的内容必须真实、准确、完整。

第二十四条 有下列情形之一的，不得参加项目申报：

（一）在享受各级政府财政资助中有严重违约行为的；

（二）未按规定进行工商年检或者税务申报的；

（三）因涉嫌违法行为正在被有关部门调查或侦查的；

（四）参加项目申报前两年内，在经营活动中有重大违法记录的；

（五）正在进行有可能影响该单位正常经营活动的重大诉讼或者仲裁的；

（六）其主要财产因债务纠纷已被人民法院采取保全措施的；

（七）同一项目在试点期间内已获得本专项资金支持的项目，或已获得中央、市级政府其他扶持资金的。

第二十五条 项目申报单位负责项目的具体实施，并按照国家和北京市预算、财务管理制度的有关规定严格项目资金管理，接受国家及市级有关部门的监督检查和审计。

第七章 监督检查和绩效评价

第二十六条 市财政局负责试点扶持资金的预算管理、项目库管理、资金拨付和试点扶持资金使用监督检查工作。

市财政局会同政府相关部门定期对试点扶持资金资助项目的执行情况以及资金使用情况进行专项检查，并对重点项目组织实施绩效考评工作。

第二十七条 试点扶持资金支持项目实行项目奖惩和黑名单制度。相关单位不按规定使用财政资金或未按要求推进工作，特别是虚报、冒领、截留、挪用、挤占试点扶持资金的，市财政局将按照《财政违法行为处罚处分条例》等相关法律法规进行处理处罚，停止资金拨付并保留追回资金的权利，同时将违法单位列入项目黑名单，取消申报资格。

项目因故中止（不可抗力因素、国家有关法律法规政策发生变动等情形除外），市财政将收回全部或部分试点扶持资金。

第八章 附 则

第二十八条 本办法由北京市财政局负责解释。

第二十九条 本办法自发布之日起30日后施行。

北京市财政局关于本市公共机构试点实施合同能源管理项目财政奖励有关问题的通知

2011年11月2日 京财经一〔2011〕2616号

各有关单位：

为推进本市公共机构应用合同能源管理机制进行节能改造，明确试点项目有关操作流程，根据市财政局、市发展和改革委员会《关于印发〈北京市合同能源管理项目财政奖励资金管理暂行办法〉的通知》（京财经一〔2010〕2588 号，以下简称《暂行办法》）有关规定，对于本市市级公共机构试点实施合同能源管理项目有关事项，补充通知如下。

一、本市公共机构（本市行政机关，全部或部分使用财政性资金的教育、卫生、文化、体育、科研等事业单位和团体组织）开展合同能源管理项目，凡符合《暂行办法》要求，可提出试点申请，经市财政局审核批准后，可按照公共机构试点政策实施。

市财政局、市发展和改革委员会委托本市合同能源管理公共服务平台对公共机构合同能源管理项目试点申请材料进行评审。合同能源管理公共服务平台应在项目受理后，按《暂行办法》要求组织开展评审，对符合条件，评审合格的项目，于 10 个工作日内出具评审结果报送市财政局。

二、公共机构试点单位应在合同能源管理项目合同签订前，向本市合同能源管理公共服务平台报送以下申请材料：

（一）项目可行性研究报告；

（二）项目工程量清单、投资组成和甲乙双方投资比例；

（三）项目能耗基准确定、量化的节能目标及计算方法、节能效益分享方式、节能量测量和认证方案；

（四）项目合同草案。

三、公共机构试点单位申请及合同能源管理公共服务平台项目评审结果等相关资料齐备后，市财政局应在 15 个工作日内出具审核批复意见。

市财政局审核的主要内容：

（一）项目合同期限原则上不超过五年，或者不超过投资回收期两年。特殊的市级重点试点项目可不受此限制；

（二）项目符合《暂行办法》规定的支持范围和相关条件；

（三）合同能源管理公共服务平台出具的项目合格评审意见。

符合上述要求的项目，经市财政局审批同意后，公共机构试点单位须在 7 个工作日内与节能服务公司签订合同能源管理项目合同，并报市财政局备案，作为公共机构试点单位有关项目支出及预算安排依据。

四、合同款支付方式：

（一）在项目合同期内，市财政局批复单位部门预算时，公用经费按照能源消耗下降后的定额标准（指节能量审核机构认定的项目改造完成后实际能耗水平）核定下达；合同约定支付节能服务公司的能源节约分享收益，在单位项目支出预算中予以安排，同部门预算一并批复；合同约定留存单位的能源节约分享收益，在单位部门预算中统筹使用。每年留存单位的能源节约分享收益原则上不应超过项目节能年收益的 30%。

在项目实施节能改造完成后，公共机构试点单位会同节能服务公司向市财政局报送节能量审核机构出具的节能量审核报告。单位当年部门预算已批复的，各方的能源节约分享收益，按改造完成后实际能耗水平，通过调整该部门当年公用经费预算解决。

（二）在项目合同期满后，公共机构试点单位按照能源消耗下降后的定额标准申报公用经费预算。市财政局批复单位部门预算时，公用经费按照能源消耗下降后的经费下达，节约的经费指标，在三年内由单位在部门预算中统筹安排，用于加强部门预算经费保障。

五、对区县级公共机构实施合同能源管理项目，区县级财政部门可参照本通知执行。

六、本通知自发布之日起30日后实施。此前发布的涉及公共机构有关合同能源管理的规定，凡与本通知相抵触的，以本通知为准。

七、本通知由市财政局负责解释。

特此通知。

附件：1. 本市公共机构试点实施合同能源管理项目审核批复流程图

2. 北京市财政局　北京市发展和改革委员会关于印发《北京市合同能源管理项目财政奖励资金管理暂行办法》的通知

附件1：

本市公共机构试点实施合同能源管理项目审核批复流程图

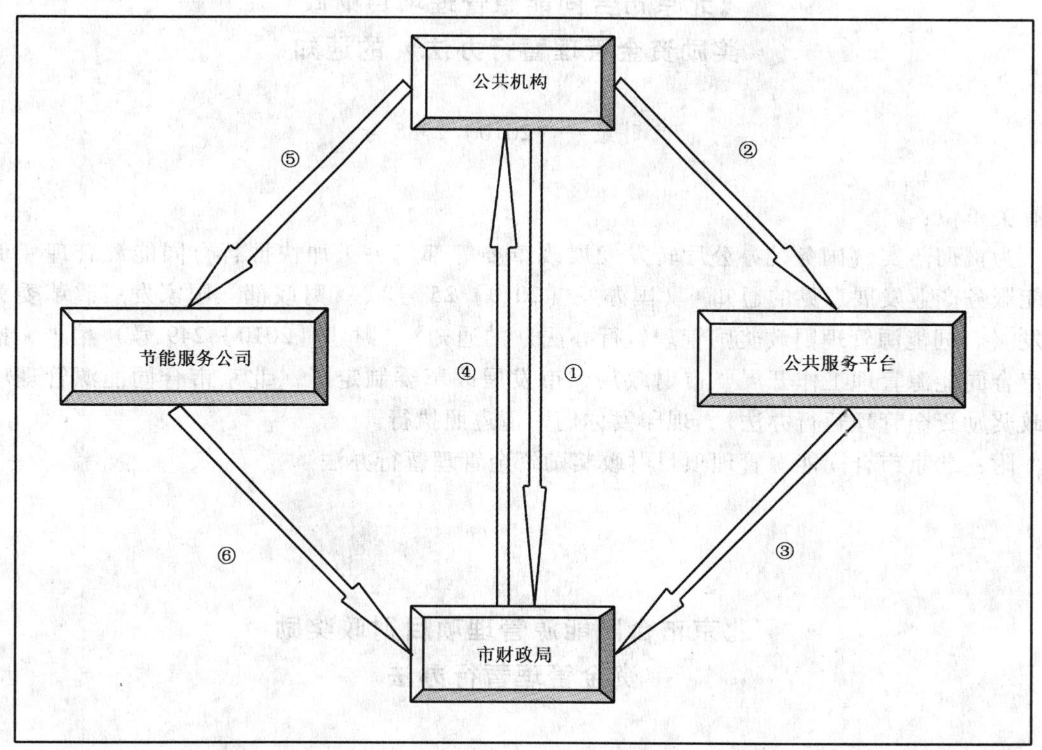

步骤说明：

（1）本市公共机构开展合同能源管理项目，凡符合《北京市合同能源管理项目财政奖励资金管理暂行办法》要求的，向市财政局提出试点申请。

（2）市财政局、市发展和改革委员会委托本市合同能源管理公共服务平台对公共机构合同能源管理项目试点申请材料进行评审。公共机构向合同能源管理公共服务平台报送合同能源管理项目评审材料。

（3）合同能源管理公共服务平台在项目受理后 10 个工作日内出具评审结果，报送市财政局审核批复。

（4）接到合同能源管理公共服务平台项目评审结果，市财政局（相关业务处室）应在 15 个工作日内出具审核批复意见。

（5）经市财政局审批通过后，公共机构须在 7 个工作日内签订合同能源管理项目合同。

（6）签订合同后的合同能源管理项目，报市财政局（相关业务处室）备案，作为公共机构有关项目支出及预算安排依据。

附件 2：

北京市财政局　北京市发展和改革委员会关于印发《北京市合同能源管理项目财政奖励资金管理暂行办法》的通知

京财经一〔2010〕2588 号

各有关单位：

为贯彻落实《国务院办公厅转发发展改革委等部门关于加快推行合同能源管理　促进节能服务产业发展意见的通知》（国办发〔2010〕25 号）、《财政部　国家发展改革委关于印发〈合同能源管理财政奖励管理暂行办法〉的通知》（财建〔2010〕249 号）精神，推动本市合同能源管理工作开展，市财政局、市发展改革委制定了《北京市合同能源管理项目财政奖励资金管理暂行办法》，现印发你们，请遵照执行。

附：北京市合同能源管理项目财政奖励资金管理暂行办法

附：

北京市合同能源管理项目财政奖励资金管理暂行办法

第一章　总　则

第一条　根据《国务院办公厅转发发展改革委等部门关于加快推行合同能源管理　促进节能服务产业发展意见的通知》（国办发〔2010〕25 号）、《财政部　国家发展改革委关于印发〈合同能源管理财政奖励管理暂行办法〉的通知》（财建〔2010〕249 号）、《国家发展改革委办公厅、财政部办公厅关于财政奖励合同能源管理项目有关事项的补充通知》（发改办环资〔2010〕2528 号）、《北京市节能减排专项资金管理办法》（京财经一〔2008〕

2772号）规定，中央和本市市级财政安排资金，对合同能源管理项目给予适当奖励（以下简称“财政奖励资金”）。为规范和加强财政奖励项目和资金管理，提高资金使用效益，特制定本办法。

第二条 本办法所称合同能源管理，是指节能服务公司与用能单位以契约形式约定节能目标，节能服务公司提供必要的服务，用能单位以节能效益支付节能服务公司投入及其合理利润。本办法支持的主要是节能效益分享型合同能源管理。

节能效益分享型，是指节能服务公司提供资金为主并进行全过程服务，在合同期间与用能单位按照约定的比例分享节能收益；合同期满后，项目节能效益和节能项目所有权归用能单位所有。

节能服务公司，是指提供用能状况诊断和节能项目设计、融资、改造、运行管理等服务的专业化公司。

第三条 财政奖励资金由中央财政预算和本市市级财政预算安排，实行公开、公正管理办法，接受社会监督。

第二章 管理机制

第四条 市财政局、市发展改革委负责北京市合同能源管理财政奖励工作的组织、协调和指导，具体包括：

（一）指导合同能源管理公共服务平台，开展财政奖励项目的合同备案、申报、评审等工作；

（二）节能服务公司和节能量审核机构的备案管理；

（三）审核确定财政奖励项目，拨付财政奖励资金；

（四）安排合同能源管理财政奖励市级配套资金；

（五）开展财政奖励项目的监督检查。

第五条 设立北京市合同能源管理公共服务平台（以下简称“公共服务平台”），由北京节能环保中心承担，北京节能环保促进会协助工作。公共服务平台主要负责：

（一）组织合同能源管理财政奖励项目的合同备案、申报、评审，向市财政局、市发展改革委报告评审结果；

（二）承担节能服务公司、节能量审核机构审核备案的基础管理工作；

（三）承担合同能源管理项目库的基础管理工作；

（四）汇总统计全市合同能源管理项目、节能效果及财政奖励资金使用情况，按季度报市财政局、市发展改革委；

（五）开展合同能源管理财政奖励项目的监督检查，向市财政局、市发改委报告监督检查结果；

（六）提供合同能源管理政策咨询、信息、融资等配套服务。

第六条 市发展改革委、市财政局建立合同能源管理项目库，组织节能服务公司与用能单位对接，组织对重点用能单位、公共机构、大型公共建筑等开展节能诊断，开展合同能源管理示范项目。

第七条 对从事合同能源管理的节能服务公司实行审核备案管理，分为国家审核备案和北京市审核备案。申请财政奖励资金扶持的合同能源管理项目，须由经审核备案的符合一定条件的节能服务公司承担。节能服务公司审核备案管理按照国家和本市有关有求执行。

第八条　节能服务公司向市发展改革委、市财政局提出审核备案申请，经市发展改革委、市财政局审核通过后报国家发展改革委、财政部。国家发展改革委、财政部审核通过的进入国家审核备案范围；未获得国家审核备案的，按本市节能服务公司管理相关规定进行申报、审核，审核通过后进入北京市审核备案范围。已获得北京市审核备案的节能服务公司可继续申请国家审核备案资格，获得国家审核备案资格后自动取消北京市审核备案资格。

第九条　对第三方节能量审核机构实行审核备案管理。申请财政奖励资金扶持的合同能源管理项目，其年节能量达到 300 吨标准煤（含）以上，须通过经审核备案的节能量审核机构前审和终审。节能量审核机构审核备案按照《北京市合同能源管理项目节能量审核机构管理办法（试行）》（京发改〔2009〕2158 号）执行。

第三章　支持范围和条件

第十条　支持对象。财政奖励资金支持的对象是通过国家审核备案或北京市审核备案，按本办法规定承担合同能源管理业务的节能服务公司。

第十一条　支持范围。财政奖励资金用于支持采用合同能源管理方式实施的工业、建筑、交通等领域以及本市市级和区县的公共机构节能改造项目。财政奖励资金支持的项目内容主要为锅炉（窑炉）改造、余热余压利用、电机系统节能、能量系统优化、绿色照明改造、建筑节能改造等节能改造项目，且采用的技术、工艺、产品先进适用。属于下列情形之一的项目不予支持：

（一）新建、异地迁建项目；

（二）以扩大产能为主的改造项目，或“上大压小”、等量淘汰类项目；

（三）改造所依附的主体装置不符合国家政策，已列入国家明令淘汰或按计划近期淘汰的目录；

（四）改造主体属违规审批或违规建设的项目；

（五）未按照国家有关规定经过固定资产投资管理部门审批、核准或备案，或手续不齐备的项目；

（六）太阳能、风能利用类项目；

（七）以全烧或掺烧秸秆、稻壳和其他废弃生物质燃料，或以劣质能源替代优质能源类项目；

（八）煤矸石发电、煤层气发电、垃圾焚烧发电类项目；

（九）热电联产类项目；

（十）添加燃煤助燃剂类项目；

（十一）2007 年 1 月 1 日以后建成投产的水泥生产线余热发电项目以及 2007 年 1 月 1 日以后建成投产的钢铁企业高炉煤气、焦炉煤气、烧结余热余压发电项目；

（十二）已获得国家和本市其他相关补助的项目。

第十二条　本市申请国家审核备案或北京市审核备案的节能服务公司须符合下列条件：

（一）在本市行政区域内注册，具有独立法人资格，以节能诊断、设计、改造、运营等节能服务为主营业务；

（二）注册资金 500 万元以上（含），具有较强的融资能力；

（三）经营状况和信用记录良好，财务管理制度健全；

（四）拥有匹配的专职技术人员和合同能源管理人才，具有保障项目顺利实施和稳定运行的能力。

第十三条 申请国家奖励的合同能源管理项目须符合下述条件：

（一）节能服务公司通过国家审核备案，项目在本市行政区域内开展；

（二）申报固定资产投资的项目已经过投资管理部门审批或核准（备案）；

（三）节能服务公司投资70%（含）以上，并在合同中约定节能效益分享方式；

（四）单个项目年节能量（指节能能力）在10000吨标准煤以下、100吨标准煤以上（含），其中工业项目年节能量在500吨标准煤以上（含）；

（五）用能计量装置齐备，具备完善的能源统计和管理制度，节能量可计量、可监测、可核查；

（六）2010年6月1日（含）以后签订项目合同；

（七）2010年10月20日以后签订的能源管理合同，须参照《合同能源管理技术通则》（GB/T24915－2010）中的标准合同格式签订。

第十四条 申请北京市奖励的合同能源管理项目须符合下述条件：

（一）节能服务公司通过北京市审核备案，项目在本市行政区域内开展；

（二）申报固定资产投资的项目已经过投资管理部门审批或核准（备案）；

（三）节能服务公司投资70%（含）以上的节能效益分享型合同能源管理项目；

（四）合同金额20万元以上；

（五）单个项目年节能量（指节能能力）在100吨标准煤以上（含），其中工业项目年节能量在300吨标准煤以上（含）；

（六）用能计量装置齐备，具备完善的能源统计和管理制度，节能量可计量、可监测、可核查；

（七）2010年6月1日（含）以后签订项目合同；

（八）2010年10月20日以后签订的能源管理合同，须参照《合同能源管理技术通则》（GB/T24915－2010）中的标准合同格式签订。

第四章 支持方式和奖励标准

第十五条 对符合条件的合同能源管理项目，可按项目年节能量或节能率予以一次性奖励，奖励资金主要用于合同能源管理项目及节能服务产业发展相关支出。

奖励政策分为两种类型，一是国家奖励政策，二是北京市奖励政策。国家审核备案的节能服务公司（含在其他省市注册通过国家审核备案的节能服务公司）只能申请国家奖励政策支持；本市审核备案的节能服务公司只能申请北京市奖励政策支持。

第十六条 国家奖励支持方式和标准。财政对合同能源管理项目按年节能量和规定标准给予一次性奖励。奖励资金由中央和本市市级财政共同负担，奖励标准为500元/吨标准煤。其中：中央财政奖励标准为240元/吨标准煤，市级财政配套奖励标准为260元/吨标准煤。

第十七条 北京市奖励支持方式和标准。节能服务公司可选择以下两种方式中的一种：

（一）财政对合同能源管理项目按年节能量和规定标准给予一次性奖励，奖励标准为

450 元/吨标准煤，由市财政负担；

（二）财政对合同能源管理项目按项目节能率和项目投资额的一定比率给予一次性奖励，由市财政负担。奖励标准为：项目年节能量 500 吨标准煤以上。按可比口径计算，项目节能率 15% －25% 的，给予项目投资额 15% 的奖励；项目节能率 25%（含）以上的，给予项目投资额 20% 的奖励。

北京市奖励单个项目最高支持额度不超过 450 万元。

第十八条 财政部门安排一定的工作经费，对本市有关机构按照规定要求承担公共服务平台建设、节能服务公司和节能量审核机构审核备案管理、项目监督检查、项目库建设、节能信息发布、委托专业机构进行节能量审核等合同能源管理相关事务，政府通过购买服务方式给予相应支持。

第五章 资金申请、审核和拨付

第十九条 合同备案。项目合同签订后，节能服务公司将项目合同报送公共服务平台审核、备案，公共服务平台核查项目合同的完备合规性。

第二十条 奖励资金预付。年节能量预计在 2000 吨标准煤（含）以上的合同能源管理项目，在合同备案且项目开始施工后，节能服务公司可向公共服务平台提出申请不超过 50% 的财政奖励预付资金。公共服务平台接到预付申请后，对项目改造方案、预估节能量进行评审，出具审核意见报送市财政局、市发展改革委备案后拨付预付资金（完工后未达到预付资金节能量的项目收回相应奖励预付资金）。

第二十一条 资金申请。合同能源管理项目完工后三个月内，节能服务公司可按照本办法规定，向公共服务平台提出财政奖励资金和诊断补贴申请。各相关行业管理部门、各区县可组织项目集中申报和推荐。节能服务公司须提供的材料包括：

（一）资金申请报告，包含项目申报单位和项目的基本情况、项目资金情况、项目采用的节能技术和措施、项目节能量测算和监测方法、项目实施后的经济和环境效果评价；

（二）固定资产投资项目审批或核准备案文件；

（三）项目申报单位法人营业执照复印件；

（四）项目合同原件；

（五）合同节能量 300 吨标准煤（含）以上的项目，需要由有资质的节能量审核机构出具节能量审核报告；

（六）是否享受其他政府资金补助等需要说明的问题；

（七）其他需要提供的资料。

第二十二条 项目审核。公共服务平台对企业报送材料进行评审，并出具项目评审报告后，报送市财政局、市发展改革委。市财政局、市发展改革委审核确定奖励项目和金额。

第二十三条 公共服务平台对项目评审的主要内容包括：

（一）财政奖励资金申报是否符合要求，手续是否齐全；

（二）项目是否符合国家、行业、本市的相关产业政策、节能规划、节能设计规范及标准；

（三）项目的“节能量审核报告”及出具“节能量审核报告”的第三方单位是否符合要求；

（四）核实项目的基本情况及数据。包括项目单位，建设地点、项目能耗、改造内容、技术方案、项目投资等；

（五）项目单位与被改造建筑或能源系统的所有权关系证明；

（六）节能服务公司的营业执照、资质等级等证明材料及国家、北京市备案情况；

（七）申报项目合同的真实性、完备性、合规性；

（八）项目资金来源、到位情况、资金使用合理性等；

（九）项目甲乙双方的投资比例；

（十）项目的工程量结算清单；

（十一）采用的节能技术、评价项目选用的主要技术方案、系统设计、设备选型是否先进适用。项目采用新工艺、新技术、新产品的情况；

（十二）是否享受其他政府补助等需说明的问题。

第二十四条 资金拨付。市财政局按照财政资金支付管理的有关规定，将财政奖励资金拨付到有关项目单位或项目所在地的区县财政局。前期有预付资金的项目按最终审核确定的节能量清算后拨付剩余资金。

第六章 公共机构试点规定

第二十五条 本市将按照国家节能减排相关要求及本市“十二五”规划，研究推进公共机构节能改造，逐步降低公共能源消耗。

本市行政机关，全部或部分使用财政性资金的教育、卫生、文化、体育、科研等事业单位和团体组织，在实施节能改造时，应优先采用合同能源管理方式进行。市财政对节能服务公司节能诊断费用给予一定补贴，符合条件的项目可按本办法要求申请国家或北京市财政奖励支持。

第二十六条 合同款支付方式：

（一）在项目合同期内，市财政批复单位部门预算时，公用经费按照能源消耗下降后的经费下达；合同约定支付节能服务公司的能源节约分享收益，在单位项目支出预算中予以安排，同部门预算一并批复；合同约定留存单位的能源节约分享收益，在单位部门预算中统筹使用。

（二）在项目合同期满后，单位的能源节约收益，在三年内全部留存单位，在部门预算中统筹使用。

第七章 建立合同能源管理融资机制

第二十七条 本市节能服务公司申请贷款信用担保，纳入北京市中小企业担保资金支持范围。其担保条件、担保程序、担保额度、年保费率、代偿补偿等，可参照《北京市中小企业担保资金管理办法》（京财经一〔2003〕2213 号）执行。

第二十八条 公共服务平台根据合同能源管理项目库中的项目情况，可向银行和担保机构出具推荐报告。

第二十九条 市、区县两级政策性担保机构要结合节能服务产业的特点，创新运用项目合同、项目未来收益权质押、互保联保、个人资产抵押等反担保措施，积极为节能服务公司提供信用担保，贷款信用担保期限可延长至三年。

第三十条 鼓励相关行业管理部门、各区县政府出台配套扶持政策，加大对合同能源管理项目支持力度。鼓励本市商业性金融机构、担保机构、各类创业投资基金及环境交易所，为合同能源管理项目提供配套服务和融资支持。

第八章 监督检查

第三十一条 市财政局、市发展改革委建立监督检查制度，加强对合同能源管理项目和财政奖励资金使用情况的跟踪、核查和监督，确保财政资金安全有效。

第三十二条 建立合同能源管理项目统计汇总制度。申请财政奖励支持的节能服务公司于每季度后一周内，将合同能源管理项目运行情况及资金使用情况报送公共服务平台。公共服务平台汇总统计全市合同能源管理项目、节能效果及财政奖励资金使用情况，按季度报市财政局、市发展改革委。

第三十三条 建立合同能源管理项目信息发布制度。节能服务公司、节能量审核机构、有关合同能源管理机构接受社会的监督。

用能单位应诚实守信、履行合同。对履行合同，讲究诚信表现突出的各类用能企事业单位，给予表彰鼓励。项目结束后，公共服务平台对合同能源管理业务开展、项目实施、合同履约等情况信息向社会公布。

第三十四条 出现以下情况之一的节能服务公司，除追缴扣回财政奖励资金外，将取消审核备案资格，三年内不允许申请审核备案。

（一）合同等申报材料弄虚作假，申报的节能量偏差较大，故意套取财政补贴；

（二）获得预付款后不按合同履约，或预付款多付后在清算时不予退回；

（三）申请担保贷款后故意违约，无合理原因拒不偿还担保贷款；

（四）拒绝接受监督检查，被举报问题经查实等其他情况。

第三十五条 节能服务公司自审核备案名单公布之日起，一年内签订合同项目年节能量需达到1000吨（含）标准煤以上，如达不到则进行预警，下一年度仍不能完成，取消审核备案资格。

第三十六条 出现以下情况之一的节能量审核机构，将取消审核备案资格，三年内不允许申请审核备案。

（一）出具虚假审核报告的；

（二）审核机构因自身原因导致合同能源管理项目发生重大纠纷的；

（三）经专家认定，一年内两次出现项目审核节能量较大偏差的；

（四）拒绝接受节能量复核任务或违规违纪被举报问题经查实等其他情况。

第三十七条 财政奖励资金必须专款专用，任何单位不得以任何理由、任何形式截留、挪用。对违反规定的，按照《财政违法行为处罚处分条例》（国务院令第427号）等有关规定进行处理处分。

第九章 附则

第三十八条 本办法实施后，《北京市节能减排专项资金支持合同能源管理项目实施细则（试行）》（京财经一〔2010〕1189号）、《北京市合同能源管理项目扶持办法（试行）》（京发改〔2009〕1171号）即废止。

第三十九条 本办法由市财政局会同市发展改革委负责解释。

第四十条 本办法自发布之日30日后实施。

北京市财政局 北京市科学技术委员会 北京市市政市容管理委员会 北京市发展和改革委员会 关于印发《北京市纯电动汽车示范推广市级补助暂行办法》的通知

2011年12月23日 京财经一〔2011〕2730号

市各有关部门、区（县）各相关部门、各相关企业：

为做好我市纯电动汽车示范推广试点工作，按照财政部、科技部《关于开展节能与新能源汽车示范推广试点工作的通知》（财建〔2009〕6号）、财政部、科技部、工业信息化部、国家发展改革委《关于扩大公共服务领域节能与新能源汽车示范推广有关工作的通知》（财建〔2010〕227号）、财政部、科技部、工业和信息化部、国家发展改革委《关于增加公共服务领域节能与新能源汽车示范推广试点城市的通知》（财建〔2010〕434号）及《关于进一步做好节能与新能源汽车示范推广试点工作的通知》（财办建〔2011〕149号）等要求，根据市政府专题会议及市新能源汽车联席会议精神，我们研究制定了《北京市纯电动汽车示范推广市级补助暂行办法》，现予印发，请遵照执行。

附件：北京市纯电动汽车示范推广市级补助暂行办法

附件：

北京市纯电动汽车示范推广市级补助暂行办法

第一条 为做好我市纯电动汽车示范推广试点工作，依据财政部、科技部《关于开展节能与新能源汽车示范推广试点工作的通知》（财建〔2009〕6号）、财政部、科技部、工业信息化部、国家发展改革委《关于扩大公共服务领域节能与新能源汽车示范推广有关工作的通知》（财建〔2010〕227号）、财政部、科技部、工业和信息化部、国家发展改革委《关于增加公共服务领域节能与新能源汽车示范推广试点城市的通知》（财建〔2010〕434号）、《关于进一步做好节能与新能源汽车示范推广试点工作的通知》（财办建〔2011〕149号）等文件，结合我市实际情况，特制定本办法。

第二条 市级行政事业单位购买及使用纯电动汽车，车辆购置及运行费用按照部门经费来源渠道由市财政部门统筹安排解决。

第三条 区（县）行政事业单位购买及使用纯电动汽车，车辆购置及运行费用由区

（县）财政部门按照同类传统燃油车支出成本承担，市财政部门承担超出部分费用。

第四条　本市公交、出租、邮政及市环卫集团等公共服务领域企业购买及使用纯电动汽车，车辆购置及运营费用由企业自行承担。市财政部门按照财政部、科技部《关于开展节能与新能源汽车示范推广试点工作的通知》（财建〔2009〕6号）文件规定，落实国家节能与新能源汽车示范推广财政补助政策，及时拨付中央财政补助资金。

第五条　公交、市环卫集团等城市公用企业纯电动车购置费用，市财政部门通过允许企业计提折旧计入作业运营成本方式统筹安排解决。

第六条　出租、邮政等领域企业购买纯电动汽车，购车费用由市财政部门按照财政部、科技部《关于开展节能与新能源汽车示范推广试点工作的通知》（财建〔2009〕6号）规定的国家补助标准，按照1:1比例对企业追加地方财政补助资金。

第七条　2010年及2011年市政府统一购置的由区（县）环卫部门使用的纯电动环卫车，形成资产划转至区县环卫部门统一管理。市财政部门已负担上述车辆购置经费，车辆运营及电池运行维护费用由区（县）财政部门负担。区（县）财政部门按照本办法第八条、第九条、第十条规定的相关标准测算安排车辆运行经费预算。

第八条　纯电动汽车充电设施用电价格，按照本市电价目录表对应电压等级的一般工商业电价执行。

第九条　公交车、环卫车电池租赁费用执行标准为：2吨环卫车2.65万元/辆·年；8吨环卫车10.5万元/辆·年；16吨环卫车21万元/辆·年；公交车19万元/辆·年。

第十条　公交车、8吨及8吨以上环卫车，通过充电站实行充换电方式的，充电服务费用执行标准为：8吨环卫车1.6万元/辆·年；16吨环卫车及公交车3.3万元/辆·年。

第十一条　公交、环卫领域以外的其他纯电动汽车，可参照上述原则确定相关费用价格。

第十二条　上述第八条、第九条、第十条中有关费用标准执行至2012年12月31日，届时市有关部门将结合政策执行情况对相关费用标准进行调整。

第十三条　本办法自发布之日起执行。

五、基建土地住房类

北京市财政局关于国库集中支付改革后基本建设资金归垫管理有关问题的通知

2011年5月18日　京财经二〔2011〕940号

市属各单位、各国库集中支付代理银行：

根据《北京市基本建设财务管理规定》及《北京市财政局关于市级基本建设资金纳入国库集中支付改革有关事项的通知》（京财国库〔2010〕1310号）的有关规定，为规范和加强我市国库集中支付改革后基本建设资金归垫管理，现将有关问题通知如下：

一、严格控制归垫资金的范围

基本建设资金归垫，是指已列入市政府投资计划但财政授权支付额度尚未下达之前，用本单位实有资金账户资金垫付相关支出，再通过财政授权方式将资金归还原垫付资金账户的一种特殊行为。市属各单位应严格按照有关国库集中支付规定支付资金，经市财政局审核批准，可以在概算（总投资）批复的政府投资额度内垫付基本建设项目相关支出。

二、基建资金垫付管理

市属各单位在通过本单位实有资金账户垫付基本建设资金之前，应当填报《北京市基本建设资金垫付申请表》（见附件），将拟垫付项目、原因、资金来源等情况报主管部门审核确认后报市财政局审批。市财政局审核后将有关意见回复主管部门，由主管部门通知相关单位。

三、基建资金归垫管理

（一）资金归垫申报

市属各单位收到已垫付资金项目的财政授权支付额度后，可提出资金归垫申请。具体提供资料如下：

1. 工程建设费用。建设单位应当提供中标通知书、合同（协议）、拨款单（内部请款申请）、监理计量（监理支付证书）、工程量价结算单、发票、银行结算凭证以及经市财政局同意垫付的申请表等相关资料。

2. 费用性开支。建设单位应当提供支付相关费用的依据、合同（协议）、一般缴款书、发票、银行结算凭证以及经市财政局同意垫付的申请表等相关资料。

（二）资金归垫审核和批复

市财政局对收到的归垫申请和相关资料进行审核，对于情况复杂以及需要现场审核相关原始凭证和资料的垫付事项，项目单位应积极配合提供相关资料。审核工作完成后，市财政局对归垫申请予以书面批复。

市财政局的批复文件仅对奖金归垫的行为进行确认，不作为支出合规性的依据。

（三）代理银行归垫业务办理

对于项目单位从零余额账户向本单位实有资金账户归垫资金的情况，代理银行应严格按照市财政局的批复文件和单位签发的财政授权支付指令准确、及时办理。

四、基建归垫资金的监督管理

市财政局将加强对市属各单位基建资金归垫的监督管理，发现项目单位有虚列开支、伪造合同、编造借款事项等骗取资金归垫的情形，除责令退回已归垫资金外，还将依据《财政违法行为处罚处分条例》进行处罚。

对于仍采取“实拨”方式的市级政府投资基本建设项目，其垫付和归垫审批参照上述要求执行。

本通知自印发之日开始执行，市属各单位在执行过程中如遇相关问题，请及时与市财政局经建二处、国库处联系。

附件：北京市基本建设资金垫付申请表

附件：

北京市基本建设资金垫付申请表

单位：万元

项目名称：							立项批复文件：				
项目总投				已到位				已支出			
合计	市级基建资金	其他财政资金	自筹	合计	市级基建资金	其他财政资金	自筹	合计	市级基建资金	其他财政资金	自筹
本次申请垫付数				垫付原因：							
垫付资金来源：											
联系人：				联系电话：							

项目单位盖章： 主管部门意见： 市财政局（经建二处）意见：

中请时间：2011 年 月 日 确认时间：2011 年 月 日 审核时间：2011 年 月 日

本表一式三份

北京市财政局　北京市规划委员会关于我市基础设施类建设项目前期研究经费管理有关问题的通知

2011年6月20日　京财经二〔2011〕949号

各相关单位：

为保证我市基础设施类建设项目前期研究工作的有序开展，加强和规范基础设施类建设项目前期经费的使用管理，提高资金使用效益，现将有关问题通知如下：

一、本通知所指基础设施类建设项目前期研究经费（以下简称“前期费”）是指由北京市财政局安排北京市规划委员会用于本市城乡市政和交通工程基础设施建设项目前期规划综合研究的专项经费。

二、前期费项目安排范围

（一）安排范围：服务中央单位建设的重大基础设施建设项目的前期规划综合研究工作；本市重大基础设施项目及重点建设项目的前期规划及方案研究工作；跨区域以及对本市国民经济和社会发展有重大影响的基础设施建设项目前期工作；经市委确定、市政府批准的其他基础设施项目的前期研究工作。

前期费可安排基础设施项目的前期专项研究、前期专项规划编制及具体项目的前期方案比选（含方案征集）。

（二）纳入前期费使用范围的具体项目应由市规划委商市财政局根据城乡规划、项目具体实施内容等情况合理确定。使用前期费安排的项目原则上不得在部门预算经费中再安排。若此类项目资金安排渠道发生变化，从其规定。

三、前期费的管理

（一）已拨付的前期费实行备付金管理。即：市财政局先拨付至市规划委一定额度的经费用于未立项的基础设施项目前期研究，待项目正式立项确定项目单位后，市规划委收回的前期费，用于其他基础设施项目的前期研究。

符合前期费使用范围的项目由市规划委向市财政局提出申请，并提供以下材料：

1. 开展具体项目前期研究的依据；

2. 项目前期费的专家评审意见；

3. 市规划委财务部门审核意见。

市财政局对上述材料审核确认后，市规划委再与相关单位签订项目前期费委托合同。

前期费专款专用，市规划委及市财政局分别建立台账，专门用于核算基础设施项目前期费。每季度末，市规划委与市财政局核对前期费的收入、支出及结余情况。

（二）后续前期费的申报和资金拨付。编制年度部门预算时，市财政局根据市规划委提出的项目前期费使用计划，审核后在年度内预留一定额度的项目前期研究经费，用于保障未立项项目的规划研究。

市规划委按照前期费使用范围确定具体项目后，可向市财政局申请拨付当年预留的基础设施项目前期费，申请时提供以下材料：

1. 开展具体项目前期研究的依据。

2. 项目前期费的专家评审意见。

3. 市规划委财务部门审核意见。

市财政局对上述材料审核确认后下达预算并拨付资金，资金通过财政零余额账户拨付至市规划委。

四、前期费的收回及核销处理

已进行前期研究的基础设施项目立项后，发生的前期费由项目单位上缴市规划委，市规划委再交回市财政零余额账户冲减当年项目。

市规划委已完成前期研究的基础设施项目，若未被批准立项或无需立项的项目，其发生的前期费由市规划委报市财政局批准后作核销处理。

五、其他

（一）当年安排的前期费如有结余，按照市财政局相关结余资金管理办法执行。

（二）加强基础设施项目前期研究成果的管理。对于财政投入经费并已形成前期研究成果的基础设施公益性或通过市场商业化运作可取得收益的项目，应逐步建立财政投入补偿机制。

（三）前期费的使用和管理要按照国家和本市有关规定执行，并接受监督检查。

北京市财政局　北京市国土资源局
关于北京市国有土地使用权出让收支
管理有关问题的补充通知

2011 年 5 月 31 日　京财经二〔2011〕1032 号

各区县财政局、市国土资源局各区县分局、北京经济技术开发区财政局、北京市土地整理储备中心：

为加强和规范我市国有土地使用权出让收支管理，根据财政部、国土资源部、中国人民银行《关于印发〈国有土地使用权出让收支管理办法〉的通知》（财综〔2006〕68 号）和《关于印发〈北京市国有土地使用权出让收支管理办法〉的通知》（京财经二〔2007〕1011 号）有关规定，现将土地出让收支有关问题通知如下：

一、直接入市土地以及以企业为主体的一级开发项目土地入市后，前期成本全部缴入市财政局，实行“收支两条线”管理。

二、市财政局将收到的上述前期成本拨付一级开发项目所在区（县）财政局。

三、各区（县）财政局收到前期成本后，根据一级开发企业的申请，经各区（县）国土分局核实后拨付。

四、由市财政局、市国土局制定具体实施办法。

五、此前有关规定与本通知规定不一致的，一律以本通知规定为准。

北京市财政局关于印发《北京市既有非节能居住建筑供热计量及节能改造项目补助资金管理办法》的通知

2011 年 6 月 29 日　京财经二〔2011〕1362 号

各区县财政局：

为贯彻落实国务院关于节能减排工作精神，加大建筑节能工作力度，切实推进北方采暖区既有居住建筑供热计量及节能改造工作，完成财政部、住房和城乡建设部下达的“十二五”时期节能减排目标，我们制定了《北京市既有非节能居住建筑供热计量及节能改造项目补助资金管理办法》。现予印发，请遵照执行。

附件：北京市既有非节能居住建筑供热计量及节能改造项目补助资金管理办法

附件：

北京市既有非节能居住建筑供热计量及节能改造项目补助资金管理办法

第一章　总　则

第一条　根据财政部、建设部关于《北方采暖区既有居住建筑供热计量及节能改造奖励资金管理暂行办法》（财建〔2007〕957 号）、《关于推进北方采暖地区既有居住建筑供热计量及节能改造工作的实施意见》（建科〔2008〕95 号）、《关于进一步深入开展北方采暖区既有居住建筑供热计量及节能改造工作的通知》（财建〔2011〕12 号）及市政府相关文件精神，为进一步加强该项资金管理，特制定本办法。

第二条　本市行政区域内的城镇既有非节能居住建筑（中央国家机关和部队管理的除外），实施建筑围护结构节能改造、室内供热系统计量及温控改造（简称：既有非节能居住建筑供热计量与节能改造），适用本办法。

第三条　本市既有非节能居住建筑的改造资金，实行多元化筹措和以奖代补、定额补助原则。

第四条　补助资金按照经市政府批准分解下达给各区县的年度改造任务，以预拨和清算的方式，拨付到各区县财政部门，各区县财政部门按规定可统筹用于属地内城镇既有非节能居住建筑的供热计量及节能改造工作。

第二章　改造内容及资金使用范围

第五条　补助资金使用范围

（一）既有非节能居住建筑围护结构节能改造，包括更换外窗，进行外墙屋面保温和楼门节能改造。

（二）既有非节能居住建筑的供热计量改造，包括室内采暖系统供热计量及温度调控改造。

第六条　补助资金不得用于以下项目

（一）属于城市拆迁范围内的居住建筑改造。

（二）政府投资项目的节能改造。

第三章　补 助 标 准

第七条　符合第五条补助资金使用范围的项目，可以申请中央财政奖励资金及市财政补助资金。

第八条　具体补助标准

（一）中央奖励资金

根据《北方采暖区既有居住建筑供热计量及节能改造奖励资金管理暂行办法》（财建〔2007〕957号）、《财政部关于拨付2010年北方采暖区既有居住建筑供热计量及节能改造奖励资金的通知》（财建〔2010〕245号）精神，市财政按照中央奖励资金标准、范围、下达情况以及各区县改造任务完成情况，将中央奖励资金下达至各区县财政部门。

（二）市财政补助资金

按照财政部、建设部项目验收要求，根据各区县改造任务及完成情况，市财政以每平方米补助100元的标准，将补助资金分次拨付到各区县财政部门。

第四章　补助资金的申报

第九条　由各区县建委、财政部门，根据改造任务、项目竣工验收报告，报市住建委审核确认任务完成总量。

市住建委审核确认后，各区县财政局、建委要按照部门预算要求向市财政提出拨付补助资金的申请。附市住建委审核确认函及《既有非节能居住建筑供热计量及节能改造验收合格项目备案表》。

第十条　补助资金拨付程序

（一）补助资金预拨

市财政按照经市政府批准分解下达给各区县年度改造任务指标，预拨补助资金的50%至各区县财政部门，剩余50%补助资金在改造任务完成、项目竣工验收后进行清算。

（二）补助资金清算

市财政根据市住建委对各区县完成改造任务的审核确认情况，按季度进行清算，清算金额扣除项目预拨资金后，实行多退少补。

第五章　补助资金的绩效评价和监督管理

第十一条　各区县财政部门应监督补助资金专款专用，并在项目竣工后，进行绩效评价工作。

第十二条 有下列情形之一的，按照《财政违法行为处罚处分条例》（国务院令第427号）及其他相关法律法规、文件规定进行处理，财政部门可以暂缓或停止拨付补助资金，已经拨付的资金予以追回。

（一）违反中央财政和市财政既有非节能居住建筑热计量及节能改造奖励资金使用原则，擅自改变使用范围，挪用、截留或侵占资金的；

（二）提供虚假情况，骗取财政资金的；

（三）未按要求完成进度或未按规定内容实施，竣工后不能实现供热计量收费，验收不合格的；

（四）其他不符合国家和我市有关规定的行为。

第六章 附 则

第十三条 各区县财政部门可根据本办法，结合当地实际情况，制定具体实施办法，报北京市财政局备案。

第十四条 本办法由北京市财政局负责解释。

第十五条 本办法自印发之日起执行，北京市财政局关于印发《北京市既有居住建筑节能改造补助资金管理办法》的通知》（京财经二〔2010〕720号）同时废止。

附表：既有非节能居住建筑供热计量及节能改造验收合格项目备案表

附表：

既有非节能居住建筑供热计量及节能改造验收合格项目备案表

填报单位：区县住房和城乡建设、财政主管部门（联合盖章） 年 月 日

序号	产权单位	项目名称	改造面积（万 m^2）	项目地址	项目投资（万元）				节能量（吨标准煤）
					合计	中央财政资金	地方财政资金	自筹及其他	

填表说明：1. 项目编号按顺序填写。

2. 申请中央财政资金数额按《北方采暖地区既有居住建筑供热计量及节能改造奖励资金管理暂行办法》中的奖励标准确定。

3. 节能量按照《北方采暖地区既有居住建筑供热计量及节能改造项目验收办法》提供的核算方法计算。

北京市财政局关于转发财政部《三河三湖及松花江流域水污染防治考核奖励资金管理办法》的通知

2011 年 8 月 11 日　京财经二〔2011〕1800 号

各有关单位、各区县财政局：

为加大三河三湖及松花江流域水污染防治力度，进一步规范三河三湖及松花江流域水污染防治考核奖励资金（以下简称“专项资金”）管理，财政部印发了《三河三湖及松花江流域水污染防治考核奖励资金管理办法》（财建〔2011〕251 号），现转发给你们。同时，结合我市实际情况，补充如下具体规定，请一并遵照执行。

一、使用 2007 年至 2010 年三河三湖专项资金的项目单位，仍按照财政部《关于印发〈三河三湖及松花江流域水污染防治财政专项补助资金管理暂行办法〉的通知》（财建〔2007〕739 号）要求，使用和管理专项资金。

二、为进一步规范专项资金管理，建设单位应参照基本建设资金对使用专项资金的建设项目进行专账核算，并在项目竣工交付使用验收合格后 3 个月内到同级财政部门履行竣工财务决算手续。

三、使用专项资金的市级建设单位及区（县）财政局应于每月 10 日前按要求将专项资金月报表报送市财政局。

工作执行中如遇问题或有何建议，请及时向我局反馈。

附件：财政部关于印发《三河三湖及松花江流域水污染防治考核奖励资金管理办法》的通知

附件：

财政部关于印发《三河三湖及松花江流域水污染防治考核奖励资金管理办法》的通知

2011 年 5 月 13 日　财建〔2011〕251 号

有关省、自治区、直辖市财政厅（局）：

根据《国务院关于印发节能减排综合性工作方案的通知》（国发〔2007〕15 号）及国务院关于加大三河三湖及松花江流域水污染防治力度的要求，为加强三河三湖及松花江流域水污染防治考核奖励资金管理，进一步支持三河三湖及松花江流域水污染防治项目建设，充分发挥资金使用效益，促进改善流域水环境质量，我部制定了《三河三湖及松花江流域水污染防治考核奖励资金管理办法》，现印发你们。请根据此办法，结合本地实际情况，加强专项资金管理。

附：三河三湖及松花江流域水污染防治考核奖励资金管理办法

附：

三河三湖及松花江流域水污染防治考核奖励资金管理办法

第一章 总 则

第一条 根据《国务院关于印发节能减排综合性工作方案的通知》（国发〔2007〕15号）及国务院关于加大三河三湖及松花江流域水污染防治力度的要求，为加强三河三湖及松花江流域水污染防治考核奖励资金管理，进一步支持三河三湖及松花江流域水污染防治项目建设，充分发挥资金使用效益，促进改善流域水环境质量，制定本办法。

第二条 本办法所称三河三湖及松花江流域水污染防治考核奖励资金（以下简称“奖励资金”）是指中央财政设立的用于淮河、海河、辽河、太湖、巢湖、滇池等三河三湖以及松花江流域水污染防治的专项奖励资金。

第三条 奖励资金实行中央对省级政府专项转移支付，具体项目实施管理由省级政府负责。

第四条 奖励资金管理实行“公开、公平、公正、透明”原则，接受社会监督。

第五条 奖励资金管理根据国务院节能减排工作部署、三河三湖及松花江流域水污染防治进展情况等适时调整。

第二章 奖励资金分配原则和标准

第六条 奖励资金管理实行以奖代补。其中，70%根据国务院重点流域水污染防治考核结果进行奖励，同时兼顾各流域水污染防治工作难易程度，难易程度系数根据流域控制单元个数等确定；30%根据国务院考核认定的各省化学需氧量（COD）、氨氮等主要污染物实际削减量进行奖励。

第七条 奖励资金分配计算公式：

某省奖励资金＝年度奖励资金总规模×［70%×（该省有关流域水污染防治国务院考核分值×难易程度系数）/Σ（各省有关流域水污染防治国务院考核分值×难易程度系数）+30%×该省主要污染物实际削减量/Σ各有关省主要污染物实际削减量］

第八条 为加快预算执行，在当年国务院考核结果公布前，中央财政按上年考核结果分配资金。

第三章 奖励资金安排与使用

第九条 中央财政按规定原则和标准将奖励资金下达到省级财政部门。省级财政部门收到奖励资金后，应会同同级环境保护部门，加强与其他有关部门沟通，于2个月内将资金安排到具体项目，并将项目安排清单（含地方投入情况）报财政部、环境保护部备案。地方应将项目预算及资金安排情况向社会公开，接受社会监督。

第十条 奖励资金由省级政府统筹安排，鼓励省级政府将奖励资金集中安排使用。各省级政府结合本省实际和轻重缓急，可将奖励资金集中用于规定流域范围内某一类项目建设，干一类、完一类；也可集中用于规定流域范围内某个控制单元水污染防治，鼓励重点支持优先控制单元，干一个单元、完一个单元。对使用奖励资金的项目，可利用奖励资金全额打足，不留资金缺口，避免形成“半拉子”工程。

第十一条 奖励资金具体可用于以下项目：

1. 区域水环境综合整治项目，包括农业源污染防治工程、农村分散型生活污水处理工程、农田退水治理工程、人工湿地水质净化工程、内源污染去除工程、垃圾处理体系建设、交通源污染治理工程、水生态修复工程等。

2. 饮用水水源地保护，主要包括大型超标水源地污染治理项目。

3. 畜禽养殖污染防治项目，包括规模化养殖场综合防治工程，水产养殖污染治理工程等。

第十二条 地方政府要加强奖励资金与中央财政其他专项补助资金及地方资金统筹使用。对已使用中央财政其他专项补助资金的项目，奖励资金原则上不再安排。

第十三条 地方各级政府要加快奖励资金预算执行，在奖励资金预算下达年度内尽快形成实物工作量。中央财政对当年未安排到项目的奖励资金，在下一年奖励资金安排中予以扣减。

第十四条 奖励资金实行专款专用。地方各级政府要将奖励资金纳入同级财政预算管理，但不得用于平衡本级预算。各地区和单位不得以任何理由、任何方式截留、挤占、挪用奖励资金，不得将奖励资金用于已完工项目资金归垫或偿还银行贷款。

第四章 监督管理和绩效评价

第十五条 地方各级财政部门应会同环境保护部门健全制度，加强监管。奖励资金要严格按照国库集中支付制度有关规定支付，实行专账核算。要确保资金安全，保证工程质量。

第十六条 财政部会同环境保护部加强对奖励资金安排使用监督检查。省级财政部门要会同环境保护部门加强对奖励资金支持项目绩效考评，并按月向财政部报送奖励资金安排使用及项目建设进展情况，报送情况作为监督检查依据。

第十七条 对于截留、挤占、挪用奖励资金等违法行为，一经查实，财政部将收回已安排的奖励资金，并按《财政违法行为处罚处分条例》（国务院令第 427 号）的相关规定进行处理。涉嫌犯罪的，移送司法机关处理。

第五章 附 则

第十八条 本办法自印发之日起实施。财政部《三河三湖及松花江流域水污染防治财政专项补助资金管理暂行办法》（财建〔2007〕739 号）同时废止。

第十九条 各地可根据本办法，结合当地实际，制定实施细则，报财政部备案。

第二十条 本办法由财政部负责解释。

北京市财政局 北京市水务局转发财政部 住房城乡建设部《"十二五"期间城镇污水处理设施配套管网建设项目资金管理办法》的通知

2011年10月10日 京财经二〔2011〕2100号

各有关区县财政局、水务局，市排水集团：

为进一步推进水污染防治工作，加强城镇污水处理设施配套管网建设项目资金（以下简称"专项资金"）管理，财政部、住房城乡建设部印发了《"十二五"期间城镇污水处理设施配套管网建设项目资金管理办法》（财建〔2011〕266号，以下简称"《管理办法》"）。现将《管理办法》转发给你们。同时，结合我市实际情况，补充如下具体规定，请一并遵照执行。

一、使用2009年至2010年城镇污水管网专项资金的项目，仍按照《财政部关于印发〈城镇污水处理设施配套管网建设以奖代补专项资金管理暂行办法〉的通知》（财建〔2009〕501号）及《关于做好城镇污水处理设施配套管网建设专项资金评估核查发现问题整改工作的通知》（财办建〔2011〕24号）要求，使用和管理专项资金。

二、各区县水务局、市排水集团应在每年11月底前将本年度已建、在建和下一年度拟新建城镇污水管网建设项目情况报送市水务局（表样见附件）。

三、市水务局依据年度水务工作重点提出市、区县政府同意实施的备选项目，市财政局会同市水务局研究确定专项资金安排项目和金额，并共同向财政部、住房城乡建设部履行项目备案手续。

四、为进一步规范专项资金管理，建设单位应参照基本建设资金对使用专项资金的项目进行专账核算。

五、将专项资金用于新建和在建城镇污水管网项目的建设单位，应在项目竣工验收后1个月内将验收结果报送市财政局、市水务局备案，同时，在项目竣工交付使用验收合格后3个月内到同级财政履行竣工财务决算手续。将专项资金用于归垫2010年以来建成城镇污水管网项目的建设单位，应在收到归垫资金后15日内将相关凭证报送市财政局备案。

六、使用专项资金的市级建设单位及区县财政局应于每月10日前将专项资金月报表报送市财政局。

本通知由市财政局、市水务局负责解释。

特此通知。

附件：1. 财政部 住房城乡建设部关于印发《"十二五"期间城镇污水处理设施配套管网建设项目资金管理办法》的通知

2. 城镇污水管网建设项目情况汇总表（略）

附件 1：

财政部 住房城乡建设部关于印发《“十二五”期间城镇污水处理设施配套管网建设项目资金管理办法》的通知

2011 年 5 月 23 日 财建〔2011〕266 号

各省、自治区、直辖市、计划单列市财政厅（局），有关省、自治区住房和城乡建设厅，北京市、天津市、上海市水务局，重庆市市政管委，海南省水务厅，大连市城建局、宁波市建设委员会、厦门市市政园林局、青岛市市政公用局、深圳市水务局，新疆生产建设兵团财务局、建设局：

根据《国务院关于印发节能减排综合性工作方案的通知》（国发〔2007〕15 号），为加强城镇污水处理设施配套管网专项资金管理，推动加快城镇污水处理设施配套管网建设，促进水污染防治工作取得实效，充分发挥专项资金使用效益，我们制定了《“十二五”期间城镇污水处理设施配套管网建设项目资金管理办法》，现印发你们。请根据此办法，结合本地实际情况，加强专项资金管理。

附：“十二五”期间城镇污水处理设施配套管网建设项目资金管理办法

附：

“十二五”期间城镇污水处理设施配套管网建设项目资金管理办法

第一章 总 则

第一条 根据《国务院关于印发节能减排综合性工作方案的通知》（国发〔2007〕15 号），为加强城镇污水处理设施配套管网专项资金管理，加快城镇污水处理设施配套管网建设，促进水污染防治工作取得实效，充分发挥专项资金使用效益，制定本办法。

第二条 本办法所称城镇污水处理设施配套管网专项资金（以下简称“专项资金”），是指中央财政设立的专项用于支持城镇污水处理设施配套管网及污水泵站（以下简称“污水管网”）建设的资金。

第三条 专项资金实行中央对省级（含计划单列市，下同）政府专项转移支付，具体项目安排和资金管理由省级政府负总责，项目所在地的市或县级人民政府负责具体项目组织实施。各级住房和城乡建设部门负责指导、组织实施和监督污水管网工程建设，财政部门负责下达、管理和监督专项资金使用。

第四条 专项资金管理按照公开、公平、公正原则，接受社会监督。

第二章 专项资金分配原则和标准

第五条 专项资金分配采取“集中支持”和“整体推进”两种方式。集中支持是指对重点流域县及重点镇污水管网建设集中支持，区域推进，干一个，完一个。整体推进是指对集中支持以外的其他地区污水管网建设实行以奖代补。

本办法所称重点流域包括淮河、海河、辽河、太湖、巢湖、滇池等三河三湖以及南水北调、松花江、三峡库区、长江中下游、环渤海和黄河中上游等重点流域和重要水源地。

本办法所称县包括县级市、县城、成建制撤县改区的市辖区以及远郊区县。

第六条 专项资金年度规模中，用于集中支持和整体推进的切块比例，根据年度建设任务由财政部商住房城乡建设部确定。

第七条 对集中支持地区县及重点镇污水管网建设，专项资金按“十二五”建设任务量和控制投资额予以补助，区分东部、中部和西部地区，分别补助控制投资额的40%、60%和80%。控制投资额根据“十二五”建设任务量和核定的单位控制建设成本计算确定。

集中支持地区“十二五”建设任务量包括“十二五”期间新建和在建污水管网项目。污水管网建设成本主要包括污水管道、污水泵站等工程建设费用支出，不包括征地拆迁成本。

第八条 中央财政根据年度专项资金规模和轻重缓急原则，对集中支持地区滚动安排，逐批销号。

第九条 对整体推进地区污水管网建设，专项资金根据住房和城乡建设部核定的各省上年新增污水处理能力、上年新增污水处理量、上年污水处理设施运行新增COD（化学需氧量）等主要污染物削减量实行以奖代补。根据地方财力、集中支持地区分布和污水管网建设需求情况，区分东部、中部和西部地区分别核定以奖代补资金。

整体推进专项资金计算公式：

某省整体推进专项资金=年度整体推进资金总规模×〔20%×该省上年实际新增污水处理能力/∑各省上年实际新增污水处理能力+30%×该省上年实际新增污水处理量/∑各省上年实际新增污水处理量+50%×该省上年主要污染物实际削减量/∑各省上年主要污染物实际削减量〕

第三章 专项资金安排与使用

第十条 中央财政按规定原则和标准将专项资金下达到省级财政部门。省级财政部门收到专项资金后，应会同同级住房和城乡建设部门，于2个月内将专项资金安排到具体项目，并将项目安排清单（含地方投入情况）报财政部、住房城乡建设部备案。负责项目实施的地方政府应将项目预算及资金使用情况向社会公开，接受社会监督。

第十一条 专项资金由省级政府统筹安排，鼓励将专项资金集中安排使用。对集中支持地区的县及重点镇污水管网建设，要确保干一个县（或镇），完一个县（或镇）；对整体推进地区的污水管网建设，也要加大资金集中使用力度，干一个项目，完一个项目，避免出现“半拉子”工程。

第十二条 专项资金实行专款专用。其中：

集中支持的专项资金必须安排用于集中支持地区“十二五”建设任务内的污水管网项目建设；为鼓励地方早建设、早完成任务，对地方利用自筹资金建成的集中支持地区“十二五”建设任务内的污水管网项目，专项资金下达后可用于项目资金归垫；集中支持地区污水管网建设任务完成后，专项资金如有结余，由省里统筹纳入整体推进资金管理。

整体推进的专项资金可用于整体推进地区污水管网建设，也可调剂用于集中支持地区的污水管网建设；具体项目安排可用于新建和在建污水管网项目建设，也可用于 2010 年以来建成的污水管网项目资金归垫；污水管网项目建设完成后，专项资金如有结余，可用于污水管网养护和污水处理设施运营。

第十三条　地方政府要加大地方资金筹措力度，并加强专项资金与其他资金统筹使用。对已使用中央财政其他专项补助资金的项目，专项资金原则上不再安排。

第十四条　地方各级政府要加快专项资金预算执行。在专项资金预算下达年度内尽快形成实物工作量。对当年未安排到项目的专项资金，中央财政在下一年专项资金安排中予以扣减。

第十五条　地方各级政府要将专项资金纳入同级财政预算管理，但不得用于平衡本级预算。各地区和单位不得以任何理由、任何方式截留、挤占、挪用、骗取专项资金。

第十六条　专项资金要严格按照国库集中支付制度有关规定支付，实行专账核算。

第四章　前期工作和工程建设管理

第十七条　地方各级政府要做好污水管网项目前期工作，保障前期工作投入，加快项目前期工作进度，保证前期工作质量和深度，确保专项资金安排用于具备开工条件的污水管网项目建设。

第十八条　集中支持地区的县及重点镇，各年度污水管网建设任务量要符合城镇发展规划、城镇污水处理设施建设规划、相关水污染防治规划等规划要求。

第十九条　污水管网建设项目要按照有关规定，选择具备相应资质的设计单位，根据《室外排水设计规范》等国家和行业标准进行工程设计，并完善项目审批（核准）手续。

第二十条　地方各级住房和城乡建设部门要加强污水管网工程建设管理，建立健全工程质量监督和安全管理体系，确保工程质量、安全和建设进度。

第二十一条　污水管网项目建设完成后，要严格按照国家《给水排水管道工程施工及验收规范》等相关标准和规范要求，及时组织竣工验收；验收通过后，及时移交运营管理单位，落实各项管护措施，确保尽早发挥效益。

省级财政部门要会同住房和城乡建设部门将验收结果报财政部、住房城乡建设部备案。

第二十二条　地方住房城乡建设部门要加强项目档案管理，项目的相关文件、阶段性总结、资金审批文件、工程监理报告、技术资料、统计数据、图片照片资料等，要及时、科学归档保存，严格管理。

第五章　监督管理和绩效评价

第二十三条　专项资金实行绩效管理，绩效评价结果作为专项资金安排依据。其中：

对集中支持地区，由财政部、住房城乡建设部与省级政府签订责任协议，明确“十二五”建设任务及中央、地方责任。中央先期安排应补助资金的比例不高于 80%，剩余应补助资金依据责任协议完成情况进行清算，奖优罚劣。对未完成责任协议确定的“十二五”建设任务的，按照实际完成任务量据实清算，对多安排的专项资金，中央财政将予以扣回。

对整体推进地区，绩效评价结果将作为下年度专项资金安排依据。

第二十四条 财政部将会同住房城乡建设部组织相关单位，通过不定期检查、重点督查、专项核查等多种方式，对专项资金使用情况进行绩效评价。

第二十五条 省级财政部门要会同同级住房和城乡建设部门加强对专项资金支持项目绩效考评，并按月向财政部、住房城乡建设部报送专项资金安排使用及项目建设进展情况。对建设过程中出现影响项目实施及目标完成情况的问题，要及时汇总、上报有关情况，说明原因，提出调整意见。报送情况将作为专项资金绩效评价重要内容之一。

第二十六条 对“报大建小”、虚列支出、进行虚假绩效评价等弄虚作假的地区，财政部、住房城乡建设部将视情况采取通报批评、停止后续资金安排直至追缴已拨付资金等措施予以处理。

第二十七条 对于截留、挤占、挪用、骗取专项资金等违法行为，一经查实，财政部将收回已安排的专项资金，并按《财政违法行为处罚处分条例》（国务院令第427号）的相关规定进行处理。涉嫌犯罪的，移送司法机关处理。

第六章 附 则

第二十八条 本办法自印发之日起实施。财政部《城镇污水处理设施配套管网以奖代补专项资金管理办法》（财建〔2009〕501号）同时废止。

第二十九条 各地可根据本办法，结合当地实际，制定实施细则，报财政部、住房城乡建设部备案。

第三十条 本办法由财政部、住房城乡建设部负责解释。

北京市财政局关于印发《北京市农民住宅抗震节能建设奖励资金管理办法（2011－2012年）》的通知

2011年10月26日 京财经二〔2011〕2300号

各相关区县政府、区县财政局：

为贯彻落实国务院《关于进一步加强防震减灾工作的意见》（国办发〔2010〕18号）精神，深入开展北京市社会主义新农村建设“三起来”工程，加快推进农民住宅抗震节能工作，依据《中华人民共和国防震减灾法》等法律法规，结合《北京市农民住宅抗震节能工作实施方案（2011－2012年）》，我们起草了《北京市农民住宅抗震节能奖励资金管理办法（2011－2012年）》，现印发给你们，请认真贯彻执行。

特此通知。

附件：北京市农民住宅抗震节能奖励资金管理办法（2011－2012年）

附件：

北京市农民住宅抗震节能奖励资金管理办法
（2011－2012年）

第一章 总 则

第一条 根据《北京市农民住宅抗震节能工作实施方案（2011－2012年）》（京新农办函〔2011〕12号）和《北京市村庄规划建设管理指导意见（试行）》（市规发〔2010〕1137号），为切实推进我市农民住宅抗震节能建设工作，特制定本办法。

第二条 本办法所称“农民住宅抗震节能奖励资金”（以下简称“奖励资金”）是指市财政安排的专项用于各区县组织的农民住宅抗震节能建设奖励资金。

第二章 奖励资金使用范围及来源

第三条 奖励资金使用范围

我市农民依据抗震节能标准依法采取自主或集中方式对住宅进行新建翻建、节能保温单项改造（以下简称“单项改造”）和抗震节能综合改造的（以下简称“综合改造”）项目。

第四条 奖励资金不得用于以下项目

（一）已享受过财政补贴的农民住宅抗震节能改造项目。

（二）政府投资的改造项目。

第五条 奖励资金由市财政局拨付到各区县财政部门，区县财政部门统筹用于农民住宅抗震节能改造项目。区县奖励资金支出可在土地出让金中列支。

第三章 奖 励 标 准

第六条 市区（县）政府采取定额奖励的形式，对农宅抗震节能改造予以奖励。

（一）市政府按照新建翻建及综合改造每户2万元，单项改造每户1万元的标准，对区县政府予以奖励，奖励资金由各区县政府统筹使用。

（二）在市级奖励基础上，各区县政府要根据本区县实际情况，确定本区县政府对农户的奖励资金标准及农宅抗震节能建设项目其他费用支出管理办法。

（三）市财政局按照各区县任务量，预拨50%奖励资金，剩余资金按实际完成情况在工程验收合格后拨付。

第四章 奖励资金拨付程序

第七条 奖励资金拨付程序

（一）市财政局根据市新农办下达的各区县年度农宅抗震节能建设改造任务指标和市级奖励标准，预拨50%的奖励资金。

（二）剩余年度待清算市级奖励资金，各区县财政局应根据市新农办、市住建委确认的年度实际新建翻建、节能保温单项改造验收户数及审核意见（附：验收报告和分户验收信息汇总表），向市财政局提出拨付资金的申请。市财政局根据各区县提出的拨付资金申请、项目验收报告及市新农办、市住建委审核意见拨付其余50%奖励资金。

第五章 奖励资金的绩效评价和监督管理

第八条 各区县财政部门应在项目竣工后，进行绩效评价工作。

第九条 各区县财政部门要监督奖励资金专款专用、落实到位。

第十条 有下列情形之一的，一经核实，财政部门可以暂缓或停止拨付奖励资金，并收回已拨付的奖励资金。

（一）提供虚假材料，骗取财政资金的；

（二）截留、挪用、侵占农民住宅抗震节能奖励资金的；

（三）擅自改变使用范围的；

（四）未按要求完成进度或未按规定内容实施的；

（五）项目审核或验收不合格的；

第十一条 对奖励资金监管过程中发现的财政违法行为，严格按照《财政违法行为处罚处分条例》（国务院令第427号）的相关规定进行处理。

第六章 附 则

第十二条 各区县财政部门可根据本办法，结合当地实际情况，制定具体实施办法，报市财政局备案。

第十三条 本办法由市财政局负责解释。

第十四条 本办法自发布之日起30日后实施，有效期至2012年12月31日止。

六、农业财务管理类

北京财政局　北京市农村工作委员会 关于远郊重点小城镇建设资金的使用指导意见

2011 年 1 月 28 日　京财农〔2011〕208 号

远郊区县重点小城镇建设主管部门、区县财政局：

郊区小城镇是农村城镇化的重要节点，在农村城镇化建设中具有不可替代的地位和作用，市政府对郊区小城镇工作的投入不断加大。

从 2006 年开始，市财政为推进小城镇建设，每年拨出 7000 万元专项资金用于小城镇的基础设施和公共服务设施建设。2009 年市政府对财政体制进行了改革，将 7000 万元小城镇专项资金按原 37 个中心镇名单转移支付到各区县。随着城乡规划体系的逐步完善和小城镇布局的新要求，2009 年 7 月市政府办公厅印发了《关于本市重点小城镇建设有关工作的通知》（京政办发〔2009〕37 号），对郊区小城镇布局进行了调整，研究确定了 42 个重点小城镇作为下一步本市郊区小城镇建设发展的重点。为确保市转移支付到各区县的小城镇专项资金用好用实，真正发挥财政资金的引导作用，现对该项资金的使用提出如下指导意见。

一、该项小城镇建设专项资金必须用于市政府确定的 42 个重点小城镇的建设和发展，不得挪作它用。

二、远郊区县重点小城镇建设主管部门和区县财政局负责小城镇建设专项资金的统筹管理和使用，并负有对该项资金的监督职责。

三、小城镇专项资金的使用不进行平均分配，对发展成效好、特色突出的小城镇予以重点支持。因此，建议各区县加强对各重点小城镇的管理和考核，在区县内建立重点小城镇建设的绩效考评和激励机制，利用好小城镇建设专项资金。

四、市级转移资金是小城镇建设的引导性资金，各区县应加大支持力度，安排小城镇建设发展资金，推动重点小城镇建设更快发展。

附件：郊区 42 个重点小城镇名单

附件：

郊区 42 个重点小城镇名单

门头沟区　斋堂镇、潭柘寺镇、军庄镇

房山区　韩村河镇、窦店镇、琉璃河镇、长沟镇、河北镇
通州区　漷县镇、台湖镇、西集镇、永乐店镇
顺义区　高丽营镇、杨镇、赵全营镇、李遂镇
大兴区　采育镇、庞各庄镇、安定镇、榆垡镇、魏善庄镇
昌平区　小汤山镇、阳坊镇、南口镇、北七家镇、十三陵镇
平谷区　金海湖镇、峪口镇、马坊镇
怀柔区　桥梓镇、怀北镇、汤河口镇
密云县　溪翁庄镇、太师屯镇、西田各庄镇、古北口镇、巨各庄镇、穆家峪镇
延庆县　康庄镇、永宁镇、八达岭镇、旧县镇

北京市财政局　北京市园林绿化局关于印发《北京市山区生态公益林生态效益促进发展资金管理暂行办法》的通知

2011年2月28日　京财农〔2011〕256号

各区县财政局、园林绿化局：

为进一步加强山区生态公益林生态效益促进发展资金的管理，规范资金的使用，根据《北京市人民政府关于建立山区生态公益林生态效益促进发展机制的通知》（京政办〔2010〕20号）的有关规定，北京市财政局、北京市园林绿化局共同制定了《北京市山区生态公益林生态效益促进发展资金管理暂行办法》，现印发给你们，请遵照执行。

附件：北京市山区生态公益林生态效益促进发展资金管理暂行办法

附件：

北京市山区生态公益林生态效益促进发展资金管理暂行办法

第一章　总　　则

第一条　目的。为进一步促进山区集体林权制度改革，根据《中共北京市委　北京市人民政府关于推进集体林权制度改革的意见》（京发〔2008〕9号）、《北京市人民政府关于建立山区生态公益林生态效益促进发展机制的通知》（京政办〔2010〕20号）和《中华人民共和国预算法》、《中华人民共和国预算法实施条例》等相关法规政策规定，制定本办法。

第二条　定义。北京市山区生态公益林生态效益促进发展资金分为生态补偿资金和森林健康经营管理资金。

生态补偿资金（以下简称“补偿资金”）是指按山区生态公益林勘界确权确股分配给集体经济组织成员的补偿资金。

森林健康经营管理资金（以下简称“健康经营资金”）是对山区生态公益林实施林木抚育、资源保护、生态用水保障、作业道路修建等林业建设的资金。

第三条 范围。北京市山区生态公益林生态效益促进发展资金使用范围是经集体林权制度改革勘界确权的山区集体所有的生态公益林，涉及海淀、丰台、门头沟、房山、昌平、顺义、怀柔、密云、平谷、延庆10个区县及所属乡镇村。

第二章 促进发展资金的筹集与管理

第四条 筹集。北京市山区生态公益林生态效益促进发展资金由市、区县两级共同负担，纳入财政预算，市与区县负担比例为1:1。

第五条 标准。补偿资金由市、区县财政按1:5的比例共同负担，即市财政投入60元/年·公顷（4元/年·亩），区县财政投入300元/年·公顷（20元/年·亩）。健康经营资金全部由市财政投入，即240元/年·公顷（16元/年·亩）。

山区生态公益林生态效益促进发展资金根据山区生态公益林的资源总量、生态服务价值、碳汇量的增长情况和全市国民经济社会发展水平，合理核定生态效益促进发展资金增加额度，每5年调整一次。

第六条 调整。发生征占用山区生态公益林地的，按征占用林地面积核减该区县年度生态公益林生态效益促进发展资金市级负担金额。

第七条 核算。北京市山区生态公益林生态效益促进发展资金实行专项管理，分账核算，专款专用。年度结余要专项结转，结转期限为一年。结转期满后，由区县财政部门会同园林绿化部门在每年1月底前上报结余资金情况报告，市级财政部门根据结余情况统筹予以安排。

第八条 报告。区县财政部门要联合园林绿化部门于每年2月底前向市级财政部门和市园林绿化部门上报本区县上年度生态效益促进发展资金使用情况报告。

第三章 补偿资金的使用和管理

第九条 原则。补偿资金必须按照“公开、公正、公平”和“均股不分山，均利不分林”，“确权入股、确权确利”的原则，按股份份额分配给山区农村集体经济组织成员，不得用于其他方面支出。

第十条 档案。区县财政部门、园林绿化部门和乡镇要分别以行政村为单位建立山区生态公益林生态效益补偿资金拨付档案、山区生态公益林勘界确权面积档案和农村集体经济组织人员档案。

第十一条 批复。市级财政部门要依据市园林绿化局审核确定的山区生态公益林面积，每年在市人代会结束后30日内将市级补偿资金批复到区县财政部门。

第十二条 拨付。区县财政部门要依据本区县园林绿化部门提供的各乡镇山区生态公益林确权面积，将市级补偿资金、区县补偿资金拨付到乡镇财政所。

第十三条 分配。乡镇政府要依据区县园林绿化部门审核确定的集体林权制度改革勘界确权的山区生态林面积和界定的农村集体经济组织成员，以行政村为单位，以完成集体林权制度改革为前提，按股权分配补偿资金，补偿资金分配方案要在各行政村内公示一周。

第十四条 发放。乡镇财政所根据公示后的补偿资金分配方案发放各行政村补偿资金。资金发放方式由各乡镇结合本地区的实际情况自行确定，并在股权登记簿中登记发放记载。

第十五条 罚责。对发生森林火灾、毁林案件和非法占用生态公益林地，以及发生森林病虫害而未及时报告造成重大损失的，按损失面积和损失生物量核减补偿资金。

第四章 健康经营资金的使用和管理

第十六条 项目。健康经营资金由区县政府按照生态林健康经营规划和年度健康经营项目实施方案，分项目组织实施，并严格执行《北京市山区生态公益林生态效益促进发展机制森林健康经营项目管理暂行办法》。

第十七条 规划。市园林绿化部门负责编制本市森林健康经营规划，区县园林绿化部门按照全市发展规划，结合本地区的实际制定本区县生态公益林健康经营规划和年度健康经营项目实施方案，上报市园林绿化部门审批。

第十八条 批复。市级财政部门依据市园林绿化局审核批准的年度健康经营项目实施方案和山区生态公益林面积，在每年市人代会结束后 30 日内将健康经营资金批复到区县财政部门。

第十九条 拨付。区县财政部门依据市园林绿化部门批复的年度健康经营项目实施方案和项目工程进度审核拨付资金。具体资金拨付形式由区县自行确定。

第二十条 比例。健康经营资金主要用于林木抚育、林业生态用水和作业道修建等营林项目，用于森林防火项目的投入按健康经营资金总额的 20% 安排，用于林木有害生物防治项目的投入按健康经营资金总额的 10% 安排。要充分发挥健康经营资金的投入效益。

第二十一条 投资标准。项目建设类型投资标准参照《北京市造林营林建设标准》、相关投资标准和市场价格，区县财政部门要加强项目投资管理，可采取投资评审、报账制管理、聘请中介验收、工程监理等多种方式。

第二十二条 管理费。为加强对森林健康经营项目的管理，可在森林健康经营资金中列支综合管理费用，列支比例不超过健康经营项目总额的 2%，具体用于规划、实施方案的编制、生态效益监测、宣传培训、档案管理、招标、监理、检查验收等各项管理工作。

第二十三条 验收。市园林绿化部门于每年 12 月底前，委托具有相应资质的机构进行项目检查验收，并撰写项目检查验收报告。

第二十四条 奖惩。项目年度检查验收合格的区县，可继续申请次年同类型的项目；检查不合格的区县，要限期进行整改，并暂缓次年同类型项目的申报，待项目复查验收合格后，可申报新项目。

第二十五条 责任。将山区生态公益林生态效益动态监测评估结果与健康经营资金挂钩，对项目实施单位未按规定履行生态公益林建设、保护和管理责任，造成生态公益林数量减少或质量下降、生态服务价值降低的，视情节轻重相应扣减下一年度健康经营资金。

第五章 监督与检查

第二十六条 考核。区县财政部门、园林绿化部门要建立山区生态公益林补偿、建设和管理的绩效考核制度，加强对生态效益促进发展资金的使用管理，自觉接受市有关部门的监督检查。

第二十七条 市财政局和市园林绿化局将会同有关部门采取定期或不定期方式对山区生态公益林生态效益促进发展资金使用情况和效果进行专项检查，对违反本办法规定，截留、挪用或者造成资金损失的单位和个人，按照《财政违法行为处罚处分条例》（国务院令第427号）有关规定处理、处罚和处分，对相关违法违规情况进行通报。

第六章 附 则

第二十八条 区县财政部门和园林绿化部门依据本办法，结合本区县的实际，制定具体实施细则并上报市财政局和市园林绿化局备案。

第二十九条 本办法由北京市财政局负责解释。

第三十条 本办法自发布之日起30日后执行。

北京市财政局转发财政部《关于印发〈农业综合开发财政资金违规违纪行为处理办法〉的通知》

2011年4月1日 京财农〔2011〕529号

各区县财政局：

为进一步完善农业综合开发资金管理制度，财政部对2005年印发的《农业综合开发财政资金违规违纪行为处理办法》（财发〔2005〕68号）进行了修订。现将修订后的《农业综合开发财政资金违规违纪行为处理办法》（财发〔2011〕7号）转发给你们，请严格遵照执行。

附件：财政部关于印发《农业综合开发财政资金违规违纪行为处理办法》的通知

附件：

财政部关于印发《农业综合开发财政资金违规违纪行为处理办法》的通知

2011年3月17日 财发〔2011〕7号

各省、自治区、直辖市、计划单列市财政厅（局）、农业综合开发办公室（局），新疆生产建设兵团财务局、农业综合开发办公室，国土资源部、水利部、农业部、林业局、供销总社农发机构：

为进一步完善农业综合开发资金管理制度，财政部对2005年12月14日印发的《农业综合开发财政资金违规违纪行为处理暂行办法》（财发〔2005〕68号）进行了修订，现将修订后的《农业综合开发财政资金违规违纪行为处理办法》印发给你们，请遵照执行。执行中有何问题，请及时向财政部（国家农业综合开发办公室）反馈。

待农业综合开发财政有偿资金全部回收后，《农业综合开发财政资金违规违纪行为处理办法》第九条、第十条自行废止。

附：农业综合开发财政资金违规违纪行为处理办法

附：

农业综合开发财政资金违规违纪行为处理办法

第一条 为进一步强化农业综合开发财政资金（以下简称“财政资金”）管理，提高资金使用效益，根据《财政违法行为处罚处分条例》、《国家农业综合开发资金和项目管理办法》以及其他有关政策规定，制定本办法。

第二条 本办法所称农业综合开发财政资金违规违纪行为（以下简称“违规违纪行为”），是指地方各级财政部门在开展农业综合开发工作过程中，违反国家有关财政法律、法规、规章以及国家农业综合开发资金管理制度的行为。

第三条 对于发生违规违纪行为的财政部门，由上级主管部门按照管理权限，根据权责统一、分级管理的原则，依照本办法处理。有财政违法行为的，按照《财政违法行为处罚处分条例》进行处理、处罚、处分。

第四条 违规违纪行为一经发现，应及时制止、纠正，并根据事实和情节轻重，分别给予扣减下一年度财政资金指标、不予安排新增资金、调减现有投入规模、暂停农业综合开发县（市、区、旗、农场、牧场、团，以下简称“开发县”）资格直至取消开发县资格等处理。

暂停或取消开发县资格的，按照《国家农业综合开发县管理办法》有关规定执行。

第五条 年度项目实施计划经批复后，未按规定程序报批对项目计划进行调整、变更或终止的，按调整、变更或终止项目涉及财政资金数额的百分之十以上百分之五十以下扣减下一年度财政资金指标；情节较重的，不予安排新增资金或调减现有投入规模。

第六条 项目建设期内，地方财政配套资金未按批复计划足额落实的，按未配套资金数额的百分之十以上百分之五十以下扣减下一年度财政资金指标；情节较重的，不予安排新增资金或调减现有投入规模。

第七条 挤占、挪用财政资金的，按挤占、挪用财政资金数额的一至三倍扣减下一年度财政资金指标；情节较重的，不予安排新增资金或调减现有投入规模。

第八条 滞留财政资金，其中超过资金拨付时限不足半年的，按滞留资金数额的百分之十以上百分之三十以下扣减下一年度财政资金指标；超过资金拨付时限半年以上的，按滞留资金数额的百分之五十扣减下一年度财政资金指标。

第九条 无正当理由未能按期足额归还上级财政有偿资金的，按未归还资金数额的百分之十以上百分之五十以下扣减下一年度财政资金指标。

第十条 用当期项目财政资金抵顶到期应归还上级财政有偿资金的，按抵顶资金数额的百分之十以上百分之五十以下扣减下一年度财政资金指标；情节较重的，不予安排新增资金或调减现有投入规模。

第十一条 将无偿使用的财政资金变为有偿使用的，按违规违纪资金数额的百分之十以上百分之五十以下扣减下一年度财政资金指标。

第十二条 扩大财政资金开支范围、提高开支标准的，按违规违纪资金数额的百分之十以上百分之五十以下扣减下一年度财政资金指标；情节较重的，不予安排新增资金或调减现有投入规模。

第十三条 违反国家农业综合开发资金和项目管理规定，多结工程价款，虚列投资完成额，或者以虚假的经济业务事项、资料进行会计核算的，按违规违纪资金数额的一至三倍扣减下一年度财政资金指标；情节较重的，不予安排新增资金或调减现有投入规模。

第十四条 因审核、监管不力，致使项目单位套（骗）取或挤占挪用财政资金的，按违规违纪资金数额的一至三倍扣减下一年度财政资金指标；情节较重的，不予安排新增资金或调减现有投入规模。

第十五条 财政资金报账支出以现金支付、使用不合格发票或者白条入账的，按违规违纪资金数额的百分之十以上百分之五十以下扣减下一年度财政资金指标；情节较重的，不予安排新增资金或调减现有投入规模。

第十六条 至检查或验收时，违规违纪行为已经得到纠正的，可以从轻处理。

第十七条 违规违纪行为经查证后，被检查单位必须按有关规定，对存在的问题进行认真整改，并及时向上级主管部门报送整改报告，同时附报整改的相关原始凭证复印件。

被检查单位未能按期对存在问题进行整改的，对其违规违纪行为从重处理。

第十八条 国家农业综合开发办公室组织开展的综合检查、专项检查以及其他形式的检查当中，发现被检查市、县级财政部门存在违规违纪行为，或未能按期整改，且上级主管部门未做出相应处理的，除由其上级主管部门依照本办法处理外，还应根据事实和情节轻重，按照违规违纪资金数额的一至三倍扣减所在省（自治区、直辖市、计划单列市，以下简称“省”）下一年度中央财政资金指标。

第十九条 在审计等部门或其他监督检查机构开展的农业综合开发资金审计、检查过程中，发现市、县级财政部门存在弄虚作假套（骗）取、挤占挪用财政资金等严重违规违纪行为，或违规违纪行为在社会上造成恶劣影响的，除由其上级主管部门依照本办法处理外，还应根据事实和情节轻重，按照违规违纪资金数额的一至三倍扣减所在省下一年度中央财政资金指标。

第二十条 对依法组织的检查，被检查单位应当给予配合，如实反映情况，及时提供有关资料，不得拒绝、阻挠、拖延。

被检查单位违反前款规定的，对检查出的违规违纪行为从重处理。

第二十一条 对违规违纪行为进行处理，应将处理结果以正式文件的形式告知被处理单位，并在一定范围内进行通报。

第二十二条 本办法所称资金数额“以上”、“以下”均包含本数。

第二十三条 省级财政部门可根据本办法，制定具体实施办法，并报财政部备案。

第二十四条 新疆生产建设兵团、黑龙江省农垦总局、广东省农垦总局以及农业综合开发办事机构未设置在财政部门的，对违规违纪行为的处理比照本办法执行。

第二十五条 本办法自 2011 年 4 月 1 日起执行，2005 年 12 月 14 日印发的《农业综合开发财政资金违规违纪行为处理暂行办法》（财发〔2005〕68 号）同时废止。

北京市财政局　北京市园林绿化局关于印发《北京市中央财政林业科技推广示范资金绩效评价办法》的通知

2011 年 4 月 20 日　京财农〔2011〕653 号

有关区县财政局、园林绿化局：

为规范和加强中央财政林业科技推广示范资金与项目的管理，发挥财政资金使用效益，根据财政部、国家林业局《中央财政林业科技推广示范资金绩效评价暂行办法》（财农〔2011〕3 号）的规定，北京市财政局、北京市园林绿化局共同制定了《北京市中央财政林业科技推广示范资金绩效评价办法》，现印发给你们，请遵照执行。

附件：北京市中央财政林业科技推广示范资金绩效评价办法

附件：

北京市中央财政林业科技推广示范资金绩效评价办法

第一章　总　　则

第一条　为进一步加强中央财政林业科技推广示范资金的使用和管理，建立健全激励和约束机制，提高资金使用效益，根据财政部、国家林业局《中央财政林业科技推广示范资金绩效评价暂行办法》（财农〔2011〕3 号）的规定，结合北京市实际，制定本办法。

第二条　对本市中央财政林业科技推广示范资金项目进行绩效评价，适用本办法。

第三条　市财政局、市园林绿化局负责对中央财政林业科技推广示范资金项目开展绩效评价工作。

第二章　绩效评价的原则和依据

第四条　绩效评价遵循的原则：

（一）统一管理的原则。绩效评价工作由市财政局、市园林绿化局统一组织实施。

（二）客观公正、科学规范原则。按照“公开、公平、公正”的要求，准确、合理地评价资金使用的绩效情况。

（三）突出重点的原则。在绩效评价内容、评价指标等方面，重点对项目组织、资金使用、项目建成后发挥的效益等方面进行绩效评价。

第五条　绩效评价的依据：

（一）国家相关法律法规、各级有关部门制定的中央财政林业科技推广示范资金项目和资金管理的规章制度和规范性文件。

（二）中央财政林业科技推广示范资金项目申报指南、立项批复、项目合同、实施方案、资金拨付等有关文件和资料。

（三）中央财政林业科技推广示范资金项目实施和资金使用情况总结报告、项目验收等相关资料。

（四）其他相关资料和数据。

第三章　绩效评价指标

第六条　按照“科学全面、简明实用、定性定量”的要求，合理设置绩效评价计分标准（详见附 1）。

第七条　项目绩效评价指标包括项目组织、项目实施、资金使用、档案管理、实施效果等五个方面 16 项指标。

（一）项目组织

1. 组织管理。项目承担单位和参加单位人员分工及责任落实情况。

2. 实施方案。项目内容、任务细化落实、技术方法科学可行等情况。

（二）项目实施

3. 实施进度。任务完成量占计划量情况。

4. 技术指标。合同书中各项技术指标完成情况。

5. 验收结果。项目按期验收和评估验收情况。

（三）资金使用

6. 资金执行进度。项目的资金支出进度情况。

7. 资金使用规范性。资金专账管理和支出符合财务规定情况。

（四）档案管理。

8. 技术档案。项目合同、实施方案、调查或测试数据资料的整理归档情况。

9. 档案管理规范性。建立档案制度、专人负责、专人专柜保存档案等情况。

10. 项目年度工作总结和有关材料的整理归档及报送情况。

（五）实施效果

11. 经济效益。示范林或产品对地方财政收入增加和林农增收等作用。

12. 生态效益。对植被覆盖度、水土流失及环境改善等影响。

13. 社会效益。项目辐射带动周边及行业发展、带动农民增收致富和增加就业等作用。

14. 培训人员。开展技术培训和发放技术资料情况。

15. 技术文本。形成具有可操作性的技术手册、技术规程、技术标准情况。

16. 表彰奖励。项目有关单位和人员受到表彰奖励情况。

第四章　评 价 方 法

第八条　项目承担单位根据《北京市中央财政林业科技推广示范资金绩效评价办法》，于每年 3 月底前完成上一年度项目自评并上报总结材料。市财政局、市园林绿化局于每年 4 月底前完成上一年度的项目绩效评价和省级管理绩效自评工作。

第五章 评 价 结 果

第九条 项目绩效评价采用百分制，满分为100分。项目绩效评价结果划分为三个等级：A级≥85分、60分≤B级<85分、C级<60分。

第十条 市财政局、市园林绿化局将以适当方式对项目绩效评价结果进行通报，并将评价结果作为今后各单位项目立项的重要依据。

第六章 附 则

第十一条 本办法由市财政局会同市园林绿化局负责解释。

第十二条 本办法自公布之日起施行。

附：1. 北京市中央财政林业科技推广示范资金项目绩效评价计分标准

2. 中央财政林业科技推广示范资金项目绩效评价报告（范本）

附1：

北京市中央财政林业科技推广示范资金项目绩效评价计分标准

分类	指标（分值）	评分标准
总分	100	
项目组织（10分）	1. 组织管理（5分）	项目承担单位和参加单位分工明确、责任落实得5分；项目承担单位和参加单位分工和责任中有一项不明确扣3分，扣完为止。
	2. 实施方案（5分）	编制实施方案，内容全面、任务细化落实、技术方法科学可行得5分；内容、任务、技术方法中，有一项不明确扣2分，扣完为止；没有编制实施方案得0分。
项目实施（23分）	3. 实施进度（8分）	任务完成量占计划量100%得10分；完成量占计划量每减少10%扣1分，扣完为止。
	4. 技术指标（5分）	完成合同技术指标100%得5分；完成合同技术指标每减少10%扣1分，扣完为止。
	5. 验收结果（10分）	按期验收并验收合格得10分；未按期验收但验收合格得5分；验收不合格得0分。
资金使用（20分）	6. 资金执行进度（10分）	中央财政林业科技推广示范资金执行进度到年底达95%以上（含95%）得10分；进度每减少10%扣1分，扣完为止。
	7. 资金使用规范性（10分）	建立专账管理、支出符合规定得10分；建立专账管理、每发生一笔支出不符合规定扣1分，扣完为止；未建专账管理得0分。
档案管理（7分）	8. 技术档案（3分）	项目合同、实施方案、调查或测试数据三项资料整理归档齐全得3分；每缺一项扣1分，扣完为止。
	9. 档案管理规范性（2分）	建立档案制度、落实专人负责、有专室或专柜保存三项管理完善得2分；每缺一项扣1分，扣完为止。
	10. 材料报送情况（2分）	材料全部报送得2分；每缺一项扣1分，扣完为止。

续表

分类	指标（分值）	评分标准
总分	100	
实施效果（40分）	11. 经济效益（10分）	示范林或产品对地方财政收入有增加的计5分，否则计0分，对林农增收有明显作用计5分，否则计0分。
	12. 生态效益（10分）	有增加绿地面积、增加物种多样性计5分，否则计0分；有明显抑沙尘、减少水土流失等计5分，否则计0分。
	13. 社会效益（10分）	项目有辐射带动周边及行业发展、带动农民增收致富得5分，否则不计分；有增加劳动就业得5分，否则不计分。
	14. 培训人员（4分）	开展技术培训并发放技术资料得4分；仅技术培训或仅发放技术资料得2分；未技术培训和发放技术资料得0分。
	15. 技术文本（4分）	形成具有可操作性的技术手册或技术规程、标准得4分；虽形成技术手册或技术规程、标准，但操作性不强得2分；未形成技术手册或技术规程、标准得0分。
	16. 表彰奖励（2分）	项目有关单位和人员受省级以上表彰奖励每次计1分，最多得2分。

备注：项目承担单位是指项目合同书中明确的负责单位；项目参加单位是指除了项目承担单位之外，参与项目实施的其他单位。

附 2：

中央财政林业科技推广示范资金项目
绩效评价报告（范本）

（　　年度）

项目单位（公章）＿＿＿＿＿＿＿＿＿＿＿＿

项目名称＿＿＿＿＿＿＿＿＿＿＿＿＿＿＿＿

填报日期＿＿＿＿＿＿＿＿＿＿＿＿＿＿＿＿

负责人＿＿＿＿＿＿＿＿＿＿＿＿＿＿＿＿＿

一、项目基本情况

1. 立项目的

2. 立项依据

3. 总体绩效目标和具体、分阶段绩效目标

二、项目执行情况

1. 项目实施计划

2. 项目实施过程

3. 项目完成情况

4. 预算执行情况

三、项目自评情况

1. 项目组织管理

（1）……

（2）……

2. 项目实施情况

（1）……

（2）……

……

3. 资金使用情况

（1）……

（2）……

……

4. 档案管理情况

（1）……

（2）……

……

5. 实施效益情况

（1）……

（2）……

……

6. 自评总结及自评得分

四、管理经验及改进措施、建议

1. 管理经验

2. 需改进的问题及措施

3. 其他说明

五、相关资料

北京市财政局　北京市园林绿化局
关于印发《北京市中央财政林业科技推广示范资金管理办法实施细则》的通知

2011 年 4 月 29 日　京财农〔2011〕738 号

有关（区县）财政局、园林绿化局：

为规范中央财政林业科技推广示范资金的使用和管理，提高资金使用效益，根据财政部、国家林业局《中央财政林业科技推广示范资金管理暂行办法》（财农〔2009〕289 号）的规定，北京市财政局、北京市园林绿化局共同制定了《北京市中央财政林业科技推广示范资金管理办法实施细则》，现印发给你们，请遵照执行。

附件：北京市中央财政林业科技推广示范资金管理办法实施细则

附件：

北京市中央财政林业科技推广示范资金管理办法实施细则

第一条　为规范和加强中央财政林业科技推广示范资金（以下简称“科技推广资金”）管理，进一步提高资金使用效益，根据财政部、国家林业局《中央财政林业科技推广示范资金管理暂行办法》（财农〔2009〕289 号）规定，结合北京市实际，制定本实施细则。

第二条　科技推广资金是指中央财政预算安排的专项用于我市的林业科技成果推广与示范项目的补助资金。

第三条　科技推广资金支持对象为承担林业科技成果推广与示范任务的林业技术推广站（中心）、科研院所、大专院校、林业专业合作社、国有森工企业、国有林场和国有苗圃等单位和组织。

第四条　科技推广资金使用范围主要包括林木新品种繁育、新品种新技术新工艺的应用示范、与科技推广和示范项目相关的简易基础设施建设、必需的专用材料及小型仪器设备购置、技术培训、技术咨询等方面的支出。

第五条　市园林绿化局会同市财政局根据国家林业局、财政部每年发布的《中央财政林业科技推广示范资金项目申报指南》，结合我市实际情况，做好项目的组织和管理工作。

第六条　对申报指南中确定的跨区域重点推广示范项目，由市园林绿化局会同市财政局按照项目支持方向和控制数，认真组织专家对项目进行初审，并将初审后项目申请文件及相关附件报国家林业局，并抄送财政部。

对申报指南中确定的其他推广示范项目由市园林绿化局会同市财政局组织专家进行项目评审，下达项目立项批复文件，并分别抄报国家林业局、财政部。

第七条 科技推广资金支持的项目必须具备以下条件：

（一）符合国家及我市林业生产建设和林业科技发展战略、规划和政策，有利于林业生态体系、产业体系建设，有利于提升林业建设的科技水平和生产水平，有利于增加林业生产经营者收入。

（二）推广的技术成果必须通过有关专门机构鉴定或认定（审定），技术先进成熟，应用范围广，辐射带动作用大。

（三）项目承担单位有较强的技术力量，有实施项目所需的设备设施等基本条件，具备筹措项目所需资金的能力。

（四）符合当年发布的申报指南的相关要求。

第八条 市财政局会同市园林绿化局于每年4月30日前，联合向财政部和国家林业局报送资金申请文件及评审确定的项目文本。

第九条 市财政局根据财政部下达我市的林业科技推广示范项目资金预算，在一个月内按照财政国库管理制度有关规定，将中央补助资金下达到相关区县和项目承担单位。

第十条 承担林业科技推广示范任务的单位，要加强资金和项目管理，严格执行资金管理、项目管理、政府采购等有关规定。不得擅自改变项目建设内容。

第十一条 科技推广资金要实行转账核算、专项管理，确保资金专款专用。不得用于项目单位的基本支出、"三公经费"支出及楼堂馆所建设支出。

第十二条 市园林绿化局对已完成的林业科技推广示范项目应及时组织竣工验收。

第十三条 各级财政部门和园林绿化主管部门要加强科技推广资金和项目的监督检查。

第十四条 对违反资金使用规定，截留、挪用或造成资金损失的单位和个人，依照《财政违法行为处罚处分条例》（国务院令第427号）有关规定处理。对于违规使用资金的单位，下一年度将减少或不安排科技推广资金。

第十五条 科技推广资金项目实行年度绩效考评制度。按照《北京市中央财政林业科技推广示范资金绩效评价办法》执行。

第十六条 本实施细则由市财政局会同市园林绿化局负责解释。

第十七条 本办法自公布之日起30日后施行。

北京市财政局　北京市水务局关于印发《北京市第一次水务普查经费使用管理办法》的通知

2011年5月16日　京财农〔2011〕893号

各区县财政局、水务局：

为贯彻落实《财政部　水利部关于印发第一次全国水利普查经费使用管理办法的通知》（财农〔2011〕9号），加强我市第一次水务普查工作经费的管理，规范并提高普查经费使用效益，我们制定了《北京市第一次水务普查经费使用管理办法》，现印发给你们，请遵照执行。

附件：北京市第一次水务普查经费使用管理办法

附件：

北京市第一次水务普查经费使用管理办法

第一章 总 则

第一条 为加强对我市第一次水务普查工作经费（以下简称“普查经费”）的管理，保证普查工作顺利实施，提高普查经费使用效益，根据《中华人民共和国预算法》和财政部、水利部《关于印发第一次全国水利普查经费使用管理办法的通知》（财农〔2011〕9号）等相关规定，结合我市水务普查工作实际，制定本办法。

第二条 本办法所称的普查经费，是指市级财政安排的专项用于北京市第一次水务普查工作的经费。

第三条 普查经费使用管理的基本原则

（一）科学合理原则。按照《财政部、水利部、关于印发第一次全国水利普查经费使用管理办法的通知》和《北京市第一次水务普查实施方案》，对项目进行可行性论证和审核，科学合理安排预算。

（二）专款专用原则。普查经费必须按规定用于我市第一次水务普查工作，任何单位和个人不得截留、挤占或挪用。

（三）分级承担原则。我市水务普查所需经费由市和区县各级人民政府共同承担，按照“工作不重复、经费不重叠、标准统一”原则，分别列入相应年度财政预算，按时拨付，确保到位。

（四）厉行节约原则。勤俭节约开展水务普查。

第二章 管理职责

第四条 市财政局主要职责：按照水务普查工作任务核定年度预算；核批经费用款计划，并按规定方式拨付资金；对普查经费使用情况进行监督检查；对普查经费政府采购事项进行监督管理。

第五条 市水务局主要职责：组织编制市级普查经费年度预算；审核编报市级年度普查经费用款计划；对市级普查经费使用情况进行监督检查，组织实施普查经费绩效评价工作；组织实施市级普查经费政府采购事项。

第六条 资金使用单位主要职责：编报本单位普查经费年度预算、用款计划和决算，按专项资金进行单独核算。承担本单位普查经费的财务管理和会计核算，严格按照经费开支范围使用资金；按照所承担的任务或合同约定组织项目实施，与市水务局签订资金使用责任书，合理安排预算支出；严格执行政府采购相关规定；接受有关部门的监督检查和审计；定期上报资金使用情况和资金使用进度。

第三章　预 算 管 理

第七条　市水务局根据《第一次全国水利普查实施方案》和《北京市第一次水务普查实施方案》，编制市级普查经费年度预算，报市财政局审批。

第八条　普查经费安排的支出，属于政府采购范围的，应按照政府采购及有关规定编制政府采购预算。

第四章　经 费 管 理

第九条　普查经费的使用范围。

（一）水务普查组织实施经费，包括用于前期工作、清查登记、填表上报、数据审核、数据汇总、成果分析以及市水普办运行费等经费。

（二）水务普查基础数据处理及软硬件环境建设经费，包括基础资料购置与数据处理、普查软件设计及开发、信息系统建设与维护、普查数据库建设、普查底图制作等。

（三）水务普查专用设备购置经费，包括购置 GPS、便携型植被覆盖度摄影仪、叶绿素测定仪、专用扫描仪及附属设备、流量计量设备等。

（四）水务普查培训宣传经费，包括用于水务普查市级培训、专项宣传、宣传品印制等。

（五）与水务普查相关的其他支出。

第十条　普查经费用于与项目实施和管理有关的办公费、审计费、会议费、资料费、交通费、差旅费、邮电费、测试化验费、维修（护）费、租赁费、设备购置费、专用材料费、专用燃料费、咨询费、委托业务费、临时聘用（含借调）人员劳务费、普查员和普查指导员保险费、普查员和普查指导员补助等其他水务普查相关费用。

第十一条　普查经费不得用于缴纳罚款、违约金、滞纳金、归还贷款本息、捐赠、赞助、对外投资、楼堂馆所建设、交通工具购置以及工资性支出。

第十二条　普查经费支付按照财政国库管理制度的有关规定执行。

第十三条　资金使用单位应当按照市级有关财务制度规定、经费开支范围及标准，做好经费财务管理和会计核算工作。

第十四条　普查经费结转结余资金按市财政有关规定执行。

第十五条　使用普查经费形成的各类资产均属国有资产，按照国有资产管理的有关规定进行管理。

第五章　监 督 检 查

第十六条　资金使用单位要加强普查经费的使用管理，确保资金安全，使用合法、合规。自觉接受财政、审计以及主管部门的监督检查，及时提供相关财务资料。

第十七条　对在普查经费使用管理中出现的违反财政资金拨付、使用和预算管理的行为，依照《财政违法行为处罚处分条例》等相关法律法规规定给予处理、处分。

第六章　附　　则

第十八条　各区（县）可参照本办法，制定本区（县）水务普查经费使用管理办法。

第十九条 本办法由市财政局会同市水务局负责解释。

第二十条 本办法自发布之日起30日之后实施。

北京市园林绿化局 北京市财政局关于印发《北京市山区生态公益林生态效益促进发展机制森林健康经营项目管理暂行办法》的通知

2011年5月16日 京财农〔2011〕947号

各区县园林绿化局、财政局：

为全面落实《北京市人民政府关于建立山区生态公益林生态效益促进发展机制的通知》（京政发〔2010〕20号），实施好山区生态公益林生态效益促进发展机制森林健康经营项目，提高生态公益林质量效益，巩固绿化成果，促进生态公益林健康发展，市园林绿化局、市财政局共同制定了《北京市山区生态公益林生态效益促进发展机制森林健康经营项目管理暂行办法》，现印发给你们，请遵照执行。在执行过程中如有意见和建议，请及时反馈我们，以便进一步修改完善。

附件：北京市山区生态公益林生态效益促进发展机制森林健康经营项目管理暂行办法

附件：

北京市山区生态公益林生态效益促进发展机制森林健康经营项目管理暂行办法

第一章 总 则

第一条 为规范和加强山区生态公益林生态效益促进发展机制森林健康经营项目（以下简称“森林健康经营项目”）管理，明确项目建设内容、建设标准、技术措施和管理程序，提高森林资源质量水平和功能效益，实现森林健康经营，根据《北京市人民政府关于建立山区生态公益林生态效益促进发展机制的通知》、《山区生态公益林抚育技术规程》等相关政策规定和技术标准，制定本办法。

第二条 本办法所称的山区生态公益林是指经区划界定的山区集体所有的生态公益林，涉及平谷区、怀柔区、密云县、延庆县、昌平区、门头沟区、房山区和海淀区、丰台区、顺义区的山区部分。山区生态公益林面积每五年普查一次，核定生态林数量和质量。

第三条 市园林绿化局负责全市森林健康经营项目的综合管理工作，区县园林绿化局负责本区县森林健康经营项目的具体管理工作。

第四条 森林健康经营项目包括山区生态公益林林木抚育、森林资源保护、林业生态用水保障、作业道路修建等林业建设内容。

第五条 森林健康经营管理的指导方针是“养山增效、营绿增汇、科学经营、持续发展”，森林健康经营管理的目标是优化林分结构、提高森林质量、提升综合效益、保护生物多样性，构建稳定的森林生态系统，实现健康可持续经营。

第六条 森林健康经营管理项目资金全部由市级负担，纳入市级财政预算，依据山区生态公益林面积，按照 240 元/年·公顷（16 元/年·亩）的标准投入。

第二章 建设内容和标准

第七条 林木抚育项目以保护现有植被为前提，采取松土扩堰、修枝割灌、间株定株、补植补造、抚育间伐等技术措施，调整林分密度和结构，改善生长环境，促进林木生长，提高林分质量，增强生态防护功能和景观效果。

林木抚育按 5 - 8 年为一个抚育周期，具体年限根据林分组成、林木生长状况、森林培育目标等因素确定。

中幼林抚育由林业专业队施工，抚育标准执行《山区生态公益林抚育技术规程》（DB11/T290 - 2005），抚育后保存率达到 85% 以上，并形成多树种的混交林；针叶树修枝后保留冠高比为 2:3，阔叶树保留冠高比为 1:2；按照“去弱留强，去劣留优”的原则，对株数过多或密度过大的林分进行间株定株，使郁闭度保持在 0.6 - 0.7，林地内无枯死木、病腐木，林下通风透光。

林木抚育疏伐按照“留优去劣、留强去弱，分布均匀，疏密适度，健康发展”的原则，以作业小班为单位设置标准地。一次生态疏伐强度不超过蓄积的 15%，伐后郁闭度保留在 0.6 - 0.7，主要伐除被压木、濒死木、枯死木。禁止商业性采伐。

第八条 资源保护项目以生态公益林区森林防火和林木有害生物防治为主。

森林防火项目主要是森林火灾的预防和扑救能力建设。包括森林防火管理站的建设，森林防火标识警示牌的设立、预警监测设施的购置，森林防火区内的通信铁塔、变压器、弹药库、油库等高危区域周边林下易燃物的清理，防火机具购置等。

林木有害生物防治项目主要是林木有害生物的监测、检疫、防治等，包括购置监测测报设备、野外监测调查工具和监测诱芯、诱剂诱液等用品；购置检疫除害处理用品；购置防治器械、生物、仿生物制剂和无公害防治用品等。

第九条 生态用水保障项目主要是采取节水、集水、引水技术措施，保障山区生态林用水需求，促进林木健康生长。

要广泛应用松土除草、石草覆盖等保墒技术和节水抗旱新技术、新材料，减少水分蒸发，增加林地含水量。

在有条件的地区，要充分利用公益林区的地形地貌，修建沟渠、塘坝、坑塘等集雨设施，有效拦截存蓄自然降水浇灌树木。

引水上山要选择在重点公路河道两侧、主要风景旅游区周围，并具有一定水源条件的生态公益林区，采取埋设或架设引水管线、修建泵站、引水沟渠、蓄水池等水利设施设备，为林木生长提供必要的浇水条件。引水上山要与森林防火用水、风景旅游区建设、绿色产业发展、沟域经济紧密结合，积极吸纳社会资金投入，充分发挥引水上山的浇灌树木、森林防火、水体景观的综合功能和效益，促进森林资源健康经营和可持续发展。

第十条 作业道路建设项目主要是修建林间道路和作业步道。作业道路建设依据林间自然地形，选择坡度相对平缓、林木稀疏的路线，清理地面林木和灌草并进行平整，必要地段铺垫砂石料。

林间道路是开展森林经营和林业生产的运输通道，宽度原则上为 3 - 4 米，因地制宜，就地取材，一般地段路面进行简易硬化处理，道路内坡和外沿简单加固；重点地段可采取水泥铺装硬化，严禁形成山体裸露创面。

作业步道是开展森林经营、生产活动的人行步道，原则上宽度为 1 - 1.5 米，主要根据作业要求，确定合理路线后，对地面进行割灌平整，修建步行台阶。森林景观游憩区可结合作业步道建设森林游憩道。

第三章 项目管理

第十一条 市园林绿化局负责编制本市森林健康经营规划。区县园林绿化局按照全市规划负责编制本区县森林健康经营规划，并报市园林绿化局审批。区县项目年度任务要在本区县内统筹规划安排，要集中连片，规模推进。

第十二条 区县园林绿化局按照本区县森林健康经营规划，于每年 10 月底前编制完成翌年森林健康经营项目年度实施方案（实施方案要达到作业设计深度）并报市园林绿化局，市园林绿化局组织审核后予以批复。

第十三条 区县园林绿化局要加强森林健康经营项目施工管理和技术指导，建设单位要配备专业技术人员，严格按照批复的实施方案，组建专业施工队伍，组织落实建设任务，确保建设质量和成效。

第十四条 森林健康经营项目年度竣工后，区县园林绿化局要依据市园林绿化局批复的年度实施方案，对项目建设情况进行全面自查，于每年 11 月底前以正式公文形式向市园林绿化局报送自查报告。市园林绿化局于每年 12 月底前，委托具有相应资质的机构进行项目检查验收，并撰写项目检查验收报告。

第十五条 森林健康经营项目自查和检查验收以市园林绿化局批复的年度实施方案为主，参照中央和北京市的相关制度和标准，重点是核实实施面积，施工内容和施工质量，评价建设成效，检查资金使用和档案管理情况。森林健康经营项目的具体检查验收办法另行制定。

第十六条 森林健康经营项目自查和检查验收报告要文字、图表齐全，数字准确、评价客观，要说明项目完成情况、采取的主要措施、取得的经验和存在问题及建议。

第十七条 森林健康经营项目年度检查验收结果合格的区县，可继续申请次年项目；检查不合格的区县，要限期进行整改，并暂缓次年同类项目的申报，待项目复查验收合格后，方可申报新项目。

第十八条 区（县）园林绿化局要加强项目管理，明确具体管理部门和责任人，建立山区生态公益林森林健康经营项目绩效考核制度，自觉接受市有关部门的监督检查。对项目实施单位未按规定履行生态公益林建设、保护和管理责任，造成生态公益林数量减少或质量下降、生态服务价值降低的，视情节轻重相应扣减下一年度森林健康经营资金。

第十九条 市园林绿化局委托具有相应资质的机构开展森林健康经营效益监测和评价工作，建立山区生态公益林生态效益监测评价体系，定期出具监测报告；区（县）园林绿化局要按照市园林绿化局要求，选择代表性强的不同类型林分，作为长期监测样地，定期监测，为考核项目建设成效、编制规划和审批项目提供依据。

第四章　资金管理

第二十条　森林健康经营项目资金使用管理严格执行《北京市山区生态公益林效益促进发展资金管理暂行办法》（京财农〔2011〕256号）。

第二十一条　市财政局依据市园林绿化局审核批准的年度项目实施方案和山区生态公益林面积，在每年市人代会结束后30日内将森林健康经营项目资金批复区县财政局。区县财政局依据市园林绿化局批复的年度项目实施方案和项目建设进度审核拨付资金。项目资金实行专项管理，分账核算，专款专用。

第二十二条　森林健康经营项目主要用于林木抚育、林业生态用水和作业道修建等营林项目，用于森林防火项目的投入按森林健康项目资金总额的20%安排，用于林木有害生物防治项目的投入按森林健康经营项目资金总额的10%安排。

第二十三条　为加强对森林健康经营项目的管理，区县园林绿化局可在森林健康经营项目年度资金中列支综合管理费用，列支比例不超过森林健康经营项目资金总额的2%。具体用于规划和实施方案的编制、生态效益监测、宣传培训、档案管理、检查验收等各项管理工作。

第二十四条　项目各建设类型投资标准参照《北京市造林营林建设标准》、相关投资标准和市场价格确定。

第五章　附　　则

第二十五条　区县园林绿化局、财政局要依据本办法制定相应的实施细则，并报市园林绿化局、市财政局备案。

第二十六条　本办法由北京市园林绿化局负责解释。

第二十七条　本办法自发文之日起执行。

北京市财政局转发财政部《关于印发〈农业综合开发财政资金县级报账实施办法〉的通知》

2011年7月12日　京财农〔2011〕1454号

市农业局、市园林绿化局，郊区县财政局：

为适应农业综合开发资金和项目管理工作需要，进一步完善财政资金县级报账管理制度，财政部国家农业综合开发办公室对2001年印发的《农业综合开发资金报账实施办法》（财发〔2001〕11号）进行了修订，现将修订后的《农业综合开发财政资金县级报账制实施办法》（财发〔2011〕22号）转发给你们，请严格遵照执行。农业综合开发地方项目资金县级报账按照本办法执行。

附件：财政部关于印发《农业综合开发财政资金县级报账实施办法》的通知

附件：

财政部关于印发《农业综合开发财政资金县级报账实施办法》的通知

2011 年 6 月 16 日 财发〔2011〕22 号

国土资源部、水利部、农业部、林业局、供销总社，各省、自治区、直辖市、计划单列市财政厅（局）、农业综合开发办公室（局），新疆生产建设兵团财务局、农业综合开发办公室：

为适应农业综合开发资金和项目管理工作需要，进一步完善财政资金县级报账管理制度，财政部对 2001 年 6 月 12 日印发的《农业综合开发资金报账实施办法》（财发〔2001〕11 号）进行了修订，现将修订后的《农业综合开发财政资金县级报账实施办法》印发给你们，请遵照执行。执行中有何问题，请及时向财政部（国家农业综合开发办公室）反馈。

附：农业综合开发财政资金县级报账实施办法

附：

农业综合开发财政资金县级报账实施办法

第一章 总 则

第一条 为进一步加强农业综合开发资金管理，提高资金使用效益，确保项目工程质量，根据《国家农业综合开发资金和项目管理办法》（财政部令第 60 号）、《农业综合开发财务管理办法》（财发［2006］39 号）等有关规定，制定本实施办法。

第二条 实行县级报账的资金为各级财政用于经国家农业综合开发办公室批准或备案的农业综合开发项目资金。

第二章 报账资金管理

第三条 县级财政部门负责报账资金的日常核算和管理，其主要职责是：编制农业综合开发项目资金总预算和总决算，建立农业综合开发报账资金专账，根据批复的项目计划和工程建设进度，对各级财政资金的支付进行核算。

第四条 县级农业综合开发机构（含部门项目主管单位，以下简称“农发机构”）应做好报账基础工作，其主要职责是：参与报账凭证的审核，建立土地治理项目工程资金辅助账、审核工程预决算及核算单项工程成本。

第五条 产业化经营项目建设单位（指负责实施产业化经营项目的农民专业合作社或龙头企业等）应建立农业综合开发财政补助项目资金辅助备查账。

第六条　农业综合开发资金应纳入国库单一账户统一管理，资金支付按照财政国库管理制度有关规定执行，并严格控制现金支出。属于政府采购范围的，应当按照政府采购制度规定执行。

第三章　报 账 程 序

第七条　土地治理项目资金采取直接报账的方式，即报账资金直接支付给项目施工单位、物资设备供应商等开具原始票据的单位。

第八条　土地治理项目开工时，施工单位根据中标通知书、承包合同等提出用款申请，经县级农发机构和财政部门审核同意后，预付部分工程启动资金（原则上不得超过该项目财政资金总额的 30%）。

项目建设过程中，施工单位凭原始凭证及阶段性工程结算单分批报账，经工程监理单位核实、县级农发机构和财政部门审核同意后支付资金。

项目完工后，应及时办理竣工决算并进行决算审计，经工程监理单位核实、县级农发机构和财政部门验收合格后，及时支付其余的工程款项（工程质量保证金除外）。

第九条　实行政府采购的物资设备，由供货单位依据政府采购合同、物资设备签收单等提出申请，经县级农发机构和财政部门审核同意后支付资金。

第十条　土地治理项目工程管护资金严格按规定比例计提，随项目下达到县的科技推广费在规定比例内安排使用，由工程管护主体和科技推广单位提出申请，经县级农发机构和财政部门审核同意后，凭合法有效的原始凭证进行报账。

第十一条　产业化经营项目中的财政补助资金，原则上应采取直接报账的方式。项目建设单位先行垫付资金实施的项目，可将报账资金支付至项目建设单位。

项目建设单位应在自筹资金落实到位、项目总投资完成过半的情况下提出报账申请，经县级农发机构和财政部门核实后予以报账。实行先建后补的地区，可以待项目全部完工，经县级农发机构和财政部门验收合格后再予以报账。

第十二条　贷款贴息资金，由项目建设单位凭有关合法有效凭证据实报账，经县级农发机构和财政部门审核同意，及时将资金支付至项目建设单位。

第十三条　项目建设或施工单位按规定程序提交报账申请后，如无正当理由，县级农发机构和财政部门应在 30 日内审核完毕，并按照国库管理制度的有关规定及时支付资金。

第四章　报账凭证管理

第十四条　土地治理项目报账，除提供报账申请单、税务发票等凭证外，还应当根据项目不同阶段提供有关资料。

在预付工程启动资金时，应当提供中标通知书、承包合同、开工报告；在项目建设过程中支付工程或设备款时，应当提供阶段性工程结算单、工程监理报告、物资设备购销合同及签收单；在项目完工支付工程款时，应当提供工程竣工决算及审计报告、工程监理报告、竣工验收合格报告；在支付工程管护资金时，应当提供工程管护合同；在支付科技推广费时，应当提供科技推广方案。

第十五条　产业化经营财政补助项目报账应当提供：报账申请单、项目建设进度验收单、支出明细表和税务发票等原始凭证原件。县级农发机构和财政部门审核无误后，应在项目建设单位提供的原件上加盖“农业综合开发财政已补助”印章，并将原件退回项目建设单位，县级财政部门留复印件入账（采取直接报账方式的，县级财政部门可保留原件入账）。报账凭证的日期可追溯至省级农发机构向国家农业综合开发办公室申请立项备案的截止日（项目可行性研究、初步设计、环境评估等前期费用除外）。

第十六条 贷款贴息项目报账应当提供：银行借款合同、贷款到位凭证、利息结算单、利息支付凭证原件等。县级农发机构和财政部门审核无误后，应在项目建设单位提供的利息支付凭证上加盖“农业综合开发财政已贴息”印章，并将原件退回项目建设单位，县级财政部门留复印件入账。

第十七条 县级财政部门必须严格审查报账凭证的真实性、合法性、有效性和完整性。对下列不符合要求的支出，不予报账。

（一）未列入农业综合开发年度项目计划的支出；

（二）经县级农发机构或工程监理单位核实未按照承包合同和经批准的设计方案施工的项目支出；

（三）经工程监理部门核实工程建设质量存在问题，未按照工程监理要求改进到位的项目支出；

（四）虚报冒领、与事实不符的支出；

（五）违反农业综合开发资金管理制度及其他财经制度的支出。

第五章 监督检查

第十八条 县级财政部门、农发机构和项目建设单位要建立健全监督制约机制，共同做好报账工作，并积极配合审计部门进行资金检查。

第十九条 县级以上财政部门和农发机构，要加强对县级报账工作的指导、检查，及时发现和解决问题。

第二十条 对县级报账工作中出现的违纪违规问题，除责令改正外，要依照有关规定，区别不同情况予以处理。

第六章 附则

第二十一条 省、市级直属的部门项目资金，可在同级财政部门或农口主管部门报账，并比照本办法执行。

第二十二条 省、市级农发机构集中安排和管理的项目资金，可比照本办法在省、市级财政部门报账。

第二十三条 地方财政单独扶持的农业综合开发项目财政资金的报账，可参照本办法执行。

第二十四条 各省、自治区、直辖市、计划单列市财政厅（局）可根据本实施办法规定，结合当地实际情况制定实施细则，并报财政部备案。

第二十五条 本办法自2011年7月1日起开始执行，财政部2001年6月12日印发的《农业综合开发资金报账实施办法》（财发〔2001〕11号）同时废止。

北京市财政局转发财政部《关于印发〈农业综合开发县级农发机构项目管理费使用的补充规定〉的通知》

2011年7月25日　京财农〔2011〕1522号

各区（县）财政局：

为适应农业综合开发资金和项目管理工作需要，进一步规范农业综合开发县级农发机构项目管理费的管理和使用，现将财政部《关于印发〈农业综合开发县级农发机构项目管理费使用的补充规定〉的通知》（财发〔2011〕23号）转发给你们，请遵照执行。

附件：财政部关于印发《农业综合开发县级农发机构项目管理费使用的补充规定》的通知

附件：

财政部关于印发《农业综合开发县级农发机构项目管理费使用的补充规定》的通知

2011年6月16日　财发〔2011〕23号

国土资源部、水利部、农业部、林业局、供销总社，各省、自治区、直辖市、计划单列市财政厅（局）、农业综合开发办公室（局），新疆生产建设兵团财务局、农业综合开发办公室：

为适应农业综合开发资金和项目管理工作需要，进一步规范农业综合开发县级农发机构项目管理费的管理和使用，现将《农业综合开发县级农发机构项目管理费使用的补充规定》印发给你们。本规定自2011年7月1日起执行，执行中有何问题，请及时向财政部（国家农业综合开发办公室）反馈。

附：农业综合开发县级农发机构项目管理费使用的补充规定

附：

农业综合开发县级农发机构项目管理费使用的补充规定

为了进一步规范县级农业综合开发机构（以下简称“县级农发机构”）项目管理费的使用管理，根据《国家农业综合开发资金和项目管理办法》（财政部令第60号）、《农业综合开发财务管理办法》（财发［2006］39号）以及农业综合开发项目管理工作实际，现就县级农发机构项目管理费的使用问题补充规定如下：

一、项目管理费的具体支出内容

县级农发机构（机构分设的地区含县级财政部门，实施部门项目的地区含部门项目主管部门，下同）项目管理费从地方财政配套资金中列支，主要用于项目实地考察、检查验收、业务培训、项目及工程招标、资金和项目公示以及土地治理项目可行性研究、土地治理项目一般工程初步设计等方面的支出，不得用于人员工资、补贴、购置车辆等行政经费开支。具体支出内容包括：

（一）交通费。用于农业综合开发项目实地考察、检查验收等日常管理工作中所用交通工具的租用费、燃料费、维修费、过桥过路费等支出。

（二）差旅费。用于农业综合开发项目实地考察、检查验收等日常管理工作中发生的住宿费、伙食补助费等支出。

（三）会议费。用于农业综合开发项目检查验收或工程招标时发生的会议费支出，包括房租费、伙食补助费、资料印刷费等。

（四）培训费。用于县级农发机构开展农业综合开发资金和项目管理培训时发生的讲课费、教材资料费、场地租用费、交通费、伙食补助费等支出。

（五）项目及工程招标费。用于农业综合开发项目及工程招标时发生的招标公告费、招标代理费、评标费、资料费、公证费等支出。

（六）资金和项目公示费。用于农业综合开发资金和项目公示用标志牌（栏）的制作安装费、新闻媒体公示费等支出。

（七）土地治理项目可行性研究和一般工程初步设计费。用于土地治理项目可行性研究报告（含项目建议书）和一般工程初步设计的编制费或委托编制费支出。

二、规范项目管理费使用的有关要求

（一）严格控制支出规模和范围。县级农发机构要严格按照规定比例计提项目管理费。计提的项目管理费可在农业综合开发事业费账户与事业费分账核算。要严格按照规定的支出范围和标准使用项目管理费，不得超范围列支。

（二）严格报账凭证管理。项目管理费报账时，除提供原始凭证等报账资料外，还需提供项目实地考察、检查验收、召开会议、开展培训等日常管理事项的相关文件资料及说明，确保报账凭证的完整性。

（三）严格报账审核。项目管理费报账时，要按照报账审核程序，严格审核报账凭证是否完备、费用支出是否符合规定范围、费用额度和标准是否合理。对于报账资料不全、报账事项不明确或支出明显不合理的费用，不予报账。

北京市财政局转发财政部《关于印发〈国家农业综合开发综合检查办法〉的通知》

2011年8月15日　京财农〔2011〕1819号

郊区（县）财政局，市农业局、市园林绿化局：

为规范国家农业综合开发综合检查工作，现将财政部《关于印发〈国家农业综合开发综合检查办法〉的通知》（财发〔2011〕31号）转发给你们，请遵照执行。

附件：财政部关于印发《国家农业综合开发综合检查办法》的通知

附件：

财政部关于印发《国家农业综合开发综合检查办法》的通知

2011年6月28日　财发〔2011〕31号

各省、自治区、直辖市、计划单列市财政厅（局）、农业综合开发办公室（局），新疆生产建设兵团财务局、农业综合开发办公室，国土资源部、水利部、农业部、林业局、供销总社农业综合开发机构：

为了规范国家农业综合开发综合检查工作，财政部制定了《国家农业综合开发综合检查办法》，现印发给你们，请遵照执行。执行中有何问题，请及时向财政部（国家农业综合开发办公室）反馈。

附：国家农业综合开发综合检查办法

附：

国家农业综合开发综合检查办法

第一条　为了规范国家农业综合开发综合检查（以下简称“综合检查”）行为，保障综合检查有效实施，根据国务院办公厅转发财政部《关于加强农业综合开发工作的若干意见》（国办发〔2009〕63号）、《财政检查工作办法》（财政部令第32号）和《国家农业综合开发资金和项目管理办法》（财政部令第60号）等有关规定，制定本办法。

第二条　综合检查是国家农业综合开发办公室（以下简称“国家农发办”）每年对省、自治区、直辖市、计划单列市（以下简称“省”）组织实施的由中央财政资金扶持的农业综合开发竣工项目进行检查和综合评价的活动。

第三条 综合检查的依据是：

（一）国家农业综合开发方针政策和规章制度。

（二）项目工程建设标准和相关行业规范。

（三）年度计划批复（备案）文件及调整、变更和终止批复（备案）文件、经批准的初步设计或实施方案（以下简称“初步设计”）等资料。

（四）项目评审立项的文件。

（五）资金拨付文件、预决算报告及相关会计资料。

第四条 对省级农业综合开发工作检查的主要内容包括：

（一）项目评审和立项情况，项目初步设计审批情况。

（二）项目年度实施计划批复、调整、变更和终止情况。

（三）省级财政配套资金落实情况，中央财政资金和省级财政配套资金拨付情况。

（四）资金和项目管理及其内控制度执行情况。

（五）组织开展农业综合开发竣工项目验收工作情况。

第五条 对未实行省直管县财政管理方式的市（地区、民族自治州）（以下简称“市”）级农业综合开发工作检查的主要内容包括：

（一）项目年度实施计划报批情况。

（二）市级财政配套资金落实情况，中央财政、省级和市级财政配套资金拨付情况。

第六条 对县级农业综合开发工作检查的主要内容包括：

（一）项目前期准备情况。项目库建立及管理情况；项目初选和申报情况；项目初步设计编审情况。

（二）项目年度实施计划编报、调整、变更和终止情况。

（三）县级财政配套资金落实情况。

（四）自筹资金落实情况。

（五）经批复的项目年度实施计划执行情况。组织实施土地治理项目各项治理措施和产业化经营项目各项建设内容情况；工程建设质量情况。

（六）财政资金支出情况。财政资金按计划使用情况及按工程进度报账情况；项目管理费、科技推广费、工程监理费和工程管护费提取及使用情况。

（七）资金管理情况。财政资金县级报账制度和“专人管理、分账核算、专款专用”实行情况；资金预决算和会计核算情况等。

（八）项目管理制度执行情况。项目招投标制、工程监理制、资金和项目公示制、工程管护制度执行情况；对上级财政部门竣工项目验收提出整改意见的落实情况，国家农业综合开发县（以下简称“开发县”）年度审计及对存在问题的整改情况。

第七条 对产业化经营项目建设单位（指负责实施产业化经营项目的农民专业合作社或龙头企业等）检查的主要内容包括：

（一）产业化经营项目申报单位资质情况，项目申报、实施及其运转情况。

（二）自筹资金到位情况。

（三）基础会计资料归集及管理情况。

第八条 国家农发办根据开发县财政资金投资额度、项目种类、历年检查情况等因素，一般按不超过各省开发县总数百分之十的比例确定检查开发县的数量，但不得少于两个。

第九条 省级财政部门应当按照国家农发办综合检查通知要求，做好准备工作；需推迟综合检查的，应当提出书面申请，报国家农发办同意。

第十条 国家农发办一般在三个工作日前向被检查省级财政部门下达检查通知书，主要内容包括检查起始时间、检查开发县名单、检查组长和检查人员名单及联系方式等。

第十一条 国家农发办采取委托或直接组织的方式进行综合检查。

委托检查方式是由国家农发办委托专门机构组成检查组，独立开展检查工作，国家农发办派联络员协助工作。

直接组织检查方式是由国家农发办组成检查组，成员由财政部门人员及有关专家组成，按要求开展检查工作。

第十二条 检查组可采取听取汇报、查阅资料、抽查项目工程、走访农户、召开座谈会等方式进行综合检查。

检查人员应当运用对照检查的方法，核对资金支出与项目工程建设情况、项目工程规划设计与实际竣工工程情况、项目工程数量与质量情况，以及核对审计机关和其他有关部门查出问题的整改落实等情况，并将主要检查内容与事项予以记录或摘录，编制工作底稿。

必要时，检查组可以对有关问题进行延伸检查。

第十三条 检查组应当采取一定形式，将检查中取得的有关证明材料提请当地财政部门或被检查单位进行确认，未取得确认的应当注明原因。

国家农发办直接组织的检查组应当就检查基本情况、发现的问题和改进意见等事项与被检查省级财政部门交换意见。

第十四条 国家农发办通过专题会议的形式，听取综合检查工作汇报，复核综合检查情况，考评检查组工作，对被检查省的农业综合开发资金和项目管理工作提出综合评议意见。

第十五条 财政部向各省级财政部门通报综合检查情况，对工作取得的成绩给予肯定；对检查发现的问题提出整改要求，并按照有关规定作出处理决定或提出处理意见。

第十六条 国家农发办将综合检查结果作为对有关省级财政部门农业综合开发管理工作进行绩效考评的一个重要因素，并纳入综合因素法在分配中央财政资金时予以体现。

第十七条 检查组实行组长负责制。检查组长应当按照规范的程序组织开展检查工作，对检查人员的工作质量进行监督，对有关事项进行必要的审查和复核，并对检查结果的真实性负责；检查中遇到重大问题，应当及时报告。

第十八条 检查人员应当忠于职守、依法监督、廉洁自律、保守秘密，公正客观、规范高效地完成综合检查任务。

检查人员与被检查单位或检查事项有直接利害关系的，应当回避。

第十九条 被检查单位应当按检查内容，全面、及时提供有关文件、账表、凭证等档案资料和数据，并对所提供材料、数据的完整性和真实性负责。

第二十条 有下列行为之一的被检查单位和个人，财政部除在法定职权范围内按有关规定作出处理以外，还要向有关机关、机构提出追究责任人员责任的建议：

（一）拒绝、拖延提供情况和资料或者提供虚假情况和资料的。

（二）妨碍综合检查人员行使职权的。

（三）拒不执行整改要求的。

（四）报复检查人员的。

第二十一条 有下列行为之一的检查人员，财政部除在法定职权范围内按有关规定作出处理以外，还要向有关机关、机构提出追究责任人员责任的建议：

（一）弄虚作假，隐瞒事实真相的。

（二）滥用职权，以权谋私的。

（三）玩忽职守，给国家和单位造成重大损失的。

（四）泄漏财政部门秘密或者被检查单位秘密的。

第二十二条 对中央有关部门组织实施的农业综合开发项目的综合检查和国家农发办组织的专项检查，参照本办法执行。

第二十三条 新疆生产建设兵团、黑龙江省农垦总局、广东省农垦总局，以及农业综合开发机构未设置在财政部门的，开展综合检查比照本办法执行。

第二十四条 本办法自2011年8月1日起执行。

北京市财政局转发 财政部《关于充分发挥乡镇监督管理支农资金作用的意见》的通知

2011年9月30日 京财农〔2011〕2165号

相关区县财政局：

为充分发挥乡镇财政对财政支农资金的监管作用，提高支农资金使用效益，保障支农资金的落实到位，现将财政部《关于充分发挥乡镇监督管理支农资金作用的意见》（财农〔2011〕53号）转发给你们，请结合本区县实际情况，遵照执行。

附件：财政部《关于充分发挥乡镇监督管理支农资金作用的意见》

附件：

关于充分发挥乡镇监督管理支农资金作用的意见

2011年9月13日 财办农〔2011〕53号

各省、自治区、直辖市、计划单列市财政厅（局）：

为了充分发挥乡镇财政对财政支农资金的监管作用，提高支农资金使用效益，保障支农政策落实到位，根据财政部党组提出的加强管理基础工作和基层财政建设，推进财政科学化精细化管理的要求，现提出如下意见：

一、充分认识乡镇财政在支农资金监管中的重要作用

近年来，随着社会主义新农村建设的不断推进，国家强农惠农政策体系不断丰富和完善，各

级财政安排的支农资金大幅度增加，有力促进了农业增产、农民增收、农村稳定。与此同时，一些地方由于监督管理薄弱，导致违规违纪甚至违法问题时有发生，不仅影响了资金使用效益，也造成了不良的社会影响。加强支农资金监督管理，已经成为一项十分重要而紧迫的任务。

加强支农资金监督管理，是各级财政的共同责任。乡镇财政直接服务农业、面对农民、贴近农村，具有就地就近实施监管的优势和不可替代的作用。充分发挥乡镇财政在支农资金监督管理中的作用，有利于保障强农惠农政策的落实到位，有利于树立党和政府在群众中的良好形象。各级财政要充分认识乡镇财政的特殊地位和肩负的重要使命，赋予并完善乡镇财政支农资金监督管理职能，积极创造条件，着力健全机制，不断提高乡镇财政监督管理支农资金能力。

二、明确乡镇财政监管支农资金的主要任务

乡镇财政应将各级财政安排和分配用于乡镇及以下的各项支农资金全部纳入监管范围，重点对发放到人、到户的补贴资金和在乡镇范围内实施的支农项目资金进行监督。

（一）严格加强补贴到户资金的审核监管。一是对于当前直接通过乡镇财政进行发放的补贴资金，如农作物良种补贴、能繁母猪饲养补贴等，乡镇财政要积极会同乡镇有关单位、村级组织，通过实地核实、入户调查、验看资料等方式，加强补贴发放的事前数据审核，避免虚报、冒领等。要建立完善农民补贴数据库，将符合条件的各项直接补贴资金，尽量通过“一卡通”统一发放。要加强事后监督，不定期开展抽查。二是对于由上级财政或主管部门发放的补贴资金，如农机购置补贴、动物防疫补助资金、退耕还林补助资金、财政扶贫资金中的补助资金等，乡镇财政应加强与上级财政和本级有关站所、单位的沟通衔接，要积极参与各项补贴数据的统计、审核，主动对补贴农户进行回访，及时了解补贴资金到位情况，掌握补贴政策的落实情况、取得的成效和存在的问题。

（二）积极开展支农项目资金的有效监管。对于在乡镇区域内实施的农业、林业、水利、扶贫等支农项目，乡镇财政要对项目申报、工程实施、监理、竣工验收以及资金报账等各个环节实施全过程的监管。同时，要切实抓住项目资金监管的关键环节。一是在项目申报阶段，主动参与项目的前期考查、规划编制和可行性论证，避免项目重复申报、多头申报以及虚报项目套取资金等情况的发生。二是在项目实施过程中，定期或不定期地开展项目抽查或巡查，对工程管理、建设进度、建设质量以及财务管理等有关情况进行实地察看。三是在项目竣工验收时，配合有关单位严格做好验收、结算、绩效评价等相关工作。四是在信息反馈上，要及时将支农项目监管、抽查或巡查发现的有关情况，以各种有效方式及时向县级财政部门报告。

（三）扎实做好支农资金监管基础工作。对于补贴资金，乡镇财政要会同各有关站所和单位，认真做好各项补贴资金相关基础数据信息的收集、整理、分类、报告和建档等台账工作，确保基础信息完整、真实、准确。对于项目资金，要建立完善乡镇范围内的支农项目库，在项目竣工验收后，要做好项目资料及财务会计资料的档案管理等基础工作。此外，要通过入户访问、发放问卷、开展统计、调查研究等多种方式，了解掌握基层的实际情况，真实反映农民群众的普遍心声，提出完善支农政策的意见和建议，并及时反馈上级有关部门。

（四）切实加强支农政策的宣传会开。乡镇财政要加大支农资金的信息公开力度，确保广大农民群众的知情权，接受群众监督。对于补贴资金，要严格按照村级公示的要求，督促村级组织及时将每项补贴的有关情况，包括补贴种类、补贴标准、补贴对象、补贴依据、补贴金额等进行公开公示。对于项目资金，要督促项目单位将项目名称、批复、建设内容、资金来源、建设地点、受益范围、管护责任等重要信息进行公开公示。此外，乡镇财政要通过发放宣传册、制作宣传板报等各种便于群众接触、了解的形式，宣传国家对农民的补贴补助政策，全面、准确地公开政策内容。

三、统筹推进乡镇财政支农资金监管工作

进一步明确乡镇财政监管支农资金的职责，制定并落实发挥乡镇财政监管作用的各项配套措施，为乡镇财政支农资金监管创造有利条件，不断提高乡镇财政支农资金监管的能力和水平。

（一）加快制度建设。各地县及县以上财政部门应结合实际，进一步明确乡镇财政监管支农资金的职责。要抓紧制定和完善相关制度办法，在各项资金管理办法中明确乡镇财政监管的环节和具体要求，为乡镇财政监管支农资金提供制度依据。

（二）加强指导督促。各地县及县以上财政部门要加强对乡镇财政支农资金监管的指导。要有目的地选择一些县级负责、乡镇实施的支农资金或项目，委托乡镇财政进行监管。要建立健全支农资金监管的日常考核制度和激励约束机制，督促乡镇财政有效开展支农资金监管。

（三）做好信息传递。县级财政应密切联系农业、林业、水利、扶贫等有关主管部门，及时把上级财政或有关主管部门下发的资金文件、制度办法等转发、抄送乡镇财政，要及时将县级有关部门掌握的补贴资金、项目资金等信息通报和传达给乡镇财政，以便其开展监管工作。

（四）注重能力建设。地方各级财政要加大乡镇财政建设支持力度，保障必要工作经费，逐步改善用房、交通、设备等基本办公条件。加强对乡镇财政工作人员的培训，不断提高综合素质和履职能力。加快乡镇财政信息化建设，探索建立县乡联通的支农资金监督管理平台，实现信息资源共享。

（五）及时总结提高。各级财政要及时总结乡镇财政监督管理支农资金的经验、做法，不断创新监督管理方式，完善监督管理手段，加快形成乡镇财政监管支农资金的长效机制。

北京市财政局　北京市农村工作委员会关于印发《北京市沟域经济发展资金管理暂行办法》的通知

2011年10月18日　京财农〔2011〕2228号

各有关区县财政局、农委：

为进一步贯彻落实《北京市人民政府关于促进沟域经济发展的意见》（京政发〔2010〕

36 号），加快“十二五”时期沟域经济建设发展进程，规范沟域经济发展资金管理，特制定《北京市沟域经济发展资金管理暂行办法》，现印发给你们，请遵照执行。

附件：北京市沟域经济发展资金管理暂行办法

附件：

北京市沟域经济发展资金管理暂行办法

第一章　总　　则

第一条　为加强北京市沟域经济发展资金管理，促进沟域经济快速发展，根据《中国人民共和国预算法》及北京市人民政府《关于促进沟域经济发展的意见》（京政发〔2010〕36 号）的规定，制定本办法。

第二条　沟域经济是指以自然沟域为单元，以其范围内的产业资源、自然景观、人文遗迹为基础，通过对山水林田路村和产业发展的统一规划、有序打造，实现产业发展与生态环境相和谐、一二三产业相融合、点线面相协调、带动区域发展的一种山区经济发展模式。

第三条　沟域经济建设遵循绿色循环、高端高效、特色鲜明、产业融合发展理念，以提升生态环境、富裕山区农民、服务首都市民为追求目标。

第四条　“十二五”期间，市财政局每年安排资金 1 亿元，用于扶持沟域环境综合整治和为产业发展创造条件的公益性配套服务设施工程建设，引导、促进沟域又好又快的发展。

第五条　沟域经济发展资金的安排使用，坚持公平公正、统一审定；突出重点、集中使用；分级管理、各负其责的原则，保证资金高效、安全运行。

第二章　扶持对象和条件

第六条　扶持对象：已列入《“十二五”时期北京市沟域经济发展规划》和全市年度计划重点建设的沟域。原则上每个区县每年扶持一条沟域。

第七条　享受扶持的重点建设沟域应具备以下条件：

1. 通过公开征集方式，完成高水平、可实施沟域经济发展规划的编制；

2. 具有建设工作方案和工程项目实施计划；

3. 列入区县和乡镇当年重点建设工程，确定了本级政府专项扶持资金和集成部门政策的安排；

4. 已全面启动工程建设。

第三章　扶持方式及标准

第八条　沟域经济发展资金，采取定额补助与考核奖励相结合的方式，用于扶持沟域经济发展。每条沟域原则上财政扶持不超过三年。

第九条　每年 6 月底之前，市财政局对确定市级重点建设的沟域，每条沟域拨付定额补助资金 500 万元；每年 11 月底之前，市财政局根据市级部门对每条沟域的联合考评结果，拨付考核奖励资金。每条沟域最高奖励额度不超过 1500 万元。

第十条 每年市财政根据全市沟域工作开展情况，按实际需要在沟域经济发展资金中安排一定资金用于全市沟域经济宣传、推介、展示、招商、考评等相关项目的支出。

第四章 项目申报及考评

第十一条 沟域经济建设项目的申报：每年年底前，由区县政府组织财政、农委部门联合向市财政局、市农村工作委员会申报下一年度重点建设沟域。

申报内容包括沟域经济建设基本情况、发展规划、建设方案、实施计划及资金投入情况等材料。

市农村工作委员会牵头组织市级相关部门审定区县沟域经济建设资料，将审定结果通知区县，并负责汇总编制下一年度全市重点沟域工程项目实施计划。

第十二条 沟域经济建设项目考评内容包括：

1. 组织领导（30分）：区县领导的重视程度、组织实施和政策集成情况。

2. 工程建设（70分）：具体包括：

环境综合整治工程（30分）：对村庄、公路沿线、景区景点、公共绿地和公共设施等周边区域绿化、美化、净化等综合治理工程，遗迹旅游标识、景区指示牌、沟域入口大门的建设。

生态建设工程（10分）：生态清洁小流域综合治理、森林资源建设和保护、废弃矿山及裸露山体生态修复、清洁能源的推广利用等工程。

基础设施配套工程（10分）：沟域内水、电、路、通讯，及旅游相关服务接待设施等工程。

特色产业建设工程（10分）：都市型现代农业园、高端高效特色农业、现代旅游服务业、龙头景区景点、文化创意产业、生态友好型都市工业等工程。

村庄节点建设工程（10分）：新村新民居建设、民俗旅游村打造、村庄环境美化等工程。

3. 综合水平（加分项，20分）：根据产业与生态环境和谐程度、产业特色的鲜明性、高端项目的建设情况、农民发挥主体作用等情况确定加分分数。

第十三条 每年10月份，由市农村工作委员会牵头组织市级相关部门、专家，通过区县汇报、现场考察等方式，按照《沟域经济发展年度考核奖励评分标准》（试行）对当年重点沟域建设的整体情况进行考核、评估，提出考评意见。并对每条沟域按得分高低排出名次，按排名次序给予奖励，得分低于80分的沟域不予奖励。

第五章 资金监督和管理

第十四条 市和区县财政、农委部门加强对沟域经济建设项目执行、资金落实、使用情况进行跟踪检查，加强对沟域经济发展资金日常管理和监督，确保资金运行安全。

第十五条 市财政局职责：负责资金的管理和政策的研究制定，会同市农村工作委员会建立健全资金管理制度；负责资金的安排、使用、撤销和调整等事项的审核、报批；组织发展资金支出预算的编制和执行；组织开展资金使用绩效管理工作。

第十六条 市农村工作委员会职责：配合市财政局建立健全资金管理制度；开展资金使用绩效评价，负责设立发展资金绩效目标、明确责任主体、制定管理流程，规范资金管理；编制发展资金支出预算；执行预算、监督发展资金的使用，确保实现绩效目标。

第十七条 沟域经济发展资金要专款专用，任何单位和个人不得套取、截留和挪用，对违反规定的行为，按《财政违法行为处罚处分条例》和相关规定进行处罚。

第六章 附 则

第十八条 遇有国家或本市相关政策发生变化时，从其规定。

第十九条 本办法由市财政局负责解释。

第二十条 本办法自发布之日起30日后施行。

附：沟域经济发展年度考核奖励评分标准（试行）

附：

沟域经济发展年度考核奖励评分标准（试行）

考评内容	考核指标		评分标准	分值	得分
组织领导（30分）	领导重视		区县主要领导亲自抓，安排专项资金2000万元以上（10分）；主管领导负责，安排专项资金1000万元－2000万元（5－9分）；区县部门负责，安排专项资金1000万元以下（0－5分）	10	
	政策集成		集成部门政策，实施5类工程建设以上（10分）；实施2－4类工程建设（5－9分）；实施工程建设2类以下（0－4分）	10	
	组织实施		各部门及乡镇责任清晰、分工明确，实际总投资2亿元以上（10分）；责任分工模糊，实际总投资1亿元以上（6－9分）；责任分工不明确，实际总投资1亿元以下（0－5分）	10	
工程落实（70分）	环境综合整治工程（30分）	建设内容	有以下工程建设内容即得分：绿化美化净化（5分）、拆违治乱（5分）、统一标识（3分）、入口改建（2分）	15	
		整体效果	沟域内主要道路、河道两侧和村庄的环境得到全面治理，整体环境明显提升（15分），沟域内环境基本得到整治，有一定效果（7－14分），工程有一定进展，效果不明显（0－6分）	15	
	生态建设提升工程（10分）	建设内容	工程实施项目3个以上（3－5分），实施项目3个以下（0－2分）	5	
		整体效果	实施工程全部完工，整体效果明显（3－5分），工程主体基本完工，工程已初见效果（0－2分）	5	
	基础设施完善工程（10分）	建设内容	工程实施项目3个以上（3－5分），实施项目3个以下（0－2分）	5	
		整体效果	实施工程全部完工，整体效果明显（3－5分），工程主体基本完工，工程已初见效果（0－2分）	5	
	特色产业培育工程（10分）	建设内容	工程实施项目3个以上（3－5分），实施项目3个以下（0－2分）	5	
		整体效果	沟域内主导产业明确，农民收入得到明显增加（3－5分），沟域内确定了主导产业（0－2分）	5	
	村庄节点布局工程（10分）	建设内容	工程实施项目3个以上（3－5分），实施项目3个以下（0－2分）	5	
		整体效果	实施工程全部完工，整体效果明显（3－5分），工程主体基本完工，工程已初见效果（0－2分）	5	

续表

考评内容	考核指标	评分标准	分值	得分
综合水平（+20 分）	环境和谐（10 分）	沟域建设注重整体形象的打造，形成了统一的风格，具有良好的整体风貌。建设中注意保护生态环境，结合生态与景观的要求，工程建设与周围自然环境相协调，相融合	10	
	产业特色（5 分）	沟域确定的主导产业具有良好的发展前景，且独具特色，有别于他	5	
	高端引入（2 分）	引进知名企业，工程起点高，投资规模大，资金及时到位，未来前景好	2	
	农民主体（3 分）	当地农民参与工程建设，安排当地农民就业，当地农民积极配合相关工程建设。探索形成了农民与企业合作成功的经验模式	3	
评分人：			合计	

北京市财政局　北京市城乡结合部建设领导小组办公室关于加强城乡结合部50个重点村市级财政奖励资金管理的通知

2011 年 11 月 8 日　京财农〔2011〕2341 号

相关区财政局、城乡结合部建设领导小组办公室：

为加强本市城乡结合部50个重点村市级财政奖励资金管理，根据《北京市城乡结合部重点村建设拆迁奖励办法》以及相关法规规定，现将有关资金管理要求通知如下。

一、市级财政奖励资金的使用原则

市级财政奖励资金是指市财政下达给各区重点村拆迁奖励资金和先进区综合奖励资金。按照“突出重点，专款专用，严格管理，确保实效”的原则，市级财政奖励资金由各区政府统筹使用，专项用于城乡结合部重点村建设。

二、市级财政奖励资金的使用方向

（一）用于编制50个重点村经济社会发展规划或实施方案，以及开展与之相关的规划方案征集、专项课题研究等。

（二）用于促进50个重点村所在乡（镇）劳动力就业补助。

（三）用于为50个重点村建设的拆迁动员、政策咨询、法律援助、治安维稳和基层总结表彰等宣传活动。

（四）用于50个重点村绿化美化工程。

（五）用于 50 个重点村农民回迁小区休闲健身场所、文化体育设施、文化活动室、阅览室等社区公共服务设施的建设，以及用于居委会、基层党组织的筹建工作。

（六）用于 50 个重点村“调、拆、建、转、管”等其他相关重点工作。

市级财政奖励资金严禁用于发放个人奖金、津贴、补助等福利性开支，严禁用于“三公”经费支出，严禁用于外出考察及楼堂馆所建设、装修等支出。

三、市级财政奖励资金的监督管理

各区财政部门应严格按照相关制度规定，加强对市级财政奖励资金的规范管理，推行公示公告制、报账制、政府采购、招投标和工程监理等有效监管制度，确保资金专款专用，安全有效。资金使用部门和单位应自觉接受相关部门的监督检查，对违反规定，截留、挪用或者造成资金损失的，按照《财政违法行为处罚处分条例》（国务院令第 427 号）和有关法律法规，追究有关单位和个人的责任。

特此通知。

北京市财政局　北京市农村工作委员会
北京市金融工作局　中国人民银行营业管理部
中国银行业监督管理委员会北京监管局
中国保险监督管理委员会北京监管局
北京市农村经济研究中心
关于金融支持农民专业合作社发展的意见

2011 年 10 月 21 日　京财农〔2011〕2353 号

各郊区县人民政府、有关金融机构：

农民专业合作社是转变农业发展方式、推进都市型现代农业建设的重要载体。加大金融支持、创新金融服务是解决农民专业合作社资金短缺问题的有效途径。根据十七届三中全会“扶持农民专业合作社加快发展，使之成为引领农民参与国内外市场竞争的现代农业经营组织”和中央 2010 年 1 号文件“大力发展农民专业合作社，深入推进示范社建设行动，对服务能力强、民主管理好的合作社给予补助”的要求，为进一步深入贯彻落实银监会和农业部《关于做好农民专业合作社金融服务工作的意见》（银监发〔2009〕13 号）文件精神，促进首都都市型现代农业发展，支持农民专业合作社做大做强，缓解农民“贷款难”的问题，现就金融支持农民专业合作社发展提出以下意见。

一、支持农民专业合作社外部融资

各级政府及其相关部门是营造农民专业合作社融资环境的责任主体，要进一步完善政策支持体系，积极为金融机构支持农民专业合作社发展创造条件。市级财政将对被评定为北京市农民专业合作社示范社及示范社建设单位贷款担保给予一定担保费率补贴（具体补贴标准见年度通知），同时给予一定比例的贷款贴息奖励（单笔贷款贴息奖励最高不超过100万元，具体奖励标准见年度通知）。鼓励区县安排一定比例资金，专门用于支持农民专业合作社外部融资；鼓励区县为具有一定规模的农民专业合作社提供担保费用补贴和贴息奖励；鼓励区县建立专项支持资金，促进农民专业合作社发展，拓宽农民专业合作社资金渠道，降低农民专业合作社融资成本，促进农民专业合作社发展壮大。

市农业担保公司及区县农业担保机构要充分发挥农业政策性担保机构作用，积极开展担保品种创新和担保模式创新，为更多的农民专业合作社提供融资担保，并适度降低担保费用。

各涉农银行金融机构要进一步强化社会责任，创新服务方式，积极研究农民专业合作社组织形式的特点，开发针对专业合作社的金融产品，建立绿色通道，精简审贷流程，创新贷款模式，不断满足农民专业合作社贷款需求。

农民专业合作社要高度重视自身信用，充分发挥合作社带领农民增收致富作用，积极开拓生产空间，融资后要严格遵守贷款约定，严格资金使用用途，并按照合同要求按时还本付息。

二、支持农民专业合作社进行内部信用合作

农民专业合作社开展内部信用合作是入社农户之间进行内部资金融通的重要渠道。对于规范开展内部信用合作，且取得明显成效的市级农民专业合作社示范社和示范社建设单位，每年将选取不超过5个优秀合作社，市级财政给予一次性资金奖励（总体奖励资金额度不超过50万元）。奖励资金全部用于扩大内部信用合作规模。区县政府可以对已经开展资金互助的农民专业合作社给予一定数额的资金支持。

规范农民专业合作社内部信用合作行为，防范金融风险。信用合作不得超出本社社员范围。农民专业合作社开展内部信用合作应向本区域内合作社管理服务部门备案。合作社管理服务部门应指导开展内部信用合作的农民专业合作社建立规范、可控的信用合作流程，并对本区域内的农民专业合作社内部信用合作进行监督检查。

三、提高农民专业合作社风险防范能力

鼓励农民专业合作社积极参加政策性农业保险，化解自然风险。政策农业保险承保机构应根据有关规定，切实为农民专业合作社投保、理赔等环节提供便利条件和更好服务。鼓励农民专业合作社投保商业性财产保险，进一步化解经营风险。各保险机构要创新服务方式，开发适合农民专业合作社的各类保险产品，适时开展农业小额贷款保证保险试点，创立银行贷款与保险相结合的新模式，满足农民专业合作社发展需求。

四、加强农民专业合作社财务管理队伍建设

财务管理是农民专业合作社经营管理体系的核心，也是当前制约农民专业合作社发展壮大的重要因素。各区县经管站、农合服务中心等农民专业合作社管理服务机构应进一步加大农民专业合作社财务人员的培训力度，尽快使农民专业合作社财务人员基本达到专业财务人员的水平。区县政府应把加强财务管理队伍建设作为支持农民专业合作社发展的重要内容之一，鼓励多种形式的农民专业合作社财务管理方式的创新，并安排相应的资金予以支持。

北京市财政局　北京市农村工作委员会关于印发《北京市政策性农业保险补贴资金管理办法》的通知

2011 年 11 月 11 日　京财农〔2011〕2375 号

各区县财政局、农委：

为进一步加强政策性农业保险资金管理，促进政策性农业保险工作健康、有序发展，提高财政资金使用效益，根据《北京市人民政府办公厅转发市农委关于建立北京市政策性农业保险制度（试行）方案的通知》（京政办发〔2007〕27 号）、《北京市农村工作委员会关于印发北京市“十二五”时期政策性农业保险发展规划的通知》（京政农发〔2011〕19 号）精神，我们制订了《北京市政策性农业保险补贴资金管理办法》，现印发给你们，请遵照执行。

附件：北京市政策性农业保险补贴资金管理办法

附件：

北京市政策性农业保险补贴资金管理办法

第一章　总　　则

第一条　为加强和规范北京市政策性农业保险补贴资金的管理，提高农业保险补贴资金的使用效益和效率，保障政策性农业保险工作顺利推进，根据《中华人民共和国预算法》、《北京市人民政府办公厅转发市农委关于建立北京市政策性农业保险制度（试行）方案的通知》（京政办发〔2007〕27 号）（以下简称“27 号文件”）、《北京市农村工作委员会关于印发北京市“十二五”时期政策性农业保险发展规划的通知》（京政农发〔2011〕19 号）和市政府有关文件精神，结合近年工作实际，制定本办法。

第二条　政策性农业保险补贴资金是指市级财政在年度预算中安排，专项用于政策性农业保险补贴的资金。

第三条　北京市政策性农业保险工作协调小组办公室设在市农委，负责政策性农业保险相关工作。

第二章　资金使用范围和标准

第四条　政策性农业保险资金补贴险种是指列入《北京市政策性农业保险统颁条款

（试行）》目录的险种，具体以每年市政策性农业保险工作协调小组办公室颁布的统颁条款为准。

第五条 政策性农业保险补贴资金使用范围和标准：

（一）农民保费补贴。用于参加政策性农业保险的农民保费补贴。市级给予参保农民50%的保费补贴。各区县结合本区（县）实际，自主确定本级财政累加农民保费补贴比例。

（二）经营管理费用补贴。指商业保险公司开展政策性农业保险业务时发生的有关费用，主要包括人员经费补贴、展业宣传支出、印刷费、展业人员差旅费、防灾防损费等。按照各商业保险公司年终绩效考核评价结果，给予商业保险公司不超过当年经营政策性农险业务保费收入总额10%的费用补贴。

商业保险公司经营管理费用补贴年终绩效考核办法由市政策性农业保险工作协调小组办公室另行制定。

（三）农业再保险费用。按照多方参与、风险共担、多层分散的农业保险巨灾风险防控体系制度设计，我市建立了政府主导、市场运作的政策性农业再保险机制。赔付率超过160%以上的部分农业巨灾风险，市级出资统一投保，通过购买再保险方式转移给再保险公司。超出再保险赔偿限额以上的农业巨灾风险，采取一事一议的方式予以解决。

（四）工作经费。指用于开展评审论证、稽核审计、中介委托、课题调研、宣传培训、先进表彰、专家顾问、专项检查等各项工作费用。市级按照不超过全市政策性农业保险下一年计划保费总额3%的比例安排工作经费。各区县也要结合本级财力及政策性农业保险业务规模，安排一定比例工作经费，确保农业保险工作正常运行。

第六条 鼓励各区县因地制宜开办区域特色险种。该险种条款费率须报经市政策性农业保险工作协调小组办公室审批同意。农民保费补贴市级按照区县补贴标准给予1:1配套，但市区两级补贴比例最高不超过80%。经营管理费用补贴、农业再保险费用及第三方审计由市级补贴经费统一安排。

第三章 资金管理和拨付

第七条 各区县、各商业保险公司依据市级确定的政策性农业保险险种、费率和补贴比例，按照本区县、本公司下一年度拟开展农业保险险种、规模等测算本区县、本公司保费计划（包括市、区县补贴和农民缴费），于每年10月31日前行文报市政策性农业保险工作协调小组办公室。市政策性农业保险工作协调小组办公室依据区县、公司上报计划，商市财政局综合平衡后提出下一年度市级政策性农业保险补贴资金计划安排，包括市级农民保费补贴、公司经营管理费用补贴、农业再保险费用和工作经费。

第八条 市政策性农业保险补贴资金分批拨付。由市政策性农业保险工作协调小组办公室根据保险补贴资金年度预算及各公司农业保险业务进展情况向市财政提出资金拨付申请，市财政根据年初预算安排分批将资金拨付市政策性农业保险工作协调小组办公室。

第九条 政策性农业保险补贴资金拨付程序：

（一）农民保费补贴。农民保费补贴按照各公司业务进度和计划分期拨付，经第三方审计完成后次年结算上年度农民保费补贴。

各商业保险公司按照本公司业务进度，向市政策性农业保险工作协调小组办公室提出书面农民补贴拨付申请。市政策性农业保险工作协调小组办公室根据各公司政策性农险业务进展情况和公司申请，经审核后，分期拨付有关商业保险公司。

次年，根据审核确认的保费收入结算各公司农民保费补贴。当年资金节余冲抵下一年度农民保费补贴，当年资金缺口从下一年财政预算中安排弥补。

（二）商业保险公司政策性农险业务经营管理费用补贴。经营管理费用补贴经市政策性农业保险工作协调小组办公室年终绩效考核完成后拨付。

市政策性农业保险工作协调小组办公室组织有关部门对各公司当年的政策性农业保险工作情况，进行年终绩效考核评价，结合年终绩效考核结果和审核确认的保费收入，拨付各公司经营管理费用补贴。经营管理费用补贴当年预算节余冲抵下一年补贴资金。

（三）农业再保险费用。依据本年度开展农业保险的规模和再保险协议，按规定比例向再保险公司预拨农业再保险费用。次年，根据审核确认的保费收入对上年农业再保险费用进行结算后，拨付再保险公司剩余农业再保险费用。

（四）工作经费。市政策性农业保险工作协调小组办公室根据年度工作计划和保险工作需要，安排、使用工作经费。

第四章　资金监督和检查

第十条　建立第三方审计制度。通过引入第三方审计机构，客观公允地审核确认各公司的政策性农业保险业务规模。第三方审计机构的选择确定遵照市财政局相关规定执行。

第十一条　各商业保险公司必须按照市政策性农业保险工作协调小组办公室相关规定，报送各类农业保险补贴资金管理报表和相关信息、简报等，不按规定要求报送或违反农业保险补贴资金管理规定的，缓拨补贴资金，逾期不补报、不纠正的，停止拨款。

第十二条　经营政策性农业保险的商业保险公司对政策性农业保险业务实行“单独立账、单独核算、盈余结转”，并按照本办法进行管理。

第十三条　财政部门要加强对政策性农业保险补贴资金的监督管理。商业保险公司经营的政策性农业保险业务要接受各级财政、审计部门的定期审计或专项审计。市政策性农业保险工作协调小组办公室每年将组织定期检查、不定期抽查，商业保险公司要积极配合，如实反映情况，提供相关资料。

第十四条　商业保险公司资金申报中如有弄虚作假、骗取补贴资金等行为，经查实，市、区县财政部门根据《财政违法行为处罚处分条例》和相关规定进行处罚。

第五章　附　　则

第十五条　各区县财政局、政策性农业保险主管部门可根据本办法制定本级政策性农业保险补贴资金管理实施细则。

第十六条　本办法由市财政局、市农委负责解释。

第十七条　本办法自发布30日后施行，原《关于印发北京市政策性农业保险补贴资金管理暂行办法的通知》（京政农发〔2007〕23 号）同时废止。

七、国库管理类

北京市财政局转发财政部《关于进一步加强和规范财政资金管理的通知》

2011 年 2 月 28 日　京财国库〔2011〕288 号

各区县财政局、北京经济技术开发区财政局：

现将财政部《关于进一步加强和规范财政资金管理的通知》（财办〔2011〕1 号）转发给你们，并结合我市实际提出以下要求，请一并贯彻执行。

一、要充分认识加强和规范财政资金管理的长期性和重要性，强化财政资金管理责任意识，切实加强组织领导，采取有效措施，建立健全财政资金规范管理长效机制。

二、要继续深化财政国库集中收付制度改革，力争到 2012 年底，将所有财政性资金全部纳入国库单一账户体系运行并纳入动态监控管理。

三、要扎实有序开展清理整顿财政专户工作，堵塞财政专户资金安全管理漏洞；强化预算单位银行账户管理，逐步将预算单位实有资金账户纳入国库单一账户体系。

四、要强化财政总预算会计基础工作，建立健全总预算会计内部监督和制衡机制，规范财政资金收付管理，合理调度财政资金，确保财政资金安全运转。

五、要指导督促本区县乡镇和街道加强和规范财政资金管理，对乡镇和街道财政资金管理情况进行检查，发现问题及时处理，确保财政资金安全运行。

特此通知。

附件：财政部关于进一步加强和规范财政资金管理的通知

附件：

财政部关于进一步加强和规范财政资金管理的通知

2011 年 1 月 11 日　财办〔2011〕1 号

各省、自治区、直辖市、计划单列市财政厅（局）：

近几年来，随着财政国库管理制度改革的不断深化，各级财政部门在加强财政资金管理方面做了大量工作，取得了一定成效。但仍有一些地方存在认识不到位、制度不完善、管理不规范等问题。为进一步加强和规范财政资金管理，现将有关要求通知如下：

一、提高认识，加强领导，切实抓好财政资金管理工作

加强财政资金管理是财政部门的核心基础性工作，是有效发挥财政职能作用、提高财政政策效率、维护财政资金安全的重要保障，也是从源头上预防和治理腐败的制度性、机制性措施。各级财政部门要进一步统一思想、提高认识、规范管理、堵塞漏洞，做到防微杜渐、常抓不懈。各级财政部门的主要负责人是财政资金管理的第一责任人，要切实把财政资金管理工作摆在突出位置，扎实推进财政管理制度改革，建立健全内部监督制约机制，确保财政资金管理程序规范、责任明确、权力透明、监督有力。

二、全面推进非税收入收缴管理改革

各级财政部门要按照非税收入收缴改革方案与规划，全面推进非税收入收缴管理改革，确保 2012 年底前将改革落实到所有执收单位和所有非税收入项目。要进一步优化非税收入收缴流程，在取消执收单位设立的过渡性账户的基础上，实现非税收入直接上缴财政，逐步推行非税收入电子缴款，提高信息化技术在收入收缴管理方面的应用水平。要建立统一的非税收入收缴管理体系，按照统一规范、运行高效、监督有力的原则，将所有非税收入纳入统一的收缴管理体系。要强化非税收入收缴监管，对银行账户、票据使用、单位执收等各方面实施全方位监管，确保非税收入及时足额上缴财政。

三、深化完善国库集中支付改革

各级财政部门要进一步加大国库集中支付改革力度，要确保 2012 年底前，所有市县、所有预算单位和所有财政性资金全部实施到位。要进一步完善国库集中支付运行机制，提高资金运行效率和效益。要积极推进公务卡改革，尽快覆盖到基层预算单位，推行公务卡强制结算目录制度，建立健全公务支出监管新机制。要加快建立国库动态监控系统与运作机制，力争在 2012 年全面建立起预警高效、反馈迅速、纠偏及时、控制有力的覆盖各级财政的预算执行动态监控体系。着力推进会计集中核算向国库集中支付转轨，上级财政部门要切实加强对下级财政部门转轨工作的指导检查，限定转轨时间，尽快完成任务。

四、严格规范财政专户和预算单位银行账户管理

各级财政部门要抓紧开展对财政专户自查自清工作，凡是没有国务院、财政部、省级人民政府和省级财政部门有效文件依据的财政专户，要全部予以撤销；凡是属于同类或相似资金性质的财政专户，要按规定合并到一个财政专户分账核算；凡是一年内没有发生资金往来业务的专户，要立即办理撤户手续，专户资金余额应按规定转入国库或在其他财政专户中分账核算。2011 年，财政部将组织开展清理整顿地方财政专户工作，对地方自查自清工作进行检查。分散在财政相关职能部门管理的财政专户，必须在 2011 年底前全部转归到财政国库部门统一管理；地方各级财政部门要制定财政专户归口管理的工作计划，明确工作任务，落实工作责任，确保按时完成归口管理工作。要强化预算单位银行账户管理，撤并违规开设和多头开设的银行账户，完善预算单位银行账户开立、变更、撤销的财政审批备案制度。建立健全年检制度，实现对预算单位银行账户的动态管理。要积极创造条件，逐步将预算单位实有资金账户纳入国库单一账户体系。要规范财政专户和预算单位银行账户开户银行的选择方式，应当实行招投标的要坚决采用招投标方式。

五、切实加强总预算会计管理

各级财政部门要切实加强总预算会计管理的组织保障工作，健全财政国库机构设置，推进机构业务整合，进一步理顺财政国库机构职能。根据财政国库管理制度改革和财政总预算会计业务需要，严格按制度规范设置总预算会计管理工作岗位，配备专业人员，建立健全有效的内部制衡机制。要严格财政专户与国库之间的资金调度管理，财政专户中的非税收入，应上缴国库的要按规定时限及时足额缴入国库，不得超期滞留；禁止违规将库款转移出国库周转使用，禁止违规将库款调入财政专户投资理财，禁止以支持地方商业银行发展为由违规将库款调入地方商业银行，禁止违规采取“以拨作支”方式将库款转入财政专户。要加强财政部门对外借款管理，严禁变相设置财政周转金。确因临时急需对外借款的，要严格履行审批程序，大额借款应报经同级人民政府批准。要建立借款回收保证机制和责任追究机制，确保借款资金安全。

六、建立健全财政资金规范管理的长效机制

各级财政部门要抓紧布置，集中开展一次对财政资金管理业务流程的检查梳理工作，查找问题，堵塞漏洞，建立健全覆盖财政资金运行各环节的制度体系，做到用制度管权、按制度办事、靠制度管人。同时，要加快财政资金管理信息化建设步伐，将财政资金运行各环节全部纳入信息系统管理，利用信息系统来约束和规范财政资金管理。建立定期检查机制，上级财政部门在做好本级财政资金管理工作的同时，对下级财政部门资金管理情况要定期检查与考核，发现的问题要及时处理，以确保财政资金安全高效运行。

北京市财政局关于印发《北京市试编2010年度权责发生制政府综合财务报告实施办法》的通知

2011年3月14日　京财国库〔2011〕373号

各区县财政局：

为推进政府会计改革，研究建立政府综合财务报告制度，市财政局依据财政部《2010年度权责发生制政府综合财务报告试编办法》，制定了《北京市试编2010年度权责发生制政府综合财务报告实施办法》，现印发给你们，请遵照执行，并就有关事宜通知如下：

一、高度重视权责发生制政府综合财务报告试编工作

试编政府综合财务报告是政府会计改革的重要内容，也是“十二五”时期深化财政改革、加强财政科学化精细化管理的重要工作任务。试编工作是在不改变现行预算会计核算体系以及决算制度情况下，通过引入权责发生制会计基础，对相关数据进行调整和转换，全面、完整地反映政府财务状况和运营情况。有关区县财政部门要高度重视试编工作，切实加强组织领导，成立以局主要领导为组长、相关科室主要负责人为成员的试编工作领导小组，明确职责分工，强化内部协作，确保试编工作顺利进行。

二、认真做好试编政府综合财务报告的基础工作

2011 年，市财政、西城区、石景山区、平谷区和密云县财政部门将开展试编工作。市财政在制定我市试编 2010 年度权责发生制政府综合财务报告实施办法的基础上，在本级开展试编工作；西城区、石景山区、平谷区和密云县财政部门要结合本区县实际情况，对试编政府综合财务报告涉及到的报告范围、编制办法、政府资产负债表、收入费用表中每个项目的列报办法以及相关报告附注的列示要求等，做进一步研究细化，统一试编思想，统一试编口径，并制定本区县的实施办法；其他区县可结合本区县实际情况自行确定是否开展试编工作。

三、有关工作要求

（一）做好保密工作。试编工作敏感性较强，有关区县财政部门不作对外宣传，试编结果仅限财政部门内部使用。

（二）加强沟通协调。有关区县财政部门要积极做好与相关部门的沟通协调工作，建立顺畅的沟通协调机制，合力做好试编工作。

（三）做好培训工作。有关区县财政部门要加强对参与试编工作人员的培训，做到学懂吃透试编实施办法，增强参与试编工作人员的业务能力，保证试编工作质量。

（四）按时报送材料。2011 年 7 月上旬，有关区县将 2010 年度权责发生制政府综合财务报告上报市财政局。

试编 2010 年度权责发生制政府综合财务报告是一项全新的工作，编制过程中必然会遇到很多问题，请各有关区县财政部门共同探索、总结经验，及时向市财政局反映情况，并对实施办法提出意见和建议，以便改进和完善相关办法，提高编制政府综合财务报告的全面性、准确性和实用性。

附件：北京市试编 2010 年度权责发生制政府综合财务报告实施办法

附件：

北京市试编 2010 年度权责发生制
政府综合财务报告实施办法

第一章　总　　则

第一条　为更加真实、完整地反映我市政府财务状况和运营情况，规范权责发生制政府综合财务报告的编制，依据财政部《2010 年度权责发生制政府综合财务报告试编办法》，制定本实施办法。

第二条　政府综合财务报告的目标是向报告使用者提供与政府财务状况和运营情况等有

关的信息，反映政府受托责任履行情况。

第三条 政府综合财务报告主要包括：

（一）政府财务报表。

（二）政府财务报表附注。

（三）政府财政经济状况。

（四）政府财政财务管理情况。

政府财务报表包括资产负债表（附1）和收入费用表（附2）。

政府财务报表附注主要说明政府财务报表包含的主体范围，表内项目的列报方法和明细内容以及没有在政府财务报表中列报但对我市政府财务状况有重大影响的事项。

政府财政经济状况主要以政府财务报表为依据，结合我市国民经济形势，分析政府财务状况、运营情况以及财政中长期可持续性等。

政府财政财务管理情况主要反映我市政府财政财务管理的政策要求、主要措施和取得的成效等。

第四条 政府综合财务报告以权责发生制为基础编制。

第五条 政府财务报表项目的计量，原则上采用历史成本，在无法取得历史成本的情况下，可采用重置成本、可变现净值等进行计量。

第六条 政府综合财务报告的合并范围包括本级政府财政，行政单位、事业单位以及社会团体。国有或国有控股或国有参股企业（以下简称“国有企业”）、土地储备资金等只将国有权益或净资产等有关项目列入政府综合财务报告。

第七条 编制政府财务报表，应以一般预算会计报表、基金预算会计报表、国有资本经营预算会计报表、财政专户会计报表（包括国债转贷财政专户会计报表、农业综合开发财政专户会计报表、预算外资金财政专户会计报表、国际金融组织贷款转贷会计报表、外国政府贷款转贷会计报表等），部门决算报表，基本建设项目年度决算报表（以下简称“基建决算报表”），国有企业财务报表，土地储备资金财务报表等为基础，结合相关财务资料，根据经济事项实质进行抵销、调整、合并。

（一）一般预算会计报表、基金预算会计报表、国有资本经营预算会计报表、财政专户会计报表、部门决算报表、基建决算报表，应进行分项合并：

1. 对于不涉及内部交易的原报表项目，将项目金额直接加总后列入政府财务报表相应项目；

2. 对于涉及内部交易的原报表项目，在尽可能对相关项目进行抵销处理后，将项目金额加总列入政府财务报表相应项目；

3. 对于按权责发生制应确认但未在原报表中反映的项目，以及已在原报表中反映但应按本办法要求予以调整的项目，在进行调整处理后，列入政府财务报表相应项目。

（二）国有企业的财务报表、土地储备资金财务报表，按权益法将国有权益或净资产列入政府财务报表相应项目。

（三）对于抵销事项、调整事项，应编制抵销分录、调整分录。

（四）政府财务报表列报币种为人民币，相关报表中的外币应按照年末汇率折算为人民币。

（五）政府财务报表中各项目的列报方法应在相关会计期间保持一致，不得随意变更。

第八条　编制政府综合财务报告工作由各级财政部门组织实施。各部门、各单位按财政部门要求做好相关工作。

（一）财政部门负责：

1. 编制一般预算会计报表、基金预算会计报表、国有资本经营预算会计报表和财政专户会计报表等。

2. 将上述报表与部门决算报表、基建决算报表等进行合并。

3. 撰写政府财政经济状况、政府财政财务管理情况，形成政府综合财务报告。

（二）行政单位、事业单位、社会团体负责：

1. 编报本部门（单位）的部门决算报表、基建决算报表。

2. 编报本部门（单位）存货明细报表（附 3）、固定资产明细报表（附 4）。

3. 地方土地储备中心还应编报土地储备资金财务报表。

（三）国有企业负责编报本企业财务报告。

（四）试编阶段，财政部门原则上使用现有报表编制政府综合财务报告。除另有规定外，行政单位、事业单位、社会团体暂不报送权责发生制单位财务报告。

第二章　资产负债表

第九条　资产负债表反映政府年末财务状况，按照资产、负债和净资产分类分项列示。

第一节　资　　产

第十条　资产是政府过去交易或事项形成并由其拥有或控制的资源，该资源预期会导致政府服务潜能增加或经济利益流入。

第十一条　符合本办法第十条规定的资产定义的资源，在同时满足以下条件时，确认为资产：

（一）与该资源有关的服务潜能很可能增加、经济利益很可能流入。

（二）该资源的成本或价值能够可靠计量。

第十二条　资产包括货币资金、借出款项、应收利息、应收股利、应收款项、应收税款、应收非税款、存货、对外投资、固定资产、在建工程、无形资产、其他资产等项目。

第十三条　货币资金。反映政府拥有的现金、银行存款及其他货币资金的年末金额。根据一般预算会计报表、基金预算会计报表、国有资本经营预算会计报表、财政专户会计报表、部门决算报表、基建决算报表中的国库存款、其他财政存款、在途款、财政专户存款、现金、银行存款、货币资金等项目的年末余额直接加总填列。

第十四条　借出款项。反映政府尚未收回的各类借出款项的年末余额。根据一般预算会计报表、基金预算会计报表、国有资本经营预算会计报表、财政专户会计报表中的有偿资金放款、委托贷款、应收统借自还款、应收本金等项目，应收垫付款项目中的应收本金，暂付款、应收款等项目中有计息要求的款项以及未在上述报表中反映的借出款项的年末余额分析加总填列。一般预算会计报表、基金预算会计报表、国有资本经营预算会计报表、财政专户会计报表、部门决算报表、基建决算报表之间的借入借出事项应进行抵销处理。

对于未在上述报表中反映的借出款项，应编制调整分录，借记“借出款项”，贷记“净资产——以前年度累积净资产”。

第十五条 应收利息。反映政府借出款项、证券投资、银行存款等产生的应收未收利息年末余额。根据国债转贷财政专户会计报表、国际金融组织贷款转贷会计报表中的应收款、应收利息、应收汇兑风险损益、应收承诺费等项目，应收垫付款项目中的应收利息和承诺费以及根据财政持有的有价证券，进行抵销后的借出款项等所计提的应收利息年末余额分析加总填列。

对于根据有价证券和借出款项等计提的应收未收利息，按照以下方法编制调整分录：

（一）以前年度累计应收未收利息，借记“应收利息”，贷记“净资产——以前年度累积净资产”；

（二）当年应收未收利息中，根据相关借出款项、银行存款等计提的，借记“应收利息”，贷记“其他收入”；根据有价证券计提的，借记“应收利息”，贷记“投资收益”。

第十六条 应收股利。反映政府股权投资产生的应收未收利润、现金股利和股息年末余额。根据国有企业应上交利润、股利和股息等年末余额分析加总填列。按照以下方法编制调整分录：

（一）以前年度累计应收未收股利，借记“应收股利”，贷记“净资产——以前年度累积净资产”。

（二）当年应收未收股利，借记“应收股利”，贷记“投资收益”。

第十七条 应收款项。反映政府各种应收及暂付款项的年末余额。根据一般预算会计报表、基金预算会计报表、国有资本经营预算会计报表、财政专户会计报表、部门决算报表、基建决算报表中的与下级往来、借出周转款、应收串换款、已生效未提取贷款、应收票据、应收账款、预付账款等项目，暂付款、应收款等项目中无计息要求的款项以及未在上述报表中反映的应收款项的年末余额分析加总填列。一般预算会计报表、基金预算会计报表、国有资本经营预算会计报表、财政专户会计报表、部门决算报表、基建决算报表之间的应收应付事项应进行抵销处理。

对于未在上述报表中反映的应收款项，按照以下方法编制调整分录：

（一）不属于当年收入的，借记“应收款项”，贷记“净资产——以前年度累积净资产”。

（二）属于当年收入的，借记“应收款项”，贷记“其他收入”。

第十八条 应收税款。反映政府应收未收的各种税收收入的年末余额。根据税务部门提供的应收未收税收收入年末余额分析加总填列。

对于应收未收税收收入，按照以下方法编制调整分录：

（一）应收未收以前年度税收收入，借记“应收税款”，贷记“净资产——以前年度累积净资产”。

（二）应收未收当年税收收入，借记“应收税款”，贷记“税收收入”。

第十九条 应收非税款。反映政府应收未收的各种非税收入的年末余额。根据非税收入执收单位提供的应收未收非税收入年末余额分析加总填列。

对于应收未收非税收入，按照以下方法编制调整分录：

（一）应收未收以前年度非税收入，借记“应收非税款”，贷记“净资产——以前年度累积净资产”。

（二）应收未收当年非税收入，借记“应收非税款”，贷记“非税收入”。

第二十条　存货。反映政府存货价值年末余额，包括各类库存物资和在途物资等。根据部门决算报表、基建决算报表中的库存材料、材料、产成品、存货、受托代理资产、器材等项目，以及政府单位拥有或控制但未在上述报表中反映的相关存货价值等年末余额分析加总填列。

其中，公共储备物资，反映政府存货中用于维护国家战略安全、经济安全和应对突发事件等有特定用途物资价值的年末余额，如石油、稀有金属、粮食、棉花、药品等。根据已在部门决算报表中反映和政府单位拥有或控制但未在部门决算报表中反映的公共储备物资价值分析加总填列。

对于政府单位拥有或控制但未在上述报表中反映的相关存货编制调整分录，借记“存货”（属于公共储备物资的，应借记“存货——公共储备物资”），贷记“净资产——以前年度累积净资产”。

第二十一条　对外投资。反映政府以有价证券和其他形式进行投资的年末余额，包括各种股权投资、债权投资等。根据一般预算会计报表、基金预算会计报表、国有资本经营预算会计报表、财政专户会计报表、部门决算报表、基建决算报表中的有价证券、缴付国际金融组织股本、对外投资、短期投资、长期投资等项目等年末余额以及相关国有企业财务报表中的国有资本及权益项目扣除应上交利润、股利和股息后的差额分析加总填列。

对于国有企业的国有股权，应编制调整分录，借记“对外投资”，贷记“净资产——以前年度累积净资产”。

第二十二条　固定资产。反映政府房屋、建筑物、设备等固定资产的净值，根据固定资产原值与累计折旧差额填列。

其中，公共基础设施，反映政府用于直接向社会提供相关公共服务的固定资产价值，包括公路、水利、市政设施等。根据公共基础设施原值与公共基础设施累计折旧差额填列。

（一）固定资产原值。反映固定资产原始账面价值，根据部门决算报表、基建决算报表中的固定资产、固定资产原值，土地储备资金财务报表中的净资产以及政府单位拥有或控制但未在上述报表反映的固定资产的原值等分析加总计算得到。固定资产原值计量，原则上应采用历史成本；相关资料不齐全的，也可采用重置成本。

其中，公共基础设施原值，根据已在部门决算报表、基建决算报表中反映以及政府单位拥有或控制但未在上述报表中反映的公共基础设施的原值等，分析加总计算得到。

对于政府单位拥有或控制但未在上述报表反映的固定资产（公共基础设施）原值，应编制调整分录：借记“固定资产原值”（属于公共基础设施的，应借记“固定资产原值——公共基础设施资产原值”），贷记“净资产——以前年度累积净资产”。

（二）固定资产累计折旧。反映固定资产在使用过程中累计消耗的价值，根据部门决算报表、基建决算报表中的累计折旧以及未在上述报表反映的固定资产累计折旧等，分析加总计算得到。固定资产累计折旧的计量，采用平均年限法。

其中，公共基础设施累计折旧，根据已在部门决算报表、基建决算报表中反映和未在上述报表反映的公共基础设施累计折旧等，分析加总计算得到。

对于未在上述报表反映的固定资产（公共基础设施）累计折旧，按照以下方法编制调整分录：

1. 以前年度累计折旧，借记“净资产——以前年度累积净资产”，贷记“固定资产累计折旧”（属于公共基础设施的，应贷记“固定资产累计折旧——公共基础设施累计折旧”）；

2. 当年折旧，借记“折旧费用”，贷记“固定资产累计折旧”（属于公共基础设施的，应贷记“固定资产累计折旧——公共基础设施累计折旧”）。

第二十三条 在建工程。反映政府尚未完工的固定资产建造、基建工程、安装工程等的价值。根据部门决算报表、基建决算报表中的在建工程、工程物资等相关项目年末余额加总填列。

第二十四条 无形资产。反映政府拥有的不具有实物形态的非货币性长期资产的价值，包括专利权、非专利技术、商标权、著作权等。根据部门决算报表中的无形资产年末余额加总填列。

第二十五条 其他资产。反映政府除上述资产以外其他方面的资产。根据一般预算会计报表、基金预算会计报表、国有资本经营预算会计报表、财政专户会计报表、部门决算报表、基建决算报表中的待处理有偿资金、固定资产减值准备、固定资产清理、待处理固定资产净损失、递延税款借项、文物文化资产、待处理器材损失、待核销基建支出、转出投资、待处理固定资产清理、其他等相关项目的年末余额加总填列。

第二节 负　　债

第二十六条 负债是政府因过去交易或事项形成的现时义务，履行该义务预期会导致政府服务潜能减少或经济利益流出。

第二十七条 符合本办法第二十六条规定的义务，在同时满足以下条件时，确认为负债：

（一）与该义务有关的服务潜能很可能减少、经济利益很可能流出。

（二）未来减少的服务潜能或流出的经济利益能够可靠计量。

第二十八条 负债包括借入款项、应付利息、应付款项、应退税款、应退非税款、应付薪酬、应付政府补助、政府债券、其他负债等。

第二十九条 借入款项，反映政府向银行和相关机构等借入且尚未偿付的各种借款本金。根据一般预算会计报表、基金预算会计报表、国有资本经营预算会计报表、财政专户会计报表、部门决算报表、基建决算报表中的借入有偿资金、应付本金、贷款协定总额、借入款项、短期借款、长期借款、基建借款等项目以及暂存款项目中有计息要求款项的年末余额分析加总填列。其中，一般预算会计报表、基金预算会计报表、国有资本经营预算会计报表、财政专户会计报表、部门决算报表、基建决算报表之间的借入借出事项应在计算借出款项时予以抵销。

对于未在上述报表中反映的借入款项，应编制调整分录，借记“净资产——以前年度累积净资产”，贷记“借入款项”。

第三十条 应付利息。反映政府借入款项和发行债券产生且尚未偿付的利息。根据国际金融组织贷款转贷会计报表中的应付利息、应付承诺费、应付汇兑风险损益等项目以及根据政府债券和进行抵销处理后的借入款项等计提的应付利息年末余额分析加总填列。

对于根据政府债券和借入款项等计提的应付未付利息，按照以下方法编制调整分录：

（一）以前年度累计应付未付利息，借记“净资产——以前年度累积净资产”，贷记“应付利息”；

（二）当年应付未付利息，借记“财务费用”，贷记“应付利息”。

第三十一条 应付款项。反映政府承担的各种应付及暂收性质款项的年末余额。根据一般预算会计报表、基金预算会计报表、国有资本经营预算会计报表、财政专户会计报表、部门决算报表、基建决算报表中的与上级往来、应缴代收上级财政专户款、其他应付款、提前回收贷款、应付串换款、预算周转款、应付人行款、应付票据、应付账款、预收账款、预收下年度财政性资金拨款、应付器材款、应付工程款、应付有偿调入器材及工程款、未交款合计等项目以及暂存款中无计息要求款项的年末余额分析加总填列。其中，一般预算会计报表、基金预算会计报表、国有资本经营预算会计报表、财政专户会计报表、部门决算报表、基建决算报表之间的应收应付事项应在计算应收款项时予以抵销。

对于未在上述报表中反映的应付款项，按照以下方法编制调整分录：

（一）不属于当年费用的，借记“净资产——以前年度累积净资产”，贷记“应付款项”；

（二）属于当年费用的，借记“其他费用”，贷记“应付款项”。

第三十二条 应退税款。反映政府应退未退税收资金的年末余额。根据税务部门提供的应退未退税收资金年末余额填列。

对于应退未退税收资金，按照以下方法编制调整分录：

（一）应退未退以前年度税收资金，借记“净资产——以前年度累积净资产”，贷记“应退税款”。

（二）应退未退当年税收资金，借记“税收收入”，贷记“应退税款”。

第三十三条 应退非税款。反映政府年末应退未退的各种非税收入。根据非税收入执收单位提供的应退未退非税资金年末余额填列。

对于应退未退非税资金，按照以下方法编制调整分录：

（一）应退未退以前年度非税资金，借记“净资产——以前年度累积净资产”，贷记“应退非税款”。

（二）应退未退当年非税资金，借记“非税收入”，贷记“应退非税款”。

第三十四条 应付薪酬。反映按国家统一规定，政府应付未付在职人员各类薪酬和离退休人员离退休费等的年末余额。根据部门决算报表中的应付工资（离退休费）、应付地方（部门）津贴补贴、应付其他个人收入、应付福利费等项目以及政府已出台薪酬调整政策但尚未支付款项的年末余额分析加总填列。

对于政府已出台薪酬调整政策但尚未支付的款项，按照以下方法编制调整分录：

（一）应付以前年度薪酬，借记“净资产——以前年度累积净资产”，贷记“应付薪酬”；

（二）应付当年薪酬，借记“工资福利支出”或“对个人和家庭的补助”，贷记“应付薪酬”。

第三十五条 应付政府补助。反映政府相关政策规定应支付给社会企业、个人或家庭，但年末尚未支付的补助款项。根据应付未付政府补助款年末余额加总填列。按照以下方法编制调整分录：

（一）应付以前年度政府补助款，借记“净资产——以前年度累积净资产”，贷记“应付政府补助”；

（二）应付当年政府补助款，借记“对企事业单位的补贴”、“对个人和家庭的补助”等，贷记“应付政府补助”。

第三十六条 政府债券。反映政府发行且尚未兑付的各种债券年末余额。根据财政部门记录的尚未兑付债券余额填列。

其中，1年内到期政府债券，反映将于1年内（含1年）到期的政府债券年末余额。根据财政部门记录的将于1年内到期且尚未兑付的政府债券余额填列。

对于尚未兑付的政府债券，应编制调整分录，借记“净资产——以前年度累积净资产”，贷记“政府债券”（属于1年内到期政府债券，贷记“政府债券——1年内到期政府债券”）。

第三十七条 其他负债。反映政府除上述负债以外其他方面的负债。根据部门决算报表中的其他流动负债、其他递延税款贷项、其他长期负债、受托代理负债等项目以及财政应付未付共管基金的年末余额直接加总填列。

对于财政应付未付共管基金，应编制调整分录，借记“净资产——以前年度累积净资产”，贷记“其他负债”。

第三节 净　资　产

第三十八条 净资产是政府资产扣除负债后的差额。

第三十九条 净资产包括当期盈余和以前年度累积净资产。

第四十条 当期盈余，反映政府当年收入减去费用后的净额。根据政府财务报表年末收入与费用的差额填列。

第四十一条 以前年度累积净资产，反映政府在报告年度之前的历年滚存结余。根据政府财务报表资产负债差额减去当期盈余后的净额填列。

第三章 收入费用表

第四十二条 收入费用表反映政府当年运营情况，按照收入和费用分类分项列示。

第一节 收　　入

第四十三条 收入是政府在日常活动中形成的、会导致净资产增加的服务潜能总增加或经济利益总流入。

第四十四条 符合本办法第四十三条规定的服务潜能增加或经济利益流入，在同时满足以下条件时，确认为收入：

（一）服务潜能很可能增加或经济利益很可能流入。

（二）服务潜能的增加额或经济利益的流入额能够可靠计量。

第四十五条 收入应当按照活动性质分项列示，包括税收收入、非税收入、事业收入、经营收入、投资收益、转移性收入和其他收入。

第四十六条 税收收入。反映政府税收收入当年发生净额。根据一般预算会计报表中的税收收入和税务部门提供的应收未收当年税收收入，与应退未退当年税收资金、收到属期非本年度的税收资金之间的差额分析填列。

第四十七条 非税收入。反映政府非税收入当年发生净额。根据一般预算会计报表一般预算收入中相关非税收入（不含有价证券利息收入），基金预算会计报表、财政专户会计报表中的基金预算收入、一般预算外收入、当年代收款，非税收入执收单位提供的应收未收当年非税收入，与应退未退当年非税资金和收到属期非本年度非税资金之间的差额分析填列。

第四十八条 事业收入。反映政府单位开展专业业务活动向服务对象收取的款项。根据部门决算报表中的未缴留用收入，以及事业收入与事业单位预算外资金收入之间的差额分析加总填列。

第四十九条 经营收入。反映政府单位开展经营业务活动所取得的收入，包括销售商品收入、提供服务收入等。根据部门决算报表中的经营收入本年发生净额加总填列。

第五十条 投资收益。反映政府相关投资取得的收益或发生的损失。根据国有企业财务报表国有资本及权益本年增加额或减少额，一般预算会计报表的非税收入中有价证券利息收入以及根据有价证券计提的应收未收当年利息收入本年发生净额填列。

其中，国有资本经营收益，反映政府持有国有企业股权增值获得的收益或发生的损失，根据国有企业财务报表国有资本及权益本年增加额或减少额填列。

第五十一条 转移性收入。反映本级政府取得其他级次政府提供的各类款项，包括上级补助收入、下级上解收入等。根据一般预算会计报表、基金预算会计报表、国有资本经营预算会计报表、财政专户会计报表、部门决算报表中的补助收入、上解收入、拨入上级财政资金、乡级财政缴入资金、上级补助收入、附属单位缴款、非本级财政拨款等项目本年发生净额分析加总填列。

第五十二条 其他收入。反映政府除税收收入、非税收入、事业收入、经营收入、转移性收入之外取得其他方面的收入。根据一般预算会计报表、基金预算会计报表、国有资本经营预算会计报表、财政专户会计报表、部门决算报表中的其他收入、资金占用费收入、利息收入等相关项目以及根据借出款项计提的当年应收未收利息收入等本年发生净额分析加总填列。

第五十三条 一般预算会计报表中的调入资金、调入预算稳定调节基金，部门决算报表中的财政拨款、行政单位预算外资金收入、事业单位预算外资金收入等，是政府内部交易事项，应进行抵销处理，不在政府财务报表的收入中反映。

一般预算会计报表中的债务收入、债务转贷收入等，按照权责发生制原则不属于收入，不在政府财务报表的收入中反映。

国有资本经营预算会计报表中的国有资本经营预算收入，其利润收入、股利和股息收入是报告年度之前年份应收国有资本经营收益所对应的现金流入，产权转让收入、清算收入等属于资产交易，按照权责发生制原则都不属于收入，不在政府财务报表的收入中反映。

第二节 费 用

第五十四条 费用是政府为提供公共产品和公共服务所发生的、会导致净资产减少的服务潜能总减少或经济利益总流出。

第五十五条 符合本办法第五十四条规定的服务潜能减少或经济利益流出，在同时满足以下条件时，确认为费用：

（一）服务潜能很可能减少或经济利益很可能流出。

（二）服务潜能的减少额或经济利益的流出额能够可靠计量。

第五十六条 费用应按政府活动经济性质分为工资福利支出、商品和服务支出、对个人和家庭补助支出、对企事业单位补贴、转移性支出、捐赠支出、折旧费用、财务费用、经营性支出和其他支出。

第五十七条 工资福利支出。反映政府当年应支付给在职职工和编制外长期聘用人员的各类劳动报酬和福利，包括基本工资、津贴补贴、社会保障缴费等。根据部门决算报表中的工资福利支出，财政部门代列的工资福利支出以及政府已出台工资福利调整政策但尚未支付的工资福利等本年发生净额分析加总填列。

第五十八条 商品和服务支出。反映政府购买商品和服务发生的各类支出，包括办公费、差旅费、招待费等。根据部门决算报表中的商品和服务支出，财政部门代列的商品和服务支出等本年发生净额分析加总填列。

第五十九条 对个人和家庭的补助。反映政府用于对个人和家庭的补助支出，包括离休费、退休费、医疗费、住房公积金等。根据部门决算报表中对个人和家庭的补助支出，财政部门代列的对个人和家庭的补助支出以及政府已出台对个人和家庭补助调整政策但尚未支付的补助款项等本年发生净额分析加总填列。

第六十条 对企事业单位的补贴。反映政府对未进入部门决算编报范围的企业和事业单位的各类补贴。根据部门决算报表中的对企事业单位的补贴支出，财政部门代列的对企事业单位补贴支出以及政府已出台对企事业单位的补贴调整政策但尚未支付的补贴款项等本年发生净额分析加总填列。

第六十一条 转移性支出。反映本级政府支付给上下级政府或其他政府的款项。根据一般预算会计报表、基金预算会计报表、国有资本经营预算会计报表、财政专户会计报表中的补助支出、上解支出、补助下级支出，部门决算报表中的上缴上级支出、对附属单位补助支出等本年发生净额分析加总填列。

第六十二条 捐赠支出。反映政府援助非政府社会组织、交纳国际组织会费等方面的支出。根据财政代列支出中的捐赠支出以及部门决算报表中的赠与等本年发生净额分析加总填列。

第六十三条 折旧费用。反映政府固定资产、公共基础设施资产当年的折旧费用。根据政府财务报表累计折旧项目年初数与年末数的差额分析填列。

第六十四条 财务费用。反映政府有偿使用相关资金而支付的费用。根据一般预算会计报表、基金预算会计报表、国有资本经营预算会计报表、财政专户会计报表、部门决算报表中的发行费支出、资金占用费支出，一般预算支出中相关债务利息支出、国内外债务发行费支出等以及计提的当年应付未付利息支出等相关项目分析加总填列。

第六十五条 经营支出。反映政府相关经营活动发生的支出。根据部门决算报表中的经营支出、交纳所得税等项目分析加总填列。

第六十六条 其他费用。反映未在以上项目中列示的其他支出事项。根据财政专户会计报表、部门决算报表中的其他支出等相关项目分析加总填列。

第六十七条 一般预算会计报表、基金预算会计报表、国有资本经营预算会计报表、财政专户会计报表中的一般预算支出、基金预算支出、专用基金支出等项目中支付给政府单位的款项以及调出资金、国有资本经营预算调出资金等项目，属于政府内部交易事项，应予以抵销，不反映在政府财务报表费用项目中。

一般预算会计报表一般预算支出中的债务还本支出、债务转贷支出等项目，按照权责发生制不属于费用，不反映在政府财务报表费用项目中。

部门决算报表中的基本建设支出、其他资本性支出、贷款转贷及产权参股等支出项目，按照权责发生制不属于费用，不反映在政府财务报表费用项目中。

第四章　政府财务报表附注

第六十八条　政府财务报表附注主要包括：

（一）报表包含的主体范围。

（二）报表项目依据的会计政策和使用的具体会计方法。

（三）未在报表中列示但对政府财务状况有重大影响的项目。

（四）相关报表项目的明细信息等。

第六十九条　公共自然资源。反映政府拥有的公共自然资源的价值或实物数量。根据相关公共自然资源管理单位提供的公共自然资源价值或实物数量予以反映。

第七十条　政府职工养老金。反映政府需在未来一定时期内支付给政府职工养老金的现值。根据相关方面提供的测算数据列示。

第七十一条　或有负债。反映政府未决诉讼或仲裁、为其他单位提供债务担保等事项预计对政府财务状况产生的影响。根据相关方面提供的情况分析列示。

第七十二条　货币资金项目的明细信息按货币资金的具体构成分别列示，具体列示格式见《货币资金明细表》（附5）。

第七十三条　借出款项项目的明细信息按借出款项的期限分别列示，具体列示格式见《借出款项明细表》（附6）。

第七十四条　应收利息项目的明细信息按来源分别列示，具体列示格式见《应收利息明细表》（附7）。

第七十五条　应收股利项目的明细信息按来源分别列示，具体列示格式见《应收股利明细表》（附8）。

第七十六条　应收款项项目，具体列示格式见《应收款项明细表》（附9）。

第七十七条　对外投资项目的明细信息按投资类型分别列示，具体列示格式见《对外投资及收益明细表》（附10）。

第七十八条　公共基础设施明细信息按基础设施资产类别分别列示，具体列示格式见《公共基础设施明细表》（附11）。

第七十九条　借入款项目明细信息按借款期限分别列示，具体列示格式见《短期借款明细表》（附12）。

第八十条　应付利息项目的明细信息应按利息支付对象分别列示。具体列示格式见《应付利息明细表》（附13）。

第八十一条　应付款项项目具体列示格式见《应付款项明细表》（附14）。

第八十二条　政府债券项目明细信息按偿还期限分别列示，具体列示格式见《政府债券明细表》（附15）。

第五章　政府财政经济状况

第八十三条　政府财政经济状况的内容主要包括：

（一）分析政府财务状况和运营情况。

（二）比较收付实现制下预算收支与权责发生制下政府收入费用的差异。

（三）分析财政中长期可持续性。

（四）分析其他有关方面的内容。

第八十四条 分析政府资产和债务相关情况。

（一）结合政府公共投资、储备物资调控政策、国有企业改革与发展情况等，分析政府资产的特点。

（二）结合政府融资平台、公务人员离退休政策、社会保障政策等，分析我市政府债务的特点。

第八十五条 分析政府收入和费用相关情况，比较收付实现制下预算收支与权责发生制下政府收入费用的差异。

（一）结合本地区经济运行、相关行业发展、税收政策、收费政策等，分析政府收入的特点，并比较收付实现制下预算收入与权责发生制下政府收入的差异。

（二）结合社会事业政策、政府行政运行、政府融资情况等，分析政府费用的特点，比较收付实现制下预算支出与权责发生制下政府费用的差异。

第八十六条 基于当前政府财政财务状况和运营情况的分析，结合本地区经济形势、经济社会发展规划、财政体制、财税政策、人口结构、公务员离退休政策、社会保障政策等，分析政府财政财务运行走势，预测财政中长期可持续性。

第六章 政府财政财务管理情况

第八十七条 政府财政财务管理情况，主要反映政府财政财务管理政策要求、主要措施和取得成效等有关情况。

（一）反映政府预算编制管理、预算执行管理、财政监督管理、决算管理等方面的政策要求、主要措施和取得的成效。

（二）反映政府资产管理、债务管理等方面的政策要求、主要措施和取得的成效。

（三）反映政府收入管理、支出管理等方面的政策要求、主要措施和取得的成效。

（四）反映政府财务制度建设完善情况，以及政府单位执行相关财务制度的情况。

第七章 附 则

第八十八条 本办法由北京市财政局负责解释。

第八十九条 本办法自发布之日起实施。

第九十条 政府综合财务报告仅供财政部门内部参考使用，不作为审计依据，也不对外披露。

附：1. 资产负债表

2. 收入费用表

3. 存货明细表

4. 固定资产明细表

5. 货币资金明细表

6. 借出款项明细表

7. 应收利息明细表
8. 应收股利明细表
9. 应收款项明细表
10. 对外投资明细表
11. 公共基础设施明细表
12. 借入款项明细表
13. 应付利息明细表
14. 应付款项明细表
15. 政府债券明细表

附1：

资产负债表

名称： 年 月 日 单位：万元

资产部类	附注索引号	年末数	负债部类	附注索引号	年末数
一、资产类			二、负债类		
货币资金			借入款项		
借出款项			应付利息		
应收利息			应付款项		
应收股利			应退税款		
应收款项			应退非税款		
应收税款			应付薪酬		
应收非税款			应付政府补助		
存货			政府债券		
其中：公共储备物资			其中：1年内到期政府债券		
对外投资			其他负债		
其中：政府主权投资			负债合计		
固定资产					
其中：公共基础设施			三、净资产类		
在建工程			当期盈余		
无形资产			以前年度累积净资产		
其他资产			净资产合计		
资产合计			负债净资产合计		

附 2：

收入费用表

名称： 年 月 日 单位：万元

项 目	附注索引号	本年累计数
一、收入类		
税收收入		
非税收入		
事业收入		
经营收入		
投资收益		
其中：国有资本经营收益		
转移性收入		
其他收入		
收入合计		
二、费用类		
工资福利支出		
商品和服务支出		
对个人和家庭的补助		
对企事业单位的补贴		
转移性支出		
捐赠支出		
折旧费用		
财务费用		
经营支出		
其他费用		
费用合计		

附 3：

存货明细表

单位：万元

资产类别	年末数
公共储备物资	
单位自用物品	
其他	

注：该表由政府综合财务报告合并范围的政府单位（行政单位、事业单位、社会团体）填报，包括其拥有或控制的所有存货。

附 4：

固定资产明细表

金额单位：万元

<table>
<tr><td colspan="2" rowspan="2">资产类别</td><td colspan="3">年初数</td><td colspan="3">年末数</td></tr>
<tr><td>资产原值</td><td>累计折旧</td><td>资产净值</td><td>资产原值</td><td>累计折旧</td><td>资产净值</td></tr>
<tr><td colspan="8">一、非公共基础设施</td></tr>
<tr><td colspan="2">房屋及构筑物</td><td></td><td></td><td></td><td></td><td></td><td></td></tr>
<tr><td colspan="2">通用设备</td><td></td><td></td><td></td><td></td><td></td><td></td></tr>
<tr><td colspan="2">专用设备</td><td></td><td></td><td></td><td></td><td></td><td></td></tr>
<tr><td colspan="2">交通运输设备</td><td></td><td></td><td></td><td></td><td></td><td></td></tr>
<tr><td colspan="2">电气设备</td><td></td><td></td><td></td><td></td><td></td><td></td></tr>
<tr><td colspan="2">电子产品及通信设备</td><td></td><td></td><td></td><td></td><td></td><td></td></tr>
<tr><td colspan="2">仪器仪表及其他</td><td></td><td></td><td></td><td></td><td></td><td></td></tr>
<tr><td colspan="2">文艺体育设备</td><td></td><td></td><td></td><td></td><td></td><td></td></tr>
<tr><td colspan="2">图书文物及陈列品</td><td></td><td></td><td></td><td></td><td></td><td></td></tr>
<tr><td colspan="2">家具用具及其他</td><td></td><td></td><td></td><td></td><td></td><td></td></tr>
<tr><td colspan="8">二、公共基础设施</td></tr>
<tr><td colspan="2">公路</td><td></td><td></td><td></td><td></td><td></td><td></td></tr>
<tr><td colspan="2">铁路</td><td></td><td></td><td></td><td></td><td></td><td></td></tr>
<tr><td colspan="2">水利</td><td></td><td></td><td></td><td></td><td></td><td></td></tr>
<tr><td colspan="2">港口码头</td><td></td><td></td><td></td><td></td><td></td><td></td></tr>
<tr><td colspan="2">机场</td><td></td><td></td><td></td><td></td><td></td><td></td></tr>
<tr><td colspan="2">电力</td><td></td><td></td><td></td><td></td><td></td><td></td></tr>
<tr><td rowspan="12">市政公共基础设施工程</td><td>道路</td><td></td><td></td><td></td><td></td><td></td><td></td></tr>
<tr><td>桥梁</td><td></td><td></td><td></td><td></td><td></td><td></td></tr>
<tr><td>隧道</td><td></td><td></td><td></td><td></td><td></td><td></td></tr>
<tr><td>广场</td><td></td><td></td><td></td><td></td><td></td><td></td></tr>
<tr><td>公交</td><td></td><td></td><td></td><td></td><td></td><td></td></tr>
<tr><td>排水</td><td></td><td></td><td></td><td></td><td></td><td></td></tr>
<tr><td>供水</td><td></td><td></td><td></td><td></td><td></td><td></td></tr>
<tr><td>供气</td><td></td><td></td><td></td><td></td><td></td><td></td></tr>
<tr><td>供热</td><td></td><td></td><td></td><td></td><td></td><td></td></tr>
<tr><td>污水处理</td><td></td><td></td><td></td><td></td><td></td><td></td></tr>
<tr><td>垃圾处理</td><td></td><td></td><td></td><td></td><td></td><td></td></tr>
<tr><td>其他</td><td></td><td></td><td></td><td></td><td></td><td></td></tr>
<tr><td colspan="2">其他公共基础设施</td><td></td><td></td><td></td><td></td><td></td><td></td></tr>
</table>

注：该表由政府综合财务报告合并范围的政府单位（行政单位、事业单位、社会团体）填报，包括其拥有或控制的所有固定资产。

附 5：

货币资金明细表

单位：万元

构成 主体	现金	国库存款	银行存款	其他货币资金	合计
财政					
政府单位					
合计					

附 6：

借出款项明细表

单位：万元

期限 主体	一年期以内（含一年）	一年期到三年期（含三年）	三年期以上	合计
财政				
政府单位				
合计				

附 7：

应收利息明细表

单位：万元

来源 主体	借出款项	证券投资	银行存款	合计
财政				
政府单位				
合计				

附 8：

应收股利明细表

单位：万元

对象	金额
政府直接管理国有企业	
部门管理国有企业	
合计	

附 9：

应收款项明细表

单位：万元

主体	金额
财政	
政府单位	
合计	

附 10：

对外投资明细表

单位：万元

种类 主体	国有企业国有权益	国债	其他债券	股票	其他	合计
财政						
政府单位						
合计						

附 11：

公共基础设施明细表

单位：万元

项目		金额
公路		
铁路		
水利		
港口码头		
机场		
电力		
市政公共基础设施工程	道路	
	桥梁	
	隧道	
	广场	
	公交	
	排水	
	供水	
	供气	
	供热	
	污水处理	
	垃圾处理	
	其他	
其他公共基础设施		

附 12：

借入款项明细表

单位：万元

期限 主体	1 年以内（含 1 年）	1 年以上	合计
政府单位			
财政			
合计			

附 13：

应付利息明细表

单位：万元

来源 主体	借入款项产生	政府债券产生	合计
财政			
政府单位			
合计			

附 14：

应付款项明细表

单位：万元

主体	金额
财政	
政府单位	
合计	

附 15：

政府债券明细表

单位：万元

期限 主体	1 年内期到期（含 1 年）	1－3 年到期（含 3 年）	3－10 年到期（含 10 年）	10 年期以上	合计
财政					
政府单位					
合计					

北京市财政局关于市级行政事业单位财政性结余资金会计核算的通知

2011 年 3 月 28 日　京财国库〔2011〕466 号

市级各行政事业单位：

为了进一步加强市级行政事业单位财政性结余资金的管理，规范市级行政事业单位财政性结余资金的使用，根据《行政单位会计制度》、《事业单位会计制度》和财政国库管理制度以及《北京市财政局关于印发〈北京市市级行政事业单位财政性结余资金管理办法〉的通知》（京财预〔2010〕2662 号）等有关规定，参照财政部《关于中央预算单位财政拨款结余资金归集调整及会计核算等事项的通知》（财库〔2008〕78 号）有关要求，现对市级行政事业单位财政性结余资金有关事项的会计核算规定如下：

一、增设会计科目

在行政、事业单位会计科目中分别增设“405 财政调剂收入”、“420 财政调剂收入”一级会计科目，核算预算单位收到由财政部门或主管部门拨付的统筹使用结余资金，并根据上述两个来源分别设置“财政部门调剂收入”和“主管部门调剂收入”两个二级明细科目，分别核算从财政部门和主管部门收到的调剂使用结余资金。年终，行政、事业单位分别将“财政调剂收入”科目贷方余额转入“结余”或“事业结余”科目的贷方。

二、财政性结余资金有关事项的账务处理

（一）市财政收回零余额账户结余资金

市财政收回行政事业单位零余额账户核算的结余资金时，行政单位借记“结余”，贷记“财政应返还额度”科目；事业单位借记“事业基金”或“拨入专款”等会计科目，贷记“财政应返还额度”科目。

（二）行政事业单位向市财政上缴实有资金账户结余资金

行政事业单位上缴实有资金账户结余资金时，行政单位借记“结余”，贷记“银行存款”科目；事业单位借记“事业基金”或“拨入专款”等科目，贷记“银行存款”科目。

（三）部门统筹使用实有资金账户结余资金

对于主管部门在不同预算单位之间调整使用的实有资金账户结余资金，由调出资金单位向主管部门上交结余资金，主管部门收到下属单位上交的结余资金，再向调入资金单位转拨。

行政事业单位向主管部门上交实有资金账户结余资金时，行政单位借记“结余”，贷记“银行存款”科目；事业单位借记“事业基金”或“拨入专款”等科目，贷记“银行存款”科目。

行政事业单位收到财政部门或主管部门拨付的统筹使用结余资金时，行政单位借记

“银行存款”科目，贷记“财政调剂收入”科目；事业单位借记“银行存款”科目，贷记“财政调剂收入”科目。

主管部门和一级预算单位收到统筹使用的实有资金账户结余资金时，行政单位借记“银行存款”，贷记“暂存款”；事业单位借记“银行存款”，贷记“其他应付款”。转拨统筹使用的实有资金账户结余资金时，作相反的会计分录。

北京市财政局关于市级预算单位财政授权支付零余额账户审批管理有关事项的通知

2011 年 11 月 22 日　京财国库〔2011〕2510 号

市级各预算单位、各国库集中支付代理银行：

为进一步规范市级预算单位（以下简称“预算单位”）财政授权支付零余额账户（以下简称“零余额账户”）审批管理，加快审批进度，提高工作效率，根据《北京市财政局关于印发〈北京市行政事业单位银行存款账户管理暂行办法〉的通知》（京财国库〔2002〕1250 号）和国库集中支付制度有关规定，现就有关事项通知如下。

一、预算单位需开立或变更、撤销零余额账户时，应提出书面申请并填写《北京市市级预算单位财政授权支付零余额账户开立申请表》（附件 1）或《北京市市级预算单位财政授权支付零余额账户变更、撤销申请表》（附件 2），同时提供相关证明材料，经主管部门审核同意后，一并报送市财政局。

书面申请应详细说明本单位的基本情况，申请开立或变更、撤销零余额账户的理由，选择的开户行名称和其他需要说明的情况等。预算单位提出开立零余额账户的申请前，应先申请取得部门预算编码。

证明材料（复印件）包括：市政府或市机构编制等部门批准本单位成立或变更、撤销的文件，事业单位法人证书，其他相应证明材料等。

二、市财政局对预算单位报送的申请材料经审核无误后，于 15 个工作日内办理批复发文，并抄送国库集中支付代理银行（以下简称“代理银行”）。

三、预算单位持市财政局批复文件和相关证明材料，按人民银行营业管理部账户管理的有关规定到代理银行办理开户手续。人民银行营业管理部核准后，代理银行应及时告知预算单位，并在 3 个工作日内按统一格式将开户行、账号等信息报告市财政局。

四、预算单位变更银行预留人名章，可直接到代理银行办理有关手续，无需市财政局审批。

五、本通知自 2012 年 1 月 1 日起执行。

附件：1. 北京市市级预算单位财政授权支付零余额账户开户申请表

2. 北京市市级预算单位财政授权支付零余额账户变更、撤销申请表

附件1：

北京市市级预算单位财政授权支付零余额账户开户申请表

填制日期： 年 月 日

一级预算单位名称（盖章）：									基层预算单位财务专用章：		
一级预算单位部门预算编码：											
基层预算单位名称（盖章）：											
基层预算单位部门预算编码：											
序号	基层预算单位账户名称	拟开户银行	组织机构代码	组织机构代码有效期	单位经办机构	单位负责人	财务负责人	经办人	电话	邮政编码	单位地址

单位负责人（签章） 处长（签章） 经办人（签章）

附件2：

北京市市级预算单位财政授权支付零余额账户变更、撤销申请表

填制日期： 年 月 日

一级预算单位名称（盖章）：								基层预算单位财务专用章：		
一级预算单位部门预算编码：										
基层预算单位名称（盖章）：										
基层预算单位部门预算编码：										
序号	变更/撤销	变更、撤销内容提示			变更、撤销内容					
					账户名称		银行账号		开户银行	
		账户名称	银行账号	开户银行	原账户名称	变更后账户名称	原账号	变更后账号	原代理银行	变更后代理银行

单位负责人（签章）： 处长（签章）： 经办人（签章）： 联系电话：

八、企业财务会计类

北京市财政局转发财政部《关于印发〈医院会计制度〉的通知》

2011 年 4 月 21 日　京财会〔2011〕693 号

市属各单位、各区县财政局：

为了适应社会主义市场经济和医疗卫生事业发展的需要，规范医院的会计核算，财政部制发了《医院会计制度》，现转发你们，请遵照执行。执行中有何问题，请及时反馈我局。

附件：财政部关于印发《医院会计制度》的通知

附件：

财政部关于印发《医院会计制度》的通知

2010 年 12 月 31 日　财会〔2010〕27 号

各省、自治区、直辖市、计划单列市财政厅（局），新疆生产建设兵团财务局：

为了适应社会主义市场经济和医疗卫生事业发展的需要，进一步规范医院的会计核算，提高会计信息质量，根据《中华人民共和国会计法》以及国家有关法律法规的规定，结合医院特点，我部修订了《医院会计制度》。现将修订后的《医院会计制度》印发给你们，请遵照执行。执行中有何问题，请及时反馈我部。

附：医院会计制度

附：

医院会计制度

目 录

第一部分 总 说 明

一、为了规范医院的会计核算，保证会计信息的真实、完整，根据《中华人民共和国会计法》、事业单位会计准则及国家有关法律法规的规定，制定本制度。

二、本制度适用于中华人民共和国境内各级各类独立核算的公立医院（以下简称医院），包括综合医院、中医院、专科医院、门诊部（所）、疗养院等，不包括城市社区卫生服务中心（站）、乡镇卫生院等基层医疗卫生机构。

企业事业单位、社会团体及其他社会组织举办的非营利性医院可参照本制度执行。

三、医院会计采用权责发生制基础。

医院会计要素包括资产、负债、净资产、收入和费用。

四、医院应当按照下列规定运用会计科目：

（一）医院应当按照本制度的规定，设置和使用会计科目。在不影响会计处理和编报会计报表的前提下，可以自行设置本制度规定之外的明细科目。

（二）本制度统一规定会计科目的编号，以便于编制会计凭证、登记账簿、查阅账目，实行会计信息化管理。医院不得随意打乱重编。

（三）医院在编制会计凭证、登记会计账簿时，应当填列会计科目的名称，或者同时填列会计科目的名称和编号，不得只填列科目编号、不填列科目名称。

五、医院财务报告是反映医院某一特定日期的财务状况和某一会计期间的收入费用、现金流量等的书面文件。医院财务报告由会计报表、会计报表附注和财务情况说明书组成。

六、医院财务报告分为中期财务报告和年度财务报告。以短于一个完整的会计年度的期间（如季度、月度）编制的财务报告称为中期财务报告。年度财务报告则是以整个会计年度为基础编制的财务报告。

医院对外提供的年度财务报告应按有关规定经过注册会计师审计。

七、医院对外提供的财务报告的内容、会计报表的种类和格式、会计报表附注应予披露的主要内容等，由本制度规定；医院内部管理需要的会计报表由医院自行规定。

八、医院财务报告中的会计报表包括资产负债表、收入费用总表、现金流量表、财政补助收支情况表以及有关附表。

医院应当根据本制度有关会计报表的编制基础、编制依据、编制原则和方法的要求，对外提供真实、完整的会计报表。医院不得违反规定，随意改变会计报表的编制基础、编制依据、编制原则和方法，不得随意改变本制度规定的会计报表有关数据的会计口径。

医院会计报表应当根据登记完整、核对无误的账簿记录和其他有关资料编制，要做到数字真实、计算准确、内容完整、报送及时。

九、医院会计报表附注是为便于会计报表使用者理解会计报表的内容而对会计报表的编制基础、编制依据、编制原则和方法及主要项目等所作的解释。医院会计报表附注至少应当包括下列内容：

（一）遵循《医院会计制度》的声明。

（二）重要会计政策、会计估计及其变更情况的说明。

（三）重要资产转让及其出售情况的说明。

（四）重大投资、借款活动的说明。

（五）会计报表重要项目及其增减变动情况的说明。

（六）以前年度结余调整情况的说明。

（七）有助于理解和分析会计报表需要说明的其他事项。

十、医院财务情况说明书至少应当对医院的下列情况做出说明：

（一）业务开展情况。

（二）年度预算执行情况。

（三）资产利用、负债管理情况。

（四）成本核算及控制情况。

（五）绩效考评情况。

（六）需要说明的其他事项。

医院财务情况说明书中对上述事项（四）的说明应附有成本报表（成本报表参考格式参见本制度第六部分）。

十一、医院对外提供的财务报告应当由单位负责人和主管会计工作的负责人、会计机构负责人（会计主管人员）签名并盖章；设置总会计师的单位，还应当由总会计师签名并盖章。

十二、医院会计机构设置、会计人员配备、会计档案管理、内部会计监督与控制以及相关会计基础工作等，按照《中华人民共和国会计法》、会计基础工作规范、会计档案管理办法等规定执行。

十三、医院对基本建设投资的会计核算除按照本制度执行外，还应按国家有关规定单独建账、单独核算。

十四、本制度由财政部负责解释。

十五、本制度自 2011 年 7 月 1 日起在公立医院改革国家联系试点城市施行，自 2012 年 1 月 1 日起在全国施行。1998 年 11 月 17 日财政部、卫生部印发的《医院会计制度》（财会字〔1998〕58 号）同时废止。

第二部分　会计科目名称和编号

序　号	编　　号	名　　称
一、资产类		
1	1001	库存现金
2	1002	银行存款
3	1003	零余额账户用款额度
4	1004	其他货币资金
5	1101	短期投资
6	1201	财政应返还额度
	120101	财政直接支付
	120102	财政授权支付
7	1211	应收在院病人医疗款
8	1212	应收医疗款
9	1215	其他应收款
10	1221	坏账准备
11	1231	预付账款
12	1301	库存物资
13	1302	在加工物资
14	1401	待摊费用
15	1501	长期投资
	150101	股权投资
	150102	债权投资
16	1601	固定资产
17	1602	累计折旧
18	1611	在建工程
19	1621	固定资产清理
20	1701	无形资产
21	1702	累计摊销
22	1801	长期待摊费用
23	1901	待处理财产损溢
二、负债类		
24	2001	短期借款
25	2101	应缴款项
26	2201	应付票据
27	2202	应付账款

续表

序　号	编　号	名　称
二、负债类		
28	2203	预收医疗款
29	2204	应付职工薪酬
30	2205	应付福利费
31	2206	应付社会保障费
32	2207	应交税费
33	2209	其他应付款
34	2301	预提费用
35	2401	长期借款
36	2402	长期应付款
三、净资产类		
37	3001	事业基金
38	3101	专用基金
39	3201	待冲基金
	320101	待冲财政基金
	320102	待冲科教项目基金
40	3301	财政补助结转（余）
41	3302	科教项目结转（余）
42	3401	本期结余
43	3501	结余分配
四、收入类		
44	4001	医疗收入
	400101	门诊收入
	400102	住院收入
45	4101	财政补助收入
	410101	基本支出
	410102	项目支出
46	4201	科教项目收入
47	4301	其他收入
五、费用类		
48	5001	医疗业务成本
49	5101	财政项目补助支出
50	5201	科教项目支出
51	5301	管理费用
52	5302	其他支出

第三部分　会计科目使用说明

壹　资产类

1001　库 存 现 金

一、本科目核算医院的库存现金。

二、医院应当严格按照国家有关现金管理的规定收支现金，并按照本制度规定核算现金的各项收支业务。

三、库存现金的主要账务处理如下：

（一）从银行提取现金，按照提取金额，借记本科目，贷记“银行存款”科目；将现金存入银行，按照存入金额，借记“银行存款”科目，贷记本科目。

（二）从零余额账户中提取现金，借记本科目，贷记“零余额账户用款额度”科目。

（三）因支付内部职工出差等原因所需的现金，按照借出金额，借记“其他应收款”科目，贷记本科目；收到出差人员交回的差旅费剩余款并结算时，按实际收回的现金，借记本科目，按应报销的金额，借记有关科目，按实际借出的现金，贷记“其他应收款”科目。

（四）因其他原因收到现金，借记本科目，贷记有关科目；支出现金，借记有关科目，贷记本科目。

四、医院应当设置“现金日记账”，按照业务发生顺序逐笔登记。每日终了，应当计算当日的现金收入合计数、现金支出合计数和结余数，并将结余数与实际库存数核对，做到账款相符。

每日账款核对中发现现金溢余或短缺的，应当及时进行处理。如发现现金溢余，属于应支付给有关人员或单位的部分，借记本科目，贷记“其他应付款”科目；属于无法查明的其他原因的部分，借记本科目，贷记“其他收入”科目。如发现现金短缺，属于应由责任人赔偿的部分，借记“其他应收款”科目，贷记本科目；属于无法查明原因的部分，报经批准后，借记“其他支出”科目，贷记本科目。

五、本科目期末借方余额，反映医院实际持有的库存现金。

1002　银 行 存 款

一、本科目核算医院存入银行的各种存款。

医院的银行本票存款、银行汇票存款、信用卡存款等在“其他货币资金”科目核算，不在本科目核算。

二、医院应当严格按照国家有关支付结算办法的规定办理银行存款收支业务，并按照本制度规定核算银行存款的各项收支业务。

三、银行存款的主要账务处理如下：

（一）将款项存入银行，借记本科目，贷记“库存现金”、“应收医疗款”、“医疗收入”、“科教项目收入”等科目。

（二）提取和支出存款时，借记“库存现金”、“应付账款”、“医疗业务成本”、“科教项目支出”、“管理费用”等科目，贷记本科目。

四、医院发生外币业务的，应当按照业务发生当日（或当期期初）的即期汇率，将外币金额折算为人民币记账，并登记外币金额和汇率。

期末，各种外币账户的外币余额应当按照期末汇率折合为人民币。按照期末汇率折合的人民币金额与原账面人民币金额之间的差额，作为汇兑损益计入当期管理费用。

（一）以外币购入库存物资、设备等，按照购入当日（或当期期初）的即期汇率将支付的外币或应支付的外币折算为人民币金额，借记“固定资产”、“库存物资”等科目，贷记本科目、“应付账款”等科目的外币账户。

（二）会计期末，根据各外币账户按期末汇率调整后的人民币余额与原账面人民币余额的差额，作为汇兑损益，借记或贷记本科目、“应付账款”等科目，贷记或借记“管理费用——其他费用”科目。

五、医院应当按开户银行、存款种类及币种等，分别设置“银行存款日记账”，按照业务的发生顺序逐笔登记，每日终了应结出余额。“银行存款日记账”应定期与“银行对账单”核对，至少每月核对一次。月度终了，医院银行存款账面余额与银行对账单余额之间如有差额，必须逐笔查明原因并进行处理，按月编制“银行存款余额调节表”，调节相符。

六、本科目期末借方余额，反映医院实际存放在银行的款项。

1003 零余额账户用款额度

一、本科目核算实行国库集中支付的医院根据财政部门批复的用款计划收到的零余额账户用款额度。

二、零余额账户用款额度的主要账务处理如下：

（一）在财政授权支付方式下，收到授权支付到账额度时，根据收到的额度金额，借记本科目，贷记“财政补助收入”科目。

（二）支用零余额账户用款额度时，按照支付金额，借记“医疗业务成本”、“财政项目补助支出”等科目，贷记本科目；对于支用额度为购建固定资产、无形资产或购买药品等库存物资发生的支出，还应借记“在建工程”、“固定资产”、“无形资产”、“库存物资”等科目，贷记“待冲基金——待冲财政基金”科目。

（三）从零余额账户提取现金时，借记“库存现金”科目，贷记本科目。

（四）年度终了，依据代理银行提供的对账单中的注销额度，借记“财政应返还额度——财政授权支付”科目，贷记本科目。医院本年度财政授权支付预算指标数大于零余额账户用款额度下达数的，根据未下达的用款额度，借记“财政应返还额度——财政授权支付”科目，贷记“财政补助收入”科目。

医院依据下年初代理银行提供的额度恢复到账通知书中的恢复额度，借记本科目，贷记“财政应返还额度——财政授权支付”科目。下年度医院收到财政部门批复的上年末未下达零余额账户用款额度时，借记本科目，贷记“财政应返还额度——财政授权支付”科目。

三、本科目期末借方余额，反映医院尚未支用的零余额账户用款额度。本科目年末应无余额。

1004 其他货币资金

一、本科目核算医院的银行本票存款、银行汇票存款、信用卡存款等各种其他货币资金。

二、本科目应设置“银行本票存款”、“银行汇票存款”、“信用卡存款”等明细科目，进行明细核算。

三、其他货币资金的主要账务处理如下：

（一）将款项交存银行取得银行本票、银行汇票，按照取得的银行本票、银行汇票金额，借记本科目，贷记“银行存款”科目。使用银行本票、银行汇票发生支付，按照实际支付金额，借记“库存物资”等科目，贷记本科目。如有余款或因本票、汇票超过付款期等原因而退回款项，按照退款金额，借记“银行存款”科目，贷记本科目。

（二）将款项交存银行取得信用卡，按照交存金额，借记本科目，贷记“银行存款”科目。用信用卡购物或支付有关费用，借记有关科目，贷记本科目。医院信用卡在使用过程中，需向其账户续存资金的，按照续存金额，借记本科目，贷记“银行存款”科目。

四、医院应加强对其他货币资金的管理，及时办理结算，对于逾期尚未办理结算的银行汇票、银行本票等，应按规定及时转回，按上述规定进行相应账务处理。

五、本科目期末借方余额，反映医院实际持有的其他货币资金。

1101 短期投资

一、本科目核算医院购入能随时变现并且持有时间不准备超过1年（含1年）的投资，主要指短期国债。

二、本科目应按债券的种类设置明细账，进行明细核算。

三、短期投资的主要账务处理如下：

（一）医院的短期投资在取得时，应当按照取得时的实际成本（包括购买价款以及税金、手续费等相关费用）作为投资成本，借记本科目，贷记“银行存款”等科目。

（二）短期投资持有期间收到利息等投资收益时，按实际收到的金额，借记“银行存款”等科目，贷记“其他收入——投资收益”科目。

（三）出售短期投资或到期收回短期债券本息，按实际收到的金额，借记“银行存款”科目，按出售或收回短期投资的成本，贷记本科目，按其差额，借记或贷记“其他收入——投资收益”科目。

四、本科目期末借方余额，反映医院持有的短期投资的实际成本。

1201 财政应返还额度

一、本科目核算实行国库集中支付的医院应收财政返还的资金额度。

二、本科目应设置“财政直接支付”和“财政授权支付”两个明细科目，进行明细核算。

三、财政应返还额度的主要账务处理如下：

（一）财政直接支付

年度终了，医院根据本年度财政直接支付预算指标数与当年财政直接支付实际支出数的差额，借记本科目（财政直接支付），贷记“财政补助收入”科目。

下年度财政直接支付上年未支付的预算指标数时，借记相关科目，贷记本科目（财政直接支付）。

（二）财政授权支付

年度终了，医院依据代理银行提供的对账单中的注销额度，借记本科目（财政授权支付），贷记“零余额账户用款额度”科目。医院本年度财政授权支付预算指标数大于零余额账户用款额度下达数的，根据未下达的用款额度，借记本科目（财政授权支付），贷记“财政补助收入”科目。

下年初，医院依据代理银行提供的额度恢复到账通知书中的恢复额度，借记“零余额账户用款额度”科目，贷记本科目（财政授权支付）。下年度医院收到财政部门批复的上年末未下达零余额账户用款额度时，借记“零余额账户用款额度”科目，贷记本科目（财政授权支付）。

四、本科目期末借方余额，反映医院应收财政返还的资金额度。

1211 应收在院病人医疗款

一、本科目核算医院因提供医疗服务而应向住院病人收取的医疗款。

二、医院应当按照住院病人对应收在院病人医疗款进行明细核算。

三、应收在院病人医疗款的主要账务处理如下：

（一）发生应收住院病人医疗款时，按照应收未收金额，借记本科目，贷记“医疗收入”科目。

（二）住院病人办理出院手续，结算医疗费时，如病人应付的医疗款金额大于其预交金额，应按病人补付金额，借记“库存现金”、“银行存款”等科目，按病人预交金额，借记“预收医疗款”科目，按病人应付的医疗款金额，贷记本科目；如病人应付的医疗款金额小于其预交金额，应按病人预交金额，借记“预收医疗款”科目，按病人应付的医疗款金额，贷记本科目，按退还给病人的差额，贷记“库存现金”、“银行存款”等科目。结转住院病人自负部分以外的应收医疗款或结转病人结算欠费，按应收在院病人医疗款总额中扣除病人自负部分以外的金额，或病人结算欠费金额，借记“应收医疗款”科目，贷记本科目。

四、本科目期末借方余额，反映医院尚未结算的应收在院病人医疗款。

1212 应收医疗款

一、本科目核算医院因提供医疗服务而应向门诊病人、出院病人、医疗保险机构等收取的医疗款。

二、本科目应当按照门诊病人、出院病人、医疗保险机构等设置明细账，进行明细核算。

三、应收医疗款的主要账务处理如下：

（一）结算门诊病人医疗费时，发生病人欠费的，按应收未收金额，借记本科目，贷记“医疗收入”科目。

门诊病人发生的医疗费中应由医疗保险机构等负担的部分，借记本科目，贷记“医疗收入”科目。

（二）住院病人办理出院手续结算医疗费时，结转出院病人自负部分以外的应收医疗款或结转出院病人结算欠费，按应收在院病人医疗款总额中扣除病人自负部分以外的金额，或病人结算欠费金额，借记本科目，贷记“应收在院病人医疗款”科目。

（三）收到病人等交来的医疗欠费时，按照实际收到的金额，借记“银行存款”、“库存现金”等科目，贷记本科目。

（四）同医疗保险机构结算应收医疗款时，按照实际收到的金额，借记“银行存款”科目，按照医院因违规治疗等管理不善原因被医疗保险机构拒付的金额，借记“坏账准备”科目，按照应收医疗保险机构的金额，贷记本科目，按照借贷方之间的差额，借记或贷记“医疗收入——门诊收入、住院收入（结算差额）”科目。

四、医院应当于每年年度终了，对应收医疗款进行全面检查，计提坏账准备。对于账龄超过规定年限、确认无法收回的应收医疗款，应当按照有关规定报经批准后，按照无法收回的应收医疗款金额，借记“坏账准备”科目，贷记本科目。

如果已转销的应收医疗款在以后期间又收回，应按实际收回的金额，借记本科目，贷记“坏账准备”科目；同时，借记“银行存款”等科目，贷记本科目。

五、本科目期末借方余额，反映医院尚未收回的应收医疗款金额。

1215 其他应收款

一、本科目核算医院除财政应返还额度、应收在院病人医疗款、应收医疗款、预付账款以外的其他各项应收、暂付款项，包括职工预借的差旅费、拨付的备用金、应向职工收取的各种垫付款项、应收长期投资的利息或利润等。

二、本科目应按其他应收款的项目分类以及不同的债务人设置明细账，进行明细核算。

三、其他应收款的主要账务处理如下：

（一）持有长期股权投资期间，被投资单位宣告分派利润时，按应享有的份额，借记本科目，贷记“其他收入——投资收益”科目。实际收到所分派的利润，按照实际收到的金额，借记“银行存款”科目，贷记本科目。

（二）持有的分期付息、到期还本的长期债券投资，已到付息期而尚未领取的利息，应于确认利息收入时，借记本科目，贷记“其他收入——投资收益”科目。实际收到利息，按实际收到的金额，借记“银行存款”科目，贷记本科目。

到期一次还本付息的长期债券投资应收取的利息，在“长期投资”科目核算，不在本科目核算。

（三）发生的其他各种应收、暂付款项等，借记本科目，贷记“银行存款”、“库存现金”等科目；收回或转销各种款项时，借记“库存现金”、“银行存款”等科目，贷记本科目。

实行定额备用金制度的医院，对于领用的备用金应定期向财会部门报销。财会部门根据报销数用现金补足备用金定额时，借记有关科目，贷记“库存现金”、“银行存款”科目，报销数和拨补数都不再通过本科目核算。

四、医院应当于每年年度终了，对其他应收款进行全面检查，计提坏账准备。对于账龄超过规定年限、确认无法收回的其他应收款，应当按照有关规定报经批准后，按照无法收回的其他应收款金额，借记“坏账准备”科目，贷记本科目。

如果已转销的其他应收款在以后期间又收回，应按实际收回的金额，借记本科目，贷记“坏账准备”科目；同时，借记“银行存款”等科目，贷记本科目。

五、本科目期末借方余额，反映医院尚未收回的其他应收款金额。

1221 坏账准备

一、本科目核算医院对应收医疗款和其他应收款提取的坏账准备。

二、医院应当于每年年度终了，对应收医疗款和其他应收款进行全面检查，分析其可收回性，对预计可能产生的坏账损失计提坏账准备、确认坏账损失并计入当期管理费用。

三、医院可以采用应收款项余额百分比法、账龄分析法、个别认定法等方法计提坏账准备。坏账准备提取方法一经确定，不得随意变更。如需变更，应当按照规定权限报经批准，并在会计报表附注中予以说明。

四、当期应补提或冲减的坏账准备金额的计算公式如下：

当期应补提或冲减的坏账准备 = 当期按应收医疗款和其他应收款计算应计提的坏账准备金额 - 本科目贷方余额（或 + 本科目借方余额）

五、坏账准备的主要账务处理如下：

（一）提取坏账准备时，借记“管理费用”科目，贷记本科目；冲减坏账准备时，借记本科目，贷记“管理费用”科目。

（二）医院同医疗保险机构结算时，存在医院因违规治疗等管理不善原因被医疗保险机构拒付情况的，按照拒付金额，借记本科目，贷记“应收医疗款”科目。

（三）对于账龄超过规定年限并确认无法收回的应收医疗款或其他应收款，应当按照有关规定报经批准后，按照无法收回的应收款项金额，借记本科目，贷记“应收医疗款”、“其他应收款”科目。

如果已转销的应收医疗款、其他应收款在以后期间又收回，按照实际收回的金额，借记“应收医疗款”、“其他应收款”科目，贷记本科目；同时，借记“银行存款”等科目，贷记“应收医疗款”、“其他应收款”科目。

六、本科目期末贷方余额，反映医院提取的坏账准备金额。

1231 预付账款

一、本科目核算医院预付给商品供应单位或者服务提供单位的款项。

二、本科目应按商品供应单位或服务提供单位设置明细账，进行明细核算。

三、预付账款的主要账务处理如下：

（一）因采购设备等而预付款项时，按照实际预付的金额，借记本科目，贷记“银行存款”等科目。

（二）收到所购设备等时，按照应计入购入资产成本的金额，借记“固定资产”等科目，按预付的款项，贷记本科目，按退回或补付的款项，借记或贷记“银行存款”等科目。

四、医院应当于每年年度终了，对预付账款进行检查。如果有确凿证据表明预付账款并不符合预付款项性质，或者因供货单位破产、撤销等原因已无望再收到所购货物的，应当先将其转入其他应收款，然后再按规定进行处理。预付账款转入其他应收款前后的账龄可连续计算。将预付账款账面余额转入其他应收款时，借记“其他应收款”科目，贷记本科目。

五、本科目期末借方余额，反映医院实际预付尚未结算的款项。

1301 库存物资

一、本科目核算医院为开展医疗服务及其辅助活动而储存的药品、卫生材料、低值易耗品和其他材料的实际成本。

二、本科目应当按照库存物资的类别，如“药品”、“卫生材料”、“低值易耗品”、“其他材料”等设置一级明细科目。“药品”一级明细科目下应设置“药库”、“药房”两个二级明细科目，并按“西药”、“中成药”、“中草药”进行明细核算。

医院物资管理等部门应当在本科目明细账下，按品名、规格等设置数量金额明细账。

三、库存物资的主要账务处理如下：

（一）库存物资在取得时，应当以其成本入账。取得库存物资单独发生的运杂费，能够直接计入医疗业务成本的，计入医疗业务成本；不能直接计入医疗业务成本的，计入管理费用。

1. 外购的库存物资，其成本按照采购价格（含增值税额，下同）确定。外购的物资验收入库，按确定的成本，借记本科目，贷记“银行存款”、“应付账款”等科目。

使用财政补助、科教项目资金购入的物资验收入库，按确定的成本，借记本科目，贷记“待冲基金”科目；同时，按照实际支出金额，借记“财政项目补助支出”、“科教项目支出”等科目，贷记“财政补助收入”、“零余额账户用款额度”、“银行存款”等科目。

2. 自制的库存物资加工完成并验收入库，按照所发生的实际成本（包括耗用的直接材料费用、发生的直接人工费用和分配的间接费用），借记本科目，贷记“在加工物资”科目。

3. 委托外单位加工收回的库存物资，按照所发生的实际成本（包括加工前发出物资的成本和支付的加工费），借记本科目，贷记“在加工物资”科目。

4. 接受捐赠的库存物资，其成本比照同类或类似物资的市场价格或有关凭据注明的金额确定。接受捐赠的物资验收入库，按照确定的成本，借记本科目，贷记“其他收入”科目。

（二）库存物资在发出时，应当根据实际情况采用个别计价法、先进先出法或者加权平均法确定发出物资的实际成本。计价方法一经确定，不得随意变更。

1. 开展业务活动领用或加工发出库存物资，按照其实际成本，借记“医疗业务成本”、“管理费用”、“在加工物资”等科目，贷记本科目。

低值易耗品应当于内部领用时一次性摊销，个别价值较高或领用报废相对集中的，可采用五五摊销法。

2. 药房从药库领取药品，按照领取药品的成本，借记本科目（药品——药房），贷记本科目（药品——药库）。确认药品收入结转药品成本时，按照发出药品的实际成本，借记“医疗业务成本”科目，贷记本科目（药品——药房）。

3. 确认卫生材料收入结转材料成本时，按照发出材料的实际成本，借记“医疗业务成本”科目，贷记本科目。

4. 对外捐赠发出库存物资，按照其实际成本，借记“其他支出”科目，贷记本科目。

5. 使用财政补助、科教项目资金形成的库存物资，应在发出、领用物资时，按发出物资对应的待冲基金金额，借记“待冲基金”科目，贷记本科目。

6. 低值易耗品报废时，按照报废低值易耗品的残料变价收入扣除相关处置费用后的金额，借记“库存现金”、“银行存款”等科目，贷记“医疗业务成本”、“管理费用”等科目或“应缴款项”科目[按规定上缴时]。

四、医院的各种库存物资，应当定期进行清查盘点，每年至少盘点一次。对于发生的盘盈、盘亏以及变质、毁损等物资，应当先记入“待处理财产损溢”科目，并及时查明原因，根据管理权限报经批准后及时进行账务处理：

（一）盘盈的库存物资，按比照同类或类似物资的市场价格确定的价值，借记本科目，贷记“待处理财产损溢——待处理流动资产损溢”科目。报经批准处理时，借记“待处理财产损溢——待处理流动资产损溢”科目，贷记“其他收入”科目。

（二）盘亏、变质、毁损的库存物资，按照库存物资账面余额减去该物资对应的待冲基金数额后的金额，借记“待处理财产损溢——待处理流动资产损溢”科目，按该库存物资对应的待冲基金数额，借记“待冲基金”科目，按该库存物资账面余额，贷记本科目。

报经批准处理时，按照相关待处理财产损溢金额扣除可以收回的保险赔偿和过失人的赔偿等后的金额，借记“其他支出”科目，按照已收回或应收回的保险赔偿和过失人赔偿等，借记“库存现金”、“银行存款”、“其他应收款”等科目，按照相关待处理财产损溢的账面余额，贷记“待处理财产损溢——待处理流动资产损溢”科目。

五、本科目期末借方余额，反映医院库存物资的实际成本。

1302　在加工物资

一、本科目核算医院自制或委托外单位加工的各种药品、卫生材料等物资的实际成本。

二、本科目应设置“自制物资”、“委托加工物资”两个一级明细科目，并按照物资类别或品种设置明细账，进行明细核算。

自制药品、卫生材料等的，应当在本科目的相关明细科目下归集自制物资发生的直接材料、直接人工（专门从事物资制造工人的人工费）等直接费用；自制多种药品、卫生材料发生的间接费用，在本科目的“自制物资”一级明细科目下单独设置“间接费用”二级明细科目予以归集，会计期末，再按一定的分配标准和方法，分配计入有关药品、卫生材料的成本。

三、在加工物资的主要账务处理如下：

（一）自制物资

1. 为自制物资领用库存药品、材料等，借记本科目（自制物资——××药品、材料），贷记“库存物资”科目。

2. 专门从事物资制造的人员发生的直接人工费用，借记本科目（自制物资——××药品、材料），贷记“应付职工薪酬”、“应付福利费”、“应付社会保障费”等科目。

3. 为自制物资发生其他直接费用，借记本科目（自制物资——××药品、材料），贷记“银行存款”等科目。

4. 为自制物资发生的间接费用，借记本科目（自制物资——间接费用），贷记“银行存款”、“应付职工薪酬”等科目。

期末按照受益对象及规定的标准和方法分配间接费用时，借记本科目（自制物资——××药品、材料），贷记本科目（自制物资——间接费用）。

间接费用一般可以按生产工人工资、生产工人工时、机器工时、耗用材料的数量或成本、直接费用（直接材料和直接人工）或药品、材料产量等进行分配。医院可根据自己的具体情况自行选择分配方法。分配方法一经确定，不得随意变更。

5. 已经制造完成并验收入库的药品、卫生材料，按所发生的实际成本（包括耗用的直接材料费用、发生的直接人工费用和分配的间接费用），借记“库存物资”科目，贷记本科目（自制物资）。

（二）委托加工物资

1. 发给外单位加工的药品、卫生材料等，按照其实际成本，借记本科目（委托加工物资），贷记“库存物资”科目。

2. 支付加工费用，按实际支付的金额，借记本科目（委托加工物资），贷记“银行存款”等科目。

3. 委托加工完成的药品、卫生材料等验收入库，按加工前发出物资的成本和加工成本，借记“库存物资”科目，贷记本科目（委托加工物资）。

四、本科目期末借方余额，反映医院自制或委托外单位加工但尚未完工的各种物资的实际成本。

1401　待摊费用

一、本科目核算医院已经支出，但应当由本期和以后各期分别负担的分摊期在1年以内（含1年）的各项费用，如预付保险费、预付租金等。

二、医院的待摊费用应当按照其受益期限在1年内分期平均摊销，计入当期费用。如果某项待摊费用已经不能使医院受益，应当将其摊余价值一次全部转入当期费用。

三、本科目应当按照摊销费用种类设置明细账，进行明细核算。

四、待摊费用的主要账务处理如下：

（一）发生待摊费用时，借记本科目，贷记“银行存款”等科目。

（二）按照受益期限分期平均摊销时，借记“医疗业务成本”、“管理费用”等科目，贷记本科目。

五、本科目期末借方余额，反映医院各种已支出但尚未摊销的费用。

1501　长期投资

一、本科目核算医院持有时间准备超过1年（不含1年）的各种股权性质的投资以及购入的在1年内（含1年）不能变现或不准备随时变现的债权性质的投资。

二、本科目应当设置“股权投资”、“债权投资”两个一级明细科目，并在一级明细科目下按股权投资被投资单位和债权投资的种类设置明细账，进行明细核算。到期一次还本付息的长期债权投资，还应在“债权投资”一级明细科目下设置“成本”、“应收利息”两个明细科目，进行明细核算。

三、长期投资的主要账务处理如下：

（一）股权投资

1. 长期股权投资在取得时，应当按照取得时的实际成本作为其初始投资成本。

（1）以货币资金取得的长期股权投资，按照实际支付的全部价款（包括购买价款以及税金、手续费等相关费用）作为投资成本，借记本科目（股权投资），贷记“银行存款”等科目。

（2）以固定资产取得的长期股权投资，按照评估价加上发生的相关税费作为投资成本，借记本科目（股权投资），按照投出固定资产已提的折旧，借记“累计折旧”科目，按发生的相关税费，贷记“银行存款”、“应交税费”等科目，按投出固定资产的账面余额，贷记“固定资产”科目，按其差额，贷记“其他收入”科目或借记“其他支出”科目。

（3）以已入账无形资产取得的长期股权投资，按照评估价加上发生的相关税费作为投资成本，借记本科目（股权投资），按照投出无形资产已提的摊销额，借记“累计摊销”科目，按发生的相关税费，贷记“银行存款”、“应交税费”等科目，按照投出无形资产的账面余额，贷记“无形资产”科目，按其差额，贷记“其他收入”科目或借记“其他支出”科目。以未入账的无形资产取得的长期股权投资，按照评估价加上发生的相关税费作为投资成本，借记本科目（股权投资），按发生的相关税费，贷记“银行存款”、“应交税费”等科目，按其差额，贷记“其他收入”科目。

（4）无偿调入的长期股权投资，按在调出单位的原账面价值加上发生的相关税费作为其投资成本，借记本科目（股权投资），按发生的相关税费，贷记“银行存款”、“应交税费”等科目，按其差额，贷记“其他收入”科目。

2. 长期股权投资持有期间，应当采用成本法核算。采用成本法核算的长期股权投资，除非追加（或收回）投资，长期股权投资的账面价值一般保持不变。

被投资单位宣告分派利润时，按照宣告分派的利润中属于医院应享有的份额，确认当期投资收益，借记“其他应收款”科目，贷记“其他收入——投资收益”科目。实际收到利润时，按照实际收到的金额，借记“银行存款”等科目，贷记“其他应收款”科目。

3. 处置长期股权投资时，按照实际取得的价款，借记“银行存款”等科目，按照所处置长期股权投资的账面余额，贷记本科目（股权投资），按照尚未领取的已宣告分派的利润，贷记“其他应收款”科目，按照其差额，借记或贷记“其他收入——投资收益”科目。

（二）债权投资

1. 长期债权投资在取得时，应当按照取得时的实际成本作为其初始投资成本。

（1）以货币资金购入的长期债权投资，按照实际支付的全部价款（包括购买价款以及税金、手续费等相关费用）作为其投资成本，借记本科目（债权投资），贷记“银行存款”等科目。

（2）无偿调入的长期债权投资，按在调出单位的原账面价值加上发生的相关税费作为其投资成本，借记本科目（债权投资），按发生的相关税费，贷记“银行存款”、“应交税费”等科目，按其差额，贷记“其他收入”科目。

2. 长期债权投资持有期间，应当按照票面价值与票面利率按期计算确认利息收入。如为到期一次还本付息的债权投资，借记本科目（债权投资——应收利息），贷记“其他收入——投资收益”科目；如为分期付息、到期还本的债权投资，借记“其他应收款”科目，贷记“其他收入——投资收益”科目。

3. 出售长期债权投资或到期收回长期债权投资本息，按照实际收到的金额，借记“银行存款”等科目，按照债券初始投资成本和已计未收利息金额，贷记本科目（债权投资——成本、应收利息）[到期一次还本付息债券]，或本科目（债权投资）、“其他应收款”

科目［分期付息债券］，按照其差额，贷记或借记“其他收入——投资收益”科目。

四、本科目期末借方余额，反映医院持有的长期投资的价值。

1601 固定资产

一、本科目核算医院固定资产的原价。

固定资产是指医院持有的预计使用年限在1年以上（不含1年）、单位价值在规定标准以上、在使用过程中基本保持原有物质形态的有形资产。单位价值虽未达到规定标准，但预计使用年限在1年以上（不含1年）的大批同类物资，应作为固定资产管理。

二、医院固定资产包括房屋及建筑物、专用设备、一般设备和其他固定资产。相关说明如下：

1. 对于应用软件，如果其构成相关硬件不可缺少的组成部分，应当将该软件价值包括在所属硬件价值中，一并作为固定资产进行核算；如果其不构成相关硬件不可缺少的组成部分，应当将该软件作为无形资产核算。

2. 医院的图书应当参照固定资产进行管理，不计提折旧。

三、医院应当设置“固定资产登记簿”和“固定资产卡片”，按固定资产类别、使用部门和每项固定资产设置明细账，进行明细核算。医院应当在固定资产明细账中登记每项固定资产原价中财政补助资金、科教项目资金、其他资金的金额及其所占的比例。

出租、出借或作为担保的固定资产，应设置备查簿进行登记。

经营租入的固定资产，应当另设辅助簿进行登记，不在本科目核算。

四、固定资产的主要账务处理如下：

（一）固定资产的取得

医院取得的固定资产，应当按取得时的实际成本作为入账成本。

1. 外购的固定资产，其成本包括实际支付的买价、相关税费以及使固定资产达到交付使用状态前所发生的可直接归属于该项资产的运输费、装卸费、安装费和专业人员服务费等。

以一笔款项购入多项没有单独标价的固定资产，按照各项固定资产同类或类似资产市场价格的比例对总成本进行分配，分别确定各项固定资产的入账成本。

购入不需要安装的固定资产，借记本科目，贷记“银行存款”、“应付账款”等科目。购入需要安装的固定资产，借记“在建工程”科目，贷记“银行存款”、“应付账款”等科目。发生安装费用，借记“在建工程”科目，贷记“银行存款”等科目。安装完毕交付使用时，借记本科目，贷记“在建工程”科目。

购入固定资产扣留质量保证金的，应当在取得固定资产时，按照确定的成本，借记本科目［不需安装］或“在建工程”科目［需要安装］，按照实际支付的价款，贷记“银行存款”、“应付账款”等科目，按照扣留的质量保证金，贷记“其他应付款”科目；质保期满支付质量保证金时，借记“其他应付款”科目，贷记“银行存款”等科目。

使用财政补助、科教项目资金购入固定资产的，按构成固定资产成本的支出金额，借记本科目［不需安装］或“在建工程”科目［需要安装］，贷记“待冲基金”科目；同时，借记“财政项目补助支出”、“科教项目支出”科目，贷记“财政补助收入”、“零余额账户用款额度”、“银行存款”等科目。

2. 自行建造的固定资产，其成本包括该项资产完工交付使用前所发生的全部必要支出。工程完工交付使用时，按自行建造过程中发生的实际支出，借记本科目，贷记“在建工程”科目。

3. 在原有固定资产基础上进行改建、扩建、大型修缮后的固定资产，其成本按照原固定资产账面价值（“固定资产”科目账面余额减去“累计折旧”科目账面余额后的净值）[①]加上改建、扩建、修缮发生的支出，减去改建、扩建、修缮过程中的变价收入，再扣除固定资产拆除部分的账面价值后的金额确定。

将固定资产转入改建、扩建、大型修缮时，应按固定资产的账面价值，借记“在建工程”科目，按已计提的折旧，借记“累计折旧”科目，按固定资产的原价，贷记本科目。工程完工交付使用时，按工程实际成本，借记本科目，贷记“在建工程”科目。

4. 融资租入的固定资产，其成本按照租赁协议或者合同确定的价款、运输费、途中保险费、安装调试费等确定。按照确定的成本，借记本科目，按租赁协议或合同确定的租赁价款，贷记“长期应付款”科目，按照实际支付的运输费、保险费、安装调试费等相关费用，贷记“银行存款”等科目。

5. 无偿调入或接受捐赠的固定资产，其成本比照同类或类似资产的市场价格或有关凭据注明的金额加上相关税费确定。按确定的成本，借记本科目［不需安装］或“在建工程”科目［需要安装］，按发生的相关税费，贷记“银行存款”等科目，按其差额，贷记“其他收入”科目。

（二）按月提取固定资产折旧时，按照财政补助、科教项目资金形成的金额部分，借记“待冲基金”科目，按照应提折旧额中的其余金额部分，借记“医疗业务成本”、“管理费用”等科目，按照应计提的折旧额，贷记“累计折旧”科目。

（三）与固定资产有关的更新改造等后续支出，应分别以下情况处理：

1. 为增加固定资产的使用效能或延长其使用寿命而发生的改建、扩建或大型修缮等后续支出，应当计入固定资产账面价值，通过“在建工程”科目核算。有关账务处理参见“在建工程”科目。

2. 为了维护固定资产的正常使用而发生的修理费等后续支出，应当计入当期费用，借记“医疗业务成本”、“管理费用”等科目，贷记“银行存款”等科目。

（四）固定资产在处置（包括出售、报废、毁损、对外投资、无偿调出、对外捐赠等）时，应分别以下情况处理：

1. 出售、报废、毁损的固定资产，按照所处置固定资产的账面价值减去该资产对应的尚未冲减完毕的待冲基金余额后的金额，借记“固定资产清理”科目，按照已提取的折旧，借记“累计折旧”科目，按照相关待冲基金余额，借记“待冲基金”科目，按照固定资产的账面余额，贷记本科目。

2. 以固定资产对外投资，按照评估价加上发生的相关税费作为投资成本，借记“长期投资——股权投资”科目，按照投出固定资产已提的折旧，借记“累计折旧”科目，按发生的相关税费，贷记“银行存款”、“应交税费”等科目，按投出固定资产的账面余额，贷

① 本制度所称账面价值，是指某会计科目的账面余额减去相关备抵科目（如“坏账准备”、“累计折旧”、“累计摊销”）账面余额后的净值。本制度所称账面余额，是指某会计科目的账面实际余额。

记本科目，按其差额，贷记“其他收入”科目或借记“其他支出”科目。

3. 无偿调出、对外捐赠固定资产，按照发出固定资产已提的折旧，借记“累计折旧”科目，按照发出固定资产对应的尚未冲减完毕的待冲基金余额，借记“待冲基金”科目，按发出固定资产的账面余额，贷记本科目，按其差额，借记“其他支出”科目。

五、医院的固定资产应当定期进行清查盘点，每年至少盘点一次。对于盘盈、盘亏的固定资产，应当及时查明原因，根据规定的管理权限报经批准后及时进行账务处理。盘盈的固定资产，应当按照同类或类似资产市场价格确定的价值入账，并确认为当期收入；盘亏的固定资产，应先扣除可以收回的保险赔偿和过失人的赔偿等，将净损失确认为当期支出。

（一）盘盈的固定资产，按照同类或类似资产市场价格确定的价值，借记本科目，贷记“待处理财产损溢——待处理非流动资产损溢”科目。报经批准处理时，借记“待处理财产损溢——待处理非流动资产损溢”科目，贷记“其他收入”科目。

（二）盘亏的固定资产，按照固定资产账面价值减去该资产对应的尚未冲减完毕的待冲基金余额后的金额，借记“待处理财产损溢——待处理非流动资产损溢”，按已计提的折旧，借记“累计折旧”科目，按相关待冲基金余额，借记“待冲基金”科目，按固定资产的账面余额，贷记本科目。

报经批准处理时，按照相关待处理财产损溢金额扣除可以收回的保险赔偿和过失人的赔偿等后的金额，借记“其他支出”科目，按照已收回或应收回的保险赔偿和过失人赔偿等，借记“库存现金”、“银行存款”、“其他应收款”等科目，按照相关待处理财产损溢余额，贷记“待处理财产损溢——待处理非流动资产损溢”科目。

六、本科目期末借方余额，反映医院固定资产的原价。

1602　累计折旧

一、本科目核算医院固定资产计提的累计折旧。

二、本科目应当按照所对应固定资产的类别及项目设置明细账，进行明细核算。

三、医院应当对除图书外的固定资产计提折旧，在固定资产的预计使用年限内系统地分摊固定资产的成本。医院原则上应当根据固定资产的性质，采用年限平均法或工作量法计提折旧。折旧方法一经确定，不得随意变更。确需采用其他折旧方法的，应按规定报经审批，并在会计报表附注中予以说明。医院计提固定资产折旧不考虑预计净残值。

医院一般应当按月提取折旧，当月增加的固定资产，当月不提折旧，从下月起计提折旧；当月减少的固定资产，当月照提折旧，从下月起不提折旧。

固定资产提足折旧后，无论能否继续使用，均不再提取折旧；提前报废的固定资产，也不再补提折旧。

计提融资租入固定资产折旧时，应当采用与自有固定资产相一致的折旧政策。能够合理确定租赁期届满时将会取得租入固定资产所有权的，应当在租入固定资产尚可使用年限内计提折旧；无法合理确定租赁期届满时能够取得租入固定资产所有权的，应当在租赁期与租入固定资产尚可使用年限两者中较短的期间内计提折旧。

固定资产发生更新改造等后续支出而延长其使用年限的，应当按照更新改造后重新确定的固定资产的成本以及重新确定的折旧年限，重新计算折旧额。

四、累计折旧的主要账务处理如下：

（一）按月提取固定资产折旧时，按照财政补助、科教项目资金形成的金额部分，借记“待冲基金”科目，按照应提折旧额中的其余金额部分，借记“医疗业务成本”［医疗及其辅助活动用固定资产］、“管理费用”［行政及后勤管理部门用固定资产］、“其他支出”［经营出租用固定资产］等科目，按照应计提的折旧额，贷记本科目。

对于具有多种用途、混合使用的房屋等固定资产，其应提的折旧额应采用合理的方法分摊计入有关科目。

（二）固定资产处置或盘亏时，按照所处置或盘亏固定资产的账面价值减去该资产对应的尚未冲减完毕的待冲基金余额后的金额，借记有关科目，按已提取的折旧，借记本科目，按相关待冲基金余额，借记“待冲基金”科目，按固定资产账面余额，贷记“固定资产”科目。

五、本科目期末贷方余额，反映医院提取的固定资产折旧累计数。

1611　在 建 工 程

一、本科目核算医院为建造、改建、扩建及修缮固定资产以及安装设备而进行的各项建筑、安装工程所发生的实际成本。

二、本科目应当按照具体工程项目等进行明细核算。

三、在建工程的主要账务处理如下：

（一）建筑工程

1. 将固定资产转入改建、扩建或大型修缮等时，应按固定资产的账面价值，借记本科目，按已计提的折旧，借记“累计折旧”科目，按固定资产的原价，贷记“固定资产”科目。

2. 根据工程价款结算账单与施工企业结算工程价款时，按医院应承付的工程价款，借记本科目，贷记“银行存款”等科目。

使用财政补助资金向施工企业支付工程款时，按照支付金额，借记“财政项目补助支出”科目，贷记“财政补助收入”、“零余额账户用款额度”等科目；同时，借记本科目，贷记“待冲基金——待冲财政基金”科目。

3. 在改建、扩建、大型修缮过程中收到的变价收入，按收到的金额，借记“银行存款”等科目，贷记本科目。

4. 医院为建筑工程借入的专门借款的利息，属于建设期间发生的，计入在建工程成本，借记本科目，贷记“长期借款”科目。

5. 工程完工交付使用时，按建筑工程所发生的实际成本，借记“固定资产”科目，贷记本科目。

（二）设备安装

1. 购入或融资租入需要安装的设备，借记本科目，贷记“银行存款”、“应付账款”、“长期应付款”等科目。

使用财政补助资金购入需安装设备时，按照支付金额，借记“财政项目补助支出”等科目，贷记“财政补助收入”、“零余额账户用款额度”等科目；同时，借记本科目，贷记“待冲基金——待冲财政基金”科目。

2. 发生安装费用，借记本科目，贷记“银行存款”等科目。

使用财政补助资金支付安装费用时，按照支付金额，借记“财政项目补助支出”等科目，贷记“财政补助收入”、“零余额账户用款额度”等科目；同时，借记本科目，贷记“待冲基金——待冲财政基金”科目。

3. 设备安装完毕交付使用时，借记“固定资产”科目，贷记本科目。

四、本科目期末借方余额，反映医院尚未完工的在建工程发生的实际成本。

1621 固定资产清理

一、本科目核算医院因出售、报废、毁损等原因转入清理的固定资产净值及其清理过程中所发生的清理费用和清理收入等。

二、本科目应当按照“处置资产净额”、“处置净收入”以及被清理的固定资产项目设置明细账，进行明细核算。

三、固定资产清理的主要账务处理如下：

（一）出售、报废、毁损固定资产转入清理时，按照固定资产的账面价值减去该资产对应的尚未冲减完毕的待冲基金余额后的金额，借记本科目（处置资产净额），按照已提取的折旧，借记“累计折旧”科目，按照相关待冲基金余额，借记“待冲基金”科目，按照固定资产账面余额，贷记“固定资产”科目。

（二）清理过程中发生的费用和相关税金，按照实际发生额，借记本科目（处置净收入），贷记“应交税费”、“银行存款”等科目。

（三）固定资产出售、报废、毁损所收回的价款、残料价值和变价收入等，借记“银行存款”等科目，贷记本科目（处置净收入）；应当由保险公司或过失人赔偿的损失，借记“库存现金”、“银行存款”、“其他应收款”等科目，贷记本科目（处置净收入）。

（四）出售、报废、毁损固定资产清理完毕，借记本科目（处置净收入），贷记“其他收入”科目或“应缴款项”科目［按规定上缴时］；同时，借记“其他支出”科目，贷记本科目（处置资产净额）。

四、本科目期末如为借方余额，反映医院尚未清理完毕的固定资产清理净损失；如为贷方余额，反映医院尚未清理完毕的固定资产清理净收益。

1701 无形资产

一、本科目核算医院为开展医疗服务等活动或为管理目的而持有的且没有实物形态的非货币性长期资产，包括专利权、非专利技术、商标权、著作权、土地使用权等。

医院购入的不构成相关硬件不可缺少组成部分的应用软件，应当作为无形资产核算。

二、本科目应当按照无形资产的类别和项目设置明细账，进行明细核算。

医院应当在无形资产明细账中登记每项无形资产入账成本中财政补助资金、科教项目资金、其他资金的金额及其所占的比例。

三、无形资产的主要账务处理如下：

（一）无形资产在取得时，应当按照取得时的实际成本入账。

1. 购入的无形资产，其成本包括实际支付的购买价款、相关税费以及可归属于该项资产达到预定用途所发生的其他支出。按确定的成本，借记本科目，贷记“银行存款”等科目。

使用财政补助、科教项目资金购入无形资产的，按构成无形资产成本的支出金额，借记本科目，贷记“待冲基金”科目；同时，借记“财政项目补助支出”、“科教项目支出”科目，贷记“财政补助收入”、“零余额账户用款额度”、“银行存款”等科目。

2. 自行开发并按法律程序申请取得的无形资产，按依法取得时发生的注册费、聘请律师费等费用，借记本科目，贷记“银行存款”等科目。

（二）按月计提无形资产摊销时，按照财政补助、科教项目资金形成的金额部分，借记“待冲基金”科目，按照应提摊销额中的其余金额部分，借记“医疗业务成本”、“管理费用”等科目，按照应计提的摊销额，贷记“累计摊销”科目。

（三）与无形资产有关的后续支出，应分别以下情况处理：

1. 为增加无形资产的使用效能而发生的后续支出，如对软件进行升级或扩展其功能等所发生的支出，应当计入无形资产账面价值，借记本科目，贷记“银行存款”等科目。

2. 为了维护无形资产的正常使用而发生的后续支出，如对软件进行漏洞修补等所发生的支出，应当计入当期费用，借记“医疗业务成本”、“管理费用”等科目，贷记“银行存款”等科目。

（四）无形资产在处置（包括转让、对外投资、核销等）时，应当分别以下情况处理：

1. 经批准转让无形资产，按照收到的价款，借记“银行存款”等科目，按所发生的相关税费，贷记“应交税费”、“银行存款”等科目，按收到的转让价款扣除相关税费后的金额，贷记“其他收入”科目或“应缴款项”科目［按规定上缴时］；同时，按无形资产账面价值减去该资产对应的尚未冲减完毕的待冲基金余额后的金额，借记“其他支出”科目，按已计提的累计摊销，借记“累计摊销”科目，按相关待冲基金余额，借记“待冲基金”科目，按无形资产账面余额，贷记本科目。

2. 以已入账无形资产对外投资，按照评估价加上发生的相关税费作为投资成本，借记“长期投资——股权投资”科目，按照投出无形资产已提的摊销额，借记“累计摊销”科目，按发生的相关税费，贷记“银行存款”、“应交税费”等科目，按照投出无形资产的账面余额，贷记本科目，按其差额，贷记“其他收入”科目或借记“其他支出”科目。

3. 无形资产预期不能为医院带来服务潜力或经济利益的，应当将该无形资产的账面价值及相关待冲基金余额予以核销。报经批准后，按准核销无形资产的账面价值减去该资产对应的尚未冲减完毕的待冲基金余额后的金额，借记“其他支出”科目，按准核销无形资产已计提的摊销，借记“累计摊销”科目，按相关待冲基金余额，借记“待冲基金”科目，按准核销无形资产的账面余额，贷记本科目。

四、本科目期末借方余额，反映医院已入账无形资产的原价。

1702 累 计 摊 销

一、本科目核算医院无形资产计提的累计摊销。

二、本科目应当按照所对应无形资产的类别及项目设置明细账，进行明细核算。

三、医院无形资产应当自取得当月起，在预计使用年限内采用年限平均法分期平均摊销。如预计使用年限超过了相关合同规定的受益年限或法律规定的有效年限，该无形资产的摊销年限按如下原则确定：

1. 合同规定了受益年限但法律没有规定有效年限的，摊销期不应超过合同规定的受益年限；

2. 合同没有规定受益年限但法律规定了有效年限的，摊销期不应超过法律规定的有效年限；

3. 合同规定了受益年限，法律也规定了有效年限的，摊销期不应超过受益年限和有效年限两者之中较短者。

如果合同没有规定受益年限，法律也没有规定有效年限的，摊销期不应超过 10 年。

四、累计摊销的主要账务处理如下：

（一）按月计提无形资产摊销时，按照财政补助、科教项目资金形成的金额部分，借记“待冲基金”科目，按照应提摊销额中的其余金额部分，借记“医疗业务成本”、“管理费用”等科目，按照应计提的摊销额，贷记本科目。

（二）处置无形资产时，按无形资产账面价值减去该资产对应的尚未冲减完毕的待冲基金余额后的金额，借记有关科目，按已计提的累计摊销，借记本科目，按相关待冲基金余额，借记“待冲基金”科目，按无形资产账面余额，贷记“无形资产”科目。

五、本科目期末贷方余额，反映医院提取的无形资产累计摊销额。

1801 长期待摊费用

一、本科目核算医院已经发生但应由本期和以后各期负担的分摊期限在 1 年以上（不含 1 年）的各项费用，如以经营租赁方式租入的固定资产发生的改良支出等。

二、本科目应当按照费用项目进行明细核算。

三、医院发生的长期待摊费用，借记本科目，贷记“银行存款”等科目。摊销长期待摊费用时，借记“管理费用”等科目，贷记本科目。

四、本科目期末借方余额，反映医院尚未摊销完毕的长期待摊费用。

1901 待处理财产损溢

一、本科目核算医院在清查财产过程中查明的各种财产盘盈、盘亏和毁损的价值。

二、本科目应当设置“待处理流动资产损溢”、“待处理非流动资产损溢”明细科目，进行明细核算。

三、医院发现盘盈、盘亏、毁损的财产物资，应当先记入本科目，并及时查明原因，根据管理权限报经批准后及时进行账务处理。年度终了结账前一般应处理完毕。待处理财产损溢的主要账务处理如下：

（一）盘盈的库存物资，按比照同类或类似物资市场价格确定的价值，借记“库存物资”科目，贷记本科目（待处理流动资产损溢）。

盘亏、变质、毁损的库存物资，按其账面余额减去该物资对应的待冲基金数额后的金额，借记本科目（待处理流动资产损溢），按相关待冲基金数额，借记“待冲基金”科目，按该物资账面余额，贷记“库存物资”科目。

（二）盘盈的固定资产，按比照同类或类似资产市场价格确定的价值，借记“固定资产”科目，贷记本科目（待处理非流动资产损溢）。

盘亏的固定资产，按照固定资产账面价值减去该资产对应的尚未冲减完毕的待冲基金余额后的金额，借记本科目（待处理非流动资产损溢），按已计提的折旧，借记“累计折旧”

科目，按相关待冲基金余额，借记“待冲基金”科目，按固定资产账面余额，贷记“固定资产”科目。

（三）上述财产物资的盘盈、盘亏、毁损在查明原因，报经批准处理时，作如下账务处理：

盘盈的库存物资、固定资产等，借记本科目，贷记“其他收入”科目。

盘亏、变质、毁损的库存物资以及盘亏的固定资产，按照相关待处理财产损溢金额扣除可以收回的保险赔偿和过失人的赔偿等后的金额，借记“其他支出”科目，按照已收回或应收回的保险赔偿和过失人赔偿等，借记“库存现金”、“银行存款”、“其他应收款”等科目，按照相关待处理财产损溢余额，贷记本科目。

四、本科目期末如为借方余额，反映医院尚未处理的各种财产物资的净损失；如为贷方余额，反映尚未处理的各种财产物资的净溢余。年度终了报经批准处理后，本科目一般应无余额。

贰 负债类

2001 短期借款

一、本科目核算医院向银行或其他金融机构等借入的期限在1年以下（含1年）的各种借款。

二、本科目应当按照贷款单位和贷款种类进行明细核算。

三、短期借款的主要账务处理如下：

（一）借入各种短期借款时，按照实际借得的金额，借记“银行存款”科目，贷记本科目。

（二）发生短期借款利息时，借记“管理费用”科目，贷记“预提费用”、“银行存款”等科目。

（三）归还借款时，借记本科目，贷记“银行存款”科目。

四、本科目期末贷方余额，反映医院尚未偿还的短期借款本金。

2101 应缴款项

一、本科目核算医院按规定应缴入国库或应上缴行政主管部门的款项。

二、本科目应按应缴款项类别进行明细核算。

三、应缴款项的主要账务处理如下：

（一）出售、报废、毁损固定资产清理后，按照清理收入（包括保险理赔收入）扣除清理费用后的净额，借记“固定资产清理——处置净收入”科目，贷记“其他收入”科目或本科目［按规定上缴时］。

（二）经批准转让无形资产，按照收到的价款，借记“银行存款”等科目，按所发生的相关税费，贷记“应交税费”、“银行存款”等科目，按收到的转让价款扣除相关税费后的金额，贷记“其他收入”科目或本科目［按规定上缴时］。

（三）按规定计算确定或实际取得的其他应缴款项，借记有关科目，贷记本科目。

（四）上缴款项时，借记本科目，贷记“银行存款”等科目。

四、本科目期末贷方余额，反映医院的应缴未缴款项。年终缴清后，本科目应无余额。

2201 应付票据

一、本科目核算医院购买库存物资、医疗设备，接受服务供应等而开出、承兑的商业汇票，包括银行承兑汇票和商业承兑汇票。

二、应付票据的主要账务处理如下：

（一）因购买物资、设备，接受服务供应等开出、承兑商业汇票时，借记“库存物资”、“固定资产”等科目，贷记本科目。

支付银行承兑汇票的手续费时，借记“管理费用”科目，贷记“银行存款”科目。

以商业承兑汇票抵付应付账款时，借记“应付账款”科目，贷记本科目。

（二）应付票据到期时，应当分别以下情况处理：

1. 收到银行支付到期票据的付款通知时，借记本科目，贷记“银行存款”科目。

2. 无力支付票款的，按照应付票据的账面余额，借记本科目，贷记“应付账款”科目。

（三）如果为带息应付票据，应当在会计期末或票据到期时计算应付利息，借记“管理费用”科目，贷记本科目。

到期不能支付的带息应付票据，转入“应付账款”科目核算后，期末时不再计提利息。

三、医院应当设置“应付票据备查簿”，详细登记每一应付票据的种类、号数、签发日期、到期日、票面金额、票面利率、合同交易号、收款人姓名或单位名称以及付款日期和金额等资料。应付票据到期结清时，应当在备查簿内逐笔注销。

四、本科目期末贷方余额，反映医院持有的尚未到期的应付票据本息。

2202 应付账款

一、本科目核算医院因购买库存物资、固定资产和接受服务供应等而应付给供应单位的款项。

二、本科目应当按照债权人等进行明细核算。

三、应付账款的主要账务处理如下：

（一）发生应付账款时，按照应付未付金额，借记“库存物资”、“固定资产”等科目，贷记本科目。

（二）偿付应付账款时，借记本科目，贷记“银行存款”等科目。

（三）开出、承兑商业汇票抵付应付账款时，借记本科目，贷记“应付票据”科目。

（四）确实无法支付或由其他单位承担的应付账款，借记本科目，贷记“其他收入”科目。

四、本科目期末贷方余额，反映医院尚未支付的应付账款。

2203 预收医疗款

一、本科目核算医院从住院病人、门诊病人等预收的款项。

二、医院应当按照住院病人、门诊病人等，对预收医疗款进行明细核算。

三、预收医疗款的主要账务处理如下：

（一）收到住院病人、门诊病人预交金，按实际预收的金额，借记“银行存款”、“库存现金”等科目，贷记本科目。

（二）与门诊病人结算医疗费时，如病人应付的医疗款金额大于其预交金额，按病人补付金额，借记“库存现金”、“银行存款”等科目，按病人预交金额，借记本科目，按病人应付的医疗款金额，贷记“医疗收入”科目。如病人应付的医疗款金额小于其预交金额，按病人应付的医疗款金额，借记本科目，贷记“医疗收入”科目；退还病人差额的，还应按退还金额，借记本科目，贷记“库存现金”、“银行存款”等科目。

（三）住院病人办理出院手续，结算医疗费时，如病人应付的医疗款金额大于其预交金额，应按病人补付金额，借记“库存现金”、“银行存款”等科目，按病人预交金额，借记本科目，按病人欠费金额，借记“应收医疗款”科目，按病人应付的医疗款金额，贷记“应收在院病人医疗款”科目；如病人应付的医疗款金额小于其预交金额，应按病人预交金额，借记本科目，按病人应付的医疗款金额，贷记“应收在院病人医疗款”科目，按退还给病人的差额，贷记“库存现金”、“银行存款”等科目。

四、本科目期末贷方余额，反映医院向住院病人、门诊病人等预收但尚未结算的款项。

2204　应付职工薪酬

一、本科目核算医院按有关规定应付给职工（包括离退休人员）的各种薪酬，包括工资、津补贴、奖金等。

二、本科目应当按国家有关规定设置明细科目，进行明细核算。

三、应付职工薪酬的主要账务处理如下：

（一）计算分配应付的职工薪酬，借记“医疗业务成本”、“在加工物资”［专门从事物资自制人员发生］、“管理费用”等科目，贷记本科目。

（二）从应付职工薪酬中代扣代缴的各种款项（如职工基本养老保险费、失业保险费、基本医疗保险费、住房公积金、个人所得税等），借记本科目，贷记“应付社会保障费”、“应交税费”等科目。

（三）支付职工薪酬，借记本科目，贷记“财政补助收入”、“零余额账户用款额度”、“银行存款”等科目。

四、本科目期末贷方余额，反映医院应付未付的职工薪酬。

2205　应付福利费

一、本科目核算医院按国家有关规定从成本费用中提取的职工福利费。

二、应付福利费的主要账务处理如下：

（一）提取职工福利费时，按提取金额，借记“医疗业务成本”、“在加工物资”、“管理费用”等科目，贷记本科目。

（二）按规定的开支范围支付职工福利费时，借记本科目，贷记“库存现金”、“银行存款”等科目。

三、本科目期末贷方余额，反映医院已提取但尚未支付的职工福利费金额。

2206　应付社会保障费

一、本科目核算医院按有关规定应付给社会保障机构的各种社会保障费，包括城镇职工基本养老保险费、失业保险费、基本医疗保险费、住房公积金等。

二、本科目应按社会保障费类别设置明细账，进行明细核算。

三、应付社会保障费的主要账务处理如下：

（一）从应付职工薪酬中代扣代缴的社会保障费，借记“应付职工薪酬”科目，贷记本科目。

（二）计算确定应由医院为职工负担的社会保障费，借记“医疗业务成本”、“在加工物资”、“管理费用”等科目，贷记本科目。

（三）支付社会保障费，借记本科目，贷记“财政补助收入”、“零余额账户用款额度”、“银行存款”等科目。

四、本科目期末贷方余额，反映医院应付但尚未支付给社会保障机构的社会保障费。

2207 应交税费

一、本科目核算医院按照国家有关税法规定应当交纳或代扣代缴的各种税费，包括营业税、城市维护建设税、教育费附加、个人所得税、车船使用税、房产税等。

医院应交纳的印花税不需要预提应交税费，直接通过“管理费用”科目核算，不在本科目核算。

二、本科目应当按应交的税费种类设置明细账，进行明细核算。

三、应交税费的主要账务处理如下：

（一）发生营业税、城市维护建设税、教育费附加纳税义务的，按照税法规定计算的应交税费金额，借记“固定资产清理”［出售不动产应交的税费］、“其他支出”等科目，贷记本科目。实际交纳时，借记本科目，贷记“银行存款”等科目。

（二）发生代扣代缴个人所得税纳税义务的，按照税法规定计算应代扣代交的个人所得税，借记“应付职工薪酬”科目，贷记本科目。实际交纳时，借记本科目，贷记“银行存款”等科目。

（三）按税法规定计算的应交房产税、车船使用税等，借记“管理费用”科目，贷记本科目。实际交纳时，借记本科目，贷记“银行存款”等科目。

（四）发生其他纳税义务的，按照应交纳的税金，借记有关科目，贷记本科目。实际交纳时，借记本科目，贷记“银行存款”等科目。

四、本科目期末贷方余额，反映医院尚未交纳的税费。

2209 其他应付款

一、本科目核算医院除应缴款项、应付票据、应付账款、预收医疗款、应付职工薪酬、应付福利费、应付社会保障费、应交税费以外的其他各项应付、暂收款项，如存入保证金等。

二、本科目应当按照应付、暂收款项的类别和单位或个人设置明细账，进行明细核算。

三、其他应付款的主要账务处理如下：

（一）发生的各项应付、暂收款项，借记“银行存款”等科目，贷记本科目。

（二）支付款项时，借记本科目，贷记“银行存款”等科目。

（三）确实无法支付或由其他单位承担的其他应付款，借记本科目，贷记“其他收入”科目。

四、本科目期末贷方余额，反映医院尚未支付的其他应付款项。

2301　预 提 费 用

一、本科目核算医院预先提取的已经发生但尚未支付的费用，如预提的短期借款利息等。

二、本科目应当按照预提费用种类设置明细账，进行明细核算。

三、预提费用的主要账务处理如下：

（一）按规定预提短期借款利息等时，按照预提的金额，借记“管理费用”等科目，贷记本科目。

（二）实际支付款项时，借记本科目，贷记“银行存款”等科目。

四、本科目期末贷方余额，反映医院已预提但尚未支付的各项费用。

2401　长 期 借 款

一、本科目核算医院按规定向银行或其他金融机构借入的偿还期限在 1 年以上（不含 1 年）的各项借款及发生的相关利息。

二、本科目应当按贷款单位、具体贷款种类等进行明细核算。

三、长期借款的主要账务处理如下：

（一）借入长期借款时，按照实际借入额，借记“银行存款”科目，贷记本科目。

（二）为购建固定资产发生的专门借款利息，属于工程项目建设期间发生的，计入工程成本，借记“在建工程”科目，贷记本科目；属于工程完工交付使用后发生的，计入管理费用，借记“管理费用”科目，贷记本科目。

其他的长期借款利息应当计入管理费用，借记“管理费用”科目，贷记本科目。

（三）归还长期借款本息时，借记本科目，贷记“银行存款”科目。

四、本科目期末贷方余额，反映医院尚未偿还的长期借款本息。

2402　长期应付款

一、本科目核算医院发生的偿还期限在 1 年以上（不含 1 年）的应付款项，如融资租入固定资产的租赁费等。

二、本科目应当按照长期应付款的种类设置明细账，进行明细核算。

三、长期应付款的主要账务处理如下：

（一）发生长期应付款时，借记“固定资产”等科目，贷记本科目。

（二）支付长期应付款时，借记本科目，贷记“银行存款”科目。

四、本科目期末贷方余额，反映医院尚未支付的各种长期应付款。

叁　净资产类

3001　事 业 基 金

一、本科目核算医院拥有的非限定用途的净资产，主要包括滚存的结余资金和科教项目结余解除限定后转入的金额等。

二、事业基金的主要账务处理如下：

（一）按规定将科教项目结项后的结余资金转入事业基金时，借记“科教项目结转（余）”科目，贷记本科目。

（二）年末，将当年未分配结余转入事业基金时，借记“结余分配——转入事业基金”科目，贷记本科目。

（三）年末，用事业基金弥补亏损时，借记本科目，贷记“结余分配——事业基金弥补亏损”科目。

三、医院发生需要调整以前年度结余的事项，凡国家另有规定的，从其规定；没有规定的，应通过本科目进行核算，并在会计报表附注中予以说明。

四、本科目期末贷方余额，反映医院非限定用途净资产的金额。

3101 专用基金

一、本科目核算医院按规定设置、提取的具有专门用途的净资产，如职工福利基金、医疗风险基金等。

二、本科目应按照基金类别设置明细账，进行明细核算。

三、专用基金的主要账务处理如下：

（一）按照有关规定提取职工福利基金时，借记“结余分配——提取职工福利基金”科目，贷记本科目（职工福利基金）。

（二）按照有关规定提取医疗风险基金时，借记“医疗业务成本”科目，贷记本科目（医疗风险基金）。

（三）按规定使用专用基金时，借记本科目，贷记“银行存款”等科目。所提取的医疗风险基金不足支付时，按照超出部分的金额，借记“医疗业务成本”科目，贷记“银行存款”等科目。

四、本科目期末贷方余额，反映医院按规定设置、提取的具有专门用途净资产的金额。

3201 待冲基金

一、本科目核算医院使用财政补助、科教项目收入购建固定资产、无形资产或购买药品、卫生材料等物资所形成的，留待计提资产折旧、摊销或领用发出库存物资时予以冲减的基金。

二、本科目应设置“待冲财政基金”和“待冲科教项目基金”两个明组科目，进行明细核算。其中，“待冲财政基金”明细科目核算使用财政补助购建固定资产、无形资产或购买药品、卫生材料等物资所形成的，留待计提资产折旧、摊销或领用发出库存物资时予以冲减的基金；“待冲科教项目基金”明细科目核算使用科教项目收入购入固定资产、无形资产或购买药品、卫生材料等物资所形成的，留待计提资产折旧、摊销或领用发出库存物资时予以冲减的基金。

三、待冲基金应当在使用财政补助、科教项目收入购建固定资产、无形资产或购买药品、卫生材料等物资发生支出时予以确认，并在相关固定资产、无形资产按期计提折旧、摊销或领用发出库存物资时予以冲减。领用发出库存物资一并冲减的待冲基金金额为发出库存物资所对应的待冲基金金额。随相关固定资产、无形资产各期计提折旧、摊销一并冲减的待冲基金金额按照以下公式计算确定：

相关资产计提折旧、摊销时应冲减的待冲基金金额=相关资产应计提的折旧、摊销额×相关资产入账成本中财政补助资金或科教项目资金所占的比例

相关固定资产、无形资产在提足折旧、摊销前处置、盘亏的以及相关库存物资在领用发出前发生盘亏、变质、毁损的，应当在将该资产予以冲销的同时，将该资产所对应的尚未冲减完毕的待冲基金一并冲销。

四、待冲基金的主要账务处理如下：

（一）使用财政补助资金为购建固定资产、无形资产或购买药品、卫生材料等库存物资发生支出时，按照实际支出金额，借记“财政项目补助支出”等科目，贷记“财政补助收入”、“零余额账户用款额度”、“银行存款”等科目；同时，借记“在建工程”、“固定资产”、“无形资产”、“库存物资”等科目，贷记“待冲基金——待冲财政基金”科目。

（二）使用科教项目资金为购入固定资产、无形资产或购买药品、卫生材料等库存物资发生支出时，按照实际支出金额，借记“科教项目支出”科目，贷记“银行存款”等科目；同时，借记“固定资产”、“无形资产”、“库存物资”等科目，贷记“待冲基金——待冲科教项目基金”科目。

（三）财政补助、科教项目资金形成的固定资产、无形资产计提折旧、摊销时，按照财政补助、科教项目资金形成的金额部分，借记本科目，按照应提折旧、摊销额中的其余金额部分，借记“医疗业务成本”、“管理费用”等科目，按照应计提的折旧、摊销额，贷记“累计折旧”、“累计摊销”科目。

（四）领用、发出财政补助、科教项目资金形成的库存物资时，按发出物资所对应的待冲基金金额，借记本科目，贷记“库存物资”科目。

（五）处置、盘亏财政补助、科教项目资金形成的固定资产、无形资产，以及财政补助、科教项目资金形成的库存物资发生盘亏、变质、毁损的，应当在进行相关账务处理的同时，按该项资产对应的尚未冲减完毕的待冲基金数额，借记本科目，贷记“固定资产”、“无形资产”、“库存物资”等科目。

五、本科目期末贷方余额，反映医院尚未冲减完毕的待冲基金数额。

3301 财政补助结转（余）

一、本科目核算医院历年滚存的财政补助结转和结余资金，包括基本支出结转、项目支出结转和项目支出结余。

二、本科目应当设置“财政补助结转”、“财政补助结余”两个一级明细科目。

（一）“财政补助结转”明细科目

“财政补助结转”一级明细科目下应设置“基本支出结转”、“项目支出结转”两个二级明细科目。

“基本支出结转”二级明细科目下应按照《政府收支分类科目》中“支出功能分类科目”的相关科目进行明细核算。

“项目支出结转”二级明细科目下应按照《政府收支分类科目》中“支出功能分类科目”的“医疗卫生”、“科学技术”、“教育”等相关科目以及具体项目进行明细核算。

（二）“财政补助结余”明细科目

"财政补助结余"一级明细科目下应当按照《政府收支分类科目》中"支出功能分类科目"的相关科目进行明细核算。

三、财政补助结转（余）的主要账务处理如下：

（一）期末，将本期财政项目补助收入结转入财政补助结转（余）时，借记"财政补助收入——项目支出"科目，贷记本科目（财政补助结转——项目支出结转）；将本期财政项目补助支出结转入财政补助结转（余）时，借记本科目（财政补助结转——项目支出结转），贷记"财政项目补助支出"科目。

（二）年末，将本年财政基本补助结转转入财政补助结转（余）时，按"财政补助收入——基本支出"明细科目本年发生额减去"医疗业务成本"、"管理费用"科目下"财政基本补助支出"备查簿中登记的本年发生额合计后的金额，借记"本期结余"科目，贷记本科目（财政补助结转——基本支出结转）。

（三）年末，完成上述（一）、（二）结转后，应当对本科目下"财政补助结转——项目支出结转"明细科目下所属各明细项目的执行情况进行分析，按照有关规定将符合财政补助结余资金性质的对应项目的贷方余额转入本科目下"财政补助结余"明细科目。按照各项目结转金额，借记本科目（财政补助结转——项目支出结转——××项目），贷记本科目（财政补助结余）。

（四）按规定向主管部门等上缴财政补助结转和结余资金、注销财政补助结转和结余额度等时，按实际上缴资金数额或注销的资金额度数额，借记本科目，贷记"财政应返还额度"、"零余额账户用款额度"、"银行存款"等科目。

四、本科目期末贷方余额，反映医院财政补助结转和结余资金数额。

3302 科教项目结转（余）

一、本科目核算医院尚未结项的非财政资助科研、教学项目累计所取得收入减去累计发生支出后的，留待下期按原用途继续使用的结转资金，以及医院已经结项但尚未解除限定的非财政科教项目结余资金。

这里的"项目"，指医院从财政部门以外的部门或单位取得的、具有指定用途、项目完成后需要报送项目资金支出决算和使用效果书面报告的资金所对应的项目。

这里的"累计发生支出"，指使用非财政科研、教学项目收入累计所发生的支出。

二、本科目应设置"科研项目结转（余）"、"教学项目结转（余）"两个明细科目，并按具体项目进行明细核算。

三、科教项目结转（余）的主要账务处理如下：

（一）期末，结转本期科教项目收入，借记"科教项目收入"科目，贷记本科目。

（二）期末，结转本期科教项目支出，借记本科目，贷记"科教项目支出"科目。

（三）科教项目结项后如有结余资金并解除限定可以转入事业基金的，按照结转金额，借记本科目，贷记"事业基金"科目。

四、本科目期末贷方余额，反映医院留待下期按原用途继续使用的非财政科研、教学项目结转资金数额以及尚未解除限定的非财政科研、教学项目结余资金数额。

3401 本期结余

一、本科目核算医院本期除财政项目补助收支、科教项目收支以外的各项收入减去各项费用后的结余。

二、本期结余的主要账务处理如下：

（一）期末，应将除财政项目补助收支、科教项目收支以外的其他各收入、费用类科目的本期发生额结转入本期结余。按照应结转的各收入类科目的本期发生额，借记“医疗收入”、“财政补助收入——基本支出”、“其他收入”科目，贷记本科目；同时，按照应结转的各费用类科目的本期发生额，借记本科目，贷记“医疗业务成本”、“管理费用”、“其他支出”科目。

（二）年末，经过上述（一）结转后，首先，应将本年财政基本补助结转转入财政补助结转（余），按“财政补助收入——基本支出”明细科目本年发生额减去“医疗业务成本”、“管理费用”科目下“财政基本补助支出”备查簿中登记的本年发生额合计后的金额，借记本科目，贷记“财政补助结转（余）——财政补助结转（基本支出结转）”科目。

其次，将扣除财政基本补助结转后本年实现的业务结余（或发生的业务亏损）结转入结余分配。如扣除财政基本补助结转后本科目为贷方余额（即为本年实现的业务结余），借记本科目，贷记“结余分配”科目；如扣除财政基本补助结转后本科目为借方余额（即为本年发生的业务亏损），借记“结余分配”科目，贷记本科目。

三、本科目期末如为贷方余额，反映医院自年初至报告期末累计实现的业务结余；如为借方余额，反映医院自年初至报告期末累计发生的业务亏损。年末结转后，本科目应无余额。

3501 结余分配

一、本科目核算医院当年提取职工福利基金、未分配结余结转事业基金、用事业基金弥补亏损等的情况和结果。

二、本科目应设置“事业基金弥补亏损”、“提取职工福利基金”、“转入事业基金”等明细科目，进行明细核算。

三、结余分配的主要账务处理如下：

（一）年末，将本年扣除财政基本补助结转后实现的业务结余结转入结余分配时，借记“本期结余”科目，贷记本科目；将本年扣除财政基本补助结转后发生的业务亏损结转入结余分配时，借记本科目，贷记“本期结余”科目。

（二）经过上述（一）结转后，本科目为贷方余额的，可以按国家有关规定提取职工福利基金，剩余部分转入事业基金。提取职工福利基金时，借记本科目（提取职工福利基金），贷记“专用基金”科目；将提取职工福利基金后本科目的贷方余额转入事业基金时，借记本科目（转入事业基金），贷记“事业基金”科目。

（三）经过上述（一）结转后，本科目为借方余额的，应由事业基金弥补，不得进行其他分配；事业基金不足以弥补的，为累计未弥补亏损。以事业基金弥补亏损时，借记“事业基金”科目，贷记本科目（事业基金弥补亏损）。

四、年末将未分配结余转入事业基金后，本科目一般应无余额。本科目年末有借方余额的，表示医院累计未弥补的亏损。

肆　收入类

4001　医疗收入

一、本科目核算医院开展医疗服务活动取得的收入，包括门诊收入和住院收入。

二、本科目应设置“门诊收入”、“住院收入”两个一级明细科目。

（一）“门诊收入”一级明细科目

“门诊收入”一级明细科目核算医院为门诊病人提供医疗服务所取得的收入。该一级明细科目下应当设置“挂号收入”、“诊察收入”、“检查收入”、“化验收入”、“治疗收入”、“手术收入”、“卫生材料收入”、“药品收入”、“药事服务费收入”、“其他门诊收入”、“结算差额”等二级明细科目，进行明细核算。其中：

“药品收入”二级明细科目下，应设置“西药”、“中成药”、“中草药”等三级明细科目。

“结算差额”二级明细科目核算医院同医疗保险机构结算时，因医院按照医疗服务项目收费标准计算确认的应收医疗款金额与医疗保险机构实际支付金额不同，而产生的需要调整医院医疗收入的差额（不包括医院因违规治疗等管理不善原因被医疗保险机构拒付所产生的差额）。医院因违规治疗等管理不善原因被医疗保险机构拒付而不能收回的应收医疗款，应按规定确认为坏账损失，不通过本明细科目核算。

（二）“住院收入”一级明细科目

“住院收入”一级明细科目核算医院为住院病人提供医疗服务所取得的收入。该一级明细科目下应当设置“床位收入”、“诊察收入”、“检查收入”、“化验收入”、“治疗收入”、“手术收入”、“护理收入”、“卫生材料收入”、“药品收入”、“药事服务费收入”、“其他住院收入”、“结算差额”等二级明细科目，进行明细核算。其中：

“药品收入”二级明细科目下，应设置“西药”、“中成药”、“中草药”等三级明细科目。

“结算差额”二级明细科目的核算内容同“门诊收入”一级明细科目所属的“结算差额”二级明细科目。

三、医疗收入应当在提供医疗服务（包括发出药品）并收讫价款或取得收款权利时，按照国家规定的医疗服务项目收费标准计算确定的金额确认入账。医院给予病人或其他付费方的折扣不计入医疗收入。

医院同医疗保险机构结算时，医疗保险机构实际支付金额与医院确认的应收医疗款金额之间存在差额的，对于除医院因违规治疗等管理不善原因被医疗保险机构拒付所产生的差额以外的差额，应当调整医疗收入。

四、医疗收入的主要账务处理如下：

（一）实现医疗收入时，按照依据规定的医疗服务项目收费标准计算确定的金额（不包括医院给予病人或其他付费方的折扣），借记“库存现金”、“银行存款”、“应收在院病人医疗款”、“应收医疗款”等科目，贷记本科目。

（二）同医疗保险机构结算应收医疗款时，按照实际收到的金额，借记“银行存款”科目，按照医院因违规治疗等管理不善原因被医疗保险机构拒付的金额，借记“坏账准备”科目，按照应收医疗保险机构的金额，贷记“应收医疗款”科目，按照借贷方之间的差额，借记或贷记本科目（门诊收入、住院收入——结算差额）。

（三）期末，将本科目余额转入本期结余，借记本科目，贷记“本期结余”科目。

五、期末结转后，本科目应无余额。

4101 财政补助收入

一、本科目核算医院按部门预算隶属关系从同级财政部门取得的各类财政补助。

二、本科目应设置“基本支出”和“项目支出”两个一级明细科目。其中，“基本支出”明细科目核算医院由财政部门拨入的符合国家规定的离退休人员经费、政策性亏损补贴等经常性补助；“项目支出”明细科目核算医院由财政部门拨入的主要用于基本建设和设备购置、重点学科发展、承担政府指定公共卫生任务等的专项补助。

“基本支出”一级明细科目下应按照《政府收支分类科目》中“支出功能分类科目”的相关科目进行明细核算。

“项目支出”一级明细科目下应按照《政府收支分类科目》中“支出功能分类科目”的“医疗卫生”、“科学技术”、“教育”等相关科目以及具体项目进行明细核算。

三、财政补助采用国库集中支付方式下拨时，在财政直接支付方式下，应在收到代理银行转来的《财政直接支付入账通知书》时，按照通知书中的直接支付入账金额确认财政补助收入；在财政授权支付方式下，应在收到代理银行转来的《授权支付到账通知书》时，按照通知书中的授权支付额度确认财政补助收入。

其他方式下拨的财政补助，应在实际取得补助时确认财政补助收入。

四、财政补助收入的主要账务处理如下：

（一）财政直接支付方式下，按照财政直接支付金额，借记“医疗业务成本”、“财政项目补助支出”等科目，贷记本科目；对于为购建固定资产、无形资产或购买药品等库存物资而由财政直接支付的支出，还应借记“在建工程”、“固定资产”、“无形资产”、“库存物资”等科目，贷记“待冲基金——待冲财政基金”科目。

年度终了，医院根据本年度财政直接支付预算指标数与当年财政直接支付实际支出数的差额，借记“财政应返还额度——财政直接支付”科目，贷记本科目。

（二）财政授权支付方式下，按照财政授权支付到账额度金额，借记“零余额账户用款额度”科目，贷记本科目。

年度终了，医院本年度财政授权支付预算指标数大于零余额账户用款额度下达数的，借记“财政应返还额度——财政授权支付”科目，贷记本科目。

（三）其他方式下，实际收到财政补助收入时，按照实际收到的金额，借记“银行存款”等科目，贷记本科目。

（四）期末，将本科目的贷方余额分别转入本期结余和财政补助结转（余）。按本科目（基本支出）的贷方余额，借记本科目（基本支出），贷记“本期结余”科目；按本科目（项目支出）的贷方余额，借记本科目（项目支出），贷记“财政补助结转（余）——财政补助结转（项目支出结转）”科目。

五、期末结转后，本科目应无余额。

4201 科教项目收入

一、本科目核算医院取得的除财政补助收入外专门用于科研、教学项目的补助收入。

二、本科目应设置“科研项目收入”、“教学项目收入”两个明细科目，并按具体项目进行明细核算。

三、科教项目收入应当在实际收到时，按照实际收到的金额予以确认。

四、科教项目收入的主要账务处理如下：

（一）取得除财政补助收入以外的科研、教学项目资金时，按收到的金额，借记“银行存款”等科目，贷记本科目。

（二）期末，将本科目余额转入科教项目结转（余），借记本科目，贷记“科教项目结转（余）”科目。

五、期末结转后，本科目应无余额。

4301 其他收入

一、本科目核算医院除医疗收入、财政补助收入、科教项目收入以外的其他收入，包括培训收入、食堂收入、银行存款利息收入、租金收入、投资收益、财产物资盘盈收入、捐赠收入、确实无法支付的应付款项等。

二、本科目应当按照其他收入的种类设置明细账，进行明细核算。其中，医院对外投资实现的投资净损益，应单设“投资收益”明细科目进行核算。

三、其他收入的主要账务处理如下：

（一）取得培训收入、食堂收入、银行存款利息收入等时，按照实际收到的金额，借记“库存现金”、“银行存款”等科目，贷记本科目。

（二）固定资产出租收入，在租赁期内各个期间按直线法确认收入。

采用预付租金方式的，收到预付的租金时，借记“银行存款”等科目，贷记“其他应收款”科目；分期确认租金收入时，借记“其他应收款”科目，贷记本科目。

采用后付租金方式的，每期确认租金收入时，借记“其他应收款”科目，贷记本科目。收到租金时，借记“银行存款”等科目，贷记“其他应收款”科目。

采用分期收取租金方式的，每期收取租金时，借记“银行存款”等科目，贷记本科目。

（三）投资收益

1. 短期投资持有期间收到利息等投资收益时，按实际收到的金额，借记“银行存款”等科目，贷记本科目（投资收益）。

出售或到期收回短期债券本息，按实际收到的金额，借记“银行存款”科目，按出售或收回短期投资的成本，贷记“短期投资”科目，按其差额，借记或贷记本科目（投资收益）。

2. 长期股权投资持有期间，被投资单位宣告分派利润时，按照宣告分派的利润中属于医院应享有的份额，借记“其他应收款”科目，贷记本科目（投资收益）。

处置长期股权投资时，按照实际取得的价款，借记“银行存款”等科目，按照所处置长期股权投资的账面余额，贷记“长期投资——股权投资”科目，按照尚未领取的已宣告分派的利润，贷记“其他应收款”科目，按照其差额，借记或贷记本科目（投资收益）。

3. 持有的长期债券投资，应在债券持有期间按照票面价值与票面利率按期计算确认利息收入，如为到期一次还本付息的债券投资，借记“长期投资——债权投资（应收利息）”科目，贷记本科目（投资收益）；如为分期付息、到期还本的债券投资，借记“其他应收款”科目，贷记本科目（投资收益）。

出售长期债权投资或到期收回长期债权投资本息，按照实际收到的金额，借记“银行存款”等科目，按照债券初始投资成本和已计未收利息金额，贷记“长期投资——债权投资（成本、应收利息）”科目［到期一次还本付息债券］，或“长期投资——债权投资”、“其他应收款”科目［分期付息债券］，按照其差额，贷记或借记本科目（投资收益）。

（四）盘盈的库存物资、固定资产等，在经批准处理时，借记“待处理财产损溢”科目，贷记本科目。

（五）接受的捐赠资金，按照实际收到的金额，借记“银行存款”等科目，贷记本科目；接受的实物资产捐赠，按照同类或类似资产的市场价格或有关凭据注明的金额加上相关税费，借记“固定资产”等科目，按发生的相关税费金额，贷记“银行存款”等科目，按其差额，贷记本科目。

（六）确实无法支付的应付款项，按照经批准核销的金额，借记“应付账款”、“其他应付款”科目，贷记本科目。

（七）期末，将本科目余额转入本期结余，借记本科目，贷记“本期结余”科目。

四、期末结转后，本科目应无余额。

伍　费用类

5001　医疗业务成本

一、本科目核算医院开展医疗服务及其辅助活动发生的各项费用，包括人员经费、耗用的药品及卫生材料费、固定资产折旧费、无形资产摊销费、提取医疗风险基金和其他费用，不包括财政补助收入和科教项目收入形成的固定资产折旧和无形资产摊销。

医院统一负担的离退休人员经费在“管理费用”科目核算，不在本科目核算。

使用财政基本补助发生的归属于医疗业务成本的支出，在本科目核算；使用财政项目补助发生的支出，在“财政项目补助支出”科目核算，不在本科目核算。

医院开展科研、教学项目使用自筹配套资金发生的支出，以及医院开展的不与本制度规定的特定“项目”相关的医疗辅助科研、教学活动发生的相关人员经费、专用材料费、资产折旧（摊销）费等费用，在本科目核算，不在“财政项目补助支出”、“科教项目支出”科目核算。

二、本科目应设置“人员经费”、“卫生材料费”、“药品费”、“固定资产折旧费”、“无形资产摊销费”、“提取医疗风险基金”、“其他费用”等一级明细科目，并按照各具体科室进行明细核算，归集临床服务、医疗技术、医疗辅助类各科室发生的，能够直接计入各科室或采用一定方法计算后计入各科室的直接成本。

“人员经费”、“其他费用”明细科目下还应参照《政府收支分类科目》中“支出经济分类科目”的相关科目进行明细核算。

医院应当在本科目下设置“财政基本补助支出”备查簿，按《政府收支分类科目》中“支出功能分类科目”以及“支出经济分类科目”的相关科目，对各项归属于医疗业务成本的财政基本补助支出进行登记。

三、医疗业务成本的主要账务处理如下：

（一）为从事医疗活动及其辅助活动人员计提的薪酬、福利费等，借记本科目（人员经费），贷记“应付职工薪酬”、“应付福利费”、“应付社会保障费”等科目。

（二）开展医疗活动及其辅助活动中，内部领用或出售发出的药品、卫生材料等，按其实际成本，借记本科目（卫生材料费、药品费），贷记“库存物资”科目。

（三）开展医疗活动及其辅助活动所使用固定资产、无形资产计提的折旧、摊销，按照财政补助、科教项目资金形成的金额部分，借记“待冲基金”科目，按照应提折旧、摊销额中的其余金额部分，借记本科目（固定资产折旧费、无形资产摊销费），按照应计提的折旧、摊销额，贷记“累计折旧”、“累计摊销”科目。

（四）计提的医疗风险基金，按照计提金额，借记本科目（提取医疗风险基金），贷记“专用基金——医疗风险基金”科目。

（五）开展医疗活动及其辅助活动中发生的其他各项费用，借记本科目（其他费用），贷记“银行存款”、“待摊费用”等科目。

（六）期末，将本科目余额转入本期结余，借记“本期结余”科目，贷记本科目。

四、期末结转后，本科目应无余额。

5101　财政项目补助支出

一、本科目核算医院本期使用财政项目补助（包括当年取得的财政补助和以前年度结转或结余的财政补助）发生的支出。

二、本科目应当按照《政府收支分类科目》中“支出功能分类科目”的“医疗卫生”、“科学技术”、“教育”等相关科目以及具体项目进行明细核算。

三、财政项目补助支出的主要账务处理如下：

（一）财政直接支付方式下，发生财政直接支付的项目补助时，按照支付金额，借记本科目，贷记“财政补助收入”科目；对于为购建固定资产、无形资产或购买药品等物资而由财政直接支付的支出，还应借记“在建工程”、“固定资产”、“无形资产”、“库存物资”等科目，贷记“待冲基金——待冲财政基金”科目。

（二）财政授权支付方式下，使用零余额账户用款额度发生项目补助支付时，按照支付金额，借记本科目，贷记“零余额账户用款额度”科目；对于为购建固定资产、无形资产或购买药品等物资而由财政授权支付的支出，还应借记“在建工程”、“固定资产”、“无形资产”、“库存物资”等科目，贷记“待冲基金——待冲财政基金”科目。

（三）其他方式下，发生财政项目补助支出时，按照实际支付的金额，借记本科目，贷记“银行存款”等科目；对于为购建固定资产、无形资产或购买药品等物资发生的支出，还应借记“在建工程”、“固定资产”、“无形资产”、“库存物资”等科目，贷记“待冲基金——待冲财政基金”科目。

（四）期末，将本科目余额转入财政补助结转（余），借记“财政补助结转（余）——财政补助结转（项目支出结转）”科目，贷记本科目。

四、期末结转后，本科目应无余额。

5201　科教项目支出

一、本科目核算医院使用除财政补助收入以外的科研、教学项目收入开展科研、教学项目活动所发生的各项支出。

二、本科目应设置“科研项目支出”、“教学项目支出”两个明细科目，并按具体项目进行明细核算。

医院还应设置相应的辅助账，登记开展各科研、教学项目所使用自筹配套资金的情况。

三、科教项目支出的主要账务处理如下：

（一）使用科教项目收入发生的各项支出，按实际支出金额，借记本科目，贷记“银行存款”等科目；形成固定资产、无形资产、库存物资的，还应同时借记“固定资产”、“无形资产”、“库存物资”等科目，贷记“待冲基金——待冲科教项目基金”科目。

（二）期末，将本科目余额转入科教项目结转（余），借记“科教项目结转（余）”科目，贷记本科目。

四、期末结转后，本科目应无余额。

5301 管理费用

一、本科目核算医院行政及后勤管理部门为组织、管理医疗、科研、教学业务活动所发生的各项费用，包括医院行政及后勤管理部门发生的人员经费、公用经费、资产折旧（摊销）费等费用以及医院统一负担的离退休人员经费、坏账损失、银行借款利息支出、银行手续费支出、汇兑损益、聘请中介机构费、印花税、房产税、车船使用税等。

为购建固定资产取得的专门借款，在工程项目建设期间的借款利息应予资本化，不在本科目核算；在工程完工交付使用后发生的专门借款利息，在本科目核算。

使用财政基本补助发生的归属于管理费用的支出，在本科目核算；使用财政项目补助发生的支出，在“财政项目补助支出”科目核算，不在本科目核算。

二、本科目应设置“人员经费”、“固定资产折旧费”、“无形资产摊销费”、“其他费用”等一级明细科目。其中：“人员经费”、“其他费用”明细科目下应参照《政府收支分类科目》中“支出经济分类科目”的相关科目进行明细核算。

医院应当在本科目下设置“财政基本补助支出”备查簿，按《政府收支分类科目》中“支出功能分类科目”以及“支出经济分类科目”的相关科目，对各项归属于管理费用的财政基本补助支出进行登记。

三、管理费用的主要账务处理如下：

（一）为行政及后勤管理部门人员以及离退休人员计提的薪酬、福利费等，借记本科目（人员经费），贷记“应付职工薪酬”、“应付福利费”、“应付社会保障费”等科目。

（二）行政及后勤管理部门所使用固定资产、无形资产计提的折旧、摊销，按照财政补助、科教项目资金形成的金额部分，借记“待冲基金”科目，按照应提折旧、摊销额中的其余金额部分，借记本科目（固定资产折旧费、无形资产摊销费），按照应计提的折旧、摊销额，贷记“累计折旧”、“累计摊销”科目。

（三）提取坏账准备时，借记本科目（其他费用），贷记“坏账准备”科目；冲减坏账准备时，借记“坏账准备”科目，贷记本科目（其他费用）。

（四）发生应计入管理费用的银行借款利息支出时，借记本科目（其他费用），贷记“预提费用”、“银行存款”、“长期借款”等科目。

发生汇兑净收益时，借记“银行存款”、“应付账款”等科目，贷记本科目（其他费用）；发生汇兑净损失时，借记本科目（其他费用），贷记“银行存款”、“应付账款”等科目。

（五）发生其他各项管理费用时，借记本科目（其他费用），贷记“库存现金”、“银行存款”、“库存物资”、“待摊费用”等科目。

（六）期末，将本科目余额转入本期结余，借记“本期结余”科目，贷记本科目。

四、期末结转后，本科目应无余额。

5302 其他支出

一、本科目核算医院本期发生的，无法归属到医疗业务成本、财政项目补助支出、科教项目支出、管理费用中的支出，包括培训支出，食堂提供服务发生的支出，出租固定资产的折旧费，营业税、城市维护建设税、教育费附加等税费，财产物资盘亏或毁损损失，捐赠支出，罚没支出等。

二、本科目应当按照其他支出的种类和项目设置明细账，进行明细核算。

三、其他支出的主要账务处理如下：

（一）为出租固定资产计提的折旧额，按照财政补助、科教项目资金形成的金额部分，借记“待冲基金”科目，按照应提折旧额中的其余金额部分，借记本科目，按照应计提的折旧额，贷记“累计折旧”科目。

（二）盘亏、变质、毁损的财产物资，按照相关待处理财产损溢金额扣除可以收回的保险赔偿和过失人的赔偿等后的金额，借记本科目，按照已收回或应收回的保险赔偿和过失人赔偿等，借记“库存现金”、“银行存款”、“其他应收款”等科目，按照相关待处理财产损溢余额，贷记“待处理财产损溢”科目。

（三）发生营业税、城市维护建设税、教育费附加等纳税义务的，按照税法规定计算的应交税费金额，借记本科目、“固定资产清理”等科目，贷记“应交税费”科目。

（四）发生培训支出、食堂支出、捐赠支出、罚没支出等其他支出，借记本科目，贷记“银行存款”等科目。

（五）期末，将本科目余额转入本期结余，借记“本期结余”科目，贷记本科目。

四、期末结转后，本科目应无余额。

第四部分 会计报表格式

编号	会计报表名称	编制期
会医 01 表	资产负债表	月度、季度、年度
会医 02 表	收入费用总表	月度、季度、年度
会医 02 表附表 01	医疗收入费用明细表	月度、季度、年度
会医 03 表	现金流量表	年度
会医 04 表	财政补助收支情况表	年度

资产负债表

会医 01 表

编制单位：　　　　　　　　　　　　　　年　月　日　　　　　　　　　　　　　　单位：元

资　　产	期末余额	年初余额	负债和净资产	期末余额	年初余额
流动资产：			流动负债：		
货币资金			短期借款		
短期投资			应缴款项		
财政应返还额度			应付票据		
应收在院病人医疗款			应付账款		
应收医疗款			预收医疗款		
其他应收款			应付职工薪酬		
减：坏账准备			应付福利费		
预付账款			应付社会保障费		
存货			应交税费		
待摊费用			其他应付款		
一年内到期的长期债权投资			预提费用		
流动资产合计			一年内到期的长期负债		
非流动资产：			流动负债合计		
长期投资			非流动负债：		
固定资产			长期借款		
固定资产原价			长期应付款		
减：累计折旧			非流动负债合计		
在建工程			负债合计		
固定资产清理			净资产：		
无形资产			事业基金		
无形资产原价			专用基金		
减：累计摊销			待冲基金		
长期待摊费用			财政补助结转（余）		
待处理财产损溢			科教项目结转（余）		
非流动资产合计			本期结余		
			未弥补亏损		
			净资产合计		
资产总计			负债和净资产总计		

收入费用总表

会医 02 表

编制单位：　　　　　　　　　　____年__月　　　　　　　　　　单位：元

项　　目	本月数	本年累计数
一、医疗收入		
加：财政基本补助收入		
减：医疗业务成本		
减：管理费用		
二、医疗结余		
加：其他收入		
减：其他支出		
三、本期结余		
减：财政基本补助结转		
四、结转入结余分配		
加：年初未弥补亏损		
加：事业基金弥补亏损		
减：提取职工福利基金		
转入事业基金		
年末未弥补亏损		
五、本期财政项目补助结转（余）：		
财政项目补助收入		
减：财政项目补助支出		
六、本期科教项目结转（余）：		
科教项目收入		
减：科教项目支出		

医疗收入费用明细表

会医 02 表附表 01

编制单位：　　　　　　　　____年__月　　　　　　　　单位：元

项　目	本月数	本年累计数	项　目	本月数	本年累计数
医疗收入			医疗成本		
1. 门诊收入			（一）按性质分类		
其中：挂号收入			1. 人员经费		
诊察收入			2. 卫生材料费		
检查收入			3. 药品费		
化验收入			4. 固定资产折旧费		
治疗收入			5. 无形资产摊销费		
手术收入			6. 提取医疗风险基金		
卫生材料收入			7. 其他费用		
药品收入			（二）按功能分类		
其中：西药收入			1. 医疗业务成本		
中草药收入			其中：临床服务成本		
中成药收入			医疗技术成本		
药事服务费收入			医疗辅助成本		
其他门诊收入			2. 管理费用		
2. 住院收入					
其中：床位收入					
诊察收入					
检查收入					
化验收入					
治疗收入					
手术收入					
护理收入					
卫生材料收入					
药品收入					
其中：西药收入					
中草药收入					
中成药收入					
药事服务费收入					
其他住院收入					

现金流量表

会医 03 表

编制单位：　　　　　　　　　　　　　　____年度　　　　　　　　　　　　　　　　　单位：元

项目	行次	金额
一、业务活动产生的现金流量：		
开展医疗服务活动收到的现金		
财政基本支出补助收到的现金		
财政非资本性项目补助收到的现金		
从事科教项目活动收到的除财政补助以外的现金		
收到的其他与业务活动有关的现金		
现金流入小计		
发生人员经费支付的现金		
购买药品支付的现金		
购买卫生材料支付的现金		
使用财政非资本性项目补助支付的现金		
使用科教项目收入支付的现金		
支付的其他与业务活动有关的现金		
现金流出小计		
业务活动产生的现金流量净额		
二、投资活动产生的现金流量：		
收回投资所收到的现金		
取得投资收益所收到的现金		
处置固定资产、无形资产收回的现金净额		
收到的其他与投资活动有关的现金		
现金流入小计		
购建固定资产、无形资产支付的现金		
对外投资支付的现金		
上缴处置固定资产、无形资产收回现金净额支付的现金		
支付的其他与投资活动有关的现金		
现金流出小计		
投资活动产生的现金流量净额		
三、筹资活动产生的现金流量：		
取得财政资本性项目补助收到的现金		
借款收到的现金		
收到的其他与筹资活动有关的现金		
现金流入小计		
偿还借款支付的现金		
偿付利息支付的现金		
支付的其他与筹资活动有关的现金		
现金流出小计		
筹资活动产生的现金流量净额		
四、汇率变动对现金的影响额		
五、现金净增加额		

财政补助收支情况表

会医 04 表

编制单位：　　　　　　　　　　　　____年度　　　　　　　　　　　　单位：元

项　　目	结转本年数	——
一、上年结转		——
（一）财政补助结转		——
1. 基本支出结转		——
2. 项目支出结转		——
其中：医疗卫生项目		——
科学技术项目		——
教育项目		——
（二）财政补助结余		——
项　　目	本年数	上年数
二、本年财政补助收入		
（一）基本支出		
（二）项目支出		
其中：医疗卫生项目		
科学技术项目		
教育项目		
三、本年财政补助支出		
（一）基本支出		
（二）项目支出		
其中：医疗卫生项目		
科学技术项目		
教育项目		
四、财政补助上缴		
（一）财政补助结转上缴		
（二）财政补助结余上缴		
项　　目	结转下年数	——
五、结转下年		——
（一）财政补助结转		——
1. 基本支出结转		——
2. 项目支出结转		——
其中：医疗卫生项目		——
科学技术项目		——
教育项目		——
（二）财政补助结余		——

第五部分　会计报表编制说明

一、资产负债表编制说明

1. 本表反映医院某一会计期末全部资产、负债和净资产的情况。

2. 本表“年初余额”栏内各项数字，应当根据上年年末资产负债表“期末余额”栏内数字填列。如果本年度资产负债表规定的各个项目的名称和内容同上年度不相一致，应对上年年末资产负债表各项目的名称和数字按照本年度的规定进行调整，填入本表“年初余额”栏内。

3. 本表“期末余额”栏内各项目的内容和填列方法：

（1）“货币资金”项目，反映医院期末库存现金、银行存款、零余额账户用款额度以及其他货币资金的合计数。本项目应当根据“库存现金”、“银行存款”、“零余额账户用款额度”、“其他货币资金”科目的期末余额合计填列。

（2）“短期投资”项目，反映医院期末持有的短期投资的成本金额。本项目应当根据“短期投资”科目的期末余额填列。

（3）“财政应返还额度”项目，反映医院期末财政应返还额度的金额。本项目应当根据“财政应返还额度”科目的期末余额填列。

（4）“应收在院病人医疗款”项目，反映医院期末应收在院病人医疗款的金额。本项目应当根据“应收在院病人医疗款”科目的期末余额填列。

（5）“应收医疗款”项目，反映医院期末应收医疗款的账面余额。本项目应当根据“应收医疗款”科目的期末余额填列。

（6）“其他应收款”项目，反映医院期末其他应收款的账面余额。本项目应当根据“其他应收款”科目的期末余额填列。

（7）“坏账准备”项目，反映医院期末对应收医疗款和其他应收款提取的坏账准备。本项目应当根据“坏账准备”科目的期末贷方余额填列；如果“坏账准备”科目期末为借方余额，则以“-”号填列。

（8）“预付账款”项目，反映医院预付给商品或者服务供应单位等的款项。本项目应当根据“预付账款”科目的期末余额填列。

（9）“存货”项目，反映医院在日常业务活动中持有已备出售给病人用于治疗，或者为了治疗出售仍处在加工（包括自制和委托外单位加工）过程中的，或者将在提供医疗服务或日常管理中耗用的药品、卫生材料、低值易耗品和其他材料。本项目应当根据“库存物资”、“在加工物资”科目的期末余额合计填列。

（10）“待摊费用”项目，反映医院已经支出，但应当由本期和以后各期分别负担的分摊期在1年以内（含1年）的各项费用。本项目应当根据“待摊费用”科目的期末余额填列。

（11）“一年内到期的长期债权投资”项目，反映医院将在1年内（含1年）到期的长期债权投资。本项目应当根据“长期投资——债权投资”明细科目的期末余额中将在1年内（含1年）到期的长期债权投资余额分析填列。

（12）“流动资产合计”项目，按照“货币资金”、“短期投资”、“财政应返还额度”、“应收在院病人医疗款”、“应收医疗款”、“其他应收款”、“预付账款”、“存货”、“待摊费用”、“一年内到期的长期债权投资”项目金额的合计数减去“坏账准备”项目金额后的金额填列。

（13）“长期投资”项目，反映医院持有时间准备超过 1 年（不含 1 年）的各种股权性质的投资以及在 1 年内（含 1 年）不能变现或不准备随时变现的债权性质的投资。本项目应当根据“长期投资”科目期末余额减去其中将于 1 年内（含 1 年）到期的长期债权投资余额后的金额填列。

（14）“固定资产”项目，反映医院各项固定资产的净值（账面价值）。本项目应当根据“固定资产”科目期末余额减去“累计折旧”科目期末余额后的金额填列。

本项目下，“固定资产原价”项目，反映医院各项固定资产的原价，根据“固定资产”科目期末余额填列；“累计折旧”项目，反映医院各项固定资产的累计折旧，根据“累计折旧”科目期末余额填列。

（15）“在建工程”项目，反映医院尚未完工交付使用的在建工程发生的实际成本。本项目应当根据“在建工程”科目的期末余额填列。

（16）“固定资产清理”项目，反映医院因出售、报废、毁损等原因转入清理但尚未清理完毕的固定资产的账面价值以及固定资产清理过程中所发生的清理费用和清理收入等各项金额的差额。本项目应当根据“固定资产清理”科目的期末借方余额填列；如果“固定资产清理”科目期末为贷方余额，则以“-”号填列。

（17）“无形资产”项目，反映医院持有的各项无形资产的账面价值。本项目应当根据“无形资产”科目期末余额减去“累计摊销”科目期末余额后的金额填列。

本项目下，“无形资产原价”项目，反映医院持有的各项无形资产的账面余额，根据“无形资产”科目期末余额填列；“累计摊销”项目，反映医院各项无形资产已计提的累计摊销，根据“累计摊销”科目期末余额填列。

（18）“长期待摊费用”项目，反映医院已经支出但应由本期和以后各期负担的分摊期限在 1 年以上（不含 1 年）的各项费用。本项目应当根据“长期待摊费用”科目的期末余额填列。

（19）“待处理财产损溢”项目，反映医院期末尚未处理的各种财产的净损失或净溢余。本项目应当根据“待处理财产损溢”科目的期末借方余额填列；如果“待处理财产损溢”科目期末为贷方余额，则以“-”号填列。在编制年度资产负债表时，本项目金额一般应为“0”。

（20）“非流动资产合计”项目，按照“长期投资”、“固定资产”、“在建工程”、“固定资产清理”、“无形资产”、“长期待摊费用”、“待处理财产损溢”项目金额的合计数填列。

（21）“资产总计”项目，按照“流动资产合计”、“非流动资产合计”项目金额的合计数填列。

（22）“短期借款”项目，反映医院向银行或其他金融机构等借入的、尚未偿还的期限在 1 年以下（含 1 年）的各种借款。本项目应当根据“短期借款”科目的期末余额填列。

（23）“应缴款项”项目，反映医院按规定应缴入国库或应上缴行政主管部门的款项。本项目应当根据“应缴款项”科目的期末余额填列。

(24)“应付票据”项目，反映医院期末应付票据的金额。本项目应当根据“应付票据”科目的期末余额填列。

(25)“应付账款”科目，反映医院期末应付未付账款的金额。本项目应当根据“应付账款”科目的期末余额填列。

(26)“预收医疗款”项目，反映医院向住院病人、门诊病人等预收的医疗款项。本项目应当根据“预收医疗款”科目的期末余额填列。

(27)“应付职工薪酬”项目，反映医院按有关规定应付未付给职工的各种薪酬。本项目应当根据“应付职工薪酬”科目的期末余额填列。

(28)“应付福利费”项目，反映医院按有关规定提取、尚未支付的职工福利费金额。本项目应当根据“应付福利费”科目的期末余额填列。

(29)“应付社会保障费”项目，反映医院按有关规定应付未付给社会保障机构的各种社会保障费。本项目应当根据“应付社会保障费”科目的期末余额填列。

(30)“应交税费”项目，反映医院应交未交的各种税费。本项目应当根据“应交税费”科目的期末余额填列。

(31)“其他应付款”项目，反映医院期末其他应付款金额。本项目应当根据“其他应付款”科目的期末余额填列。

(32)“预提费用”项目，反映医院预先提取的已经发生但尚未实际支付的各项费用。本项目应当根据“预提费用”科目的期末余额填列。

(33)“1年内到期的长期负债”项目，反映医院承担的将于1年内（含1年）偿还的长期负债。本项目应当根据“长期借款”、“长期应付款”科目的期末余额中将在1年内（含1年）到期的金额分析填列。

(34)“流动负债合计”项目，按照“短期借款”、“应缴款项”、“应付票据”、“应付账款”、“预收医疗款”、“应付职工薪酬”、“应付福利费”、“应付社会保障费”、“应交税费”、“其他应付款”、“预提费用”、“1年内到期的长期负债”项目金额的合计数填列。

(35)“长期借款”项目，反映医院向银行或其他金融机构借入的期限在1年以上（不含1年）的各种借款本息。本项目应当根据“长期借款”科目的期末余额减去其中将于1年内（含1年）到期的长期借款余额后的金额填列。

(36)“长期应付款”项目，反映医院发生的偿还期限在1年以上（不含1年）的各种应付款项。本项目应当根据“长期应付款”科目的期末余额减去其中将于1年内（含1年）到期的长期应付款余额后的金额填列。

(37)“非流动负债合计”项目，按照“长期借款”、“长期应付款”项目金额的合计数填列。

(38)“负债合计”项目，按照“流动负债合计”、“非流动负债合计”项目金额的合计数填列。

(39)“事业基金”项目，反映医院拥有的非限定用途的净资产，主要包括滚存的结余资金和科教项目结余解除限定后转入的金额等。本项目应当根据“事业基金”科目的期末余额填列。

(40)“专用基金”项目，反映医院按规定设置、提取的具有专门用途的净资产。本项目应当根据“专用基金”科目的期末余额填列。

（41）“待冲基金”项目，反映医院使用财政补助、科教项目收入购建固定资产、无形资产或购买药品等物资所形成的，留待计提资产折旧、摊销或领用发出库存物资时予以冲减的基金。本项目应当根据“待冲基金”科目的期末余额填列。

（42）“财政补助结转（余）”项目，反映医院历年滚存的财政补助结转和结余资金，包括基本支出结转、项目支出结转和项目支出结余。本项目应当根据“财政补助结转（余）”科目的期末余额填列。

（43）“科教项目结转（余）”项目，反映医院尚未结项的非财政资助科研、教学项目累计所取得收入减去累计发生支出后的，留待下期按原用途继续使用的结转资金以及医院已经结项但尚未解除限定的非财政科研、教学项目结余资金。本项目应当根据“科教项目结转（余）”科目的期末余额填列。

（44）“本期结余”项目，反映医院自年初至报告期末止除财政项目补助收支、科教项目收支以外的各项收入减去各项费用后的累计结余。本项目应当根据“本期结余”科目的期末贷方余额填列；“本期结余”科目期末为借方余额时，以“-”号填列。在编制年度资产负债表时，本项目金额应为“0”。

（45）“未弥补亏损”项目，反映医院累计未弥补的亏损。本项目应当根据“结余分配”科目的期末借方余额，以“-”号填列。

（46）“净资产合计”项目，按照“事业基金”、“专用基金”、“待冲基金”、“财政补助结转（余）”、“科教项目结转（余）”、“本期结余”、“未弥补亏损”项目金额的合计数填列。

（47）“负债和净资产总计”项目，按照“负债合计”、“净资产合计”项目金额的合计数填列。

二、收入费用总表编制说明

1. 本表反映医院在某一会计期间内全部收入、费用及结余的实际情况。

2. 本表“本月数”栏反映各收入、费用及结余项目的本月实际发生数。在编制年度收入费用总表时，应当将本栏改为“上年数”栏，反映各收入、费用及结余项目上一年度的实际发生数。如果本年度收入费用总表规定的各个项目的名称和内容同上年度不一致，应对上年度收入费用总表各项目的名称和数字按照本年度的规定进行调整，填入年度本表中的“上年数”栏。

本表“本年累计数”栏反映各项目自年初起至报告期末止的累计实际发生数。

3. 本表各项目的内容和填列方法：

（1）“医疗收入”项目，反映医院本期开展医疗服务活动取得的收入，包括门诊收入和住院收入。本项目应当根据“医疗收入”科目的贷方发生额减去借方发生额后的金额填列。

（2）“财政基本补助收入”项目，反映医院本期按部门预算隶属关系从同级财政部门取得的基本支出补助。本项目应当根据“财政补助收入——基本支出”明细科目的发生额填列。

（3）“医疗业务成本”项目，反映医院本期开展医疗活动及其辅助活动发生的各项费用。本项目应当根据“医疗业务成本”科目的发生额填列。

（4）“管理费用”项目，反映医院本期行政及后勤管理部门为组织、管理医疗、科研、教学业务活动所发生的各项费用，包括医院行政及后勤管理部门发生的人员经费、公用经费、资产折旧（摊销）费等费用以及医院统一负担的离退休人员经费、坏账损失、银行借款利息支出、银行手续费支出、汇兑损益、聘请中介机构费、印花税、房产税、车船使用税等。本项目应当根据“管理费用”科目的借方发生额减去贷方发生额后的金额填列。

（5）“医疗结余”项目，反映医院本期医疗收入加上财政基本补助收入，再减去医疗业务成本、管理费用后的结余数额。本项目应根据本表中“医疗收入”项目金额加上“财政基本补助收入”项目金额，再减去“医疗业务成本”项目金额、“管理费用”项目金额后的金额填列；如为负数，以“-”号填列。

（6）“其他收入”项目，反映医院本期除医疗收入、财政补助收入、科教项目收入以外的其他收入总额。本项目应当根据“其他收入”科目的贷方发生额减去借方发生额后的金额填列。

（7）“其他支出”项目，反映医院本期发生的，无法归属到医疗业务成本、财政项目补助支出、科教项目支出、管理费用中的支出总额。本项目应当根据“其他支出”科目的发生额填列。

（8）“本期结余”项目，反映医院本期医疗结余加上其他收入，再减去其他支出后的结余数额。本项目可以根据本表“医疗结余”项目金额加上“其他收入”项目金额，再减去“其他支出”项目金额后的金额填列；如为负数，以“-”号填列。

（9）“财政基本补助结转”、“结转入结余分配”、“年初未弥补亏损”、“事业基金弥补亏损”、“提取职工福利基金”、“转入事业基金”、“年末未弥补亏损”七个项目，只有在编制年度收入费用总表时才填列。在编制年度收入费用总表时，该七个项目的内容及“本年累计数”栏的填列方法如下：

“财政基本补助结转”项目，反映医院本年财政基本补助收入减去财政基本补助支出后，留待下年继续使用的结转资金数额。本项目可以根据“财政补助收入——基本支出”明细科目本年发生额减去“医疗业务成本”、“管理费用”科目下“财政基本补助支出”备查簿中登记的本年发生额合计后的金额填列。

“结转入结余分配”项目，反映医院当年本期结余减去财政基本补助结转金额后，结转入结余分配的金额。本项目可以根据本表“本期结余”项目金额减去“财政基本补助结转”项目金额后的金额填列；如为负数，以“-”号填列。

“年初未弥补亏损”项目，反映医院截至本年初累计未弥补的亏损。本项目应当根据“结余分配”科目的本年初借方余额，以“-”号填列。

“事业基金弥补亏损”项目，反映医院本年以事业基金弥补亏损的数额。本项目应当根据“结余分配——事业基金弥补亏损”明细科目的本年贷方发生额填列。

“提取职工福利基金”项目，反映医院本年提取职工福利基金的数额。本项目应当根据“结余分配——提取职工福利基金”明细科目的本年借方发生额填列。

“转入事业基金”项目，反映医院本年转入事业基金的未分配结余数额。本项目应当根据“结余分配——转入事业基金”明细科目的本年借方发生额填列。

“年末未弥补亏损”项目，反映医院截至本年末止累计未弥补的亏损。本项目可以根据“结余分配”科目的本年末借方余额，以“-”号填列。

（10）“本期财政项目补助结转（余）”项目，反映医院本期取得的财政项目补助收入减去本期发生的财政项目补助支出后的数额。本项目应当根据“财政补助收入——项目支出”明细科目本期发生额减去“财政项目补助支出”科目的本期发生额后的金额填列。

本项目下：

“财政项目补助收入”项目，反映医院本期取得的财政项目补助收入。本项目应当根据“财政补助收入——项目支出”科目的本期发生额填列。

“财政项目补助支出”项目，反映医院本期发生的财政项目补助支出。本项目应当根据“财政项目补助支出”科目的本期发生额填列。

（11）“本期科教项目结转（余）”项目，反映医院本期取得的非财政科教项目收入减去本期发生的非财政科教项目支出后的数额。本项目应当根据“科教项目收入”科目本期发生额减去“科教项目支出”科目本期发生额后的金额填列。

本项目下：

“科教项目收入”项目，反映医院本期取得的非财政科教项目收入。本项目应当根据“科教项目收入”科目的本期发生额填列。

“科教项目支出”项目，反映医院本期发生的非财政科教项目支出。本项目应当根据“科教项目支出”科目的本期发生额填列。

三、医疗收入费用明细表编制说明

1. 本表反映医院在某一会计期间内医疗收入、医疗成本及其所属明细项目的实际情况。

2. 本表“本月数”栏反映医疗收入、医疗成本及其所属明细项目的本月实际发生数；在编制年度医疗收入费用明细表时，应当将本栏改为“上年数”栏，反映医疗收入、医疗成本及其所属明细项目上一年度的实际发生数。如果本年度医疗收入费用明细表规定的各个项目的名称和内容同上年度不一致，应对上年度医疗收入费用明细表各项目的名称和数字按照本年度的规定进行调整，填入年度本表中的“上年数”栏。

本表“本年累计数”栏反映各项目自年初起至报告期末止的累计实际发生数。

3. 本表各项目的填列方法：

（1）“医疗收入”项目及其所属“门诊收入”、“住院收入”项目，应当根据“医疗收入”科目及其所属“门诊收入”、“住院收入”明细科目的本期贷方发生额减去借方发生额后的金额填列。

“门诊收入”项目所属各明细项目的填列金额应按以下公式计算确定：

本期“门诊收入”项目下某具体收入项目（如“挂号收入”）的填列金额 =“医疗收入——门诊收入”一级明细科目本期贷方发生额减去借方发生额后的金额 × 该一级明细科目所属该具体收入类二级明细科目本期发生额占该一级明细科目所属全部收入类二级明细科目本期发生额总额的比例

本期“住院收入”项目下某具体收入项目（如“床位收入”）的填列金额 =“医疗收入——住院收入”一级明细科目本期贷方发生额减去借方发生额后的金额 × 该一级明细科目所属该具体收入类二级明细科目本期发生额占该一级明细科目所属全部收入类二级明细科目本期发生额总额的比例

（2）“医疗成本”项目，应当根据“医疗业务成本”科目和“管理费用”科目本期发生额合计填列。

本项目下：

“按性质分类”下各明细项目，应当根据“医疗业务成本”和“管理费用”科目各所属对应一级明细科目本期发生额合计填列。

“按功能分类”下各明细项目，应当根据“医疗业务成本”科目及其所属明细科目、“管理费用”科目的本期发生额分析填列。其中：“临床服务成本”指医院临床服务类科室发生的直接成本合计数；“医疗技术成本”指医院医疗技术类科室发生的直接成本合计数；“医疗辅助成本”指医院医疗辅助类科室发生的直接成本合计数。

四、现金流量表编制说明

1. 本表反映医院在某一会计年度内现金流入和流出的信息。

2. 本表所指的现金，是指医院的库存现金以及可以随时用于支付的存款，包括库存现金、可以随时用于支付的银行存款、零余额账户用款额度和其他货币资金。

3. 现金流量表应当按照业务活动产生的现金流量、投资活动产生的现金流量和筹资活动产生的现金流量分别反映。本表所指的现金流量，是指现金的流入和流出。

4. 医院应当采用直接法编制业务活动产生的现金流量。

5. 本表各项目的填列方法：

（1）业务活动产生的现金流量。

①“开展医疗服务活动收到的现金”项目，反映医院开展医疗活动取得的现金净额。本项目可以根据“库存现金”、“银行存款”、“应收在院病人医疗款”、“应收医疗款”、“预收医疗款”、“医疗收入”等科目的记录分析填列。

②“财政基本支出补助收到的现金”项目，反映医院接受财政基本支出补助取得的现金。本项目可以根据“零余额账户用款额度”、“财政补助收入”等科目及其所属明细科目的记录分析填列。

③“财政非资本性项目补助收到的现金”项目，反映医院接受财政除用于购建固定资产、无形资产以外的项目补助取得的现金。本项目可以根据“银行存款”、“零余额账户用款额度”、“财政补助收入”等科目及其所属明细科目的记录分析填列。

④“从事科教项目活动收到的除财政补助以外的现金”项目，反映医院从事科研、教学项目活动取得的除财政补助以外的现金。本项目可以根据“库存现金”、“银行存款”、“科教项目收入”等科目的记录分析填列。

⑤“收到的其他与业务活动有关的现金”项目，反映医院收到的除以上项目之外的与业务活动有关的现金。本项目可以根据“库存现金”、“银行存款”、“其他应收款”、“其他收入”等科目的记录分析填列。

⑥“发生人员经费支付的现金”项目，反映医院为开展各项业务活动发生人员经费支付的现金。本项目可以根据“库存现金”、“银行存款”、“医疗业务成本”、“管理费用”、“应付职工薪酬”、“应付福利费”、“应付社会保障费”等科目的记录分析填列。

⑦“购买药品支付的现金”项目，反映医院购买药品而支付的现金。本项目可以根据“库存现金”、“银行存款”、“应付账款”、“应付票据”、“预付账款”、”医疗业务成本”、“库存物资”等科目的记录分析填列。

⑧“购买卫生材料支付的现金”项目，反映医院购买卫生材料支付的现金。本项目可

以根据“库存现金”、“银行存款”、“应付账款”、“应付票据”、“预付账款”、“医疗业务成本”、“库存物资”等科目的记录分析填列。

⑨“使用财政非资本性项目补助支付的现金”项目，反映医院使用除用于购建固定资产、无形资产外的财政项目补助资金发生支出所支付的现金。本项目可以根据“银行存款”、“零余额账户用款额度”、“财政项目补助支出”等科目的记录分析填列。

⑩“使用科教项目收入支付的现金”项目，反映医院使用非财政科研、教学项目收入支付的现金；不包括使用非财政科教项目收入购建固定资产、无形资产所支付的现金。使用非财政科教项目收入购建固定资产、无形资产所支付的现金，在“购建固定资产、无形资产支付的现金”项目反映。本项目可以根据“库存现金”、“银行存款”、“科教项目支出”等科目的记录分析填列。

⑪“支付的其他与业务活动有关的现金”项目，反映医院除上述项目之外支付的与业务活动有关的现金。本项目可以根据“库存现金”、“银行存款”、“其他应付款”、“管理费用”、“其他支出”等科目的记录分析填列。

⑫“业务活动产生的现金流量净额”项目，按照“业务活动产生的现金流量”项下“现金流入小计”项目金额减去“现金流出小计”项目金额后的金额填列；如为负数，以“-”号填列。

（2）投资活动产生的现金流量。

①“收回投资所收到的现金”项目，反映医院出售、转让或者到期收回长期投资而收到的现金；不包括长期投资收回的利润、利息以及收回的非现金资产。本项目可以根据“库存现金”、“银行存款”、“长期投资”等科目的记录分析填列。

②“取得投资收益所收到的现金”项目，反映医院因对外投资而从被投资单位分回利润收到的现金以及取得的现金利息。本项目可以根据“库存现金”、“银行存款”、“其他应收款”、“其他收入——投资收益”等科目的记录分析填列。

③“处置固定资产、无形资产收回的现金净额”项目，反映医院处置固定资产和无形资产所取得的现金，减去为处置这些资产而支付的有关费用之后的净额。由于自然灾害所造成的固定资产等长期资产损失而收到的保险赔款收入，也在本项目反映。本项目可以根据“库存现金”、“银行存款”、“固定资产清理”等科目的记录分析填列。

④“收到的其他与投资活动有关的现金”项目，反映医院除上述项目之外收到的与投资活动有关的现金。其他现金流入如果金额较大的，应当单列项目反映。本项目可以根据“库存现金”、“银行存款”等有关科目的记录分析填列。

⑤“购建固定资产、无形资产支付的现金”项目，反映医院购买和建造固定资产，取得无形资产所支付的现金；不包括为购建固定资产而发生的借款利息资本化的部分、融资租入固定资产支付的租赁费。借款利息和融资租入固定资产支付的租赁费，在筹资活动产生的现金流量中反映。本项目可以根据“库存现金”、“银行存款”、“固定资产”、“无形资产”、“在建工程”等科目的记录分析填列。

⑥“对外投资支付的现金”项目，反映医院进行对外投资所支付的现金，包括取得长期股权投资和长期债权投资所支付的现金以及支付的佣金、手续费等附加费用。本项目可以根据“库存现金”、“银行存款”、“长期投资”等科目的记录分析填列。

⑦“上缴处置固定资产、无形资产收回现金净额支付的现金”项目，反映医院将处置

固定资产、无形资产所收回的现金净额予以上缴所支付的现金。本项目可以根据“库存现金”、“银行存款”、“应缴款项”等科目的记录分析填列。

⑧“支付的其他与投资活动有关的现金”项目，反映医院除上述项目之外支付的与投资活动有关的现金。如果其他现金流出金额较大的，应当单列项目反映。本项目可以根据“库存现金”、“银行存款”等有关科目的记录分析填列。

⑨“投资活动产生的现金流量净额”项目，按照“投资活动产生的现金流量”项下“现金流入小计”项目金额减去“现金流出小计”项目金额后的金额填列；如为负数，以“-”号填列。

（3）筹资活动产生的现金流量。

①“取得财政资本性项目补助收到的现金”项目，反映医院接受用于购建固定资产、无形资产的财政项目补助取得的现金。本项目可以根据“银行存款”、“零余额账户用款额度”、“财政补助收入”等科目及其所属明细科目的记录分析填列。

②“借款收到的现金”项目，反映医院举借各种短期、长期借款所收到的现金。本项目可以根据“库存现金”、“银行存款”、“短期借款”、“长期借款”等科目的记录分析填列。

③“收到的其他与筹资活动有关的现金”项目，反映医院除上述项目之外收到的与筹资活动有关的现金。如果其他现金流入金额较大的，应当单列项目反映。本项目可以根据“库存现金”、“银行存款”等有关科目的记录分析填列。

④“偿还借款支付的现金”项目，反映医院偿还债务本金所支付的现金。本项目可以根据“库存现金”、“银行存款”、“短期借款”、“长期借款”等科目的记录分析填列。

⑤“偿付利息支付的现金”项目，反映医院实际支付的借款利息等。本项目可以根据“库存现金”、“银行存款”、“长期借款”、“管理费用”、“预提费用”等科目的记录分析填列。

⑥“支付的其他与筹资活动有关的现金”项目，反映医院除上述项目之外支付的与筹资活动有关的现金，如融资租入固定资产所支付的租赁费。本项目可以根据“库存现金”、“银行存款”、“长期应付款”等有关科目的记录分析填列。

⑦“筹资活动产生的现金流量净额”项目，按照“筹资活动产生的现金流量”项下“现金流入小计”项目金额减去“现金流出小计”项目金额后的金额填列；如为负数，以“-”号填列。

（4）“汇率变动对现金的影响额”项目，反映医院外币现金流量折算为人民币时，所采用的现金流量发生日的汇率或期初汇率折算的人民币金额与本表“现金净增加额”中外币现金净增加额按期末汇率折算的人民币金额之间的差额。

（5）“现金净增加额”项目，反映医院本年度现金变动的金额。本项目应当根据本表“业务活动产生的现金流量净额”、“投资活动产生的现金流量净额”、“筹资活动产生的现金流量净额”和“汇率变动对现金的影响额”项目的金额合计填列。

五、财政补助收支情况表编制说明

1. 本表反映医院某一会计年度内财政补助收支及其结转、结余情况。

2. 本表“上年结转”各项目的内容和填列方法：

“上年结转”项目及其所属各明细项目的“结转本年数”栏，反映医院上一年度结转至本年度使用的财政补助结转和结余资金数额。该栏各项目应根据上年度“财政补助收支情况表”中“结转下年”项目及其所属各明细项目的“结转下年数”栏的数字填列。

3. 本表“本年财政补助收入”各项目的内容和填列方法：

（1）“本年财政补助收入”项目及其所属各明细项目的“本年数”栏，反映医院本年度确认的财政补助收入总额、基本支出补助总额、项目支出补助及所属各明细项目支出补助总额。该栏各项目应当根据“财政补助收入”科目及其所属明细科目的本年发生额填列。

（2）“本年财政补助收入”项目及其所属各明细项目的“上年数”栏，反映医院上一年度确认的财政补助收入总额、基本支出补助总额、项目支出补助及所属各明细项目支出补助总额。该栏各项目应当根据上一年度“财政补助收支情况表”中“本年财政补助收入”项目及其所属各明细项目的“本年数”栏的数字填列。

4. 本表“本年财政补助支出”各项目的内容和填列方法：

（1）“本年财政补助支出”项目及其所属各明细项目的“本年数”栏，反映医院本年度发生的财政补助支出总额、财政补助基本支出总额、财政补助项目支出及其所属各明细项目支出总额。

该栏“本年财政补助支出”项目，应根据该项目所属“基本支出”和“项目支出”两个项目金额的合计数填列。

该栏“基本支出”项目，应当根据“医疗业务成本”、“管理费用”科目下“财政基本补助支出”备查簿登记的本年发生额合计填列。

该栏“项目支出”及其所属各明细项目，应当根据“财政项目补助支出”科目及其所属明细科目的本年发生额填列。

（2）“本年财政补助支出”项目及其所属各明细项目的“上年数”栏，反映医院上一年度发生的财政补助支出总额、财政补助基本支出总额、财政补助项目支出及其所属各明细项目支出总额。该栏各项目应当根据上一年度“财政补助收支情况表”中“本年财政补助支出”项目及其所属各明细项目的“本年数”栏的数字填列。

5. 本表“财政补助上缴”各项目的内容和填列方法：

（1）“财政补助上缴”项目的“本年数”栏，反映医院本年度按规定上缴的财政补助结转和结余金额。该项目应根据该项目所属“财政补助结转上缴”和“财政补助结余上缴”两个项目金额的合计数填列。

“财政补助上缴”项目的“上年数”栏，反映医院上一年度按规定上缴的财政补助结转和结余金额。该项目应根据上一年度“财政补助收支情况表”中“财政补助上缴”项目的“本年数”栏的数字填列。

（2）“财政补助结转上缴”项目的“本年数”栏，反映医院本年度按规定上缴的财政补助结转金额。该项目应根据“财政补助结转（余）——财政补助结转”明细科目的借方发生额分析填列。

“财政补助结转上缴”项目的“上年数”栏，反映医院上一年度按规定上缴的财政补助结转金额。该项目应当根据上一年度“财政补助收支情况表”中“财政补助结转上缴”项目的“本年数”栏的数字填列。

（3）“财政补助结余上缴”项目的“本年数”栏，反映医院本年度按规定上缴的财政补助结余金额。该项目应根据“财政补助结转（余）——财政补助结余”明细科目的借方发生额填列。

“财政补助结余上缴”项目的“上年数”栏，反映医院上一年度按规定上缴的财政补助结余金额。该项目应当根据上一年度“财政补助收支情况表”中“财政补助结余上缴”项目的“本年数”栏的数字填列。

6. 本表“结转下年”各项目的内容和填列方法：

（1）“结转下年”项目，反映医院结转至下一年度使用的财政补助结转和结余资金数额。该项目应当根据该项目所属“财政补助结转”和“财政补助结余”两个项目金额的合计数填列。

（2）“财政补助结转”项目，反映医院结转至下一年度使用的财政补助结转资金。该项目应当根据“财政补助结转（余）——财政补助结转”明细科目的年末余额填列。

“基本支出结转”项目，反映医院结转至下一年度使用的基本支出财政补助。该项目应当根据“财政补助结转（余）——财政补助结转（基本支出结转）”明细科目的年末余额填列。

“项目支出结转”项目，反映医院结转至下一年度使用的财政补助项目结转资金。该项目应当根据“财政补助结转（余）——财政补助结转（项目支出结转）”明细科目的年末余额填列。本项下所属各明细项目，应当根据“财政补助结转（余）——财政补助结转（项目支出结转）”明细科目所属明细科目的年末余额分析填列。

（3）“财政补助结余”项目，反映医院结转至下一年度使用的财政补助项目结余资金。该项目应当根据“财政补助结转（余）——财政补助结余”科目的年末余额填列。

第六部分 成本报表参考格式

编号	成本报表名称	编制期
成本医 01 表	医院各科室直接成本表	月度、年度
成本医 02 表	医院临床服务类科室全成本表	月度、年度
成本医 03 表	医院临床服务类科室全成本构成分析表	月度、年度

医院各科室直接成本表

成本医 01 表

编制单位： ____年__月 单位：元

成本项目 科室名称	人员经费（1）	卫生材料费（2）	药品费（3）	固定资产折旧（4）	无形资产摊销（5）	提取医疗风险基金（6）	其他费用（7）	合计（8）=（1）+（2）+（3）+（4）+（5）+（6）+（7）
临床服务类科室 1 临床服务类科室 2 …… 小计								

续表

成本项目 / 科室名称	人员经费（1）	卫生材料费（2）	药品费（3）	固定资产折旧（4）	无形资产摊销（5）	提取医疗风险基金（6）	其他费用（7）	合计（8）=（1）+（2）+（3）+（4）+（5）+（6）+（7）
医疗技术类科室 1 医疗技术类科室 2 … 小计								
医疗辅助类科室 1 医疗辅助类科室 2 … 小计								
医疗业务成本合计								
管理费用								
本月总计								

说明：1. 本表反映管理费用和医疗技术、辅助类科室成本分摊至临床服务类科室成本前各科室直接成本情况。

2. 医疗业务成本合计 = 临床服务类科室成本小计 + 医疗技术类科室成本小计 + 医疗辅助类科室成本小计

3. 本月总计 = 医疗业务成本合计 + 管理费用

医院临床服务类科室全成本表

成本医 02 表

编制单位：　　　　　　　　　　　　　　____年__月　　　　　　　　　　　　　　单位：元

成本项目 / 科室名称	人员经费（1）			卫生材料费（2）			药品费（3）			固定资产折旧（4）			无形资产摊销（5）			提取医疗风险基金（6）			其他费用（7）			合计（8）=（1）+（2）+（3）+（4）+（5）+（6）+（7）		
	直接成本	间接成本	全成本	直接成本	间接成本	全成本	直接成本	间接成本	全成本	直接成本	间接成本	全成本	直接成本	间接成本	全成本	直接成本	间接成本	全成本	直接成本	间接成本	全成本	直接成本	间接成本	全成本
临床服务类科室 1 临床服务类科室 2 …																								
科室全成本合计																								

说明：1. 本表反映医院根据《医院财务制度》规定的原则和程序，将管理费用、医疗辅助类科室直接成本、医疗技术类科室直接成本逐步分摊转移到临床服务类科室后，各临床服务类科室的全成本情况。即：临床服务类科室全成本包括科室直接成本和分摊转移的间接成本。

2. 表中的“直接成本”反映间接成本分摊前各临床服务类科室发生的直接成本金额。

3. 表中的“间接成本”反映将管理费用、医疗辅助类科室直接成本、医疗技术类科室直接成本按规定的原则和程序分摊转移至各临床服务类科室的间接成本金额。

医院临床服务类科室全成本构成分析表

成本医 03 表

编制单位： ____年__月 单位：元

科室名称 成本项目	内科		…	各临床服务类科室合计	
	金额	%		金额	%
人员经费		(##)		(＊＊)	
卫生材料费					
药品费					
固定资产折旧					
无形资产摊销					
提取医疗风险基金					
其他费用					
科室全成本合计		(100%)			(100%)
科室收入					
收入-成本					
床日成本					
诊次成本					

说明：本表用于对医院临床服务类科室全成本要素及其结构进行分析与监测。“##”为某一临床服务类科室不同成本项目的构成比，用于分析各临床服务类科室的成本结构，确定各科室内部成本管理的重点成本项目。科室全成本包括临床服务类科室直接成本和分摊转移的间接成本。

例：人员经费%（##）=（某一临床服务类科室人员经费金额/该科室全成本合计）×100%

人员经费金额合计（＊＊）=各临床服务类科室人员经费之和

人员经费合计%=（各临床服务类科室人员经费之和/各临床服务类科室全成本合计）×100%

诊次和床日成本核算是以诊次、床日为核算对象，将科室成本进一步分摊到门急诊人次、住院床日中，计算出诊次成本、床日成本。

北京市财政局转发财政部《关于印发〈基层医疗卫生机构新旧会计制度有关衔接问题处理规定〉的通知》

2011年4月25日 京财会〔2011〕724号

市属各单位、各区县财政局：

为了做好基层医疗卫生机构新旧会计制度的衔接工作，财政部制发了《基层医疗卫生机构新旧会计制度有关衔接问题的处理规定》，现转发你们，请遵照执行。执行中有何问题，请及时反馈我局。

附件：财政部关于印发《基层医疗卫生机构新旧会计制度有关衔接问题的处理规定》的通知

附件：

财政部关于印发《基层医疗卫生机构新旧会计制度有关衔接问题的处理规定》的通知

2011 年 4 月 2 日　财会〔2011〕6 号

各省、自治区、直辖市、计划单列市财政厅（局），新疆生产建设兵团财务局：

我部印发的《基层医疗卫生机构会计制度》（财会〔2010〕26 号，以下简称新制度）将于 2011 年 7 月 1 日起在全国基层医疗卫生机构施行，原《医院会计制度》（财会字〔1998〕58 号）届时停止执行。为了做好基层医疗卫生机构新旧会计制度的衔接工作，确保新制度施行平稳、顺利，我们制定了《基层医疗卫生机构新旧会计制度有关衔接问题的处理规定》，现印发给你们，请遵照执行。执行中有何问题，请及时反馈我部。

附：基层医疗卫生机构新旧会计制度有关衔接问题的处理规定

附：

基层医疗卫生机构新旧会计制度有关衔接问题的处理规定

根据《财政部关于印发〈基层医疗卫生机构会计制度〉的通知》（财会〔2010〕26 号）的规定，基层医疗卫生机构将于 2011 年 7 月 1 日起执行《基层医疗卫生机构会计制度》（以下简称新制度），不再执行原《医院会计制度》（财会字〔1998〕58 号，以下简称原制度）。为了做好新制度与原制度的衔接工作，现对基层医疗卫生机构执行新制度的有关衔接问题规定如下：

一、新旧制度衔接总要求

（一）新旧制度衔接前的准备

基层医疗卫生机构在新旧会计制度衔接前，应对本单位的资产和负债进行全面清查和盘点，并按照原制度的规定将清查和盘点事项进行处理。

（二）旧账的截止和新账的建立

2011 年 7 月 1 日之前，基层医疗卫生机构仍应按照原制度进行会计核算，并按照原制度的规定编制 2011 年上半年度（1－6 月）会计报表。自 2011 年 7 月 1 日起，基层医疗卫生机构应根据新制度设置新账，将原账中 2011 年 6 月 30 日的各会计科目期末余额转入新账并按新制度进行调整。基层医疗卫生机构应根据调整后的科目余额编制科目余额表，作为新账中各会计科目 2011 年 7 月 1 日的期初余额，并按照新制度编制 2011 年 7 月 1 日的期初资产负债表。

上述“原账中的各会计科目”是指原制度规定的会计科目以及基层医疗卫生机构参照财政部印发的相关补充规定增设的会计科目。

新旧会计科目对照情况参见本规定附表。

二、新旧会计科目衔接

（一）资产类

1.“现金”、“银行存款”、“零余额账户用款额度”、“其他货币资金”、“财政应返还额度”、“应收医疗款”、“其他应收款”、“固定资产”、“在建工程”和“无形资产”科目。

新制度设置了“库存现金”、“银行存款”、“零余额账户用款额度”、“其他货币资金”、“财政应返还额度”、“应收医疗款”、“其他应收款”、“固定资产”、“在建工程”和“无形资产”科目，其核算内容与原制度相应科目的核算内容基本相同。转账时，应将原账中以上科目的余额直接转入新账中相应科目。新账中相应科目设有明细科目的，应将原账中以上科目的余额加以分析后分别转入新账中相应科目的相关明细科目。

2.“药品”、“药品进销差价”、“库存物资”和“在加工材料”科目。

新制度未设置“药品”、“药品进销差价”、“在加工材料”科目，但设置了“库存物资”科目，其核算范围包括了原账中“药品”、“库存物资”、“在加工材料”科目的核算内容。转账时，应在新账中“库存物资”科目下设置“药品”、“卫生材料”、“低值易耗品”、“其他材料”等明细科目，将原账中“药品”、“库存物资”和“在加工材料”科目的明细科目余额分别转入新账中的“库存物资”科目的相应明细科目；将原账中“药品进销差价”科目相关明细科目的余额按照2011年6月各明细科目的药品综合差价率分摊后的金额，分别转入新账中“库存物资——药品”科目的相应明细科目。转入新账中“库存物资——药品”明细科目金额的合计数应等于原账中“药品”科目余额减去“药品进销差价”科目余额后的金额。

3.“应收在院病人医药费”、“坏账准备”、“待摊费用”和“开办费”科目。

新制度未设置“应收在院病人医药费”、“坏账准备”、“待摊费用”和“开办费”科目。转账时，应将原账中的以上科目的余额结转入新账中的“事业基金”科目。

4.“待处理财产损溢”科目。

新制度未设置“待处理财产损溢”科目。转账时，如原账中的“待处理财产损溢”科目尚未按照相关规定完成批准程序，应在“其他应收款”科目下设置“待处理财产损溢”明细科目，并将原账中的“待处理财产损溢”科目转入新账中的“其他应收款——待处理财产损溢”明细科目。按照相关规定完成批准程序后，应将新账中的“其他应收款——待处理财产损溢”明细科目的余额结转入新账中的“事业基金”科目后予以核销。

5.“对外投资”科目。

新制度未设置“对外投资”科目。转账时，如原账中的“对外投资”科目尚未结清，应在“其他应收款”科目下设置“对外投资”明细科目，并将原账中的“对外投资”科目的余额转入新账中的“其他应收款——对外投资”明细科目。待有关对外投资收回后，将新账中的“其他应收款——对外投资”明细科目予以核销，投资损益直接调整新账中的“事业基金”科目。

（二）负债类

1.“短期借款”科目。

新制度未设置“短期借款”科目，但设置了“借入款”科目，其核算内容与原制度“短期借款”科目的核算内容基本相同。转账时，应将原账中的“短期借款”科目的余额直接转入新账中的“借入款”科目。

2.“应缴超收款”科目。

新制度未设置“应缴超收款”科目，但设置了“应缴款项”科目，其核算内容与原制度中的“应缴超收款”不同。主要区别是：新制度中的“应缴款项”科目的核算范围比原制度中的“应缴超收款”科目的核算范围大，包括了按照规定应缴入国库或财政专户的全部款项。若原账中“应缴超收款”科目有期末余额，则应于转账时将其转入新账中的“应缴款项”科目。

3.“应付账款”科目。

新制度设置了“应付账款”科目，其核算内容与原制度“应付账款”科目的核算内容基本相同。转账时，应将原账中的“应付账款”科目的余额直接转入新账中的“应付账款”科目。

4.“预收医疗款”科目。

新制度设置了“预收医疗款”科目，其核算内容与原制度相应科目有所不同，主要区别是：新制度下的“预收医疗款”科目核算基层医疗卫生机构预收住院病人医疗款和医疗保险机构预付并需结算的医疗保险金。转账时，应将原账中的“预收医疗款”科目中的预收住院病人医疗款和医疗保险机构预付并需结算的医疗保险金余额转入新账中的“预收医疗款”科目；应将原账中的“预收医疗款”科目中的医疗保险总额预付且不需结算的医疗保险金余额转入新账中的“事业基金”科目。

5.“应付工资（离退休费）”、“应付地方（部门）津贴补贴”、“应付其他个人收入”科目。

新制度未设置“应付工资（离退休费）”、“应付地方（部门）津贴补贴”、“应付其他个人收入”科目，但设置了“应付职工薪酬”科目。转账时，应将原账中“应付工资（离退休费）”、“应付地方（部门）津贴补贴”、“应付其他个人收入”科目的余额分析转入新账中的“应付职工薪酬”的相应明细科目。

6.“应付社会保障费”、“其他应付款”科目。

新制度设置了“应付社会保障费”和“其他应付款”科目，其核算内容与原制度相应科目有所不同。主要区别是：新制度下的“应付社会保障费”科目的核算范围比原制度规定范围大，包括了代扣代交的住房公积金等；新制度下的“其他应付款”科目的核算范围比原制度规定范围小，不包括代扣代交的住房公积金、应交的各种税金等。新制度同时增设了“应交税费”科目。转账时，应将原账中“应付社会保障费”科目的余额转入新账中的“应付社会保障费”科目。应对原账中的“其他应付款”科目余额进行分析，对于其中属于代扣代交的住房公积金等应付社会保障费部分，转入新账中的“应付社会保障费”科目；对于其中属于应交税费的部分，转入新账中的“应交税费”科目；对于其中属于新制度“其他应付款”科目核算内容的部分，转入新账中的“其他应付款”科目。

实行“收支两条线”管理的基层医疗卫生机构，如有尚未确定应上缴或留用的医疗收费，应将相关款项从原账中的“其他应付款”等科目转入新账中的“待结算医疗款”科目；如有已确定上缴国库或财政专户的医疗收费，应将相关款项从原账中的“其他应付款”等科目转入新账中的“应缴款项”科目。

7. “预提费用”科目。

新制度未设置“预提费用”科目。转账时，应将原账中的“预提费用”科目的余额转入新账中的“事业基金”科目。

8. “长期借款”、“长期应付款”科目。

新制度未设置“长期借款”、“长期应付款”科目。转账时，如原账中的“长期借款”和“长期应付款”科目尚未结清，应在“其他应付款”科目下设置“长期借款”和“长期应付款”明细科目，并将原账中的“长期借款”、“长期应付款”科目的余额转入新账中的“其他应付款——长期借款”和“其他应付款——长期应付款”明细科目。“其他应付款——长期借款”和“其他应付款——长期应付款”明细科目待有关长期借款和长期应付款偿还后予以核销。

（三）净资产类

1. “固定基金”科目。

新制度设置了“固定基金”科目，其核算内容与原制度相应科目有所不同。主要区别是：新制度下的“固定基金”科目的核算范围比原制度规定范围大，包括了固定资产占用、在建工程占用和无形资产占用。转账时，应将原账中的“固定基金”科目的余额转入新账中的“固定基金——固定资产占用”明细科目，并分别按照新账中的“在建工程”、“无形资产”科目余额，借记新账中的“事业基金”科目，贷记新账中的“固定基金——在建工程占用”、“固定基金——无形资产占用”科目。

2. “事业基金”、“结余分配”科目。

新制度设置了“事业基金”、“结余分配”科目，其核算内容与原制度“事业基金”、“结余分配”科目的核算内容基本相同。转账时，应将原账中的以上科目的余额直接转入新账中的相应科目。

3. “专用基金”科目。

新制度设置了“专用基金”科目，其核算内容与原制度相应科目有所不同。主要区别是：新制度下的“专用基金”科目的核算范围与原制度规定范围不同，原制度“专用基金”科目包括修购基金、职工福利基金、住房基金、留本基金等，新制度“专用基金”科目包括医疗风险基金、职工福利基金、奖励基金和其他专用基金。转账时，应将原账中“专用基金——职工福利基金”明细科目的余额转入新账中“专用基金——职工福利基金”明细科目，对于职工福利基金中含有职工福利费的，应将其余额分析结转入新账中的“其他应付款”科目；应将原账中“专用基金——修购基金”明细科目的余额转入新账中“事业基金”科目。按照地方有关规定需要继续提取或保留住房基金和留本基金的，应将原账中“专用基金——住房基金”、“专用基金——留本基金”明细科目的余额转入新账中“专用基金——其他专用基金”明细科目；按照地方有关规定不再继续提取或保留住房基金和留本基金的，应将原账中“专用基金——住房基金”、“专用基金——留本基金”明细科目的余额转入新账中“事业基金”明细科目。

4. “收支结余”科目。

新制度未设置“收支结余”科目，但设置了“本期结余”科目。转账时，应将原账中的“收支结余”科目的余额分析转入新账中的“本期结余”科目。

（四）收入支出类

“财政补助收入”、“上级补助收入”、“医疗收入”、“药品收入”、“其他收入”、“医疗支出”、“药品支出”、“管理费用”、“财政专项支出”、“其他支出”科目。

由于原账中以上收入支出科目期末无余额，不需要进行转账处理。自2011年7月1日起，基层医疗卫生机构应按照新制度设置收入、支出科目并进行账务处理，并按照新制度要求设置新账中的有关限定用途资金备查簿，即将尚未支用的财政补助资金和其他限定用途资金分析登记入“财政基本支出备查簿”、“财政项目支出备查簿”和“其他限定用途资金备查簿”。

三、新旧会计报表衔接

（一）2011年7月1日的期初资产负债表的编制

基层医疗卫生机构应根据上述规定转账并作调整后的各会计科目2011年7月1日的月初余额，按照新制度编制2011年7月1日的期初资产负债表。

（二）2011年会计报表的编制

1. 2011年7－12月会计报表。

基层医疗卫生机构在编制2011年7－12月的月度资产负债表时，不要求填列“年初余额”栏。

基层医疗卫生机构在编制2011年7－12月的月度、季度收入支出总表、业务收支明细表和财政补助收支明细表时，应在表中“本月数”栏之前增加“1－6月”栏，该栏数据根据2011年1－6月原账中收支数据按新制度收支分类口径进行调整后的数据填列（不改变原账中收支计量口径）。表中“本月数”栏按新制度规定的填列口径填列7－12月各月份的数据。表中“本年累计数”栏按照表中“1－6月”栏数据加上7－12月按新制度口径计算的数据填列。

2. 2011年度会计报表。

基层医疗卫生机构应编制的2011年度会计报表包括资产负债表、收入支出总表、业务收支明细表、财政补助收支明细表和净资产变动表。

在编制2011年年末资产负债表和净资产变动表时，不要求填列“年初余额”栏。

在编制2011年度收入支出总表、业务收支明细表和财政补助收支明细表时，不要求填列上年比较数，但应在“本年累计数”栏之前增加“1－6月”栏，该栏数据的填列方法同上述2011年7－12月报表的编制。

（三）2012年度会计报表的编制

基层医疗卫生机构应按照新制度规定编制2012年的月度、季度、年度会计报表。在编制2012年度收入支出总表、业务收支明细表和财政补助收支明细表时，不要求填列上年比较数。

附：基层医疗卫生机构新旧会计科目对照表

附：

基层医疗卫生机构新旧会计科目对照表

新科目				
序号	科目编号		科目名称	原科目
	一级科目	明细科目		
一、资产类				
1	101		库存现金	现金
2	102		银行存款	银行存款
3	103		零余额账户用款额度	+零余额账户用款额度
4	104		其他货币资金	其他货币资金
5	110		财政应返还额度	+财政应返还额度
		11001	财政直接支付	财政直接支付
		11002	财政授权支付	财政授权支付
				应收在院病人医药费
6	111		应收医疗款	应收医疗款
7	112		其他应收款	其他应收款
				坏账准备
8	121		库存物资	药品
				药品进销差价
				库存物资
				在加工材料
				待摊费用
				对外投资
9	123		待摊支出	
10	131		固定资产	固定资产
11	133		在建工程	在建工程
12	141		无形资产	无形资产
				开办费
				待处理财产损溢
二、负债类				
13	201		借入款	短期借款
14	202		待结算医疗款	
15	203		应缴款项	应缴超收款
16	206		应付账款	应付账款
17	207		预收医疗款	预收医疗款
18	208		应付职工薪酬	+应付工资（离退休费）
				+应付地方（部门）津贴补贴
				+应付其他个人收入
19	210		应付社会保障费	应付社会保障费

续表

新科目				原科目
序号	科目编号		科目名称	
	一级科目	明细科目		
二、负债类				
20	211		应交税费	
21	221		其他应付款	其他应付款
				预提费用
				长期借款
				长期应付款
三、净资产类				
22	301		固定基金	固定基金
		30101	固定资产占用	
		30102	在建工程占用	
		30103	无形资产占用	
23	302		事业基金	事业基金 一般基金 投资基金
24	303		专用基金	专用基金
25	304		本期结余	收支结余
26	305		财政补助结转（余）	
		30501	财政基本补助结转	
		30502	财政项目补助结转（余）	
27	306		其他限定用途结转（余）	
28	308		结余分配	结余分配
		30801	待分配结余	待分配结余
		30802	提取专用基金	提取职工福利基金
		30803	事业基金弥补亏损	事业基金弥补亏损
四、收入类				
29	401		医疗收入	医疗收入
		40101	门诊收入	药品收入
		40102	住院收入	
30	402		财政补助收入	财政补助收入
31	403		上级补助收入	上级补助收入
32	406		其他收入	其他收入
五、支出类				
33	501		医疗卫生支出	医疗支出
		50101	医疗支出	药品支出
		50102	公共卫生支出	
34	502		财政基建设备补助支出	财政专项支出
35	506		其他支出	其他支出
				管理费用

注：上表中标有“+”号的会计科目为基层医疗卫生机构参照财政部印发的相关补充规定增设的会计科目。其中，“应付工资（离退休费）”、“应付地方（部门）津贴补贴”、“应付其他个人收入”三个科目取代了原医院会计制度中“205 应付工资”科目。

北京市财政局转发财政部《关于〈新旧医院会计制度有关衔接问题的处理规定〉的通知》

2011年4月25日 京财会〔2011〕726号

市属各单位、各区县财政局：

为了做好新旧医院会计制度的衔接工作，有效促进新制度的贯彻实施，财政部制发了《新旧医院会计制度有关衔接问题的处理规定》，现转发你们，请遵照执行。执行中有何问题，请及时反馈我局。

附件：财政部关于印发《新旧医院会计制度有关衔接问题的处理规定》的通知

附件：

财政部关于印发《新旧医院会计制度有关衔接问题的处理规定》的通知

2011年4月6日 财会〔2011〕5号

各省、自治区、直辖市、计划单列市财政厅（局），新疆生产建设兵团财务局：

为了适应社会主义市场经济和医疗卫生事业发展的需要，进一步规范医院的会计核算，提高会计信息质量，我部对1998年11月会同卫生部印发的《医院会计制度》（财会字〔1998〕58号）进行了全面修订，于2010年12月31日印发了新《医院会计制度》（财会〔2010〕27号），自2011年7月1日起在公立医院改革国家联系试点城市施行，自2012年1月1日起在全国施行。

为了确保新旧制度顺利过渡，促进新制度的有效贯彻实施，我部制定了《新旧医院会计制度有关衔接问题的处理规定》，现印发给你们，请遵照执行。执行中有何问题，请及时反馈我部。

附：新旧医院会计制度有关衔接问题的处理规定

附：

新旧医院会计制度有关衔接问题的处理规定

我部对1998年11月会同卫生部印发的《医院会计制度》（财会字〔1998〕58号）（以下简称原制度）进行了全面修订，于2010年12月31日发布了新《医院会计制度》（财会〔2010〕27号）（以下简称新制度），自2011年7月1日起在公立医院改革国家联系试点城市施行，自 2012 年 1 月 1 日起在全国施行。为了确保新旧制度顺利过渡，现对医院执行新制度的有关衔接问题规定如下：

一、新旧制度衔接总要求

（一）医院在 2011 年 7 月 1 日（公立医院改革国家联系试点城市所属医院适用，下同）或 2012 年 1 月 1 日（公立医院改革国家联系试点城市所属医院以外的医院适用，下同）之前，仍应按照原制度进行会计核算和编报会计报表。自 2011 年 7 月 1 日或 2012 年 1 月 1 日起，医院应当严格按照新制度的规定进行会计核算和编报财务报告。

（二）医院应当按照本规定做好新旧制度的衔接。相关工作包括以下几个方面：

1. 在执行新制度前，完成以下几方面工作：

一是对本单位的资产和负债进行全面清查、盘点和核实，对于清查出的账龄超过 3 年、确认无法收回的应收医疗款，药品及库存物资盘盈、盘亏、毁损，固定资产盘盈、盘亏，以及应确认而未确认的资产、负债，应当报经批准后，按照原制度规定处理完毕。

二是对本单位固定资产、无形资产的原价、形成的资金来源、已使用年限、尚可使用年限等进行核查，为计提固定资产折旧、追溯确认待冲基金等做好准备。

三是根据原账编制 2011 年 6 月 30 日或 2011 年 12 月 31 日的科目余额表。

2. 按照新制度设立 2011 年 7 月 1 日或 2012 年 1 月 1 日的新账。

3. 将原账中各会计科目 2011 年 6 月 30 日或 2011 年 12 月 31 日的余额转入新账并按新制度进行调整，将基建账（即按照《国有建设单位会计制度》单独核算基本建设投资的账套）相关数据并入新账，按上述调整后的科目余额编制科目余额表，作为新账各会计科目的期初余额。上述“原账中各会计科目”指原制度规定的会计科目以及医院参照财政部印发的相关补充规定增设的会计科目。

新旧会计科目对照情况参见本规定附表。

4. 根据新账各会计科目期初余额，按照新制度编制 2011 年 7 月 1 日或 2012 年 1 月 1 日期初资产负债表。

二、将原账科目余额转入新账

（一）资产类

1. “现金”、“银行存款”、“零余额账户用款额度”、“其他货币资金”、“财政应返还额度”、“应收在院病人医药费”、“应收医疗款”、“坏账准备”、“在加工材料”、“待摊费用”、“在建工程”科目。

新制度设置了“库存现金”、“银行存款”、“零余额账户用款额度”、“其他货币资金”、“财政应返还额度”、“应收在院病人医疗款”、“应收医疗款”、“坏账准备”、“在加工物资”、“待摊费用”、“在建工程”科目，其核算内容与原账中上述相应科目的核算内容基本相同。转账时，应将原账中上述科目的余额直接转入新账中相应科目。新账中相应科目设有明细科目的，应将原账中上述科目的余额加以分析，分别转入新账中相应科目的相关明细科目。

2. “其他应收款”科目。

新制度设置了“其他应收款”、“预付账款”科目，其中，“其他应收款”科目的核算内容较原账中“其他应收款”科目发生变化：一是增加了应收长期投资利息或利润等核算内容；二是不再核算医院的预付款项，相应内容转由新制度中“预付账款”科目核算。转账时，如果原账中“其他应收款”科目余额包括预付账款，则应对该科目余额进行分析：将预付账款余额转入新账中“预付账款”科目，将剩余余额转入新账中“其他应收款”科目。

3. “药品”、“药品进销差价”、“库存物资”科目。

新制度未设置“药品”、“药品进销差价”科目，但设置了“库存物资”科目，其核算范围有所扩大，包括了原账中“药品”、“库存物资”科目的核算内容，并将原制度药品售价核算改为进价核算。转账时，应在新账中“库存物资”科目下设置“药品”、“卫生材料”、“低值易耗品”、“其他材料”等明细科目，将原账中“库存物资”科目的余额分析转入新账中“库存物资”科目的相关明细科目；将原账中“药品”科目相关明细科目的余额转入新账中“库存物资——药品”科目相应明细科目的借方，将原账中“药品进销差价”科目相关明细科目的余额作为减项转入新账中“库存物资——药品”科目相应明细科目的借方。

4. “对外投资”科目。

新制度将医院的对外投资划分为短期投资和长期投资，相应设置了“短期投资”、“长期投资”两个科目，两个科目的核算内容与原账中“对外投资”科目的核算内容基本相同。转账时，应对原账中“对外投资”科目的余额进行分析：将能够随时变现并且持有时间不准备超过1年（含1年）的对外投资余额转入新账中“短期投资”科目，将剩余余额区分股权投资性质和债权投资性质转入新账中“长期投资”科目的相关明细科目。

5. “固定资产”科目。

新制度设置了“固定资产”科目，由于固定资产价值标准提高，原账中作为固定资产核算的实物资产，将有一部分要按照新制度转为低值易耗品。转账时，应当根据重新确定的固定资产目录，结合固定资产的清理状态，对原账中“固定资产”科目的余额进行分析：

（1）对于达不到新制度中固定资产确认标准的，应当将相应余额转入新账中“库存物资”科目；对于已领用出库的，还应同时将其成本一次性摊销，同时做好相关实物资产的登记管理工作，在新账中，借记“事业基金”科目，贷记“库存物资”科目。

（2）对于符合新制度中固定资产确认标准，因出售、报废、毁损等原因已转入清理但尚未从原账核销的，应当将相应余额连同相应的“固定基金”科目余额转入新账中“固定资产清理”科目，借记新账中“固定资产清理”科目，贷记原账中“固定资产”科目，同时，借记原账中“固定基金”科目，贷记新账中“固定资产清理”科目。

新旧转账时已转入清理但尚未清理完毕的固定资产，在执行新制度后发生的相关清理费用以及取得的清理收入等，通过新账中“固定资产清理”科目核算。

（3）对于符合新制度中固定资产确认标准且未转入清理的，应当将相应余额转入新账中“固定资产”科目。

6. “无形资产”科目。

新制度设置了“无形资产”、“累计摊销”科目，分别反映无形资产的原价和计提的累计摊销。原账中“无形资产”科目余额反映的是尚未摊销的无形资产价值。转账时，应对原账中“无形资产”科目的累计借方、贷方发生额进行分析，将原账中“无形资产”科目借方累计发生额中属于仍在账无形资产初始确认成本的金额转入新账中的“无形资产”科目，将原账中“无形资产”科目贷方累计发生额中属于仍在账无形资产累计摊销的金额转入新账中的“累计摊销”科目。新账中“无形资产”科目转入金额减去“累计摊销”科目转入金额后的金额应当等于原账中“无形资产”科目余额。

7. “待处理财产损溢”科目。

新制度设置了“待处理财产损溢”科目，其核算内容与原账中相应科目的核算内容基本相同。由于医院应当按照本规定在执行新制度前进行财产清查并将清查出的资产盘盈、盘亏、毁损等报经批准处理完毕，原账中“待处理财产损溢”科目 2011 年 6 月 30 日或 2011 年 12 月 31 日一般应无余额，不需进行转账处理，自 2011 年 7 月 1 日或 2012 年 1 月 1 日起直接启用新账即可。若原账中“待处理财产损溢”科目 2011 年 6 月 30 日或 2011 年 12 月 31 日有余额，则应将其余额直接转入新账中“待处理财产损溢”科目。

（二）负债类

1. “短期借款”、“预收医疗款”、“预提费用”、“长期借款”、“长期应付款”科目。

新制度设置了“短期借款”、“预收医疗款”、“预提费用”、“长期借款”、“长期应付款”科目，其核算内容与原账中上述相应科目的核算内容基本相同。转账时，应将原账中上述科目的余额直接转入新账中相应科目。

2. “应缴超收款”科目。

新制度未设置“应缴超收款”科目，但设置了“应缴款项”科目，其核算内容不同于原制度“应缴超收款”科目。原账中“应缴超收款”科目一般无余额，不需进行转账处理。若原账中“应缴超收款”科目有余额，则应将其余额转入新账中“应缴款项”科目。

3. “应付账款”科目。

新制度设置了“应付账款”、“应付票据”、“预付账款”科目。转账时，应对原账中“应付账款”科目及其所属明细科目的余额进行分析：如“应付账款”科目所属明细科目有借方余额，应将具有借方余额的明细科目的借方余额转入新账中“预付账款”科目，并将其余明细科目的贷方余额按照新制度分别转入新账中“应付账款”、“应付票据”科目；如“应付账款”科目所属明细科目没有借方余额，应将该科目余额按照新制度分别转入新账中“应付账款”、“应付票据”科目。

4. “应付工资（离退休费）”、“应付地方（部门）津贴补贴”、“应付其他个人收入”科目。

新制度未设置“应付工资（离退休费）”、“应付地方（部门）津贴补贴”、“应付其他个人收入”科目，但设置了“应付职工薪酬”科目，其核算内容涵盖了原账中上述三个科目的核算内容，医院应在新账中该科目下按照国家有关规定设置明细科目。转账时，应将原账中“应付工资（离退休费）”、“应付地方（部门）津贴补贴”、“应付其他个人收入”科目的余额分别转入新账中“应付职工薪酬”科目的相关明细科目。

5. “应付社会保障费”、“其他应付款”科目。

新制度设置了“应付社会保障费”、“应交税费”、“其他应付款”、“应付福利费”、“科教项目结转（余）”科目。其中，“应付社会保障费”科目的核算范围比原账大，包括了代扣代交的住房公积金等；“其他应付款”科目的核算范围比原账小，不包括代扣代交的住房公积金、应交的各种税费、尚未使用的科研、教学项目资金等，相应内容转由新制度下“应付社会保障费”、“应交税费”、“科教项目结转（余）”科目核算。转账时，应将原账中“应付社会保障费”科目的余额转入新账中“应付社会保障费”科目，同时对原账中“其他应付款”科目的余额进行分析：将其中属于代扣代交的住房公积金等应付社会保障费的余额，转入新账中“应付社会保障费”科目；将其中属于应交税费的余额，转入新账中“应交税费”科目；将其中属于科研、教学项目资金的余额，转入新账中“科教项目结转（余）”科目；将剩余余额，转入新账中“其他应付款”科目。

原账中“其他应付款”科目核算有医院从成本费用中提取的职工福利费的，还应将相应余额转入新账中“应付福利费”科目。

（三）净资产类

1. “事业基金”科目。

新制度设置了“事业基金”科目，但不再在该科目下设置“一般基金”、“投资基金”明细科目，其核算范围也较原账中“事业基金”科目发生变化，不再包括财政补助基本支出结转资金。转账时，应将原账中“事业基金”科目所属“一般基金”、“投资基金”明细科目余额一并转入新账中“事业基金”科目。

2. “专用基金”科目。

新制度设置了“专用基金”、“应付福利费”科目。其中，“专用基金”科目的核算内容不同于原制度中的相应科目：原制度“专用基金”科目核算内容包括修购基金、职工福利基金、住房基金、留本基金等，新制度取消了修购基金、增加了医疗风险基金；对于按国家有关规定从成本费用中提取的职工福利费，原制度规定通过“专用基金”科目核算，新制度规定通过“应付福利费”科目核算。转账时，应在新账中“专用基金”科目下按照新制度规定设置明细科目，并按以下要求转账：

（1）修购基金。将原账中“专用基金——修购基金”明细科目余额转入新账中“事业基金”科目。

（2）职工福利基金。医院在执行新制度前已通过“其他应付款”科目和“专用基金——职工福利基金”明细科目分别核算从成本费用中提取的职工福利费和从结余中提取的职工福利基金的，应将原账中“专用基金——职工福利基金”明细科目余额直接转入新账中“专用基金——职工福利基金”明细科目。

医院在执行新制度前对于从成本费用中提取的职工福利费和从结余中提取的职工福利基金都通过“专用基金——职工福利基金”明细科目核算的，应对原账中该明细科目余额进行分析：将按国家有关规定从成本费用中提取但尚未支出的职工福利费余额转入新账中“应付福利费”科目，将剩余余额转入新账中“专用基金——职工福利基金”明细科目。无法对原账中该明细科目余额加以区分的，应将该明细科目余额全部转入新账中“专用基金——职工福利基金”明细科目。

（3）科教项目基金。原账中“专用基金”科目核算有新制度所界定的科研、教学项目资金的，应将该部分余额转入新账中“科教项目结转（余）”科目。

（4）其他专用基金。对于原账中其他专用基金，按有关规定保留的，将其余额转入新账中“专用基金”科目的相关明细科目；没有保留依据的，将其余额转入新账中“事业基金”科目。

3.“固定基金”科目。

新制度未设置“固定基金”科目。转账时，应将原账中“固定基金”科目余额扣除转入新账中“固定资产清理”科目余额后的余额转入新账中“事业基金”科目。

4.“收支结余”科目。

新制度未设置“收支结余”科目，但设置了“本期结余”、“财政补助结转（余）”科目。其中，“本期结余”科目的核算内容较原账中“收支结余”科目的主要区别是不再包括财政专项补助结余。转账时，区分以下两种情况处理：

（1）对于自 2011 年 7 月 1 日起执行新制度的医院，应对原账中“收支结余”科目及其明细科目的余额进行分析：将原账中“收支结余——财政专项补助结余”明细科目贷方余额中属于新制度下财政项目补助结转的余额转入新账中“财政补助结转（余）——财政补助结转（项目支出结转）”明细科目，将属于新制度下财政项目补助结余的余额转入新账中“财政补助结转（余）——财政补助结余”明细科目；将原账中“收支结余——医疗收支结余、药品收支结余、其他结余”各明细科目的余额转入新账中“本期结余”科目。

（2）对于自 2012 年 1 月 1 日起执行新制度的医院，应对原账中“收支结余——财政专项补助结余”明细科目的贷方余额进行分析：将属于新制度下财政项目补助结转的余额转入新账中“财政补助结转（余）——财政补助结转（项目支出结转）”明细科目；将属于新制度下财政项目补助结余的余额转入新账中“财政补助结转（余）——财政补助结余”明细科目。

5.“结余分配”科目。

新制度设置了“结余分配”科目，其核算内容与原制度相应科目基本相同。原账中“结余分配”科目一般无余额，不需进行转账处理。若原账中“结余分配”科目有借方余额，应将该余额转入新账中“结余分配”科目。

原账中“结余分配——待分配结余”明细科目有贷方余额以单独反映结转下期使用的财政基本支出补助资金的，应当将该余额转入新账中“财政补助结转（余）——财政补助结转（基本支出结转）”明细科目。

（四）收入支出类

“财政补助收入”、“上级补助收入”、“医疗收入”、“药品收入”、“其他收入”、“医疗支出”、“药品支出”、“管理费用”、“财政专项支出”、“其他支出”科目。

由于原账中以上收入支出类科目月末或年末无余额，不需进行转账处理。自 2011 年 7 月 1 日或 2012 年 1 月 1 日起，应当按照新制度设置收入费用类科目并进行账务处理。

三、按照新制度对部分资产负债表项目进行追溯调整

（一）调整财政补助基本支出结转事项

按照新制度规定，医院尚未使用的财政基本支出补助（即财政补助基本支出结转）不再提取职工福利基金和转入事业基金。医院应当将实行国库管理制度改革后已转入事业基金但尚未使用的财政基本支出补助金额转回至“财政补助结转（余）”科目。在新账中，按照实行国库管理制度改革后已转入事业基金但尚未使用的财政基本支出补助金额，借记“事业基金”科目，贷记“财政补助结转（余）——财政补助结转（基本支出结转）”科目。

（二）追溯确认待冲基金

按照新制度规定，医院为购建固定资产、无形资产等所使用的财政补助、科教项目资金应当确认为待冲基金，并在计提资产折旧、摊销等时予以冲减。医院应当将执行新制度前所有在账固定资产（新旧转账时转入“固定资产清理”、“库存物资”科目的固定资产以及图书除外）、无形资产账面余额中由财政补助、科教项目资金形成的金额追溯确认为待冲基金。对于除房屋及建筑物、无形资产以外的确实难以追溯的固定资产，至少应当按照以下范围追溯确认待冲基金：1999 年 1 月 1 日以后以固定资产入账并且执行新制度前仍在账的资产。

按照上述要求将固定资产、无形资产账面余额中由财政补助、科教项目资金形成的金额追溯确认为待冲基金时，在新账中，借记“事业基金”科目，贷记“待冲基金”科目。

（三）计提固定资产折旧

按照新制度规定，医院应当对除图书外的固定资产计提折旧。医院应当按照新制度对执行新制度前形成的固定资产（新旧转账时转入“固定资产清理”、“库存物资”科目的固定资产以及图书除外）计提折旧，并将计提的折旧冲减待冲基金和事业基金。在新账中，按照应计提的折旧金额中应冲减待冲基金的部分，借记“待冲基金”科目，按照应计提的折旧金额中的剩余部分，借记“事业基金”科目，按照应计提的折旧金额，贷记“累计折旧”科目。

（四）补记长期债权投资利息

按照新制度规定，医院应当按期计算确认长期债权投资应计利息并确认利息收入。医院应当按照新制度补记长期债权投资应计利息并增加事业基金。按照应补记的利息金额，在新账中，借记“其他应收款”科目［分期付息的长期债权投资］，或者借记“长期投资——债权投资（应收利息）”科目［到期一次还本付息的长期债权投资］，贷记“事业基金”科目。

（五）调整坏账准备

与原制度相比较，新制度下坏账准备的计量发生变化：一是原制度规定坏账准备按照年末应收在院病人医药费和应收医疗款余额的一定比例计提；新制度规定坏账准备的提取范围为应收医疗款和其他应收款；二是医院执行新制度可能调整坏账准备的计提比例和方法。医院应当按照新制度重新计算坏账准备的计量金额，按照重新计算的金额与原账中“坏账准备”科目余额的差额，在新账中，借记或贷记“坏账准备”科目，贷记或借记“事业基金”科目。

（六）冲销开办费

按照新制度规定，医院发生的开办费不再分期摊销，直接计入管理费用。医院应当将原尚未摊销完毕的开办费冲减事业基金。调账时，借记新账中“事业基金”科目，贷记原账中“开办费”科目。

四、按照新制度将基建账相关数据并入新账

医院应当按照新制度的要求，在按国家有关规定单独核算基本建设投资的同时，将基建账相关数据并入医院会计“大账”。

医院应当在新账中“在建工程”科目下设置“基建工程”明细科目，核算由基建账套并入的在建工程支出。

将 2011 年 6 月 30 日或 2011 年 12 月 31 日原基建账套中相关科目余额并入新账时：按照基建账中“建筑安装工程投资”、“设备投资”、“待摊投资”、“预付工程款”等科目余额，增记新账中“在建工程——基建工程”科目；按照基建账中“交付使用资产”等科目余额，增记新账中“固定资产”等科目；按照基建账中“基建投资借款”科目余额，增记新账中“长期借款”科目；按照基建账中“基建拨款”科目余额，增记新账中“待冲基金”等科目；按照基建账中其他科目余额，分析调整新账中相应科目。

医院执行新制度后，应当至少按月根据基建账中相关科目的发生额，在“大账”中按照新制度对基建相关业务进行会计处理。

五、会计报表新旧衔接

（一）编制 2011 年 7 月 1 日或 2012 年 1 月 1 日期初资产负债表

医院应当根据新账各会计科目期初余额，按照新制度编制 2011 年 7 月 1 日或 2012 年 1 月 1 日期初资产负债表。

（二）自 2011 年 7 月 1 日起执行新制度的医院对 2011 年度会计报表的编制

1. 2011 年 7 – 12 月会计报表。

医院在编制 2011 年 7 – 12 月的月末资产负债表时，不要求填列“年初余额”栏。

医院在编制 2011 年 7 – 12 月的月度收入费用总表、医疗收入费用明细表时，应在表中“本月数”栏之前增加“1 – 6 月”栏，该栏数据根据 2011 年 1 – 6 月原账中收支数据按新制度收支分类口径进行调整后的数据填列（不改变原账中收支计量口径）。表中“本月数”栏按新制度规定的填列口径填列 7 – 12 月各月份的数据。表中“本年累计数”栏按照表中“1 – 6 月”栏数据加上 7 – 12 月按新制度口径计算的数据填列。

2. 2011 年度会计报表。

医院编制的 2011 年度会计报表应包括资产负债表、收入费用总表和医疗收入费用明细表，不要求编制该年度现金流量表和财政补助收支情况表。

在编制 2011 年年末资产负债表时，不要求填列“年初余额”栏。

在编制 2011 年度收入费用总表和医疗收入费用明细表时，不要求填列上年比较数，但应在“本年累计数”栏之前增加“1 – 6 月”栏，该栏数据的填列方法同上述 2011 年 7 – 12 月报表的编制。

（三）医院 2012 年度会计报表的编制

医院应当按照新制度规定编制 2012 年的月度、季度、年度会计报表。在编制 2012 年度收入费用总表、医疗收入费用明细表、财政补助收支情况表时，不要求填列上年比较数。

附：新旧医院会计制度会计科目对照表

附：

新旧医院会计制度会计科目对照表

新医院会计制度会计科目			原医院会计制度会计科目+补充规定会计科目	
序号	编号	名称	编号	名称
一、资产类				
1	1001	库存现金	101	现金
2	1002	银行存款	102	银行存款
3	1003	零余额账户用款额度		+零余额账户用款额度
4	1004	其他货币资金	109	其他货币资金
5	1101	短期投资		
6	1201 120101 120102	财政应返还额度 财政直接支付 财政授权支付		+财政应返还额度 财政直接支付 财政授权支付
7	1211	应收在院病人医疗款	111	应收在院病人医药费
8	1212	应收医疗款	113	应收医疗款
9	1215	其他应收款	119	其他应收款
10	1221	坏账准备	114	坏账准备
11	1231	预付账款		
12	1301	库存物资	121	药品
			122	药品进销差价
			123	库存物资
13	1302	在加工物资	125	在加工材料
14	1401	待摊费用	131	待摊费用
15	1501 150101 150102	长期投资 股权投资 债权投资	141	对外投资
16	1601	固定资产	151	固定资产
17	1602	累计折旧		
18	1611	在建工程	153	在建工程
19	1621	固定资产清理		
20	1701	无形资产	161	无形资产
21	1702	累计摊销		
22	1801	长期待摊费用		
23	1901	待处理财产损溢	181	待处理财产损溢
			171	开办费

续表

新医院会计制度会计科目			原医院会计制度会计科目+补充规定会计科目	
序号	编号	名称	编号	名称
二、负债类				
24	2001	短期借款	201	短期借款
25	2101	应缴款项	211	应缴超收款
26	2201	应付票据	202	应付账款
27	2202	应付账款		
28	2203	预收医疗款	204	预收医疗款
29	2204	应付职工薪酬		+应付工资（离退休费）
				+应付地方（部门）津贴补贴
				+应付其他个人收入
30	2205	应付福利费		
31	2206	应付社会保障费	207	应付社会保障费
32	2207	应交税费	209	其他应付款
33	2209	其他应付款		
34	2301	预提费用	221	预提费用
35	2401	长期借款	231	长期借款
36	2402	长期应付款	241	长期应付款
三、净资产类				
37	3001	事业基金	301	事业基金
38	3101	专用基金	303	专用基金
39	3201	待冲基金	302	固定基金
	320101	待冲财政基金		
	320102	待冲科教项目基金		
40	3301	财政补助结转（余）		
41	3302	科教项目结转（余）		
42	3401	本期结余	305	收支结余
43	3501	结余分配	306	结余分配
四、收入类				
44	4001	医疗收入	403	医疗收入
	400101	门诊收入	404	药品收入
	400102	住院收入		
45	4101	财政补助收入	401	财政补助收入
	410101	基本支出		
	410102	项目支出		
46	4201	科教项目收入		
47	4301	其他收入	409	其他收入
			402	上级补助收入

续表

新医院会计制度会计科目			原医院会计制度会计科目+补充规定会计科目	
序号	编号	名称	编号	名称
五、费用类				
48	5001	医疗业务成本	411	医疗支出
			412	药品支出
49	5101	财政项目补助支出	416	财政专项支出
50	5201	科教项目支出		
51	5301	管理费用	415	管理费用
52	5302	其他支出	419	其他支出

注：上表中标有“+”号的会计科目为医院参照财政部印发的相关补充规定增设的会计科目。其中，“应付工资（离退休费）”、“应付地方（部门）津贴补贴”、“应付其他个人收入”三个科目取代了原医院会计制度中“205 应付工资”科目。

北京市财政局转发财政部《关于印发〈全国会计从业资格证书信息化调转暂行办法〉的通知》

2011 年 5 月 25 日　京财会〔2011〕992 号

各区县财政局：

为了进一步加强会计从业资格管理，提高工作效率和服务水平，现将财政部《关于印发〈全国会计从业资格证书信息化调转暂行办法〉的通知》（财会〔2011〕11 号）转发给你们，请遵照执行。执行中如有问题请及时向市财政局反馈。

特此通知。

附件：财政部关于印发《全国会计从业资格证书信息化调转暂行办法》的通知

附件：

财政部关于印发《全国会计从业资格证书信息化调转暂行办法》的通知

2011 年 5 月 16 日　财会〔2011〕11 号

中直管理局，铁道部、国管局，总后勤部，武警部队后勤部，各省、自治区、直辖市、计划单列市财政厅（局），新疆生产建设兵团财务局：

为加强会计从业资格管理，规范会计从业资格跨省级行政区域、部门调转工作，实现会计从业资格调转从传统纸质方式向信息化方式平稳过渡，经研究，特制定《全国会计从业资格证书信息化调转暂行办法》（以下简称《办法》），现印发你们，请遵照执行。

望你们严格按照《办法》要求，认真研究部署信息化调转工作，加快本单位会计从业资格信息管理系统建设和改造，制定实施细则和相关管理办法，明确职责分工，确保在2011 年 6 月 1 日前跨省级行政区域、部门调转实现信息化。在执行过程中如有疑问或建议，请及时反馈。

附：全国会计从业资格证书信息化调转暂行办法

附：

全国会计从业资格证书信息化调转暂行办法

第一条 为规范全国会计从业资格信息化调转工作，根据《会计从业资格管理办法》（财政部令第 26 号），制定本办法。

第二条 本办法适用于开展跨省级行政区域、部门会计从业资格调转业务（以下简称"会计从业资格调转"）。

第三条 会计从业资格调转由县级以上（含县级）会计从业资格管理机构受理。各省、自治区、直辖市、计划单列市财政厅（局），新疆生产建设兵团财务局，中共中央直属机关事务管理局、国务院机关事务管理局、中国人民解放军总后勤部、中国人民武装警察部队后勤部、铁道部（以下简称"省级会计从业资格管理机构"）应当依据自建会计从业资格信息管理系统环境和要求，规范会计从业资格调转业务流程，明确各工作岗位职责，建立内部复核、审查、监督机制，确保会计从业资格调转的顺利运行。

第四条 持证人员申请调转时，应填写调转登记表，并向会计从业资格所属地会计从业资格管理机构提出调转申请。调出地会计从业资格管理机构接受申请后，提供持证人员在本地管理系统中的基础信息和继续教育情况供其核对确认。调出地会计从业资格管理机构在审核持证人员的会计从业资格证书、调转登记表、身份证件、经签字确认的基础信息和继续教育情况等材料后，在 5 个工作日（遇节假日顺延）内将其电子信息上传至财政部调转平台，并将上传结果及时告知持证人员。

第五条 持证人员发现基础信息有误或有变更事项的，由本人提供相关证明，经会计从业资格管理机构审核后，依照《会计从业资格管理办法》（财政部令第 26 号）予以办理更正或变更。

第六条 持证人员在办理会计从业资格调转时，未按规定完成以前年度继续教育的，需在调出地补齐后，方可办理会计从业资格调转手续。

持证人员在办理会计从业资格调转时，未完成当年继续教育的，调出地会计从业资格管理机构应当在其调转登记表中予以注明，持证人员调转后，须参加调入地当年继续教育。

第七条 持证人员应在电子信息上传成功之日起 90 个工作日内，持会计从业资格证书、调转登记表、身份证件和调入单位开具的从事会计工作证明（或工作证明、户籍证明、居住地证明、暂住地证明）向调入地会计从业资格管理机构申请办理调入手续。

第八条 会计从业资格调转应当遵循以人为本、证随人走的原则，除第九条、第十一条所列情形外，应同意调入。调入地会计从业资格管理机构在办理调入手续时，应核对持证人员的相关材料和调转平台上的电子信息，确认无误后在调转平台确认接收，并将其电子信息及时导入本地管理系统。依据本办法第九条、第十一条所列情形，作出拒绝调入决定的，应在10个工作日（遇节假日顺延）内以适当方式通知持证人员。

第九条 具有下列情形之一的，调入地会计从业资格管理机构应拒绝调入，并在调转平台将持证人员的电子信息退回，同时注明退回原因。

（一）会计从业资格证书、调转登记表所列信息与调转平台电子信息不符的。

（二）自调出之日起超过90个工作日的。

（三）持证人员证书档案号（身份证号）与调入地已有持证人员证书档案号（身份证号）重复的。

第十条 持证人员证书档案号（身份证号）与调入地已有持证人员证书档案号（身份证号）重复的，应依法到相应行政机关变更身份证号和从业资格证书档案号后，重新办理调转手续。

第十一条 调出地会计从业资格管理机构应在10个工作日内将调转平台上退回的持证人员信息重新纳入本地管理系统。信息被退回的持证人员，如需调转应重新办理相关手续。

原调出地会计从业资格管理机构被合并或撤销的，由其所属省级会计从业资格管理机构负责接收退回的持证人员信息。

第十二条 在持证人员的电子信息被调入地会计从业资格管理机构接收或退回前，调出地会计从业资格管理机构可依持证人员申请等原因撤销调转。

第十三条 调入地会计从业资格管理机构发现持证人员信息在调转平台、财政专网查询系统、调出地调转记录中均不存在的，可认定其所持证书为虚假证书，应予以当场没收其证书并开具相应凭证。

第十四条 持证人员在申请调入时信息发生变更的，调入地会计从业资格管理机构应及时进行审核变更。

第十五条 会计从业资格管理机构应确保调出持证人员基础信息和继续教育信息的真实、完整，严格审核调出、调入资料。会计从业资格管理机构发现持证人员在调转过程中存在弄虚作假的，应责令其改正，情节严重的，应冻结其调转手续并予以公告。

第十六条 会计从业资格管理机构及其工作人员在实施会计从业资格调转管理工作中存在滥用职权、玩忽职守、徇私舞弊的，依法给予行政处分；涉嫌犯罪的，移送司法机关处理。

第十七条 各省级会计从业资格管理机构应结合本地区、本部门、本系统实际，依据《会计从业资格管理办法》（财政部令第26号）和本办法的规定，制定实施细则，并报财政部备案。

第十八条 本办法自2011年6月1日起执行。

附：中华人民共和国会计从业资格调转登记表

附：

中华人民共和国会计从业资格调转登记表

流水号：

<table>
<tr><td>姓名</td><td></td><td>性别</td><td></td></tr>
<tr><td>会计从业资格证书档案号码</td><td></td><td>发证日期</td><td>年　月</td></tr>
<tr><td>发证机关</td><td></td><td>是否已完成当年继续教育</td><td></td></tr>
<tr><td>调出地（或中央管理单位）</td><td></td><td>调出单位名称</td><td></td></tr>
<tr><td>拟调入地（或中央管理单位）</td><td></td><td>拟调入单位名称</td><td></td></tr>
<tr><td colspan="4">本人承诺对所填报内容及证明材料的真实性负责。

本人签名：　年　月　日
（委托代理人签名：）</td></tr>
<tr><td colspan="2">调出地会计从业资格管理机构审核
（盖章）

经办人：　电话
年　月　日</td><td colspan="2">调入地会计从业资格管理机构审核
（盖章）

经办人：　电话
年　月　日</td></tr>
</table>

填表说明：

1. 表中“流水号”、“是否已完成当年继续教育”项由调出地会计从业资格管理机构填写。

2. 从业资格证书上所列档案号码尚未变更为身份证号码的，按身份证号码填写“会计从业资格证书档案号码”项，所持证书仍然有效。

3. “调出地”或“拟调入地”项应填写到县级；“调出单位”或“拟调入单位”为中共中央直属机关事务管理局、国务院机关事务管理局、中国人民解放军总后勤部、中国人民武装警察部队后勤部、铁道部（以下简称中央管理单位）管理的单位的，“调出地”或“拟调入地”项应填写中央管理单位的名称。

4. 办理调转手续时拟调入单位未确定的，“拟调入单位名称”项填“待定”。

5. 持证人员应在自调出之日起 90 个工作日内，持会计从业资格证书、调转登记表、身份证件和调入单位开具的从事会计工作证明（或工作证明、户籍证明、居住地证明、暂住地证明）向调入地会计从业资格管理机构申请办理调入手续。

6. 表格一式三份，本人持一份，调出地会计从业资格管理机构留存一份，调入地会计从业资格管理机构留存一份。

北京市财政局转发财政部《关于印发〈农业综合开发土地治理项目工程管护资金会计核算的有关规定〉的通知》

2011年7月29日 京财会〔2011〕1585号

市属各单位、各区县财政局：

为了进一步规范农业综合开发土地治理项目工程管护资金的会计核算，财政部制发了《农业综合开发土地治理项目工程管护资金会计核算的有关规定》，现转发给你们。执行中有何问题，请及时反馈我局。

特此通知。

附件：财政部关于印发《农业综合开发土地治理项目工程管护资金会计核算的有关规定》的通知

附件：

财政部关于印发《农业综合开发土地治理项目工程管护资金会计核算的有关规定》的通知

2011年6月17日 财发〔2011〕15号

农业部，各省、自治区、直辖市、计划单列市财政厅（局）、农业综合开发办公室（局），新疆生产建设兵团财务局、农业综合开发办公室：

为适应农业综合开发资金和项目管理工作需要，进一步规范农业综合开发土地治理项目工程管护资金的会计核算，现将《农业综合开发土地治理项目工程管护资金会计核算的有关规定》印发给你们。本规定自2011年7月1日起执行，执行中有何问题，请及时向财政部（国家农业综合开发办公室）反馈。

附：农业综合开发土地治理项目工程管护资金会计核算的有关规定

附：

农业综合开发土地治理项目工程管护资金会计核算的有关规定

为了准确反映与核算农业综合开发土地治理项目工程管护资金，在“农发资金支出”科目下增设“工程管护基金”二级明细科目。同时，在农业综合开发“净资产”类会计科目中增设“工程管护基金”（第361号科目）一级科目，该科目为报账资金专账使用，用于核算计提的农业综合开发土地治理项目工程管护资金。

一、计提工程管护资金时的会计核算

县级财政部门计提工程管护资金时，借记“农发资金支出——工程管护基金”科目，贷记“工程管护基金”科目。

二、工程管护资金报账时的会计核算

经县级财政部门和农业综合开发机构批准支付工程管护资金时，借记“工程管护基金”科目，贷记“银行存款”等科目。

北京市财政局关于印发《关于贯彻落实〈会计改革与发展“十二五”规划纲要〉的实施意见》的通知

2011年11月7日　京财会〔2011〕2371号

市属各单位、各区县财政局：

根据《中华人民共和国国民经济和社会发展第十二个五年规划纲要》和国家财政“十二五”时期的有关要求，财政部制定了《会计改革与发展“十二五”规划纲要》。结合北京市实际情况，在认真总结工作经验与成就，深入分析当前和今后一个时期会计改革与发展面临形势和任务的基础上，我们制定了《关于贯彻实施〈会计改革与发展“十二五”规划纲要〉的实施意见》现印发给你们，请认真贯彻执行。

附件：1. 关于贯彻落实《会计改革与发展“十二五”规划纲要》的实施意见

2. 财政部关于印发《会计改革与发展“十二五”规划纲要》的通知（略）

附件1：

关于贯彻落实《会计改革与发展“十二五”规划纲要》的实施意见

为贯彻落实财政部《会计改革与发展“十二五”规划纲要》，进一步深化会计改革，推动会计事业全面发展，更好地发挥会计工作在促进北京市经济社会发展中的基础性作用，现结合我市具体情况，提出如下实施意见。

一、“十二五”时期北京市会计改革与发展的指导思想及总体目标

“十二五”时期，北京市会计改革与发展的指导思想：贯彻落实科学发展观，深化财政科学化精细化管理，以“抓统筹、抓管理、抓效益”为着力点，以加强体制机制建设、法制建设、标准建设、市场建设、人才建设、理论建设为支撑，充分体现科学发展的主题、加快转变经济发展方式的主线和保障改善民生的新要求，注重会计改革发展的科学性、规范性、统筹性，注重会计管理实践的公益性、效益性、持续性，以人为本、锐意改革，推进会计管理全面、协调、可持续发展。

“十二五”时期，北京市会计改革与发展的总体目标：一是健全以间接管理为主，经济、法律和行政手段并用，有利于发挥会计职能作用，有利于发挥地方、部门、基层单位和会计人员积极性和创造性的会计管理体系。二是完善会计法律法规体系建设，促进依法行政，不断提高会计管理工作法制化水平。三是加快推动企业会计准则、内部控制规范、注册会计师审计准则三个会计标准体系建设与实施，规范会计秩序，促进经济发展。四是规范会计师事务所行业、代理记账机构市场行业、继续教育培训市场行业三个会计行业的管理，推动会计市场健康发展，营造良好的执业环境。五是规范会计管理制度改革，强化会计人才战略，加强会计人员管理，建立健全会计人才培养、选拔和评价机制，全面提升会计队伍业务素质和诚信水平。

二、“十二五”时期北京市会计改革与发展的主要任务

（一）加快推动会计标准体系建设与实施，规范会计秩序，促进经济发展

1. 完善企业会计准则标准体系建设。“十二五”期间，北京市将进一步推动企业会计准则的稳步实施，进一步扩大准则的实施范围，加强对北京市上市公司及大型国有企业披露年报的跟踪分析机制，积极参与准则的修订及解释工作，研究企业会计准则执行中存在的问题；同时大力宣传企业会计准则的内容，努力改善会计准则实施环境。

2. 建立有效的内部控制规范标准体系。“十二五”期间北京市将分层次、分步骤地逐步推广实施内部控制规范，按照成本与效益的原则，积极参与研究内控规范的制定，加强调查研究，确保规范平稳实施；引导微观实体采取切实有效的措施降低企业实施成本、提升内控效能，推广规范的实施范围；加强宣传培训，不断优化企业内控环境，强化风险防范意识，推动强化内部控制真正成为企业的内在要求、惯性思维和行为习惯，为规范实施营造良好的舆论氛围和社会环境。按照实施目标，内控规范率先在H股的上市公司执行，逐步推广大中型国有企业，同时也要积极引导行政事业单位引入内控思想，防范和控制风险，提高管理效率，树立内控的单位文化。

3. 推动注册会计师审计准则体系贯彻执行。“十二五”期间，北京市将努力夯实审计准则的执业基础，增强审计准则在执行过程中的易理解性和可操作性，逐步建立标准化的服务体系。

（二）规范会计行业的管理，推动会计市场健康发展，营造良好的执业环境

1. 加强会计师事务所行业发展。“十二五”时期，要着重引导会计师事务所行业“市场化、国际化、高端化、规范化”，一是解放思想、开拓创新。在遵循法制要求和市场规则的前提下，立足国情，借鉴国际经验，探索加快行业发展的模式、途径和方法，促进行业跨越式发展。二是科学规范、协调发展。科学指导行业发展，加强政府行政管理和监督，强化行业服务和自律管理，形成大、中、小型会计师事务所执业领域有侧重、市场定位有特色、服务对象有倾斜，地域分布较合理的不同规模的会计师事务所有序竞争、接续发展的格局。三是诚信为本、质量第一。把诚信建设作为行业发展的生命线，着力提升行业的诚信度和公信力，使注册会计师行业成为受社会尊重和信赖的专业服务行业。

2. 加强代理记账机构市场行业健康发展。“十二五”期间，要在充分调研的基础上结合全市实际情况，贯彻落实行业行政监管的实施办法，研究细化具体的行业服务标准，加强对记账机构的基础信息和日常监管；重点加强与相关职能部门的联动机制，实现科学高效的信

息化共享的管理手段，最大效用的发挥代理记账管理系统的功效，注重行业管理的科学引导。同时，要加强村级会计委托代理服务工作的规范化管理，积极研究多元化的管理模式和手段，提供科学规范的政府服务。

3. 完善继续教育培训市场行业监管。“十二五”期间，要加强对培训市场管理的政策研究，科学引导培训机构健康发展。重点研究对培训机构资质认证、处罚、举报奖励与监督等管理办法，严格管理。同时，加强日常监督与检查，对在培训中出现的违规现象严格惩罚。同时尽可能的披露培训机构的信息，让培训行业都展示在阳光之下，大众选择、学员评判、公众监督，督促培训单位为会计人员提供优质的培训服务。

（三）规范会计管理制度改革，加强会计人员管理，提高会计人员素质水平

1. 加快高级会计人才培养，加强对会计人才的推荐使用。“十二五”期间，我市除了每年积极组织推荐优秀会计人才参加财政部会计领军人才选拔考试外，还要比照全国会计领军（后备）人才培养工程的做法，健全高级会计人才选拔机制、培养机制、淘汰机制、使用机制，大力培养我市的高级会计人才。将分别建立企业高级会计管理人才库和学术带头人人才库，对选拔出的高级人才进行跟踪培养，实行动态管理，定期报告考核为他们提供展示才智和更广阔发展空间的平台。

2. 强化总会计师地位和职能，促进大中型企事业单位提高现代化经营管理水平。“十二五”期间，根据《总会计师条例》，我市将积极推动大中型国有企业及一定规模行政事业单位设置总会计师或财务总监，强化总会计师职能，提升总会计师地位，充分发挥总会计师在加强单位经济管理、提高经济效益中的重要作用。结合我市实际，积极配合财政部探索建立总会计师资格认证制度，探索制定我市单位总会计师管理和考核办法，为各用人单位科学选聘总会计师提供制度保障。

3. 建立健全会计人员评选表彰机制。“十二五”期间，为保障会计人才依法履行职责，保障会计人才的合法权益，按照财政部《全国会计先进工作者评选表彰办法》，结合我市实际情况，健全会计人员评选表彰机制，依法健全先进会计工作者评选表彰制度，至少每三年评选一次，严格评选程序，创新评选方法。通过开展全方位和经常化的先进会计工作者评选表彰活动，在全社会形成良好的会计人才培养、成长环境。

4. 深化会计职称制度改革，创新会计人才培养模式。“十二五”期间，我市要按照国家统一设定的不同层级会计专业技术人才的知识结构和能力框架，参与改革现行会计专业技术资格制度，推动高级会计人才往正高级会计师技术等级努力，形成初级、中级、高级（含副高级和正高级）等层次清晰、相互衔接、体系完整、逐级递进的会计专业技术资格体系。

5. 加强会计从业资格管理，推动会计人才合理流动。“十二五”期间，根据《会计法》和《会计从业资格管理办法》，按照财政部统一的会计从业资格考试大纲要求，全面推行会计从业资格无纸化及常规化考试，提高会计从业资格考试的公正性、科学性；严把会计从业资格入门关，力求做到通过会计从业资格考试取得会计从业资格证的人员能够达到上岗所必须的最基本的实务操作，提高会计从业资格证的含金量。

通过会计信息化管理平台，进一步开发完善北京市会计人员管理系统，实现与全国会计人员管理系统的联网，积极推进会计人才交流平台建设，实现会计人才在全国范围内的合理流动；完善北京市会计人员从业信息管理系统及会计人员诚信查询系统，强化各类会计人员的科学化精细化管理。

6. 完善会计人员继续教育制度，提升会计人员学习质量。"十二五"期间，按照《北京市会计人员继续教育规定》的要求，严格会计人员继续教育学时制度，创新和丰富会计人员继续教育内容和手段，继续按照"分门别类、各有侧重、分步实施、注重实效"的方式组织培训，分别按照行政事业单位、企业、农村、社团等各种不同的培训对象开展各种形式的业务培训；积极探讨引入远程网络化教学等现代化培训方式，方便会计人员的自觉学习。采取评估、考核、备案、公示等有效措施，加强对会计人员继续教育培训机构的管理，加强会计培训市场的监管。

7. 大力提高农村现代会计人才素质，满足建设新农村需求。"十二五"期间，着眼于深化农村村务公开和民主治理工作，加强农村"资金、资产、资源"管理，扎实推进村级会计委托代理服务，提高农村会计信息质量。每年有计划、分阶段、分层次地组织对我市所有农村集体经济组织的会计人员、报账员、主要村干部、村民理财小组成员和村级会计委托代理服务机构代理会计、负责人开展以支农惠农财政、会计政策为主要内容的培训、轮训工作，大力提高农村现代会计人才素质，满足建设新农村需求。

三、"十二五"时期北京市会计改革与发展的工作要求

（一）加强实施工作组织保障

市财政局统筹协调本《实施意见》的组织实施工作。各区县财政部门和市属有关单位应当以本《实施意见》为指导，结合实际，编制本区、本部门、本系统会计发展计划或具体实施办法。加强和重视会计工作，不断巩固会计管理的基础性地位，推动本《实施意见》的有效贯彻实施。

（二）健全实施工作监控评估体系

各级财政部门和市属有关单位要对本《实施意见》的实施落实情况进行跟踪了解，建立健全执行监督、信息反馈机制和定期评估制度，对实施情况进行监控和指导；对实施中发现的新情况、新问题，及时采取切实有效措施，确保各项任务和要求扎实推进，取得实施。

（三）营造实施工作良好社会环境

各级财政部门和市属有关单位应大力宣传本《实施意见》的指导思想、重要意义、目标任务和政策措施；宣传实施中的典型经验、做法和成效，为加强会计管理、深化会计改革创造有利条件和营造良好氛围。

北京市财政局转发财政部《关于印发〈小企业会计准则〉的通知》

2011 年 11 月 17 日　京财会〔2011〕2474 号

市属各单位、各区县财政局：

为了规范小企业会计确认、计量和报告行为，促进小企业可持续发展，发挥小企业在国民经济和社会发展中的重要作用，根据《中华人民共和国会计法》及其他有关法律和法规，财政部制发了《小企业会计准则》，现转发给你们，请遵照执行。执行中有何问题，请及时反馈我局。

附件：财政部关于印发《小企业会计准则》的通知

附件：

财政部关于印发《小企业会计准则》的通知

2011 年 10 月 18 日　财会〔2011〕17 号

国务院有关部委、有关直属机构，各省、自治区、直辖市、计划单列市财政厅（局），新疆生产建设兵团财务局：

为了规范小企业会计确认、计量和报告行为，促进小企业可持续发展，发挥小企业在国民经济和社会发展中的重要作用，根据《中华人民共和国会计法》及其他有关法律和法规，我部制定了《小企业会计准则》，现予印发，自 2013 年 1 月 1 日起在小企业范围内施行，鼓励小企业提前执行。我部于 2004 年 4 月 27 日发布的《小企业会计制度》（财会〔2004〕2 号）同时废止。

执行中有何问题，请及时反馈我部。

附：小企业会计准则

附：

小企业会计准则

第一章　总　　则

第一条　为了规范小企业会计确认、计量和报告行为，促进小企业可持续发展，发挥小企业在国民经济和社会发展中的重要作用，根据《中华人民共和国会计法》及其他有关法律和法规，制定本准则。

第二条　本准则适用于在中华人民共和国境内依法设立的、符合《中小企业划型标准规定》所规定的小型企业标准的企业。

下列三类小企业除外：

（一）股票或债券在市场上公开交易的小企业。

（二）金融机构或其他具有金融性质的小企业。

（三）企业集团内的母公司和子公司。

前款所称企业集团、母公司和子公司的定义与《企业会计准则》的规定相同。

第三条　符合本准则第二条规定的小企业，可以执行本准则，也可以执行《企业会计准则》。

（一）执行本准则的小企业，发生的交易或者事项本准则未作规范的，可以参照《企业会计准则》中的相关规定进行处理。

（二）执行《企业会计准则》的小企业，不得在执行《企业会计准则》的同时，选择执行本准则的相关规定。

（三）执行本准则的小企业公开发行股票或债券的，应当转为执行《企业会计准则》；因经营规模或企业性质变化导致不符合本准则第二条规定而成为大中型企业或金融企业的，应当从次年1月1日起转为执行《企业会计准则》。

（四）已执行《企业会计准则》的上市公司、大中型企业和小企业，不得转为执行本准则。

第四条　执行本准则的小企业转为执行《企业会计准则》时，应当按照《企业会计准则第38号——首次执行企业会计准则》等相关规定进行会计处理。

第二章　资　　产

第五条　资产，是指小企业过去的交易或者事项形成的、由小企业拥有或者控制的、预期会给小企业带来经济利益的资源。

小企业的资产按照流动性，可分为流动资产和非流动资产。

第六条　小企业的资产应当按照成本计量，不计提资产减值准备。

第一节　流动资产

第七条　小企业的流动资产，是指预计在1年内（含1年，下同）或超过1年的一个正常营业周期内变现、出售或耗用的资产。

小企业的流动资产包括：货币资金、短期投资、应收及预付款项、存货等。

第八条　短期投资，是指小企业购入的能随时变现并且持有时间不准备超过1年（含1年，下同）的投资，如小企业以赚取差价为目的从二级市场购入的股票、债券、基金等。

短期投资应当按照以下规定进行会计处理：

（一）以支付现金取得的短期投资，应当按照购买价款和相关税费作为成本进行计量。

实际支付价款中包含的已宣告但尚未发放的现金股利或已到付息期但尚未领取的债券利息，应当单独确认为应收股利或应收利息，不计入短期投资的成本。

（二）在短期投资持有期间，被投资单位宣告分派的现金股利或在债务人应付利息日按照分期付息、一次还本债券投资的票面利率计算的利息收入，应当计入投资收益。

（三）出售短期投资，出售价款扣除其账面余额、相关税费后的净额，应当计入投资收益。

第九条　应收及预付款项，是指小企业在日常生产经营活动中发生的各项债权。包括：应收票据、应收账款、应收股利、应收利息、其他应收款等应收款项和预付账款。

应收及预付款项应当按照发生额入账。

第十条　小企业应收及预付款项符合下列条件之一的，减除可收回的金额后确认的无法收回的应收及预付款项，作为坏账损失：

（一）债务人依法宣告破产、关闭、解散、被撤销，或者被依法注销、吊销营业执照，其清算财产不足清偿的。

（二）债务人死亡，或者依法被宣告失踪、死亡，其财产或者遗产不足清偿的。

（三）债务人逾期 3 年以上未清偿，且有确凿证据证明已无力清偿债务的。

（四）与债务人达成债务重组协议或法院批准破产重整计划后，无法追偿的。

（五）因自然灾害、战争等不可抗力导致无法收回的。

（六）国务院财政、税务主管部门规定的其他条件。

应收及预付款项的坏账损失应当于实际发生时计入营业外支出，同时冲减应收及预付款项。

第十一条 存货，是指小企业在日常生产经营过程中持有以备出售的产成品或商品、处在生产过程中的在产品、将在生产过程或提供劳务过程中耗用的材料和物料等以及小企业（农、林、牧、渔业）为出售而持有的、或在将来收获为农产品的消耗性生物资产。

小企业的存货包括：原材料、在产品、半成品、产成品、商品、周转材料、委托加工物资、消耗性生物资产等。

（一）原材料，是指小企业在生产过程中经加工改变其形态或性质并构成产品主要实体的各种原料及主要材料、辅助材料、外购半成品（外购件）、修理用备件（备品备件）、包装材料、燃料等。

（二）在产品，是指小企业正在制造尚未完工的产品。包括：正在各个生产工序加工的产品，以及已加工完毕但尚未检验或已检验但尚未办理入库手续的产品。

（三）半成品，是指小企业经过一定生产过程并已检验合格交付半成品仓库保管，但尚未制造完工成为产成品，仍需进一步加工的中间产品。

（四）产成品，是指小企业已经完成全部生产过程并已验收入库，符合标准规格和技术条件，可以按照合同规定的条件送交订货单位，或者可以作为商品对外销售的产品。

（五）商品，是指小企业（批发业、零售业）外购或委托加工完成并已验收入库用于销售的各种商品。

（六）周转材料，是指小企业能够多次使用、逐渐转移其价值但仍保持原有形态且不确认为固定资产的材料。包括：包装物、低值易耗品、小企业（建筑业）的钢模板、木模板、脚手架等。

（七）委托加工物资，是指小企业委托外单位加工的各种材料、商品等物资。

（八）消耗性生物资产，是指小企业（农、林、牧、渔业）生长中的大田作物、蔬菜、用材林以及存栏待售的牲畜等。

第十二条 小企业取得的存货，应当按照成本进行计量。

（一）外购存货的成本包括：购买价款、相关税费、运输费、装卸费、保险费以及在外购存货过程发生的其他直接费用，但不含按照税法规定可以抵扣的增值税进项税额。

（二）通过进一步加工取得存货的成本包括：直接材料、直接人工以及按照一定方法分配的制造费用。

经过 1 年期以上的制造才能达到预定可销售状态的存货发生的借款费用，也计入存货的成本。

前款所称借款费用，是指小企业因借款而发生的利息及其他相关成本。包括：借款利息、辅助费用以及因外币借款而发生的汇兑差额等。

（三）投资者投入存货的成本，应当按照评估价值确定。

（四）提供劳务的成本包括：与劳务提供直接相关的人工费、材料费和应分摊的间接费用。

（五）自行栽培、营造、繁殖或养殖的消耗性生物资产的成本，应当按照下列规定确定：

1. 自行栽培的大田作物和蔬菜的成本包括：在收获前耗用的种子、肥料、农药等材料费、人工费和应分摊的间接费用。

2. 自行营造的林木类消耗性生物资产的成本包括：郁闭前发生的造林费、抚育费、营林设施费、良种试验费、调查设计费和应分摊的间接费用。

3. 自行繁殖的育肥畜的成本包括：出售前发生的饲料费、人工费和应分摊的间接费用。

4. 水产养殖的动物和植物的成本包括：在出售或入库前耗用的苗种、饲料、肥料等材料费、人工费和应分摊的间接费用。

（六）盘盈存货的成本，应当按照同类或类似存货的市场价格或评估价值确定。

第十三条 小企业应当采用先进先出法、加权平均法或者个别计价法确定发出存货的实际成本。计价方法一经选用，不得随意变更。

对于性质和用途相似的存货，应当采用相同的成本计算方法确定发出存货的成本。

对于不能替代使用的存货、为特定项目专门购入或制造的存货以及提供的劳务，采用个别计价法确定发出存货的成本。

对于周转材料，采用一次转销法进行会计处理，在领用时按其成本计入生产成本或当期损益；金额较大的周转材料，也可以采用分次摊销法进行会计处理。出租或出借周转材料，不需要结转其成本，但应当进行备查登记。

对于已售存货，应当将其成本结转为营业成本。

第十四条 小企业应当根据生产特点和成本管理的要求，选择适合于本企业的成本核算对象、成本项目和成本计算方法。

小企业发生的各项生产费用，应当按照成本核算对象和成本项目分别归集。

（一）属于材料费、人工费等直接费用，直接计入基本生产成本和辅助生产成本。

（二）属于辅助生产车间为生产产品提供的动力等直接费用，可以先作为辅助生产成本进行归集，然后按照合理的方法分配计入基本生产成本；也可以直接计入所生产产品发生的生产成本。

（三）其他间接费用应当作为制造费用进行归集，月度终了，再按一定的分配标准，分配计入有关产品的成本。

第十五条 存货发生毁损，处置收入、可收回的责任人赔偿和保险赔款，扣除其成本、相关税费后的净额，应当计入营业外支出或营业外收入。

盘盈存货实现的收益应当计入营业外收入。

盘亏存货发生的损失应当计入营业外支出。

第二节 长期投资

第十六条 小企业的非流动资产，是指流动资产以外的资产。

小企业的非流动资产包括：长期债券投资、长期股权投资、固定资产、生产性生物资产、无形资产、长期待摊费用等。

第十七条 长期债券投资，是指小企业准备长期（在 1 年以上，下同）持有的债券投资。

第十八条 长期债券投资应当按照购买价款和相关税费作为成本进行计量。

实际支付价款中包含的已到付息期但尚未领取的债券利息，应当单独确认为应收利息，不计入长期债券投资的成本。

第十九条 长期债券投资在持有期间发生的应收利息应当确认为投资收益。

（一）分期付息、一次还本的长期债券投资，在债务人应付利息日按照票面利率计算的应收未收利息收入应当确认为应收利息，不增加长期债券投资的账面余额。

（二）一次还本付息的长期债券投资，在债务人应付利息日按照票面利率计算的应收未收利息收入应当增加长期债券投资的账面余额。

（三）债券的折价或者溢价在债券存续期间内于确认相关债券利息收入时采用直线法进行摊销。

第二十条 长期债券投资到期，小企业收回长期债券投资，应当冲减其账面余额。

处置长期债券投资，处置价款扣除其账面余额、相关税费后的净额，应当计入投资收益。

第二十一条 小企业长期债券投资符合本准则第十条所列条件之一的，减除可收回的金额后确认的无法收回的长期债券投资，作为长期债券投资损失。

长期债券投资损失应当于实际发生时计入营业外支出，同时冲减长期债券投资账面余额。

第二十二条 长期股权投资，是指小企业准备长期持有的权益性投资。

第二十三条 长期股权投资应当按照成本进行计量。

（一）以支付现金取得的长期股权投资，应当按照购买价款和相关税费作为成本进行计量。

实际支付价款中包含的已宣告但尚未发放的现金股利，应当单独确认为应收股利，不计入长期股权投资的成本。

（二）通过非货币性资产交换取得的长期股权投资，应当按照换出非货币性资产的评估价值和相关税费作为成本进行计量。

第二十四条 长期股权投资应当采用成本法进行会计处理。

在长期股权投资持有期间，被投资单位宣告分派的现金股利或利润，应当按照应分得的金额确认为投资收益。

第二十五条 处置长期股权投资，处置价款扣除其成本、相关税费后的净额，应当计入投资收益。

第二十六条 小企业长期股权投资符合下列条件之一的，减除可收回的金额后确认的无法收回的长期股权投资，作为长期股权投资损失：

（一）被投资单位依法宣告破产、关闭、解散、被撤销，或者被依法注销、吊销营业执照的。

（二）被投资单位财务状况严重恶化，累计发生巨额亏损，已连续停止经营 3 年以上，且无重新恢复经营改组计划的。

（三）对被投资单位不具有控制权，投资期限届满或者投资期限已超过 10 年，且被投资单位因连续3年经营亏损导致资不抵债的。

（四）被投资单位财务状况严重恶化，累计发生巨额亏损，已完成清算或清算期超过3年以上的。

（五）国务院财政、税务主管部门规定的其他条件。

长期股权投资损失应当于实际发生时计入营业外支出，同时冲减长期股权投资账面余额。

第三节 固定资产和生产性生物资产

第二十七条 固定资产，是指小企业为生产产品、提供劳务、出租或经营管理而持有的，使用寿命超过1年的有形资产。

小企业的固定资产包括：房屋、建筑物、机器、机械、运输工具、设备、器具、工具等。

第二十八条 固定资产应当按照成本进行计量。

（一）外购固定资产的成本包括：购买价款、相关税费、运输费、装卸费、保险费、安装费等，但不含按照税法规定可以抵扣的增值税进项税额。

以一笔款项购入多项没有单独标价的固定资产，应当按照各项固定资产或类似资产的市场价格或评估价值比例对总成本进行分配，分别确定各项固定资产的成本。

（二）自行建造固定资产的成本，由建造该项资产在竣工决算前发生的支出（含相关的借款费用）构成。

小企业在建工程在试运转过程中形成的产品、副产品或试车收入冲减在建工程成本。

（三）投资者投入固定资产的成本，应当按照评估价值和相关税费确定。

（四）融资租入的固定资产的成本，应当按照租赁合同约定的付款总额和在签订租赁合同过程中发生的相关税费等确定。

（五）盘盈固定资产的成本，应当按照同类或者类似固定资产的市场价格或评估价值，扣除按照该项固定资产新旧程度估计的折旧后的余额确定。

第二十九条 小企业应当对所有固定资产计提折旧，但已提足折旧仍继续使用的固定资产和单独计价入账的土地不得计提折旧。

固定资产的折旧费应当根据固定资产的受益对象计入相关资产成本或者当期损益。

前款所称折旧，是指在固定资产使用寿命内，按照确定的方法对应计折旧额进行系统分摊。应计折旧额，是指应当计提折旧的固定资产的原价（成本）扣除其预计净残值后的金额。预计净残值，是指固定资产预计使用寿命已满，小企业从该项固定资产处置中获得的扣除预计处置费用后的净额。已提足折旧，是指已经提足该项固定资产的应计折旧额。

第三十条 小企业应当按照年限平均法（即直线法，下同）计提折旧。小企业的固定资产由于技术进步等原因，确需加速折旧的，可以采用双倍余额递减法和年数总和法。

小企业应当根据固定资产的性质和使用情况，并考虑税法的规定，合理确定固定资产的使用寿命和预计净残值。

固定资产的折旧方法、使用寿命、预计净残值一经确定，不得随意变更。

第三十一条 小企业应当按月计提折旧，当月增加的固定资产，当月不计提折旧，从下月起计提折旧；当月减少的固定资产，当月仍计提折旧，从下月起不计提折旧。

第三十二条　固定资产的日常修理费，应当在发生时根据固定资产的受益对象计入相关资产成本或者当期损益。

第三十三条　固定资产的改建支出，应当计入固定资产的成本，但已提足折旧的固定资产和经营租入的固定资产发生的改建支出应当计入长期待摊费用。

前款所称固定资产的改建支出，是指改变房屋或者建筑物结构、延长使用年限等发生的支出。

第三十四条　处置固定资产，处置收入扣除其账面价值、相关税费和清理费用后的净额，应当计入营业外收入或营业外支出。

前款所称固定资产的账面价值，是指固定资产原价（成本）扣减累计折旧后的金额。

盘亏固定资产发生的损失应当计入营业外支出。

第三十五条　生产性生物资产，是指小企业（农、林、牧、渔业）为生产农产品、提供劳务或出租等目的而持有的生物资产。包括：经济林、薪炭林、产畜和役畜等。

第三十六条　生产性生物资产应当按照成本进行计量。

（一）外购的生产性生物资产的成本，应当按照购买价款和相关税费确定。

（二）自行营造或繁殖的生产性生物资产的成本，应当按照下列规定确定：

1. 自行营造的林木类生产性生物资产的成本包括：达到预定生产经营目的前发生的造林费、抚育费、营林设施费、良种试验费、调查设计费和应分摊的间接费用等必要支出。

2. 自行繁殖的产畜和役畜的成本包括：达到预定生产经营目的前发生的饲料费、人工费和应分摊的间接费用等必要支出。

前款所称达到预定生产经营目的，是指生产性生物资产进入正常生产期，可以多年连续稳定产出农产品、提供劳务或出租。

第三十七条　生产性生物资产应当按照年限平均法计提折旧。

小企业（农、林、牧、渔业）应当根据生产性生物资产的性质和使用情况，并考虑税法的规定，合理确定生产性生物资产的使用寿命和预计净残值。

生产性生物资产的折旧方法、使用寿命、预计净残值一经确定，不得随意变更。

小企业（农、林、牧、渔业）应当自生产性生物资产投入使用月份的下月起按月计提折旧；停止使用的生产性生物资产，应当自停止使用月份的下月起停止计提折旧。

第四节　无形资产

第三十八条　无形资产，是指小企业为生产产品、提供劳务、出租或经营管理而持有的、没有实物形态的可辨认非货币性资产。

小企业的无形资产包括：土地使用权、专利权、商标权、著作权、非专利技术等。

自行开发建造厂房等建筑物，相关的土地使用权与建筑物应当分别进行处理。外购土地及建筑物支付的价款应当在建筑物与土地使用权之间按照合理的方法进行分配；难以合理分配的，应当全部作为固定资产。

第三十九条　无形资产应当按照成本进行计量。

（一）外购无形资产的成本包括：购买价款、相关税费和相关的其他支出（含相关的借款费用）。

（二）投资者投入的无形资产的成本，应当按照评估价值和相关税费确定。

（三）自行开发的无形资产的成本，由符合资本化条件后至达到预定用途前发生的支出（含相关的借款费用）构成。

第四十条 小企业自行开发无形资产发生的支出，同时满足下列条件的，才能确认为无形资产：

（一）完成该无形资产以使其能够使用或出售在技术上具有可行性。

（二）具有完成该无形资产并使用或出售的意图。

（三）能够证明运用该无形资产生产的产品存在市场或无形资产自身存在市场，无形资产将在内部使用的，应当证明其有用性。

（四）有足够的技术、财务资源和其他资源支持，以完成该无形资产的开发，并有能力使用或出售该无形资产。

（五）归属于该无形资产开发阶段的支出能够可靠地计量。

第四十一条 无形资产应当在其使用寿命内采用年限平均法进行摊销，根据其受益对象计入相关资产成本或者当期损益。

无形资产的摊销期自其可供使用时开始至停止使用或出售时止。有关法律规定或合同约定了使用年限的，可以按照规定或约定的使用年限分期摊销。

小企业不能可靠估计无形资产使用寿命的，摊销期不得低于 10 年。

第四十二条 处置无形资产，处置收入扣除其账面价值、相关税费等后的净额，应当计入营业外收入或营业外支出。

前款所称无形资产的账面价值，是指无形资产的成本扣减累计摊销后的金额。

第五节 长期待摊费用

第四十三条 小企业的长期待摊费用包括：已提足折旧的固定资产的改建支出、经营租入固定资产的改建支出、固定资产的大修理支出和其他长期待摊费用等。

前款所称固定资产的大修理支出，是指同时符合下列条件的支出：

（一）修理支出达到取得固定资产时的计税基础 50% 以上。

（二）修理后固定资产的使用寿命延长 2 年以上。

第四十四条 长期待摊费用应当在其摊销期限内采用年限平均法进行摊销，根据其受益对象计入相关资产的成本或者管理费用，并冲减长期待摊费用。

（一）已提足折旧的固定资产的改建支出，按照固定资产预计尚可使用年限分期摊销。

（二）经营租入固定资产的改建支出，按照合同约定的剩余租赁期限分期摊销。

（三）固定资产的大修理支出，按照固定资产尚可使用年限分期摊销。

（四）其他长期待摊费用，自支出发生月份的下月起分期摊销，摊销期不得低于 3 年。

第三章 负 债

第四十五条 负债，是指小企业过去的交易或者事项形成的，预期会导致经济利益流出小企业的现时义务。

小企业的负债按照其流动性，可分为流动负债和非流动负债。

第一节　流动负债

第四十六条　小企业的流动负债，是指预计在 1 年内或者超过 1 年的一个正常营业周期内清偿的债务。

小企业的流动负债包括：短期借款、应付及预收款项、应付职工薪酬、应交税费、应付利息等。

第四十七条　各项流动负债应当按照其实际发生额入账。

小企业确实无法偿付的应付款项，应当计入营业外收入。

第四十八条　短期借款应当按照借款本金和借款合同利率在应付利息日计提利息费用，计入财务费用。

第四十九条　应付职工薪酬，是指小企业为获得职工提供的服务而应付给职工的各种形式的报酬以及其他相关支出。

小企业的职工薪酬包括：

（一）职工工资、奖金、津贴和补贴。

（二）职工福利费。

（三）医疗保险费、养老保险费、失业保险费、工伤保险费和生育保险费等社会保险费。

（四）住房公积金。

（五）工会经费和职工教育经费。

（六）非货币性福利。

（七）因解除与职工的劳动关系给予的补偿。

（八）其他与获得职工提供的服务相关的支出等。

第五十条　小企业应当在职工为其提供服务的会计期间，将应付的职工薪酬确认为负债，并根据职工提供服务的受益对象，分别下列情况进行会计处理：

（一）应由生产产品、提供劳务负担的职工薪酬，计入产品成本或劳务成本。

（二）应由在建工程、无形资产开发项目负担的职工薪酬，计入固定资产成本或无形资产成本。

（三）其他职工薪酬（含因解除与职工的劳动关系给予的补偿），计入当期损益。

第二节　非流动负债

第五十一条　小企业的非流动负债，是指流动负债以外的负债。

小企业的非流动负债包括：长期借款、长期应付款等。

第五十二条　非流动负债应当按照其实际发生额入账。

长期借款应当按照借款本金和借款合同利率在应付利息日计提利息费用，计入相关资产成本或财务费用。

第四章　所有者权益

第五十三条　所有者权益，是指小企业资产扣除负债后由所有者享有的剩余权益。

小企业的所有者权益包括：实收资本（或股本，下同）、资本公积、盈余公积和未分配利润。

第五十四条 实收资本，是指投资者按照合同协议约定或相关规定投入到小企业、构成小企业注册资本的部分。

（一）小企业收到投资者以现金或非货币性资产投入的资本，应当按照其在本企业注册资本中所占的份额计入实收资本，超出的部分，应当计入资本公积。

（二）投资者根据有关规定对小企业进行增资或减资，小企业应当增加或减少实收资本。

第五十五条 资本公积，是指小企业收到的投资者出资额超过其在注册资本或股本中所占份额的部分。

小企业用资本公积转增资本，应当冲减资本公积。小企业的资本公积不得用于弥补亏损。

第五十六条 盈余公积，是指小企业按照法律规定在税后利润中提取的法定公积金和任意公积金。

小企业用盈余公积弥补亏损或者转增资本，应当冲减盈余公积。小企业的盈余公积还可以用于扩大生产经营。

第五十七条 未分配利润，是指小企业实现的净利润，经过弥补亏损、提取法定公积金和任意公积金、向投资者分配利润后，留存在本企业的、历年结存的利润。

第五章 收 入

第五十八条 收入，是指小企业在日常生产经营活动中形成的、会导致所有者权益增加、与所有者投入资本无关的经济利益的总流入。包括：销售商品收入和提供劳务收入。

第五十九条 销售商品收入，是指小企业销售商品（或产成品、材料，下同）取得的收入。

通常，小企业应当在发出商品且收到货款或取得收款权利时，确认销售商品收入。

（一）销售商品采用托收承付方式的，在办妥托收手续时确认收入。

（二）销售商品采取预收款方式的，在发出商品时确认收入。

（三）销售商品采用分期收款方式的，在合同约定的收款日期确认收入。

（四）销售商品需要安装和检验的，在购买方接受商品以及安装和检验完毕时确认收入。安装程序比较简单的，可在发出商品时确认收入。

（五）销售商品采用支付手续费方式委托代销的，在收到代销清单时确认收入。

（六）销售商品以旧换新的，销售的商品作为商品销售处理，回收的商品作为购进商品处理。

（七）采取产品分成方式取得的收入，在分得产品之日按照产品的市场价格或评估价值确定销售商品收入金额。

第六十条 小企业应当按照从购买方已收或应收的合同或协议价款，确定销售商品收入金额。

销售商品涉及现金折扣的，应当按照扣除现金折扣前的金额确定销售商品收入金额。现金折扣应当在实际发生时，计入当期损益。

销售商品涉及商业折扣的，应当按照扣除商业折扣后的金额确定销售商品收入金额。

前款所称现金折扣，是指债权人为鼓励债务人在规定的期限内付款而向债务人提供的债务扣除。商业折扣，是指小企业为促进商品销售而在商品标价上给予的价格扣除。

第六十一条 小企业已经确认销售商品收入的售出商品发生的销售退回（不论属于本年度还是属于以前年度的销售），应当在发生时冲减当期销售商品收入。

小企业已经确认销售商品收入的售出商品发生的销售折让，应当在发生时冲减当期销售商品收入。

前款所称销售退回，是指小企业售出的商品由于质量、品种不符合要求等原因发生的退货。销售折让，是指小企业因售出商品的质量不合格等原因而在售价上给予的减让。

第六十二条 小企业提供劳务的收入，是指小企业从事建筑安装、修理修配、交通运输、仓储租赁、邮电通信、咨询经纪、文化体育、科学研究、技术服务、教育培训、餐饮住宿、中介代理、卫生保健、社区服务、旅游、娱乐、加工以及其他劳务服务活动取得的收入。

第六十三条 同一会计年度内开始并完成的劳务，应当在提供劳务交易完成且收到款项或取得收款权利时，确认提供劳务收入。提供劳务收入的金额为从接受劳务方已收或应收的合同或协议价款。

劳务的开始和完成分属不同会计年度的，应当按照完工进度确认提供劳务收入。年度资产负债表日，按照提供劳务收入总额乘以完工进度扣除以前会计年度累计已确认提供劳务收入后的金额，确认本年度的提供劳务收入；同时，按照估计的提供劳务成本总额乘以完工进度扣除以前会计年度累计已确认营业成本后的金额，结转本年度营业成本。

第六十四条 小企业与其他企业签订的合同或协议包含销售商品和提供劳务时，销售商品部分和提供劳务部分能够区分且能够单独计量的，应当将销售商品的部分作为销售商品处理，将提供劳务的部分作为提供劳务处理。

销售商品部分和提供劳务部分不能够区分，或虽能区分但不能够单独计量的，应当作为销售商品处理。

第六章　费　用

第六十五条 费用，是指小企业在日常生产经营活动中发生的、会导致所有者权益减少、与向所有者分配利润无关的经济利益的总流出。

小企业的费用包括：营业成本、营业税金及附加、销售费用、管理费用、财务费用等。

（一）营业成本，是指小企业所销售商品的成本和所提供劳务的成本。

（二）营业税金及附加，是指小企业开展日常生产经营活动应负担的消费税、营业税、城市维护建设税、资源税、土地增值税、城镇土地使用税、房产税、车船税、印花税和教育费附加、矿产资源补偿费、排污费等。

（三）销售费用，是指小企业在销售商品或提供劳务过程中发生的各种费用。包括：销售人员的职工薪酬、商品维修费、运输费、装卸费、包装费、保险费、广告费、业务宣传费、展览费等费用。

小企业（批发业、零售业）在购买商品过程中发生的费用（包括：运输费、装卸费、包装费、保险费、运输途中的合理损耗和入库前的挑选整理费等）也构成销售费用。

（四）管理费用，是指小企业为组织和管理生产经营发生的其他费用。包括：小企业在筹建期间内发生的开办费、行政管理部门发生的费用（包括：固定资产折旧费、修理费、办公费、水电费、差旅费、管理人员的职工薪酬等）、业务招待费、研究费用、技术转让费、相关长期待摊费用摊销、财产保险费、聘请中介机构费、咨询费（含顾问费）、诉讼费等费用。

（五）财务费用，是指小企业为筹集生产经营所需资金发生的筹资费用。包括：利息费用（减利息收入）、汇兑损失、银行相关手续费、小企业给予的现金折扣（减享受的现金折扣）等费用。

第六十六条 通常，小企业的费用应当在发生时按照其发生额计入当期损益。

小企业销售商品收入和提供劳务收入已予确认的，应当将已销售商品和已提供劳务的成本作为营业成本结转至当期损益。

第七章 利润及利润分配

第六十七条 利润，是指小企业在一定会计期间的经营成果。包括：营业利润、利润总额和净利润。

（一）营业利润，是指营业收入减去营业成本、营业税金及附加、销售费用、管理费用、财务费用，加上投资收益（或减去投资损失）后的金额。

前款所称营业收入，是指小企业销售商品和提供劳务实现的收入总额。投资收益，由小企业股权投资取得的现金股利（或利润）、债券投资取得的利息收入和处置股权投资和债券投资取得的处置价款扣除成本或账面余额、相关税费后的净额三部分构成。

（二）利润总额，是指营业利润加上营业外收入，减去营业外支出后的金额。

（三）净利润，是指利润总额减去所得税费用后的净额。

第六十八条 营业外收入，是指小企业非日常生产经营活动形成的、应当计入当期损益、会导致所有者权益增加、与所有者投入资本无关的经济利益的净流入。

小企业的营业外收入包括：非流动资产处置净收益、政府补助、捐赠收益、盘盈收益、汇兑收益、出租包装物和商品的租金收入、逾期未退包装物押金收益、确实无法偿付的应付款项、已作坏账损失处理后又收回的应收款项、违约金收益等。

通常，小企业的营业外收入应当在实现时按照其实现金额计入当期损益。

第六十九条 政府补助，是指小企业从政府无偿取得货币性资产或非货币性资产，但不含政府作为小企业所有者投入的资本。

（一）小企业收到与资产相关的政府补助，应当确认为递延收益，并在相关资产的使用寿命内平均分配，计入营业外收入。

收到的其他政府补助，用于补偿本企业以后期间的相关费用或亏损的，确认为递延收益，并在确认相关费用或发生亏损的期间，计入营业外收入；用于补偿本企业已发生的相关费用或亏损的，直接计入营业外收入。

（二）政府补助为货币性资产的，应当按照收到的金额计量。政府补助为非货币性资产的，政府提供了有关凭据的，应当按照凭据上标明的金额计量；政府没有提供有关凭据的，应当按照同类或类似资产的市场价格或评估价值计量。

（三）小企业按照规定实行企业所得税、增值税、消费税、营业税等先征后返的，应当在实际收到返还的企业所得税、增值税（不含出口退税）、消费税、营业税时，计入营业外收入。

第七十条 营业外支出，是指小企业非日常生产经营活动发生的、应当计入当期损益、会导致所有者权益减少、与向所有者分配利润无关的经济利益的净流出。

小企业的营业外支出包括：存货的盘亏、毁损、报废损失，非流动资产处置净损失，坏账损失，无法收回的长期债券投资损失，无法收回的长期股权投资损失，自然灾害等不可抗力因素造成的损失，税收滞纳金，罚金，罚款，被没收财物的损失，捐赠支出，赞助支出等。

通常，小企业的营业外支出应当在发生时按照其发生额计入当期损益。

第七十一条 小企业应当按照企业所得税法规定计算的当期应纳税额，确认所得税费用。

小企业应当在利润总额的基础上，按照企业所得税法规定进行纳税调整，计算出当期应纳税所得额，按照应纳税所得额与适用所得税税率为基础计算确定当期应纳税额。

第七十二条 小企业以当年净利润弥补以前年度亏损等剩余的税后利润，可用于向投资者进行分配。

小企业（公司制）在分配当年税后利润时，应当按照公司法的规定提取法定公积金和任意公积金。

第八章 外币业务

第七十三条 小企业的外币业务由外币交易和外币财务报表折算构成。

第七十四条 外币交易，是指小企业以外币计价或者结算的交易。

小企业的外币交易包括：买入或者卖出以外币计价的商品或者劳务、借入或者借出外币资金和其他以外币计价或者结算的交易。

前款所称外币，是指小企业记账本位币以外的货币。记账本位币，是指小企业经营所处的主要经济环境中的货币。

第七十五条 小企业应当选择人民币作为记账本位币。业务收支以人民币以外的货币为主的小企业，可以选定其中一种货币作为记账本位币，但编报的财务报表应当折算为人民币财务报表。

小企业记账本位币一经确定，不得随意变更，但小企业经营所处的主要经济环境发生重大变化除外。

小企业因经营所处的主要经济环境发生重大变化，确需变更记账本位币的，应当采用变更当日的即期汇率将所有项目折算为变更后的记账本位币。

前款所称即期汇率，是指中国人民银行公布的当日人民币外汇牌价的中间价。

第七十六条 小企业对于发生的外币交易，应当将外币金额折算为记账本位币金额。

外币交易在初始确认时，采用交易发生日的即期汇率将外币金额折算为记账本位币金额；也可以采用交易当期平均汇率折算。

小企业收到投资者以外币投入的资本，应当采用交易发生日即期汇率折算，不得采用合同约定汇率和交易当期平均汇率折算。

第七十七条 小企业在资产负债表日，应当按照下列规定对外币货币性项目和外币非货币性项目进行会计处理：

（一）外币货币性项目，采用资产负债表日的即期汇率折算。因资产负债表日即期汇率与初始确认时或者前一资产负债表日即期汇率不同而产生的汇兑差额，计入当期损益。

（二）以历史成本计量的外币非货币性项目，仍采用交易发生日的即期汇率折算，不改变其记账本位币金额。

前款所称货币性项目，是指小企业持有的货币资金和将以固定或可确定的金额收取的资产或者偿付的负债。货币性项目分为货币性资产和货币性负债。货币性资产包括：库存现金、银行存款、应收账款、其他应收款等；货币性负债包括：短期借款、应付账款、其他应付款、长期借款、长期应付款等。非货币性项目，是指货币性项目以外的项目。包括：存货、长期股权投资、固定资产、无形资产等。

第七十八条 小企业对外币财务报表进行折算时，应当采用资产负债表日的即期汇率对外币资产负债表、利润表和现金流量表的所有项目进行折算。

第九章 财务报表

第七十九条 财务报表，是指对小企业财务状况、经营成果和现金流量的结构性表述。小企业的财务报表至少应当包括下列组成部分：

（一）资产负债表。

（二）利润表。

（三）现金流量表。

（四）附注。

第八十条 资产负债表，是指反映小企业在某一特定日期的财务状况的报表。

（一）资产负债表中的资产类至少应当单独列示反映下列信息的项目：

1. 货币资金；
2. 应收及预付款项；
3. 存货；
4. 长期债券投资；
5. 长期股权投资；
6. 固定资产；
7. 生产性生物资产；
8. 无形资产；
9. 长期待摊费用。

（二）资产负债表中的负债类至少应当单独列示反映下列信息的项目：

1. 短期借款；
2. 应付及预收款项；
3. 应付职工薪酬；
4. 应交税费；
5. 应付利息；
6. 长期借款；
7. 长期应付款。

（三）资产负债表中的所有者权益类至少应当单独列示反映下列信息的项目：

1. 实收资本；

2. 资本公积；

3. 盈余公积；

4. 未分配利润。

（四）资产负债表中的资产类应当包括流动资产和非流动资产的合计项目；负债类应当包括流动负债、非流动负债和负债的合计项目；所有者权益类应当包括所有者权益的合计项目。

资产负债表应当列示资产总计项目，负债和所有者权益总计项目。

第八十一条 利润表，是指反映小企业在一定会计期间的经营成果的报表。

费用应当按照功能分类，分为营业成本、营业税金及附加、销售费用、管理费用和财务费用等。

利润表至少应当单独列示反映下列信息的项目：

（一）营业收入。

（二）营业成本。

（三）营业税金及附加。

（四）销售费用。

（五）管理费用。

（六）财务费用。

（七）所得税费用。

（八）净利润。

第八十二条 现金流量表，是指反映小企业在一定会计期间现金流入和流出情况的报表。

现金流量表应当分别经营活动、投资活动和筹资活动列报现金流量。现金流量应当分别按照现金流入和现金流出总额列报。

前款所称现金，是指小企业的库存现金以及可以随时用于支付的存款和其他货币资金。

第八十三条 经营活动，是指小企业投资活动和筹资活动以外的所有交易和事项。

小企业经营活动产生的现金流量应当单独列示反映下列信息的项目：

（一）销售产成品、商品、提供劳务收到的现金。

（二）购买原材料、商品、接受劳务支付的现金。

（三）支付的职工薪酬。

（四）支付的税费。

第八十四条 投资活动，是指小企业固定资产、无形资产、其他非流动资产的购建和短期投资、长期债券投资、长期股权投资及其处置活动。

小企业投资活动产生的现金流量应当单独列示反映下列信息的项目：

（一）收回短期投资、长期债券投资和长期股权投资收到的现金。

（二）取得投资收益收到的现金。

（三）处置固定资产、无形资产和其他非流动资产收回的现金净额。

（四）短期投资、长期债券投资和长期股权投资支付的现金。

（五）购建固定资产、无形资产和其他非流动资产支付的现金。

第八十五条 筹资活动，是指导致小企业资本及债务规模和构成发生变化的活动。

小企业筹资活动产生的现金流量应当单独列示反映下列信息的项目：

（一）取得借款收到的现金。

（二）吸收投资者投资收到的现金。

（三）偿还借款本金支付的现金。

（四）偿还借款利息支付的现金。

（五）分配利润支付的现金。

第八十六条 附注，是指对在资产负债表、利润表和现金流量表等报表中列示项目的文字描述或明细资料以及对未能在这些报表中列示项目的说明等。

附注应当按照下列顺序披露：

（一）遵循小企业会计准则的声明。

（二）短期投资、应收账款、存货、固定资产项目的说明。

（三）应付职工薪酬、应交税费项目的说明。

（四）利润分配的说明。

（五）用于对外担保的资产名称、账面余额及形成的原因；未决诉讼、未决仲裁以及对外提供担保所涉及的金额。

（六）发生严重亏损的，应当披露持续经营的计划、未来经营的方案。

（七）对已在资产负债表和利润表中列示项目与企业所得税法规定存在差异的纳税调整过程。

（八）其他需要在附注中说明的事项。

第八十七条 小企业应当根据实际发生的交易和事项，按照本准则的规定进行确认和计量，在此基础上按月或者按季编制财务报表。

第八十八条 小企业对会计政策变更、会计估计变更和会计差错更正应当采用未来适用法进行会计处理。

前款所称会计政策，是指小企业在会计确认、计量和报告中所采用的原则、基础和会计处理方法。会计估计变更，是指由于资产和负债的当前状况及预期经济利益和义务发生了变化，从而对资产或负债的账面价值或者资产的定期消耗金额进行调整。前期差错包括：计算错误、应用会计政策错误、应用会计估计错误等。未来适用法，是指将变更后的会计政策和会计估计应用于变更日及以后发生的交易或者事项，或者在会计差错发生或发现的当期更正差错的方法。

第十章 附 则

第八十九条 符合《中小企业划型标准规定》所规定的微型企业标准的企业参照执行本准则。

第九十条 本准则自2013年1月1日起施行。财政部2004年发布的《小企业会计制度》（财会〔2004〕2号）同时废止。

附：小企业会计准则——会计科目、主要账务处理和财务报表

附：

小企业会计准则

——会计科目、主要账务处理和财务报表

一、会计科目

会计科目和主要账务处理依据小企业会计准则中确认和计量的规定制定，涵盖了各类小企业的交易和事项。小企业在不违反会计准则中确认、计量和报告规定的前提下，可以根据本企业的实际情况自行增设、分拆、合并会计科目。小企业不存在的交易或者事项，可不设置相关会计科目。对于明细科目，小企业可以比照本附录中的规定自行设置。会计科目编号供小企业填制会计凭证、登记会计账簿、查阅会计账目、采用会计软件系统参考，小企业可结合本企业的实际情况自行确定其他会计科目的编号。

顺序号	编　号	会计科目名称
		一、资产类
1	1001	库存现金
2	1002	银行存款
3	1012	其他货币资金
4	1101	短期投资
5	1121	应收票据
6	1122	应收账款
7	1123	预付账款
8	1131	应收股利
9	1132	应收利息
10	1221	其他应收款
11	1401	材料采购
12	1402	在途物资
13	1403	原材料
14	1404	材料成本差异
15	1405	库存商品
16	1407	商品进销差价
17	1408	委托加工物资
18	1411	周转材料
19	1421	消耗性生物资产
20	1501	长期债券投资

续表

顺序号	编　号	会计科目名称
21	1511	长期股权投资
22	1601	固定资产
23	1602	累计折旧
24	1604	在建工程
25	1605	工程物资
26	1606	固定资产清理
27	1621	生产性生物资产
28	1622	生产性生物资产累计折旧
29	1701	无形资产
30	1702	累计摊销
31	1801	长期待摊费用
32	1901	待处理财产损溢
		二、负债类
33	2001	短期借款
34	2201	应付票据
35	2202	应付账款
36	2203	预收账款
37	2211	应付职工薪酬
38	2221	应交税费
39	2231	应付利息
40	2232	应付利润
41	2241	其他应付款
42	2401	递延收益
43	2501	长期借款
44	2701	长期应付款
		三、所有者权益类
45	3001	实收资本
46	3002	资本公积
47	3101	盈余公积
48	3103	本年利润
49	3104	利润分配
		四、成本类
50	4001	生产成本
51	4101	制造费用
52	4301	研发支出
53	4401	工程施工
54	4403	机械作业

续表

顺序号	编 号	会计科目名称
		五、损益类
55	5001	主营业务收入
56	5051	其他业务收入
57	5111	投资收益
58	5301	营业外收入
59	5401	主营业务成本
60	5402	其他业务成本
61	5403	营业税金及附加
62	5601	销售费用
63	5602	管理费用
64	5603	财务费用
65	5711	营业外支出
66	5801	所得税费用

二、主要账务处理

资 产 类

1001 库存现金

一、本科目核算小企业的库存现金

小企业有内部周转使用备用金的，可以单独设置“1004 备用金”科目。

二、库存现金的主要账务处理

小企业增加库存现金，借记本科目，贷记“银行存款”等科目；减少库存现金，做相反的会计分录。

三、小企业应当设置“库存现金日记账”，由出纳人员根据收付款凭证，按照业务发生顺序逐笔登记。每日终了，应当计算当日的现金收入合计额、现金支出合计额和结余额，将结余额与实际库存额核对，做到账款相符。

有外币现金的小企业，还应当分别按照人民币和外币进行明细核算。

四、每日终了结算现金收支、财产清查等发现的有待查明原因的现金短缺或溢余，应通过“待处理财产损溢”科目核算：属于现金短缺，应按照实际短缺的金额，借记“待处理财产损溢——待处理流动资产损溢”科目，贷记本科目；属于现金溢余，按照实际溢余的金额，借记本科目，贷记“待处理财产损溢——待处理流动资产损溢”科目。

五、本科目期末借方余额，反映小企业持有的库存现金。

1002 银 行 存 款

一、本科目核算小企业存入银行或其他金融机构的各种款项。

二、银行存款的主要账务处理。

小企业增加银行存款，借记本科目，贷记“库存现金”、“应收账款”等科目；减少银行存款，做相反的会计分录。

三、小企业应当按照开户银行和其他金融机构、存款种类等设置“银行存款日记账”，由出纳人员根据收付款凭证，按照业务的发生顺序逐笔登记。每日终了，应结出余额。

“银行存款日记账”应定期与“银行对账单”核对，至少每月核对一次。小企业银行存款账面余额与银行对账单余额之间如有差额，应编制“银行存款余额调节表”调节相符。

有外币银行存款的小企业，还应当分别按照人民币和外币进行明细核算。

四、本科目期末借方余额，反映小企业存在银行或其他金融机构的各种款项。

1012 其他货币资金

一、本科目核算小企业的银行汇票存款、银行本票存款、信用卡存款、信用证保证金存款、外埠存款、备用金等其他货币资金。

二、本科目应按照银行汇票或本票、信用卡发放银行、信用证的收款单位，外埠存款的开户银行，分别“银行汇票”、“银行本票”、“信用卡”、“信用证保证金”、“外埠存款”等进行明细核算。

三、其他货币资金的主要账务处理。

小企业增加其他货币资金，借记本科目，贷记“银行存款”科目；减少其他货币资金，做相反的会计分录。

四、本科目期末借方余额，反映小企业持有的其他货币资金。

1101 短期投资

一、本科目核算小企业购入的能随时变现并且持有时间不准备超过1年（含1年，下同）的投资。

二、本科目应按照股票、债券、基金等短期投资种类进行明细核算。

三、短期投资的主要账务处理。

（一）小企业购入各种股票、债券、基金等作为短期投资的，应当按照实际支付的购买价款和相关税费，借记本科目，贷记“银行存款”科目。

小企业购入股票，如果实际支付的购买价款中包含已宣告但尚未发放的现金股利，应当按照实际支付的购买价款和相关税费扣除已宣告但尚未发放的现金股利后的金额，借记本科目，按照应收的现金股利，借记“应收股利”科目，按照实际支付的购买价款和相关税费，贷记“银行存款”科目。

小企业购入债券，如果实际支付的购买价款中包含已到付息期但尚未领取的债券利息，应当按照实际支付的购买价款和相关税费扣除已到付息期但尚未领取的债券利息后的金额，借记本科目，按照应收的债券利息，借记“应收利息”科目，按照实际支付的购买价款和相关税费，贷记“银行存款”科目。

（二）在短期投资持有期间，被投资单位宣告分派的现金股利，借记“应收股利”科目，贷记“投资收益”科目。

在债务人应付利息日，按照分期付息、一次还本债券投资的票面利率计算的利息收入，借记“应收利息”科目，贷记“投资收益”科目。

（三）出售短期投资，应当按照实际收到的出售价款，借记“银行存款”或“库存现金”科目，按照该项短期投资的账面余额，贷记本科目，按照尚未收到的现金股利或债券利息，贷记“应收股利”或“应收利息”科目，按照其差额，贷记或借记“投资收益”科目。

四、本科目期末借方余额，反映小企业持有的短期投资成本。

1121 应收票据

一、本科目核算小企业因销售商品（产成品或材料，下同）、提供劳务等日常生产经营活动而收到的商业汇票（银行承兑汇票和商业承兑汇票）。

二、本科目应按照开出、承兑商业汇票的单位进行明细核算。

三、应收票据的主要账务处理：

（一）小企业因销售商品、提供劳务等而收到开出、承兑的商业汇票，按照商业汇票的票面金额，借记本科目，按照确认的营业收入，贷记“主营业务收入”等科目。涉及增值税销项税额的，还应当贷记“应交税费——应交增值税（销项税额）”科目。

（二）持未到期的商业汇票向银行贴现，应按照实际收到的金额（即减去贴现息后的净额），借记“银行存款”科目，按照贴现息，借记“财务费用”科目，按照商业汇票的票面金额，贷记本科目（银行无追索权情况下）或“短期借款”科目（银行有追索权情况下）。

（三）将持有的商业汇票背书转让以取得所需物资，按照应计入取得物资成本的金额，借记“材料采购”或“原材料”、“库存商品”等科目，按照商业汇票的票面金额，贷记本科目，如有差额，借记或贷记“银行存款”等科目。涉及按照税法规定可抵扣的增值税进项税额的，还应当借记“应交税费——应交增值税（进项税额）”科目。

（四）商业汇票到期，应按照实际收到的金额，借记“银行存款”科目，贷记本科目。

因付款人无力支付票款，或到期不能收回应收票据，应按照商业汇票的票面金额，借记“应收账款”科目，贷记本科目。

四、小企业应当设置“应收票据备查簿”，逐笔登记商业汇票的种类、号数和出票日、票面金额、交易合同号和付款人、承兑人、背书人的姓名或单位名称、到期日、背书转让日、贴现日、贴现率和贴现净额以及收款日期和收回金额、退票情况等资料。商业汇票到期结清票款或退票后，在备查簿中应予注销。

五、本科目期末借方余额，反映小企业持有的商业汇票的票面金额。

1122 应收账款

一、本科目核算小企业因销售商品、提供劳务等日常生产经营活动应收取的款项。

二、本科目应按照对方单位（或个人）进行明细核算。

三、应收账款的主要账务处理。

（一）小企业因销售商品或提供劳务形成应收账款，应当按照应收金额，借记本科目，按照税法规定应交纳的增值税销项税额，贷记“应交税费——应交增值税（销项税额）”科目，按照其差额，贷记“主营业务收入”或“其他业务收入”科目。

（二）收回应收账款，借记“银行存款”或“库存现金”科目，贷记本科目。

（三）按照小企业会计准则规定确认应收账款实际发生的坏账损失，应当按照可收回的金额，借记“银行存款”等科目，按照其账面余额，贷记本科目，按照其差额，借记“营业外支出”科目。

四、本科目期末借方余额，反映小企业尚未收回的应收账款。

1123 预付账款

一、本科目核算小企业按照合同规定预付的款项。包括：根据合同规定预付的购货款、租金、工程款等。

预付款项情况不多的小企业，也可以不设置本科目，将预付的款项直接记入“应付账款”科目借方。

小企业进行在建工程预付的工程价款，也通过本科目核算。

二、本科目应按照对方单位（或个人）进行明细核算。

三、预付账款的主要账务处理。

（一）小企业因购货而预付的款项，借记本科目，贷记“银行存款”等科目。

收到所购物资，按照应计入购入物资成本的金额，借记“在途物资”或“原材料”、“库存商品”等科目，按照税法规定可抵扣的增值税进项税额，借记“应交税费——应交增值税（进项税额）”科目，按照应支付的金额，贷记本科目。补付的款项，借记本科目，贷记“银行存款”等科目；退回多付的款项，做相反的会计分录。

（二）出包工程按照合同规定预付的工程价款，借记本科目，贷记“银行存款”等科目。按照工程进度和合同规定结算的工程价款，借记“在建工程”科目，贷记本科目、“银行存款”等科目。

（三）按照小企业会计准则规定确认预付账款实际发生的坏账损失，应当按照可收回的金额，借记“银行存款”等科目，按照其账面余额，贷记本科目，按照其差额，借记“营业外支出”科目。

四、本科目期末借方余额，反映小企业预付的各种款项。

1131 应收股利

一、本科目核算小企业应收取的现金股利或利润。

二、本科目应按照被投资单位进行明细核算。

三、应收股利的主要账务处理：

（一）小企业购入股票，如果实际支付的购买价款中包含已宣告但尚未发放的现金股利，应当按照实际支付的购买价款和相关税费扣除已宣告但尚未发放的现金股利后的金额，借记“短期投资”或“长期股权投资”科目，按照应收的现金股利，借记本科目，按照实际支付的购买价款和相关税费，贷记“银行存款”科目。

（二）在短期投资或长期股权投资持有期间，被投资单位宣告分派现金股利或利润，应当按照本企业应享有的金额，借记本科目，贷记“投资收益”科目。

（三）小企业实际收到现金股利或利润，借记“银行存款”等科目，贷记本科目。

四、本科目期末借方余额，反映小企业尚未收到的现金股利或利润。

1132　应收利息

一、本科目核算小企业债券投资应收取的利息。

购入的一次还本付息债券投资持有期间的利息收入，在“长期债券投资”科目核算，不在本科目核算。

二、本科目应按照被投资单位进行明细核算。

三、应收利息的主要账务处理：

（一）小企业购入债券，如果实际支付的购买价款中包含已到付息期但尚未领取的债券利息，应当按照实际支付的购买价款和相关税费扣除应收的债券利息后的金额，借记“短期投资”或“长期债券投资”科目，按照应收的债券利息，借记本科目，按照实际支付的购买价款和相关税费，贷记“银行存款”科目。

（二）在长期债券投资持有期间，在债务人应付利息日，按照分期付息、一次还本债券投资的票面利率计算的利息收入，借记本科目，贷记“投资收益”科目；按照一次还本付息债券投资的票面利率计算的利息收入，借记“长期债券投资——应计利息”科目，贷记“投资收益”科目。

（三）实际收到债券利息，借记“银行存款”等科目，贷记本科目。

四、本科目期末借方余额，反映小企业尚未收到的债券利息。

1221　其他应收款

一、本科目核算小企业除应收票据、应收账款、预付账款、应收股利、应收利息等以外的其他各种应收及暂付款项。包括：各种应收的赔款、应向职工收取的各种垫付款项等。

小企业出口产品或商品按照税法规定应予退回的增值税款，也通过本科目核算。

二、本科目应按照对方单位（或个人）进行明细核算。

三、其他应收款的主要账务处理。

（一）小企业发生的其他各种应收款项，借记本科目，贷记“库存现金”、“银行存款”、“固定资产清理”等科目。

出口产品或商品按照税法规定应予退回的增值税款，借记本科目，贷记“应交税费——应交增值税（出口退税）”科目。

（二）收回其他各种应收款项，借记“库存现金”、“银行存款”、“应付职工薪酬”等科目，贷记本科目。

（三）按照小企业会计准则规定确认其他应收款实际发生的坏账损失，应当按照可收回的金额，借记“银行存款”等科目，按照其账面余额，贷记本科目，按照其差额，借记“营业外支出”科目。

四、本科目期末借方余额，反映小企业尚未收回的其他应收款项。

1401　材料采购

一、本科目核算小企业采用计划成本进行材料日常核算、购入材料的采购成本。

采用实际成本进行材料日常核算的，购入材料的采购成本，在“在途物资”科目核算。

委托外单位加工材料、商品的加工成本，在“委托加工物资”科目核算。

二、本科目应按照供应单位和材料品种进行明细核算。

三、材料采购的主要账务处理。

（一）小企业外购材料，应当按照发票账单所列购买价款、运输费、装卸费、保险费以及在外购材料过程发生的其他直接费用，借记本科目，按照税法规定可抵扣的增值税进项税额，借记“应交税费——应交增值税（进项税额）”科目，按照购买价款、相关税费、运输费、装卸费、保险费以及在外购材料过程发生的其他直接费用，贷记“库存现金”、“银行存款”、“其他货币资金”、“预付账款”、“应付账款”等科目。

材料已经收到、但尚未办理结算手续的，可暂不作会计分录；待办理结算手续后，再根据所付金额或发票账单的应付金额，借记本科目，贷记“银行存款”等科目。

应向供应单位、运输机构等收回的材料短缺或其他应冲减材料采购成本的赔偿款项，应根据有关的索赔凭证，借记“应付账款”或“其他应收款”科目，贷记本科目。因自然灾害等发生的损失和尚待查明原因的途中损耗，先记入“待处理财产损溢”科目，查明原因后再作处理。

（二）月末应将仓库转来的外购收料凭证，分别下列不同情况进行处理：

1. 对于收到发票账单的收料凭证（包括本月付款或开出、承兑商业汇票的上月收料凭证），应按照实际成本和计划成本分别汇总，并按照计划成本，借记“原材料”、“周转材料”等科目，贷记本科目；将实际成本大于计划成本的差异，借记“材料成本差异”科目，贷记本科目；实际成本小于计划成本的差异做相反的会计分录。

2. 对于尚未收到发票账单的收料凭证，应按照计划成本暂估入账，借记“原材料”、“周转材料”等科目，贷记“应付账款——暂估应付账款”科目，下月初用红字做同样的会计分录予以冲回，以便下月收到发票账单等结算凭证时，按照正常程序进行账务处理。

四、本科目期末借方余额，反映小企业已经收到发票账单、但材料尚未到达或尚未验收入库的在途材料的采购成本。

1402 在途物资

一、本科目核算小企业采用实际成本进行材料、商品等物资的日常核算、尚未到达或尚未验收入库的各种物资的实际采购成本。

小企业（批发业、零售业）在购买商品过程中发生的费用（包括：运输费、装卸费、包装费、保险费、运输途中的合理损耗和入库前的挑选整理费等），在“销售费用”科目核算，不在本科目核算。

二、本科目应按照供应单位和物资品种进行明细核算。

三、在途物资的主要账务处理：

（一）小企业外购材料、商品等物资，应当按照发票账单所列购买价款、运输费、装卸费、保险费以及在外购材料过程发生的其他直接费用，借记本科目，按照税法规定可抵扣的增值税进项税额，借记“应交税费——应交增值税（进项税额）”科目，按照购买价款、相关税费、运输费、装卸费、保险费以及在外购物资过程发生的其他直接费用，贷记“库存现金”、“银行存款”、“其他货币资金”、“预付账款”、“应付账款”等科目。

材料已经收到、但尚未办理结算手续的，可暂不作会计分录；待办理结算手续后，再根据所付金额或发票账单的应付金额，借记本科目，贷记“银行存款”等科目。

应向供应单位、外部运输机构等收回的材料或商品短缺或其他应冲减材料或商品采购成本的赔偿款项，应根据有关的索赔凭证，借记“应付账款”或“其他应收款”科目，贷记本科目。因自然灾害等发生的损失和尚待查明原因的途中损耗，先记入“待处理财产损溢”科目，查明原因后再作处理。

（二）月末应将仓库转来的外购材料或商品收料凭证，按照材料或商品并分别下列不同情况进行汇总：

1. 对于收到发票账单的收料凭证（包括本月付款或开出、承兑商业汇票的上月收料凭证），应当按照汇总金额，借记“原材料”、“周转材料”、“库存商品”等科目，贷记本科目。

2. 对于尚未收到发票账单的收料凭证，应分别材料或商品，并按照估计金额暂估入账，借记“原材料”、“周转材料”、“库存商品”等科目，贷记“应付账款——暂估应付账款”科目，下月初用红字做同样的会计分录予以冲回，以便下月收到发票账单等结算凭证时，按照正常程序进行账务处理。

四、本科目期末借方余额，反映小企业已经收到发票账单、但材料或商品尚未到达或尚未验收入库的在途材料、商品等物资的采购成本。

1403 原 材 料

一、本科目核算小企业库存的各种材料。包括：原料及主要材料、辅助材料、外购半成品（外购件）、修理用备件（备品备件）、包装材料、燃料等的实际成本或计划成本。

购入的工程用材料，在“工程物资”科目核算，不在本科目核算。

二、本科目应按照材料的保管地点（仓库）、材料的类别、品种和规格等进行明细核算。

三、原材料的主要账务处理：

（一）小企业购入并已验收入库的材料，按照实际成本，借记本科目，贷记“在途物资”、“应付账款”等科目。涉及按照税法规定可抵扣的增值税进项税额的，还应当借记“应交税费——应交增值税（进项税额）”科目。

购入的材料已经到达并已验收入库，但在月末尚未办理结算手续的，可按照暂估价值入账，借记本科目、“周转材料”等科目，贷记“应付账款——暂估应付账款”科目；下月初用红字做同样的会计分录予以冲回，以便下月收到发票账单等结算凭证时，按照正常程序进行账务处理。

（二）自制并已验收入库的材料，按照实际成本，借记本科目，贷记“生产成本”科目。

（三）取得投资者投入的原材料，应当按照评估价值，借记本科目，贷记“实收资本”、“资本公积”科目。涉及增值税进项税额的，还应进行相应的账务处理。

（四）生产经营领用材料，按照实际成本，借记“生产成本”、“制造费用”、“销售费用”、“管理费用”等科目，贷记本科目。

出售材料结转成本，按照实际成本，借记“其他业务成本”科目，贷记本科目。

发给外单位加工的材料，按照实际成本，借记“委托加工物资”科目，贷记本科目。外单位加工完成并已验收入库的材料，按照加工收回材料的实际成本，借记本科目，贷记“委托加工物资”科目。

（五）清查盘点，发现盘盈、盘亏、毁损的原材料，按照实际成本（或估计价值），借记或贷记本科目，贷记或借记“待处理财产损溢——待处理流动资产损溢”科目。

（六）采用计划成本进行材料日常核算的小企业，日常领用、发出原材料均按照计划成本记账。

月末，按照发出各种原材料的计划成本计算应负担的成本差异，借记“生产成本”、“制造费用”、“销售费用”、“管理费用”、“委托加工物资”、“其他业务成本”等科目，贷记“材料成本差异”科目；实际成本小于计划成本的差异做相反的会计分录。

四、本科目期末借方余额，反映小企业库存材料的实际成本或计划成本。

1404 材料成本差异

一、本科目核算小企业采用计划成本进行日常核算的材料计划成本与实际成本的差额。

小企业也可以在“原材料”、“周转材料”等科目设置“成本差异”明细科目。

二、本科目可以分别“原材料”、“周转材料”等，按照类别或品种进行明细核算。

三、材料成本差异的主要账务处理：

（一）小企业验收入库材料发生的材料成本差异，实际成本大于计划成本的差异，借记本科目，贷记“材料采购”科目；实际成本小于计划成本的差异做相反的会计分录。

入库材料的计划成本应当尽可能接近实际成本。除特殊情况外，计划成本在年度内不得随意变更。

（二）结转发出材料应负担的材料成本差异，按照实际成本大于计划成本的差异，借记“生产成本”、“管理费用”、“销售费用”、“委托加工物资”、“其他业务成本”等科目，贷记本科目；实际成本小于计划成本的差异做相反的会计分录。

发出材料应负担的成本差异应当按月分摊，不得在季末或年末一次计算。发出材料应负担的成本差异，除委托外部加工发出材料可按照月初成本差异率计算外，应使用本月的实际成本差异率；月初成本差异率与本月实际成本差异率相差不大的，也可按照月初成本差异率计算。计算方法一经确定，不得随意变更。

材料成本差异率的计算公式如下：

本月材料成本差异率 =（月初结存材料的成本差异 + 本月验收入库材料的成本差异）÷（月初结存材料的计划成本 + 本月验收入库材料的计划成本）×100%

月初材料成本差异率 = 月初结存材料的成本差异 ÷ 月初结存材料的计划成本 ×100%

发出材料应负担的成本差异 = 发出材料的计划成本 × 材料成本差异率

四、本科目期末借方余额，反映小企业库存材料等的实际成本大于计划成本的差异；贷方余额反映小企业库存材料等的实际成本小于计划成本的差异。

1405 库存商品

一、本科目核算小企业库存的各种商品的实际成本或售价。包括：库存产成品、外购商品、存放在门市部准备出售的商品、发出展览的商品以及寄存在外的商品等。

接受来料加工制造的代制品和为外单位加工修理的代修品，在制造和修理完成验收入库后，视同小企业的产成品，也通过本科目核算。

可以降价出售的不合格品，也在本科目核算，但应与合格产品分开记账。

已经完成销售手续，但购买单位在月末未提取的库存产成品，应作为代管产品处理，单独设置代管产品备查簿，不再在本科目核算。

小企业（农、林、牧、渔业）可将本科目改为“1405 农产品”科目。

小企业（批发业、零售业）在购买商品过程中发生的费用（包括：运输费、装卸费、包装费、保险费、运输途中的合理损耗和入库前的挑选整理费等），在“销售费用”科目核算，不在本科目核算。

二、本科目应按照库存商品的种类、品种和规格等进行明细核算。

三、库存商品的主要账务处理：

（一）小企业生产的产成品的入库和出库，平时只记数量不记金额，月末计算入库产成品的实际成本。生产完成验收入库的产成品，按照其实际成本，借记本科目，贷记“生产成本”等科目。

对外销售产成品，借记“主营业务成本”科目，贷记本科目。

（二）购入商品到达验收入库后，按照商品的实际成本或售价，借记本科目，贷记“库存现金”、“银行存款”、“在途物资”等科目。涉及增值税进项税额的，还应进行相应的处理。按照售价与进价之间的差额，贷记“商品进销差价”科目。

购入的商品已经到达并已验收入库，但尚未办理结算手续的，可按照暂估价值入账，借记本科目，贷记“应付账款——暂估应付账款”科目；下月初用红字做同样的会计分录予以冲回，以便下月收到发票账单等结算凭证时，按照正常程序进行账务处理。

对外销售商品结转销售成本或售价，借记“主营业务成本”科目，贷记本科目。月末，分摊已销商品的进销差价，借记“商品进销差价”科目，贷记“主营业务成本”科目。

四、本科目期末借方余额，反映小企业库存商品的实际成本或售价。

1407 商品进销差价

一、本科目核算小企业采用售价进行日常核算的商品售价与进价之间的差额。

二、本科目应按照库存商品的种类、品种和规格等进行明细核算。

三、商品进销差价的主要账务处理：

（一）小企业购入、加工收回以及销售退回等增加的库存商品，按照商品售价，借记“库存商品”科目，按照商品进价，贷记“银行存款”、“委托加工物资”等科目，按照售价与进价之间的差额，贷记本科目。

（二）月末分摊已销商品的进销差价，借记本科目，贷记“主营业务成本”科目。

销售商品应分摊的商品进销差价，按照以下公式计算：

商品进销差价率 = 月末分摊前本科目贷方余额 ÷（“库存商品”科目月末借方余额 + 本月“主营业务收入”科目贷方发生额）×100%

本月销售商品应分摊的商品进销差价 = 本月“主营业务收入”科目贷方发生额 × 商品进销差价率

小企业的商品进销差价率各月之间比较均衡的，也可以采用上月商品进销差价率计算分摊本月的商品进销差价。年度终了，应对商品进销差价进行复核调整。

四、本科目的期末贷方余额，反映小企业库存商品的商品进销差价。

1408 委托加工物资

一、本科目核算小企业委托外单位加工的各种材料、商品等物资的实际成本。

二、本科目应按照加工合同、受托加工单位以及加工物资的品种等进行明细核算。

三、委托加工物资的主要账务处理：

（一）小企业发给外单位加工的物资，按照实际成本，借记本科目，贷记“原材料”、“库存商品”等科目；按照计划成本或售价核算的，还应同时结转材料成本差异或商品进销差价。

（二）支付加工费、运杂费等，借记本科目，贷记“银行存款”等科目；需要交纳消费税的委托加工物资，由受托方代收代缴的消费税，借记本科目（收回后用于直接销售的）或“应交税费——应交消费税”科目（收回后用于继续加工的），贷记“应付账款”、“银行存款”等科目。

（三）加工完成验收入库的物资和剩余的物资，按照加工收回物资的实际成本和剩余物资的实际成本，借记“原材料”、“库存商品”等科目，贷记本科目。

（四）采用计划成本或售价核算的，按照计划成本或售价，借记“原材料”或“库存商品”科目，按照实际成本，贷记本科目，按照实际成本与计划成本或售价之间的差额，借记或贷记“材料成本差异”或贷记“商品进销差价”科目。

采用计划成本或售价核算的，也可以采用上月材料成本差异率或商品进销差价率计算分摊本月应分摊的材料成本差异或商品进销差价。

四、本科目期末借方余额，反映小企业委托外单位加工尚未完成物资的实际成本。

1411 周转材料

一、本科目核算小企业库存的周转材料的实际成本或计划成本。包括：包装物、低值易耗品以及小企业（建筑业）的钢模板、木模板、脚手架等。

各种包装材料，如纸、绳、铁丝、铁皮等，应在“原材料”科目内核算；用于储存和保管产品、材料而不对外出售的包装物，应按照价值大小和使用年限长短，分别在“固定资产”科目或本科目核算。

小企业的包装物、低值易耗品，也可以单独设置“1412 包装物”、“1413 低值易耗品”科目。

包装物数量不多的小企业，也可以不设置本科目，将包装物并入“原材料”科目核算。

二、本科目应按照周转材料的种类，分别“在库”、“在用”和“摊销”进行明细核算。

三、周转材料的主要账务处理：

（一）小企业购入、自制、委托外单位加工完成并验收入库的周转材料以及对周转材料的清查盘点，比照“原材料”科目的相关规定进行账务处理。

（二）生产、施工领用周转材料，通常采用一次转销法，按照其成本，借记“生产成本”、“管理费用”、“工程施工”等科目，贷记本科目。

随同产品出售但不单独计价的包装物，按照其成本，借记“销售费用”科目，贷记本科目。

随同产品出售并单独计价的包装物，按照其成本，借记“其他业务成本”科目，贷记本科目。

金额较大的周转材料，也可以采用分次摊销法，领用时应按照其成本，借记本科目（在用），贷记本科目（在库）；按照使用次数摊销时，应按照其摊销额，借记“生产成本”、“管理费用”、“工程施工”等科目，贷记本科目（摊销）。

（三）周转材料采用计划成本进行日常核算的，领用等发出周转材料，还应结转应分摊的成本差异。

四、本科目的期末余额，反映小企业在库、出租、出借周转材料的实际成本或计划成本以及在用周转材料的摊余价值。

1421 消耗性生物资产

一、本科目核算小企业（农、林、牧、渔业）持有的消耗性生物资产的实际成本。

二、本科目应按照消耗性生物资产的种类、群别等进行明细核算。

三、消耗性生物资产的主要账务处理：

（一）外购的消耗性生物资产，按照应计入消耗性生物资产成本的金额，借记本科目，贷记“银行存款”、“应付账款”等科目。

（二）自行栽培的大田作物和蔬菜，应按照收获前发生的必要支出，借记本科目，贷记“银行存款”等科目。

自行营造的林木类消耗性生物资产，应按照郁闭前发生的必要支出，借记本科目，贷记“银行存款”等科目。

自行繁殖的育肥畜、水产养殖的动植物，应按照出售前发生的必要支出，借记本科目，贷记“银行存款”等科目。

（三）产畜或役畜淘汰转为育肥畜的，应按照转群时的账面价值，借记本科目，按照已计提的累计折旧，借记“生产性生物资产累计折旧”科目，按照其账面余额，贷记“生产性生物资产”科目。

育肥畜转为产畜或役畜的，应按照其账面余额，借记“生产性生物资产”科目，贷记本科目。

（四）择伐、间伐或抚育更新性质采伐而补植林木类消耗性生物资产发生的后续支出，借记本科目，贷记“银行存款”等科目。

林木类消耗性生物资产达到郁闭后发生的管护费用等后续支出，借记“管理费用”科目，贷记“银行存款”等科目。

（五）农业生产过程中发生的应归属于消耗性生物资产的费用，按照应分配的金额，借记本科目，贷记“生产成本”科目。

（六）消耗性生物资产收获为农产品时，应按照其账面余额，借记“农产品”科目，贷记本科目。

（七）出售消耗性生物资产，应按照实际收到的金额，借记“银行存款”等科目，贷记“主营业务收入”等科目。按照其账面余额，借记“主营业务成本”等科目，贷记本科目。

四、本科目期末借方余额，反映小企业（农、林、牧、渔业）消耗性生物资产的实际成本。

1501 长期债券投资

一、本科目核算小企业准备长期（在1年以上，下同）持有的债券投资。

二、本科目应按照债券种类和被投资单位，分别“面值”、“溢折价”、“应计利息”进行明细核算。

三、长期债券投资的主要账务处理：

（一）小企业购入债券作为长期投资，应当按照债券票面价值，借记本科目（面值），按照实际支付的购买价款和相关税费，贷记“银行存款”科目，按照其差额，借记或贷记本科目（溢折价）。

如果实际支付的购买价款中包含已到付息期但尚未领取的债券利息，应当按照债券票面价值，借记本科目（面值），按照应收的债券利息，借记“应收利息”科目，按照实际支付的购买价款和相关税费，贷记“银行存款”科目，按照其差额，借记或贷记本科目（溢折价）。

（二）在长期债券投资持有期间，在债务人应付利息日，按照分期付息、一次还本的长期债券投资票面利率计算的利息收入，借记“应收利息”科目，贷记“投资收益”科目；按照一次还本付息的长期债券投资票面利率计算的利息收入，借记本科目（应计利息），贷记“投资收益”科目。

在债务人应付利息日，按照应分摊的债券溢折价金额，借记或贷记“投资收益”科目，贷记或借记本科目（溢折价）。

（三）长期债券投资到期，收回长期债券投资，应当按照收回的债券本金或本息，借记“银行存款”等科目，按照其账面余额，贷记本科目（成本、溢折价、应计利息），按照应收未收的利息收入，贷记“应收利息”科目。

处置长期债券投资，应当按照处置收入，借记“银行存款”等科目，按照其账面余额，贷记本科目（成本、溢折价），按照应收未收的利息收入，贷记“应收利息”科目，按照其差额，贷记或借记“投资收益”科目。

（四）按照小企业会计准则规定确认实际发生的长期债券投资损失，应当按照可收回的金额，借记“银行存款”等科目，按照其账面余额，贷记本科目（成本、溢折价），按照其差额，借记“营业外支出”科目。

四、本科目期末借方余额，反映小企业持有的分期付息、一次还本债券投资的成本和到期一次还本付息债券投资的本息。

1511 长期股权投资

一、本科目核算小企业准备长期持有的权益性投资。

二、本科目应按照被投资单位进行明细核算。

三、长期股权投资的主要账务处理：

（一）小企业以支付现金取得的长期股权投资，如果实际支付的购买价款中包含已宣告但尚未发放的现金股利，应当按照实际支付的购买价款和相关税费扣除已宣告但尚未发放的现金股利后的金额，借记本科目，按照应收的现金股利，借记“应收股利”科目，按照实际支付的购买价款和相关税费，贷记“银行存款”科目。

通过非货币性资产交换取得的长期股权投资，应当按照非货币性资产的评估价值与相关税费之和，借记本科目，按照换出非货币性资产的账面价值，贷记“固定资产清理”、“无形资产”等科目，按照支付的相关税费，贷记“应交税费”等科目，按照其差额，贷记“营业外收入”或借记“营业外支出”等科目。

（二）在长期股权投资持有期间，被投资单位宣告分派的现金股利或利润，应当按照应分得的金额，借记“应收股利”科目，贷记“投资收益”科目。

（三）处置长期股权投资，应当按照处置价款，借记“银行存款”等科目，按照其成本，贷记本科目，按照应收未收的现金股利或利润，贷记“应收股利”科目，按照其差额，贷记或借记“投资收益”科目。

（四）根据小企业会计准则规定确认实际发生的长期股权投资损失，应当按照可收回的金额，借记“银行存款”等科目，按照其账面余额，贷记本科目，按照其差额，借记“营业外支出”科目。

四、本科目期末借方余额，反映小企业持有的长期股权投资的成本。

1601　固 定 资 产

一、本科目核算小企业固定资产的原价（成本）。

小企业应当根据小企业会计准则规定的固定资产标准，结合本企业的具体情况，制定固定资产目录，作为核算依据。

小企业购置计算机硬件所附带的、未单独计价的软件，也通过本科目核算。

小企业临时租入的固定资产和以经营租赁租入的固定资产，应另设备查簿进行登记，不在本科目核算。

二、本科目应按照固定资产类别和项目进行明细核算。

小企业根据实际情况设置“固定资产登记簿”和“固定资产卡片”。

三、固定资产的主要账务处理：

（一）小企业购入（含以分期付款方式购入）不需要安装的固定资产，应当按照实际支付的购买价款、相关税费（不包括按照税法规定可抵扣的增值税进项税额）、运输费、装卸费、保险费等，借记本科目，按照税法规定可抵扣的增值税进项税额，借记“应交税费——应交增值税（进项税额）”科目，贷记“银行存款”、“长期应付款”等科目。

购入需要安装的固定资产，先记入“在建工程”科目，安装完成后再转入本科目。

自行建造固定资产完成竣工决算，按照竣工决算前发生相关支出，借记本科目，贷记“在建工程”科目。

取得投资者投入的固定资产，应当按照评估价值和相关税费，借记本科目或“在建工程”科目，贷记“实收资本”、“资本公积”科目。

融资租入的固定资产，在租赁期开始日，按照租赁合同约定的付款总额和在签订租赁合同过程中发生的相关税费等，借记本科目或“在建工程”科目，贷记“长期应付款”等科目。

盘盈的固定资产，按照同类或类似固定资产的市场价格或评估价值扣除按照新旧程度估计的折旧后的余额，借记本科目，贷记“待处理财产损溢——待处理非流动资产损溢”科目。

（二）在固定资产使用过程中发生的修理费，应当按照固定资产的受益对象，借记“制造费用”、“管理费用”等科目，贷记“银行存款”等科目。

固定资产的大修理支出，借记“长期待摊费用”科目，贷记“银行存款”等科目。

（三）对固定资产进行改扩建时，应当按照该项固定资产账面价值，借记“在建工程”科目，按照其已计提的累计折旧，借记“累计折旧”科目，按照其原价，贷记本科目。

（四）因出售、报废、毁损、对外投资等原因处置固定资产，应当按照该项固定资产账面价值，借记“固定资产清理”科目，按照其已计提的累计折旧，借记“累计折旧”科目，按照其原价，贷记本科目。

盘亏的固定资产，按照该项固定资产的账面价值，借记“待处理财产损溢——待处理非流动资产损溢”科目，按照已计提的折旧，借记“累计折旧”科目，按照其原价，贷记本科目。

四、本科目期末借方余额，反映小企业固定资产的原价（成本）。

1602 累计折旧

一、本科目核算小企业固定资产的累计折旧。

二、本科目可以进行总分类核算，也可以进行明细核算。

需要查明某项固定资产的已计提折旧，可以根据“固定资产卡片”上所记载的该项固定资产原价、折旧率和实际使用年数等资料进行计算。

三、累计折旧的主要账务处理：

（一）小企业按月计提固定资产的折旧费，应当按照固定资产的受益对象，借记“制造费用”、“管理费用”等科目，贷记本科目。

（二）因出售、报废、毁损、对外投资等原因处置固定资产，应当按照该项固定资产账面价值，借记“固定资产清理”科目，按照其已计提的累计折旧，借记本科目，按照其原价，贷记“固定资产”科目。

四、本科目期末贷方余额，反映小企业固定资产的累计折旧额。

1604 在建工程

一、本科目核算小企业需要安装的固定资产、固定资产新建工程、改扩建等所发生的成本。

小企业购入不需要安装的固定资产，在“固定资产”科目核算，不在本科目核算。

小企业已提足折旧的固定资产的改建支出和经营租入固定资产的改建支出，在“长期待摊费用”科目核算，不在本科目核算。

二、本科目应按照在建工程项目进行明细核算。

三、在建工程的主要账务处理：

（一）小企业购入需要安装的固定资产，应当按照实际支付的购买价款、相关税费（不包括按照税法规定可抵扣的增值税进项税额）、运输费、装卸费、保险费、安装费等，借记本科目，按照税法规定可抵扣的增值税进项税额，借记“应交税费——应交增值税（进项税额）”科目，贷记“银行存款”等科目。

融资租入的固定资产，在租赁期开始日，按照租赁合同约定的付款总额和在签订租赁合同过程中发生的相关税费等，借记本科目或“固定资产”科目，贷记“长期应付款”科目。

固定资产安装完成，借记“固定资产”科目，贷记本科目。

（二）自营工程领用工程物资，借记本科目，贷记“工程物资”科目。

在建工程应负担的职工薪酬，借记本科目，贷记“应付职工薪酬”科目。

在建工程使用本企业的产品或商品，应当按照成本，借记本科目，贷记“库存商品”科目。同时，按照税法规定应交纳的增值税额，借记本科目，贷记“应交税费——应交增值税（销项税额）”科目。

在建工程在竣工决算前发生的借款利息，在应付利息日应当根据借款合同利率计算确定的利息费用，借记本科目，贷记“应付利息”科目。办理竣工决算后发生的利息费用，在应付利息日，借记“财务费用”科目，贷记“应付利息”等科目。

在建工程在试运转过程中发生的支出，借记本科目，贷记“银行存款”等科目；形成的产品或者副产品对外销售或转为库存商品的，借记“银行存款”、“库存商品”等科目，贷记本科目。

自营工程办理竣工决算，借记“固定资产”科目，贷记本科目。

（三）出包工程，按照工程进度和合同规定结算的工程价款，借记本科目，贷记“银行存款”、“预付账款”等科目。

工程完工收到承包单位提供的账单，借记“固定资产”科目，贷记本科目。

（四）对固定资产进行改扩建时，应当按照该项固定资产账面价值，借记本科目，按照其已计提的累计折旧，借记“累计折旧”科目，按照其原价，贷记“固定资产”科目。

在改扩建过程中发生的相关支出，借记本科目，贷记相关科目。

改扩建完成办理竣工决算，借记“固定资产”科目，贷记本科目。

四、本科目期末借方余额，反映小企业尚未完工或虽已完工，但尚未办理竣工决算的工程成本。

1605 工程物资

一、本科目核算小企业为在建工程准备的各种物资的成本。包括：工程用材料、尚未安装的设备以及为生产准备的工器具等。

二、本科目应按照“专用材料”、“专用设备”、“工器具”等进行明细核算。

三、工程物资的主要账务处理：

（一）小企业购入为工程准备的物资，应当按照实际支付的购买价款和相关税费，借记本科目，贷记“银行存款”等科目。

（二）工程领用工程物资，借记“在建工程”科目，贷记本科目。工程完工后将领出的剩余物资退库时做相反的会计分录。

工程完工后剩余的工程物资转作本企业存货的，借记“原材料”等科目，贷记本科目。

四、本科目期末借方余额，反映小企业为在建工程准备的各种物资的成本。

1606 固定资产清理

一、本科目核算小企业因出售、报废、毁损、对外投资等原因处置固定资产所转出的固定资产账面价值以及在清理过程中发生的费用等。

二、本科目应按照被清理的固定资产项目进行明细核算。

三、固定资产清理的主要账务处理：

（一）小企业因出售、报废、毁损、对外投资等原因处置固定资产，应当按照该项固定资产的账面价值，借记本科目，按照其已计提的累计折旧，借记“累计折旧”科目，按照其原价，贷记“固定资产”科目。

同时，按照税法规定不得从增值税销项税额中抵扣的进项税额，借记本科目，贷记“应交税费——应交增值税（进项税额转出）”科目。

（二）清理过程中应支付的相关税费及其他费用，借记本科目，贷记“银行存款”、“应交税费”等科目。取得出售固定资产的价款、残料价值和变价收入等处置收入，借记“银行存款”、“原材料”等科目，贷记本科目。应由保险公司或过失人赔偿的损失，借记“其他应收款”等科目，贷记本科目。

（三）固定资产清理完成后，如为借方余额，借记“营业外支出——非流动资产处置净损失”科目，贷记本科目。如为贷方余额，借记本科目，贷记“营业外收入——非流动资产处置净收益”科目。

四、本科目期末借方余额，反映小企业尚未清理完毕的固定资产清理净损失；本科目期末贷方余额，反映小企业尚未清理完毕的固定资产清理净收益。

1621 生产性生物资产

一、本科目核算小企业（农、林、牧、渔业）持有的生产性生物资产的原价（成本）。

二、本科目应按照“未成熟生产性生物资产”和“成熟生产性生物资产”，分别生物资产的种类、群别等进行明细核算。

三、生产性生物资产的主要账务处理：

（一）小企业外购的生产性生物资产，按照购买价款和相关税费，借记本科目，贷记“银行存款”等科目。涉及按照税法规定可抵扣的增值税进项税额的，还应当借记“应交税费——应交增值税（进项税额）”科目。

（二）自行营造的林木类生产性生物资产，达到预定生产经营目的前发生的造林费、抚育费、营林设施费、良种试验费、调查设计费和应分摊的间接费用等必要支出，借记本科目（未成熟生产性生物资产），贷记“原材料”、“银行存款”、“应付利息”等科目。

（三）自行繁殖的产畜和役畜，达到预定生产经营目的前发生的饲料费、人工费和应分摊的间接费用等必要支出，借记本科目（未成熟生产性生物资产），贷记“原材料”、“银行存款”、“应付利息”等科目。

（四）未成熟生产性生物资产达到预定生产经营目的时，按照其账面余额，借记本科目（成熟生产性生物资产），贷记本科目（未成熟生产性生物资产）。

（五）育肥畜转为产畜或役畜，应当按照其账面余额，借记本科目，贷记“消耗性生物资产”科目。

产畜或役畜淘汰转为育肥畜，应按照转群时其账面价值，借记“消耗性生物资产”科目，按照已计提的累计折旧，借记“生产性生物资产累计折旧”科目，按照其原价，贷记本科目。

（六）择伐、间伐或抚育更新等生产性采伐而补植林木类生产性生物资产发生的后续支出，借记本科目（未成熟生产性生物资产），贷记“银行存款”等科目。

生产性生物资产发生的管护、饲养费用等后续支出，借记“管理费用”科目，贷记“银行存款”等科目。

（七）因出售、报废、毁损、对外投资等原因处置生产性生物资产，应按照取得的出售生产性生物资产的价款、残料价值和变价收入等处置收入，借记“银行存款”等科目，按照已计提的累计折旧，借记“生产性生物资产累计折旧”科目，按照其原价，贷记本科目，按照其差额，借记“营业外支出——非流动资产处置净损失”科目或贷记“营业外收入——处置非流动资产处置净收益”科目。

四、本科目期末借方余额，反映小企业（农、林、牧、渔业）生产性生物资产的原价（成本）。

1622 生产性生物资产累计折旧

一、本科目核算小企业（农、林、牧、渔业）成熟生产性生物资产的累计折旧。

二、本科目应按照生产性生物资产的种类、群别等进行明细核算。

三、生产性生物资产累计折旧的主要账务处理：

小企业按月计提成熟生产性生物资产的折旧，借记“生产成本”、“管理费用”等科目，贷记本科目。

处置生产性生物资产还应同时结转生产性生物资产累计折旧。

四、本科目期末贷方余额，反映小企业成熟生产性生物资产的累计折旧额。

1701 无形资产

一、本科目核算小企业持有的无形资产成本。

二、本科目应按照无形资产项目进行明细核算。

三、无形资产的主要账务处理：

（一）小企业外购无形资产，应当按照实际支付的购买价款、相关税费和相关的其他支出（含相关的利息费用），借记本科目，贷记“银行存款”、“应付利息”等科目。

（二）自行开发建造厂房等建筑物，外购土地及建筑物支付的价款应当在建筑物与土地使用权之间按照合理的方法进行分配，其中属于土地使用权的部分，借记本科目，贷记“银行存款”等科目。

（三）收到投资者投入的无形资产，应当按照评估价值和相关税费，借记本科目，贷记“实收资本”、“资本公积”科目。

（四）开发项目达到预定用途形成无形资产的，按照应予资本化的支出，借记本科目，贷记“研发支出”科目。

（五）因出售、报废、对外投资等原因处置无形资产，应当按照取得的出售无形资产的价款等处置收入，借记“银行存款”等科目，按照其已计提的累计摊销，借记“累计摊销”科目，按照应支付的相关税费及其他费用，贷记“应交税费——应交营业税”、“银行存款”等科目，按照其成本，贷记本科目，按照其差额，贷记“营业外收入——非流动资产处置净收益”科目或借记“营业外支出——非流动资产处置净损失”科目。

四、本科目期末借方余额，反映小企业无形资产的成本。

1702 累计摊销

一、本科目核算小企业对无形资产计提的累计摊销。

二、本科目应按照无形资产项目进行明细核算。

三、累计摊销的主要账务处理：

小企业按月采用年限平均法计提无形资产的摊销，应当按照无形资产的受益对象，借记“制造费用”、“管理费用”等科目，贷记本科目。

处置无形资产还应同时结转累计摊销。

四、本科目期末借方余额，反映小企业无形资产的累计摊销额。

1801 长期待摊费用

一、本科目核算小企业已提足折旧的固定资产的改建支出、经营租入固定资产的改建支出、固定资产的大修理支出和其他长期待摊费用等。

二、本科目应按照支出项目进行明细核算。

三、长期待摊费用的主要账务处理：

（一）小企业发生的长期待摊费用，借记本科目，贷记“银行存款”、“原材料”等科目。

（二）按月采用年限平均法摊销长期待摊费用，应当按照长期待摊费用的受益对象，借记“制造费用”、“管理费用”等科目，贷记本科目。

四、本科目期末借方余额，反映小企业尚未摊销完毕的长期待摊费用。

1901 待处理财产损溢

一、本科目核算小企业在清查财产过程中查明的各种财产盘盈、盘亏和毁损的价值。

所采购物资在运输途中因自然灾害等发生的损失或尚待查明的损耗，也通过本科目核算。

二、本科目应按照待处理流动资产损溢和待处理非流动资产损溢进行明细核算。

三、待处理财产损溢的主要账务处理：

（一）盘盈的各种材料、产成品、商品、现金等，应当按照同类或类似存货的市场价格或评估价值，借记“原材料”、“库存商品”、“库存现金”等科目，贷记本科目（待处理流动资产损溢）。盘亏、毁损、短缺的各种材料、产成品、商品、现金等，应当按照其账面余额，借记本科目（待处理流动资产损溢），贷记“材料采购”或“在途物资”、“原材料”、“库存商品”、“库存现金”等科目。涉及增值税进项税额的，还应进行相应的账务处理。

盘盈的固定资产，按照同类或类似固定资产的市场价格或评估价值扣除按照该项固定资产新旧程度估计的折旧后的余额，借记“固定资产”科目，贷记本科目（待处理非流动资产损溢）。盘亏的固定资产，按照该项固定资产的账面价值，借记本科目（待处理非流动资产损溢），按照已计提的累计折旧，借记“累计折旧”科目，按照其原价，贷记“固定资产”科目。

（二）盘亏、毁损、报废的各项资产，按照管理权限经批准后处理时，按照残料价值，借记“原材料”等科目，按照可收回的保险赔偿或过失人赔偿，借记“其他应收款”科目，按照本科目余额，贷记本科目（待处理流动资产损溢、待处理非流动资产损溢），按照其借方差额，借记“营业外支出”科目。

盘盈的各种材料、产成品、商品、固定资产、现金等，按照管理权限经批准后处理时，按照本科目余额，借记本科目（待处理流动资产损溢、待处理非流动资产损溢），贷记“营业外收入”科目。

四、小企业的财产损溢，应当查明原因，在年末结账前处理完毕，处理后本科目应无余额。

负债类

2001 短期借款

一、本科目核算小企业向银行或其他金融机构等借入的期限在 1 年内的各种借款。

二、本科目应按照借款种类、贷款人和币种进行明细核算。

三、短期借款的主要账务处理：

（一）小企业借入的各种短期借款，借记“银行存款”科目，贷记本科目；偿还借款，做相反的会计分录。

银行承兑汇票到期，小企业无力支付票款的，按照银行承兑汇票的票面金额，借记“应付票据”科目，贷记本科目。

持未到期的商业汇票向银行贴现，应当按照实际收到的金额（即减去贴现息后的净额），借记“银行存款”科目，按照贴现息，借记“财务费用”科目，按照商业汇票的票面金额，贷记“应收票据”科目（银行无追索权情况下）或本科目（银行有追索权情况下）。

（二）在应付利息日，应当按照短期借款合同利率计算确定的利息费用，借记“财务费用”科目，贷记“应付利息”等科目。

四、本科目期末贷方余额，反映小企业尚未偿还的短期借款本金。

2201 应付票据

一、本科目核算小企业因购买材料、商品和接受劳务等日常生产经营活动开出、承兑的商业汇票（银行承兑汇票和商业承兑汇票）。

二、本科目应按照债权人进行明细核算。

三、应付票据的主要账务处理：

（一）小企业开出、承兑商业汇票或以承兑商业汇票抵付货款、应付账款等，借记“材料采购”或“在途物资”、“库存商品”等科目，贷记本科目。涉及增值税进项税额的，还应进行相应的账务处理。

（二）支付银行承兑汇票的手续费，借记“财务费用”科目，贷记“银行存款”科目。支付票款，借记本科目，贷记“银行存款”科目。

（三）银行承兑汇票到期，小企业无力支付票款的，按照银行承兑汇票的票面金额，借记本科目，贷记“短期借款”科目。

四、小企业应当设置“应付票据备查簿”，详细登记商业汇票的种类、号数和出票日期、到期日、票面金额、交易合同号和收款人姓名或单位名称以及付款日期和金额等资料，商业汇票到期结清票款后，在备查簿中应予注销。

五、本科目期末贷方余额，反映小企业开出、承兑的尚未到期的商业汇票的票面金额。

2202 应付账款

一、本科目核算小企业因购买材料、商品和接受劳务等日常生产经营活动应支付的款项。

二、本科目应按照对方单位（或个人）进行明细核算。

三、应付账款的主要账务处理：

（一）小企业购入材料、商品等未验收入库，货款尚未支付，应当根据有关凭证（发票账单、随货同行发票上记载的实际价款或暂估价值），借记“在途物资”科目，按照可抵扣的增值税进项税额，借记“应交税费——应交增值税（进项税额）”科目，按照应付的价款，贷记本科目。

接受供应单位提供劳务而发生的应付未付款项，应当根据供应单位的发票账单，借记“生产成本”、“管理费用”等科目，贷记本科目。

（二）偿付应付账款，借记本科目，贷记“银行存款”等科目。

小企业确实无法偿付的应付账款，借记本科目，贷记“营业外收入”科目。

四、本科目期末贷方余额，反映小企业尚未支付的应付账款。

2203 预收账款

一、本科目核算小企业按照合同规定预收的款项。包括：预收的购货款、工程款等。

预收账款情况不多的，也可以不设置本科目，将预收的款项直接记入“应收账款”科目贷方。

二、本科目应按照对方单位（或个人）进行明细核算。

三、预收账款的主要账务处理：

（一）小企业向购货单位预收的款项，借记“银行存款”等科目，贷记本科目。

（二）销售收入实现时，按照实现的收入金额，借记本科目，贷记“主营业务收入”科目。涉及增值税销项税额的，还应进行相应的账务处理。

四、本科目期末贷方余额，反映小企业预收的款项；期末如为借方余额，反映小企业尚未转销的款项。

2211 应付职工薪酬

一、本科目核算小企业根据有关规定应付给职工的各种薪酬。

小企业（外商投资）按照规定从净利润中提取的职工奖励及福利基金，也通过本科目核算。

二、本科目应按照“职工工资”、“奖金、津贴和补贴”、“职工福利费”、“社会保险费”、“住房公积金”、“工会经费”、“职工教育经费”、“非货币性福利”、“辞退福利”等进行明细核算。

三、应付职工薪酬的主要账务处理：

（一）月末小企业应当将本月发生的职工薪酬区分以下情况进行分配：

1. 生产部门（提供劳务）人员的职工薪酬，借记“生产成本”、“制造费用”等科目，贷记本科目。

2. 应由在建工程、无形资产开发项目负担的职工薪酬，借记“在建工程”、“研发支出”等科目，贷记本科目。

3. 管理部门人员的职工薪酬和因解除与职工的劳动关系给予的补偿，借记“管理费用”科目，贷记本科目。

4. 销售人员的职工薪酬，借记“销售费用”科目，贷记本科目。

（二）小企业发放职工薪酬应当区分以下情况进行处理：

1. 向职工支付工资、奖金、津贴、福利费等，从应付职工薪酬中扣还的各种款项（代垫的家属药费、个人所得税等）等，借记本科目，贷记“库存现金”、“银行存款”、“其他应收款”、“应交税费——应交个人所得税”等科目。

2. 支付工会经费和职工教育经费用于工会活动和职工培训，借记本科目，贷记“银行存款”等科目。

3. 按照国家有关规定缴纳的社会保险费和住房公积金，借记本科目，贷记“银行存款”科目。

4. 以其自产产品发放给职工的，按照其销售价格，借记本科目，贷记“主营业务收入”科目；同时，还应结转产成品的成本。涉及增值税销项税额的，还应进行相应的账务处理。

5. 支付的因解除与职工的劳动关系给予职工的补偿，借记本科目，贷记“库存现金”、“银行存款”等科目。

四、本科目期末贷方余额，反映小企业应付未付的职工薪酬。

2221 应交税费

一、本科目核算小企业按照税法等规定计算应交纳的各种税费。包括：增值税、消费税、营业税、城市维护建设税、企业所得税、资源税、土地增值税、城镇土地使用税、房产税、车船税和教育费附加、矿产资源补偿费、排污费等。

小企业代扣代缴的个人所得税等，也通过本科目核算。

二、本科目应按照应交的税费项目进行明细核算。

应交增值税还应当分别“进项税额”、“销项税额”、“出口退税”、“进项税额转出”、“已交税金”等设置专栏。

小规模纳税人只需设置“应交增值税”明细科目，不需要在“应交增值税”明细科目中设置上述专栏。

三、应交税费的主要账务处理：

（一）应交增值税的主要账务处理

1. 小企业采购物资等，按照应计入采购成本的金额，借记“材料采购”或“在途物资”、“原材料”、“库存商品”等科目，按照税法规定可抵扣的增值税进项税额，借记本科目（应交增值税——进项税额），按照应付或实际支付的金额，贷记“应付账款”、“银行存款”等科目。购入物资发生退货的，做相反的会计分录。

购进免税农业产品，按照购入农业产品的买价和税法规定的税率计算的增值税进项税额，借记本科目（应交增值税——进项税额），按照买价减去按照税法规定计算的增值税进项税额后的金额，借记“材料采购”或“在途物资”等科目，按照应付或实际支付的价款，贷记“应付账款”、“库存现金”、“银行存款”等科目。

2. 销售商品（提供劳务），按照收入金额和应收取的增值税销项税额，借记“应收账款”、“银行存款”等科目，按照税法规定应交纳的增值税销项税额，贷记本科目（应交增值税——销项税额），按照确认的营业收入金额，贷记“主营业务收入”、“其他业务收入”等科目。发生销售退回的，做相反的会计分录。

随同商品出售但单独计价的包装物，应当按照实际收到或应收的金额，借记“银行存款”、“应收账款”等科目，按照税法规定应交纳的增值税销项税额，贷记本科目（应交增值税——销项税额），按照确认的其他业务收入金额，贷记“其他业务收入”科目。

3. 有出口产品的小企业，其出口退税的账务处理如下：

（1）实行“免、抵、退”管理办法的小企业，按照税法规定计算的当期出口产品不予免征、抵扣和退税的增值税额，借记“主营业务成本”科目，贷记本科目（应交增值税——进项税额转出）。按照税法规定计算的当期应予抵扣的增值税额，借记本科目（应交增值税——出口抵减内销产品应纳税额），贷记本科目（应交增值税——出口退税）。

出口产品按照税法规定应予退回的增值税款，借记“其他应收款”科目，贷记本科目（应交增值税——出口退税）。

（2）未实行“免、抵、退”管理办法的小企业，出口产品实现销售收入时，应当按照应收的金额，借记“应收账款”等科目，按照税法规定应收的出口退税，借记“其他应收款”科目，按照税法规定不予退回的增值税额，借记“主营业务成本”科目，按照确认的销售商品收入，贷记“主营业务收入”科目，按照税法规定应交纳的增值税额，贷记本科目（应交增值税——销项税额）。

4. 购入材料等按照税法规定不得从增值税销项税额中抵扣的进项税额，其进项税额应计入材料等的成本，借记“材料采购”或“在途物资”等科目，贷记“银行存款”等科目，不通过本科目（应交增值税——进项税额）核算。

5. 将自产的产品等用作福利发放给职工，应视同产品销售计算应交增值税的，借记“应付职工薪酬”科目，贷记“主营业务收入”、本科目（应交增值税——销项税额）等科目。

6. 购进的物资、在产品、产成品因盘亏、毁损、报废、被盗，以及购进物资改变用途等原因按照税法规定不得从增值税销项税额中抵扣的进项税额，其进项税额应转入有关科目，借记“待处理财产损溢”等科目，贷记本科目（应交增值税——进项税额转出）。

由于工程而使用本企业的产品或商品，应当按照成本，借记“在建工程”科目，贷记“库存商品”科目。同时，按照税法规定应交纳的增值税销项税额，借记“在建工程”科目，贷记本科目（应交增值税——销项税额）。

7. 交纳的增值税，借记本科目（应交增值税——已交税金），贷记“银行存款”科目。

（二）应交消费税的主要账务处理

1. 销售需要交纳消费税的物资应交的消费税，借记“营业税金及附加”等科目，贷记本科目（应交消费税）。

2. 以生产的产品用于在建工程、非生产机构等，按照税法规定应交纳的消费税，借记“在建工程”、“管理费用”等科目，贷记本科目（应交消费税）。

随同商品出售但单独计价的包装物，按照税法规定应交纳的消费税，借记“营业税金及附加”科目，贷记本科目（应交消费税）。出租、出借包装物逾期未收回没收的押金应交的消费税，借记“营业税金及附加”科目，贷记本科目（应交消费税）。

3. 需要交纳消费税的委托加工物资，由受托方代收代缴税款（除受托加工或翻新改制金银首饰按照税法规定由受托方交纳消费税外）。小企业（受托方）按照应交税款金额，借记“应收账款”、“银行存款”等科目，贷记本科目（应交消费税）。

委托加工物资收回后，直接用于销售的，小企业（委托方）应将代收代缴的消费税计入委托加工物资的成本，借记“库存商品”等科目，贷记“应付账款”、“银行存款”等科目；委托加工物资收回后用于连续生产，按照税法规定准予抵扣的，按照代收代缴的消费税，借记本科目（应交消费税），贷记“应付账款”、“银行存款”等科目。

4. 有金银首饰零售业务的以及采用以旧换新方式销售金银首饰的小企业，在营业收入实现时，按照应交的消费税，借记“营业税金及附加”科目，贷记本科目（应交消费税）。有金银首饰零售业务的小企业因受托代销金银首饰按照税法规定应交纳的消费税，借记“营业税金及附加”科目，贷记本科目（应交消费税）；以其他方式代销金银首饰的，其交纳的消费税，借记“营业税金及附加”科目，贷记本科目（应交消费税）。

有金银首饰批发、零售业务的小企业将金银首饰用于馈赠、赞助、广告、职工福利、奖励等方面的，应于物资移送时，按照应交的消费税，借记“营业外支出”、“销售费用”、“应付职工薪酬”等科目，贷记本科目（应交消费税）。

随同金银首饰出售但单独计价的包装物，按照税法规定应交纳的消费税，借记“营业税金及附加”科目，贷记本科目（应交消费税）。

小企业因受托加工或翻新改制金银首饰按照税法规定应交纳的消费税，于向委托方交货时，借记“营业税金及附加”科目，贷记本科目（应交消费税）。

5. 需要交纳消费税的进口物资，其交纳的消费税应计入该项物资的成本，借记“材料采购”或“在途物资”、“库存商品”、“固定资产”等科目，贷记“银行存款”等科目。

6. 小企业（生产性）直接出口或通过外贸企业出口的物资，按照税法规定直接予以免征消费税的，可不计算应交消费税。

7. 交纳的消费税，借记本科目（应交消费税），贷记“银行存款”科目。

（三）应交营业税的主要账务处理

1. 小企业按照营业额和税法规定的税率，计算应交纳的营业税，借记“营业税金及附加”等科目，贷记本科目（应交营业税）。

2. 出售原作为固定资产管理的不动产应交纳的营业税，借记“固定资产清理”等科目，贷记本科目（应交营业税）。

3. 交纳的营业税，借记本科目（应交营业税），贷记“银行存款”科目。

（四）应交城市维护建设税和教育费附加的主要账务处理

1. 小企业按照税法规定应交的城市维护建设税、教育费附加，借记“营业税金及附加”科目，贷记本科目（应交城市维护建设税、应交教育费附加）。

2. 交纳的城市维护建设税和教育费附加，借记本科目（应交城市维护建设税、应交教育费附加），贷记“银行存款”科目。

（五）应交企业所得税的主要账务处理

1. 小企业按照税法规定应交的企业所得税，借记“所得税费用”科目，贷记本科目（应交企业所得税）。

2. 交纳的企业所得税，借记本科目（应交企业所得税），贷记“银行存款”科目。

（六）应交资源税的主要账务处理

1. 小企业销售商品按照税法规定应交纳的资源税，借记“营业税金及附加”科目，贷记本科目（应交资源税）。

2. 自产自用的物资应交纳的资源税，借记“生产成本”科目，贷记本科目（应交资源税）。

3. 收购未税矿产品，按照实际支付的价款，借记“材料采购”或“在途物资”等科目，贷记“银行存款”等科目，按照代扣代缴的资源税，借记“材料采购”或“在途物资”等科目，贷记本科目（应交资源税）。

4. 外购液体盐加工固体盐：在购入液体盐时，按照税法规定所允许抵扣的资源税，借记本科目（应交资源税），按照购买价款减去允许抵扣的资源税后的金额，借记“材料采购”或“在途物资”、“原材料”等科目，按照应支付的购买价款，贷记“银行存款”、“应付账款”等科目；加工成固体盐后，在销售时，按照销售固体盐应交纳的资源税，借记“营业税金及附加”科目，贷记本科目（应交资源税）；将销售固体盐应交资源税抵扣液体盐已交资源税后的差额上交时，借记本科目（应交资源税），贷记“银行存款”科目。

5. 交纳的资源税，借记本科目（应交资源税），贷记“银行存款”科目。

（七）应交土地增值税的主要账务处理

1. 小企业转让土地使用权应交纳的土地增值税，土地使用权与地上建筑物及其附着物一并在“固定资产”科目核算的，借记“固定资产清理”科目，贷记本科目（应交土地增值税）。

土地使用权在“无形资产”科目核算的，按照实际收到的金额，借记“银行存款”科目，按照应交纳的土地增值税，贷记本科目（应交土地增值税），按照已计提的累计摊销，借记“累计摊销”科目，按照其成本，贷记“无形资产”科目，按照其差额，贷记“营业外收入——非流动资产处置净收益”科目或借记“营业外支出——非流动资产处置净损失”科目。

2. 小企业（房地产开发经营）销售房地产应交纳的土地增值税，借记“营业税金及附加”科目，贷记本科目（应交土地增值税）。

3. 交纳的土地增值税，借记本科目（应交土地增值税），贷记“银行存款”科目。

（八）应交城镇土地使用税、房产税、车船税、矿产资源补偿费、排污费的主要账务处理

1. 小企业按照规定应交纳的城镇土地使用税、房产税、车船税、矿产资源补偿费、排污费，借记“营业税金及附加”科目，贷记本科目（应交城镇土地使用税、应交房产税、应交车船税、应交矿产资源补偿费、应交排污费）。

2. 交纳的城镇土地使用税、房产税、车船税、矿产资源补偿费、排污费，借记本科目（应交城镇土地使用税、应交房产税、应交车船税、应交矿产资源补偿费、应交排污费），贷记“银行存款”科目。

（九）应交个人所得税的主要账务处理

1. 小企业按照税法规定应代扣代缴的职工个人所得税，借记“应付职工薪酬”科目，贷记本科目（应交个人所得税）。

2. 交纳的个人所得税，借记本科目（应交个人所得税），贷记“银行存款”科目。

（十）小企业按照规定实行企业所得税、增值税、消费税、营业税等先征后返的，应当在实际收到返还的企业所得税、增值税（不含出口退税）、消费税、营业税等时，借记“银行存款”科目，贷记“营业外收入”科目。

四、本科目期末贷方余额，反映小企业尚未交纳的税费；期末如为借方余额，反映小企业多交或尚未抵扣的税费。

2231 应付利息

一、本科目核算小企业按照合同约定应支付的利息费用。

二、本科目应按照贷款人等进行明细核算。

三、应付利息的主要账务处理：

（一）在应付利息日，小企业应当按照合同利率计算确定的利息费用，借记“财务费用”、“在建工程”等科目，贷记本科目。

（二）实际支付的利息，借记本科目，贷记“银行存款”等科目。

四、本科目期末贷方余额，反映小企业应付未付的利息费用。

2232 应付利润

一、本科目核算小企业向投资者分配的利润。

二、本科目应按照投资者进行明细核算。

三、应付利润的主要账务处理：

（一）小企业根据规定或协议确定的应分配给投资者的利润，借记“利润分配”科目，贷记本科目。

（二）向投资者实际支付利润，借记本科目，贷记“库存现金”、“银行存款”科目。

四、本科目期末贷方余额，反映小企业应付未付的利润。

2241 其他应付款

一、本科目核算小企业除应付账款、预收账款、应付职工薪酬、应交税费、应付利息、应付利润等以外的其他各项应付、暂收的款项，如应付租入固定资产和包装物的租金、存入保证金等。

二、本科目应按照其他应付款的项目和对方单位（或个人）进行明细核算。

三、其他应付款的主要账务处理：

（一）小企业发生的其他各种应付、暂收款项，借记“管理费用”等科目，贷记本科目。

（二）支付的其他各种应付、暂收款项，借记本科目，贷记“银行存款”等科目。

小企业无法支付的其他应付款，借记本科目，贷记“营业外收入”科目。

四、本科目期末贷方余额，反映小企业应付未付的其他应付款项。

2401 递延收益

一、本科目核算小企业已经收到、应在以后期间计入损益的政府补助。

二、本科目应按照相关项目进行明细核算。

三、递延收益的主要账务处理：

（一）小企业收到与资产相关的政府补助，借记“银行存款”等科目，贷记本科目。

在相关资产的使用寿命内平均分配递延收益，借记本科目，贷记“营业外收入”科目。

（二）收到的其他政府补助，用于补偿本企业以后期间的相关费用或亏损的，应当按照收到的金额，借记“银行存款”等科目，贷记本科目。在发生相关费用或亏损的未来期间，应当按照应补偿的金额，借记本科目，贷记“营业外收入”科目。

用于补偿本企业已发生的相关费用或亏损的，应当按照收到的金额，借记“银行存款”等科目，贷记“营业外收入”科目。

四、本科目期末贷方余额，反映小企业已经收到、但应在以后期间计入损益的政府补助。

2501 长期借款

一、本科目核算小企业向银行或其他金融机构借入的期限在1年以上的各项借款本金。

二、本科目应按照借款种类、贷款人和币种进行明细核算。

三、长期借款的主要账务处理：

（一）小企业借入长期借款，借记“银行存款”科目，贷记本科目。

（二）在应付利息日，应当按照借款本金和借款合同利率计提利息费用，借记“财务费用”、“在建工程”等科目，贷记“应付利息”科目。

（三）偿还长期借款本金，借记本科目，贷记“银行存款”科目。

四、本科目期末贷方余额，反映小企业尚未偿还的长期借款本金。

2701 长期应付款

一、本科目核算小企业除长期借款以外的其他各种长期应付款项。包括：应付融资租入固定资产的租赁费、以分期付款方式购入固定资产发生的应付款项等。

二、本科目应按照长期应付款的种类和债权人进行明细核算。

三、长期应付款的主要账务处理：

（一）小企业融资租入固定资产，在租赁期开始日，按照租赁合同约定的付款总额和在签订租赁合同过程中发生的相关税费等，借记“固定资产”或“在建工程”科目，贷记本科目等科目。

（二）以分期付款方式购入固定资产，应当按照实际支付的购买价款和相关税费（不包括按照税法规定可抵扣的增值税进项税额），借记“固定资产”或“在建工程”科目，按照税法规定可抵扣的增值税进项税额，借记“应交税费——应交增值税（进项税额）”科目，贷记本科目。

四、本科目期末贷方余额，反映小企业应付未付的长期应付款项。

所有者权益类

3001　实 收 资 本

一、本科目核算小企业收到投资者按照合同协议约定或相关规定投入的、构成注册资本的部分。

小企业（股份有限公司）应当将本科目的名称改为“3001　股本”科目。

小企业收到投资者出资超过其在注册资本中所占份额的部分，作为资本溢价，在“资本公积”科目核算，不在本科目核算。

二、本科目应按照投资者进行明细核算。

小企业（中外合作经营）根据合同规定在合作期间归还投资者的投资，应在本科目设置“已归还投资”明细科目进行核算。

三、实收资本的主要账务处理：

（一）小企业收到投资者的出资，借记“银行存款”、“其他应收款”、“固定资产”、“无形资产”等科目，按照其在注册资本中所占的份额，贷记本科目，按照其差额，贷记“资本公积”科目。

（二）根据有关规定增加注册资本，借记“银行存款”、“资本公积”、“盈余公积”等科目，贷记本科目。

根据有关规定减少注册资本，借记本科目、“资本公积”等科目，贷记“库存现金”、“银行存款”等科目。

小企业（中外合作经营）根据合同规定在合作期间归还投资者的投资，应当按照实际归还投资的金额，借记本科目（已归还投资），贷记“银行存款”等科目；同时，借记“利润分配——利润归还投资”科目，贷记“盈余公积——利润归还投资”科目。

四、本科目期末贷方余额，反映小企业实收资本总额。

3002　资 本 公 积

一、本科目核算小企业收到投资者出资超出其在注册资本中所占份额的部分。

二、资本公积的主要账务处理：

（一）小企业收到投资者的出资，借记“银行存款”、“其他应收款”、“固定资产”、“无形资产”等科目，按照其在注册资本中所占的份额，贷记“实收资本”科目，按照其差额，贷记本科目。

（二）根据有关规定用资本公积转增资本，借记本科目，贷记“实收资本”科目。

根据有关规定减少注册资本，借记“实收资本”科目、本科目等科目，贷记“库存现金”、“银行存款”等科目。

三、本科目期末贷方余额，反映小企业资本公积总额。

3101　盈 余 公 积

一、本科目核算小企业（公司制）按照公司法规定在税后利润中提取的法定公积金和任意公积金。

小企业（外商投资）按照法律规定在税后利润中提取储备基金和企业发展基金也在本科目核算。

二、本科目应当分别“法定盈余公积”、“任意盈余公积”进行明细核算。

小企业（外商投资）还应当分别“储备基金”、“企业发展基金”进行明细核算。

小企业（中外合作经营）根据合同规定在合作期间归还投资者的投资，应在本科目设置“利润归还投资”明细科目进行核算。

三、盈余公积的主要账务处理：

（一）小企业（公司制）按照公司法规定提取法定公积金和任意公积金，借记“利润分配——提取法定盈余公积、提取任意盈余公积”科目，贷记本科目（法定盈余公积、任意盈余公积）。

小企业（外商投资）按照规定提取储备基金、企业发展基金、职工奖励及福利基金，借记“利润分配——提取储备基金、提取企业发展基金、提取职工奖励及福利基金”科目，贷记本科目（储备基金、企业发展基金）、“应付职工薪酬”科目。

（二）用盈余公积弥补亏损或者转增资本，借记本科目，贷记“利润分配——盈余公积补亏”或“实收资本”科目。

小企业（中外合作经营）根据合同规定在合作期间归还投资者的投资，应当按照实际归还投资的金额，借记“实收资本——已归还投资”科目，贷记“银行存款”等科目；同时，借记“利润分配——利润归还投资”科目，贷记本科目（利润归还投资）。

四、本科目期末贷方余额，反映小企业（公司制）的法定公积金和任意公积金总额，小企业（外商投资）的储备基金和企业发展基金总额。

3103 本年利润

一、本科目核算小企业当期实现的净利润（或发生的净亏损）。

二、本年利润的主要账务处理：

（一）期（月）末结转利润时，小企业可以将“主营业务收入”、“其他业务收入”、“营业外收入”科目的余额，转入本科目，借记“主营业务收入”、“其他业务收入”、“营业外收入”科目，贷记本科目；将“主营业务成本”、“其他业务成本”、“营业税金及附加”、“销售费用”、“管理费用”、“财务费用”、“营业外支出”、“所得税费用”科目的余额，转入本科目，借记本科目，贷记“主营业务成本”、“其他业务成本”、“营业税金及附加”、“销售费用”、“管理费用”、“财务费用”、“营业外支出”、“所得税费用”科目。将“投资收益”科目的贷方余额，转入本科目，借记“投资收益”科目，贷记本科目；如为借方余额，做相反的会计分录。

结转后本科目的贷方余额为当期实现的净利润；借方余额为当期发生的净亏损。

（二）年度终了，应当将本年收入和支出相抵后结出的本年实现的净利润，转入“利润分配”科目，借记本科目，贷记“利润分配——未分配利润”科目；如为净亏损，做相反的会计分录。

结转后本科目应无余额。

3104　利 润 分 配

一、本科目核算小企业利润的分配（或亏损的弥补）和历年分配（或弥补）后的余额。

二、本科目应按照“应付利润”、“未分配利润”等进行明细核算。

三、利润分配的主要账务处理：

（一）小企业根据有关规定分配给投资者的利润，借记本科目（应付利润），贷记“应付利润”科目。

（二）用盈余公积弥补亏损，借记“盈余公积”科目，贷记本科目（盈余公积补亏）。

小企业（中外合作经营）根据合同规定在合作期间归还投资者的投资，应按照实际归还投资的金额，借记“实收资本——已归还投资”科目，贷记“银行存款”等科目；同时，借记本科目（利润归还投资），贷记“盈余公积——利润归还投资”科目。

四、年度终了，小企业应当将本年实现的净利润，自“本年利润”科目转入本科目，借记“本年利润”科目，贷记本科目（未分配利润）；为净亏损的，做相反的会计分录。同时，将“利润分配”科目所属明细科目（应付利润、盈余公积补亏）的余额转入本科目明细科目（未分配利润）。结转后，本科目除“未分配利润”明细科目外，其他明细科目应无余额。

五、本科目年末余额，反映小企业的未分配利润（或未弥补亏损）。

成 本 类

4001　生 产 成 本

一、本科目核算小企业进行工业性生产发生的各项生产成本。包括：生产各种产品（产成品、自制半成品等）、自制材料、自制工具、自制设备等。

小企业对外提供劳务发生的成本，可将本科目改为“4001　劳务成本”科目，或单独设置“4002　劳务成本”科目进行核算。

二、本科目可按照基本生产成本和辅助生产成本进行明细核算。

三、生产成本的主要账务处理：

（一）小企业发生的各项直接生产成本，借记本科目（基本生产成本、辅助生产成本），贷记“原材料”、“库存现金”、“银行存款”、“应付职工薪酬”等科目。

各生产车间应负担的制造费用，借记本科目（基本生产成本、辅助生产成本），贷记“制造费用”科目。

（二）辅助生产车间为基本生产车间、管理部门和其他部门提供的劳务和产品，可在月末按照一定的分配标准分配给各受益对象，借记本科目（基本生产成本）、“销售费用”、“管理费用”、“其他业务成本”、“在建工程”等科目，贷记本科目（辅助生产成本）；也可在提供相关劳务和产品时，借记本科目、“销售费用”、“管理费用”、“其他业务成本”、“在建工程”等科目，贷记“原材料”、“库存现金”、“银行存款”、“应付职工薪酬”等科目。

（三）小企业已经生产完成并已验收入库的产成品以及入库的自制半成品，可在月末借记“库存商品”等科目，贷记本科目（基本生产成本）。

四、本科目期末借方余额，反映小企业尚未加工完成的在产品成本。

4101 制造费用

一、本科目核算小企业生产车间（部门）为生产产品和提供劳务而发生的各项间接费用。

小企业经过1年期以上的制造才能达到预定可销售状态的产品发生的借款费用，也在本科目核算。

小企业行政管理部门为组织和管理生产经营活动而发生的管理费用，在“管理费用”科目核算，不在本科目核算。

二、本科目应按照不同的生产车间、部门和费用项目进行明细核算。

三、制造费用的主要账务处理：

（一）生产车间发生的机物料消耗和固定资产修理费，借记本科目，贷记“原材料”、“银行存款”等科目。

（二）发生的生产车间管理人员的工资等职工薪酬，借记本科目，贷记“应付职工薪酬”科目。

（三）生产车间计提的固定资产折旧费，借记本科目，贷记“累计折旧”科目。

（四）生产车间支付的办公费、水电费等，借记本科目，贷记“银行存款”、“应付利息”等科目。

（五）发生季节性和修理期间的停工损失，借记本科目，贷记“原材料”、“应付职工薪酬”、“银行存款”等科目。

（六）小企业经过1年期以上的制造才能达到预定可销售状态的产品在制造完成之前发生的借款利息，在应付利息日根据借款合同利率计算确定的利息费用，借记本科目，贷记“应付利息”科目。制造完成之后发生的利息费用，借记“财务费用”科目，贷记“应付利息”科目。

（七）将制造费用分配计入有关的成本核算对象，借记“生产成本——基本生产成本、辅助生产成本”等科目，贷记本科目。

（八）季节性生产小企业制造费用全年实际发生额与分配额的差额，除其中属于为下一年开工生产做准备的可留待下一年分配外，其余部分实际发生额大于分配额的差额，借记“生产成本——基本生产成本”科目，贷记本科目；实际发生额小于分配额的差额，做相反的会计分录。

四、除季节性的生产性小企业外，本科目期末应无余额。

4301 研发支出

一、本科目核算小企业进行研究与开发无形资产过程中发生的各项支出。

二、本科目应按照研究开发项目，分别“费用化支出”、“资本化支出”进行明细核算。

三、研发支出的主要账务处理：

（一）小企业自行研究开发无形资产发生的研发支出，不满足资本化条件的，借记本科目（费用化支出），满足资本化条件的，借记本科目（资本化支出），贷记“原材料”、“银行存款”、“应付职工薪酬”、“应付利息”等科目。

（二）研究开发项目达到预定用途形成无形资产的，应按本科目（资本化支出）的余额，借记“无形资产”科目，贷记本科目（资本化支出）。

月末应将本科目归集的费用化支出金额转入“管理费用”科目，借记“管理费用”科目，贷记本科目（费用化支出）。

四、本科目期末借方余额，反映小企业正在进行的无形资产开发项目满足资本化条件的支出。

4401 工程施工

一、本科目核算小企业（建筑业）实际发生的各种工程成本。

二、本科目应按照建造合同项目分别“合同成本”和“间接费用”进行明细核算。

三、工程施工的主要账务处理：

（一）小企业进行合同建造时发生的人工费、材料费、机械使用费以及施工现场材料的二次搬运费、生产工具和用具使用费、检验试验费、临时设施折旧费等其他直接费用，借记本科目（合同成本），贷记“应付职工薪酬”、“原材料”等科目。

发生的施工、生产单位管理人员职工薪酬、财产保险费、工程保修费、固定资产折旧费等间接费用，借记本科目（间接费用），贷记“累计折旧”、“银行存款”等科目。

期（月）末，将间接费用分配计入有关合同成本，借记本科目（合同成本），贷记本科目（间接费用）。

（二）确认合同收入和合同费用时，借记“应收账款”、“预收账款”等科目，贷记“主营业务收入”科目；按照应结转的合同成本，借记“主营业务成本”科目，贷记本科目（合同成本）。

四、本科目期末借方余额，反映小企业尚未完工的建造合同成本和合同毛利。

4403 机械作业

一、本科目核算小企业（建筑业）及其内部独立核算的施工单位、机械站和运输队使用自有施工机械和运输设备进行机械作业（含机械化施工和运输作业等）所发生的各项费用。

小企业及其内部独立核算的施工单位，从外单位或本企业其他内部独立核算的机械站租入施工机械发生的机械租赁费，在“工程施工”科目核算，不在本科目核算。

二、本科目应按照施工机械或运输设备的种类等进行明细核算。

小企业内部独立核算的机械施工、运输单位使用自有施工机械或运输设备进行机械作业所发生的各项费用，应按照成本核算对象和成本项目进行归集。

成本项目一般分为：职工薪酬、燃料及动力费、折旧及修理费、其他直接费用、间接费用（为组织和管理机械作业生产所发生的费用）。

三、机械作业的主要账务处理：

（一）小企业发生的机械作业支出，借记本科目，贷记“原材料”、“应付职工薪酬”、“累计折旧”等科目。

（二）期（月）末，小企业及其内部独立核算的施工单位、机械站和运输队为本企业承包的工程进行机械化施工和运输作业的成本，应转入承包工程的成本，借记“工程施工”科目，贷记本科目。

对外单位、专项工程等提供机械作业（含运输设备）的成本，借记“生产成本（或劳务成本）”科目，贷记本科目。

四、本科目期末应无余额。

损 益 类

5001 主营业务收入

一、本科目核算小企业确认的销售商品或提供劳务等主营业务的收入。

二、本科目应按照主营业务的种类进行明细核算。

三、主营业务收入的主要账务处理：

小企业销售商品或提供劳务实现的收入，应当按照实际收到或应收的金额，借记“银行存款”、“应收账款”等科目，按照税法规定应交纳的增值税额，贷记“应交税费——应交增值税（销项税额）”科目，按照确认的销售商品收入，贷记本科目。

发生销货退回（不论属于本年度还是属于以前年度的销售），按照应冲减销售商品收入的金额，借记本科目，按照实际支付或应退还的金额，贷记“银行存款”、“应收账款”等科目。涉及增值税销项税额的，还应进行相应的账务处理。

四、月末可将本科目的余额转入“本年利润”科目，结转后本科目应无余额。

5051 其他业务收入

一、本科目核算小企业确认的除主营业务活动以外的其他日常生产经营活动实现的收入。包括：出租固定资产、出租无形资产、销售材料等实现的收入。

二、本科目应按照其他业务收入种类进行明细核算。

三、其他业务收入的主要账务处理：

小企业确认的其他业务收入，借记“银行存款”、“其他应收款”等科目，贷记本科目。涉及增值税销项税额的，还应进行相应的账务处理。

四、月末可将本科目余额转入“本年利润”科目，结转后本科目应无余额。

5111 投资收益

一、本科目核算小企业确认的投资收益或投资损失。

二、本科目应按照投资项目进行明细核算。

三、投资收益的主要账务处理：

（一）对于短期股票投资、短期基金投资和长期股权投资，小企业应当按照被投资单位宣告分派的现金股利或利润中属于本企业的部分，借记“应收股利”科目，贷记本科目。

（二）在长期债券投资或短期债券投资持有期间，在债务人应付利息日，按照分期付息、一次还本的长期债券投资或短期债券投资的票面利率计算的利息收入，借记“应收利息”科目，贷记本科目；按照一次还本付息的长期债券投资票面利率计算的利息收入，借记“长期债券投资——应计利息”科目，贷记本科目。

在债务人应付利息日，按照应分摊的债券溢折价金额，借记或贷记本科目，贷记或借记“长期债券投资——溢折价”科目。

（三）出售短期投资、处置长期股权投资和长期债券投资，应当按照实际收到的价款或收回的金额，借记“银行存款”或“库存现金”科目，按照其账面余额，贷记“短期投资”、“长期股权投资”、“长期债券投资”科目，按照尚未领取的现金股利或利润、债券利息收入，贷记“应收股利”、“应收利息”科目，按照其差额，贷记或借记本科目。

四、月末可将本科目余额转入“本年利润”科目，本科目结转后应无余额。

5301 营业外收入

一、本科目核算小企业实现的各项营业外收入。包括：非流动资产处置净收益、政府补助、捐赠收益、盘盈收益、汇兑收益、出租包装物和商品的租金收入、逾期未退包装物押金收益、确实无法偿付的应付款项、已作坏账损失处理后又收回的应收款项、违约金收益等。

小企业收到出口产品或商品按照规定退回的增值税款，在“其他应收款”科目核算，不在本科目核算。

二、本科目应按照营业外收入项目进行明细核算。

三、营业外收入的主要账务处理：

（一）小企业确认非流动资产处置净收益，比照“固定资产清理”、“无形资产”等科目的相关规定进行账务处理。

（二）确认的政府补助收入，借记“银行存款”或“递延收益”科目，贷记本科目。

（三）小企业按照规定实行企业所得税、增值税（不含出口退税）、消费税、营业税等先征后返的，应当在实际收到返还的企业所得税、增值税、消费税、营业税等时，借记“银行存款”科目，贷记本科目。

（四）确认的捐赠收益，借记“银行存款”、“固定资产”等科目，贷记本科目。

（五）确认的盘盈收益，借记“待处理财产损溢——待处理流动资产损溢、待处理非流动资产损溢”科目，贷记本科目。

（六）确认的汇兑收益，借记有关科目，贷记本科目。

（七）确认的出租包装物和商品的租金收入、逾期未退包装物押金收益、确实无法偿付的应付款项、违约金收益等，借记“其他应收款”、“应付账款”、“其他应付款”等科目，贷记本科目。

（八）确认的已作坏账损失处理后又收回的应收款项，借记“银行存款”等科目，贷记本科目。

四、月末可将本科目余额转入“本年利润”科目，结转后本科目应无余额。

5401 主营业务成本

一、本科目核算小企业确认销售商品或提供劳务等主营业务收入应结转的成本。

二、本科目应按照主营业务的种类进行明细核算。

三、主营业务成本的主要账务处理：

（一）月末小企业可根据本月销售各种商品或提供各种劳务实际成本，计算应结转的主营业务成本，借记本科目，贷记“库存商品”、“生产成本”、“工程施工”等科目。

（二）本月发生的销售退回，可以直接从本月的销售数量中减去，得出本月销售的净数量，然后计算应结转的主营业务成本，也可以单独计算本月销售退回成本，借记“库存商品”等科目，贷记本科目。

四、月末可将本科目的余额转入“本年利润”科目，结转后本科目应无余额。

5402 其他业务成本

一、本科目核算小企业确认的除主营业务活动以外的其他日常生产经营活动所发生的支出。包括：销售材料的成本、出租固定资产的折旧费、出租无形资产的摊销额等。

二、本科目应按照其他业务成本的种类进行明细核算。

三、其他业务成本的主要账务处理：

小企业发生的其他业务成本，借记本科目，贷记“原材料”、“周转材料”、“累计折旧”、“累计摊销”、“银行存款”等科目。

四、月末可将本科目余额转入“本年利润”科目，结转后本科目应无余额。

5403 营业税金及附加

一、本科目核算小企业开展日常生产经营活动应负担的消费税、营业税、城市维护建设税、资源税、土地增值税、城镇土地使用税、房产税、车船税、印花税和教育费附加、矿产资源补偿费、排污费等相关税费。

与最终确认营业外收入或营业外支出相关的税费，在“固定资产清理”、“无形资产”等科目核算，不在本科目核算。

二、本科目应按照税费种类进行明细核算。

三、营业税金及附加的主要账务处理：

小企业按照规定计算确定的与其日常生产经营活动相关的税费，借记本科目，贷记“应交税费”等科目。

四、月末可将本科目余额转入“本年利润”科目，结转后本科目应无余额。

5601 销售费用

一、本科目核算小企业在销售商品或提供劳务过程中发生的各种费用。包括：销售人员的职工薪酬、商品维修费、运输费、装卸费、包装费、保险费、广告费和业务宣传费、展览费等费用。

小企业（批发业、零售业）在购买商品过程中发生的费用（包括：运输费、装卸费、包装费、保险费、运输途中的合理损耗和入库前的挑选整理费等），也在本科目核算。

二、本科目应按照费用项目进行明细核算。

三、销售费用的主要账务处理：

小企业在销售商品或提供劳务过程中发生的销售人员的职工薪酬、商品维修费、运输费、装卸费、包装费、保险费、广告费、业务宣传费、展览费等费用，借记本科目，贷记“库存现金”、“银行存款”等科目。

小企业（批发业、零售业）在购买商品过程中发生的运输费、装卸费、包装费、保险费、运输途中的合理损耗和入库前的挑选整理费等，借记本科目，贷记“库存现金”、“银行存款”、“应付账款”等科目。

四、月末可将本科目余额转入“本年利润”科目，结转后本科目应无余额。

5602　管 理 费 用

一、本科目核算小企业为组织和管理生产经营发生的其他费用。包括：小企业在筹建期间内发生的开办费、行政管理部门发生的费用（包括：固定资产折旧费、修理费、办公费、水电费、差旅费、管理人员的职工薪酬等）、业务招待费、研究费用、技术转让费、相关长期待摊费用摊销、财产保险费、聘请中介机构费、咨询费（含顾问费）、诉讼费等费用。

小企业（批发业、零售业）管理费用不多的，可不设置本科目，本科目的核算内容可并入“销售费用”科目核算。

二、本科目应按照费用项目进行明细核算。

三、管理费用的主要账务处理：

（一）小企业在筹建期间内发生的开办费（包括：相关人员的职工薪酬、办公费、培训费、差旅费、印刷费、注册登记费以及不计入固定资产成本的借款费用等费用），在实际发生时，借记本科目，贷记“银行存款”等科目。

（二）行政管理部门人员的职工薪酬，借记本科目，贷记“应付职工薪酬”科目。

（三）行政管理部门计提的固定资产折旧费和发生的修理费，借记本科目，贷记“累计折旧”、“银行存款”等科目。

（四）行政管理部门发生的办公费、水电费、差旅费，借记本科目，贷记“银行存款”等科目。

（五）小企业发生的业务招待费、相关长期待摊费用摊销、技术转让费、财产保险费、聘请中介机构费、咨询费（含顾问费）、诉讼费等，借记本科目，贷记“银行存款”、“长期待摊费用”等科目。

（六）小企业自行研究无形资产发生的研究费用，借记本科目，贷记“研发支出”科目。

四、月末可将本科目的余额转入“本年利润”科目，结转后本科目应无余额。

5603　财 务 费 用

一、本科目核算小企业为筹集生产经营所需资金发生的筹资费用。包括：利息费用（减利息收入）、汇兑损失、银行相关手续费、小企业给予的现金折扣（减享受的现金折扣）等费用。

小企业为购建固定资产、无形资产和经过 1 年期以上的制造才能达到预定可销售状态的存货发生的借款费用，在“在建工程”、“研发支出”、“制造费用”等科目核算，不在本科目核算。

小企业发生的汇兑收益，在“营业外收入”科目核算，不在本科目核算。

二、本科目应按照费用项目进行明细核算。

三、财务费用的主要账务处理：

（一）小企业发生的利息费用、汇兑损失、银行相关手续费、给予的现金折扣等，借记本科目，贷记“应付利息”、“银行存款”等科目。

（二）持未到期的商业汇票向银行贴现，应当按照实际收到的金额（即减去贴现息后的净额），借记“银行存款”科目，按照贴现息，借记本科目，按照商业汇票的票面金额，贷记“应收票据”科目（银行无追索权情况下）或“短期借款”科目（银行有追索权情况下）。

（三）发生的应冲减财务费用的利息收入、享受的现金折扣等，借记“银行存款”等科目，贷记本科目。

四、月末可将本科目余额转入“本年利润”科目，结转后本科目应无余额。

5711 营业外支出

一、本科目核算小企业发生的各项营业外支出。包括：存货的盘亏、毁损、报废损失，非流动资产处置净损失，坏账损失，无法收回的长期债券投资损失，无法收回的长期股权投资损失，自然灾害等不可抗力因素造成的损失，税收滞纳金，罚金，罚款，被没收财物的损失，捐赠支出，赞助支出等。

二、本科目应按照支出项目进行明细核算。

三、营业外支出的主要账务处理：

（一）小企业确认存货的盘亏、毁损、报废损失，非流动资产处置净损失，自然灾害等不可抗力因素造成的损失，借记本科目“生产性生物资产累计折旧”、“累计摊销”等科目，贷记“待处理财产损溢——待处理流动资产损溢、待处理非流动资产损溢”、“固定资产清理”、“生产性生物资产”、“无形资产”等科目。

（二）根据小企业会计准则规定确认实际发生的坏账损失、长期债券投资损失，应当按照可收回的金额，借记“银行存款”等科目，按照应收账款、预付账款、其他应收款、长期债券投资的账面余额，贷记“应收账款”、“预付账款”、“其他应收款”、“长期债券投资”等科目，按照其差额，借记本科目。

（三）根据小企业会计准则规定确认实际发生的长期股权投资损失，按照可收回的金额，借记“银行存款”等科目，按照长期股权投资的账面余额，贷记“长期股权投资”科目，按照其差额，借记本科目。

（四）支付的税收滞纳金、罚金、罚款，借记本科目，贷记“银行存款”等科目。

（五）确认被没收财物的损失、捐赠支出、赞助支出，借记本科目，贷记“银行存款”等科目。

四、月末可将本科目余额转入“本年利润”科目，结转后本科目应无余额。

5801 所得税费用

一、本科目核算小企业根据企业所得税法确定的应从当期利润总额中扣除的所得税费用。

小企业根据企业所得税法规定补交的所得税，也通过本科目核算。

小企业按照规定实行企业所得税先征后返的，实际收到返还的企业所得税，在“营业外收入”科目核算，不在本科目核算。

二、所得税费用的主要账务处理：

年度终了，小企业按照企业所得税法规定计算确定的当期应纳税税额，借记本科目，贷记“应交税费——应交企业所得税”科目。

三、年度终了，应将本科目的余额转入“本年利润”科目，结转后本科目应无余额。

叁、财务报表

小企业的财务报表包括资产负债表、利润表、现金流量表和附注。

一、财务报表种类和格式

编　　号	报表名称	编报期
会小企 01 表	资产负债表	月报、年报
会小企 02 表	利润表	月报、年报
会小企 03 表	现金流量表	月报、年报

二、小企业资产负债表格式及编制说明

资产负债表

会小企 01 表

编制单位：　　　　　　　　　　　　　　　　＿年＿月＿日　　　　　　　　　　　　　　　　单位：元

资　　产	行次	期末余额	年初余额	负债和所有者权益	行次	期末余额	年初余额
流动资产：				流动负债：			
货币资金	1			短期借款	31		
短期投资	2			应付票据	32		
应收票据	3			应付账款	33		
应收账款	4			预收账款	34		
预付账款	5			应付职工薪酬	35		
应收股利	6			应交税费	36		
应收利息	7			应付利息	37		
其他应收款	8			应付利润	38		
存货	9			其他应付款	39		
其中：原材料	10			其他流动负债	40		
在产品	11			流动负债合计	41		
库存商品	12			非流动负债：			
周转材料	13			长期借款	42		
其他流动资产	14			长期应付款	43		
流动资产合计	15			递延收益	44		
非流动资产：				其他非流动负债	45		
长期债券投资	16			非流动负债合计	46		
长期股权投资	17			负债合计	47		
固定资产原价	18						
减：累计折旧	19						
固定资产账面价值	20						

续表

资　产	行次	期末余额	年初余额	负债和所有者权益	行次	期末余额	年初余额
在建工程	21						
工程物资	22						
固定资产清理	23						
生产性生物资产	24			所有者权益（或股东权益）：			
无形资产	25			实收资本（或股本）	48		
开发支出	26			资本公积	49		
长期待摊费用	27			盈余公积	50		
其他非流动资产	28			未分配利润	51		
非流动资产合计	29			所有者权益（或股东权益）合计	52		
资产总计	30			负债和所有者权益（或股东权益）总计	53		

小企业（中外合作经营）根据合同规定在合作期间归还投资者的投资，应在“实收资本（或股本）”项目下增加“减：已归还投资”项目单独列示。

（一）本表反映小企业某一特定日期全部资产、负债和所有者权益的情况。

（二）本表“年初余额”栏内各项数字，应根据上年末资产负债表“期末余额”栏内所列数字填列。

（三）本表“期末余额”各项目的内容和填列方法：

1．“货币资金”项目，反映小企业库存现金、银行存款、其他货币资金的合计数。本项目应根据“库存现金”、“银行存款”和“其他货币资金”科目的期末余额合计填列。

2．“短期投资”项目，反映小企业购入的能随时变现并且持有时间不准备超过 1 年的股票、债券和基金投资的余额。本项目应根据“短期投资”科目的期末余额填列。

3．“应收票据”项目，反映小企业收到的未到期收款也未向银行贴现的应收票据（银行承兑汇票和商业承兑汇票）。本项目应根据“应收票据”科目的期末余额填列。

4．“应收账款”项目，反映小企业因销售商品、提供劳务等日常生产经营活动应收取的款项。本项目应根据“应收账款”的期末余额分析填列。如“应收账款”科目期末为贷方余额，应当在“预收账款”项目列示。

5．“预付账款”项目，反映小企业按照合同规定预付的款项。包括：根据合同规定预付的购货款、租金、工程款等。本项目应根据“预付账款”科目的期末借方余额填列；如“预付账款”科目期末为贷方余额，应当在“应付账款”项目列示。

属于超过 1 年期以上的预付账款的借方余额应当在“其他非流动资产”项目列示。

6．“应收股利”项目，反映小企业应收取的现金股利或利润。本项目应根据“应收股利”科目的期末余额填列。

7．“应收利息”项目，反映小企业债券投资应收取的利息。小企业购入一次还本付息债券应收的利息，不包括在本项目内。本项目应根据“应收利息”科目的期末余额填列。

8．“其他应收款”项目，反映小企业除应收票据、应收账款、预付账款、应收股利、应收利息等以外的其他各种应收及暂付款项。包括：各种应收的赔款、应向职工收取的各种垫付款项等。本项目应根据“其他应收款”科目的期末余额填列。

9.“存货”项目，反映小企业期末在库、在途和在加工中的各项存货的成本。包括：各种原材料、在产品、半成品、产成品、商品、周转材料（包装物、低值易耗品等）、消耗性生物资产等。本项目应根据“材料采购”、“在途物资”、“原材料”、“材料成本差异”、“生产成本”、“库存商品”、“商品进销差价”、“委托加工物资”、“周转材料”、“消耗性生物资产”等科目的期末余额分析填列。

10.“其他流动资产”项目，反映小企业除以上流动资产项目外的其他流动资产（含1年内到期的非流动资产）。本项目应根据有关科目的期末余额分析填列。

11.“长期债券投资”项目，反映小企业准备长期持有的债券投资的本息。本项目应根据“长期债券投资”科目的期末余额分析填列。

12.“长期股权投资”项目，反映小企业准备长期持有的权益性投资的成本。本项目应根据“长期股权投资”科目的期末余额填列。

13.“固定资产原价”和“累计折旧”项目，反映小企业固定资产的原价（成本）及累计折旧。这两个项目应根据“固定资产”科目和“累计折旧”科目的期末余额填列。

14.“固定资产账面价值”项目，反映小企业固定资产原价扣除累计折旧后的余额。本项目应根据“固定资产”科目的期末余额减去“累计折旧”科目的期末余额后的金额填列。

15.“在建工程”项目，反映小企业尚未完工或虽已完工，但尚未办理竣工决算的工程成本。本项目应根据“在建工程”科目的期末余额填列。

16.“工程物资”项目，反映小企业为在建工程准备的各种物资的成本。本项目应根据“工程物资”科目的期末余额填列。

17.“固定资产清理”项目，反映小企业因出售、报废、毁损、对外投资等原因处置固定资产所转出的固定资产账面价值以及在清理过程中发生的费用等。本项目应根据“固定资产清理”科目的期末借方余额填列；如“固定资产清理”科目期末为贷方余额，以“-”号填列。

18.“生产性生物资产”项目，反映小企业生产性生物资产的账面价值。本项目应根据“生产性生物资产”科目的期末余额减去“生产性生物资产累计折旧”科目的期末余额后的金额填列。

19.“无形资产”项目，反映小企业无形资产的账面价值。本项目应根据“无形资产”科目的期末余额减去“累计摊销”科目的期末余额后的金额填列。

20.“开发支出”项目，反映小企业正在进行的无形资产研究开发项目满足资本化条件的支出。本项目应根据“研发支出”科目的期末余额填列。

21.“长期待摊费用”项目，反映小企业尚未摊销完毕的已提足折旧的固定资产的改建支出、经营租入固定资产的改建支出、固定资产的大修理支出和其他长期待摊费用。本项目应根据“长期待摊费用”科目的期末余额分析填列。

22.“其他非流动资产”项目，反映小企业除以上非流动资产以外的其他非流动资产。本项目应根据有关科目的期末余额分析填列。

23.“短期借款”项目，反映小企业向银行或其他金融机构等借入的期限在1年内的、尚未偿还的各种借款本金。本项目应根据“短期借款”科目的期末余额填列。

24.“应付票据”项目，反映小企业因购买材料、商品和接受劳务等日常生产经营活动开出、承兑的商业汇票（银行承兑汇票和商业承兑汇票）尚未到期的票面金额。本项目应根据“应付票据”科目的期末余额填列。

25. “应付账款”项目，反映小企业因购买材料、商品和接受劳务等日常生产经营活动尚未支付的款项。本项目应根据“应付账款”科目的期末余额填列。如“应付账款”科目期末为借方余额，应当在“预付账款”项目列示。

26. “预收账款”项目，反映小企业根据合同规定预收的款项。包括：预收的购货款、工程款等。本项目应根据“预收账款”科目的期末贷方余额填列；如“预收账款”科目期末为借方余额，应当在“应收账款”项目列示。

属于超过1年期以上的预收账款的贷方余额应当在“其他非流动负债”项目列示。

27. “应付职工薪酬”项目，反映小企业应付未付的职工薪酬。本项目应根据“应付职工薪酬”科目期末余额填列。

28. “应交税费”项目，反映小企业期末未交、多交或尚未抵扣的各种税费。本项目应根据“应交税费”科目的期末贷方余额填列；如“应交税费”科目期末为借方余额，以“-”号填列。

29. “应付利息”项目，反映小企业尚未支付的利息费用。本项目应根据“应付利息”科目的期末余额填列。

30. “应付利润”项目，反映小企业尚未向投资者支付的利润。本项目应根据“应付利润”科目的期末余额填列。

31. “其他应付款”项目，反映小企业除应付账款、预收账款、应付职工薪酬、应交税费、应付利息、应付利润等以外的其他各项应付、暂收的款项。包括：应付租入固定资产和包装物的租金、存入保证金等。本项目应根据“其他应付款”科目的期末余额填列。

32. “其他流动负债”项目，反映小企业除以上流动负债以外的其他流动负债（含1年内到期的非流动负债）。本项目应根据有关科目的期末余额填列。

33. “长期借款”项目，反映小企业向银行或其他金融机构借入的期限在1年以上的、尚未偿还的各项借款本金。本项目应根据“长期借款”科目的期末余额分析填列。

34. “长期应付款”项目，反映小企业除长期借款以外的其他各种应付未付的长期应付款项。包括：应付融资租入固定资产的租赁费、以分期付款方式购入固定资产发生的应付款项等。本项目应根据“长期应付款”科目的期末余额分析填列。

35. “递延收益”项目，反映小企业收到的、应在以后期间计入损益的政府补助。本项目应根据“递延收益”科目的期末余额分析填列。

36. “其他非流动负债”项目，反映小企业除以上非流动负债项目以外的其他非流动负债。本项目应根据有关科目的期末余额分析填列。

37. “实收资本（或股本）”项目，反映小企业收到投资者按照合同协议约定或相关规定投入的、构成小企业注册资本的部分。本项目应根据“实收资本（或股本）”科目的期末余额分析填列。

38. “资本公积”项目，反映小企业收到投资者投入资本超出其在注册资本中所占份额的部分。本项目应根据“资本公积”科目的期末余额填列。

39. “盈余公积”项目，反映小企业（公司制）的法定公积金和任意公积金，小企业（外商投资）的储备基金和企业发展基金。本项目应根据“盈余公积”科目的期末余额填列。

40. “未分配利润”项目，反映小企业尚未分配的历年结存的利润。本项目应根据“利润分配”科目的期末余额填列。未弥补的亏损，在本项目内以“-”号填列。

（四）本表中各项目之间的勾稽关系为：

行 15 = 行 1 + 行 2 + 行 3 + 行 4 + 行 5 + 行 6 + 行 7 + 行 8 + 行 9 + 行 14；

行 9≥行 10 + 行 11 + 行 12 + 行 13；

行 29 = 行 16 + 行 17 + 行 20 + 行 21 + 行 22 + 行 23 + 行 24 + 行 25 + 行 26 + 行 27 + 行 28；

行 20 = 行 18 - 行 19；

行 30 = 行 15 + 行 29；

行 41 = 行 31 + 行 32 + 行 33 + 行 34 + 行 35 + 行 36 + 行 37 + 行 38 + 行 39 + 行 40；

行 46 = 行 42 + 行 43 + 行 44 + 行 45；

行 47 = 行 41 + 行 46；

行 52 = 行 48 + 行 49 + 行 50 + 行 51；

行 53 = 行 47 + 行 52 = 行 30。

三、小企业利润表格式及编制说明

利　润　表

会小企 02 表

编制单位：　　　　　　　　　　____年__月　　　　　　　　　　单位：元

项　　目	行次	本年累计金额	本月金额
一、营业收入	1		
减：营业成本	2		
营业税金及附加	3		
其中：消费税	4		
营业税	5		
城市维护建设税	6		
资源税	7		
土地增值税	8		
城镇土地使用税、房产税、车船税、印花税	9		
教育费附加、矿产资源补偿费、排污费	10		
销售费用	11		
其中：商品维修费	12		
广告费和业务宣传费	13		
管理费用	14		
其中：开办费	15		
业务招待费	16		
研究费用	17		
财务费用	18		
其中：利息费用（收入以“-”号填列）	19		

续表

项　　目	行次	本年累计金额	本月金额
加：投资收益（损失以“－”号填列）	20		
二、营业利润（亏损以“－”号填列）	21		
加：营业外收入	22		
其中：政府补助	23		
减：营业外支出	24		
其中：坏账损失	25		
无法收回的长期债券投资损失	26		
无法收回的长期股权投资损失	27		
自然灾害等不可抗力因素造成的损失	28		
税收滞纳金	29		
三、利润总额（亏损总额以“－”号填列）	30		
减：所得税费用	31		
四、净利润（净亏损以“－”号填列）	32		

（一）本表反映小企业在一定会计期间内利润（亏损）的实现情况。

（二）本表“本年累计金额”栏反映各项目自年初起至报告期末止的累计实际发生额。

本表“本月金额”栏反映各项目的本月实际发生额；在编报年度财务报表时，应将“本月金额”栏改为“上年金额”栏，填列上年全年实际发生额。

（三）本表各项目的内容及其填列方法：

1.“营业收入”项目，反映小企业销售商品和提供劳务所实现的收入总额。本项目应根据“主营业务收入”科目和“其他业务收入”科目的发生额合计填列。

2.“营业成本”项目，反映小企业所销售商品的成本和所提供劳务的成本。本项目应根据“主营业务成本”科目和“其他业务成本”科目的发生额合计填列。

3.“营业税金及附加”项目，反映小企业开展日常生产活动应负担的消费税、营业税、城市维护建设税、资源税、土地增值税、城镇土地使用税、房产税、车船税、印花税和教育费附加、矿产资源补偿费、排污费等。本项目应根据“营业税金及附加”科目的发生额填列。

4.“销售费用”项目，反映小企业销售商品或提供劳务过程中发生的费用。本项目应根据“销售费用”科目的发生额填列。

5.“管理费用”项目，反映小企业为组织和管理生产经营发生的其他费用。本项目应根据“管理费用”科目的发生额填列。

6.“财务费用”项目，反映小企业为筹集生产经营所需资金发生的筹资费用。本项目应根据“财务费用”科目的发生额填列。

7.“投资收益”项目，反映小企业股权投资取得的现金股利（或利润）、债券投资取得的利息收入和处置股权投资和债券投资取得的处置价款扣除成本或账面余额、相关税费后的净额。本项目应根据“投资收益”科目的发生额填列；如为投资损失，以“－”号填列。

8.“营业利润”项目，反映小企业当期开展日常生产经营活动实现的利润。本项目应根据营业收入扣除营业成本、营业税金及附加、销售费用、管理费用和财务费用，加上投资收益后的金额填列。如为亏损，以“-”号填列。

9. “营业外收入”项目，反映小企业实现的各项营业外收入金额。包括：非流动资产处置净收益、政府补助、捐赠收益、盘盈收益、汇兑收益、出租包装物和商品的租金收入、逾期未退包装物押金收益、确实无法偿付的应付款项、已作坏账损失处理后又收回的应收款项、违约金收益等。本项目应根据“营业外收入”科目的发生额填列。

10. “营业外支出”项目，反映小企业发生的各项营业外支出金额。包括：存货的盘亏、毁损、报废损失，非流动资产处置净损失，坏账损失，无法收回的长期债券投资损失，无法收回的长期股权投资损失，自然灾害等不可抗力因素造成的损失，税收滞纳金，罚金，罚款，被没收财物的损失，捐赠支出，赞助支出等。本项目应根据“营业外支出”科目的发生额填列。

11. “利润总额”项目，反映小企业当期实现的利润总额。本项目应根据营业利润加上营业外收入减去营业外支出后的金额填列。如为亏损总额，以“-”号填列。

12. “所得税费用”项目，反映小企业根据企业所得税法确定的应从当期利润总额中扣除的所得税费用。本项目应根据“所得税费用”科目的发生额填列。

13. “净利润”项目，反映小企业当期实现的净利润。本项目应根据利润总额扣除所得税费用后的金额填列。如为净亏损，以“-”号填列。

（四）本表中各项目之间的勾稽关系为：

行 21 = 行 1 - 行 2 - 行 3 - 行 11 - 行 14 - 行 18 + 行 20；

行 3 ≥ 行 4 + 行 5 + 行 6 + 行 7 + 行 8 + 行 9 + 行 10；

行 11 ≥ 行 12 + 行 13；

行 14 ≥ 行 15 + 行 16 + 行 17；

行 18 ≥ 行 19；

行 30 = 行 21 + 行 22 - 行 24；

行 22 ≥ 行 23；

行 24 ≥ 行 25 + 行 26 + 行 27 + 行 28 + 行 29；

行 32 = 行 30 - 行 31。

四、小企业现金流量表格式及编制说明

现金流量表

会小企 03 表

编制单位：　　　　　　　　　　　　＿年＿月　　　　　　　　　　　　单位：元

项　　目	行次	本年累计金额	本月金额
一、经营活动产生的现金流量：			
销售产成品、商品、提供劳务收到的现金	1		
收到其他与经营活动有关的现金	2		
购买原材料、商品、接受劳务支付的现金	3		
支付的职工薪酬	4		
支付的税费	5		

续表

项　目	行次	本年累计金额	本月金额
支付其他与经营活动有关的现金	6		
经营活动产生的现金流量净额	7		
二、投资活动产生的现金流量：			
收回短期投资、长期债券投资和长期股权投资收到的现金	8		
取得投资收益收到的现金	9		
处置固定资产、无形资产和其他非流动资产收回的现金净额	10		
短期投资、长期债券投资和长期股权投资支付的现金	11		
购建固定资产、无形资产和其他非流动资产支付的现金	12		
投资活动产生的现金流量净额	13		
三、筹资活动产生的现金流量：			
取得借款收到的现金	14		
吸收投资者投资收到的现金	15		
偿还借款本金支付的现金	16		
偿还借款利息支付的现金	17		
分配利润支付的现金	18		
筹资活动产生的现金流量净额	19		
四、现金净增加额	20		
加：期初现金余额	21		
五、期末现金余额	22		

（一）本表反映小企业一定会计期间内有关现金流入和流出的信息。

（二）本表“本年累计金额”栏反映各项目自年初起至报告期末止的累计实际发生额。

本表“本月金额”栏反映各项目的本月实际发生额；在编报年度财务报表时，应将“本月金额”栏改为“上年金额”栏，填列上年全年实际发生额。

（三）本表各项目的内容及填列方法如下：

1. 经营活动产生的现金流量

（1）“销售产成品、商品、提供劳务收到的现金”项目，反映小企业本期销售产成品、商品、提供劳务收到的现金。本项目可以根据“库存现金”、“银行存款”和“主营业务收入”等科目的本期发生额分析填列。

（2）“收到其他与经营活动有关的现金”项目，反映小企业本期收到的其他与经营活动有关的现金。本项目可以根据“库存现金”和“银行存款”等科目的本期发生额分析填列。

（3）“购买原材料、商品、接受劳务支付的现金”项目，反映小企业本期购买原材料、商品、接受劳务支付的现金。本项目可以根据“库存现金”、“银行存款”、“其他货币资金”、“原材料”、“库存商品”等科目的本期发生额分析填列。

（4）“支付的职工薪酬”项目，反映小企业本期向职工支付的薪酬。本项目可以根据“库存现金”、“银行存款”、“应付职工薪酬”科目的本期发生额填列。

（5）“支付的税费”项目，反映小企业本期支付的税费。本项目可以根据“库存现金”、“银行存款”、“应交税费”等科目的本期发生额填列。

（6）“支付其他与经营活动有关的现金”项目，反映小企业本期支付的其他与经营活动有关的现金。本项目可以根据“库存现金”、“银行存款”等科目的本期发生额分析填列。

2. 投资活动产生的现金流量

（1）“收回短期投资、长期债券投资和长期股权投资收到的现金”项目，反映小企业出售、转让或到期收回短期投资、长期股权投资而收到的现金，以及收回长期债券投资本金而收到的现金，不包括长期债券投资收回的利息。本项目可以根据“库存现金”、“银行存款”、“短期投资”、“长期股权投资”、“长期债券投资”等科目的本期发生额分析填列。

（2）“取得投资收益收到的现金”项目，反映小企业因权益性投资和债权性投资取得的现金股利或利润和利息收入。本项目可以根据“库存现金”、“银行存款”、“投资收益”等科目的本期发生额分析填列。

（3）“处置固定资产、无形资产和其他非流动资产收回的现金净额”项目，反映小企业处置固定资产、无形资产和其他非流动资产取得的现金，减去为处置这些资产而支付的有关税费等后的净额。本项目可以根据“库存现金”、“银行存款”、“固定资产清理”、“无形资产”、“生产性生物资产”等科目的本期发生额分析填列。

（4）“短期投资、长期债券投资和长期股权投资支付的现金”项目，反映小企业进行权益性投资和债权性投资支付的现金。包括：企业取得短期股票投资、短期债券投资、短期基金投资、长期债券投资、长期股权投资支付的现金。本项目可以根据“库存现金”、“银行存款”、“短期投资”、“长期债券投资”、“长期股权投资”等科目的本期发生额分析填列。

（5）“购建固定资产、无形资产和其他非流动资产支付的现金”项目，反映小企业购建固定资产、无形资产和其他非流动资产支付的现金。包括：购买机器设备、无形资产、生产性生物资产支付的现金、建造工程支付的现金等现金支出，不包括为购建固定资产、无形资产和其他非流动资产而发生的借款费用资本化部分和支付给在建工程和无形资产开发项目人员的薪酬。为购建固定资产、无形资产和其他非流动资产而发生借款费用资本化部分，在“偿还借款利息支付的现金”项目反映；支付给在建工程和无形资产开发项目人员的薪酬，在“支付的职工薪酬”项目反映。本项目可以根据“库存现金”、“银行存款”、“固定资产”、“在建工程”、“无形资产”、“研发支出”、“生产性生物资产”、“应付职工薪酬”等科目的本期发生额分析填列。

3. 筹资活动产生的现金流量

（1）“取得借款收到的现金”项目，反映小企业举借各种短期、长期借款收到的现金。本项目可以根据“库存现金”、“银行存款”、“短期借款”、“长期借款”等科目的本期发生额分析填列。

（2）“吸收投资者投资收到的现金”项目，反映小企业收到的投资者作为资本投入的现金。本项目可以根据“库存现金”、“银行存款”、“实收资本”、“资本公积”等科目的本期发生额分析填列。

（3）“偿还借款本金支付的现金”项目，反映小企业以现金偿还各种短期、长期借款的本金。本项目可以根据“库存现金”、“银行存款”、“短期借款”、“长期借款”等科目的本期发生额分析填列。

（4）“偿还借款利息支付的现金”项目，反映小企业以现金偿还各种短期、长期借款的利息。本项目可以根据“库存现金”、“银行存款”、“应付利息”等科目的本期发生额分析填列。

(5)“分配利润支付的现金”项目，反映小企业向投资者实际支付的利润。本项目可以根据“库存现金”、“银行存款”、“应付利润”等科目的本期发生额分析填列。

(四)本表中各项目之间的勾稽关系为：

行7=行1+行2-行3-行4-行5-行6；

行13=行8+行9+行10-行11-行12；

行19=行14+行15-行16-行17-行18；

行20=行7+行13+行19；

行22=行20+行21。

五、附注

附注是财务报表的重要组成部分。小企业应当按照小企业会计准则规定披露附注信息，主要包括下列内容：

(一)遵循小企业会计准则的声明

小企业应当声明编制的财务报表符合小企业会计准则的要求，真实、完整地反映了小企业的财务状况、经营成果和现金流量等有关信息。

(二)短期投资、应收账款、存货、固定资产项目的说明

1. 短期投资的披露格式如下：

项　　目	期末账面余额	期末市价	期末账面余额与市价的差额
1. 股票			
2. 债券			
3. 基金			
4. 其他			
合　　计			

2. 应收账款按账龄结构披露的格式如下：

账龄结构	期末账面余额	年初账面余额
1年以内(含1年)		
1年至2年(含2年)		
2年至3年(含3年)		
3年以上		
合　　计		

3. 存货的披露格式如下：

存货种类	期末账面余额	期末市价	期末账面余额与市价的差额
1. 原材料			
2. 在产品			
3. 库存商品			
4. 周转材料			
5. 消耗性生物资产			
……			
合　计			

4. 固定资产的披露格式如下：

项　目	原价	累计折旧	期末账面价值
1. 房屋、建筑物			
2. 机器			
3. 机械			
4. 运输工具			
5. 设备			
6. 器具			
7. 工具			
……			
合　计			

（三）应付职工薪酬、应交税费项目的说明

1. 应付职工薪酬的披露格式如下：

应付职工薪酬明细表

会小企 01 表附表 1

编制单位：　　　　　　　　　　　　____年____月　　　　　　　　　　　　单位：元

项　目	期末账面余额	年初账面余额
1. 职工工资		
2. 奖金、津贴和补贴		
3. 职工福利费		
4. 社会保险费		
5. 住房公积金		
6. 工会经费		
7. 职工教育经费		
8. 非货币性福利		
9. 辞退福利		
10. 其他		
合　计		

2. 应交税费的披露格式如下：

应交税费明细表

会小企 01 表附表 2

编制单位：　　　　　　　　　　　　____年____月　　　　　　　　　　　　单位：元

项　　目	期末账面余额	年初账面余额
1. 增值税		
2. 消费税		
3. 营业税		
4. 城市维护建设税		
5. 企业所得税		
6. 资源税		
7. 土地增值税		
8. 城镇土地使用税		
9. 房产税		
10. 车船税		
11. 教育费附加		
12. 矿产资源补偿费		
13. 排污费		
14. 代扣代缴的个人所得税		
……		
合　　计		

（四）利润分配的说明

利润分配表

会小企 01 表附表 3

编制单位：　　　　　　　　　　　　____年度　　　　　　　　　　　　单位：元

项　　目	行次	本年金额	上年金额
一、净利润	1		
加：年初未分配利润	2		
其他转入	3		
二、可供分配的利润	4		
减：提取法定盈余公积	5		
提取任意盈余公积	6		
提取职工奖励及福利基金*	7		
提取储备基金*	8		
提取企业发展基金*	9		
利润归还投资**	10		
三、可供投资者分配的利润	11		
减：应付利润	12		
四、未分配利润	13		

* 提取职工奖励及福利基金、提取储备基金、提取企业发展基金这 3 个项目仅适用于小企业（外商投资）按照相关法律规定提取的 3 项基金。

** 利润归还投资这个项目仅适用于小企业（中外合作经营）根据合同规定在合作期间归还投资者的投资。

（五）用于对外担保的资产名称、账面余额及形成的原因；未决诉讼、未决仲裁以及对外提供担保所涉及的金额。

（六）发生严重亏损的，应当披露持续经营的计划、未来经营的方案。

（七）对已在资产负债表和利润表中列示项目与企业所得税法规定存在差异的纳税调整过程。

参见《中华人民共和国企业所得税年度纳税申报表》。

（八）其他需要说明的事项。

九、政府采购类

北京市财政局关于印发《北京市政府采购项目档案管理暂行办法》的补充通知

2011 年 1 月 25 日　京财采购〔2011〕112 号

市属各有关单位、各区县财政局、北京市政府采购中心及各政府采购代理机构：

为进一步加强我市政府采购项目档案管理，明确采购人、采购代理机构的责任，确保政府采购项目档案的完整与规范，现对市本级政府采购项目档案管理做出如下补充规定：

一、政府采购项目档案管理工作继续执行《北京市政府采购项目档案管理暂行办法》（京财采购〔2005〕1006 号）。

二、市本级各采购人、采购代理机构应根据采购方式分别建立市本级政府采购项目档案，北京市财政局政府采购管理处负责市本级政府采购项目档案的备案管理工作。存档和备案的具体内容详见《市本级政府采购项目档案目录》（附件 1）。

三、独立分包的自主创新产品政府采购合同备案时应当标明自主创新产品政府采购合同。

四、采购人在政府采购项目（包括所有分包）合同签订工作后，应按照《政府采购法》的规定，将《市本级政府采购项目档案目录》中需报财政部门备案的档案资料和《市本级政府采购项目档案备案情况说明》（详见附件 2）一并报市财政局政府采购管理处备案。政府采购项目档案资料不再报送北京市财政局部门预算处室。

五、采购人对项目档案资料的真实性、完整性负责。

六、本通知自印发之日起 30 日后实施。同时，北京市财政局《关于〈北京市政府采购项目档案管理暂行办法〉的补充通知》（京财采购〔2007〕1705 号）文件废止。

附件：1. 市本级政府采购项目档案目录（分开招标采购方式）

2. 市本级政府采购项目档案备案情况说明

附件 1：

市本级政府采购项目档案目录（公开招标采购方式）

序号	档案目录	采购代理机构 *	采购人	
		需存档的材料	需存档的材料	需到财政部门备案的材料
1	财政部门出具的预算批复文件	√	√	
2	委托代理协议	√	√	√
3	采购人技术需求资料	√	√	
4	政府采购进口产品核准函（含进口论证专家名单）	√	√	
5	招标文件论证意见	√	√	
6	采购人对招标文件的确认资料	√	√	
7	招标文件	√	√	√
8	招标公告（附打印的网页）	√	√	
9	招标文件发售/下载记录	√	√	
10	招标文件补充文件或澄清文件	√	√	√
11	供应商收到补充或澄清文件确认资料	√	√	
12	评标委员会组建资料（含北京市评标专家库专家抽取登记表、北京市评标专家库专家抽取结果通知单、项目受理截图）	√	√	
13	投标记录表	√	√	
14	变更采购方式申请及相关附件	√	√	
15	变更采购方式审批函	√	√	
16	中标供应商投标文件	√	√	√
17	开标和唱标记录表	√	√	
18	评委签到表	√	√	
19	评委对评标纪律承诺资料	√	√	
20	评标过程中中标供应商的澄清文件	√	√	
21	评委个人打分表和评分汇总表	√	√	
22	评标报告（附评标委员会意见）	√	√	√
23	采购人对评标结果的确认文件	√	√	
24	中标结果公告（附打印的网页）	√	√	
25	中标通知书	√	√	
26	落标通知书	√	√	
27	供应商质疑材料、处理过程记录及答复	√	√	
28	供应商投诉书、投诉处理有关文书、投诉处理决定书	√	√	
29	公证书（需公证的项目）	√	√	
30	政府采购合同	√	√	√
31	验收证明文件		√	
32	其他有关重要文件	√	√	

* 含自行组织实施的采购人

附件 2：

市本级政府采购项目档案备案情况说明

我单位××政府采购项目（包括所有分包）已完成合同签订工作，现将该项目有关档案材料向北京市财政局备案，档案材料附后。

特此说明。

单位名称（盖公章）
二〇××年×月×日

北京市财政局关于北京市政府采购进口产品管理工作有关问题的通知

2011 年 1 月 25 日　京财采购〔2011〕114 号

市属各单位、各区县财政局、北京市政府采购中心及各政府采购代理机构：

根据《中华人民共和国政府采购法》、财政部《关于印发政府采购进口产品管理办法的通知》（财库〔2007〕119 号）、财政部办公厅《关于政府采购进口产品管理有关问题的通知》（财办库〔2008〕248 号）等法律法规规定，结合我市政府采购进口产品管理的实际情况，现就政府采购进口产品管理工作有关事宜规定如下，请遵照执行。

一、政府采购进口产品是指采购人使用财政性资金采购北京市政府集中采购目录以内或采购限额以上的进口产品。

二、政府采购应当采购本国产品。采购人需要采购的产品在中国境内无法获取或无法以合理的商业条件获取，以及法律法规另有规定确需采购进口产品的，应当在获得市财政局核准后，依法开展采购活动。

三、采购人应做好政府采购进口产品预算、采购的申报和管理工作，并严格按照预算批复的政府采购进口产品预算额度进行采购，确保进口产品采购金额不超预算。

四、市财政局严格按照相关法律法规规定对进口产品采购进行审核管理，对于符合要求的进口产品出具《政府采购进口产品核准函》。

五、市财政局政府采购进口产品的核准文件（《政府采购进口产品核准函》）是对采购人采购行为的审核，是采购人依法开展采购活动的前提，但并不作为预算调整的依据。采购人在获得《政府采购进口产品核准函》后，应当在采购文件中标明可以采购进口产品，但如果国内产品要求参与采购竞争，采购人及其委托的采购代理机构不得对其加以限制。

六、政府采购进口产品的核准工作，采取集中申报，集中批复的方式进行。市级一级预算部门（以下统称市级主管部门）对上报的材料按照项目采购、协议采购两个口径进行分类、核对、汇总，汇总后需分别填写《进口产品项目采购汇总表》（详见附件 1）和《进口产品协议采购汇总表》（详见附件 2），于每月 1 日 –10 日将汇总情况及申请材料报市财政局政府采购管理处审核。

所有申请材料以纸质形式报市财政局，采取网上申报的时间另行通知。

七、采购人对上报材料的真实性负责。采购人应按照相关法律法规规定的要求，认真组织专家对政府采购进口产品进行论证，如实填报相关申请材料。

八、政府采购进口产品的申请材料。

（一）采购人拟采购的进口产品属于国家法律法规政策明确规定鼓励进口产品的，在报送审核申请时应当提供如下材料：

1.《政府采购进口产品申请表》（详见附件 3）；

2. 关于鼓励进口产品的国家法律法规政策文件复印件。

（二）采购人拟采购的进口产品属于国家法律法规政策明确规定限制进口产品的，在报送审核申请时应当提供如下材料：

1.《政府采购进口产品申请表》（详见附件 3）；

2.《政府采购进口产品所属行业主管部门意见》（详见附件 4）；

3.《政府采购进口产品专家资格审查表》和《政府采购进口产品专家论证意见》（详见附件 5 和 6）；

（三）采购人拟采购其他进口产品的，在报送审核申请时应当提供如下材料：

1.《政府采购进口产品申请表》（详见附件 3）；

2.《政府采购进口产品所属行业主管部门意见》（详见附件 4）或者《政府采购进口产品专家资格审查表》及《政府采购进口产品专家论证意见》（详见附件 5 和 6）；

（四）对于《政府采购进口产品所属行业主管部门意见》，应严格按照北京市财政局《转发财政部关于政府采购进口产品管理有关问题的通知》（京财采购〔2008〕1568 号）文件中规定的条款执行。

九、政府采购进口产品论证专家的管理

（一）采购人组织专家论证政府采购进口产品的，应同时对专家资格进行审查确认。

（二）政府采购进口产品论证专家可以自行组织，也可以从北京市评标专家库中抽取，抽取程序按照《关于市本级政府采购项目使用北京市评标专家库有关事项的通知》（京财采购〔2007〕896 号）等文件规定执行。

（三）采购人代表不得作为专家组成员参与论证。参与论证的专家不得作为采购评审专家参与同一项目的采购评审工作。

（四）专家一般应当是熟悉该产品，并且与采购人或采购代理机构没有经济和行政隶属等关系；从事相关领域工作满 8 年，具有本科（含本科）以上文化程度和高级专业技术职称；能够认真、公正、诚实、廉洁地履行论证职责；愿意以独立身份参加政府采购进口产品论证工作，并接受财政部门的监督管理；没有违纪违法等不良记录。

十、协议采购进口产品的核准。协议采购中采购人确需购买进口产品时，应严格执行本通知。经市财政局核准同意后，履行协议采购的相关程序。

十一、市财政局《政府采购进口产品核准函》作为市政府采购档案内容，由采购代理机构、采购人存档保管。

十二、本通知未做出规定的，按照政府采购有关规定执行。

十三、各区县可根据本区县情况参照执行。

十四、本通知自印发之日起30日后实施。同时，北京市财政局《关于贯彻落实〈财政部关于印发政府采购进口产品管理办法的通知〉的通知》（京财采购〔2008〕621号）废止

附件：1. 进口产品项目采购汇总表（表1）

2. 进口产品协议采购汇总表（表2）

3. 政府采购进口产品申请表（表3）

4. 政府采购进口产品所属行业主管部门意见（表4）

5. 政府采购进口产品专家资格审查表（表5）

6. 政府采购进口产品专家论证意见（表6）

附件1：

进口产品项目采购汇总表（表1）

主管单位盖章　　　　单位：元

序号	主管单位名称	采购人名称	预算批复文号	项目名称		预算批复额度	拟采购进口产品金额	专家人数
				预算批复项目名称	拟采购进口产品名称			
1								
2								
3								
4								
5								
6								
7								
合计	/	/	/	项目采购______个				/

附件 2：

进口产品协议采购汇总表（表 2）

主管单位盖章　　　　　　　　　　　　　　　　　　　　　　　　单位：元

序号	主管单位名称	采购人名称	预算批复文号	项目名称		预算批复额度	拟采购进口产品金额	专家人数
				预算批复项目名称	拟采购进口产品名称			
1								
2								
3								
4								
5								
6								
7								
合计	/	/	/	项目采购______个				/

附件 3：

政府采购进口产品申请表（表 3）

申请单位	
申请文件名称	
申请文号	
采购项目名称	
采购项目金额	
采购项目所属项目名称	
采购项目所属项目金额	
项目使用单位	
项目组织单位	
申请理由	（采购人单位公章） 年　月　日

附件4：

政府采购进口产品所属行业主管部门意见（表4）

一、基本情况	
申请单位	
拟采购产品名称	
拟采购产品金额	
采购项目所属项目名称	
采购项目所属项目金额	
项目使用单位	
二、申请理由：	
□ 1. 中国境内无法获取	
□ 2. 中国境内无法以合理的商业条件获取	
□ 3. 其他	
原因阐述：	
三、进口产品所属行业主管部门意见	
（行业主管部门单位公章） 年　月　日	

附件 5：

政府采购进口产品专家资格审查表（表 5）

<table>
<tr><td rowspan="7">论证专家填写栏</td><td>序号</td><td>专家姓名</td><td>专家单位</td><td>联系电话</td><td>身份证号</td><td>职称</td><td>职称证书编号</td><td>发证机关</td></tr>
<tr><td>1</td><td></td><td></td><td></td><td></td><td></td><td></td><td></td></tr>
<tr><td>2</td><td></td><td></td><td></td><td></td><td></td><td></td><td></td></tr>
<tr><td>3</td><td></td><td></td><td></td><td></td><td></td><td></td><td></td></tr>
<tr><td>4</td><td></td><td></td><td></td><td></td><td></td><td></td><td></td></tr>
<tr><td>5</td><td></td><td></td><td></td><td></td><td></td><td></td><td></td></tr>
<tr><td colspan="8">本人声明：
一、本人熟悉该论证产品，与采购人或采购代理机构没有经济和行政隶属等关系；
二、本人从事相关领域工作满 8 年，具有本科（含本科）以上文化程度和高级专业技术职称；
三、本人承诺认真、公正、诚实、廉洁地履行论证职责；
四、本人愿意以独立身份参加政府采购进口产品论证工作，并接受财政部门的监督管理；
五、本人没有违纪违法等不良记录。

（专家签字）
年　月　日</td></tr>
<tr><td rowspan="3">采购人填写栏</td><td>采购人名称</td><td></td><td>负责人</td><td></td><td>联系人</td><td></td><td>联系电话</td><td></td></tr>
<tr><td>项目名称</td><td colspan="3"></td><td>项目金额</td><td colspan="3"></td></tr>
<tr><td colspan="8">经审查，本项目论证专家身份符合财政部《政府采购进口产品管理办法》（财库〔2007〕119 号），北京市财政局《转发财政部关于政府采购进口产品管理有关问题的通知》（京财采购〔2008〕1568 号），北京市财政局、监察局、审计局《关于转发财政部、监察部关于印发〈政府采购评审专家管理办法〉的通知的通知》（京财采购〔2004〕2091 号）等法律法规规定对论证专家的要求。

（采购人单位公章）
年　月　日</td></tr>
</table>

附件6：

政府采购进口产品专家论证意见（表6）

一、基本情况	
申请单位	
拟采购产品名称	
拟采购产品金额	
采购项目所属项目名称	
采购项目所属项目金额	
二、申请理由（采购人填写）	
□ 1. 中国境内无法获取	
□ 2. 中国境内无法以合理的商业条件获取	
□ 3. 其他	
原因阐述：	
三、专家论证意见	
1. 该产品在中国境内无法获取。　是（　）　否（　） 2. 该产品在中国境内无法以合理的商业条件获取。　是（　）　否（　） 3. 其他意见： （专家签字） 年　月　日	

北京市财政局　北京市发展和改革委员会 转发财政部　国家发展改革委 《关于调整公布第九期节能产品 政府采购清单的通知》

2011 年 3 月 9 日　京财采购〔2011〕292 号

市属各单位，各区县财政局、发展改革委，开发区财政局、发展改革委：

为了加大节能产品政府采购工作力度，财政部、国家发展改革委近期印发了《关于调整公布第九期节能产品政府采购清单的通知》（财库〔2011〕20 号），现转发给你们，请遵照执行。

附件：财政部　国家发展改革委《关于调整公布第九期节能产品政府采购清单的通知》

附件：

财政部　国家发展改革委《关于调整公布第九期 节能产品政府采购清单的通知》

2011 年 1 月 30 日　财库〔2011〕20 号

党中央有关部门，国务院各部委、各直属机构，全国人大常委会办公厅，全国政协办公厅，高法院，高检院，有关人民团体，各省、自治区、直辖市、计划单列市财政厅（局）、发展改革委（计委）、经贸委（经委），新疆生产建设兵团财务局、发展改革委、经委：

为了加大节能产品政府采购工作力度，根据《国务院办公厅关于建立政府强制采购节能产品制度的通知》（国办发〔2007〕51 号）和财政部、发展改革委发布的《节能产品政府采购实施意见》（财库〔2004〕185 号）的规定，我们对已发布的“节能产品政府采购清单”（以下简称“节能清单”）进行了调整。现将调整后的第九期节能清单印发给你们，并将有关事项通知如下：

一、第九期节能清单中的空调机、照明产品、电视机、电热水器、计算机、打印机、显示器、便器、水嘴等九类产品为政府强制采购节能产品（以“★”标注）。

二、节能清单将于 2011 年 7 月再次调整并公布，财政部将会同国家发展改革委对 2011 年 5 月底前获得节能认证的产品进行审核和公示。

三、相关企业应当保证节能清单所列型号/系列的产品在本期节能清单有效期内稳定供货，凡发生制造商及其代理商不接受参加政府采购活动邀请、列入节能清单的产品无法正常供货以及其他违反《承诺书》内容情形的，采购人及其他相关当事人应当及时将有关情况向财政部反映，财政部经核实，根据具体违规情形，对制造商做出列入不良供应商行为记录、暂停列入节能清单三个月至两年的处理，并在中华人民共和国财政部网站（http：//www. mof. gov. cn）、中国政府采购网（http：//www. ccgp. gov. cn/）、国家发展改革委网站（http：//hzs. ndrc. gov. cn/）和中国质量认证中心网站（http：//www. cqc. com. cn/）上公告。

四、各级政府机构和采购代理机构在执行优先采购和强制采购节能产品制度时，应当以本期节能清单中所列产品为准，不再执行此前公布的节能清单。未列入本期节能清单的产品不属于政府优先采购和强制采购的范围。凡违反上述规定的，财政部门将依照有关规定予以处理。

五、已经确定实施的政府集中采购协议供货产品涉及节能清单产品类别的，集中采购机构应当按照本期节能清单重新组织协议供货活动或进行调整。

六、政府采购工程项目应当严格执行节能产品政府优先采购和强制采购制度。在确定工程总包单位时，采购人及其委托的采购代理机构应当明确落实节能产品政府采购政策要求。

七、节能清单在中国政府采购网、国家发展改革委网站和中国质量认证中心网站上发布，请各采购当事人到上述网站查阅、下载。

八、节能清单中产品的相关销售渠道和联系方式将在上述网站公布。

请遵照执行。

附：节能产品政府采购清单（第九期，请从网上下载）（略）

北京市财政局转发财政部《关于信息系统建设项目采购有关问题的通知》

2011 年 5 月 4 日　京财采购〔2011〕799 号

市属各单位，各区县财政局：

为规范信息系统建设中的政府采购行为，财政部近期印发了《关于信息系统建设项目采购有关问题的通知》（财库〔2011〕59 号），现转发给你们，请遵照执行。

附件：财政部《关于信息系统建设项目采购有关问题的通知》

附件：

财政部《关于信息系统建设项目采购有关问题的通知》

2011 年 4 月 13 日　财库〔2011〕59 号

党中央有关部门，国务院各部委、各直属机构，全国人大常委会办公厅，全国政协办公厅，高法院，高检院，有关人民团体，各省、自治区、直辖市、计划单列市财政厅（局），新疆生产建设兵团财务局：

为规范政府采购行为，维护政府采购公平、公正，促进供应商公平竞争，根据《中华人民共和国政府采购法》的规定，现就信息系统建设政府采购有关问题通知如下：

在信息系统建设中，受托为整体采购项目或者其中分项目的前期工作提供设计、编制规范、进行管理等服务的供应商，对于理解及把握采购内容具有一定的优势，其再参加该项目的采购活动，存在违反公平竞争原则的可能性。为保证政府采购公平、公正，凡为整体采购项目提供上述服务的法人及其附属机构（单位），不得再参加该整体采购项目及其所有分项目的采购活动；凡为分项目提供上述服务的法人及其附属机构（单位），不得再参加该分项目的采购活动。但属于《中华人民共和国政府采购法》第三十一条规定的单一来源方式采购情形的，不适用本通知。

请各单位按照要求编制采购文件，办理采购事务，开展采购活动。

北京市财政局关于北京市市级行政事业单位 2011－2012 年度办公及空调设备协议供货有关事宜的通知

2011 年 7 月 1 日　京财采购〔2011〕1391 号

市级各行政机关、事业单位、社会团体组织，各区县财政局：

北京市市级行政事业单位 2011－2012 年度办公及空调设备协议采购项目招标工作已完成，现将有关事宜通知如下：

一、执行有效期

本期协议供货执行有效期为：2011 年 7 月 1 日至 2012 年 6 月 30 日。各中标供应商或其推荐的供货服务商按照《北京市政府采购协议供货框架协议》及相关承诺，向采购单位提供中标产品和服务。

有关本期协议供货中标供应商及其中标产品的详细信息，请登录“北京市政府采购中心—北京市政府采购协议供货和定点服务综合查询系统—北京市政府采购办公及空调设备综合查询系统”（以下简称“综合查询系统”），网址是：http：//www. bgpc. gov. cn。

二、适用范围

北京市市级各行政机关、事业单位、社会团体组织（以下简称“采购单位”）采购办公及空调设备，单项或批量金额小于100万元的，应实行协议采购。

具体的采购品目是：台式计算机、台式计算机（工作站）、便携式计算机、便携式计算机（工作站）、显示器、服务器、不间断电源（UPS电源）、网络交换机、网络路由器、激光打印机、打印机（针式、喷墨、多功能一体机和用于固定资产管理的条码打印机）、复印机和速度速印机、投影机、投影幕、扫描仪、数码照相机、数码摄像机、传真机、移动存储设备、碎纸机、硬盘保护卡、电视机、空调设备等。

三、中标价格

本期协议供货确定的中标产品价格为最高限价。在协议供货执行过程中，采购单位可与供货服务商进行议价，确定最终成交价。本期协议供货部分产品将以商务部公布的中关村电子信息产品指数为依据，在市场调研、专家组论证的基础上形成“中关村电子指数参考价格”，作为供货产品价格监控和各采购单位议价的参考依据。

四、采购程序

（一）预算编报

采购单位编制协议采购预算时，进入北京市财政局办公平台选择相关品目进行申报，预算批复后进入“综合查询系统”采购协议供货产品。

（二）采购流程

1. 查询产品：采购单位直接登录“综合查询系统”进行查询，确定采购产品后，与供货服务商确定不高于协议供货最高限价的价格。

2. 签订合同：双方签订格式统一的协议供货合同，由供货服务商在“综合查询系统”中填写并打印合同，双方签字盖章后生效，其他形式的合同无效。

3. 供货与结算：采购单位直接与供货服务商结算。结算时，由供货服务商在“综合查询系统”中据实填写、打印“办公及空调设备协议采购结算明细单”并盖章确认，采购单位核实无误后方可签字确认。经双方确认的“办公及空调设备结算明细单”是实施政府集中采购的凭证，是财务付款、国有资产登记入账的凭证以及审计检查的依据。结算明细单以外任何形式的附加条款、补充协议等，都不能作为财务付款、国有资产登记入账的凭证以及审计检查的依据。

4. 验收：采购单位要按照合同约定条款负责验收，在收货时当场进行清点，验收合格后向供货服务商索取发票并签署货物验收单。验收时应当场抄录设备及其所有可拆卸部件的编号或序列号，形成书面记录，经双方签字确认，作为合同附件妥善保存，以备维修及产生合同纠纷时使用。采购单位要按照协议供货合同约定及时向供货服务商自行支付货款。

五、政策规定

（一）执行政府强制采购节能产品制度

本期协议供货中的台式计算机、便携式计算机、激光打印机、显示器、电视机和空调设备，均为最新一期《节能产品政府采购清单》内的政府强制采购节能产品，采购单位不得采购其他产品。

（二）执行政府采购进口产品审核制度

采购单位采购本期协议供货中标产品中的服务器、网络设备、单反数码照相机、专业数码摄像机、A3 以上幅面打印机及便携打印机、每分钟 25 页（含）以上高速扫描仪等进口产品时，必须按照《北京市财政局关于北京市政府采购进口产品管理工作有关问题的通知》（京财采购〔2011〕114 号）要求进行采购进口产品申报，取得批准后方可购买进口产品。

（三）执行环境标志产品优先采购的政府采购制度

列入最新一期《环境标志产品政府采购清单》的计算机、打印机、传真机、多功能一体机、显示器、复印机等品目，已优先获得中标资格，采购单位应优先选购。

（四）执行市级行政事业单位固定资产配置管理规定

采购单位采购的办公及空调设备应符合“北京市市级行政事业单位日常办公设备配置标准和最低使用年限标准”等资产管理规定。

六、供应商违规责任

中标供应商或供货服务商出现下列情形之一的，采购单位应按照合同约定方式进行处理，直接追究供应商违约责任，并及时向北京市政府采购中心反映有关情况。北京市政府采购中心将对违约供应商予以通报，扣除中标供应商部分或全部履约保证金。

（一）提供假冒伪劣产品或提供产品的质量、配置或售后服务不符合国家有关规定和投标文件承诺、合同约定的标准的。

（二）无正当理由拒绝按照投标承诺供货或提供售后服务以及签订合同后拒绝履约的。

（三）未在投标承诺供货期内及时供货或提供售后服务的。

（四）未按承诺的优惠价格或折扣签订采购合同并供货的。

（五）中标产品的媒体广告价或市场统一零售价降低时，未及时书面告知采购中心进行相应价格调整的。

（六）生产厂家举办促销活动和优惠政策，涉及中标产品而未及时通知采购中心参加的。

（七）因质量、服务、价格等原因被采购人投诉情况属实的。

（八）使用不正当竞争手段，影响采购人正常采购活动的。

（九）违反法律法规、合同约定、框架协议规定及投标承诺的其他情形的。

七、监督检查

（一）依法组织对供应商的全面监督考核，对于中标供应商或供货服务商出现的违法违规行为，由市财政局按照政府采购相关法律法规规定进行处理。同时，采购单位要按照合同约定，监督供货服务商履行政府采购合同约定的各项义务，出现合同纠纷或供货服务商违约时，应按照合同约定方式进行处理并追究其违约责任。

（二）组织专家对采购单位协议采购大宗商品进行验收抽查，防止出现擅自向协议供货商范围外的供应商采购、无故拖欠货款以及协议采购供货与实际供货不一致等情况的发生。

八、其他

本《通知》自发布之日起实施，原北京市财政局《关于印发北京市市级行政事业单位2010－2011办公及空调设备协议供货中标供应商及其品牌名单的通知》废止。

本期协议供货在执行过程中如有问题，请及时与北京市财政局、北京市政府采购中心联系。各区县财政局可共享本次招标结果，根据实际情况自行与中标供应商签订政府采购框架协议。

联系人及联系电话：

北京市财政局：张立新　68416484

北京市政府采购中心：王为民、程亮　63056488

附件：北京市市级行政事业单位2011－2012年度办公及空调设备协议采购项目中标供应商及其中标品牌名单（略）

北京市财政局　北京市环境保护局转发财政部环境保护部《关于调整公布第八期环境标志产品政府采购清单的通知》

2011年8月22日　京财采购〔2011〕1834号

市属各单位，各区县财政局、环境保护局，开发区财政局、环境保护局：

为加大环境标志产品政府采购工作力度，财政部、环境保护部对已发布的“环境标志产品政府采购清单”进行了调整，并印发了《关于调整公布第八期环境标志产品政府采购清单的通知》（财库〔2011〕108号），现转发给你们，请遵照执行。

附件：财政部　环境保护部《关于调整公布第八期环境标志产品政府采购清单的通知》

附件：

财政部　环境保护部《关于调整公布第八期环境标志产品政府采购清单的通知》

2011年7月28日　财库〔2011〕108号

党中央有关部门，国务院各部委、各直属机构，全国人大常委会办公厅，全国政协办公厅，高法院、高检院，有关人民团体，各省、自治区、直辖市、计划单列市财政厅（局）、环保局（厅），新疆生产建设兵团财务局、环保局：

为加大环境标志产品政府采购工作力度，我们对已发布的“环境标志产品政府采购清单”（以下简称环保清单）进行了调整。现将调整后的第八期环保清单印发你们，并将有关事项通知如下：

一、采购人购买的产品属于政府强制采购节能产品范围的，应当按照《国务院办公厅关于建立政府强制采购节能产品制度的通知》（国办发〔2007〕51 号）和财政部、发展改革委公布的第十期“节能产品政府采购清单”，在强制采购节能产品范围内购买。对于同时列入环保清单和“节能产品政府采购清单”的产品，应当优先于只获得其中一项认证的产品。

二、相关企业应当保证环保清单所列型号的产品在本期环保清单有效期内稳定供货，凡发生制造商及其代理商不接受参加政府采购活动邀请、列入环保清单的产品无法正常供货以及其他违反《承诺书》内容情形的，采购人及其他相关当事人应当及时将有关情况向财政部反映，财政部经核实，根据具体违规情形，对制造商做出列入不良供应商行为记录、暂停列入环保清单三个月至两年的处理，并在中华人民共和国财政部网站（http://www.mof.gov.cn）、中国政府采购网（http://www.ccgp.gov.cn/）、中华人民共和国环境保护部网站（http://www.zhb.gov.cn）、中国绿色采购网（http://www.cgpn.org/）上公告。

三、第八期环保清单自发布之日起执行。在此之后开展的政府采购活动，应当执行第八期环保清单，不再执行此前公布的环保清单。未列入本期环保清单的产品不属于政府优先采购的环境标志产品范围。凡违反上述规定的，财政部门将依照有关规定予以处理。

四、政府采购工程项目应当严格执行环境标志产品政府优先采购制度。在确定工程总包单位时，采购人及其委托的采购代理机构应当明确落实环境标志产品政府采购政策要求。

五、环保清单在中华人民共和国财政部网站、中国政府采购网、中华人民共和国环境保护部网站、中国绿色采购网上发布，请各采购当事人到上述网站查阅、下载。

六、环保清单中产品的相关销售渠道和联系方式将在上述网站公布。

七、环保清单将于 2012 年 1 月再次调整并公布，财政部将会同环境保护部对 2011 年 11 月 30 日前取得环境标志认证证书的产品进行审核和公示。

请遵照执行。

附：环境标志产品政府采购清单（第八期）（略）

北京市财政局　北京市发展和改革委员会转发财政部国家发展改革委《关于调整公布第十期节能产品政府采购清单的通知》

2011 年 9 月 2 日　京财采购〔2011〕1835 号

市属各单位，各区县财政局、发展和改革委员会，开发区财政局：

为了加大节能产品政府采购工作力度，财政部、国家发展改革委近期印发了《关于调整公布第十期节能产品政府采购清单的通知》（财库〔2011〕109 号），现转发给你们，请遵照执行。

附件：财政部 国家发展改革委《关于调整公布第十期节能产品政府采购清单的通知》

附件：

财政部 发展改革委《关于调整公布第十期节能产品政府采购清单的通知》

2011 年 7 月 29 日 财库〔2011〕109 号

党中央有关部委，国务院各部委、各直属机构，全国人大常委会办公厅，全国政协办公厅，高法院，高检院，有关人民团体，各省、自治区、直辖市、计划单列市财政厅（局）、发展改革委（计委）、经贸委（经委），新疆生产建设兵团财务局、发展改革委、经委：

为了加大节能产品政府采购工作力度，根据《国务院办公厅关于建立政府强制采购节能产品制度的通知》（国办发〔2007〕51 号）和财政部、发展改革委发布的《节能产品政府采购实施意见》（财库〔2004〕185 号）的规定，我们对已发布的“节能产品政府采购清单”（以下简称“节能清单”）进行了调整。现将调整后的第十期节能清单印发给你们，并将有关事项通知如下：

一、第十期节能清单中的空调机、照明产品、电视机、电热水器、计算机、打印机、显示器、便器、水嘴等九类产品为政府强制采购节能产品（以“★”标注）。

二、相关企业应当保证节能清单所列型号/系列的产品在本期节能清单有效期内稳定供货，凡发生制造商及其代理商不接受参加政府采购活动邀请、列入节能清单的产品无法正常供货以及其他违反《承诺书》内容情形的，采购人及其他相关当事人应当及时将有关情况向财政部反映，财政部经核实，根据具体违规情形，对制造商做出列入不良供应商行为记录、暂停列入节能清单三个月至两年的处理，并在中华人民共和国财政部网站（http：//www. mof. gov. cn)、中国政府采购网（http：//www. ccgp. gov. cn/)、国家发展改革委网站（http：//hzs. ndrc. gov. cn/）和中国质量认证中心网站（http：//www. cqc. com. cn/）上公告。

三、第十期节能清单自发布之日起执行。在此之后开展的政府采购活动，应当执行第十期节能清单，不再执行此前公布的节能清单。未列入本期节能清单的产品不属于政府优先采购和强制采购的范围。凡违反上述规定的，财政部门将依照有关规定予以处理。

四、已经确定实施的政府集中采购协议供货产品涉及节能清单产品类别的，集中采购机构应当按照本期节能清单重新组织协议供货活动或进行调整。

五、政府采购工程项目应当严格执行节能产品政府优先采购和强制采购制度。在确定工程总包单位时，采购人及其委托的采购代理机构应当明确落实节能产品政府采购政策要求。

六、节能清单在中华人民共和国财政部网站、中国政府采购网、国家发展改革委网站和中国质量认证中心网站上发布，请各采购当事人到上述网站查阅、下载。

七、节能清单中产品的相关销售渠道和联系方式将在上述网站公布。

八、节能清单将于 2012 年 1 月再次调整并公布，财政部将会同国家发展改革委对 2011 年 11 月 30 日前取得节能认证证书的产品进行审核和公示。

请遵照执行。

附：节能产品政府采购清单（第十期）（略）

北京市财政局转发财政部《关于停止执行〈自主创新产品政府采购预算管理办法〉等三个文件的通知》

2011年9月7日　京财采购〔2011〕2011号

市属各单位，各区县财政局、开发区财政局，北京市政府采购中心：

财政部近期印发了《关于停止执行〈自主创新产品政府采购预算管理办法〉等三个文件的通知》（财库〔2011〕85号），现转发给你们，请遵照执行。

自本文件发布之日起，停止执行北京市财政局《转发财政部关于印发自主创新产品政府采购合同管理办法的通知》（京财采购〔2007〕786号）、《转发财政部关于印发自主创新产品政府采购评审办法的通知》（京财采购〔2007〕787号）、《转发财政部关于印发自主创新产品政府采购预算管理办法的通知》（京财采购〔2007〕908号）。

特此通知。

附件：1. 财政部《关于停止执行〈自主创新产品政府采购预算管理办法〉等三个文件的通知》

2. 财政部《关于印发〈自主创新产品政府采购合同管理办法〉的通知》

3. 财政部《关于印发〈自主创新产品政府采购预算管理办法〉的通知》

附件1：

财政部关于停止执行《自主创新产品政府采购预算管理办法》等三个文件的通知

2011年6月23日　财库〔2011〕85号

党中央有关部门，国务院各部委、各直属机构，全国人大常委会办公厅，全国政协办公厅，高法院，高检院，有关人民团体，各省、自治区、直辖市、计划单列市财政厅（局），新疆生产建设兵团财务局，各集中采购机构：

经研究决定，自2011年7月1日起停止执行《财政部关于印发〈自主创新产品政府采购预算管理办法〉的通知》（财库〔2007〕29号）、《财政部关于印发〈自主创新产品政府采购评审办法〉的通知》（财库〔2007〕30号）和《财政部关于印发〈自主创新产品政府采购合同管理办法〉的通知》（财库〔2007〕31号）三个文件。

特此通知。

附件2：

财政部《关于印发〈自主创新产品政府采购合同管理办法〉的通知》

2007年4月3日 财库〔2007〕31号

党中央有关部门，国务院各部委、各直属机构，全国人大常委会办公厅，全国政协办公厅，高法院，高检院，有关人民团体，各省、自治区、直辖市、计划单列市财政厅（局），新疆生产建设兵团财务局，各集中采购机构：

为贯彻落实《国务院关于实施〈国家中长期科学和技术发展规划纲要（2006－2020年）〉若干配套政策的通知》（国发〔2006〕6号），实施促进自主创新的政府采购政策，根据《中华人民共和国政府采购法》和《中华人民共和国合同法》，财政部制定了《自主创新产品政府采购合同管理办法》。现印发给你们，请遵照执行。

附：自主创新产品政府采购合同管理办法

附：

自主创新产品政府采购合同管理办法

第一章 总 则

第一条 为贯彻落实《国务院关于实施〈国家中长期科学和技术发展规划纲要（2006－2020年）〉若干配套政策的通知》（国发〔2006〕6号），实施促进自主创新的政府采购政策，根据《中华人民共和国政府采购法》和《中华人民共和国合同法》，制定本办法。

第二条 政府采购合同签订和履行应当有利于促进自主创新，提高自主创新产品的竞争力。

第三条 国家机关、事业单位和团体组织（以下统称“采购人”）及其委托的采购代理机构在政府采购活动中签订购买自主创新产品合同时，应当按照本办法规定执行。

本办法所称自主创新产品是指纳入财政部公布的《政府采购自主创新产品目录》（以下简称“目录”）的货物和服务。目录由财政部会同科技部等有关部门在国家认定的自主创新产品范围内研究制订。

本办法所称采购代理机构，是指集中采购机构和经省级以上财政部门认定资格的其他采购代理机构。

第四条 本办法未作出规定的，应当按照政府采购有关法律法规执行。

第二章 合同的订立和履行

第五条 自主创新产品政府采购合同应当由采购人与中标、成交自主创新产品供应商（指提供自主创新产品的供应商，下同）签订。采购人也可以委托采购代理机构代表其与中标、成交自主创新产品供应商签订政府采购合同。

由采购代理机构以采购人名义与中标、成交自主创新产品供应商签订自主创新产品政府采购合同的，应当提交采购人的授权委托书，作为合同附件。

第六条 自主创新产品政府采购合同必须将促进自主创新作为必备条款，明确支持自主创新产品的内容和具体措施。

自主创新产品政府采购合同应当在履约保证金、付款期限等方面给予自主创新产品供应商适当支持。

第七条 采购人与中标、成交自主创新产品供应商应当在中标、成交通知书发出之日起30 日内，按照采购文件确定的事项签订自主创新产品政府采购合同。

第八条 采购人不得与中标、成交自主创新产品供应商签订自主创新产品分包项目合同。

第九条 在合同履行过程中，双方当事人依法变更合同条款、签订补充条款或协议的，不得违背促进自主创新的原则。

双方当事人依法变更合同条款、签订补充条款或协议涉及自主创新产品的，采购人或者其委托的采购代理机构应当将补充条款或协议的内容、补充理由，以及变更后的合同、补充条款或协议副本报同级财政部门和有关部门备案。

第十条 自主创新产品政府采购合同履行中，采购人需追加与合同标的相同的货物或者服务的，在不违背促进自主创新的原则、不改变合同其他条款的前提下，可以与供应商协商签订补充合同，但所有补充合同的采购金额不得超过原合同采购金额的百分之十。

第十一条 经批准采购外国产品的，应当坚持有利于消化吸收核心技术的原则，优先将合同授予转让核心技术的国外企业。

第十二条 自主创新产品政府采购合同签订时间应当在自主创新产品认证有效期之内。自主创新产品政府采购合同期限一般不得超过自主创新产品认证有效期。

第十三条 自主创新产品政府采购合同备案时应当标明自主创新产品政府采购合同。填写政府采购信息统计报表时应当明确自主创新产品采购内容。

第十四条 采购人或者其委托的采购代理机构应当组织对供应商履约的验收。大型或者复杂的政府采购项目，应当邀请国家认可的质量检测机构参加验收工作。验收方成员应当在验收书上签字，并承担相应的法律责任。

第十五条 自主创新产品供应商应当依法提供质量合格的自主创新产品。

第三章 监 督 检 查

第十六条 各级财政部门等有关部门负责自主创新产品政府采购合同监督管理。

第十七条 招标采购单位有下列情形之一的，财政部门责令限期改正，给予警告，对直接负责的主管人员和其他责任人员，由其行政主管部门或有关机关依法给予处分，并予通报：

（一）中标、成交通知书发出之后，拒绝签订自主创新产品政府采购合同或拒绝接受自主创新产品的；

（二）不按照招标文件及其他采购文件和中标、成交自主创新产品供应商的投标文件、响应文件确定的有关促进自主创新事项签订政府采购合同的；

（三）政府采购属于目录中品目的产品，未经批准，擅自采购外国产品或服务的。

采购代理机构未按上述规定执行，情节严重的，可以取消其政府采购代理机构资格。

第十八条 有本办法第十七条行为，未确定中标、成交供应商的，终止采购活动；中标、成交供应商已确定但采购合同尚未履行的，撤销合同，按照相关规定另行确定中标、成交自主创新产品供应商；合同已经履行的，财政部门停止按预算支付资金。给采购人、供应商造成损失的，由责任人承担赔偿责任。

第十九条 中标、成交自主创新产品供应商有下列情形之一的，财政部门将该供应商列入不良行为记录名单，并予以公告。财政部应当将该产品从目录中删除，并及时将相关自主创新产品和供应商信息反馈科技部：

（一）以自主创新产品名义谋取中标、成交后将合同转包的；

（二）中标、成交后将自主创新产品分包给其他供应商的；

（三）提供的自主创新产品质量不合格、影响正常使用的。

供应商有前款第（三）项情形的，应当按照合同约定进行赔偿。

第二十条 自主创新产品政府采购合同因变更、撤销、中止或终止而造成的损失，当事人有过错的一方应当承担赔偿责任，双方都有过错的，各自承担相应的责任。

第四章 附 则

第二十一条 本办法由财政部负责解释。

第二十二条 本办法自印发之日起施行。

附件3：

财政部《关于印发〈自主创新产品政府采购预算管理办法〉的通知》

2007年4月3日 财库〔2007〕29号

党中央有关部门，国务院各部委、各直属机构，全国人大常委会办公厅，全国政协办公厅，高法院，高检院，有关人民团体，各省、自治区、直辖市、计划单列市财政厅（局），新疆生产建设兵团财务局，各集中采购机构：

为贯彻落实《国务院关于实施〈国家中长期科学和技术发展规划纲要（2006－2020年）〉若干配套政策的通知》（国发〔2006〕6号），实施促进自主创新的政府采购政策，根据《中华人民共和国政府采购法》和《中华人民共和国预算法》，财政部制定了《自主创新产品政府采购预算管理办法》。现印发给你们，请遵照执行。

附：自主创新产品政府采购预算管理办法

附：

自主创新产品政府采购预算管理办法

第一章　总　　则

第一条　为贯彻落实《国务院关于实施〈国家中长期科学和技术发展规划纲要（2006－2020年）〉若干配套政策的通知》（国发〔2006〕6号），实施促进自主创新的政府采购政策，根据《中华人民共和国政府采购法》和《中华人民共和国预算法》，制定本办法。

第二条　国家机关、事业单位和团体组织（以下统称“采购人”）用财政性资金采购自主创新产品的活动，适用本办法。

本办法所称自主创新产品是指纳入财政部公布的《政府采购自主创新产品目录》（以下简称“目录”）的货物和服务。目录由财政部会同科技部等有关部门在国家认定的自主创新产品范围内研究制订。

第三条　采购人在政府采购活动中，应当优先购买自主创新产品。

第四条　采购人在编制年度部门预算时，应当按照目录的范围编制自主创新产品政府采购预算，标明自主创新产品。

自主创新产品政府采购预算是对政府采购预算的补充和细化，是部门预算的有机组成部分。

第五条　采购人应当在坚持严格控制支出的原则下，从严从紧编制自主创新产品政府采购预算，确保预算的真实性和完整性。

第六条　各级财政部门在部门预算审批过程中，在采购项目支出已确定的情况下，应当优先安排采购自主创新产品的预算。

第七条　各级财政部门依法负责指导采购人编制自主创新产品政府采购预算，并对预算执行情况进行监督。

第二章　预 算 编 制

第八条　自主创新产品政府采购预算与政府采购预算同时在部门预算中编报、同时审批。

第九条　各级财政部门在编制年度部门预算的通知中，要明确提出自主创新产品的政府采购预算编制要求。采购人根据要求编制本部门自主创新产品政府采购预算。

第十条　各级财政部门应当在部门预算的相关表格中增加反映自主创新产品政府采购的内容，随同编制年度部门预算的通知一并下发。

第三章　预 算 执 行

第十一条　各主管部门应当自财政部门批复部门预算之日起40个工作日内，严格按照批准的自主创新产品政府采购预算编制自主创新产品政府采购计划，报财政部门备案。

自主创新产品政府采购计划与政府采购计划同时编制，并单独列明。

第十二条 采购人应当严格按照自主创新产品政府采购预算和计划进行采购。

政府采购预算未列明自主创新产品而在实践中采购自主创新产品的，应当补报自主创新产品政府采购预算。

第十三条 对采购人在预算执行过程中因购买自主创新产品确需超出采购预算的，可按规定程序申请调整预算。

第十四条 自主创新产品政府采购资金支付按财政国库集中支付有关规定执行。

第十五条 各级财政部门应当将自主创新产品政府采购预算执行情况纳入预算支出绩效考评范围，在共性考评指标的经济和社会效益指标中，增加采购自主创新产品因素。

第十六条 各级财政部门应当研究建立采购自主创新产品奖惩制度。

第四章 监督检查

第十七条 各级财政部门在预算审核过程中，应当督促采购人编制自主创新产品政府采购预算，并加强审核管理。

对应当编制而不编制自主创新产品政府采购预算的，财政部门应当责令其改正。

第十八条 各级财政部门负责对自主创新产品政府采购预算编制和执行的监督检查。监督检查的主要内容有：

（一）采购人编制自主创新产品政府采购预算和计划的情况；

（二）采购人按批准的自主创新产品政府采购预算执行的情况；

（三）采购人在自主创新产品政府采购预算执行中，落实优先购买自主创新产品政策的情况。

第十九条 对于列入自主创新产品政府采购预算的项目，其采购结果为非自主创新产品的，采购人应当向财政部门作出书面说明。

第二十条 对采购人未编报自主创新产品政府采购预算和计划，或不按预算采购自主创新产品的，财政部门视情况可以拒付采购资金。

第五章 附则

第二十一条 本办法由财政部负责解释。

第二十二条 本办法自印发之日起施行。

北京市财政局关于本市乙级政府采购代理机构资格认定工作有关事项的公告

2011年9月19日 京财采购〔2011〕2072号

根据财政部《政府采购代理机构资格认定办法》（财政部令第61号）和《关于认真做好政府采购代理机构资格认定工作的通知》（财库〔2010〕133号）的规定，由北京市财政局负责工商注册地在本市的乙级政府采购代理机构资格认定和工商注册地在北京市之外（以下简称非本市）拟在本市开展业务的政府采购代理机构备案工作。为做好本市乙级政府采购代理机构资格认定和非本市政府采购代理机构备案工作，现就有关事项公告如下。

一、关于办理乙级政府采购代理机构资格认定

（一）申报时间

北京市财政局定期集中对申报本市乙级政府采购资格的代理机构（以下简称申报机构）进行审查认定，申报时间为每年 11 月 1 日起 10 个工作日内。

（二）申报材料

申报机构应在规定时间内将《乙级政府采购代理机构资格申请书》（以下简称《申请书》）及申报材料报送北京市财政局。填写《申请书》和申报材料的具体要求详见附件。

（三）原乙级政府采购代理机构资格证书有效期

对于原按《政府采购代理机构资格认定办法》（财政部令第 31 号）已取得乙级政府采购代理资格的机构，其证书在有效期内仍然有效，证书有效期满后，资格自动失效。

二、关于非本市政府采购代理机构备案

非本市政府采购代理机构（包括甲级和乙级）在我市开展政府采购代理活动的，应按照财政部《政府采购代理机构资格认定办法》（财政部令第 61 号）的要求，持有效的企业法人营业执照、税务登记证副本、《资格证书》复印件向北京市财政局备案。

各项材料报送地址：北京市海淀区阜成路 15 号北京市财政局政府采购管理处（前楼 324 室）。

联系人：潘磊

联系电话：68430034　88549374

传真电话：68430035

附件：乙级政府采购代理机构资格申请书

附件：

序号：

乙级政府采购代理机构资格
申　请　书

单位名称(盖章)：________________

单　位　地　址：________________

法　定　代　表　人：________________

申　报　日　期：____年____月____日

北京市财政局制

乙级政府采购代理机构资格申请书填写说明及申报材料的具体要求

一、《乙级政府采购代理机构资格申请书》按照财政部《政府采购代理机构资格认定办法》第十六条的要求填报，其中：

（一）表一“专职人员总数”填写在本市专职从事政府采购代理业务的人数，所称专职人员是指与申请人签订劳动合同，按照北京市相关规定缴纳社会保险费的在职人员，不包括退休、外聘、兼职人员；“资金情况”应填写申报上一年度的财务情况。

（二）表二、表三和表四应由法定代表人、技术经济负责人和财务负责人本人填写，并粘贴二寸照片，本人签字，专人专岗，不得兼任，技术经济负责人和财务负责人应具有相关领域的中级以上职称。

（三）表五“专职人员名单”应填写专职从事政府采购代理业务的人员名单，并且不得为外聘、兼职和退休人员，专职人员包括法律、经济、技术等方面的人员，不得少于10人，应接受北京市财政局的专业培训，名单按照同系列高、中、初级职称顺序填写，以序号顺序装订。

（四）表六：

1.“营业场所”应当写明办公地点和办公建筑面积，办公建筑面积是指单独办公区域面积；有独立的办公室、开标室、评标室等必备场所（营业场所、开标场所为自有场所的，提供产权证复印件；营业场所、开标场所为租用场所的，提供出租方产权证以及租用合同、缴纳租金凭证和缴纳租金发票的复印件）；

2.“设施和办公条件”应当写明信息网络系统建立和应用情况以及计算机、复印机、传真机、电子监控等办公设备的数量；

3.“机构内部各项管理制度”应当列明机构内部已正式颁布实施的代理业务操作规程（含业务受理规程、采购文件制作与论证规程、公告发布规程、开标规程、评标规程、采购结果确定规程、质疑投诉办理规程、合同签订规程等）、人事制度、财务制度、培训制度、档案管理制度等；

4.“人民银行开户许可证”应为申请人所在地人民银行为申请人出具的基本账户开户许可证。

（五）表七“政府采购培训证明”指由北京市财政局出具的人员培训证明。

（六）表八“内部职能结构情况”应当将企业的组织情况、决策体系填写清楚。

（七）表九“机构简介”企业要真实填写机构简介。

（八）申请书填写后打印，不得涂改；首页加盖申请单位公章，印章清晰。

（九）申请单位应如实逐项填报有关情况，如有弄虚作假者按有关规定予以处罚。

（十）填列数据均用阿拉伯数字，除万元、% 保留1位小数外，其余均为整数。

（十一）表五至表九栏目不足者可另附页。

二、申报人在提交申请书的同时，应当提供《政府采购代理机构资格认定办法》中规定的材料，申报材料应符合以下要求：

（一）申报材料中的各类资料可采用复印件，其中企业法人营业执照须将正、副本的全部内容进行复印，不得缺页。

（二）申请书和申请材料统一用 A4 纸，文本字体使用仿宋四号，装订成册，并加盖公章，一式 2 份。

（三）按照《政府采购代理机构资格认定办法》第十六条规定的顺序依次装订成册，并附有目录。

（四）代理机构的申报材料如果分册装订，应当注明共几册和每册编号。

三、申报材料应当齐全，手续完备。出现数据不全、申请表填报不规范、盖章或印鉴不全、字迹潦草难以辨认等情况的不予受理。

表一　　乙级政府采购业务代理机构基本情况表

<table>
<tr><td colspan="2">机构全称</td><td colspan="6"></td><td colspan="2">组织机构代码</td><td></td></tr>
<tr><td colspan="2">经济性质</td><td colspan="6">有限责任公司　股份有限公司　集体所有制企业
全民所有制企业　合伙企业　个人独资企业</td><td colspan="2">上级主管单位</td><td></td></tr>
<tr><td colspan="2" rowspan="2">业务联系人</td><td colspan="3" rowspan="2"></td><td colspan="2">联系电话</td><td></td><td colspan="2">手机</td><td></td></tr>
<tr><td colspan="2">传真电话</td><td></td><td colspan="2">电子邮箱</td><td></td></tr>
<tr><td colspan="2" rowspan="2">营业地址</td><td colspan="9">北京市　　　　区（县）</td></tr>
<tr><td colspan="6">街（路、道、巷、乡、镇）　　号（村）</td><td colspan="2">邮政编码</td><td></td></tr>
<tr><td rowspan="4">营业执照</td><td colspan="3">注册号码</td><td colspan="2"></td><td>注册地址</td><td colspan="4"></td></tr>
<tr><td colspan="3">注册资金</td><td colspan="2">万元</td><td>发证机关</td><td></td><td colspan="2">发证日期</td><td></td></tr>
<tr><td colspan="3">营业范围（主营）</td><td colspan="7">（以营业执照为准）</td></tr>
<tr><td colspan="3">营业范围（兼营）</td><td colspan="7">（以营业执照为准）</td></tr>
<tr><td colspan="4">开户银行及账号</td><td colspan="7"></td></tr>
<tr><td colspan="4">税务登记机关</td><td colspan="7"></td></tr>
<tr><td colspan="4" rowspan="2">专职人员总数</td><td colspan="2" rowspan="2">人</td><td>中专以上学历人员总数</td><td>占专职人员总数</td><td colspan="2">中级以上职称人员总数</td><td>占专职人员总数</td></tr>
<tr><td>人</td><td>%</td><td colspan="2">人</td><td>%</td></tr>
<tr><td colspan="3">资金情况</td><td>资产总额</td><td colspan="2">万元</td><td colspan="2">所有者权益</td><td>万元</td><td>负债总额</td><td>万元</td></tr>
<tr><td colspan="4">是否依法缴纳税收</td><td colspan="7"></td></tr>
<tr><td colspan="4">近六个月是否依法缴纳社会保障资金</td><td colspan="7"></td></tr>
<tr><td colspan="4">近三年内有无重大违法记录</td><td colspan="7"></td></tr>
<tr><td colspan="4">资质证明</td><td colspan="2">批准时间</td><td colspan="3">审批机关</td><td>等级</td><td>是否年检</td></tr>
<tr><td colspan="4"></td><td colspan="2"></td><td colspan="3"></td><td></td><td></td></tr>
<tr><td colspan="4"></td><td colspan="2"></td><td colspan="3"></td><td></td><td></td></tr>
<tr><td colspan="6">申请审批
政府采购代理业务范围</td><td colspan="5">政府采购法规定的货物、工程和服务的采购代理业务和政府采购咨询服务</td></tr>
</table>

说明：表中资金情况根据会计师事务所出具的验资报告或者上年度的财务审计报告填列。

表二　　主要负责人员简况（法定代表人）

<table>
<tr><td>姓名</td><td></td><td>性别</td><td></td><td>出生年月</td><td></td><td rowspan="5">照
片
二寸</td></tr>
<tr><td>职务</td><td></td><td colspan="2">文化程度</td><td colspan="2"></td></tr>
<tr><td colspan="2">身份证号码</td><td colspan="4"></td></tr>
<tr><td colspan="2">职称或者执业注册资格</td><td colspan="4"></td></tr>
<tr><td colspan="2">何时何校何专业毕业</td><td colspan="4"></td></tr>
<tr><td>联系电话</td><td></td><td>传真</td><td></td><td>手机</td><td colspan="2"></td></tr>
<tr><td>身份证
复印件</td><td colspan="6"></td></tr>
<tr><td colspan="7">本人签字：</td></tr>
</table>

表三　　主要负责人员简况（技术经济负责人）

<table>
<tr><td>姓名</td><td></td><td>性别</td><td></td><td>出生年月</td><td></td><td rowspan="5">照
片
二寸</td></tr>
<tr><td>职务</td><td></td><td colspan="2">文化程度</td><td colspan="2"></td></tr>
<tr><td colspan="2">身份证号码</td><td colspan="4"></td></tr>
<tr><td colspan="2">职称或者执业注册资格</td><td colspan="4"></td></tr>
<tr><td colspan="2">何时何校何专业毕业</td><td colspan="4"></td></tr>
<tr><td>联系电话</td><td></td><td>传真</td><td></td><td>手机</td><td colspan="2"></td></tr>
<tr><td>身份证
复印件</td><td colspan="6"></td></tr>
<tr><td colspan="7">本人签字：</td></tr>
</table>

表四　　主要负责人员简况（财务负责人）

<table>
<tr><td>姓名</td><td></td><td>性别</td><td></td><td>出生年月</td><td></td><td rowspan="5">照
片
二寸</td></tr>
<tr><td>职务</td><td></td><td colspan="2">文化程度</td><td colspan="2"></td></tr>
<tr><td colspan="2">身份证号码</td><td colspan="4"></td></tr>
<tr><td colspan="2">职称或者执业注册资格</td><td colspan="4"></td></tr>
<tr><td colspan="2">何时何校何专业毕业</td><td colspan="4"></td></tr>
<tr><td>联系电话</td><td></td><td>传真</td><td></td><td>手机</td><td colspan="2"></td></tr>
<tr><td>身份证
复印件</td><td colspan="6"></td></tr>
<tr><td colspan="7">本人签字：</td></tr>
</table>

表五 专职人员名单

序号	姓名	身份证号码	学历	专业	职务	职称	社会保障号
					法定代表人		
					技术经济负责人		
					财务负责人		

注：职称类别分别为法律、经济、技术等。

表六　　政府采购业务代理机构营业场所、设施、办公条件、人民银行开户许可证和管理规章制度情况

1. 办公地点（写明具体位置、楼层、房间号）。 2. 办公建筑面积。 （1）办公室面积（总面积和人均面积）； （2）评标室面积； （3）开标室面积； （4）档案室面积； （5）财务室面积。 3. 设施和办公条件。 （1）信息网络系统建立和应用情况； （2）办公设备情况：计算机、复印机、传真机数量； （3）监控设备情况：开标室、评标室电子监控设备数量。 4. 机构内部各项管理制度清单（制度原文另附页）。 5. 人民银行开户许可证。

表七

政府采购培训证明

表八　　政府采购业务代理机构内部职能结构情况（用框图表示）

表九 政府采购代理机构简介

北京市财政局关于印发《北京市 2012 年政府采购集中采购目录及标准》的通知

2011 年 10 月 10 日　京财采购〔2011〕2182 号

市属各单位，各区县财政局、开发区财政局、燕山财政分局，北京市政府采购中心：

《北京市 2012 年政府采购集中采购目录及标准》（以下简称“《目录及标准》”）已经市政府同意，现印发给你们，并就有关事项通知如下，请遵照执行。

一、市属各预算单位要以《目录及标准》作为编制和执行 2012 年政府采购预算的依据。根据《中华人民共和国政府采购法》规定，各级国家机关、事业单位和团体组织，使用财政性资金采购集中采购目录以内的或者采购限额标准以上的货物、工程和服务的行为，必须实行政府采购。

二、各区县可结合本区县实际情况，对《目录及标准》做如下调整：适当增加集中采购目录中的品目；适当降低政府采购限额标准和集中采购目录中的附加限额标准。如需调整的区县，请将调整后的目录以书面形式上报市财政局，由市财政局统一公布。

附件：北京市 2012 年政府采购集中采购目录及标准

附件：

北京市 2012 年政府采购集中采购目录及标准

根据《中华人民共和国政府采购法》，结合北京市具体情况，现制定北京市 2012 年政府采购集中采购目录及标准如下：

一、集中采购机构采购项目

采购纳入集中采购目录的政府采购项目，必须按规定委托集中采购代理机构采购。

目录项目	备　注	采购类型
（一）货物类		
轿车		协议供货
越野汽车（吉普车）		
旅行车		
大客车		
其他汽车	指皮卡、箱式货车、救护车、清障车、囚车、采血车、工程抢险车、防暴车	

续表

目录项目	备注	采购类型
计算机通用软件		单项或批量小于100万元为协议供货，100万元以上（含100万元）为项目采购
摄影、摄像设备	指数码照相机、数码摄像机（含镜头）及零配件	
空气调节设备	指分体壁挂式、分体柜式、单元式（含机房用机）、多联机	
计算机	指台式计算机、便携式计算机及零配件	
显示器		
打印机	指喷墨、激光、针式、多功能一体机、用于固定资产管理的条码打印机	
传真机		
复印机	含速印机	
投影仪		
投影幕		
电子白板		
扫描仪	指高速文档扫描仪、平板扫描仪、便携式扫描仪、专用扫描仪、用于固定资产管理的数据采集扫描器	
UPS电源	指后备式、在线式	
移动存储设备	指移动硬盘、数码存储卡、便携存储设备、录音笔	
硬盘保护卡		
碎纸机		
服务器	含零配件	
网络设备	指网络交换机、路由器、网络存储设备	
电视机		
家具	指单项或批量达到50万元以上（含50万元）	项目采购
电梯和起重机		
锅炉		
（二）服务类		
车辆保险		定点服务
车辆加油		
车辆维修		
会议		
互联网接入服务		
车辆租赁		
印刷	指单项或批量在2万元以上的本单位文印部门不能承担的票据、证书、期刊、文件、公文用纸、资料汇编、信封等印刷业务	单项或批量小于100万元为定点服务，100万元以上（含100万元）为项目采购
物业管理	指单项或批量达到50万元以上（含50万元）	项目采购

二、部门集中采购项目

救灾物资、病虫害防治物资和设备、农用机械设备、警用设备和用品、教材和专用教学设备、文艺设备和文化活动原则上应当实行部门集中采购，具体项目由主管部门确定。

部门集中采购由部门自行组织，可以委托集中采购机构采购，也可以委托社会采购代理机构采购。自行组织招标的部门应符合《政府采购货物和服务招标投标管理办法》（财政部第 18 号令）第十二条规定的条件。

三、分散采购及限额标准

除集中采购机构采购项目和部门集中采购项目外，各部门采购单项或批量金额达到 50 万元以上（含 50 万元）的货物和服务项目、100 万元以上（含 100 万元）的工程项目应执行《中华人民共和国政府采购法》和《中华人民共和国招标投标法》有关规定，实行分散采购。

采购人可以依法委托采购代理机构办理招标事宜，也可以自行组织开展招标活动，但必须符合《政府采购货物和服务招标投标管理办法》（财政部第 18 号令）第十二条规定的条件。

四、政府采购公开招标数额标准

采购公开招标数额标准以上的项目，必须采用公开招标的方式。因特殊原因需要采用公开招标以外的采购方式的，应当在采购活动开始前获得本级政府采购监督管理部门的批准。公开招标的具体数额标准如下：

（一）货物或服务类：单项或批量采购金额一次性达到 100 万元以上（含 100 万元）。

（二）工程类：按照北京市有关规定执行。

北京市财政局关于同意通州区 2012 年政府采购集中采购目录及标准的通知

2011 年 11 月 14 日　京财采购〔2011〕2433 号

通州区财政局：

你单位《关于调整北京市通州区 2012 年政府采购集中采购目录及标准的请示》（通财采购文〔2011〕418 号）收悉。根据《中华人民共和国政府采购法》及《北京市财政局关于印发北京市 2012 年政府采购集中采购目录及标准的通知》（京财采购〔2011〕2182 号），经审核，同意你区制定的 2012 年政府采购集中采购目录及标准。

附件：北京市通州区 2012 年政府采购集中采购目录及标准

附件：

北京市通州区财政局关于调整《北京市通州区2012年政府采购集中采购目录及标准》的请示

2011年10月31日 通财采购文〔2011〕418号

北京市财政局：

根据北京市财政局《关于印发北京市2012年政府采购集中采购目录及标准的通知》（京财采购〔2011〕2182号，结合我区具体情况，我们对《北京市2012年政府采购集中采购目录及标准》作了相应调整，作为通州区2012年政府采购集中采购目录及标准。

调整后的目录及标准如下，请批示。

一、集中采购目录

采购纳入集中采购目录的政府采购项目，必须按规定委托集中采购代理机构采购。

<table>
<tr><th>目录项目</th><th>备 注</th><th>采购类型</th></tr>
<tr><td>（一）货物类</td><td></td><td></td></tr>
<tr><td>轿车</td><td></td><td rowspan="6">协议供货</td></tr>
<tr><td>越野汽车（吉普车）</td><td></td></tr>
<tr><td>旅行车</td><td></td></tr>
<tr><td>大客车</td><td></td></tr>
<tr><td>其他汽车</td><td>指皮卡、箱式货车、救护车、清障车、囚车、采血车、工程抢险车、防暴车</td></tr>
<tr><td>计算机通用软件</td><td></td><td rowspan="12">单项或批量小于100万元为协议供货，100万元以上（含100万元）为项目采购</td></tr>
<tr><td>摄影、摄像设备</td><td>指数码照相机、数码摄像机（含镜头）及零配件</td></tr>
<tr><td>空气调节设备</td><td>指分体壁挂式、分体柜式、单元式（含机房用机）、多联机</td></tr>
<tr><td>计算机</td><td>指台式计算机、便携式计算机及零配件</td></tr>
<tr><td>显示器</td><td></td></tr>
<tr><td>打印机</td><td>指喷墨、激光、针式、多功能一体机、用于固定资产管理的条码打印机</td></tr>
<tr><td>传真机</td><td></td></tr>
<tr><td>复印机</td><td>含速印机</td></tr>
<tr><td>投影仪</td><td></td></tr>
<tr><td>投影幕</td><td></td></tr>
<tr><td>电子白板</td><td></td></tr>
<tr><td>扫描仪</td><td>指高速文档扫描仪、平板扫描仪、便携式扫描仪、专用扫描仪、用于固定资产管理的数据采集扫描器</td></tr>
</table>

续表

<table>
<tr><th>目录项目</th><th>备　注</th><th>采购类型</th></tr>
<tr><td>UPS电源</td><td>指后备式、在线式</td><td rowspan="7">单项或批量小于100万元为协议供货，100万元以上（含100万元）为项目采购</td></tr>
<tr><td>移动存储设备</td><td>指移动硬盘、数码存储卡、便携式存储设备、录音笔</td></tr>
<tr><td>硬盘保护卡</td><td></td></tr>
<tr><td>碎纸机</td><td></td></tr>
<tr><td>服务器</td><td>含零配件</td></tr>
<tr><td>网络设备</td><td>指网络交换机、路由器、网络存储设备</td></tr>
<tr><td>电视机</td><td></td></tr>
<tr><td>家具</td><td></td><td>单项或批量小于50万元为协议供货，50万元以上（含50万元）为项目采购</td></tr>
<tr><td>体育器材、设备</td><td>指室内健身器材、设备及户外健身器材、设备</td><td rowspan="2">单项或批量小于50万元为协议供货，50万元以上（含50万元）为项目采购</td></tr>
<tr><td>厨房设备</td><td>指厨房设备及周边餐具</td></tr>
<tr><td>电梯和起重机</td><td rowspan="2">指单项或批量达到50万元以上（含50万元）</td><td rowspan="2">项目采购</td></tr>
<tr><td>锅炉</td></tr>
<tr><td>（二）服务类</td><td></td><td></td></tr>
<tr><td>车辆保险</td><td></td><td rowspan="6">定点服务</td></tr>
<tr><td>车辆加油</td><td></td></tr>
<tr><td>车辆维修</td><td></td></tr>
<tr><td>会议</td><td></td></tr>
<tr><td>互联网接入服务</td><td></td></tr>
<tr><td>车辆租赁</td><td></td></tr>
<tr><td>印刷</td><td>指单项或批量在2万元以上的本单位文印部门不能承担的票据、证书、期刊、文件、公文用纸、资料汇编、信封等印刷业务</td><td>单项或批量小于100万元为定点服务，100万元以上（含100万元）为项目采购</td></tr>
<tr><td>物业管理</td><td>指单项或批量达到50万元以上（含50万元）</td><td>项目采购</td></tr>
</table>

二、部门集中采购项目

救灾物资、病虫害防治物资和设备、农用机械设备、警用设备和用品、教材和专用教学设备、文艺设备和文化活动原则上应实行部门集中采购，具体项目由主管部门确定。

部门集中采购由部门自行组织，可以委托集中采购机构采购，也可以委托社会采购代理机构采购、自行组织招标的部门应符合《政府采购货物和服务招标投标管理办法》（财政部第18号令）第十二条规定的条件。

三、分散采购及限额标准

除集中采购机构采购项目和部门集中采购项目外，各部门采购单项或批量金额达到30万元以上（含30万元）的货物和服务项目、100万元以上（含100万元）的工程项目应执行《中华人民共和国政府采购法》和《中华人民共和国招标投标法》有关规定，实行分散采购。

采购人可以依法委托采购代理机构办理招标事宜，也可以自行组织开展招标活动，但必须符合《政府采购货物和服务招标投标管理办法》（财政部第18号令）第十二条规定的条件。

四、政府采购公开招标数额标准

采购公开招标数额标准以上的项目，必须采用公开招标的方式。因特殊原因需要采用公开招标以外的采购方式的，应当在采购活动开始前获得本级政府采购监督管理部门的批准。公开招标的具体数额标准如下：

（一）货物或服务类：单项或批量采购金额一次达到100万元以上（含100万元）；

（二）工程类：按照北京市有关规定执行。

北京市财政局关于同意昌平区2012年政府采购集中采购目录及标准的通知

2011年11月14日　京财采购〔2011〕2434号

昌平区财政局：

你单位《关于调整北京市昌平区2012年政府采购集中采购目录及标准的请示》（昌财采购〔2011〕323号）收悉。根据《中华人民共和国政府采购法》及《北京市财政局关于印发北京市2012年政府采购集中采购目录及标准的通知》（京财采购〔2010〕2182号），经审核，同意你区制定的2012年政府采购集中采购目录及标准。

附件：北京市昌平区2012年政府采购集中采购目录及标准

附件：

北京市昌平区财政局关于调整北京市昌平区2012年政府采购集中采购目录及标准的请示

2011年10月25日　昌财采购〔2011〕323号

北京市财政局：

根据《中华人民共和国政府采购法》和《北京市财政局关于印发北京市2012年政府采

购集中采购目录及标准的通知》（京财采购〔2011〕2182 号）文件精神，结合我区的实际情况，我区适当降低了政府采购协议供货限额标准、分散采购限额标准及公开招标数额标准。

现将我区制定的《北京市昌平区 2012 年政府采购集中采购目录及标准》予以上报，望批准为盼。

妥否，请批示。

附：北京市昌平区 2012 年政府采购集中采购目录及标准

附：

北京市昌平区 2012 年政府采购集中采购目录及标准

根据《中华人民共和国政府采购法》和《北京市财政局关于印发北京市 2012 年政府采购集中采购目录及标准的通知》（京财采购〔2011〕2182 号）文件精神，结合昌平区具体情况，现制定北京市昌平区 2011 年政府采购集中采购目录及标准：

一、集中采购机构采购项目

采购纳入集中采购目录的政府采购项目，必须按规定委托集中采购代理机构。

目录项目	备注	采购类型
（一）货物类		
轿车		
越野汽车（吉普车）		
旅行车		协议供货
大客车		
其他汽车	指皮卡、箱式货车、救护车、清障车、囚车、采血车、工程抢险车、防暴车	
计算机通用软件		
摄影、摄像设备	指数码照相机、数码摄像机（含镜头）及零配件	
空气调节设备	指分体壁挂式、分体柜式、单元式（含机房用机）、多联机	
计算机	指台式计算机、便携式计算机及零配件	
显示器		单项或批量小于 80 万元为协议供货，80 万元以上（含 80 万元）为项目采购
打印机	指喷墨、激光、针式、多功能一体机、用于固定资产管理的条码打印机	
传真机		
复印机	含速印机	
投影仪		
投影幕		

续表

目录项目	备　注	采购类型
电子白板		单项或批量小于 80 万元为协议供货，80 万元以上（含 80 万元）为项目采购
扫描仪	指高速文档扫描仪、平板扫描仪、便携式扫描仪、专用扫描仪、用于固定资产管理的数据采集扫描器	
UPS 电源	指后备式、在线式	
移动存储设备	指移动硬盘、数码存储卡、便携存储设备、录音笔	
硬盘保护卡		
碎纸机		
服务器	含零配件	
网络设备	指网络交换机、路由器、网络存储设备	
电视机		
家具	指单项或批量达到 30 万元以上（含 30 万元）	项目采购
电梯和起重机		
锅炉		
（二）服务类		
车辆保险		定点服务
车辆加油		
车辆维修		
会议		
互联网接入服务		
车辆租赁		
印刷	指单项或批量在 2 万元以上的本单位文印部门不能承担的票据、证书、期刊、文件、公文用纸、资料汇编、信封等印刷业务	项目采购
物业管理	指单项或批量达到 50 万元以上（含 50 万元）	项目采购

二、部门集中采购项目

救灾物资、病虫害防治物资和设备、农用机械设备、警用设备和用品、教材和专用教学设备、文艺设备和文化活动原则上应当实行部门集中采购，具体项目由主管部门确定。

部门集中采购由部门自行组织，可以委托集中采购机构采购，也可以委托社会采购代理机构采购。自行组织招标的部门应符合《政府采购货物和服务招标投标管理办法》（财政部第 18 号令）第十二条规定的条件。

三、分散采购及限额标准

除集中采购机构采购项目和部门集中采购项目外，各部门采购单项或批量金额达到 30

万元以上（含30万元）的货物和50万元以上（含50万元）服务项目、100万元以上（含100万元）的工程项目应执行《中华人民共和国政府采购法》和《中华人民共和国招标投标法》有关规定，实行分散采购。

采购人可以依法委托采购代理机构办理招标事宜，也可以自行组织开展招标活动，但必须符合《政府采购货物和服务招标投标管理办法》（财政部第18号令）第十二条规定的条件。

四、政府采购公开招标数额标准

采购公开招标数额标准以上的项目，必须采用公开招标的方式。因特殊原因需要采用公开招标以外的采购方式的，应当在采购活动开始前获得本级政府采购监督管理部门的批准。公开招标的具体数额标准如下：

（一）货物或服务类：单项或批量采购金额一次性达到80万元以上（含80万元）。

（二）工程类：按照北京市有关规定执行。

北京市财政局关于同意石景山区2012年政府采购集中采购目录及标准的通知

2011年11月14日 京财采购〔2011〕2436号

石景山区财政局：

你单位《关于调整石景山区2012年政府采购集中采购目录及限额标准的请示》（石财采购〔2011〕107号）收悉。根据《中华人民共和国政府采购法》及《北京市财政局关于印发北京市2012年政府采购集中采购目录及标准的通知》（京财采购〔2011〕2182号），经审核，同意你区制定的2012年政府采购集中采购目录及限额标准。

附件：北京市石景山区2012年政府采购集中采购目录及限额标准

附件：

北京市石景山区财政局关于调整石景山区2012年政府采购集中采购目录及限额标准的请示

2011年10月28日 石财采购〔2011〕107号

北京市财政局：

石景山区财政局根据市财政局《关于印发北京市2012年政府采购集中采购目录及标准的通知》（京财采购〔2011〕2182号），结合石景山区具体实际情况，制定了《石景山区2012年政府采购集中采购目录及标准》。同时，结合我区实际情况，对我区政府采购集中采购目录及标准做出以下几项调整：

1. 将集中采购目录货物类中的家具、电梯和起重机、锅炉三种品目的采购限额从“单项或批量达到50万元（含）以上”调整为“单项或批量30万元（含）以上”。

2. 在集中采购目录工程类中增加“便民工程”一项，限额标准为“单项或批量5万元（含）以上”。

3. 在分散采购限额标准中，将货物类、服务类和工程类的限额标准分别从“单项或批量达到50万元以上（含50万元）”、“单项或批量达到50万元以上（含50万元）”、“单项或批量达到100万元以上（含100万元）”，调整为“货物类：单项或批量达到30万元以上（含30万元）；服务类：单项或批量达到30万元以上（含30万元）；工程类：单项或批量达到30万元以上（含30万元）”。

妥否，请批示。

附：北京市石景山区2012年政府采购集中采购目录及标准

附：

石景山区2012年政府采购集中采购目录及标准

一、集中采购目录

<table>
<tr><th>政府采购项目</th><th>备　注</th><th>采购类型</th></tr>
<tr><td>（一）货物类</td><td></td><td></td></tr>
<tr><td>轿车</td><td></td><td rowspan="5">协议采购</td></tr>
<tr><td>越野汽车</td><td></td></tr>
<tr><td>旅行车</td><td></td></tr>
<tr><td>大客车</td><td></td></tr>
<tr><td>其他汽车</td><td>指皮卡、箱式货车、救护车、清障车、囚车、采血车、工程抢险车、防暴车</td></tr>
<tr><td>计算机通用软件</td><td></td><td rowspan="10">单项或批量小于100万元为协议采购，100万元以上（含100万元）为项目采购</td></tr>
<tr><td>摄影、摄像设备</td><td>指数码照相机、数码摄像机（含镜头）及零配件</td></tr>
<tr><td>空气调节设备</td><td>指分体壁挂式、分体柜式、单元式（含机房用机）、多联机</td></tr>
<tr><td>计算机</td><td>指台式计算机、便携式计算机及零配件</td></tr>
<tr><td>显示器</td><td></td></tr>
<tr><td>打印机</td><td>指喷墨、激光、针式、多功能一体机、用于固定资产管理的条码打印机</td></tr>
<tr><td>传真机</td><td></td></tr>
<tr><td>复印机</td><td>含速印机</td></tr>
<tr><td>投影仪</td><td></td></tr>
</table>

续表

政府采购项目	备　注	采购类型
投影幕		
电子白板		
扫描仪	指高速文档扫描仪、平板扫描仪、便携式扫描仪、专用扫描仪、用于固定资产管理的数据采集扫描仪	
UPS 电源	指后备式、在线式	单项或批量小于 100 万元为协议采购，100 万元以上（含 100 万元）为项目采购
移动存储设备	指移动硬盘、数码存储卡、便携存储设备、录音笔	
硬盘保护卡		
碎纸机		
服务器	含零配件	
网络设备	指网络交换机、路由器、网络存储设备	
电视机		
家具	单项或批量 30 万元（含）以上	项目采购
电梯和起重机	单项或批量 30 万元（含）以上	
锅炉	单项或批量 30 万元（含）以上	
（二）服务类		
车辆保险		定点服务
车辆加油		
车辆维修		
会议		
互联网接入服务		
车辆租赁		
印刷	指单项或批量在 2 万元以上的本单位文印部门不能承担的票据、证书、期刊、文件、公文用纸、资料汇编、信封等印刷业务	单项或批量小于 100 万元为定点服务，100 万元以上（含 100 万元）为项目采购
物业管理	指单项或批量达到 50 万元以上（含 50 万元）	项目采购
（三）工程类		
便民工程	单项或批量 5 万元（含）以上	项目采购

二、政府采购限额标准

集中采购目录以外项目执行如下限额标准：

（一）货物类：单项或批量达到 30 万元以上（含 30 万元）；

（二）服务类：单项或批量达到 30 万元以上（含 30 万元）；

（三）工程类：单项或批量达到 30 万元以上（含 30 万元）；

三、政府采购公开招标数额标准

采购公开招标数额标准以上的项目，必须采用公开招标的方式。因特殊原因需要采用公开招标以外的采购方式的，应当在采购活动开始前获得石景山区财政局的批准。公开招标的具体标准如下：

（一）货物或服务类：单项或批量采购金额一次达到 100 万元以上（含 100 万元）。

（二）工程类：按照北京市有关规定执行。

北京市财政局关于同意北京市东城区 2012 年政府采购集中采购目录及标准的通知

2011 年 11 月 14 日　京财采购〔2011〕2437 号

东城区财政局：

你单位《关于在东城区对北京市 2012 年政府采购集中采购目录及标准有关内容进行调整的请示》（东财采购〔2011〕452 号）收悉。根据《中华人民共和国政府采购法》及《北京市财政局关于印发北京市 2012 年政府采购集中采购目录及标准的通知》（京财采购〔2010〕2182 号），经审核，同意你区制定的 2012 年政府采购集中采购目录及标准。

附件：北京市东城区 2012 年政府采购集中采购目录及标准

附件：

北京市东城区财政局关于对《北京市 2012 年政府采购集中采购目录及标准》有关内容调整的请示

2011 年 11 月 1 日　东财采购〔2011〕452 号

北京市财政局：

根据北京市财政局《关于印发北京市 2012 年政府采购集中采购目录及标准的通知》（京财采购［2011］2182 号）精神，结合东城区实际情况，我局拟对《北京市 2012 年政府采购集中采购目录及标准》作如下调整（详见附件），适当降低政府采购限额标准和集中采购目录中的附加限额标准。

妥否，请批示。

附：北京市东城区 2012 年政府采购集中采购目录及标准

附：

北京市东城区 2012 年政府采购集中采购目录及标准

一、集中采购目录

目录项目	备　注	采购类型
（一）货物类		
轿车		协议采购
越野汽车（吉普车）		
旅行车		
大客车		
其他汽车	指皮卡、箱式货车、救护车、清障车、囚车、采血车、工程抢险车、防暴车	
计算机通用软件		单项或批量小于 50 万元为协议采购，50 万元以上（含 50 万元）为项目采购
摄影、摄像设备	指数码照相机、数码摄像机（含镜头）及零配件	
空气调节设备	指分体壁挂式、分体柜式、单元式（含机房用机）、多联机	
计算机	指台式计算机、便携式计算机及零配件	
显示器		
打印机	指喷墨、激光、针式、多功能一体机、用于固定资产管理的条码打印机	
传真机		
复印机	含速印机	
投影仪		
投影幕		
电子白板		
扫描仪	指高速文档扫描仪、平板扫描仪、便携式扫描仪、专用扫描仪、用于固定资产管理的数据采集扫描器	
UPS 电源	指后备式、在线式	
移动存储设备	指移动硬盘、数码存储卡、便携存储设备、录音笔	
硬盘保护卡		
碎纸机		

续表

目录项目	备　注	采购类型
服务器	含零配件	单项或批量小于50万元为协议采购，50万元以上（含50万元）为项目采购
网络设备	指网络交换机、路由器、网络存储设备	
电视机		
家具	指单项或批量达到10万元以上（含10万元）	
电梯和起重机		项目采购
锅炉		
（二）服务类		
车辆保险		协议采购
车辆加油		
车辆维修		
会议		
互联网接入服务		
车辆租赁		
印刷	指单项或批量在2万元以上的本单位文印部门不能承担的票据、证书、期刊、文件、公文用纸、资料汇编、信封等印刷业务	单项或批量小于50万元为协议采购，50万元以上（含50万元）为项目采购
物业管理	指单项或批量达到50万元以上（含50万元）	项目采购

二、部门集中采购项目

救灾物资、病虫害防治物资和设备、农用机械设备、警用设备和用品、教材和专用教学设备、文艺设备和文化活动原则上应当实行部门集中采购，具体项目由主管部门确定。

部门集中采购由部门自行组织，可以委托集中采购机构采购，也可以委托社会采购代理机构采购。自行组织招标的部门应符合《政府采购货物和服务招标投标管理办法》（财政部第18号令）第十二条规定的条件。

三、分散采购及限额标准

集中采购目录和部门集中采购项目以外项目执行如下限额标准：

（一）货物类：单项或批量采购金额达到30万元以上（含30万元）。

（二）服务类：单项或批量采购金额达到50万元以上（含50万元）。

（三）工程类：单项或批量采购金额达到50万元以上（含50万元）。

采购人可以依法委托采购代理机构办理招标事宜，也可以自行组织开展招标活动，但必须符合《政府采购货物和服务招标投标管理办法》（财政部第18号令）第十二条规定的条件。

四、政府采购公开招标数额标准

（一）货物或服务类：单项或批量采购金额一次性达到50万元以上（含50万元）。

（二）工程类：按照北京市及东城区有关规定执行。

北京市财政局转发中关村国家自主创新示范区领导小组《关于停止执行〈北京市政府采购自主创新产品评审实施细则〉的通知》

2011 年 11 月 14 日　京财采购〔2011〕2438 号

市属各单位，各区县财政局、开发区财政局，北京市政府采购中心：

中关村国家自主创新示范区领导小组近期印发了《关于停止执行〈北京市政府采购自主创新产品评审实施细则〉的通知》（中示区组发〔2011〕9 号），现转发给你们，请遵照执行。

附件：关于停止执行《北京市政府采购自主创新产品评审实施细则》的通知

附件：

关于停止执行《北京市政府采购自主创新产品评审实施细则》的通知

2011 年 11 月 7 日　中示区组发〔2011〕9 号

中关村国家自主创新示范区领导小组各成员单位：

经研究决定，《关于印发北京市政府采购自主创新产品评审实施细则的通知》（中示区组发〔2010〕27 号）自即日起停止执行。

北京市财政局关于同意平谷区 2012 年政府采购集中采购目录及标准的通知

2011 年 11 月 28 日　京财采购〔2011〕2593 号

平谷区财政局：

你单位《关于制定平谷区 2012 年政府采购集中采购目录及标准的请示》（京平财采购〔2011〕301 号）收悉。根据《中华人民共和国政府采购法》及《北京市财政局关于印发北京市 2012 年政府采购集中采购目录及标准的通知》（京财采购〔2011〕2182 号），经审核，同意你区制定的 2012 年政府采购集中采购目录及限额标准。

附件：北京市平谷区 2012 年政府采购集中采购目录及标准

附件：

平谷区财政局关于制定平谷区 2012 年政府采购集中采购目录及标准的请示

2011 年 11 月 2 日　京平财采购〔2011〕301 号

市财政局：

根据《中华人民共和国政府采购法》规定和北京市财政局《关于印发北京市 2012 年政府采购集中采购目录及标准的通知》（京财采购〔2011〕2182 号）要求，结合平谷区具体情况，现制定平谷区 2012 年政府采购集中采购目录及标准如下：

详见附件。

妥否，请批示。

附：北京市平谷区 2012 年政府采购集中采购目录及标准

附：

平谷区 2012 年政府采购集中采购目录及标准

根据《中华人民共和国政府采购法》和北京市财政局《关于印发北京市 2012 年政府采购集中采购目录及标准的通知》（京财采购〔2011〕2182 号）精神，结合平谷区具体情况，现制定平谷区 2012 年政府采购集中采购目录及标准如下：

一、集中采购机构采购项目

采购纳入集中采购目录的政府采购项目，必须按规定委托集中采购代理机构采购。

目录项目	备　注	采购类型
（一）货物类		
轿车		协议供货
越野汽车（吉普车）		
旅行车		
大客车		
其他汽车	指皮卡、箱式货车、救护车、清障车、囚车、采血车、工程抢险车、防暴车	

续表

目录项目	备　注	采购类型
摄影、摄像设备	指数码照相机、数码摄像机（含镜头）及零配件	单项或批量小于 50 万元为协议供货，50 万元以上（含 50 万元）为项目采购
空气调节设备	指分体壁挂式、分体柜式、单元式（含机房用机）、多联机	
计算机	指台式计算机、便携式计算机及零配件	
显示器		
打印机	指喷墨、激光、针式、多功能一体机、用于固定资产管理的条码打印机	
传真机		
复印机	含速印机	
投影仪		
投影幕		
扫描仪	指高速文档扫描仪、平板扫描仪、便携式扫描仪、专用扫描仪、用于固定资产管理的数据采集扫描器	
UPS 电源	指后备式、在线式	
移动存储设备	指移动硬盘、数码存储卡、便携存储设备、录音笔	
硬盘保护卡		
碎纸机		
服务器	含零配件	
网络设备	指网络交换机、路由器、网络存储设备	
电视机		
计算机通用软件		项目采购
电子白板		
家具	指单项或批量达到 10 万元以上（含 10 万元）	项目采购
电梯和起重机		
锅炉		
（二）服务类		
车辆保险		定点服务
车辆加油		
车辆租赁		项目采购
车辆维修		
会议		
互联网接入服务		
印刷	指单项或批量达到 2 万元以上（含 2 万元）	
物业管理	指单项或批量达到 10 万元以上（含 10 万元）	

二、部门集中采购项目

救灾物资、病虫害防治物资和设备、农用机械设备、警用设备和用品、教材和专用教学设备、文艺设备和文化活动原则上应当实行部门集中采购，具体项目由主管部门确定。

部门集中采购由部门自行组织，可以委托集中采购机构采购，也可以委托社会采购代理机构采购。自行组织招标的部门应符合《政府采购货物和服务招标投标管理办法》（财政部第18号令）第十二条规定的条件。

三、分散采购及限额标准

除集中采购机构采购项目和部门集中采购项目外，各部门采购单项或批量金额达到10万元以上（含10万元）的货物和服务项目、20万元以上（含20万元）的工程项目应执行《中华人民共和国政府采购法》和《中华人民共和国招标投标法》有关规定，实行分散采购。

采购人可以依法委托采购代理机构办理招标事宜，也可以自行组织开展招标活动，但必须符合《政府采购货物和服务招标投标管理办法》（财政部第18号令）第十二条规定的条件。

四、政府采购公开招标数额标准

采购公开招标数额标准以上的项目，必须采用公开招标的方式。因特殊原因需要采用公开招标以外的采购方式的，应当在采购活动开始前获得本级政府采购监督管理部门的批准。公开招标的具体数额标准如下：

（一）货物或服务类：单项或批量采购金额一次性达到50万元以上（含50万元）。

（二）工程类：按照北京市有关规定执行。

北京市财政局关于同意北京市大兴区2012年政府采购集中采购目录及标准的通知

2011年11月24日　京财采购〔2011〕2559号

大兴区财政局：

你局《关于调整大兴区2012年政府采购集中采购目录及标准的请示》（京兴财〔2011〕175号）收悉。根据《中华人民共和国政府采购法》及《北京市财政局关于印发北京市2012年政府采购集中采购目录及标准的通知》（京财采购〔2011〕2182号）规定，经审核，同意你区制定的2012年政府采购集中采购目录及标准。

附件：北京市大兴区2012年政府采购集中采购目录及标准

附件：

北京市大兴区财政局关于调整我区2012年政府采购集中采购目录及标准的请示

2011年11月3日 京兴财〔2011〕175号

北京市财政局：

根据市财政局《北京市财政局关于印发北京市2012年政府采购集中采购目录及标准的通知》（京财采购〔2011〕2182号）要求，结合我区实际情况，现申请对2012年政府采购集中采购目录及标准进行适当调整，具体调整如下：

一、在北京市2012年政府采购集中采购目录及标准的基础上增加“家具”、“教学仪器”、“体育器材”、“厨房设备”等协议采购货物类别。

二、我区教育系统采购“家具”、“体育器材”、“教学仪器”、“厨房设备”等货物时，单项或批量采购预算小于50万元的，实行协议采购；单项或批量采购预算超过50万元（含50万元）小于100万元的，可实行协议采购，也可实行项目采购。

三、区属各行政事业单位在采购“家具”、“厨房设备”等货物时，单项或批量采购预算超过50万元（含50万元）小于100万元的，可实行协议采购，也可实行项目采购。

妥否，请批复。

附：北京市大兴区2012年政府采购集中采购目录及标准

附：

大兴区2012年政府采购集中采购目录及标准

一、集中采购目录

目录项目	备　注	采购类型
（一）货物类		
轿车		协议供货
越野汽车（吉普车）		
旅行车		
大客车		
其他汽车	指皮卡、箱式货车、救护车、清障车、囚车、采血车、工程抢险车、防暴车	

续表

目录项目	备注	采购类型
计算机通用软件		单项或批量小于100万元为协议供货，100万元以上（含100万元）为项目采购
摄影、摄像设备	指数码照相机、数码摄像机（含镜头）及零配件	
空气调节设备	指分体壁挂式、分体柜式、单元式（含机房用机）、多联机	
计算机	指台式计算机、便携式计算机及零配件	
显示器		
打印机	指喷墨、激光、针式、多功能一体机、用于固定资产管理的条码打印机	
传真机		
复印机	含速印机	
投影仪		
投影幕		
电子白板		
UPS 电源	指后备式、在线式	
移动存储设备	指移动硬盘、数码存储卡、便携存储设备、录音笔	
扫描仪	指高速文档扫描仪、平板扫描仪、便携式扫描仪、专用扫描仪、用于固定资产管理的数据采集扫描器	
硬盘保护卡		
碎纸机		
服务器	含零配件	
网络设备	指网络交换机、路由器、网络存储设备	
电视机		
家具	指单项或批量达到50万元以上（含50万元）	50万元－100万元可实行协议采购，也可实行项目采购（区教育系统50万元以下实行协议采购）
教学仪器		
体育器材		
厨房设备		
电梯和起重机	指单项或批量达到50万元以上（含50万元）	项目采购
锅炉		
（二）服务类		
车辆保险		定点服务
车辆加油		
车辆维修		

续表

目录项目	备　注	采购类型
会议		定点服务
互联网接入服务		
车辆租赁		
印刷	指单项或批量在2万元以上的本单位文印部门不能承担的票据、证书、期刊、文件、公文用纸、资料汇编、信封等印刷业务	单项或批量小于100万元为定点服务，100万元以上（含100万元）为项目采购
物业管理	指单项或批量达到50万元以上（含50万元）	项目采购

二、分散采购及限额标准

集中采购目录以外、分散采购限额标准以上的政府采购项目，应执行《中华人民共和国政府采购法》和《中华人民共和国招标投标法》有关规定，实行分散采购。分散采购的限额标准如下：

（一）货物或服务类：单项或批量采购金额达到50万元以上（含50万元）。

（二）工程类：单项或批量采购金额达到100万元以上（含100万元）。

三、政府采购公开招标数额标准

采购公开招标数额标准以上的项目，必须采用公开招标的方式。因特殊原因采用公开招标以外的采购方式的，应当在采购活动开始前获得本级政府采购监督管理部门的批准。公开招标的具体数额标准如下：

（一）货物或服务类：单项或批量采购金额一次性达到100万元以上（含100万元）；

（二）工程类：按照北京市有关规定执行。

北京市财政局关于同意西城区2012年政府采购集中采购目录及标准的通知

2011年12月7日　京财采购〔2011〕2699号

西城区财政局：

你单位《关于调整北京市2012年政府采购集中采购目录及标准有关问题的请示》（西财采〔2011〕302号）收悉。根据《中华人民共和国政府采购法》及《北京市财政局关于印发北京市2012年政府采购集中采购目录及标准的通知》（京财采购〔2011〕2182号），经审核，同意你区制定的2012年政府采购集中采购目录及限额标准。

附件：北京市西城区2012年政府采购集中采购目录及标准

附件：

北京市西城区财政局关于调整《北京市2012年政府采购集中采购目录及标准》有关问题的请示

2011年11月4日 西财采〔2011〕302号

北京市财政局：

根据《中华人民共和国政府采购法》和《北京市财政局关于印发北京市2012年政府采购集中采购目录及标准的通知》（京财采购〔2011〕2182号）精神，结合西城区具体情况，现对《北京市2012年政府采购集中采购目录及标准》进行了调整，具体情况如下：

一、集中采购目录

凡纳入集中采购目录的政府采购项目，必须按规定委托集中采购代理机构。

目录项目	备注	采购类型
（一）货物类		
轿车		定点采购
越野汽车（吉普车）		
旅行车		
大客车		
其他汽车	指皮卡、箱式货车、救护车、清障车、囚车、采血车、工程抢险车、防暴车	
计算机通用软件		单项或批量小于30万元（含30万元）为定点采购，30万元以上为项目采购
摄影、摄像设备	指数码照相机、数码摄像机（含镜头）及零配件	
空气调节设备	指分体壁挂式、分体柜式、单元式（含机房用机）、多联机	
计算机	指台式计算机、便携式计算机及零配件	
显示器		
打印机	指喷墨、激光、针式、多功能一体机、用于固定资产管理的条码打印机	
传真机		
复印机	含速印机	
投影仪		
投影幕		
电子白板		

续表

目录项目	备　注	采购类型
扫描仪	指高速文档扫描仪、平板扫描仪、便携式扫描仪、专用扫描仪、用于固定资产管理的数据采集扫描器	单项或批量小于30万元（含30万元）为定点采购，30万元以上为项目采购
UPS电源	指后备式、在线式	
移动存储设备	指移动硬盘、数码存储卡、便携存储设备、录音笔	
硬盘保护卡		
碎纸机		
服务器	含零配件	
网络设备	指网络交换机、路由器、网络存储设备	
电视机		
家具		
电梯和起重机		项目采购
锅炉		
（二）服务类		
车辆保险		定点服务
车辆加油		
车辆维修		
车辆租赁		
印刷	指单项或批量在2万元以上的本单位文印部门不能承担的票据、证书、期刊、文件、公文用纸、资料汇编、信封等印刷业务	单项或批量小于30万元（含30万元）为定点服务，30万元以上为项目采购
会议		定点服务
互联网接入服务		项目采购
物业管理		项目采购

二、分散采购及限额标准

集中采购目录以外、分散采购限额标准以上的政府采购项目，应执行《中华人民共和国政府采购法》和《中华人民共和国招标投标法》有关规定，自行实施政府采购或委托政府采购代理机构采购。分散采购的限额标准如下：

（一）货物类：单项或批量采购金额达到30万元以上（含30万元）；

（二）服务类：单项或批量采购金额达到30万元以上（含30万元）；

（三）工程类：单项或批量采购金额达到30万元以上（含30万元）。

三、政府采购公开招标数额标准

政府采购公开招标数额标准以上的项目，必须采用公开招标的方式。因特殊原因需要采用公开招标以外采购方式的，应当在采购活动开始前获得本级政府采购监督管理部门的批准。公开招标的具体数额标准如下：

（一）货物或服务类：单项或批量采购金额一次性达到100万元以上（含100万元）；

（二）工程类：按照北京市有关规定执行。

妥否，请批示。

北京市财政局关于同意北京市丰台区2012年政府采购集中采购目录及标准的通知

2011年12月21日　京财采购〔2011〕2848号

丰台区财政局：

你单位《关于确定丰台区2012年政府采购集中采购目录及标准的请示》（丰财采购〔2011〕640号）收悉。根据《中华人民共和国政府采购法》及《北京市财政局关于印发北京市2012年政府采购集中采购目录及标准的通知》（京财采购〔2010〕2182号），经审核，同意你区制定的2012年政府采购集中采购目录及标准。

附件：北京市丰台区2012年政府采购集中采购目录及标准

附件：

北京市丰台区财政局关于确定《丰台区2012年政府采购集中采购目录及标准》的请示

2011年12月5日　丰财采购〔2011〕640号

北京市财政局：

贵局《关于印发北京市2012年政府采购集中采购目录及标准的通知》（京财采购〔2011〕2182号）收悉。根据《通知》要求，我局草拟了《丰台区2012年政府采购集中采购目录及标准》（见附件），在《北京市2012年政府采购集中采购目录及标准》基础上，降低了工程类“分散采购限额标准”，工程类“分散采购限额标准”由100万元调整为50万元。

妥否，请批示。

附：北京市丰台区2012年政府采购集中采购目录及标准

附：

丰台区2012年政府采购集中采购目录及标准

根据《中华人民共和国政府采购法》和《北京市财政局关于印发北京市2012年政府采购集中采购目录及标准的通知》，结合丰台区具体情况，现制定丰台区2012年政府采购集中采购目录及标准如下：

一、集中采购机构采购项目

采购纳入集中采购目录的政府采购项目，必须按规定委托集中采购代理机构。

<table>
<tr><th>目录项目</th><th>备　注</th><th>采购类型</th></tr>
<tr><td>（一）货物类</td><td></td><td></td></tr>
<tr><td>轿车</td><td></td><td rowspan="5">协议供货</td></tr>
<tr><td>越野汽车（吉普车）</td><td></td></tr>
<tr><td>旅行车</td><td></td></tr>
<tr><td>大客车</td><td></td></tr>
<tr><td>其他汽车</td><td>指皮卡、箱式货车、救护车、清障车、囚车、采血车、工程抢险车、防暴车</td></tr>
<tr><td>计算机通用软件</td><td></td><td rowspan="15">单项或批量小于100万元为协议采购（协议采购二次报价），100万元以上（含100万元）</td></tr>
<tr><td>摄影、摄像设备</td><td>指数码照相机、数码摄像机（含镜头）及零配件</td></tr>
<tr><td>空气调节设备</td><td>指分体壁挂式、分体柜式、单元式（含机房用机）、多联机</td></tr>
<tr><td>计算机</td><td>指台式计算机、便携式计算机及零配件</td></tr>
<tr><td>显示器</td><td></td></tr>
<tr><td>打印机</td><td>指喷墨、激光、针式、多功能一体机、用于固定资产管理的条码打印机</td></tr>
<tr><td>传真机</td><td></td></tr>
<tr><td>复印机</td><td>含速印机</td></tr>
<tr><td>投影仪</td><td></td></tr>
<tr><td>投影幕</td><td></td></tr>
<tr><td>电子白板</td><td></td></tr>
<tr><td>扫描仪</td><td>指高速文档扫描仪、平板扫描仪、便携式扫描仪、专用扫描仪、用于固定资产管理的数据采集扫描器</td></tr>
<tr><td>UPS电源</td><td>指后备式、在线式</td></tr>
<tr><td>移动存储设备</td><td>指移动硬盘、数码存储卡、便携存储设备、录音笔</td></tr>
</table>

续表

<table>
<tr><th>目录项目</th><th>备　注</th><th>采购类型</th></tr>
<tr><td>硬盘保护卡</td><td></td><td rowspan="5">单项或批量小于100万元为协议采购（协议采购二次报价），100万元以上（含100万元）</td></tr>
<tr><td>碎纸机</td><td></td></tr>
<tr><td>服务器</td><td>含零配件</td></tr>
<tr><td>网络设备</td><td>指网络交换机、路由器、网络存储设备</td></tr>
<tr><td>电视机</td><td></td></tr>
<tr><td>家具</td><td rowspan="3">指单项或批量达到50万元以上（含50万元）</td><td rowspan="3">项目采购</td></tr>
<tr><td>电梯和起重机</td></tr>
<tr><td>锅炉</td></tr>
<tr><td>（二）服务类</td><td></td><td></td></tr>
<tr><td>车辆保险</td><td></td><td rowspan="6">定点服务</td></tr>
<tr><td>车辆加油</td><td></td></tr>
<tr><td>车辆维修</td><td></td></tr>
<tr><td>会议</td><td></td></tr>
<tr><td>互联网接入服务</td><td></td></tr>
<tr><td>车辆租赁</td><td></td></tr>
<tr><td>印刷</td><td>指单项或批量在2万元以上的本单位文印部门不能承担的票据、证书、期刊、文件、公文用纸、资料汇编、信封等印刷业务</td><td>单位或批量小于100万元为定点服务，100万元以上（含100万元）为项目采购</td></tr>
<tr><td>物业管理</td><td>指单项或批量达到50万元以上（含50万元）</td><td>项目采购</td></tr>
</table>

二、部门集中采购项目

救灾物资、病虫害防治物资和设备、农用机械设备、警用设备和用品、教材和专用教学设备、文艺设备和文化活动原则上应当实行部门集中采购，具体项目由主管部门确定。

部门集中采购由部门自行组织，可以委托集中采购机构采购，也可以委托社会采购代理机构采购。自行组织招标的部门应符合《政府采购货物和服务招标投标管理办法》（财政部第18号令）第十二条规定的条件。

三、分散采购限额标准

除集中采购机构采购项目和部门集中采购项目以外的项目执行如下限额标准：

（一）货物类：单项或批量采购金额达到50万元以上（含50万元）；

（二）服务类：单项或批量采购金额达到50万元以上（含50万元）；

（三）工程类：单项或批量采购金额达到50万元以上（含50万元）。

集中采购机构采购项目和部门集中采购项目以外、分散采购限额标准以上的项目应执行《中国人民共和国政府采购法》和《中华人民共和国招投标法》有关规定，实行分散采购。

四、政府采购公开招标数额标准

采购公开招标数额标准以上的项目，必须采用公开招标的方式。因特殊原因需要采用公开招标以外的采购方式的，应当在采购活动开始前获得本级政府采购监督管理部门的批准。公开招标的具体数额标准如下：

（一）货物或服务类：单项或批量采购金额一次达到 100 万元以上（含 100 万元）；

（二）工程类：按照北京市有关规定执行。

北京市财政局关于开展政府采购信用担保试点工作的通知

2011 年 12 月 23 日　京财采购〔2011〕2882 号

市属各单位，各区县财政局、开发区财政局、燕山财政分局，北京市政府采购中心，政府采购社会代理机构：

为支持和促进北京市中小企业发展，防范政府采购风险、提高政府采购质量，根据《国务院关于进一步促进中小企业发展的若干意见》（国发〔2009〕36 号）和《财政部关于开展政府采购信用担保试点工作的通知》（财库〔2011〕124 号）精神，我市将从明年起在市本级及海淀区、朝阳区开展政府采购信用担保试点工作，现将有关事项通知如下。

政府采购信用担保，就是将信用担保作为政策工具引入政府采购领域，由专业担保机构采取投标担保、履约担保、融资担保当中的一种或几种方式，为中小企业参与政府采购活动提供担保服务。作为一种有效的风险防范、信用增级的市场化运作手段，政府采购信用担保有利于降低中小企业参与政府采购的成本和风险，增加参与政府采购的机会和扩大融资渠道，优化中小企业发展环境。通过引入信用担保手段，能够在政府采购活动中形成一种市场化的利益、责任和制约机制，有助于完善政府采购的程序控制，丰富监管手段。

试点工作暂定两年。从 2012 年 1 月 1 日始至 2013 年 12 月 31 日止。第一年在市本级及海淀区、朝阳区开展试点工作，第二年逐步扩大到其他区县。各单位和试点区县要高度重视政府采购信用担保工作，加强组织管理，指定专人负责，并将试点工作中遇到的问题及时向我局反映。请参加试点的区县将试点工作实施方案报送市财政局备案，试点期间每半年要形成一份试点工作报告报送市财政局。

特此通知。

附件：1. 北京市开展政府采购信用担保试点工作实施方案

2. 政府采购投标担保函（项目用）

3. 政府采购履约担保函（项目用）

4. 北京市政府采购信用担保试点工作专业担保机构联系方式

附件1：

北京市开展政府采购信用担保试点工作实施方案

为支持和促进北京市中小企业发展，进一步发挥政府采购政策功能作用，根据《国务院关于进一步促进中小企业发展的若干意见》（国发〔2009〕36号）及《财政部关于开展政府采购信用担保试点工作的通知》（财库〔2011〕124号），制定本实施方案。

一、指导思想

以科学发展观为指导，深入贯彻落实国务院支持和促进中小企业发展有关文件和会议精神，坚持财政管理科学化、精细化原则，推进北京市政府采购监管体系、法规体系、诚信体系建设，扩展政府采购政策功能实施领域，规范政府采购市场发展，推动北京市政府采购信用融资平台建设，逐步提高中小企业参与政府采购的能力。

二、基本原则和总体要求

（一）坚持市场主导、财政引导的原则

财政部门要充分发挥市场在资源配置中的主导作用，积极做好引导和监管工作，不得参与政府采购信用担保市场交易的具体操作活动。

（二）坚持全面开展、自愿选择的原则

根据本市政府采购工作实际，选择投标、履约和融资三种担保形式进行试点。供应商可以根据自身情况，自行决定是否选择采用上述三种信用担保形式。

（三）坚持多方参与、加强配合的原则

采购人应当允许并接受供应商以专业担保机构出具的担保函的形式交纳保证金；采购代理机构应当在采购文件中列示可以以投标担保函形式缴纳保证金的相关内容，对于履约和融资担保项目，在现有条件下为专业担保机构提供有关供应商情况等信息便利。财政部门要支持和鼓励供应商使用信用担保手段，专业担保机构对供应商进行资信审查后出具投标担保函的，采购人和采购代理机构不得再要求供应商提供银行资信证明等类似文件。

（四）坚持先行偿付、再行追偿的原则

除不可抗力外，无论基于何种原因，供应商一旦出现违约情形，承担保证责任的专业担保机构应当先行按照政府采购担保函及时进行偿付，偿付完成后，再按与供应商签订的协议约定内容进行追偿。

三、专业担保机构的选择及职责要求

（一）专业担保机构的选择

为保障政府采购信用担保试点质量，扩大试点影响力，推动更多中小企业进入政府采购市场，本着“严格把握”的原则，选择规模较大、资信优质、组织机构健全、行业经验丰富、综合承保能力强、社会公信力高、风险管理严格、具有融资性担保机构经营许可证的专业担保机构作为本市的试点机构。支持中关村国家自主创新示范区先行先试，由中国投资担保有限公司、首创投资担保有限责任公司、中关村担保有限公司作为本市试点专业担保机构。

（二）专业担保机构的职责

1. 建立政府采购信用担保快捷通道。

试点专业担保机构应当建立满足政府采购工作需要的快捷通道，平等对待所有参与供应商，对符合申请条件的供应商，不得以任何理由设置障碍。

2. 以合理优惠的费率提供信用担保服务。

试点期间担保费率由双方自行商定，但融资担保综合年费率最高不得超过中国人民银行公布的同期金融机构人民币贷款基准利率的50%；要对政府采购中小企业供应商融资需求给予费率优惠，对于同时采用投标、履约和融资担保的中小企业供应商，要免收投标担保费或进一步给予费率优惠，试点期间对于中央和北京市统一制定政策，涉及农业、教育、文化、社会保障、医疗卫生、科学技术、计划生育、环境保护、保障性住房和村级组织运转经费等民生项目，以及小型和微型企业的政府采购项目，担保费率应当适度下调。

3. 做好政府采购监管延伸服务工作。

建立相应网络跟踪服务平台，切实做好政府采购项目履约情况的跟踪服务，将有关情况及时向政府采购监督管理部门报告。要严格按照行业规定，规范经营，符合行业监管要求。

四、信用担保试点的业务品种

（一）投标担保

投标担保是指由专业担保机构为供应商履行支付投标保证金的义务向采购人或者采购代理机构提供的保证担保。供应商在投标有效期内发生撤回投标文件，或中标后因自身原因不签署政府采购合同等行为而应实际支付保证金的，由专业担保机构按照担保函的约定履行担保责任。

采购人或者采购代理机构应当在招标文件中明确规定供应商可以以投标担保函的形式交纳投标保证金，并将政府采购投标担保函样本作为招标文件的附件。供应商可以自愿选择是否采取投标担保函的形式交纳投标保证金。

投标担保的具体流程：

1. 担保申请。供应商根据自身参与政府采购活动情况向试点担保机构提出投标担保申请；

2. 资料审查。试点担保机构审查供应商的申请资料；

3. 签订合同。双方签订投标担保合同；

4. 支付保费。供应商按照投标担保合同约定向试点担保机构支付保费；

5. 出具担保函。试点担保机构向供应商出具投标担保函；

6. 提交担保函。供应商参与投标时向采购人或采购代理机构提交试点担保机构出具的投标担保函；

7. 违约代偿。若供应商在投标有效期内无故撤出投标或中标后无正当理由不签订政府采购合同，试点担保机构先向采购人或采购代理机构代偿投标保证金，再以适当方式向供应商追偿代偿款。

（二）履约担保

履约担保是指由专业担保机构为供应商支付履约保证金的义务向采购人提供的保证担保。供应商未按政府采购合同履行约定义务而应实际支付保证金的，由专业担保机构按照担保函约定履行担保责任。

采购人或者采购代理机构应当在采购文件中明确规定供应商可以以履约担保函的形式交纳履约保证金，并将政府采购履约担保函的样本作为采购文件的附件。供应商可以自愿选择是否采取履约担保函的形式交纳履约保证金。

履约担保的具体流程：

1. 担保申请。供应商根据自身参与政府采购活动情况向试点担保机构提出履约担保申请；

2. 资料审查。试点担保机构审查供应商的申请资料；

3. 签订合同。双方签订履约担保合同；

4. 支付保费。供应商按照履约担保合同约定向试点担保机构支付保费；

5. 出具担保函。试点担保机构向供应商出具履约担保函；

6. 提交担保函。供应商向采购人或采购代理机构提交试点担保机构出具的履约担保函；

7. 违约代偿。若供应商未按政府采购合同要求履约，试点担保机构先向采购人或采购代理机构代偿违约保证金，再以适当方式向供应商追偿代偿款。

（三）融资担保

融资担保是指专业担保机构为供应商向银行融资提供的保证担保。

供应商可以自愿选择是否采取融资担保的形式为政府采购项目履约进行融资。采购代理机构应当在招标文件中告知供应商可以选择是否采取融资担保的形式为政府采购项目履约进行融资，并附上试点专业担保机构的联系方式。

融资担保的具体流程：

1. 担保申请。供应商根据自身参与政府采购活动情况向试点担保机构提出融资担保申请；

2. 资料审查。试点担保机构审查供应商的申请资料；

3. 签订担保合同。供应商与试点担保机构签订融资担保合同；

4. 签订保证合同。试点担保机构与银行签订保证合同；

5. 发放贷款。供应商出具政府采购合同、担保合同，向银行提出贷款申请，并签订贷款协议，贷款协议经试点担保机构确认后，银行向供应商发放贷款；

6. 支付保费。供应商按照融资担保合同约定向试点担保机构支付保费；

7. 按期还款。供应商根据贷款协议按期偿还贷款；

8. 违约代偿。若供应商未按贷款协议如期偿还银行贷款，试点担保机构先向贷款银行代偿，然后再以适当方式向供应商追偿代偿款。

采购人或采购代理机构应将政府采购投标担保函样本、履约担保函样本以及试点专业担保机构的联系方式作为招标文件的附件。

五、监督检查

财政部门将加强对试点各方当事人落实本方案要求情况的监督检查，对经沟通协调后仍拒不接受担保函的采购人，应当责令其改正，拒不改正的，可以暂停支付采购资金；对不按本方案要求开展试点工作的采购代理机构，应当责令改正，情节严重或拒不改正的，给予适当的行政处理；对违反本方案规定的专业担保机构，责令改正，情节严重的，取消试点资格，给采购人或供应商造成损失的，应当给予赔偿；对存在违规行为的政府采购供应商，及时依法作出处理。专业担保机构和供应商发生纠纷的，按有关法律处理。

附件 2：

政府采购投标担保函（项目用）

编号：

______________（采购人或采购代理机构）：

鉴于______________（以下简称“投标人”）拟参加编号为______________的______________项目（以下简称“本项目”）投标，根据本项目招标文件，供应商参加投标时应向你方交纳投标保证金，且可以投标担保函的形式交纳投标保证金。应供应商的申请，我方以保证的方式向你方提供如下投标保证金担保：

一、保证责任的情形及保证金额

（一）在投标人出现下列情形之一时，我方承担保证责任：

1. 中标后投标人无正当理由不与采购人或者采购代理机构签订《政府采购合同》；

2. 招标文件规定的投标人应当缴纳保证金的其他情形。

（二）我方承担保证责任的最高金额为人民币______元（大写______________），即本项目的投标保证金金额。

二、保证的方式及保证期间

我方保证的方式为：连带责任保证。

我方的保证期间为：自本保函生效之日起____个月止。

三、承担保证责任的程序

1. 你方要求我方承担保证责任的，应在本保函保证期间内向我方发出书面索赔通知。索赔通知应写明要求索赔的金额，支付款项应到达的账号，并附有证明投标人发生我方应承担保证责任情形的事实材料。

2. 我方在收到索赔通知及相关证明材料后，在________个工作日内进行审查，符合应承担保证责任情形的，我方应按照你方的要求代投标人向你方支付投标保证金。

四、保证责任的终止

1. 保证期间届满你方未向我方书面主张保证责任的，自保证期间届满次日起，我方保证责任自动终止。

2. 我方按照本保函向你方履行了保证责任后，自我方向你方支付款项（支付款项从我方账户划出）之日起，保证责任终止。

3. 按照法律法规的规定或出现我方保证责任终止的其他情形的，我方在本保函项下的保证责任亦终止。

五、免责条款

1. 依照法律规定或你方与投标人的另行约定，全部或者部分免除投标人投标保证金义务时，我方亦免除相应的保证责任。

2. 因你方原因致使投标人发生本保函第一条第（一）款约定情形的，我方不承担保证责任。

3. 因不可抗力造成投标人发生本保函第一条约定情形的，我方不承担保证责任。

4. 你方或其他有权机关对招标文件进行任何澄清或修改，加重我方保证责任的，我方对加重部分不承担保证责任，但该澄清或修改经我方事先书面同意的除外。

六、争议的解决

因本保函发生的纠纷，由你我双方协商解决，协商不成的，通过诉讼程序解决，诉讼管辖地法院为________法院。

七、保函的生效

本保函自我方加盖公章之日起生效。

保证人：（公章）

年 月 日

附件3：

政府采购履约担保函（项目用）

编号：

____________________（采购人）：

鉴于你方与____________________（以下简称“供应商”）于____年____月____日签定编号为的《________政府采购合同》（以下简称“主合同”），且依据该合同的约定，供应商应在____年____月____日前向你方交纳履约保证金，且可以履约担保函的形式交纳履约保证金。应供应商的申请，我方以保证的方式向你方提供如下履约保证金担保：

一、保证责任的情形及保证金额

（一）在供应商出现下列情形之一时，我方承担保证责任：

1. 将中标项目转让给他人，或者在投标文件中未说明，且未经采购人同意，将中标项目分包给他人的；

2. 主合同约定的应当缴纳履约保证金的情形：

（1）未按主合同约定的质量、数量和期限供应货物/提供服务/完成工程的；

（2）＿＿＿＿＿＿＿＿＿＿。

（二）我方的保证范围是主合同约定的合同价款总额的＿＿＿＿%数额为＿＿＿＿元（大写＿＿＿＿＿），币种为＿＿＿＿＿＿。（即主合同履约保证金金额）

二、保证的方式及保证期间

我方保证的方式为：连带责任保证。

我方保证的期间为：自本合同生效之日起至供应商按照主合同约定的供货/完工期限届满后＿＿＿日内。

如果供应商未按主合同约定向贵方供应货物/提供服务/完成工程的，由我方在保证金额内向你方支付上述款项。

三、承担保证责任的程序

1. 你方要求我方承担保证责任的，应在本保函保证期间内向我方发出书面索赔通知。索赔通知应写明要求索赔的金额，支付款项应到达的账号。并附有证明供应商违约事实的证明材料。

如果你方与供应商因货物质量问题产生争议，你方还需同时提供＿＿部门出具的质量检测报告，或经诉讼（仲裁）程序裁决后的裁决书、调解书，本保证人即按照检测结果或裁决书、调解书决定是否承担保证责任。

2. 我方收到你方的书面索赔通知及相应证明材料，在＿＿＿工作日内进行核定后按照本保函的承诺承担保证责任。

四、保证责任的终止

1. 保证期间届满你方未向我方书面主张保证责任的，自保证期间届满次日起，我方保证责任自动终止。保证期间届满前，主合同约定的货物＼工程＼服务全部验收合格的，自验收合格日起，我方保证责任自动终止。

2. 我方按照本保函向你方履行了保证责任后，自我方向你方支付款项（支付款项从我方账户划出）之日起，保证责任即终止。

3. 按照法律法规的规定或出现应终止我方保证责任的其他情形的，我方在本保函项下的保证责任亦终止。

4. 你方与供应商修改主合同，加重我方保证责任的，我方对加重部分不承担保证责任，但该等修改事先经我方书面同意的除外；你方与供应商修改主合同履行期限，我方保证期间仍依修改前的履行期限计算，但该等修改事先经我方书面同意的除外。

五、免责条款

1. 因你方违反主合同约定致使供应商不能履行义务的，我方不承担保证责任。

2. 依照法律法规的规定或你方与供应商的另行约定，全部或者部分免除供应商应缴纳的保证金义务的，我方亦免除相应的保证责任。

3. 因不可抗力造成供应商不能履行供货义务的，我方不承担保证责任。

六、争议的解决

因本保函发生的纠纷，由你我双方协商解决，协商不成的，通过诉讼程序解决，诉讼管辖地法院为______法院。

七、保函的生效

本保函自我方加盖公章之日起生效。

保证人：（公章）
年 月 日

附件4：

北京市政府采购信用担保试点工作专业担保机构联系方式

一、中国投资担保有限公司

地址：北京市海淀区西三环北路100号光耀东方写字楼9层
联系人：边志伟　　手机：13810789199
联系电话：010－88822573　　传真：010－68437040/68472315
电子邮箱：bianzw@guaranty.com.cn

二、首创投资担保有限责任公司

地址：北京市西城区闹市口大街一号长安兴融中心四号楼三层
联系人：杨阳　陈浩然　　手机：13488752033　18910210850
联系电话：58528750　58528760　　传真：58528757
电子邮箱：yangyang@scdb.com.cn；chenhaoran@scdb.com.cn

三、中关村担保有限公司

地址：北京市海淀区中关村南大街乙12号天作国际大厦A座28层
联系人：李玉春　　手机：13910831169
联系电话：59705232　　传真：59705606
电子邮箱：li_yuchu@126.com

十、外事财务管理类

北京市财政局转发财政部《关于印发〈统借自还主权外债预算管理办法〉的通知》

2011 年 2 月 11 日　京财外〔2011〕189 号

各区县财政局、有关项目单位：

现将财政部《关于印发〈统借自还主权外债预算管理办法〉的通知》（财金〔2010〕185 号）转发给你们，请根据文件精神，遵照执行。

联系电话：88549192

附件：财政部关于印发《统借自还主权外债预算管理办法》的通知

附件：

财政部关于印发《统借自还主权外债预算管理办法》的通知

2010 年 12 月 29 日　财金〔2010〕185 号

各省、自治区、直辖市、计划单列市财政厅（局），有关中央单位，有关银行：

为了规范统借自还主权外债预算管理工作，加强利用国外优惠贷款项目管理，提高贷款的使用质量和效益，现将我部制定的《统借自还主权外债预算管理办法》印发给你们，请遵照执行。

附：统借自还主权外债预算管理办法

附：

统借自还主权外债预算管理办法

第一章　总　　则

第一条　为了规范和加强统借自还主权外债预算管理工作，根据国家有关预算管理法律、行政法规及主权外债管理相关规定，制定本办法。

第二条 本办法所称统借自还主权外债，是指由财政部代表国家统一借入，由地方财政部门、中央或地方项目单位负责偿还的外国政府贷款和国际金融组织贷款（以下简称“贷款”）。

第三条 根据预算管理有关规定，财政部门按照分级负责、分类管理、全面反映的原则开展贷款预算管理工作。

分级负责，是指财政部门根据还款责任的归属级次实行预算管理。

分类管理，是指根据地方财政部门承担还款责任、担保责任的不同情况，实行有区别的预算管理。地方财政部门承担还款责任的，贷款的收入、分配和还本付息付费全过程纳入预算管理；地方财政部门承担担保责任的，对于因履行担保责任发生涉及预算资金收支的过程实行预算管理。

全面反映，是指全国年度统借自还主权外债收支的情况，在全国预算（草案）中单独设表反映，并向全国人民代表大会及其常委会报告；各地区年度统借自还主权外债收支的情况，在地方同级预算（草案）中单独设表反映，并向同级人民代表大会及其常委会报告。

地方各级财政部门负责汇编本地区年度统借自还主权外债收支表（格式见附件），并由省级财政部门向财政部报送全省（自治区、直辖市、计划单列市）年度统借自还主权外债收支表。地方各级财政部门不承担还款责任、担保责任的贷款，由财政部汇总统计收支情况。

第四条 除与贷款方的相关协议有约定外，贷款资金支付、收回，应纳入财政总预算会计核算体系，账户管理办法和会计核算办法由财政部另行制定。

第五条 贷款用于资本性支出，形成属于国家资本的权益时，财政部门应当督促相关部门或单位按国有资产管理的相关规定，代表国家履行出资人职责。

第二章 地方财政部门承担还款责任贷款的预算管理

第六条 地方财政部门承担还款责任的贷款，其筹借、使用、偿还按以下规定列入本级预算反映：

借入贷款时，按提款额列债务收入，按贷款来源分列向外国政府借款收入、向国际组织借款收入；

安排使用时，按资金用途列一般预算支出。

还本付息付费时，本金的偿还列国外债务还本支出，按贷款来源分列向国外政府还本支出、向国际组织还本支出；支付贷款利息，列一般预算－国外债务付息，按贷款来源分列向国外政府借款付息、向国际组织借款付息；支付贷款相关费用，列一般预算－国内外债务发行。

第七条 地方财政部门承担还款责任、贷款由本级财政同级部门、单位使用的，地方财政部门在编制年度本级预算时，应根据已签订的贷款协议以及相关文件，提出相应资金支出的初步分配计划。在预算执行年度年底前，提出按部门、按科目的资金分配情况，据实核定并下达预算指标。

第八条 地方财政部门承担还款责任、贷款由下级财政同级部门、单位使用的，应当按补助下级预算资金进行管理，上级财政部门应及时与下级地方财政部门对账，按科目制发预算指标下达文件。

第九条 地方财政部门承担还款责任的贷款，由地方财政部门根据还本付息付费计划安排资金，按经同级人民代表大会批准的年度预算及时办理支付手续。

第三章 地方财政部门承担担保责任贷款的预算管理

第十条 地方财政部门承担担保责任的贷款，地方财政部门应当督促相关项目单位按贷款协议和有关规定用好资金，按时足额偿还贷款本息和相关费用。

第十一条 当项目单位拖欠贷款本息和相关费用导致相关地方财政部门履行担保责任时，相关地方财政部门应当从还贷准备金统筹安排垫付。还贷准备金不足以支付的，从一般预算中列支。

使用还贷准备金的程序和要求，按照财政部门有关规定办理。

第十二条 地方财政部门在履行担保责任后，应当依法对项目单位及有关责任方行使追索权，由此回收的资金根据原支付情况，纳入一般预算收入，或补充还贷准备金。

第四章 预 算 报 送

第十三条 省级财政部门应当在每年的 1 月 10 日前将本地区汇总的年度统借自还主权外债收支表一式两份报送财政部审核汇总。

第十四条 有关银行应当在每年的 1 月 10 日前将本行负责的地方财政部门承担还款责任或担保责任以外的贷款项目（含中央项目）的年度统借自还主权外债收支表一式两份报送财政部审核汇总。

第十五条 地方财政部门、有关银行应当建立贷款收支的外币台账，按程序及时与上下级财政部门、转贷机构、项目单位、外国政府贷款机构或国际金融组织核对提款额、债务余额和还本付息付费情况，并对数据进行汇总统计分析。

第五章 附　　则

第十六条 省级财政部门可以根据本办法规定，并结合本地区实际情况制定具体实施办法。

第十七条 中央项目单位利用贷款的预算管理工作参照本办法执行。

第十八条 本办法自印发之日起实施。

附： ××××年度统借自还主权外债收支表

附：

××××年度统借自还主权外债收支表

填报单位： 单位：亿元

<table>
<tr><td colspan="2" rowspan="2">项　目</td><td>前年</td><td>上年</td><td colspan="2">本年</td></tr>
<tr><td>执行数</td><td>执行数</td><td>预算数</td><td>比上年执行数增减（%）</td></tr>
<tr><td colspan="2">上年末债务余额</td><td></td><td></td><td></td><td></td></tr>
<tr><td rowspan="2">收入合计</td><td>外国政府贷款统借自还项目</td><td></td><td></td><td></td><td></td></tr>
<tr><td>国际金融组织贷款统借自还项目</td><td></td><td></td><td></td><td></td></tr>
<tr><td rowspan="4">支出合计</td><td>外国政府贷款统借自还项目还本</td><td></td><td></td><td></td><td></td></tr>
<tr><td>国际金融组织贷款统借自还项目还本</td><td></td><td></td><td></td><td></td></tr>
<tr><td>外国政府贷款统借自还项目付息付费</td><td></td><td></td><td></td><td></td></tr>
<tr><td>国际金融组织贷款统借自还项目付息付费</td><td></td><td></td><td></td><td></td></tr>
<tr><td colspan="2">本年末债务余额</td><td></td><td></td><td></td><td></td></tr>
</table>

说明：1. 外国政府贷款、国际金融组织贷款统借自还项目收入为年度对外提款金额（含先征费、管理费），支出为年度对外还本付息付费金额。

2. 表中数据统一折算为人民币，其中，上年末债务余额、本年末债务余额、收入数汇率采用国家外汇管理局公布的当年12月份各种货币对美元折算率，支出数按当期汇率折算。

3. 请注明联系人和联系电话，并在此表格上加盖财政厅（局）或有关银行公章。

北京市财政局关于印发《北京市外国政府贷款项目转贷银行管理暂行办法》的通知

2011年12月27日　京财外〔2011〕2914号

各区县财政局、有关银行：

为进一步落实财政部《国际金融组织贷款和外国政府贷款赠款管理办法》（财政部令第38号）、《外国政府贷款管理规定》（财金〔2008〕176号）以及《外国政府贷款转贷管理办法》（财金〔2009〕114号）要求，完善北京市外国政府贷款转贷管理制度，保证北京市外国政府贷款项目转贷环节各项工作的顺利开展，提高贷款的使用质量和效益，现将我局制定的《北京市外国政府贷款项目转贷银行管理暂行办法》印发给你们，请遵照执行。

附件：北京市外国政府贷款项目转贷银行管理暂行办法

附件：

北京市外国政府贷款项目转贷银行管理暂行办法

第一章　总　　则

第一条　为进一步加强北京市外国政府贷款项目管理工作，促进外国政府贷款项目转贷银行与财政部门的有效沟通与合作，合理有效地使用主权外债资金，维护政府信誉，根据《国际金融组织和外国政府贷款赠款管理办法》（财政部令第 38 号）和《外国政府贷款管理规定》（财金〔2008〕176 号）以及《外国政府贷款转贷管理办法》（财金〔2009〕114 号），制定本暂行办法。

第二条　本办法所称转贷银行是指受财政部委托，根据政府协议，按照有关规定，开展转贷业务的政策性银行、国有商业银行及股份制商业银行；

北京市外国政府贷款一、二类项目转贷银行的选择，按照《北京市外国政府贷款项目转贷银行选择暂行办法》执行；

本办法其他有关用语的含义与财政部令第 38 号和财金〔2008〕176 号文件规定一致，转贷银行应履行的基本机构职责应严格遵照财金〔2009〕114 号文件规定执行。

第二章　管 理 制 度

第三条　承接转贷业务的各转贷银行应具有完善的外国政府贷款转贷业务管理制度、统计报告制度、项目档案管理制度、贷后跟踪检查制度等，并在实际工作中有效执行，应及时将银行内部有关转贷的规定通报市财政局。

第三章　贷 前 管 理

第四条　转贷银行或其省级分支机构应配合市财政局开展一、二类项目的评审，并向市财政局出具一、二类项目的风险评价和提示报告；风险评价和提示报告应当包括但不限于以下内容：项目单位财务状况、资信状况、运营情况、还款能力、应当提示的潜在风险等。

第五条　贷款项目列入财政部备选项目清单后，转贷银行应当对贷款项目进行贷前审查，并在贷前审查过程中积极与市财政局沟通有关情况，协助项目单位做好申请材料的准备工作。

第六条　转贷银行应为项目单位提供优质服务，主动向项目单位介绍转贷环节的相关工作程序。

第四章　转 贷 环 节

第七条　转贷银行同意承接转贷业务的，应当在财政部备选项目清单下达后 30 个工作日内向财政部出具接受委托确认书，同时抄送市财政局和项目单位。

转贷银行逾期未出具接受委托确认书的，视为不接受委托，市财政局或项目单位应当另行选择其他银行，并办理相关手续。

第八条　转贷条件确定后，转贷银行应当通知市财政局向财政部出具一类项目还款承诺函，向转贷银行出具二类项目还款保证书。

第九条 转贷银行与债务人签署转贷协议后的 10 个工作日内，应向市财政局报送一份转贷协议的副本原件及电子格式的扫描件。

第十条 政府协议或贷款协议的变更引起转贷协议需进行修改的，转贷银行应当报市财政局批准，市财政局在收到报告后的 10 个工作日内给予转贷银行书面答复；如变更内容不涉及贷款币种、本金金额、贷款利率及贷款期限的，转贷银行和债务人可根据实际情况修改转贷协议，并由转贷银行将有关情况报市财政局备案。

第十一条 转贷手续费的收取方式及费率应按照财政部《外国政府贷款转贷管理办法》（财金〔2009〕114 号）的有关规定执行。

第五章 贷后管理

第十二条 转贷银行应当建立项目负责人制度，对每一个贷款项目指定专人负责跟踪贷款项目的实施情况，建立项目档案，并按规定保管贷款协议、转贷协议等法律文件以及资金支付单据等备查。

第十三条 转贷银行应当确认采购内容是否与可行性研究报告批复一致，并根据采购合同认真审核有关单据，并确认单据和采购合同列示的采购内容一致后，协助债务人办理贷款资金的提取或支付。如发现单据与采购内容不一致的，应当要求采购公司和项目单位进行调整并作出说明，同时要及时与市财政局就有关情况进行沟通。如经调整仍不符合采购合同的，转贷银行应立即将有关情况报市财政局，市财政局将及时处理，重大问题报财政部。

第十四条 在项目提款未执行完毕阶段，转贷银行应于每季度结束后 15 个工作日内向市财政局以书面形式报送该项目上季度的提款和支付等情况并附每笔提款的详细说明。

第十五条 贷款提款执行完毕后，转贷银行应在收到贷款方的通知后 15 个工作日内将还款确认书送达债务人，同时抄送市财政局。

第十六条 对所转贷的项目，在转贷协议有效期内，转贷银行应监督贷款资金使用和偿还情况，贷款资金实行台账管理，定期与债务人对账，确保账目准确和资金安全，并将可能影响项目单位还款的有关情况及时书面报送市财政局。

第十七条 转贷银行应当向债务人提出风险管理的建议，为债务人控制债务成本提供参考。

第十八条 转贷协议有效期内，如债务人发生不按时归还贷款等任何有可能影响本市政府信誉及国内外形象的不良情况，转贷银行有义务及时与市财政局进行有效沟通。

第十九条 在转贷协议有效期内，转贷银行与债务人签署的任何补充协议等文件，应同时抄送市财政局。

第六章 贷款偿还

第二十条 转贷银行根据转贷协议规定，在每笔贷款到期前，至少提前 30 个工作日向债务人发送还款通知，并同时抄送市财政局。

第二十一条 对于一、二类项目，在收到债务人归还的到期款项后，转贷银行应在本期还款截止日后的 10 个工作日内将确认债务人还款的有关单据复印件报送市财政局。

第二十二条 如项目单位未及时还款，转贷银行应及时足额对外垫付本金、利息和国外银行费用等，并立即将有关情况及垫付单据的复印件报送市财政局。

第二十三条 债务人如需提前还款，应当征得转贷银行同意。转贷银行应当协助债务人及时与外方银行进行沟通和协商，并将确认后的提前还款金额、方式等书面通知债务人，并同时抄送财政部和市财政局。

第二十四条 对于一、二类项目，如本市发生对转贷银行垫款未及时归垫的情况，转贷银行应于每个年度终了后的10个工作日内将上一年度对外垫付且未收回垫款的项目情况以及垫付的本金、利息和国外银行费用等明细报送市财政局核对并积极协调还款。

第七章 统计报告

第二十五条 转贷银行应当指定专人负责统计数据的报送工作，确保报送数据的质量和效率。

第二十六条 转贷银行应当按照财政部的有关要求以及《北京市外国政府贷款转贷管理办法实施细则》中的具体内容定期向市财政局报送各类债务统计报表；此外，如遇市财政局配合完成审计部门以及上级主管部门对地方政府外债统计情况进行审计及检查等情况，转贷银行应积极配合市财政局做好债务统计方面的工作。

各转贷银行报送数据的及时性、准确性和完整性等情况将作为本市新上外国政府贷款项目的转贷银行选择工作的重要依据。

第八章 附则

本办法自发布之日起30日后施行，本办法由市财政局负责解释。

北京市财政局关于印发《北京市外国政府贷款项目转贷银行选择暂行办法》的通知

2011年12月28日 京财外〔2011〕2916号

各区县财政局、有关银行：

为进一步落实财政部《国际金融组织贷款和外国政府贷款赠款管理办法》（财政部令第38号）、《外国政府贷款管理规定》（财金〔2008〕176号）以及《外国政府贷款转贷管理办法》（财金〔2009〕114号）要求，完善北京市外国政府贷款转贷管理制度，保证北京市外国政府贷款项目转贷银行的选择工作有序开展，提高贷款的使用质量和效益，现将我局制定的《北京市外国政府贷款项目转贷银行选择暂行办法》印发给你们，在北京市今后的外国政府贷款项目转贷银行的选择工作中，将按照此办法开展工作，请各有关单位遵照执行。

附件：北京市外国政府贷款项目转贷银行选择暂行办法

附件：

北京市外国政府贷款项目转贷银行选择暂行办法

第一章 总 则

第一条 为进一步加强北京市外国政府贷款项目转贷管理工作，建立健全北京市外国政府贷款项目转贷管理机制，合理有效地使用资金，根据《国际金融组织和外国政府贷款赠款管理办法》（财政部令第38号）和《外国政府贷款管理规定》（财金〔2008〕176号）以及《外国政府贷款转贷管理办法》（财金〔2009〕114号）特制定本暂行办法。

第二条 本办法所称转贷银行是指受财政部委托，根据政府协议，按照有关规定，开展转贷业务的政策性银行、国有商业银行及股份制商业银行。

第三条 本办法中的一类项目是指北京市财政局（以下简称“市财政局”）作为借款人并承担还款责任的项目；二类项目是指项目单位作为借款人并承担还款责任，市财政局提供还款保证的项目；三类项目是指由项目单位作为债务人并承担还款责任，转贷机构作为对外最终还款人的项目，对于此类项目市财政局不提供还款保证。

根据财金〔2009〕114号文的规定：“一、二类项目的转贷银行由省级财政部门选择，三类项目的转贷银行由项目单位选择”，本选择程序仅适用于一、二类项目转贷银行的选择。

第四条 市财政局按照本办法择优选取转贷银行后，按规定程序向财政部提出拟利用贷款申请时将转贷银行选择结果一并上报，待财政部审核同意，并在下达备选项目清单时明确了各项目的转贷银行后，市财政局正式书面通知项目单位关于转贷银行选择的结果。如向财政部提交申请后需变更转贷银行的，应当按照财政部相关规定提出变更申请。

第五条 转贷银行应当具备以下条件：

（一）具有专职的转贷业务部门和专职转贷业务人员，熟悉贷款方和我国贷款管理政策和工作程序。

（二）具备与贷款方认可的国外银行发展业务关系的能力和经验。

（三）具有良好的国内和国际市场资信评级。

本办法其他有关用语的含义与财政部令第38号和财金〔2009〕114号文件规定一致。

第二章 选择程序

第六条 市财政局收到项目单位或区县财政局报送的贷款申请后，向3家以上（含3家）具有转贷资格的银行发出邀请书（格式见附件一）。

第七条 收到邀请书的银行应按要求填报转贷意向书（格式见附件二），转贷意向书须由银行总行或省级分支机构的法定代表人或授权代表签字并加盖单位公章，转贷意向书密封后在邀请书发出之日起15个工作日内将转贷意向书及有关支持性文件向邀请书中规定的地址提交。逾期未报送转贷意向书的银行，被视为无意承担此次转贷业务工作。

在截止时间内向市财政局递交转贷意向书的银行如少于3家，市财政局应在此前已发出邀请书的银行外，另行邀请数量至少足以补足3家的其他银行参加。如第二次发出邀请书之后，递交转贷意向书的银行仍少于3家，则不必重新发出邀请，可在已收到转贷意向书的银行范围内进行选择。

第八条 市财政局应组织成立由5至7名评委组成的评委会对各银行进行打分，市财政局代表任评委会负责人，负责组织评定工作，评委会成员由以下人员组成：市财政局代表1人，借款单位代表1人，相关行业专家3至5人。行业专家的选择比照政府采购专家选择的程序从有关专家库中进行抽取。

第九条 收到各参选银行报送的《转贷意向书》及相关材料后，评委会现场将所有转贷意向书同时启封。评委会成员将综合各参选银行报送的申请材料，按照本办法第三章有关内容对各参选银行进行独立打分。评委打分后，去掉其中的最高分和最低分，其余评委的打分相加，得分最高者为最终选定的该项目的转贷银行。

如两家以上（含两家）银行得分相同且高于其他银行，由评委对这些银行当场投票表决（不需打分），得票最高者为选定的转贷银行。

评委会的评选结果即为转贷银行的选择结果，各参选银行可于5个工作日内向市财政局提出异议，市财政局将对评选结果进行复核，复核结果即为最终确定的结果。

第三章 选择标准

第十条 转贷银行选择采取打分制，满分100分。

第十一条 开展外国政府贷款项目转贷相关业务的业绩0－5分

包括是否了解外国政府贷款转贷业务流程及相关法律、法规和国家政策，是否承担过外国政府贷款转贷业务工作，是否承担过与所申请项目的贷款来源国相同国别的项目，是否熟悉该国别贷款政策等。

第十二条 转贷管理制度的健全性和有效性0－5分

具有完善的外国政府贷款转贷业务管理制度、统计报告制度、项目档案管理制度、贷后跟踪检查制度等，并能够在实际工作中有效执行。

第十三条 工作计划和拟投入的人力资源0－20分

充分了解拟转贷项目的建设内容或采购内容，针对拟转贷项目制定了详细的书面工作计划，投入工作量科学合理，足以保障转贷工作顺利实施。拟为所申请承担转贷的项目投入的转贷业务团队，以及团队成员的个人能力、转贷工作经验等。

第十四条 具有良好的国内、国际市场资信评级0－5分

第十五条 统计报告工作的业绩0－5分

指定专人，认真、及时做好统计数据报送工作。按照《北京市外国政府贷款转贷管理办法实施细则》以及《北京市外国政府贷款项目转贷银行管理暂行办法》中的要求，按时保质地完成各类报表的报送工作。在日常工作中，积极配合市财政局做好债务统计方面的其他工作。评审期近1年内，如出现由于转贷银行数据错误而导致市财政局上报上级管理部门或其他有关部门的报表错误的情况，该项不得分。

该项内容需出具由市财政局外事处加盖公章确认的统计报告业绩证明，此证明中包括近3年内市财政局布置的各类统计报告工作的完成情况。

第十六条 配合财政部门对拟转贷项目开展评审工作的书面工作计划0－15分

第十七条 针对拟转贷项目向财政部门出具风险评价和提示报告的书面工作计划0－10分

第十八条 对拟转贷的项目，将如何为项目单位提供优质服务的书面计划 0 - 15 分

包括但不限于以下内容：主动向项目单位介绍转贷环节的相关工作程序，协助项目单位做好项目准备阶段的有关工作，及时解答项目单位在贷前、贷中以及贷后管理各方面的疑问等。

第十九条 转贷费率 0 - 20 分

各参选银行拟收取的转贷手续费率不得高于财政部《外国政府贷款转贷管理办法》（财金〔2009〕114 号）文件规定的转贷手续费率，在此条件下，按照各银行拟收取的转贷手续费率的高低在此分值区间内相应打分，转贷手续费率最低者得分最高。

第二十条 加减分项。参选银行因工作优异得到财政部通报表扬或因工作出现问题被财政部通报批评的，可在自通报之日起 3 年内的转贷银行选择工作中增加 0 - 5 分或减少 0 - 5 分；在参选之前的转贷工作中，如出现过不配合财政部门开展外国政府贷款管理工作，给北京市信誉及工作造成不良影响的，减 5 分。

第四章 罚 则

第二十一条 承诺条件不兑现的银行，除承担违约责任以外，3 年内不再被邀请参与北京市外国政府贷款项目的转贷工作。

第五章 附 则

第二十二条 本办法不包括财政部指定国别转贷银行的选择。

第二十三条 本办法自发布之日起 30 日后施行，本办法由市财政局负责解释。

附：1. 转贷邀请书（略）

2. 转贷意向书（略）

3. 转贷银行选择打分表（略）

十一、国有资本、国有资产管理类

北京市财政局转发财政部《关于进一步规范和加强政府机关软件资产管理的意见》的通知

2011 年 7 月 19 日　京财资产〔2011〕1505 号

市级各党政机关、人大常委会办公厅、政协办公厅、法院、检察院、有关人民团体，各区县财政局：

为贯彻落实国务院关于加强软件资产管理和知识产权保护精神，扎实推进政府机关软件正版化工作，建立和完善软件资产管理长效机制，现将财政部《关于进一步规范和加强政府机关软件资产管理的意见》（财行〔2011〕7 号）转发给你们，请遵照执行。请各市级行政单位按照财政部文件精神及时建立和完善本单位内部的软件资产管理制度，切实作好软件资产管理工作，并执行本市现行的资产管理有关制度规定；区县财政部门要作好区县行政单位软件资产管理的组织实施工作。

附件：财政部关于《进一步规范和加强政府机关软件资产管理的意见》

附件：

财政部《关于进一步规范和加强政府机关软件资产管理的意见》

2011 年 2 月 22 日　财行〔2011〕7 号

党中央有关部门，国务院各部委、各直属机构，全国人大常委会办公厅，全国政协办公厅，高法院，高检院，有关人民团体，各省、自治区、直辖市、计划单列市财政厅（局），新疆生产建设兵团财务局：

为贯彻落实国务院关于加强软件资产管理和知识产权保护精神，扎实推进政府机关软件正版化工作，建立和完善软件资产管理长效机制，根据《国务院办公厅关于进一步做好政府机关使用正版软件工作的通知》（国办发〔2010〕47 号）、《行政单位财务规则》（财政部令第 9 号）、《行政单位国有资产管理暂行办法》（财政部令第 35 号）等有关规定，现就进一步规范和加强政府机关软件资产管理有关事项通知如下：

一、充分认识规范和加强软件资产管理的重要意义

党中央、国务院高度重视软件知识产权保护工作。近年来，随着经济社会的快速发展和公共管理信息化水平的显著提升，各级政府机关拥有的软件资产规模迅速扩大，种类和数量快速增加，软件资产已经成为政府机关国有资产的重要组成部分。特别是随着软件知识产权保护力度的不断加大，软件使用逐步规范，对软件资产管理工作提出了更高的要求。对此，各地区、各部门要高度重视，充分认识规范和加强政府机关软件资产管理，对促进知识产权保护，提高政府机关国有资产管理水平，推动我国软件产业发展的重要意义，完善软件资产管理制度，不断规范和加强软件资产管理，促进软件市场公平竞争秩序，维护消费者合法权益。

二、进一步规范和完善软件资产管理重点环节

各级财政部门要采取措施，加强经费保障，将政府机关需要采购的正版软件经费纳入预算。与此同时，要进一步规范和加强软件资产管理。各单位要按照国务院要求加强软件的资产管理，制定软件配置、使用和处置等环节的具体管理办法。

（一）配置环节

政府机关更新、购置软件要从满足实际工作需要出发，坚持勤俭节约，从严控制，合理配置。要在全面掌握本部门软件资产情况、工作人员人数、配备各类计算机数以及需要更换和采购的软件数的基础上，区分操作系统软件、办公软件和杀毒软件以及国内企业软件和国外企业软件，细化软件配置需求，科学合理地确定软件配置计划，并将正版软件采购经费纳入预算管理和国有资产管理。

（二）使用环节

各级政府机关要加强软件使用的培训和管理，严格执行软件使用操作规程。进一步增强软件知识产权保护意识，明确正版软件使用管理责任，加强软件资产日常管理和维护，充分发挥软件资产的使用效益，形成自觉使用正版软件、杜绝盗版侵权的长效机制。要积极探索建立政府机关内部资产管理部门主导、技术管理等部门配合的软件资产使用管理制度。资产管理部门在统一管理软件资产，建立健全软件资产账卡的前提下，根据工作需要委托技术管理等部门具体管理部分软件资产，建立明确的软件资产使用管理责任制。

（三）处置环节

软件资产处置应当严格履行审批手续，坚持优先整合利用。对于确实无法整合利用的，经专业技术鉴定后，应当严格按照国有资产处置程序进行处置，并及时调整资产账卡。以授权形式购置的软件资产到期后，应当及时办理处置手续，停止使用。为专项工作开发或配发的软件在工作任务完成后，失去使用价值且确实无法整合利用的，应当及时进行处置。

三、建立健全软件资产分类核算管理工作机制

政府机关按照有关规定，通过各种方式形成的软件资产均属于国有资产，应当纳入部门资产管理体系，确保软件资产的安全完整。对达到固定资产价值和使用年限标准的软件，要按照中华人民共和国国家标准《固定资产分类与代码》（GB/T14885－2010）等有关规定，纳入部门资产进行核算管理。在此基础上，根据不同软件资产的特点，区分情况，有针对性

地开展软件资产管理工作。

（一）采购的商业软件

应当建立健全软件验收入库、保管和领用制度，建立软件资产账卡，规范软件资产财务入账等基础管理工作。要严格按照采购合同的约定，重点加强对软件授权证书或许可协议等核心资料的管理工作，确保软件资产安全，切实维护采购软件的知识产权。

（二）自行开发或升级的软件

要切实加强对自行开发、升级软件的财务核算、资产管理和知识产权管理工作。合理确定开发或升级过程中发生的支出，加强软件资产价值核算，及时组织验收，建立或调整软件资产账卡。要加强对自行开发软件源代码、开发档案、验收文件等技术资料的归档管理以及自主知识产权保密工作，妥善保管相关软件载体，确保软件资产安全保密。

（三）统一配发使用的软件

政府机关取得上级或同级部门基于特定工作需要统一配发，使用期限在一年以上的软件，应当视同无偿调拨的固定资产进行管理，建立软件资产卡片，加强对软件载体如光盘使用过程中的管理维护，确保相关工作任务的顺利完成。

四、切实加强正版软件采购工作

要严格执行软件正版化的有关规定，全面采购和使用正版软件。要进一步规范软件产品政府采购行为，建立健全相关工作机制，采取切实措施，加强采购过程中知识产权的审核管理，防止侵权仿冒商品进入政府采购渠道。对需要购置的纳入政府集中采购目录的软件资产，应当严格按照《中华人民共和国政府采购法》的有关规定，实行政府集中采购。对于达到公开招标数额标准以上的软件资产，应当严格履行公开招标程序。采购正版软件应当对软件互相兼容、授权方式、信息安全、升级等售后服务提出具体要求，维护软件市场公平竞争秩序。同时，要注意加强软硬件采购的衔接，确保采购的计算机办公设备符合预装正版操作系统软件的要求。

五、规范和加强软件资产管理工作要求

（一）加强组织领导，狠抓工作落实

各级政府机关要把加强软件资产管理作为完善部门国有资产管理体系，推进软件知识产权保护工作的关键环节抓紧落实。要紧密结合政府机关软件正版化专项检查和整改工作，对本单位软件情况进行全面、彻底的检查、清查，及时将仍在使用并在有效期内的软件资产全部纳入部门资产管理体系，不断完善软件资产配置、使用、处置等各环节管理，建立正版软件资产管理的长效机制。

（二）落实各方责任，建立联动机制

各级财政部门要认真落实国务院关于使用正版软件的要求，明确采购软件的经费渠道，确保软件采购经费的落实。同时，积极配合新闻出版（版权）、工业和信息化、审计等部门做好软件正版化和软件资产管理的有关工作。各级政府机关也应当尽快建立单位内部软件资产管理联动机制，加强资产部门、财务部门、技术部门的分工合作，确保软件资产管理工作有效运行。

（三）强化督促指导，加强考核评估

各级财政部门要加强对本级政府机关软件资产管理工作的监督检查和指导工作，抓紧研究制定本级政府机关软件资产管理的具体办法，推进政府机关软件资产管理的规范化。要积极探索将软件资产管理纳入政府机关国有资产管理考核评价体系，及时总结经验，不断完善政策。

（四）加强审计监督，防止损失浪费

要充分发挥审计、财政监督等外部监管力量，切实将软件资产的财务核算、配置使用以及软件正版化等情况纳入部门审计范围，确保软件资产管理规范工作有序推进。各级政府机关也要通过内部审计、财务检查等多种形式，自觉规范和加强单位内部软件资产管理和软件正版化工作，自觉保护软件知识产权，提高软件资产使用效益，防止损失浪费。

北京市财政局关于加强市级行政事业单位实物资产调拨、捐赠管理有关问题的通知

2011 年 7 月 29 日　京财资产〔2011〕1584 号

市属各行政事业单位：

为加强我市市级行政事业单位资产管理，规范实物资产调拨、捐赠行为，根据《北京市行政事业单位国有资产处置管理办法》（京财绩效〔2009〕2817 号）有关规定，结合我市实际情况，现对市级行政事业单位（以下简称“单位”）实物资产调拨、捐赠有关问题明确如下：

一、调拨、捐赠实物资产范围

下列实物资产可以列入调拨、捐赠范围：

（一）闲置资产。

（二）因技术原因并经过科学论证确已无法继续使用的资产。

（三）已达到固定资产最低使用年限标准且无法满足现有工作需要的资产。

（四）因单位分立、撤销、合并、改制、隶属关系改变等原因发生的产权或者使用权变更的资产。

（五）实物库（公物仓）资产。

（六）按照中央部委、市政府有关规定需进行调拨、捐赠的资产。

二、审批权限

（一）经主管部门审核后报市财政局审批的调拨、捐赠事项

1. 拟将单位现有实物资产调拨、捐赠给其他省市和地区（含中央单位），或按要求对贫困地区、遭受自然灾害地区进行实物调拨、捐赠；

2. 拟将单位现有实物资产调拨给本市其他行政事业单位；

3. 拟在部门所属单位之间进行实物资产调拨，单价原值在 50 万元（含 50 万元）以上，批量价值原值在 100 万元（含 100 万元）以上；

4. 拟将单位现有实物资产调拨给国有企业；

5. 拟将单位现有实物资产捐赠给非营利公益性组织。

（二）由主管部门审批，报市财政局备案的调拨、捐赠事项

1. 拟在部门所属单位之间进行实物资产调拨，单价原值在 50 万元以下，批量价值原值在 100 万元以下；

2. 经中央部委或市财政局预算批复，由单位购置，用于援助贫困地区、遭受自然灾害地区的实物资产（不记入单位固定资产账，项目实施后报市财政局备案）。

三、工作程序

（一）单位提出申请。单位拟进行实物资产调拨、捐赠时，应按照《北京市行政事业单位国有资产处置管理办法》（京财绩效〔2009〕2817 号）规定，准备资产价值凭证、资产使用情况说明、主管部门的批准文件等文件资料，同时提供接受单位组织机构代码证复印件及资产使用方向说明，资料齐全后向主管部门提交实物资产调拨、捐赠申请报告。

（二）主管部门根据审批权限对所属单位提交的调拨、捐赠申请进行审批或审核。在审批权限内的由主管部门进行审批，审批后报市财政局行政事业资产管理处（以下简称“资产处”）备案；超过主管部门审批权限的，由主管部门审核后向市财政局资产处提交申请报告。

（三）市财政局资产处结合市级单位资产配置情况，对经主管部门审核后提交的申请报告进行审批。

（四）单位根据审批意见，具体实施实物调拨、捐赠行为。

（五）实物资产调拨、捐赠行为实施后，单位要及时更新调整资产动态管理系统数据，对相关账务进行处理，做到账、卡、实相符。

四、有关要求和说明

（一）单位原则上不得申请将配置标准内、未达到最低使用年限、正在使用的实物资产进行调拨、捐赠。

（二）单位不得申请将实物资产调拨、捐赠给非国有性质的企业、非公益性组织、团体和个人。

（三）主管部门所属单位之间调拨的实物资产，由主管部门按照市财政局或主管部门的审批意见组织具体实施。

（四）除部门内单位之间调拨的情形外，其他情形的实物资产原则上统一由单位上交到市财政局实物库（公物仓），暂时无法上交的由原单位妥善保管。市财政局资产处将根据单位资产配置需求将实物库（公物仓）中状态完好的资产优先调剂给有需求的单位使用；如单位没有配置需求，市财政局资产处将根据单位申请调拨、捐赠的意向提出处置意见，由单位具体组织实施。

（五）加强实物资产管理，坚决杜绝实物资产调拨、捐赠过程中的各种违法行为，维护

国有资产安全、完整，提高国有资产使用效益。发现违法违纪行为，将按照《财政违法行为处罚处分条例》有关规定进行处罚或追究法律责任。

特此通知。

北京市财政局关于修订《北京市国有资本经营预算管理暂行办法》的通知

2011 年 2 月 1 日　京财国资〔2011〕166 号

市属各委办局，各集团总公司，各区（县）财政局：

为进一步贯彻落实《中华人民共和国企业国有资产法》，完善国有资本经营预算制度，市财政局对照《中华人民共和国企业国有资产法》对《北京市国有资本经营预算管理暂行办法》（京财国资〔2009〕2332 号）进行了修订，现印发你们，请遵照执行。

本办法自发布之日起 30 日后施行，北京市财政局印发的《北京市国有资本经营预算管理暂行办法》（京财国资〔2009〕2332 号）同时废止。

附件：北京市国有资本经营预算管理暂行办法

附件：

北京市国有资本经营预算管理暂行办法

第一章　总　　则

第一条　为规范国有资本经营预算管理，完善国有资本经营预算制度，根据《中华人民共和国企业国有资产法》、《中华人民共和国预算法》、《国务院关于试行国有资本经营预算的意见》（国发〔2007〕26 号）等法律和规定，结合我市国有经济发展的实际，制定本办法。

第二条　本办法所称国有资本经营预算是指国家以所有者身份依法取得国有资本收益，并对所得收益进行分配而发生的各项收支预算，是政府预算的重要组成部分。

第三条　市财政局为国有资本经营预算的主管部门。代表市政府履行出资人职责的机构或部门为国有资本经营预算单位（以下统称预算单位）。

第四条　国有资本经营预算按年度单独编制，自公历 1 月 1 日至 12 月 31 日。

第五条　预算收入和预算支出以人民币元为计算单位。

第二章　预算收支范围

第六条　国有资本经营预算由国有资本经营预算收入和国有资本经营预算支出组成。

第七条　国有资本经营预算收入主要包括：

（一）国有独资企业按规定上交国家的利润。

（二）国有资本控股公司、国有资本参股公司国有股权（股份）获得的股利、股息。

（三）企业国有产权（含国有股份）转让收入。

（四）国有独资企业清算收入（扣除清算费用）以及国有资本控股公司、国有资本参股公司国有股权（股份）分享的公司清算收入（扣除清算费用）。

（五）其他收入。

第八条 国有资本预算支出主要包括：

（一）资本性支出。根据市政府制定的国有经济发展规划、国有经济布局和结构调整以及国家出资企业发展要求等需要，安排的资本性支出。

（二）费用性支出。用于弥补国家出资企业改革成本以及解决历史遗留问题等方面的费用性支出。

（三）其他支出。

第三章 预算职责分工

第九条 市财政局的主要职责是：

（一）负责制（修）订国有资本经营预算的各项管理制度、预算编制办法和预算收支科目。

（二）编制国有资本经营预算草案。

（三）定期或按市级人民代表大会要求报告国有资本经营预算收支执行情况。

（四）汇总编报国有资本经营决算。

（五）会同预算单位制定国有资本收益收取办法。

（六）收取企业国有资本收益。

第十条 预算单位的主要职责是：

（一）负责研究制定本单位国有经济布局和结构调整的政策措施，参与制定国有资本经营预算有关管理制度。

（二）提出本单位年度国有资本经营预算建议草案。

（三）组织和监督本单位国有资本经营预算的执行。

（四）编报本单位国有资本经营决算草案。

（五）负责组织所监管（或所属）企业上缴国有资本收益。

第十一条 国家出资企业的主要职责是：

（一）按照规定申报、上缴国有资本收益。

（二）提出国有资本经营预算支出项目计划。

（三）建立健全国有资本经营预算的资金管理制度和内部审计制度，规范资金核算，确保资金按规定用途使用。

（四）根据国有资本经营预算批复安排支出，报告国有资本经营预算执行情况并依法接受监督。

第四章 预算编制

第十二条 国有资本经营预算收入由市财政局组织预算单位根据国家出资企业年度经营

情况和国有经济布局、结构调整计划进行测算。

第十三条 国有资本经营预算支出按照当年预算收入规模安排，不列赤字。

第十四条 每年8月份，市财政局会同有关部门制定次年国有资本经营预算支出项目编制指导意见。

第十五条 国家出资企业应当在规定时间内，编制预算支出项目计划，将有关材料报送预算单位审核，同时抄报市财政局。

第十六条 预算单位根据国家出资企业提出的预算支出项目计划，编制本单位国有资本经营预算建议草案，在规定时间内报送市财政局。

第十七条 市财政局统筹平衡并编制北京市国有资本经营预算草案，按照北京市市级预算编制时间要求报送市政府审核批准。

第十八条 市财政局将市政府批准的北京市国有资本经营预算草案报送市级人民代表大会批准。

第十九条 市财政局对预算单位报送的国有资本经营预算建议草案中的支出项目，纳入到国有资本经营预算项目库，按照轻重缓急进行排序，实行滚动管理。

第二十条 市财政局按照市级人民代表大会批准的国有资本经营预算，批复各预算单位。各预算单位具体下达所监管（或所属）国家出资企业的预算，并抄送市财政局备案。

第二十一条 经市级人民代表大会批准的国有资本经营预算，未经规定程序，任何单位和个人不得擅自改变。

第五章 预算执行

第二十二条 经市级人民代表大会批准，市财政局可以将政府公共预算安排的资金直接计入国有资本经营预算其他收入。

第二十三条 国有资本经营预算当年结余，可以结转到下年继续使用。

第二十四条 市财政局和预算单位应当及时核定国家出资企业上缴收益，并组织收缴，不得违反规定擅自减免收入；确需减免的，应当经市财政局和预算单位报送市政府批准。

第二十五条 国家出资企业应当依照有关规定，将国有资本收益及时、足额上缴财政，不得隐瞒和拖欠。

第二十六条 国有资本经营预算资金支出，由国家出资企业在批复的预算范围内提出申请，经市财政局会同预算单位审核后，办理资金拨付手续。

第二十七条 国家出资企业应当严格执行预算，按照预算安排的项目使用资金，不得挪用，依法接受监督。

第六章 财务处理

第二十八条 一级国家出资企业收到资本金时，应当在“实收资本”或“资本公积”科目中核算，并按照产权关系将资金逐级投入到项目承担单位。

第二十九条 一级国家出资企业收到费用性支出补偿资金时，应当在“专项应付款”科目中核算并单独列示。项目承担单位按照资金实际使用情况根据企业会计制度规定进行核算。

第七章 预算调整

第三十条 国有资本经营预算的调整是指对经市级人民代表大会批准的预算，在执行中因特殊原因需要增减收入或支出而发生的部分变更。

第三十一条 在预算年度内，遇有重大事件、政策调整或者其他不可抗力因素，对预算执行产生较大影响时，可以进行预算调整。增加支出，应当有相应的收入来源弥补；调减收入，应当有相应压缩支出的措施。

第三十二条 国有资本经营预算调整方案，由市财政局报送市级人民代表大会批准后执行。

第三十三条 年度预算确定后，国家出资企业改变财务隶属关系引起预算级次和关系变化的，应当同时办理预算划转。

第八章 决 算

第三十四条 国家出资企业应当于每年 1 月 31 日前，向预算单位报告上一年度国有资本经营预算执行情况。

第三十五条 预算单位应当于每年 2 月底前，向市财政局报送上一年度本单位国有资本经营决算草案。

第三十六条 市财政局按照要求编制上一年度国有资本经营决算草案，报送市级人民代表大会批准。

第三十七条 国有资本经营决算草案的编制，应当符合法律、法规规定，做到数据准确、内容完整。

第三十八条 经市级人民代表大会批准的国有资本经营决算，由市财政局向市审计局备案。

第九章 预算监督

第三十九条 市财政局会同预算单位对国家出资企业执行国有资本经营预算的情况进行监督，对资金使用情况逐步实施绩效评价。

第四十条 费用性支出项目完成后，国家出资企业应当将资金使用情况上报市财政局及预算单位，结余资金予以上缴。

第四十一条 市审计局负责监督国有资本经营预算编制、执行和决算。

第十章 责 任

第四十二条 国家出资企业未按照规定期限足额缴纳国有资本收益的，预算单位除责令限期上缴外，给予通报批评，并由国家出资企业监管机构追究国家出资企业主要负责人的责任。

第四十三条 国家出资企业负责人、会计人员提供虚假财务会计报表，隐瞒国有资本收益的，按照有关法律、法规追究责任。

第四十四条 国家出资企业未按照市级人民代表大会批准的国有资本预算执行或未按照规定提出预算调整申请，擅自截留、挪用预算资金的，按照有关法律、法规追究相关人员的责任，并全额收缴违规使用的资金，取消以后年度资金申请的资格。

第四十五条 市财政局、预算单位相关工作人员违反规定，擅自减免所出资企业应当上缴的国有资本收益，或擅自调整预算内容的，按照有关法律法规追究责任。

第十一章 附 则

第四十六条 各区县开展国有资本经营预算的有关事项，比照执行。

第四十七条 本办法自发布之日起30日后施行，北京市财政局印发的《北京市国有资本经营预算管理暂行办法》（京财国资〔2009〕2332号）同时废止。

第四十八条 本办法由市财政局负责解释。

北京市财政局关于印发《北京市破产准备金使用管理暂行办法》的通知

2011年3月8日 京财国资〔2011〕345号

市属各相关企业：

为适应社会主义市场经济的需要，推进我市国有企业依法破产工作，妥善安置职工，保持社会稳定，根据中央有关精神以及市委、市政府有关推进国有企业改革和发展的意见，针对我市破产准备金管理过程中存在的问题，我们对2000年颁布的《北京市破产准备金管理使用暂行办法》进行了修订，现将修订后的《北京市破产准备金使用管理暂行办法》印发给你们，请遵照执行。

附件：北京市破产准备金使用管理暂行办法

附件：

北京市破产准备金使用管理暂行办法

第一章 总 则

第一条 为适应社会主义市场经济的需要，推进我市国有企业依法破产工作，妥善安置职工，保持社会稳定，根据中央有关精神以及市委、市政府有关推进国有企业改革和发展的意见，特制定本暂行办法。

第二条 破产准备金由市财政预算安排，实行预算专户管理，专项用于解决市属国有企业实施破产而产生的费用不足问题。

第二章 资金使用原则、范围及标准

第三条 破产准备金使用采取“先借款垫付，后清算支付”的形式。

第四条 经人民法院宣告破产的市属国有企业，因土地使用权和破产财产不能及时变现，无法支付职工安置费用和破产费用，可申请破产准备金借款垫付。

第五条 可由破产准备金先行借款垫付的破产企业费用：

（一）破产企业在职职工安置费用，具体包括：

1. 城镇职工自谋职业一次性安置补助费；

2. 自行调出职工的一次性奖励资金；

3. 解除劳动合同的经济补偿费；

4. 妥善安置职工需支付的其他费用，包括拖欠职工工资、职工医药费、保险费、取暖费、住房公积金、计划生育奖励费、劳模津贴、职工个人借款等费用。

（二）破产企业离退休人员安置费用。

（三）破产费用，具体包括：

1. 破产财产的清理、维护、管理和分配所需费用；

2. 破产财产审计、评估、拍卖费用及破产案件诉讼费、律师费等费用；

3. 破产清算期间，职工基本生活保障资金、社会保险费、住房公积金，留守人员和协助工作人员的工资等费用；

4. 为保证债权人共同利益需支付的水电费、办公费、差旅费等费用；

5. 破产程序中需支付的其他费用。

第六条 破产企业在职职工安置费用，按照以下标准测算：

（一）城镇职工自谋职业一次性安置补偿费，按北京市人力资源和社会保障局规定标准，从法院宣告企业破产之日起开始测算。

（二）自行调出职工的一次性奖励费用的标准为：自法院宣告破产之日起，1 个月内调出的每人奖励 2000 元，2 个月内调出的每人奖励 1500 元，3 个月内调出的每人奖励 1000 元。

（三）解除劳动合同的经济补偿费用，按在本企业工作年限每满 1 年发给相当于 1 个月工资，月工资标准按解除劳动合同前 12 个月的月平均工资确定。

（四）拖欠职工的工资、社会保险、公积金等相关费用标准是：拖欠职工工资，按北京市最低工资标准核定，时间以法院宣布破产之日前 3 个月为限；拖欠的社会保险、公积金按北京市人力资源和社会保障局、市公积金管理中心及中介机构审核确认数为准；

拖欠职工工资原则上由破产企业上级单位或控股（集团）公司解决，如上级单位或控股（集团）公司在该企业破产前期已垫付了大量资金，继续垫付确实有困难的，可以申请借支破产准备金。

第七条 破产企业离退休人员的安置费用，按照以下标准进行测算：

（一）离休人员安置管理费用，按我市有关规定标准测算。

（二）退休人员移交社会化管理费用，以破产验收时，北京市人力资源和社会保障局初步审核数为准。

第八条 破产企业的破产费用，按照以下标准进行测算：

（一）破产企业职工基本生活费、社会保险费、公积金等相关费用，按破产宣告时，企业在职职工人数和北京市月最低工资标准的 70% 测算；社会保险按北京市人力资源和社会保障局审核数为准；公积金按北京市相关标准测算。

（二）破产企业留守人员和协助工作人员的工资、社会保险、公积金等费用，按留守人员和协助工作人员人数以及我市企业兼并破产和职工再就业工作协调小组核定的工资标准测算，社会保险及公积金按北京市相关标准测算。

（三）破产财产审计、评估、拍卖等费用，按不高于本市有关部门现行规定标准的50%掌握。

（四）其他破产费用中包括清算期间的水电费、办公费、差旅费等办公经费，按照企业兼并破产和职工再就业工作协调小组确定的留守人员和协助工作人员人数，参照北京市行政事业单位公用经费定额标准核定，超出定额标准以及需支付的其他费用由企业兼并破产和职工再就业工作协调小组审定。

以上第（一）、（二）、（四）项的费用，垫付费用期限原则上不得超出6个月。

第九条　破产企业按照规定的内容、标准、期限测算借款费用。破产企业上级单位或控股（集团）公司负担借款费用的20%，其余80%部分可由破产准备金借款解决。

第三章　审 批 程 序

第十条　借支破产准备金的审批程序：

（一）破产企业接到法院宣破裁定书后，因土地使用权和破产财产不能及时变现，无法支付安置和破产费用，由上级单位或控股（集团）公司向市国资委提出借支申请。

（二）市国资委对破产企业上级单位或控股（集团）公司借支申请进行初步审核，并出具初审意见，携同借支破产准备金请示文件、《借支破产准备金审核表》（见附1）以及企业报送材料一并转市财政局审核。

（三）市财政局接到市国资委初审意见及破产准备金借支请示文件后，按照规定的标准对破产准备金借支数额审核确认后，上报市政府批准。

（四）市政府批复后，破产企业填写“财政借款申请书（借据）”，（见附2），市财政局办理破产准备金借款手续。破产准备金借款期限原则上不超过1年，不收取资金占用费。

第十一条　核销破产准备金的审批程序：

（一）破产企业破产终结后，应及时偿还破产准备金借款。

（二）破产企业破产终结后，其土地使用权转让所得和破产财产处置所得不足以偿还破产准备金借款时，由市国资委安排对破产准备金使用情况进行审计，破产企业上级单位或控股（集团）公司根据审计结果申请核销。

（三）市国资委对破产企业上级单位或控股（集团）公司核销破产准备金申请进行初步审核，并出具初审意见，同时将企业申请核销的请示、社会保险基金管理中心收款证明、市人力资源和社会保障局对退休人员预提社会保险费用的批复、中介机构审计报告一并转市财政局审核。

（四）市财政局接到市国资委初审意见及申请核销文件后，对企业清算收入及破产准备金借支使用情况进行审核，对企业确实无力偿还借支的破产准备金，上报市政府申请核销。

（五）市政府批复后，市财政局办理核销手续。

第四章 部门职责

第十二条 破产企业及破产管理人办公室的具体职责：

（一）负责按破产准备金借支范围、标准测算借支数额，向上级单位或控股（集团）公司上报借款申请；

（二）负责按照规定测算退休人员预提社会保险费用，上报市人力资源和社会保障局审批；

（三）负责按照借款批复文件办理借款手续，保证借款资金专款专用。

（四）破产终结后，应及时偿还破产准备金借款。

第十三条 破产企业上级单位或控股（集团）公司具体职责：

（一）负责对其所属破产企业的借款申请进行审核，向市国资委提出借支申请。

（二）保证破产准备金借款及时划拨破产企业，督促破产企业破产终结后及时偿还破产准备金。

（三）负责破产企业所得不足以偿还借款时，向市国资委提出核销申请。

第十四条 按照企业兼并破产和职工再就业工作协调小组的规定，市人力资源和社会保障局对破产企业上报的退休人员预提移交费用进行审核，并出具审核意见。

第十五条 市国资委具体职责：

（一）负责对破产企业上级单位或控股（集团）公司上报的借款申请进行初审，根据审核状况向市财政局批转借支破产准备金申请。

（二）负责对破产企业上级单位或控股（集团）公司上报的核销借款请示进行审核，根据审核意见向市财政局批转核销破产准备金申请。

（三）会同市财政局对破产准备金的借支、核销情况进行监督、检查、管理。

第十六条 市财政局具体职责：

（一）负责对市国资委批转的破产准备金借支申请、核销申请进行审核，出具审核意见上报市政府。

（二）负责按照市政府的批复，办理借款手续和核销手续。

（三）会同市国资委对破产准备金的借支、核销情况进行监督、检查、管理。

第五章 监督管理

第十七条 破产管理人办公室收到破产准备金借款时要实行专户存储，列入“专项应付款”科目中核算并单独列示。

第十八条 经批准核销的破产准备金借款，计入破产清算损益，列“补贴收入”科目。

第十九条 破产企业及破产管理人办公室在支付职工安置费用和破产费用时，不得自行增加费用项目，扩大支付范围，提高支付标准。

第二十条 市财政局会同市国资委定期对破产准备金借支、偿还、核销情况进行检查。对有截留、挪用破产准备金等违法行为的，一经查出，市财政局有权追回资金，并按照《财政违法行为处罚处分条例》等相关法律法规的规定进行处理、处分。

第六章 附 则

第二十一条 本办法由市财政局负责解释。

第二十二条 本办法自发布之日起30日后施行。此前颁布的《北京市破产准备金管理使用暂行办法》(京财经一〔2000〕901号)同时废止。

附:1. 借支破产准备金审核表(略)

2. 北京市财政局财政借款申请书(借据)(略)

北京市财政局 北京市人民政府国有资产监督管理委员会关于印发《国有资本经营预算股权投资资金管理暂行办法》的通知

2011年4月22日 京财国资〔2011〕635号

各有关单位:

为探索政府资金使用新模式,进一步规范股权投资管理,防范投资风险,确保政府投入资金安全有效运行,经市政府批准,特制定《国有资本经营预算股权投资资金管理暂行办法》,现印发你们,请遵照执行。

附件:国有资本经营预算股权投资资金管理暂行办法

附件:

国有资本经营预算股权投资资金管理暂行办法

第一章 总 则

第一条 为规范国有资本经营预算股权投资资金管理,防范投资风险,提高政府资金的投入效果,确保政府投入资金安全有效运行,按照《中华人民共和国公司法》、《企业国有资产法》以及相关的法律法规规定,制定本暂行办法。

第二条 股权投资是指政府为扶持首都重点产业发展,以资本形式投入企业而形成国有股权的投资行为。

第三条 股权投资资金主要来源于国有资本经营预算资金安排以及通过国有资本经营预算安排的其他财政资金。

第四条 实施股权投资方式的项目应符合国家和北京市产业发展的有关政策要求;具有良好市场前景和较强市场竞争力,及较好的社会效益和经济效益。

第五条 实施股权投资方式的项目原则上由市财政局会同部门预算单位审核确定。

第二章 股权投资资金运作原则和管理模式

第六条 股权投资资金按照“政府出资、市场运作、适时退出、保值增值”的原则进行投资运作。

第七条 股权投资资金由股权投资管理机构代表政府作为出资人并持股，并对所持国有股权实施市场化运作并管理。股权投资管理机构原则上应为国有独资企业，并具有较强的资本实力和运作能力。

第三章 股权投资资金的投入与退出

第八条 股权投资资金由市财政局通过国有资本经营预算拨付股权投资管理机构，股权投资管理机构向项目承担企业进行股权资金投入，并持有国有股权。

第九条 股权投资管理机构在部门预算单位的指导下，以政府出资额为限对被投资企业行使出资人权利和承担责任。

第十条 根据市政府批准文件或部门预算单位要求，股权投资管理机构应在规定的期限内将所持国有股权退出项目承担企业，退出收入缴入国有资本经营预算，退出方式按照企业国有产权转让的相关规定执行。

第十一条 国有股权的退出程序：

（一）股权投资管理机构应结合宏观经济环境和市场形势向部门预算单位提出国有股权退出建议。

（二）部门预算单位结合产业发展动态和项目实施进展程度提出退出初审意见报市财政局；市财政局会同部门预算单位组织国有股权的退出工作。

（三）股权投资管理机构根据国有资本经营预算收入管理的相关要求实施具体退出工作，将应上缴的国有股权本金和退出净收益及时上缴国有资本经营预算。

第十二条 股权投资管理机构未提退出建议而市政府或部门预算单位认为有必要退出时，股权投资管理机构应按照市政府或部门预算单位要求退出。

第四章 股权投资资金的收益分配

第十三条 市财政局对股权投资管理机构实行国有股权投资保值增值的激励和约束机制，鼓励股权投资管理机构加强国有股权管理，提高投资收益。

第十四条 市财政局向股权投资管理机构支付管理费用。管理费用按照“股权投资管理机构先行垫付，股权退出时一次性结算支付”的原则，从国有股权投资退出资金中列支，不单独安排预算。具体标准为：国有股权投资额在 1 亿元（含 1 亿元）以下的项目管理费用为 50 万元；1 亿元至 5 亿元（含 5 亿元）的项目管理费用为 100 万元；5 亿元至 10 亿元（含 10 亿元）的项目管理费用为 150 万元；10 亿元以上的项目管理费用为 200 万元。

第十五条 国有股权投资项目当年获取分红的，股权投资管理机构可按当年分红额的 5% 提取管理费用。

第十六条 国有股权投资退出时，其投资净收益部分在扣除管理费用后，市财政与股权投资管理机构按照 8∶2 的比例实施分成。

第五章　股权投资的财务管理

第十七条　国有股权的投入和退出列入国有资本经营预算单独核算。国有资本经营预算向股权投资管理机构拨付资金作为资本性支出处理，收回国有股权本金和收取投资收益作为其他国有资本经营预算收入处理。

第十八条　股权投资管理机构收到国有资本经营预算资金时作增加资本公积处理，向国有资本经营预算上缴退出的股权本金作减少资本公积处理。

第十九条　股权投资管理机构对采取股权投资方式资金的投入和退出单独进行核算，严格执行财务会计制度。

第二十条　股权投资管理机构应完整保存国有股权的投资记录、会计凭证、会计账簿和年度财务会计报告15年以上。

第六章　股权投资资金的申请

第二十一条　项目确定后，部门预算单位应及时向市财政提出项目资金申请，申请材料包括：部门预算单位的资金申请文件；部门预算单位与股权投资管理机构的书面协议书。协议书主要内容：协议当事人、投资项目名称、项目投资金额、当事人的权利、责任和义务、资金管理、资金退出方式以及其他根据项目情况需要明确的内容等。

第七章　职 责 分 工

第二十二条　部门预算单位负责股权投资项目的审定；负责审核国有股权退出计划、股权退出意见、组织股权退出工作；负责对国有股权投资管理机构的审定、对股权投资管理机构管理活动实施监督管理；负责项目资金的申请，并会同市财政局对国有股权资金进行监督管理。

部门预算单位应与股权投资管理机构签订协议，就股权的投资、管理、退出等事项明确双方的权利、责任和义务。

第二十三条　市财政局负责国有股权资金的拨付；审核确定国有股权投资管理机构管理费用，与股权投资管理机构进行收益分成；会同部门预算单位组织国有股权退出工作，加强对国有股权资金的监督管理。

第二十四条　股权投资管理机构按照与部门预算单位签订的协议要求，负责国有股权的管理，依法行使股东权利，向部门预算单位提出股权退出建议，按照要求实施股权退出，及时将应上缴的退出资金缴入国有资本经营预算收入等。

第八章　股权投资资金的监督管理

第二十五条　股权投资管理机构根据部门预算单位的委托具体管理投资项目的国有股权，对项目承担企业运营情况进行监督，定期向部门预算单位报告股权投资情况。对于出现以下可能影响股权投资价值的情形，应及时报告相关情况并制定应对措施，提交部门预算单位审定。

（一）股权投资市场价值大幅度波动。

（二）项目承担企业合并、分立、改制、上市，增加或减少注册资本，发行债券，分配利润，解散或申请破产。

（三）项目承担企业进行重大投资，提供大额担保，转让重大财产，进行大额捐赠。

（四）项目承担企业的法定代表人发生变动。

（五）项目承担企业发生有可能使政府股权投资的市场价值受到重大影响的其他事项。

第二十六条 股权投资管理机构出现以下可能影响股权投资价值的情形，应及时报告相关情况并制定应对措施，提交部门预算单位审定。

（一）股权投资管理机构减资、合并、分立、解散、依法被撤销、决定申请破产或被申请破产。

（二）股权投资管理机构涉及重大诉讼或者仲裁。

（三）股权投资管理机构的董事、监事、经理及其他高级管理人员发生重大变动。

（四）股权投资管理机构发生其他有可能使政府股权投资的市场价值受到重大影响的其他事项。

第二十七条 有下列情形之一的，部门预算单位有权撤销其受托资格或更换受托机构：

（一）股权投资管理机构解散、依法被撤销、破产或者由接管人接管其资产。

（二）股权投资管理机构营私舞弊，违规操作，不履行委托协议的，或者严重失职，造成国有股权投资经营不善或重大损失。

（三）部门预算单位有充分理由认为股权投资管理机构应当退出。

（四）委托协议规定的其他情形。

第九章 附 则

第二十八条 本办法仅适用于国有资本经营预算资金实施的股权投资项目。

本办法由市财政局负责解释。

本办法自发布之日起30日后施行。

北京市财政局 北京市科学技术委员会 北京市发展和改革委员会 北京市经济和信息化委员会 中关村科技园区管理委员会 北京经济技术开发区管理委员会关于印发《北京市重大科技成果转化和产业项目统筹资金股权投资管理暂行办法》的通知

2011年5月6日 京财国资〔2011〕664号

各有关单位：

2010年，我市建立重大科技成果转化和产业项目资金统筹机制。为探索政府资金使用新模式，加快推进重大自主创新成果在京转化和产业化，市政府决定在重大科技成果转化和产业项目资金中试行股权投资方式。为规范股权投资资金管理，我们制定了《北京市重大科技成果转化和产业项目统筹资金股权投资管理暂行办法》（以下简称《股权投资管理暂行办法》）。目前《股权投资管理暂行办法》已经市领导审定，现印发给你们，请遵照执行。

附件：北京市重大科技成果转化和产业项目统筹资金股权投资管理暂行办法

附件：

北京市重大科技成果转化和产业项目统筹资金股权投资管理暂行办法

第一章　总　　则

第一条　为探索政府资金使用新模式，加快推进重大自主创新成果在京转化和产业化，市政府决定在重大科技成果转化和产业项目资金中试行股权投资方式。为规范股权投资资金管理，按照本市重大科技成果转化和产业项目资金统筹机制的有关要求制定本暂行办法。

第二条　股权投资方式是政府资金投入模式的新探索，重点体现政府政策的激励和引导，支持重大科技成果在京转化和产业化，不以盈利为目的。

第三条　本暂行办法适用于本市重大科技成果转化和产业项目统筹资金（以下简称“统筹资金”）中采取股权投资方式的项目。具体实施项目由市政府建立的中关村科技创新和产业化促进中心重大科技成果产业化项目审批联席会议审核决策。

第二章　资金运作原则和管理模式

第四条　采取股权投资方式的资金根据“政府出资、市场运作、重在激励、适时退出”的原则，采取委托专业管理机构运作的管理模式进行实施。

第五条　对实施股权投资方式的项目，由其主管单位（联席会议成员单位）与专业管理机构签订委托协议，专业管理机构代表政府对统筹资金形成的国有股权实施管理。

第六条　专业管理机构由重大科技成果产业化项目审批联席会议审核确定。并在市财政局指定的代理银行开设专户。

第三章　资金的投入与退出

第七条　项目确定后，联席会议成员单位应及时向市财政局提出项目资金申请，申请材料包括：

（一）联席会议成员单位的资金申请文件。

（二）联席会议的批准文件。

（三）联席会议成员单位与专业管理机构的书面协议书。协议书主要包括如下内容：协议当事人，投资项目名称、项目投资金额、投资方式，当事人的权利、责任和义务，资金管理、退出方式以及其他根据项目情况需要明确的内容等。

第八条　根据重大科技成果产业化项目审批联席会议的批准文件以及联席会议成员单位的资金申请文件，市财政局将资金拨付到专业管理机构在市财政局指定的代理银行开设的统筹资金专户，专业管理机构负责向项目承担企业进行资金投入。

第九条　专业管理机构在联席会议成员单位的指导下，按照委托协议的要求，以统筹资金出资额为限代政府对投资企业行使出资人权利，并承担相应责任。

第十条　采取股权投资方式的资金应适时退出，退出资金重新纳入统筹资金专户循环使用，由此产生的分红也进入统筹资金专户。

第十一条　采取股权投资方式的资金退出程序是：专业管理机构应结合宏观经济环境、产业发展动态和项目实施进度提出股权退出建议，报联席会议成员单位初审后，提交联席会议审核批准。联席会议批准同意后，联席会议成员单位会同专业管理机构具体组织股权退出工作。

第四章　专业管理机构的委托管理费用

第十二条　根据联席会议成员单位与专业管理机构签订的委托协议，专业管理机构可以申请年度委托管理费用。申请额度按照全年实际投资加权平均余额的一定比例计算，具体标准如下：全年实际加权平均投资额在 2 亿元（含）以下的部分，按 1.5% 核定；2 亿元以上的部分，按 1% 核定。

第十三条　经联席会议审核同意，委托管理费用可在本市重大科技成果转化和产业项目统筹资金中列支。

第五章　财 务 管 理

第十四条　专业管理机构应对采取股权投资方式的资金的投入和退出单独进行核算，严格执行财务会计制度。

第十五条　专业管理机构应完整保存股权投资记录、会计凭证、会计账簿和年度财务会计报告 15 年以上。

第六章　职 责 分 工

第十六条　重大科技成果产业化项目审批联席会议负责股权投资项目的审定；负责对专业管理机构的审定；负责股权退出意见的审核批准。

第十七条　联席会议成员单位负责项目资金的申请；与专业管理机构签订协议，对统筹资金的投入、管理、退出等事项明确双方的权利、责任和义务；审核国有股权退出计划，组织股权退出工作，对专业管理机构管理活动实施监督管理，会同市财政局对资金进行监督管理。

第十八条　市财政局负责审核拨付统筹资金及管理费用的，会同联席会议成员单位对统筹资金监督管理。

第十九条　专业管理机构按照与联席会议成员单位签订的协议要求，负责股权投资的管理，代表行使出资人权利，向联席会议成员单位提出股权退出建议，按照要求实施股权退出，及时将退出资金缴入统筹资金专户等。

第七章　考 核 与 监 督

第二十条　采取股权投资方式的资金可以用于以下范围：

（一）被投资企业可以采取股权奖励、股权出售、股份期权、科技成果收益分成以及其他激励方式，对做出突出贡献的科技人员和经营管理人员进行激励。

（二）高等院校、科研院所用科技成果出资时，可以将不低于20%的科技成果作为出资所获得被投资企业的股权用于奖励创业团队和有关人员。

（三）形成的股权可以优先转让给被投资企业的科技人员、经营管理团队及原始股东。转让价格可以为财政投入统筹资金的出资本金与中国人民银行公布的同期活期存款利率计算的本金利息之和。

第二十一条 采取股权投资方式的资金纳入公共财政资金考核评价体系，根据公共财政原则和统筹资金的性质建立有效的绩效考核制度，定期对资金使用效益进行评估。

第二十二条 采取股权投资方式的资金不得用于从事贷款或股票、期货、房地产、基金、企业债券、金融衍生品等投资以及用于赞助、捐赠等支出。

第二十三条 专业管理机构应通过联席会议成员单位定期将项目进展情况报主管单位（联席会议成员单位）。报告内容主要包括：受托管理的资金使用情况；投资企业经营情况；股权投资的退出和收益情况；委托协议约定的其他事项。

第八章 附 则

第二十四条 统筹资金中通过国有资本经营预算实施的股权投资项目不适用本办法。

第二十五条 本办法由市财政局负责解释，自发布之日起30日后实施。本办法实施后，《中关村国家自主创新示范区重大科技成果转化和产业化股权投资暂行办法》（京科发〔2009〕574号）同时废止。

十二、金融监管类

北京市金融工作局　北京市财政局
北京市工商行政管理局　中国人民银行营业管理部
中国银行业监督管理委员会北京监督局
关于印发《北京市小额贷款公司试点
监督管理暂行办法（试行）》的通知

2011 年 5 月 31 日　京财金融〔2011〕1137 号

各在京小额贷款公司、各相关单位、各区县财政局：

为加强对在京小额贷款公司监督管理，防范和化解风险，促进小额贷款公司规范健康发展，现将《北京市小额贷款公司试点监督管理暂行办法（试行）》印发你们，请遵照执行。

特此通知。

附件：北京市小额贷款公司试点监督管理暂行办法（试行）

附件：

北京市小额贷款公司试点监督管理暂行办法
（试行）

第一章　总　　则

第一条　为加强对北京市小额贷款公司的监督管理，防范和化解风险，促进小额贷款公司规范健康发展，根据中国银行业监督管理委员会、中国人民银行《关于小额贷款公司试点的指导意见》（银监发〔2008〕23 号）、财政部《地方金融企业财务监督管理办法》（财金〔2010〕56 号）、《北京市人民政府办公厅转发市金融办等部门关于北京市小额贷款公司试点实施办法的通知》（京政办发〔2009〕2 号）以及相关法律、法规，制定本办法。

第二条　北京市金融工作局为本市小额贷款公司市级主管部门，负责全市小额贷款公司试点工作的统筹协调、审批、监督、风险防范与处置。区县主管部门负责所在区县小额贷款公司初审、日常监督管理、风险防范与处置。中国人民银行营业管理部对小额贷款公司的利率和资金流向进行跟踪监测。区县财政局是小额贷款公司的财务会计日常监管部门。

第三条 建立小额贷款公司行业自律机制。北京市小额贷款业协会应制定自律规则、从业人员职业标准，对会员及其从业人员进行自律管理，引导小额贷款公司依法合规经营，并接受市级主管部门的指导。

第二章 监督管理

第四条 主管部门采取现场检查、非现场监管、外部审计等方式，加强对小额贷款公司的监管。

第五条 主管部门根据工作需要对小额贷款公司进行现场检查，每年至少进行一次全面业务检查，并视小额贷款公司经营情况适时安排专项检查。现场检查包括但不限于下列内容：

（一）业务经营的合规性。小额贷款公司日常经营应当在法律法规范围内开展业务。主管部门重点检查：

1. 小额贷款公司名称、注册资本、住所、业务范围、股东、董事及高级管理人员、章程、组织形式、合并、分立、调整股权结构等变更事项；

2. 贷款投向；

3. 资金来源、比例；

4. 贷款利率；

5. 贷款回收情况。

（二）资产质量。小额贷款公司实行贷款风险分类办法，参照银行业风险认定标准，将贷款分为正常、关注、次级、可疑和损失五类。主管部门重点关注逾期贷款；检查对同一借款人的贷款余额是否超过规定比例。

（三）管理水平和内部控制。小额贷款公司应建立和完善内部控制体系。主管部门重点检查：

1. 小额贷款公司业务流程的制定及执行情况；

2. 审贷分离和授权审批情况；

3. 出账审批制度、财务核对制度、会计档案保管和交接制度、内部审计稽核制度的建立及执行情况；

4. 小额贷款公司风险集中度、关联交易情况等。

（四）业务数据的真实性。主管部门核查小额贷款公司相关会计记录和报表与上报主管部门数据的一致性，重点关注贷款本金及利息核算的真实性和上报主管部门数据的真实性。

（五）风险管理。小额贷款公司应该明确贷款风险管理的责任人，对信用风险、操作风险等各类风险进行持续监控；应该建立违法违规责任追究制度。主管部门检查风险管理制度建立及执行情况，重点关注贷款损失准备的计提情况。

第六条 主管部门对辖区内小额贷款公司进行非现场监管。非现场监管包括信息收集、信息分析评估、信息归档等。

第七条 小额贷款公司应在每月初5个工作日内向市区两级主管部门、中国人民银行营业管理部报送上月业务经营情况等材料（见附件）。区县主管部门在收到小额贷款公司相关材料后，对小额贷款公司运营情况进行审查、分析和评估，并于每月初 10 个工作日内向市主管部门汇总报送本区县小额贷款公司经营情况。

第八条 区县主管部门按季度、年度向市主管部门报送监管报告，分析季度、年度小额贷款公司运营情况、风险状况及变化趋势，并提出监管意见、建议及工作计划。

第九条 市主管部门以及区县主管部门建立小额贷款公司监管档案。档案中包括但不限于下列内容：

（一）小额贷款公司报送的运营统计信息资料、相关财务报表以及其他资料。

（二）市主管部门及各区县主管部门对小额贷款公司进行现场检查及非现场监管时形成的各种报告资料、分析材料，包括与小额贷款公司往来函件记录、谈话记录及各类监管报表、分析报告、相关领导批示件等。

（三）有关部门或个人对小额贷款公司经营的意见、监督信息和举报材料。

第十条 小额贷款公司应遵照《会计法》、《企业财务会计报告条例》、《企业会计准则》、《金融企业财务规则》等法律法规，建立小额贷款公司内部财务制度、内部会计制度及内部风险控制制度，并报所在区县财政局备案。

小额贷款公司应在每一会计年度终了后编制财务会计报告，并依法经具备金融机构审计资质的会计师事务所审计。每年 3 月底之前将前一年度的财务会计报告、审计报告和内部控制审计报告等报送相关部门。

小额贷款公司董事会应对总经理实施年度专项审计。审计结果应向董事会、股东会或股东大会报告，并报市和区县主管部门。总经理、副总经理离任时，须进行离任审计。

第十一条 小额贷款公司应委托一家商业银行作为小额贷款公司资金托管银行，为其统一提供支付结算服务。托管银行应切实负起资金安全监督责任，如发生任何资金支付结算等资金使用违规行为，应及时报告市主管部门。

小额贷款公司贷款本金、利息结算均通过银行账户转账处理，除经市级主管部门批准的特殊情况外，不允许进行现金结算。小额贷款公司不得进行账外经营。

第三章 风险防范与处置

第十二条 小额贷款公司应执行《财政部关于印发〈金融企业呆账核销管理办法〉(2010 年修改版）的通知》（财金〔2010〕21 号），制定本公司贷款呆账核销管理办法等贷款风险管理办法，明确贷款风险管理责任人，建立违法违规责任追究制度，并参照中国人民银行、中国银行业监督管理委员会的有关规定，建立以贷款风险管理为核心、适应本公司贷款业务特点的信贷管理体系。

第十三条 每年区县小额贷款公司主管部门向市主管部门报送本辖区内小额贷款公司风险评估报告，对辖区内小额贷款公司风险状况做出评级。

第十四条 小额贷款公司应按季度向市区两级主管部门报送季度风险排查报告，区县主管部门按季度向市主管部门报送监管报告的同时，报送本辖区内小额贷款公司风险排查报告（见附件），对本辖区内小额贷款公司存在的市场风险、流动性风险、操作风险、信用风险等各类风险进行分析，提出防范措施，并在市金融局组织召开的季度金融风险排查工作会议上对本辖区内小额贷款风险排查情况做出说明。

第十五条 小额贷款公司应建立审慎规范的资产分类制度和拨备制度，按贷款五级分类准确划分资产质量并计提呆账准备，及时冲销坏账，真实反映经营成果，确保资产损失准备充足率始终保持在100%以上，全面覆盖风险。

第十六条 小额贷款公司法人资格需终止（包括解散和破产）时，区县主管部门提出本辖区内终止的小额贷款公司风险处置方案报市级主管部门，市级主管部门需协助区县主管部门完成小额贷款公司终止过程中相关风险处置工作。

第四章 违规处理

第十七条 小额贷款公司经营出现以下行为之一，属于违规行为：

（一）未经市主管部门批准变更公司名称、注册资本、住所、业务范围、股东、董事及高级管理人员、章程、组织形式、合并、分立、调整股权结构以及市主管部门规定的其他变更事项。

（二）未经市主管部门批准从事贷款之外的业务或跨区域经营。

（三）存在账外经营行为，包括办理贷款业务不按照会计制度记账、登记，或者不在会计报表中反映；经营收入未列入会计账册；其他方式的账外经营行为。

（四）未按市主管部门要求接受监管，报送报表等资料，或报送虚假、隐瞒重要事实的资料。

（五）违反规定融入资金。

（六）贷款利率超过司法部门规定的上限或低于中国人民银行公布的贷款基准利率的0.9倍。

（七）未经市主管部门批准对同一借款人的贷款余额超出或变相超出规定比例。

（八）东城区、西城区、朝阳区、海淀区、丰台区、石景山区、中关村国家自主创新示范区、北京经济技术开发区设立的小额贷款公司每年向涉农方面和中小企业发放的贷款金额低于全年累计放贷金额的70%；其他区县设立的小额贷款公司每年向涉农方面发放的贷款金额低于全年累计放贷金额的70%。

（九）领取设立批复之日起6个月内未开业。

（十）市主管部门认定的其他违规事项。

第十八条 小额贷款公司有本办法第十七条所列行为之一的，区县主管部门可采取风险提示、诫勉谈话、通报批评、责令整改等措施；市级主管部门可采取取消试点资格等措施；或提请相关部门依法处理；涉嫌犯罪的，移送司法机关处理。

第十九条 小额贷款公司在经营过程中，若有非法集资、变相吸收公众存款、抽逃资本、洗钱等严重违法违规行为，由区县政府负责协调相关部门查处，报市主管部门后，由市主管部门责令整改、取消其小额贷款试点资格，提请相关部门依法处理。涉嫌犯罪的，移交司法机关处理。

第五章 附 则

第二十条 本办法自发布之日起30日后施行。

附：1. 北京市小额贷款公司业务统计表（月报）

2. 北京市小额贷款公司贷款情况汇总表（月报）

3. 人民币贷款固定利率期限、结构表（季报）
4. 人民币贷款固定利率区间分布表（季报）
5. 人民币贷款浮动利率期限、结构表（季报）
6. 人民币贷款浮动利率区间分布表（季报）
7.（ ）年（ ）季度小额贷款公司风险排查情况统计表

附 1：

北京市小额贷款公司业务统计表（月报）

填报单位：　　　　　　　　年　月　　　　　　　　单位：万元

指标编码	指标名称	本月贷款余额		本年累计贷款	
		金额	笔数	金额	笔数
	注册资本：				
	融入资本：				
	结算银行：				
33301	1. 境内贷款按贷款对象合计				
33302	个人贷款				
33303	其中：农户贷款				
33304	企业贷款				
33305	其中：农村企业贷款				
33306	城市企业贷款				
33307	其他组织贷款				
33308	其中：农村各类组织贷款				
33309	城市各类组织贷款				
33310	2. 境内企业组织贷款按用途合计				
33311	第一产业贷款				
33312	第二产业贷款				
33313	第三产业贷款				
33314	3. 境内贷款按信用形式合计				
33315	信用贷款				
33316	抵押贷款				
33317	质押贷款				
33318	保证贷款				

续表

指标编码	指标名称	本月贷款余额		本年累计贷款	
		金额	笔数	金额	笔数
33319	其他贷款				
33320	4. 境内贷款按贷款额度合计				
33321	小于等于 10 万元				
33322	大于 10 万元小于等于 50 万元				
33323	大于 50 万元小于等于 300 万元				
	大于 300 万元				
33324	5. 最高单笔贷款金额		—	—	—
33325	6. 最低单笔贷款金额		—	—	—
33326	7. 境内贷款按贷款期限、贷款利率合计				
33327	其中：小于等于 3 个月				
33328	最低利率（%）		—	—	—
33329	最高利率（%）		—	—	—
33330	其中：大于 3 个月小于等于 6 个月				
33331	最低利率（%）		—	—	—
33332	最高利率（%）		—	—	—
33333	其中：大于 6 个月小于等于 12 个月				
33334	最低利率（%）		—	—	—
33335	最高利率（%）		—	—	—
33336	其中：大于 12 个月				
33337	最低利率（%）		—	—	—
33338	最高利率（%）		—	—	—
33339	8. 贷款累计发放收回情况	—	—	—	—
33340	累计发放贷款	—	—		
33341	累计收回贷款	—	—		

填表人：　　　　　　　　　　　　企业负责人：

注："—"处不用填写数据。

附 2：

北京市小额贷款公司贷款情况汇总表（月报）

填报单位： 年 月

序号	合同编号	借款方	贷款用途	贷款金额（万元）	贷款期限（月）	年利率（%）	贷款发放日	贷款收回日	保证人或抵押物情况	贷款状况

填表人： 企业负责人：

附 3：

人民币贷款固定利率期限、结构表
（季报）

机构类别：

填报单位： 填报时间： 年 月 日 单位：亿元，%

项目	发生额	加权平均利率	最高利率		最低利率	
			发生额	利率	发生额	利率
6 个月（含）以内						
6 个月 -1 年（含）						
1-3 年（含）						
3-5 年（含）						
5-10 年（含）						
10 年以上						
合计		—	—	—	—	—

联系人： 电话：

附4：

人民币贷款固定利率区间分布表

（季报）

机构类别：

填报单位： 填报时间： 年 月 日 单位：亿元

项 目	发生额							合计
	[0.9，1）	1	（1，1.1]	（1.1，1.3]	（1.3，1.5]	（1.5，2]	2以上	
6个月（含）以内								
6个月－1年（含）								
1－3年（含）								
3－5年（含）								
5－10年（含）								
10年以上								
合 计								

联系人： 电话：

附5：

人民币贷款浮动利率期限、结构表

（季报）

机构类别：

填报单位： 填报时间： 年 月 日 单位：亿元，%

项 目		发生额	加权平均利率	最高利率		最低利率	
				发 生 额	利率	发生额	利率
6个月（含）以内	其中：按月浮动						
	按季浮动						
6个月－1年（含）	其中：按月浮动						
	按季浮动						
	按6个月浮动						
1－3年（含）	其中：按月浮动						
	按季浮动						
	按6个月浮动						
	按年浮动						

续表

项目		发生额	加权平均利率	最高利率		最低利率	
				发生额	利率	发生额	利率
3－5年（含）	其中：按月浮动						
	按季浮动						
	按6个月浮动						
	按年浮动						
5－10年（含）	其中：按月浮动						
	按季浮动						
	按6个月浮动						
	按年浮动						
10年以上	其中：按月浮动						
	按季浮动						
	按6个月浮动						
	按年浮动						
合计			—	—	—	—	—

联系人：　　　　　　　　　　　　电话：

附6：

人民币贷款浮动利率区间分布表

（季报）

机构类别：

填报单位：　　　　　　填报时间：　　年　　月　　日　　　　　　单位：亿元，%

项目		发生额							合计
		[0.9, 1)	1	(1, 1.1]	(1.1, 1.3]	(1.3, 1.5]	(1.5, 2]	2以上	
6个月（含）以内	其中：按月浮动								
	按季浮动								
6个月－1年（含）	其中：按月浮动								
	按季浮动								
	按6个月浮动								
1－3年（含）	其中：按月浮动								
	按季浮动								
	按6个月浮动								
	按年浮动								

续表

项　目		发生额							合计
		[0.9, 1)	1	(1, 1.1]	(1.1, 1.3]	(1.3, 1.5]	(1.5, 2]	2以上	
3-5年（含）	其中：按月浮动								
	按季浮动								
	按6个月浮动								
	按年浮动								
5-10年（含）	其中：按月浮动								
	按季浮动								
	按6个月浮动								
	按年浮动								
10年以上	其中：按月浮动								
	按季浮动								
	按6个月浮动								
	按年浮动								
合　计									

联系人：　　　　　　　　　　　　　　　　　　　　　　　　电话：

附7：

（　）年（　）季度小额贷款公司风险排查情况统计表

填表单位：　　　　　　　　　　　　　　　　　　　　　　日期：

指标 小贷公司	本期新增贷款	贷款余额	最大单笔现金流入	最大单笔现金流出	银行融入增加额	银行融入余额	呆坏账	不良贷款率	最大单一客户贷款余额	风险准备金提取率
存在的风险、不稳定因素										

北京市财政局转发财政部《关于〈金融企业绩效评价办法〉的通知》

2011年6月30日　京财金融〔2011〕1150号

各区县财政局，各市属金融企业：

现将财政部关于印发《金融企业绩效评价办法》的通知（财金〔2011〕50号）（以下简称《办法》）转发给你们，并补充通知如下，请一并遵照执行。

一、市属金融企业根据《办法》规定和《金融企业绩效评价指标结果计分表》、《金融企业绩效评价指标计算公式说明》及已发布的参数对本企业2010年度绩效评价情况进行复算，复算结果与随年度决算上报的绩效评价结果有差异的，按《办法》计算结果重新上报。并请于2011年7月底前将按照《办法》计算的绩效评价报表及相关材料报北京市财政局（金融处）。

二、区县财政局负责具体实施本辖区内同级金融企业的绩效评价工作。接本通知后，区县财政局应指导本辖区包括新型农村金融机构在内的金融企业建立健全金融企业内部绩效评价体系。

附件：财政部关于印发《金融企业绩效评价办法》的通知

附件：

财政部关于印发《金融企业绩效评价办法》的通知

2011年5月12日　财金〔2011〕50号

各中央管理金融企业，各省、自治区、直辖市、计划单列市财政厅（局），新疆生产建设兵团财务局，财政部驻各省、自治区、直辖市、计划单列市财政监察专员办事处：

为了加强对金融企业的财务监管，进一步规范金融企业绩效评价工作，综合反映金融企业资产营运质量，推动金融企业提升经营管理水平，促进金融企业健康发展，现印发《金融企业绩效评价办法》及《金融企业绩效评价指标及结果计分表》、《金融企业绩效评价指标计算公式说明》，请遵照执行。

附：1. 金融企业绩效评价办法

2. 金融企业绩效评价指标及结果计分表

3. 金融企业绩效评价指标计算公式说明

附 1：

金融企业绩效评价办法

第一章 总 则

第一条 为了加强对金融企业的财务监管，进一步规范金融企业绩效评价工作，综合反映金融企业资产营运质量，推动金融企业提升经营管理水平，促进金融企业健康发展，根据《金融企业财务规则》（财政部令第 42 号）等有关法律法规，制定本办法。

第二条 在中华人民共和国境内依法设立金融企业的绩效评价工作，适用本办法，金融企业具体包括：

（一）执业需取得银行业务许可证的政策性银行、邮政储蓄银行、国有商业银行、股份制商业银行、城市商业银行、农村商业银行、农村合作银行、信用社、新型农村金融机构、信托公司、金融租赁公司、金融资产管理公司和财务公司等。

（二）执业需取得保险业务许可证的各类保险企业等。

（三）执业需取得证券业务许可证的证券公司、期货公司和基金管理公司等。

（四）各类金融控股公司、信用担保公司以及金融监管部门所属的从事相关金融业务的企业。

第三条 本办法所称绩效评价，是指通过建立评价财务指标体系，对照相应行业评价标准，对金融企业一个会计年度的盈利能力、资产质量、偿付能力以及经营增长状况等进行的综合评判。

第四条 财政部依据本办法组织实施中央管理金融企业的绩效评价工作；省级人民政府财政部门（以下简称“财政部门”）依据本办法组织实施本地区金融企业的绩效评价工作。

第五条 金融企业绩效评价工作应当遵循以下原则：

（一）综合性原则。金融企业绩效评价应当通过建立综合的指标体系，对金融企业特定会计期间的财务状况和经营成果进行多角度的分析和综合评判。

（二）客观性原则。金融企业绩效评价应当充分考虑市场竞争环境，依据统一测算的、同一期间的国内行业标准值，客观公正地评判金融企业的经营成果。

（三）发展性原则。金融企业绩效评价应当在综合反映金融企业年度财务状况和经营成果的基础上，客观分析金融企业年度之间的增长状况及发展水平。

第六条 为确保绩效评价工作的客观、公正与公平，绩效评价工作原则上应当以社会中介机构按中国审计准则审计后的财务会计报告为基础，其中，财务报表应当是按中国会计准则编制的合并财务报表。

第七条 金融企业绩效评价标准值根据金融企业年度财务会计报告数据，运用数理统计方法，分年度、分行业统一测算并公布。根据金融企业的实际情况，本办法划分为银行业、保险业、证券业和其他金融业四大类金融企业进行绩效评价。

第八条 金融企业绩效评价结果作为评价金融企业绩效、确定金融企业负责人薪酬、加强金融企业经营管理的重要依据，应当反馈给金融企业及相关部门，并以适当形式予以公开。

第二章　评价指标与权重

第九条　金融企业的绩效评价指标具体包括：

（一）盈利能力指标：包括资本利润率（净资产收益率）、资产利润率（总资产报酬率）、成本收入比、收入利润率、支出利润率、加权平均净资产收益率 6 个指标，主要反映金融企业一定经营期间的投入产出水平和盈利质量。

（二）经营增长指标：包括国有资本保值增值率、利润增长率、经济利润率 3 个指标，主要反映金融企业的资本增值状况和经营增长水平。

（三）资产质量指标：包括不良贷款率、拨备覆盖率、杠杆率、认可资产率、应收账款比率、净资本与风险准备比率、净资本与净资产比率 7 个指标，主要反映金融企业所占用经济资源的利用效率、资产管理水平与资产的安全性。

（四）偿付能力指标：包括资本充足率、核心资本充足率、偿付能力充足率、净资本负债率、资产负债率 5 个指标，主要反映金融企业的债务负担水平、偿债能力及其面临的债务风险。

第十条　金融企业绩效评价各单项指标的权重，依据指标的重要性和引导功能确定，具体见分行业金融企业绩效评价结果计分表。各单项指标计分加权形成金融企业绩效评价综合指标得分。

第三章　评价基础数据与调整

第十一条　金融企业绩效评价基础数据资料具体包括：

（一）金融企业的年度财务会计报告，其中，金融资产管理公司政策性业务尚未清算前，使用商业化数据进行考核。

（二）会计师事务所出具的审计报告，其中，金融企业不能提供会计师事务所出具的审计报告的，以该金融企业提供的、经财政部门认可的年度会计报表为依据进行考核，若以后发现所提供的财务数据不实，财政部门将追溯调整金融企业的绩效评价结果。

（三）关于金融企业经营情况的说明或财务分析报告。

第十二条　为了确保绩效评价工作的真实、完整、合理，金融企业可以按照重要性和可比性原则对评价期间的基础数据申请进行适当调整，有关财务指标相应加上客观减少因素、减去客观增加因素。可以进行调整的事项主要包括：

（一）金融企业在评价期间损益中消化处理以前年度资产或业务损失的，可把损失金额作为当年利润的客观减少因素。

（二）金融企业承担政策性业务对经营成果或资产质量产生重大影响的，可把影响金额作为当年利润或资产的客观减少因素。

（三）金融企业会计政策与会计估计变更对经营成果产生重大影响的，可把影响金额作为当年资产或利润的客观影响因素。

（四）金融企业被出具非标准无保留意见审计报告的，应当根据审计报告披露影响经营成果的重大事项，调整评价基础数据。

金融企业申请调整事项对绩效评价指标的影响超过 1% 的，作为重大影响。

第十三条　金融企业发生客观调整因素，相应调整以下绩效评价指标：

（一）收入、成本发生变动时，相应调整资本利润率、净资产收益率、资产利润率、总资产报酬率、成本收入比、收入利润率、支出利润率、加权平均净资产收益率、国有资本保值增值率、利润增长率、经济利润率等。

（二）利润发生变动时，相应调整资本利润率、净资产收益率、资产利润率、总资产报酬率、收入利润率、支出利润率、加权平均净资产收益率、国有资本保值增值率、利润增长率、经济利润率等。

（三）资产发生变动时，相应调整资产利润率、总资产报酬率、国有资本保值增值率、净资本与净资产比率、资本充足率、核心资本充足率、不良贷款率、拨备覆盖率、杠杆率、资产负债率等。

第十四条 金融企业对基础数据进行调整的说明材料包括：

（一）《金融企业绩效评价基础数据调整表》（见附1）。

（二）调整事项有关证明材料。

调整事项主要适用于当年基础数据资料的调整，必要时也可调整以前年度事项，由金融企业申报。

组织实施单位根据被评价金融企业提供的绩效评价基础数据资料和调整说明材料分别进行审查、复核和确认。

第四章 评价标准与评价计分

第十五条 财政部根据中央管理金融企业和省级财政部门报送的资料，对金融企业数据进行筛选，剔除不适合参与测算的金融企业数据，保留符合测算要求的数据，建立样本库。

被剔除的金融企业数据主要包括：

（一）根据评价指标的经济特性，不符合计算模型需要的数据，如计算相对值时分母和分子同时为负数的数据。

（二）相关指标与正常金融企业相差很大，如正处于停业、托管或业务清算状态的金融企业数据。

第十六条 财政部根据金融企业绩效评价基础数据，分行业统一测算金融企业绩效评价标准值。

金融企业经营多种业务的，以其主营业务为基础，确定评价指标适用的行业。标准值适用情况如下：

（一）政策性银行、邮政储蓄银行、国有商业银行、股份制商业银行、城市商业银行、农村商业银行、农村合作银行、信用社等适用银行业标准值。

（二）各类保险企业适用保险业标准值。

（三）证券公司、期货公司和基金管理公司等适用证券业标准值。

（四）各类信用担保公司、新型农村金融机构、信托公司、金融租赁公司、财务公司以及金融监管部门所属的从事相关金融业务的企业等适用其他金融业标准值。

（五）金融控股集团公司、金融资产管理公司、金融投资管理公司等金融企业先按控股子公司（企业）持有金融业务许可证的类型分别确定所适用的行业标准值（无金融业务许可证的控股子公司（企业）适用其他金融业标准值），再按控股子公司（企业）各自得分及其净资产权重综合计算绩效评价得分。对阶段性持股子公司（企业）不进行单独评价。

第十七条 依据所建样本库中金融企业的数据，财政部采用分段简单平均法测算每项财务指标的标准值。具体步骤包括：

（一）对测算样本的财务指标按照实际值从大到小（对于逆向指标，从小到大）进行排序。

（二）将排好序的样本，平均划分为4部分，前25%的样本数据为第一段，前50%的样本数据为第二段，全部样本数据作为第三段，后50%的样本数据为第四段，后25%的样本为第五段。

（三）将每一段样本的财务指标实际值加总，再除以样本个数，得到该段财务指标的简单平均数。

（四）将五段财务指标的简单平均数分别作为该财务指标的“优秀值”、“良好值”、“平均值”、“较低值”和“较差值”，对应五档评价标准的标准系数分别为1.0、0.8、0.6、0.4、0.2。

第十八条 评价计分是将金融企业调整后的评价指标实际值对照金融企业所处行业标准值，按照以下计算公式，利用绩效评价软件计算各项基本指标得分：

绩效评价指标总得分 = ∑单项指标得分

单项指标得分 = 本档基础分 + 调整分

本档基础分 = 指标权数 × 本档标准系数

调整分 = 功效系数 ×（上档基础分 - 本档基础分）

上档基础分 = 指标权数 × 上档标准系数

功效系数 =（实际值 - 本档标准值）/（上档标准值 - 本档标准值）

本档标准值是指上下两档标准值中居于较低的一档标准值。

第十九条 考虑到金融企业的实际情况，政策性银行的“资本充足率”、“核心资本充足率”、“杠杆率”、“资产利润率”、“资本利润率”五项指标，主营政策性业务保险公司的“偿付能力充足率”、“净资产收益率”、“总资产报酬率”三项指标以及金融基础设施企业的“资本利润率”指标按平均值取分。

第二十条 金融企业发放较多涉农贷款、中小企业贷款，提供较多农业保险的，给予适当加分，以充分反映不同金融企业社会贡献。具体的加分办法如下：

（一）涉农贷款加分：金融企业提供的涉农贷款占比超过10%加1分，超过15%加1.5分，超过20%加2分，超过25%加2.5分，超过30%加3分。其中：

涉农贷款占比 = 年末涉农贷款余额/年末贷款余额 ×100%；

（二）中小企业贷款加分：金融企业提供的中小企业贷款占比超过20%加1分，超过25%加1.5分，超过30%加2分，超过35%加2.5分，超过40%加3分，其中：

中小企业贷款占比 = 年末中小企业贷款余额/年末贷款余额 ×100%；

（三）农业保险加分：金融企业提供的农业保险市场占比超过10%加1分，超过15%加1.5分，超过20%加2分，超过25%加2.5分，超过30%加3分；金融企业提供的农业保险如市场占比在10%以下，但自身占比超过50%加1分，超过60%加1.5分，超过70%加2分，超过80%加2.5分，超过90%加3分。其中：

农业保险市场占比 = 年度农业保险保费收入总额/全部财产保险公司年度农业保险保费收入总额 ×100%

农业保险自身占比 = 年度农业保险保费收入总额/年度全部财产保险保费收入总额 ×100%。

以上在计算涉农贷款和中小企业贷款占比时，分子分母均采用境内口径；农业保险按保险监管部门规定的口径执行。

第二十一条 对被评价金融企业所评价期间（年度）发生以下不良重大事项，予以扣分：

（一）重大事项扣分：金融企业发生属于当期责任的重大资产损失事项、重大违规违纪案件，或发生造成重大不利社会影响的事件，根据相关部门的处理处罚情况扣 1－3 分。正常的资产减值准备计提不在此列；

（二）信息质量扣分：金融企业不按照规定提供财务会计信息，或提供虚假财务会计信息，根据相关部门的处理处罚情况扣 1－3 分。金融企业财务快报与财务决算报表报送净利润数值增幅（减幅）超过 10% 扣 1 分，超过 15% 扣 1.5 分，超过 20% 扣 2 分，超过 25% 扣 2.5 分，超过 30% 扣 3 分。

第二十二条 对存在加分和扣分事项的，财政部门与金融企业和有关部门核实，获得必要证据后，应当填写《金融企业绩效评价加减分事项表》（附表 2）。

第五章 评价结果与评价报告

第二十三条 为平滑不同金融行业的年度经营状况，财政部根据金融企业报送的资料分行业设定绩效评价行业调节系数。

金融企业绩效评价分数（行业调节后）＝本期绩效评价分数×行业调节系数。

其中，金融控股集团公司、金融资产管理公司、金融投资管理公司等金融企业在综合计算绩效评价得分后，采用其他金融业行业调节系数进行调节。

第二十四条 为平滑不同年度绩效评价得分的明显波动，财政部根据金融企业报送的资料设定绩效评价年度调节系数。

金融企业绩效评价年度调节系数以绩效评价年度平均得分为基础，综合考虑年度 GDP 增减、CPI 增减、财政货币政策和会计准则的变化，以及行业盈利状况等因素确定。

金融企业绩效评价分数（年度调节后）＝金融企业绩效评价分数（行业调节后）×年度调节系数。

第二十五条 绩效评价结果是指根据绩效评价分数及分析得出的评价结论，以评价得分、评价类型和评价级别表示。

评价得分用百分制表示。

评价类型是根据评价分数对企业综合绩效所划分的水平档次，用文字和字母表示，分为优（A）、良（B）、中（C）、低（D）、差（E）五种类型。

评价级别是对每种类型再划分级次，以体现同一评价类型的不同差异，采用在字母后重复标注该字母的方式表示。

第二十六条 绩效评价结果以 80、65、50、40 分作为类型判定的分数线。

（一）评价得分达到 80 分以上（含 80 分）的评价类型为优（A），在此基础上划分为 3 个级别，分别为：AAA≥90 分；90 分＞AA≥85 分；85 分＞A≥80 分。

（二）评价得分达到 65 分以上（含 65 分）不足 80 分的评价类型为良（B），在此基础上划分为 3 个级别，分别为：80 分＞BBB≥75 分；75 分＞BB≥70 分；70 分＞B≥65 分。

（三）评价得分达到 50 分以上（含 50 分）不足 65 分的评价类型为中（C），在此基础上划分为 2 个级别，分别为：65 分＞CC≥60 分；60 分＞C≥50 分。

（四）评价得分在 40 分以上（含 40 分）不足 50 分的评价类型为低（D）。

（五）评价得分在 40 分以下的评价类型为差（E）。

第二十七条 金融企业绩效评价报告是根据评价结果编制、反映被评价金融企业绩效状况的文本文件。

财政部门在收到金融企业的绩效评价材料后，按规定填列计算《金融企业绩效评价基础数据调整表》、《金融企业绩效评价加分扣分事项表》和《金融企业绩效评价结果计分表》（附3、附4、附5、附6），并及时将金融企业绩效评价结果反馈给金融企业及相关部门。

第六章 工作要求与责任

第二十八条 中央管理金融企业应当于每年5月15日前，一式两份向财政部报送上一年度绩效评价的基础数据资料、对基础数据进行调整的说明材料。

第二十九条 地方金融企业向本级财政部门报送绩效评价材料的具体内容和时间要求，由省级财政部门确定。

第三十条 金融企业应当提供真实、全面的绩效评价基础数据资料，金融企业主要负责人、总会计师或主管财务会计工作的负责人应当对提供的年度财务会计报告和相关评价基础资料的真实性、完整性负责。

金融企业在报送绩效评价材料中，存在故意漏报、瞒报以及提供虚假材料等情况的，由本级财政部门责令限期改正，并给予警告。

第三十一条 中央管理金融企业和省级财政部门应当根据《金融企业国有资本保值增值结果确认暂行办法》（财政部令第43号）和财政部年度财务决算工作的安排做好国有资本保值增值结果的确认工作。

第三十二条 省级财政部门应当于每年5月15日前，分户（按法人单位）将上一年度本地区金融企业调整后的绩效评价基础数据资料和情况说明报送财政部。

第三十三条 财政部根据中央管理金融企业和省级财政部门报送的资料，于每年6月底前分别公布银行业、保险业、证券业和其他金融业四大类金融行业评价指标的标准值、行业调节系数和年度调节系数。

第三十四条 省级财政部门应当遵循以上原则要求做好本地区金融企业的绩效评价工作，并于每年11月30日前，将本地区金融企业的绩效评价结果汇总报送财政部。

第三十五条 财政部门的相关工作人员组织开展金融企业绩效评价工作应当恪尽职守、规范程序、加强指导。

对于在绩效评价过程中滥用职权、玩忽职守、徇私舞弊，或者泄露金融企业商业秘密的，依法给予行政处分。

第三十六条 受托开展金融企业审计业务的机构及其相关工作人员应严格执行金融企业绩效评价工作的规定，规范技术操作，确保评价过程独立、客观、公正，评价结论适当，并严守金融企业的商业秘密。

对参与造假、违反程序和工作规定，导致评价结论失实以及泄露金融企业商业秘密的，财政部门将责令不再委托其承担金融企业审计业务，并将有关情况通报其行业主管机关，建议给予相应处罚。

第七章 附 则

第三十七条 金融企业开展内部绩效评价工作，可依据本办法制定具体的工作规范。

第三十八条 各省、自治区、直辖市、计划单列市财政部门可以依据本办法和财政部的其他规定，结合本地区金融企业实际，制定具体的实施办法，报财政部备案。

第三十九条 本办法自印发之日起施行，金融企业2010年度绩效评价工作执行本办法。《财政部关于印发〈金融类国有及国有控股企业绩效评价暂行办法〉的通知》（财金〔2009〕3号）、《财政部关于金融类国有及国有控股企业绩效评价相关事项的通知》（财金〔2009〕27号）和《财政部关于印发〈金融类国有及国有控股企业绩效评价实施细则〉的通知》（财金〔2009〕169号）同时废止。

附：1. 金融企业绩效评价基础数据调整表
2. 金融企业绩效评价加减分事项表
3. 银行类金融企业绩效评价结果计分表
4. 保险类金融企业绩效评价结果计分表
5. 证券类金融企业绩效评价结果计分表
6. 其他类金融企业绩效评价结果计分表

*附*1：

金融企业绩效评价基础数据调整表

企业名称：________________

调整事项 调整指标	指标账面值	调整事项	调整事项说明	指标调整后数值	指标确认值	备注

填报单位：________（盖章）	主要负责人：______（签章）	总会计师或主要财务会计工作负责人：________（签章）
审查人意见： ________（签字）	复核人意见： ________（签字）	确认单位： ________（盖章）

注：1. 调整事项说明有关证明材料附后。
2. 表中内容如编幅较大，可附页说明。

附2：

金融企业绩效评价加减分事项表

企业名称：

加减分指标 加减分事项	加减分说明	加减分数	备　注
加分事项：			
（一）涉农贷款加分			
（二）中小企业贷款加分			
（三）农业保险加分			
减分事项：			
（一）重大事项扣分			
（二）信息质量扣分			
审查人意见： ________（签字）	复核人意见： ________（签字）	确认单位： ________（盖章）	

注：1. 加减分事项有关证明材料附后。

2. 表中内容如篇幅较大，可附页说明。

附3：

银行类金融企业绩效评价结果计分表

企业名称：____________________

<table>
<tr><td colspan="2">评价内容</td><td rowspan="2">指标</td><td rowspan="2">权数</td><td>一</td><td>二</td><td>三</td><td>四</td><td>五</td><td>六</td><td>七</td><td>八</td><td>九</td><td>十</td></tr>
<tr><td>指标</td><td>权重（%）</td><td>实际值</td><td>本档标准值</td><td>上档标准值</td><td>功效系数</td><td>上档标准系数</td><td>上档基础分</td><td>本档标准系数</td><td>本档基础分</td><td>调整分</td><td>单项指标得分</td></tr>
<tr><td rowspan="3">盈利能力状况</td><td rowspan="3">30</td><td>资本利润率</td><td>15</td><td></td><td></td><td></td><td></td><td></td><td></td><td></td><td></td><td></td><td></td></tr>
<tr><td>资产利润率</td><td>10</td><td></td><td></td><td></td><td></td><td></td><td></td><td></td><td></td><td></td><td></td></tr>
<tr><td>成本收入比</td><td>5</td><td></td><td></td><td></td><td></td><td></td><td></td><td></td><td></td><td></td><td></td></tr>
<tr><td rowspan="3">经营增长状况</td><td rowspan="3">20</td><td>国有资本保值增值率</td><td>10</td><td></td><td></td><td></td><td></td><td></td><td></td><td></td><td></td><td></td><td></td></tr>
<tr><td>利润增长率</td><td>5</td><td></td><td></td><td></td><td></td><td></td><td></td><td></td><td></td><td></td><td></td></tr>
<tr><td>经济利润率</td><td>5</td><td></td><td></td><td></td><td></td><td></td><td></td><td></td><td></td><td></td><td></td></tr>
<tr><td rowspan="3">资产质量状况</td><td rowspan="3">20</td><td>不良贷款率</td><td>10</td><td></td><td></td><td></td><td></td><td></td><td></td><td></td><td></td><td></td><td></td></tr>
<tr><td>拨备覆盖率</td><td>5</td><td></td><td></td><td></td><td></td><td></td><td></td><td></td><td></td><td></td><td></td></tr>
<tr><td>杠杆率</td><td>5</td><td></td><td></td><td></td><td></td><td></td><td></td><td></td><td></td><td></td><td></td></tr>
<tr><td rowspan="2">偿付能力状况</td><td rowspan="2">20</td><td>资本充足率</td><td>15</td><td></td><td></td><td></td><td></td><td></td><td></td><td></td><td></td><td></td><td></td></tr>
<tr><td>核心资本充足率</td><td>15</td><td></td><td></td><td></td><td></td><td></td><td></td><td></td><td></td><td></td><td></td></tr>
<tr><td colspan="13">绩效评价指标总得分</td><td></td></tr>
<tr><td colspan="2">评价加分</td><td>涉农贷款</td><td colspan="2"></td><td colspan="3">中小企业贷款</td><td colspan="3"></td><td colspan="2">小计</td><td></td></tr>
<tr><td colspan="2">评价扣分</td><td>重大事项</td><td colspan="2"></td><td colspan="3">信息质量</td><td colspan="3"></td><td colspan="2">小计</td><td></td></tr>
<tr><td colspan="3">行业调节系数</td><td colspan="2"></td><td colspan="2">年度调节系数</td><td colspan="2"></td><td colspan="4">本期绩效评价分数</td><td></td></tr>
<tr><td colspan="4">审查人意见：

__________（签字）</td><td colspan="5">复核人意见：

__________（签字）</td><td colspan="5">确认单位意见：

__________（盖章）</td></tr>
</table>

附4：

保险类金融企业绩效评价结果计分表

企业名称：____________________

评价内容		指标	权数	一	二	三	四	五	六	七	八	九	十
指标	权重（%）			实际值	本档标准值	上档标准值	功效系数	上档标准系数	上档基础分	本档标准系数	本档基础分	调整分	单项指标得分
盈利能力状况	35	净资产收益率	15										
		总资产报酬率	10										
		收入利润率	5										
		支出利润率	5										
经营增长状况	25	国有资本保值增值率	10										
		利润增长率	10										
		经济利润率	5										
资产质量状况	25	认可资产率	15										
		应收账款比率	10										
偿付能力状况	15	偿付能力充足率	15										
绩效评价指标总得分													
评价加分	农业保险											小计	
评价扣分	重大事项			信息质量								小计	
行业调节系数				年度调节系数				本期绩效评价分数					

审查人意见：	复核人意见：	确认单位意见：
____________（签字）	____________（签字）	____________（盖章）

附5：

证券类金融企业绩效评价结果计分表

企业名称：____________

<table>
<tr><td colspan="2">评价内容</td><td rowspan="2">指标</td><td rowspan="2">权数</td><td>一</td><td>二</td><td>三</td><td>四</td><td>五</td><td>六</td><td>七</td><td>八</td><td>九</td><td>十</td></tr>
<tr><td>指标</td><td>权重（%）</td><td>实际值</td><td>本档标准值</td><td>上档标准值</td><td>功效系数</td><td>上档标准系数</td><td>上档基础分</td><td>本档标准系数</td><td>本档基础分</td><td>调整分</td><td>单项指标得分</td></tr>
<tr><td rowspan="4">盈利能力状况</td><td rowspan="4">35</td><td>加权平均净资产收益率</td><td>15</td><td></td><td></td><td></td><td></td><td></td><td></td><td></td><td></td><td></td><td></td></tr>
<tr><td>资产利润率</td><td>10</td><td></td><td></td><td></td><td></td><td></td><td></td><td></td><td></td><td></td><td></td></tr>
<tr><td>收入利润率</td><td>5</td><td></td><td></td><td></td><td></td><td></td><td></td><td></td><td></td><td></td><td></td></tr>
<tr><td>支出利润率</td><td>5</td><td></td><td></td><td></td><td></td><td></td><td></td><td></td><td></td><td></td><td></td></tr>
<tr><td rowspan="3">经营增长状况</td><td rowspan="3">20</td><td>国有资本保值增值率</td><td>10</td><td></td><td></td><td></td><td></td><td></td><td></td><td></td><td></td><td></td><td></td></tr>
<tr><td>利润增长率</td><td>5</td><td></td><td></td><td></td><td></td><td></td><td></td><td></td><td></td><td></td><td></td></tr>
<tr><td>经济利润率</td><td>5</td><td></td><td></td><td></td><td></td><td></td><td></td><td></td><td></td><td></td><td></td></tr>
<tr><td rowspan="2">资产质量状况</td><td rowspan="2">20</td><td>净资本与风险准备比率</td><td>10</td><td></td><td></td><td></td><td></td><td></td><td></td><td></td><td></td><td></td><td></td></tr>
<tr><td>净资本与净资产比率</td><td>10</td><td></td><td></td><td></td><td></td><td></td><td></td><td></td><td></td><td></td><td></td></tr>
<tr><td rowspan="2">偿付能力状况</td><td rowspan="2">25</td><td>净资本负债率</td><td>15</td><td></td><td></td><td></td><td></td><td></td><td></td><td></td><td></td><td></td><td></td></tr>
<tr><td>资产负债率</td><td>10</td><td></td><td></td><td></td><td></td><td></td><td></td><td></td><td></td><td></td><td></td></tr>
<tr><td colspan="13">绩效评价指标总得分</td><td></td></tr>
<tr><td colspan="2">评价加分</td><td colspan="10"></td><td>小计</td><td></td></tr>
<tr><td colspan="2">评价扣分</td><td>重大事项</td><td colspan="2"></td><td colspan="3">信息质量</td><td colspan="4"></td><td>小计</td><td></td></tr>
<tr><td colspan="3">行业调节系数</td><td colspan="2"></td><td colspan="2">年度调节系数</td><td></td><td colspan="5">本期绩效评价分数</td><td></td></tr>
<tr><td colspan="3">审查人意见：

__________（签字）</td><td colspan="4">复核人意见：

__________（签字）</td><td colspan="7">确认单位意见：

__________（盖章）</td></tr>
</table>

附6：

其他类金融企业绩效评价结果计分表

企业名称：__________________

<table>
<tr><td colspan="2">评价内容</td><td rowspan="2">指标</td><td rowspan="2">权数</td><td>一</td><td>二</td><td>三</td><td>四</td><td>五</td><td>六</td><td>七</td><td>八</td><td>九</td><td>十</td></tr>
<tr><td>指标</td><td>权重（%）</td><td>实际值</td><td>本档标准值</td><td>上档标准值</td><td>功效系数</td><td>上档标准系数</td><td>上档基础分</td><td>本档标准系数</td><td>本档基础分</td><td>调整分</td><td>单项指标得分</td></tr>
<tr><td rowspan="3">盈利能力状况</td><td rowspan="3">60</td><td>资本利润率</td><td>30</td><td></td><td></td><td></td><td></td><td></td><td></td><td></td><td></td><td></td><td></td></tr>
<tr><td>资产利润率</td><td>15</td><td></td><td></td><td></td><td></td><td></td><td></td><td></td><td></td><td></td><td></td></tr>
<tr><td>成本收入比</td><td>15</td><td></td><td></td><td></td><td></td><td></td><td></td><td></td><td></td><td></td><td></td></tr>
<tr><td rowspan="3">经营增长状况</td><td rowspan="3">40</td><td>国有资本保值增值率</td><td>20</td><td></td><td></td><td></td><td></td><td></td><td></td><td></td><td></td><td></td><td></td></tr>
<tr><td>利润增长率</td><td>10</td><td></td><td></td><td></td><td></td><td></td><td></td><td></td><td></td><td></td><td></td></tr>
<tr><td>经济利润率</td><td>10</td><td></td><td></td><td></td><td></td><td></td><td></td><td></td><td></td><td></td><td></td></tr>
<tr><td colspan="14">绩效评价指标总得分</td></tr>
<tr><td colspan="3">评价加分</td><td colspan="9"></td><td>小计</td><td></td></tr>
<tr><td colspan="3">评价扣分</td><td colspan="2">重大事项</td><td colspan="2"></td><td colspan="3">信息质量</td><td colspan="2"></td><td>小计</td><td></td></tr>
<tr><td colspan="5">行业调节系数</td><td colspan="2"></td><td colspan="3">年度调节系数</td><td></td><td colspan="3">本期绩效评价分数</td></tr>
<tr><td colspan="4">审查人意见：
__________（签字）</td><td colspan="5">复核人意见：
__________（签字）</td><td colspan="5">确认单位意见：
__________（盖章）</td></tr>
</table>

附 2：

金融企业绩效评价指标及结果计分表

评价内容		银行类		证券类		保险类		其他类		一	二	三	四	五	六	七	八	九	十
指标	权重（%）	指标	权数	指标	权数	指标	权数	指标	权数	实际值	本档标准值	上档标准值	功效系数	上档标准系数	上档基础分	本档标准系数	本档基础分	调整分	单项指标得分
盈利能力状况	30－60	资本利润率	15	加权平均净资产收益率	15	净资产收益率	15	资本利润率	30										
		资产利润率	10	资产利润率	10	总资产报酬率	10	资产利润率	15										
		成本收入比	5	收入利润率	5	收入利润率	5	成本收入比	15										
				支出利润率	5	支出利润率	5												
经营增长状况	25－40	国有资本保值增值率	10	国有资本保值增值率	10	国有资本保值增值率	10	国有资本保值增值率	20										
		利润增长率	5	利润增长率	5	利润增长率	10	利润增长率	10										
		经济利润率	5	经济利润率	5	经济利润率	5	经济利润率	10										
资产质量状况	15－25	不良贷款率	10	净资本与风险准备比率	10	认可资产率	15												
		拨备覆盖率	5	净资本与净资产比率	10	应收账款比率	10												
		杠杆率	5																
偿付能力状况	15－25	资本充足率	15	净资本负债率	15	偿付能力充足率	15												
		核心资本充足率	15	资产负债率	10														
绩效评价指标总得分																			
评价加分		效益提升				管理难度				其他事项					小计				
评价扣分		重大损失				信息质量				其他事项					小计				
行业调节系数				年度调节系数					本期绩效评价分数										

附 3：

金融企业绩效评价指标计算公式说明

一、盈利能力指标

1. 资本利润率（净资产收益率）＝净利润/净资产平均余额×100%

净资产平均余额＝（年初所有者权益余额＋年末所有者权益余额）/2

2. 资产利润率（总资产报酬率）＝利润总额/资产平均总额×100%

资产平均总额＝（年初资产总额＋年末资产总额）/2

证券公司资产、负债不包括客户资产、负债，下同。

3. 成本收入比＝营业费用/营业收入×100%

4. 收入利润率＝营业利润/营业收入×100%

5. 支出利润率＝营业利润/营业支出×100%

6. 加权平均净资产收益率＝

$P/(E_0 + NP \div 2 + E_i \times M_i \div M_0 - E_j \times M_j \div M_0 \pm E_k \times M_k \div M_0) \times 100\%$

其中：P 为扣除非经常性损益后归属于公司普通股股东的净利润；NP 为归属于公司普通股股东的净利润；E_0 为归属于公司普通股股东的期初净资产；E_i 为报告期发行新股或债转股等新增的、归属于公司普通股股东的净资产；E_j 为报告期回购或现金分红等减少的、归属于公司普通股股东的净资产；M_0 为报告期月份数；M_i 为新增净资产下一月份起至报告期期末的月份数；M_j 为减少净资产下一月份起至报告期期末的月份数；E_k 为因其他交易或事项引起的净资产增减变动；M_k 为发生其他净资产增减变动下一月份起至报告期期末的月份数。

二、经营增长指标

1. 国有资本保值增值率＝［（年末国有资本±客观增减因素影响额）÷年初国有资本］×100%

2. 利润增长率＝（本年利润总额－上年利润总额）/上年利润总额×100%

3. 经济利润率＝（净利润－净资产平均余额×资金成本）/净资产平均余额×100%

资金成本系按年度内中国人民银行公布的一年期流动资金贷款不同利率的时间覆盖比例为权数计算的加权平均资金成本。

三、资产质量指标

1. 不良贷款率＝（次级类贷款＋可疑类贷款＋损失类贷款）/各类贷款余额×100%

银行按照中国银监会的规定计算不良贷款率，以后变化，从其规定。

2. 拨备覆盖率＝贷款减值准备/（次级类贷款＋可疑类贷款＋损失类贷款）×100%

银行按照中国银监会的规定计算拨备覆盖率，以后变化，从其规定。

3. 杠杆率＝一级资本/调整后表内外资产余额×100%

4. 认可资产率 = 认可资产/资产总额 ×100%

其中：认可资产是指保险监管机构对保险公司进行偿付能力考核时，按照一定的标准予以认可，纳入偿付能力额度计算的资产。

5. 应收账款比率 = （应收保费 + 应收利息 + 其他应收款）/资产总计 ×100%

6. 净资本与风险准备比率 = 期末净资本/各项风险准备之和 ×100%

其中：

净资本 = 净资产 - 金融资产的风险调整 - 其他资产的风险调整 - 或有负债的风险调整 -/+ 中国证监会认定或核准的其他调整项目。

因目前净资本计算只能涉及单体公司，因此涉及证券公司净资本指标的，需用母公司数据。

证券公司按照中国证监会规定的证券公司风险资本准备计算标准计算各项风险资本准备。目前，证券公司提取六项风险准备之和，以后变化，从其规定。

7. 净资本与净资产比率 = 期末净资本/期末净资产 ×100%

四、偿付能力指标

1. 资本充足率 = （资本 - 扣除项）/（风险加权资产 +12.5 倍的市场风险资本） ×100%

其中：

资本扣除项 = 商誉 + 对未并表银行机构资本投资 + 对未并表非银行金融机构资本投资 + 对非自用不动产投资 + 对工商企业资本投资 + 贷款损失准备尚未提足部分。

银行按照中国银监会的规定计算资本充足率，以后变化，从其规定。

2. 核心资本充足率 =（核心资本 - 核心资本扣除项）/（风险加权资产 +12.5 倍的市场风险资本） ×100%

其中：

核心资本 = 实收资本（或普通股） + 资本公积 + 盈余公积 + 未分配利润 + 少数股权。

核心资本扣除项 = 商誉 + （对未并表银行机构资本投资 + 对未并表非银行金融机构资本投资 + 对非自用不动产投资 + 对工商企业资本投资） ×50% + 贷款损失准备尚未提足部分。

银行按照中国银监会的规定计算核心资本充足率，以后变化，从其规定。

3. 偿付能力充足率 = 实际资本/最低资本 ×100%

其中：实际资本等于认可资产减去认可负债的差额。

认可负债是指保险监管机构对保险公司进行偿付能力考核时，按照一定的标准予以认可，纳入偿付能力额度计算的负债。

最低资本是指保险公司在经营中应具备的偿付能力的最低限额数。

4. 净资本负债率 = 期末净资本/期末负债 ×100%

其中：负债指对外负债，不含代理买卖证券款。

5. 资产负债率 = 期末负债总额/期末资产总额 ×100%

其中：资产指自身资产，不含代买卖证券款对应的资产；负债指对外负债，不含代理买卖证券款。

北京市财政局　中国保险监督管理委员会北京监管局　北京市公安局　北京市卫生局　北京市农业局关于印发《北京市道路交通事故社会救助基金管理试行办法》的通知

2011 年 8 月 10 日　京财金融〔2011〕1542 号

北京市各有关单位：

根据财政部、中国保险监督管理委员会、公安部、卫生部、农业部《道路交通事故社会救助基金管理试行办法》文件要求，为有效保护交通事故受害者的切身利益，维护社会稳定，加强北京市道路交通事故社会救助基金管理，经市政府同意，北京市财政局、北京保监局、北京市公安局、北京市卫生局、北京市农业局联合印发《北京市道路交通事故社会救助基金管理试行办法》，请遵照执行。执行中遇有问题，请及时反馈北京市财政局、北京保监局、北京市公安局、北京市卫生局、北京市农业局。

附件：北京市道路交通事故社会救助基金管理试行办法

附件：

北京市道路交通事故社会救助基金管理试行办法

第一章　总　　则

第一条　为加强道路交通事故社会救助基金管理，对道路交通事故中受害人进行救助，根据《中华人民共和国道路交通安全法》、《中华人民共和国道路交通安全法实施条例》、《机动车交通事故责任强制保险条例》（国务院第 462 号令）、《道路交通事故社会救助基金管理试行办法》（财政部第 56 号令），制定本办法。

第二条　本市行政区域内救助基金的设立、筹集、使用和管理，适用本办法。

本办法所称道路交通事故社会救助基金（以下简称“救助基金”），是指依法筹集用于垫付本市行政区域内发生的机动车道路交通事故中受害人人身伤亡的丧葬费用、部分或者全部抢救费用及其他需要救助费用的社会专项基金。

第三条　建立北京市道路交通事故社会救助基金联席会议制度，负责北京市救助基金的政策研究和工作协调。联席会议成员单位为市财政局、北京保监局、市公安局公安交通管理局、市卫生局、市农业局等部门。

第四条　救助基金联席会议下设救助基金管理办公室，救助基金管理办公室设在北京市公安局公安交通管理局。

救助基金管理办公室主要职责：

（一）制定救助基金管理工作细则。

（二）对申请救助基金的当事人或其亲属进行资格审查。

（三）受理、审核救助基金垫付申请并实施垫付。

（四）依法向涉及道路交通事故责任人进行追偿。

第五条 联席会议各成员单位职责分工：

北京市财政局：

（一）负责救助基金的筹集，对救助基金的使用、管理进行指导和监督。

（二）会同北京保监局确定本市当年从交强险保险费收入中提取救助基金的提取比例。

（三）制定道路事故社会救助基金财务管理实施细则。

（四）协调其他有关事项。

北京保监局：

负责监督保险公司按照规定及时足额向救助基金专户缴纳救助基金。

北京市公安局公安交通管理局：

负责通知救助基金管理办公室垫付道路交通事故中受害人的抢救费用。

北京市卫生局：

负责监督医疗机构按照《道路交通事故受伤人员临床诊疗指南》及时抢救道路交通事故中的受害人及依法申请救助基金垫付抢救费用。

北京市农业局：

（一）制定农业机械发生交通事故的救助基金工作流程。

（二）负责通知救助基金管理办公室垫付农业机械在道路以外交通事故中受害人的抢救费用，协助救助基金管理办公室向涉及农业机械交通事故责任人追偿。

第二章 救助基金筹集

第六条 救助基金的来源包括：

（一）按照机动车交通事故责任强制保险（以下简称“交强险”）保险费的一定比例提取的资金。

（二）市财政局按照保险公司经营交强险缴纳营业税数额给予的财政补助。

（三）对未按照规定投保交强险的机动车的所有人、管理人的罚款。

（四）救助基金孳息。

（五）依法向机动车道路交通事故责任人追偿的资金。

（六）社会捐款。

（七）其他资金。

第七条 市财政局会同北京保监局根据上一年度本市救助基金的收支情况，按照收支平衡的原则，在财政部、中国保险监督管理委员会（以下称中国保监会）公布的当年从交强险保险费收入中提取救助基金比例幅度范围内，于每年3月15日前确定本市当年的提取比例。

第八条 办理交强险业务的保险公司应当按照市财政局、北京保监局确定的提取比例，从交强险保险费中提取资金，并在每季度结束之日起10个工作日内，通过银行转账方式全额转入救助基金特设专户。

第九条 北京市公安局公安交通管理局对未按规定投保交强险的机动车的所有人、管理人的罚款收入缴入市级国库。

第三章 救助基金垫付费用

第十条 有下列情形之一时，救助基金垫付道路交通事故中受害人人身伤亡的丧葬费用、部分或者全部抢救费用：

（一）抢救费用超过交强险责任限额的。

（二）肇事机动车未参加交强险的。

（三）机动车肇事后逃逸的。

（四）农业机械发生交通事故，造成人身伤亡的。

（五）联席会议认为确需进行救助的其他情形。

救助基金一般垫付受害人自接受抢救之时起72小时内的抢救费用，特殊情况下需垫付超过72小时的抢救费用，由承担救助任务的医疗机构书面说明理由。具体应当按照机动车道路交通事故发生地物价部门核定的收费标准核算。

医疗机构对交通事故中的受伤人员应及时抢救，不得因抢救费用未及时支付而拖延救治。

第十一条 符合本办法第十条规定需救助基金垫付部分或者全部抢救费用的，医疗机构应及时将当事人抢救费用及垫付情况告知救助基金管理办公室，救助基金管理办公室及时拨付救助资金。

第十二条 医疗机构在抢救受害人结束后，对尚未结算的抢救费用在规定限额内，可向救助基金管理办公室提出资金申请，并提供有关抢救费用的证明材料。

第十三条 符合本办法第十条规定需救助基金垫付丧葬费用的，由受害人亲属凭处理该道路交通事故的公安机关交通管理部门出具的《尸体处理通知书》和受害人亲属身份证明，向救助基金管理办公室提出书面垫付申请。

对无主或者无法确认身份的遗体，由市公安局依照有关规定处理。

第十四条 救助基金管理办公室收到丧葬费用垫付申请和有关证明材料后，对符合垫付要求的，应在5个工作日内，按照有关标准垫付丧葬费用。对不符合垫付要求的，不予垫付并向申请人说明理由。

第十五条 救助基金管理办公室对抢救费用和丧葬费用的垫付申请进行审核时，有权向北京市公安局公安交通管理局、医疗机构、保险公司、殡葬机构等有关单位核实情况，有关单位应当予以配合。

第四章 救助基金管理

第十六条 救助基金管理办公室应当向社会公布其电话、地址、联系人等信息。

第十七条 救助基金管理办公室的费用支出，包括人员费用、办公费用、追偿费用、委托代理费用等，按照有关规定，由市财政局在年度预算中予以安排，不得在救助基金中列支。

第十八条 北京市财政局按照国家规定对救助资金进行专户管理，每年按照救助基金管理办公室提出的预算申请，通过北京市公安局公安交通管理局拨付救助基金专项经费，进行专账核算。

救助基金按照规定，年终结余转入下一年度使用。

救助基金的资金运用仅限于银行存款，不得用作担保、抵押和对外投资。

救助基金实行单独核算、专户管理，并按照规定用途使用。

第十九条 救助基金管理办公室根据本办法垫付抢救费用和丧葬费用后，应当依法向机动车道路交通事故责任人进行追偿。

有关单位、受害人或者其继承人有义务协助救助基金管理办公室进行追偿。

第二十条 救助基金管理办公室应当如实报告救助基金业务事项，不得有虚假记载和重大遗漏。

第二十一条 救助基金管理办公室变更或终止时，应当依法进行审计、清算。

第二十二条 救助基金联席会议应当于每年3月1日前，将本市上一年度救助基金的筹集、垫付、追偿等情况报送财政部和中国保监会。

第五章 法律责任

第二十三条 办理交强险业务的保险公司未依法从交强险保险费中提取资金并及时足额转入救助基金特设专户的，救助基金管理办公室应及时向救助基金联席会议报告，由北京保监局按照《道路交通事故社会救助基金管理试行办法》（财政部第56号令）第三十一条规定对其进行处理。

第二十四条 医疗机构提供虚假抢救费用的，按照《道路交通事故社会救助基金管理试行办法》（财政部第56号令）第三十二条规定，由市卫生局对其进行处理。

第二十五条 有下列情形之一的，由救助基金联席会议成员单位分别按照相关管理规定进行处理。

（一）未按照本办法规定受理、审核救助基金垫付申请并进行垫付的。

（二）提供虚假工作报告、财务会计报告的。

（三）违反本办法的规定使用救助基金的。

（四）拒绝或者妨碍主管部门和有关部门依法实施监督检查的。

第二十六条 救助基金联席会议和救助基金管理办公室的工作人员，在工作中滥用职权、玩忽职守、徇私舞弊的，由救助基金联席会议成员单位按照有关规定相应给予行政处分；涉嫌犯罪的，依法移送司法机关处理。

第六章 附 则

第二十七条 本办法所称受害人，是指机动车发生道路交通事故造成除被保险机动车本车人员、被保险人以外的受害人。

第二十八条 本办法所称抢救费用，是指机动车发生道路交通事故导致人员受伤时，医疗机构按照《道路交通事故受伤人员临床诊疗指南》，对生命体征不平稳和虽然生命体征平稳但如果不采取处理措施会产生生命危险，或者导致残疾、器官功能障碍，或者导致病程明显延长的受伤人员，采取必要的处理措施所发生的医疗费用。

第二十九条 本办法所称丧葬费用，是指遗体丧葬所必需的运送、停放、冷藏、火化等费用。丧葬费用按照国家和北京市有关规定执行。

第三十条 机动车在道路以外的地方通行时发生事故，造成人身伤亡的，适用本办法。

第三十一条 联席会议各成员单位根据部门工作职责，制定实施细则。

第三十二条 本办法自公布之日起30日后施行。

北京市财政局转发财政部《关于印发〈中央金融企业负责人薪酬审核管理办法（2011年修订）〉的通知》

2011年8月3日 京财金融〔2011〕1622号

各区县财政局：

现将财政部《关于印发〈中央金融企业负责人薪酬审核管理办法（2011年修订）〉的通知》（财金〔2011〕72号）转发给你们，请参照执行。

附件：财政部关于印发《中央金融企业负责人薪酬审核管理办法（2011年修订）》的通知

附件：

财政部关于印发《中央金融企业负责人薪酬审核管理办法（2011年修订）》的通知

2011年7月11日 财金〔2011〕72号

中国投资有限责任公司、国家开发银行、中国农业发展银行、中国进出口银行、中国工商银行、中国农业银行、中国银行、中国建设银行、交通银行、中国出口信用保险公司、中国人民保险集团公司、中国人寿保险（集团）公司、中国再保险（集团）股份有限公司、中国太平保险集团公司、中国中信集团公司、中国光大（集团）总公司、中国建银投资有限责任公司、中国银河金融控股有限责任公司、中国银河投资管理有限公司、中央国债登记结算有限责任公司、中国华融资产管理公司、中国长城资产管理公司、中国东方资产管理公司、中国信达资产管理公司等各中央管理金融企业，各省、自治区、直辖市、计划单列市财政厅（局），新疆生产建设兵团财政局，财政部驻各省、自治区、直辖市、计划单列市财政监察专员办事处：

为落实党中央、国务院关于严格规范金融企业高管人员薪酬管理的要求，进一步完善管理制度，我们对《中央金融企业负责人薪酬审核管理办法》（财金〔2010〕10号）进行了修订，现将《中央金融企业负责人薪酬审核管理办法（2011年修订）》印发给你们，请遵照执行。

附：中央金融企业负责人薪酬审核管理办法（2011年修订）

附：

中央金融企业负责人薪酬审核管理办法
（2011年修订）

第一章 总 则

第一条 为了维护社会收入分配秩序，加强对金融企业的财务监管，建立有效的金融企业负责人激励与约束机制，促进金融企业规范经营、健康发展和国有资产保值增值，依据国家有关规定，制定本办法。

第二条 本办法所称中央金融企业是指由国务院及其授权机构代表国家履行出资人职责的国有独资或国有控股金融企业（以下简称"金融企业"）。

第三条 本办法所称金融企业负责人，包括金融企业专职党委书记、副书记、党委委员、纪委书记，金融企业的董事长（副董事长、执行董事）、总经理（总裁、行长）、监事长、副总经理（副总裁、副行长）。

第四条 金融企业负责人薪酬是指金融企业负责人为金融企业提供服务而获得各种形式的报酬以及其他相关收入，主要由基本年薪、绩效年薪、福利性收入和中长期激励收益等构成。本办法主要规范金融企业负责人基本年薪和绩效年薪的审核管理，福利性收入按照国家有关规定执行，中长期激励的具体管理办法另行制定。

第五条 金融企业负责人薪酬审核管理遵循下列原则：

（一）坚持责、权、利相统一，激励与约束相结合，薪酬与风险、责任相一致，与经营业绩挂钩。

（二）坚持短期激励与中长期激励相结合，促进金融企业可持续发展。

（三）坚持效率优先、兼顾公平，维护出资人、金融企业负责人、职工等各方的合法权益。

（四）坚持薪酬制度改革与相关改革配套进行，推进金融企业负责人收入分配的市场化、货币化、规范化。

（五）坚持物质激励与精神激励相结合，提倡奉献精神和创业精神。

第二章 基本年薪的确定

第六条 金融企业负责人基本年薪是金融企业负责人年度的基本收入，根据金融企业负责人的职位等级（所在岗位的价值）、金融企业所处人才市场的薪酬情况、金融企业的经营状况和市场竞争力的策略定位等确定。

第七条 金融企业负责人基本年薪的计算公式如下：

金融企业负责人基本年薪＝上年度中央企业在岗职工平均工资×5×（某一分位对应）基本年薪调节系数×基本年薪分配系数。

上年度中央企业在岗职工平均工资根据《关于进一步规范中央企业负责人薪酬管理的指导意见》（人社部发〔2009〕105号）由有关部门统一发布。

第八条 财政部根据经社会中介机构审计的金融企业年度财务决算数据，每年确定金融企业负责人的职位等级。

金融企业负责人职位等级由金融企业的总资产规模、业务收入规模、人数、利润总额、市场范围、产品和业务的复杂程度等因素确定。金融企业负责人职位等级的计算公式如下：

$W = 20\% z + 20\% x + 20\% j + 20\% i + 10\% y + 10\% t$

其中：

W 为金融企业负责人的职位等级

z 为总资产规模系数，$z = 10.5754Z^{0.0377}$，Z 为金融企业上年度的资产总额（单位：万元）

x 为业务收入规模系数，$x = 10.8536X^{0.0434}$，X 为金融企业上年度的营业收入（单位：万元）

j 为人员规模系数，$j = 13.7512J^{0.0391}$，J 为金融企业上年度的在岗职工总数（单位：人）

i 为利润总额系数，$i = 9.7364I^{0.0289}$，I 为金融企业上年度的利润总额（单位：元）

y 为市场范围系数，$y = 7.6186Y^{0.4799}$，Y 为金融企业上年度的市场范围分值。市场范围分值按金融企业业务分布国际、全国、区域、省级分别为 10、8、6、4 分；其中，金融企业境外业务收入占全部营业收入比重在 10% 及以上的确定为国际；金融企业在境内按设有分支机构的省、自治区、直辖市数量占比确定市场范围，占比超过 50% 的确定为全国；占比不足 50% 的确定为区域；未在省外设立分支机构的确定为省级。金融企业设有分支机构的数量占比计算至全资或控股子公司。

t 为产品和业务的复杂程度系数，$t = 7.6186T^{0.4799}$，T 为金融企业上年度的产品和业务复杂程度分值。产品和业务复杂程度分值按金融企业经营四类以上业务、四类业务、三类业务、二类业务、一类业务分别为 10、8、6、4、2 分；金融企业按金融监管部门（银监会、证监会、保监会）核发金融业务许可证的情况申报产品和业务复杂程度分值。主要包括银行、证券、保险、期货、租赁、基金、信托等类业务。金融企业取得同项业务多个许可证的，不重复计算得分。各项产品和业务复杂程度计算至全资或控股子公司。主营业务为证券、期货业务的金融企业，产品和业务复杂程度分值在此基础上加 2 分。

上述计算金融企业负责人职位等级采用的总资产、营业收入、利润总额均为按国内会计准则编制的合并报表口径；在岗职工为在金融企业工作并由金融企业支付工资的全部人员（下同）。

第九条 财政部根据金融企业所处人才市场的薪酬情况，确定金融企业各职位等级对应基本年薪调节系数表（见附表）。

第十条 金融企业董事会或财政部根据金融企业的经营状况、管理范围、经营难度、业务特点和市场竞争力的策略定位等，选择适当分位，以确定金融企业负责人的基本年薪调节系数。其中，已实行股份制改革的金融企业，其负责人基本年薪调节系数的分位由金融企业董事会确定；未改制金融企业，其负责人基本年薪调节系数的分位由财政部审核确定。

第十一条 当宏观经济明显下滑，应当从低确定金融企业负责人的基本年薪调节系数。

金融企业年度净利润减少，或金融企业发生重大资产损失的，应当从低确定金融企业负责人的基本年薪调节系数。

政策性金融企业应适当从低确定金融企业负责人的基本年薪调节系数。

第十二条 根据金融企业不同负责人的责任大小和贡献程度等，确定金融企业不同负责人的基本年薪分配系数。其中，已实行股份制改革的金融企业，其不同负责人的基本年薪分配系数由金融企业内部按法定程序确定；未改制金融企业，其不同负责人的基本年薪分配系数由财政部审核确定。

金融企业主要负责人的基本年薪分配系数为1，金融企业其他负责人的基本年薪分配系数一般在0.6－0.9之间。金融企业主要负责人为党委（党组）书记、董事长、未设董事会的总经理（行长、总裁）。

第三章 绩效年薪的确定

第十三条 金融企业负责人绩效年薪是与金融企业绩效评价结果挂钩，以基本年薪为基数，根据金融企业绩效评价得分、评价类型和内部年度业绩考核结果综合确定的金融企业负责人的收入。

金融企业负责人的绩效年薪控制在基本年薪的3倍以内。

金融企业负责人绩效年薪的计算公式如下：

金融企业负责人绩效年薪＝基本年薪×绩效年薪倍数×2/3＋基本年薪×考核浮动系数

第十四条 财政部根据《金融企业绩效评价办法》（财金〔2011〕50号），计算出金融企业绩效评价得分，最终结果分为A、B、C、D、E五种类型，以确定绩效年薪倍数。

当考核结果为E类时，绩效年薪倍数为0。

当考核结果为D类时，绩效年薪倍数＝（绩效评价得分－D类起点分数）/（C类起点分数－D类起点分数），绩效年薪倍数在0到1倍之间。

当考核结果为C类时，绩效年薪倍数＝［1＋0.5×（绩效评价得分－C类起点分数）/（B类起点分数－C类起点分数）］，绩效年薪倍数在1倍到1.5倍之间。

当考核结果为B类时，绩效年薪倍数＝［1.5＋0.5×（绩效评价得分－B类起点分数）/（A类起点分数－B类起点分数）］，绩效年薪倍数在1.5倍到2倍之间。

当考核结果为A类时，绩效年薪倍数＝［2＋（绩效评价得分－A类起点分数）/（A类封顶分数－A类起点分数）］，绩效年薪倍数在2倍到3倍之间。

第十五条 考核浮动系数与金融企业内部年度业绩考核结果挂钩，一般在0.5－1之间。其中，已实行股份制改革的金融企业，其负责人绩效年薪的考核浮动系数由金融企业内部按法定程序确定；未改制金融企业，其负责人绩效年薪的考核浮动系数由财政部审核确定。

第四章 薪酬兑现

第十六条 金融企业负责人基本年薪与绩效年薪之和的增长幅度一般不超过本金融企业在岗职工平均工资的增长幅度，当年本金融企业在岗职工平均工资不增长的，金融企业负责人绩效年薪不得增长。

第十七条 金融企业负责人基本年薪列入金融企业成本，平摊到月并按月支付。

当年基本年薪未确定前，金融企业负责人的基本年薪暂按上年基本年薪标准预发。当年基本年薪确定后，再进行调整清算。

第十八条 金融企业负责人绩效年薪列入金融企业成本，在年度考核结束后，根据考核结果由金融企业一次性提取，延期兑现50%以上，其余的当期兑现。延期支付期限一般不得少于 3 年。

延期兑现的绩效年薪要与金融企业负责人任期经营业绩考核挂钩。任期经营业绩考核合格的，兑现全部延期支付收入；考核不合格的，或者考核期间出现重大失误、给金融企业造成重大损失的，或者因决策、管理不善，导致金融企业出现风险、金融企业或其工作人员出现重大违法违规行为的，根据负责人承担的责任扣发部分或全部延期支付收入。

已实行股份制改革的金融企业，由董事会制定负责人任期经营业绩考核办法；未改制金融企业，由财政部商有关部门制定金融企业负责人任期经营业绩考核办法。

第十九条 金融企业为负责人支付的住房公积金、住房补贴、各项社会保险费等，作为金融企业负责人的福利性收入，按照国家有关规定办理。

金融企业负责人按规定发生的住房公积金和各项社会保险费等，应由个人承担的部分，由金融企业从其基本年薪中代扣代缴；应由金融企业承担的部分，由金融企业支付。

第二十条 金融企业负责人的薪酬为税前收入，要依法交纳个人所得税。

第五章 管理与监督

第二十一条 每年初，金融企业按照本办法提出当年基本年薪建议方案，履行相应的决策程序后执行。

年度终了，金融企业应当根据本办法及相关规定制定本金融企业负责人年度薪酬清算方案，履行相应的决策程序后执行。金融企业应在年度终了后 6 个月内完成负责人薪酬清算工作，并将本企业负责人薪酬清算情况报财政部备案。其中，已上市金融企业要与信息披露要求衔接，及时完成负责人薪酬清算工作；未上市金融企业可根据年度决算时间完成负责人薪酬清算工作，最迟不超过 6 月 30 日。年度薪酬清算情况应包括以下内容：

（一）金融企业基本情况说明。包括金融企业法人治理结构概况、年度经营概况等；

（二）金融企业负责人任职情况；

（三）金融企业负责人薪酬清算方案。包括基本年薪的确定方案、绩效年薪的确定方案等；

（四）金融企业负责人社会保险费、住房公积金的缴费基数及有关说明；

（五）财政部要求提供的其他材料。

第二十二条 金融企业负责人因工作需要在一年内发生岗位变更的，金融企业按其任职时段计发当年薪酬；从金融企业离职的，应在一个月内转移工资关系，原任职金融企业不得继续向其计发薪酬；金融企业负责人因工作变动离开原职位但工资关系需继续留在原任职金融企业的，原任职金融企业应当在一个月内调整其薪酬标准，不得继续向其计发绩效年薪；金融企业负责人已办理退休手续的，按规定领取养老金，原任职金融企业以及原任职金融企业出资的企业不得继续向其计发薪酬。

对于上述情况涉及的，金融企业负责人任期内尚未兑付的绩效年薪，金融企业可根据任期考核情况及后续风险暴露情况，在离任后按延期规定逐期兑付。

第二十三条 金融企业负责人一般不得在金融企业领取除年度薪酬预算所列收入以外的其他货币性收入。

第二十四条 金融企业负责人在下属全资、控股、参股企业兼职的，不得在兼职企业获取薪酬。金融企业负责人在下属全资、控股、参股企业担任董事长（行长、总经理、总裁）

等管理职务，并且主要工作职责和工作精力在下属企业的，可执行集团公司或母公司负责人薪酬标准和决策程序后，由下属企业支付薪酬。

第二十五条 金融企业负责人的基本年薪和绩效年薪、符合国家规定的其他货币性收入，均纳入薪酬管理，由金融企业按照负责人的具体收入与支出设置明细账目，单独核算。

金融企业负责人薪酬计入金融企业工资总额并在金融企业工资统计中单列。

第二十六条 金融企业负责人薪酬方案及实施结果应当由金融企业在适当范围内予以公布，接受民主监督。

上市金融企业负责人薪酬信息要按照《上市公司信息披露管理办法》及时进行披露。

第二十七条 金融企业根据本办法确定负责人薪酬后，原则上要以负责人薪酬为上限，确定内部各职能部门和各级分支机构负责人员的薪酬标准，合理体现岗位差异和业绩差异，做好内部收入分配工作。对于业绩贡献突出、市场化程度较高的职能部门和分支机构负责人，金融企业可以在制定明确的考核管理办法的前提下对其薪酬给予适当倾斜。

第二十八条 金融企业负责人离任后，其薪酬方案和考核兑现个人收入的原始资料至少保存15年。

第二十九条 财政部定期对金融企业负责人薪酬发放情况进行专项检查，对执行本办法过程中存在下列情况之一金融企业和金融企业负责人，视情节轻重予以处理：

（一）对于超核定标准发放负责人收入的，责令金融企业收回超标准发放部分，并对金融企业、金融企业主要负责人和相关责任人给予通报批评。

（二）对于违反国家有关法律法规、弄虚作假的，除依法处理外，相应扣减金融企业主要负责人和相关责任人的绩效年薪。

第六章 附 则

第三十条 面向海外公开招聘的金融企业负责人薪酬，可根据人才市场价位，采取招聘和应聘双方协商方式确定，报财政部备案。金融企业负责人主要工作和生活均在境外的，企业董事会或财政部核定其薪酬标准时，可适当参考其境外工作地水平。金融企业下属全资、控股企业面向市场公开招聘的负责人，可以适当参考市场水平确定薪酬。

第三十一条 省级人民政府财政部门依据本办法的原则制定具体办法，并组织实施本地区非中央金融企业负责人的薪酬管理工作。

第三十二条 中国投资有限责任公司执行本办法；金融企业下属全资、控股金融企业执行本办法；金融类国有参股企业及非国有企业参照本办法执行。

第三十三条 本办法自印发之日起施行，金融企业清算本企业负责人2010年度薪酬执行本办法，《中央金融企业负责人薪酬审核管理办法》（财金〔2010〕10号）同时废止。

附表：金融企业职位等级对应基本年薪调节系数表

附表：

金融企业职位等级对应基本年薪调节系数表

职位等级	分　位	基本年薪调节系数
五（21 < W）	100	≤1.50
	75	≤1.45
	50	≤1.40
	25	≤1.35
	1	≤1.30
四（20 < W≤21）	100	≤1.45
	75	≤1.40
	50	≤1.35
	25	≤1.30
	1	≤1.25
三（19 < W≤20）	100	≤1.40
	75	≤1.35
	50	≤1.30
	25	≤1.25
	1	≤1.20
二（18 < W≤19）	100	≤1.35
	75	≤1.30
	50	≤1.25
	25	≤1.20
	1	≤1.15
一（W≤18）	100	≤1.30
	75	≤1.25
	50	≤1.20
	25	≤1.15
	1	≤1.00

北京市财政局转发财政部《关于印发〈金融企业非上市国有产权交易规则〉的通知》

2011年10月13日 京财金融〔2011〕2209号

各区县财政局、市属有关金融企业、北京金融资产交易所、北京产权交易所、担保公司：

现将财政部《关于印发〈金融企业非上市国有产权交易规则〉的通知》（财金〔2011〕118号）转发给你们，请遵照执行。

附件：财政部关于印发《金融企业非上市国有产权交易规则》的通知

附件：

财政部关于印发《金融企业非上市国有产权交易规则》的通知

2011年9月28日 财金〔2011〕118号

各省、自治区、直辖市、计划单列市财政厅（局），有关产权交易机构：

为统一规范金融企业非上市国有产权交易行为，促进国有金融资产有序流转，根据《金融企业国有资产转让管理办法》（财政部令第54号）、《财政部关于贯彻落实〈金融企业国有资产转让管理办法〉有关事项的通知》（财金〔2009〕178号）等有关规定，我部制定了《金融企业非上市国有产权交易规则》，现印发给你们，请遵照执行。

附：金融企业非上市国有产权交易规则

附：

金融企业非上市国有产权交易规则

第一章 总 则

第一条 为统一规范金融企业非上市国有产权交易行为，促进国有金融资产有序流转，根据《金融企业国有资产转让管理办法》（财政部令第54号）、《财政部关于贯彻落实〈金融企业国有资产转让管理办法〉有关事项的通知》（财金〔2009〕178号）等有关规定，制定本规则。

第二条 本规则所称金融企业，包括所有获得金融业务许可证的企业、金融控股公司、担保公司以及其他金融类企业。

本规则所称非上市国有产权交易，是指县级以上（含县级，下同）人民政府财政部门（以下简称“财政部门”）、县级以上人民政府或者财政部门的授权投资主体、国有及国有控股金融企业（以下统称“转让方”），在履行内部决策和主管部门或控股公司批准程序后，通过产权交易机构发布产权转让信息、公开挂牌转让所持非上市国有金融企业产权（包括金融类和非金融类）的活动。

第三条 金融企业非上市国有产权交易应当遵守法律、行政法规和产业政策规定，遵循公平、公正、公开、有序竞争和等价有偿的原则。

第四条 各省级财政部门确定的承担金融企业国有资产转让业务的省级产权交易机构（以下简称“产权交易机构”）适用本规则。

产权交易机构应当按照本规则要求，建立信息管理系统，定期向省级以上财政部门报送信息，妥善保管产权交易档案，自觉接受政府相关部门的监督，加强行业自律管理，维护市场秩序，保证产权交易活动的正常进行。

第二章 受理转让申请

第五条 产权交易机构应当在工作场所内和信息发布平台上公告转让方转让金融企业非上市国有产权所需要提交的相关材料和交易程序。实行会员制的产权交易机构，应当公布经纪会员公司的名单，供转让方选择。

第六条 产权交易机构承担产权转让申请的受理工作。对已履行内部决策和主管部门或控股公司批准程序，且提交材料齐全的转让项目，产权交易机构应当予以受理，并进行统一编号，建立完整的项目受理、审理和流转体系。

第七条 产权交易机构应当建立转让信息公告的审核制度，对涉及转让标的信息披露的准确性和完整性、交易条件、受让方资格条件设置的公平性与合理性、竞价方式的选择等内容进行审核。对符合信息公告要求的，产权交易机构应当向转让方出具书面受理通知；对不符合信息公告要求的，产权交易机构应当及时书面告知转让方。

按照金融企业国有资产管理和金融行业监督管理规定，需经有关部门审批的转让项目，由转让方在转让信息公告前履行报批手续。转让方应明确转让标的基本情况、交易条件、受让方资格条件、交易方式的选择、交易保证金的设置、对产权交易有重大影响的相关信息等内容。转让方对所提交材料的真实性、有效性和完整性负责。

第八条 产权转让信息公告应当明确转让方和转让标的企业基本情况。包括但不限于：

（一）转让方、转让标的企业及委托会员经纪公司的名称。

（二）转让标的企业性质、成立时间、注册地、所属行业、主营业务、注册资本、职工人数。

（三）转让方的单位性质及其持有转让标的企业出资比例。

（四）转让标的企业出资人构成情况。

（五）转让标的企业最近一个年度审计报告和最近一期财务报表中的主要财务指标数据，包括所有者权益、负债、营业收入、净利润等。

（六）转让标的企业资产评估备案或者核准情况，资产评估报告中总资产、总负债、净资产评估值和审计后账面值。

（七）产权转让行为的相关内部决策及批准情况。

第九条　产权转让信息公告应当明确需要受让方接受的主要交易条件。包括但不限于：

（一）转让标的产权的挂牌价格。

（二）转让价款支付方式，涉及分期付款的，应对首期付款比例、付款期限、价款支付保全措施提出明确要求。

（三）其他可能涉及产权变更和债权债务处置的要求。

第十条　产权转让信息公告可以明确转让方根据转让标的企业的实际情况设置的受让方资格条件，包括行业准入、主体资格、管理能力、经营状况、资产规模、财务状况和商业信誉等，但不得出现具有明确指向性或者违反公平竞争原则的内容。

转让标的企业为金融企业的，转让方应根据金融行业准入要求，明确受让方条件。产权交易机构应按照金融监管部门的要求，对受让方行业准入条件进行审核。产权交易机构认为必要时，可以要求转让方对确定受让方资格条件的判断标准提供政策依据、书面解释或者说明，并在产权转让信息公告中一并公布。

第十一条　产权转让信息公告应明确转让方对产权交易有重大影响的相关信息。包括但不限于：

（一）审计报告、资产评估报告有无保留意见或者重要提示。

（二）资产评估基准日后，发生的影响转让标的企业产权结构和价值变动的情况。

（三）管理层及其利益关联方拟参与受让的，应当披露其当前持有转让标的企业的股权比例、拟参与受让国有产权的人员或者公司名单、拟受让比例等。

（四）转让标的企业其他股东是否同意股权转让，是否放弃优先购买权。

第十二条　产权转让信息公告中应当明确，在征集到两个及两个以上符合条件的意向受让方时，采用何种公开竞价交易方式确定受让方。选择招投标方式的，应当同时披露评标方法和标准。

第十三条　产权转让信息公告中应当明确交易保证金的交纳和处置方式。

第三章　发布转让信息

第十四条　产权交易机构和转让方，应当将产权转让信息在转让标的企业注册地，或者转让标的企业重大资产所在地和产权交易机构所在地省级以上公开发行的经济金融类或者综合类报刊、产权交易机构网站和金融企业网站上进行公告。

第十五条　产权交易机构应当明确产权转让信息公告的期限。首次信息公告的期限应当不少于20个工作日，并以在省级以上报刊的首次信息公告之日为起始日。

第十六条　信息公告期按工作日计算，遇法定节假日以政府相关部门公告的实际工作日为准。产权交易机构网站发布信息公告的日期不应晚于报刊公告的日期。

第十七条　信息公告期间不得擅自变更产权转让信息公告中公布的内容和条件。因特殊原因确需变更信息公告内容的，应当由产权转让批准机构出具文件，由产权交易机构在原信息发布渠道进行公告，并重新计算公告期。

第十八条　在规定的公告期限内未征集到符合条件的意向受让方，且不变更信息公告内容的，经转让方同意，产权交易机构可以按照产权转让信息公告的约定，延长信息公告期限，每次延长期限应当不少于5个工作日。未在产权转让信息公告中明确延长信息公告期限的，信息公告到期自行终结。

第十九条 产权转让首次信息公告时的挂牌价格不得低于经备案或者核准的转让标的资产评估结果。如在规定的公告期限内未征集到意向受让方，转让方可以在不低于评估结果90%的范围内设定新的挂牌价格并重新公告。如果新的挂牌价格拟低于评估结果90%的，转让方应当在重新履行报批手续后，设定新的挂牌价格并进行公告。

在转让方确定挂牌价格前，有条件的产权交易机构可提供第三方尽职调查和询价服务，促进转让交易。

第二十条 信息公告期间出现影响交易活动正常进行的情形，或者有关当事人提出中止信息公告书面申请和有关材料后，产权交易机构可以作出中止信息公告的决定。

第二十一条 信息公告的中止期限由产权交易机构根据实际情况设定，一般不超过1个月。产权交易机构应当在中止期间对相关的申请事由或者争议事项进行调查核实，也可转请相关部门进行调查核实，及时作出恢复或者终止信息公告的决定。如恢复信息公告，累计公告期不得少于20个工作日，且继续公告的期限不得少于10个工作日。

第二十二条 信息公告期间出现致使交易活动无法按照规定程序正常进行的情形，经当事人书面申请，并经产权交易机构调查核实后，产权交易机构可以作出终止信息公告的决定。

产权交易中出现中止、恢复、终止情形的，产权交易机构应当在原公告报刊和网站上进行公告。

第四章 登记意向受让方

第二十三条 在产权转让信息公告期限内，产权交易机构应当为意向受让方查阅转让标的企业的信息材料以及相关政策法规给予便利，并提示其根据行业准入标准，对自身是否符合要求进行确认。

第二十四条 产权交易机构应当对意向受让方进行登记，并对意向受让方提交的申请及材料是否符合信息公告中的要求进行审核，并出具资格初审意见书。对于转让标的企业为金融企业的，应重点审核意向受让方是否符合金融监管部门的市场准入要求。

第二十五条 产权交易机构应在信息公告期满后5个工作日内将意向受让方的情况及其资格初审意见书告知转让方，并要求其在收到资格初审意见书后5个工作日内予以书面回复。逾期未予回复的，视为同意产权交易机构作出的资格确认意见。

如对受让方资格条件存有异议，转让方应当书面说明理由。产权交易机构可就有关事项与转让方进行协商，必要时可征询主管财政部门、金融行业监管部门和政府其他社会公共管理部门的意见。

第二十六条 经征询转让方意见后，产权交易机构应当以书面形式将资格确认结果告知意向受让方，并抄送转让方。

第二十七条 通过资格确认的意向受让方，在事先确定的时限内，向产权交易机构交纳交易保证金（以保证金到达产权交易机构指定账户时间为准）后获得参与竞价交易资格。逾期未交纳保证金的，视为放弃受让意向。

第五章 组织交易签约

第二十八条 产生两个及以上获得参与竞价交易资格意向受让方的，产权交易机构应当按照公告披露的竞价方式组织实施公开竞价；只产生一个符合条件的意向受让方的，产权交易机构应当组织交易双方根据挂牌价格与意向受让方报价孰高原则签订产权交易协议。涉及转让标的企业其他股东依法在同等条件下行使优先购买权的，按照有关法律规定执行。产权交易机构应为其在场内行使优先购买权提供必要的服务。

第二十九条 公开竞价方式包括拍卖、招投标、网络竞价以及国家规定的其他公开竞价方式。为提高竞价率，产权交易机构和转让方可以共同设计交易竞价方案。

在设计交易竞价方案时，产权交易机构应根据《中华人民共和国公司法》等法律法规，不得采取发放信托产品等方式将交易产品拆分为均等份额，形成标准化交易单位，公开向超过200人以上的非特定对象转让；不得采取集中竞价等标准化的连续交易方式进行转让。

第三十条 产权交易机构应当在确定受让方后的次日起3个工作日内，组织交易双方签订产权交易协议。

第三十一条 产权交易协议包括但不限于：

（一）产权交易双方的名称与住所。

（二）转让标的企业产权的基本情况。

（三）转让方式、转让价格、价款支付时间和方式及付款条件。

（四）产权交割方式。

（五）转让涉及的有关税费负担。

（六）协议的生效条件。

（七）协议争议的解决方式。

（八）协议各方的违约责任。

（九）协议变更和解除的条件。

（十）转让方和受让方认为必要的其他条款。

第三十二条 产权交易机构应当依据法律法规的相关规定，按照产权转让信息公告，参考交易结果，对产权交易协议进行审核。

第三十三条 产权交易涉及政府社会公共管理和金融行业监督管理事项，如行业准入资格审查、反垄断审查等情形，相关部门批准的文件为产权交易协议的生效条件。交易双方应当将产权交易协议及相关材料报政府相关部门批准，产权交易机构应当出具政府相关部门审批所需的交易证明文件。

第六章 结算交易资金

第三十四条 产权交易资金包括交易保证金和产权交易价款，一般以人民币为计价单位。

产权交易机构实行交易资金统一进场结算制度，开设独立的资金结算账户，组织收付产权交易资金。产权交易机构应设立资金“防火墙”，制定交易资金管理制度，确保交易资金安全，支付及时，不得挪用。

第三十五条 受让方应当在产权交易协议约定的期限内，将产权交易价款划入到产权交易机构的结算账户。受让方交纳的交易保证金可按照相关约定转为产权交易价款。转让价款原则上应当采取货币性资产一次性收取。如金额较大、一次付清确有困难的，可以在交易协议中约定分期付款方式，但分期付款期限不得超过1年。

采用分期付款方式的，受让方首期付款不得低于总价款的30%，并在协议生效之日起5

个工作日内支付。

受让方以非货币性资产支付产权转让价款的，交易双方应当按照有关规定进行资产评估，确定非货币性资产的价值，产权交易机构应当配合做好资产交割过户工作。

第三十六条 受让方将产权交易价款划入至产权交易机构结算账户后，产权交易机构应当向受让方出具收款凭证。对符合产权交易价款划出条件的，产权交易机构应当及时向转让方划出交易价款。转让方收到交易价款后，应当向产权交易机构出具收款凭证。

第三十七条 交易双方为同一实际控制人的，经交易双方提出书面申请，产权交易机构核实并出具书面意见后，交易资金可以场外结算。

第三十八条 产权交易的收费标准应当符合产权交易机构所在地政府物价部门的有关规定。产权交易机构应当在工作场所内和信息发布平台上公示收费标准。

产权交易机构在收到交易双方按照收费标准支付的交易服务费用后，应当出具收费凭证。

第七章 出具交易凭证

第三十九条 产权交易凭证是产权交易机构为交易双方出具的、证明金融企业非上市国有产权通过产权交易机构履行相关程序后达成交易结果的凭证。

产权交易机构应当在交易双方签订产权交易协议、受让方依据协议约定支付转让价款、且交易双方已支付交易服务费用后 3 个工作日内出具产权交易凭证。在全部转让价款支付完毕前或者未办理价款支付保全手续前，产权交易机构不得出具产权交易凭证。

第四十条 产权交易涉及政府相关部门审查的，产权交易机构应当在交易行为获得政府相关部门批准后出具产权交易凭证。

第四十一条 产权交易凭证应当载明：项目编号、签约日期、挂牌起止日、转让方全称、受让方全称、转让标的企业全称、交易方式、转让标的企业评估结果、转让价格、交易价款支付方式、产权交易机构审核结论等内容。

第四十二条 产权交易凭证应当使用统一格式打印，并加盖产权交易机构印章，手写、涂改无效。

第八章 附 则

第四十三条 产权交易过程中发生争议时，相关当事人可以向产权交易机构申请调解。争议涉及产权交易机构时，当事人可以向产权交易机构的监管机构申请调解，也可以按照约定向仲裁机构申请仲裁或者向人民法院提起诉讼。

第四十四条 产权转让过程中，出现可能影响国有金融资产合法权益的，主管财政部门可以要求产权交易机构中止或终止产权交易。

第四十五条 中国人民银行总行所属企业以及金融类企业依法投资的其他非金融类企业的非上市国有产权交易，适用本规则。

第四十六条 各产权交易机构应按照本规则制定金融企业非上市国有产权交易实施细则。参照本规则探索规范金融企业非股权性不良资产处置流程，制定相关交易操作规则。

第四十七条 本规则自 2012 年 1 月 1 日起施行。

十三、综 合 类

北京市财政局　北京市发展和改革委员会关于印发《北京市 2010 年行政事业性收费项目目录》的通知

2011 年 2 月 22 日　京财综〔2011〕128 号

市属各单位，各区县财政局、发展改革委：

根据相关法律、行政法规规定以及中央和我市批准设立、调整、取消（停止征收）行政事业性收费项目的情况，我们在《北京市 2009 年行政事业性收费项目目录》的基础上，编制了《北京市 2010 年行政事业性收费项目目录》（以下简称"《收费目录》"）。现将有关事项通知如下：

一、《收费目录》中的行政事业性收费项目为截至 2010 年 12 月 31 日仍在执行的北京市行政事业性收费项目。

二、2010 年 12 月 31 日以前的北京市行政事业性收费项目，一律以本通知及所附《收费目录》为准。2011 年 1 月 1 日以后，新增或调整的北京市行政事业性收费项目，按照市财政局、市发展改革委的相关文件规定执行。

三、各执收单位应严格执行《收费目录》规定的收费，做好收费公示，接受社会监督。对于保留的收费项目，在执行过程中需要变更收费项目名称、执收单位、调整收费标准及期限的，应当及时履行报批手续。

四、取消收费项目的执收单位应到市、区县财政局和发展改革委办理票据和《收费许可证》变更手续。

附件：1. 北京市 2010 年行政事业性收费项目目录

　　　2. 取消、合并行政事业性收费项目

附件 1：

北京市 2010 年行政事业性收费项目目录

	收费编码	收费项目名称	政策文件	管理形式
	101	北京市住房和城乡建设委员会		
	101005	建设系统考核收费		预算管理
	101005001	建设系统关键岗位考务费	京发改〔2005〕1743 号	预算管理
	101005002	起重机械特种作业人员考务费		预算管理
	101008	房屋登记费		预算管理
▲	101008001	房屋所有权登记收费	京发改〔2008〕1453 号	预算管理
▲	101008002	房屋所有权属证书工本费	京发改〔2008〕1453 号	预算管理
	103	北京市发展和改革委员会		
	103001	城市基础设施建设收费		预算管理
▲	103001001	城市基础设施建设费	京计投资字〔2002〕1792 号 京政发〔2007〕27 号	预算管理
	103002	超能耗加价收费		预算管理
▲	103002001	超能耗加价费	京价（收）字〔2000〕162 号 京财综〔2004〕284 号	预算管理
	103003	涉案财产价格鉴定收费		预算管理
	103003001	非刑事涉案财产价格鉴定费	京财综〔2008〕2269 号	预算管理
	105	北京市民族事务委员会		
	105001	回民殡葬服务收费		预算管理
	105001001	回民殡葬服务费	京价（收）字〔1994〕第 121 号 京价（收）字〔2002〕391 号	预算管理
	107	北京市无线电管理局		
	107001	无线电管理收费		预算管理
▲	107001001	频率占用费	京价（收）字〔1998〕第 059 号 京发改〔2005〕1006 号 京发改〔2006〕69 号	预算管理
▲	107001003	设备检测费	〔1992〕价费字 177 号	预算管理
	108	北京市人民政府外事办公室		
	108001	护照收费		预算管理
	108001001	护照费	京价（收）字〔2000〕118 号	预算管理
	108001002	护照加急费	京发改〔2004〕509 号	预算管理
	108002	往来香港澳门特别行政区通行证及签注		预算管理
	108002001	往来香港澳门特别行政区通行证 2 年有效	财综〔2004〕14 号	预算管理

续表

	收费编码	收费项目名称	政策文件	管理形式
	108002002	往来香港澳门特别行政区通行证 5 年有效	财综〔2004〕14 号	预算管理
	108002004	前往香港澳门通行证一次有效签注费	财综〔2004〕14 号	预算管理
	108002005	前往香港澳门一年内多次有效签注费	财综〔2004〕14 号	预算管理
	108003	代发电报收费		预算管理
	108003001	代发电报费	京发改〔2004〕509 号	预算管理
	108004	派驻香港澳门身份证明收费		预算管理
	108004001	派驻香港澳门身份证明	财综〔2004〕14 号	预算管理
	109	北京市人口和计划生育委员会		
	109001	社会抚养费		预算管理
	109001001	社会抚养费－违反规定生育第二个子女或非婚生育子女	京价（收）字〔2003〕253 号	预算管理
	109001002	社会抚养费－违反规定生育第三个及以上子女	京价（收）字〔2003〕253 号	预算管理
	109001003	社会抚养费－非婚生育第一个子女者	京价（收）字〔2003〕253 号	预算管理
	109001004	社会抚养费－女方生育时未满 28 岁或距生育第一个子女间隔不满 4 年	京价（收）字〔2003〕253 号	预算管理
	110	北京市民防局		
	110002	防空地下室易地建设收费		预算管理
▲	110002001	防空地下室易地建设费	京价（房）字〔2001〕422 号 京财综〔2007〕1764 号	预算管理
	111	北京市安全生产监督管理局		
	111001	特种作业考核收费		预算管理
	111001001	煤矿企业特种人员上岗考核收费		预算管理
	111001002	特种作业安全技术考核收费		预算管理
	112	北京市市政市容管理委员会		
	112002	涉外垃圾清运费		预算管理
	112002001	涉外垃圾清运费（桶装垃圾）	京价（收）字〔2002〕070 号	预算管理
	112002002	涉外垃圾清运费（散装垃圾．北京 130）	京价（收）字〔2002〕070 号	预算管理
	112002003	涉外垃圾清运费（散装垃圾．解放）	京价（收）字〔2002〕070 号	预算管理
	112002004	涉外垃圾清运费（散装垃圾．东风 140）	京价（收）字〔2002〕070 号	预算管理
	112003	城市生活垃圾处理费		预算管理
	112003001	城市生活垃圾处理费［本市居民］	京政办发〔1999〕68 号	预算管理
	112003002	城市生活垃圾处理费［外地来京人员］	京政办发〔1999〕68 号	预算管理
	114	北京市委组织部		
	114001	思想政治工作专业职务任职资格评审费		预算管理
	114001001	高级政工专业职务评审费	京发改〔2007〕1540 号	预算管理
	114001002	中级政工专业职务评审费	京发改〔2007〕1540 号	预算管理

续表

	收费编码	收费项目名称	政策文件	管理形式
	114001003	初级政工专业职务评审费	京发改〔2007〕1540 号	预算管理
	114003	政工专业职务评审答辩收费		预算管理
	114003001	中高级政工专业职务评审答辩费	京发改〔2007〕1540 号	预算管理
	114004	政工专业报名考务收费		预算管理
	114004001	政工专业报名考务费	京价（收）字（93）第 300 号	预算管理
	120	北京市司法局		
	120001	司法考试考务费		预算管理
	120001001	国家司法考试考务费	京发改〔2006〕760 号	预算管理
	120003	外国律师驻京办事处年检收费		预算管理
	120003001	外国律师驻京办事处年检费	京价（收）字〔2001〕226 号	预算管理
	121	北京市财政局		
	121001	财政部门考试考务费		预算管理
	121001001	会计从业资格考试报名费	京发改〔2009〕477 号 京财综〔2010〕2190 号	预算管理
	121001002	注册会计师报考费	京价（收）字〔2000〕第 064 号	预算管理
	121001003	初级会计专业技术资格考试费	京发改〔2010〕2153 号	预算管理
	121002	财政票据工本费		预算管理
	121002001	财政统一票据	京价（收）字〔2000〕425 号	预算管理
	121002002	财政专用票据	计价格〔2001〕604 号	预算管理
	124	北京市药品监督管理局		
	124003	药品检验收费		预算管理
▲	124003001	药品检验费	京价（收）字〔2003〕362 号	预算管理
	124004	已生产药品登记费		预算管理
▲	124004001	已生产药品注册登记费	计价格〔1995〕340 号	预算管理
	124006	医疗器械、制药机械检验收费		预算管理
▲	124006001	医疗器械、制药机械检验费	〔1992〕计价费 534 号	预算管理
	124007	新药审批收费		预算管理
▲	124007001	药品审批收费	计价格〔1995〕340 号	预算管理
	125	北京市规划委员会		
	125004	测绘成果成图资料收费		预算管理
▲	125004001	测绘成果成图资料费	国测发〔1993〕082 号	预算管理
	125007	建设工程档案保护和复制收费		预算管理
▲	125007001	建设工程档案保护和复制费	京发改〔2004〕2404 号	预算管理
	126	北京市旅游局		
	126004	旅游部门考试收费		预算管理
	126004001	导游员资格考试费	京发改〔2005〕1741 号	预算管理

续表

	收费编码	收费项目名称	政策文件	管理形式
	126004002	中文导游员中级等级考试费	京发改〔2007〕807号	预算管理
	126004003	外语导游员中级等级考试费	京发改〔2007〕807号	预算管理
	126004004	出国领队考试费	京发改〔2005〕1741号	预算管理
	127	北京市地方税务局		
	127002	税务登记证收费［地税］		预算管理
▲	127002001	税务登记证费［地税］	京发改〔2010〕181号	预算管理
	127003	税务发票		预算管理
▲	127003001	税务发票工本费	京价（收）字〔2002〕355号 京价（收）字〔2003〕82号 京价（收）字〔2003〕83号	预算管理
▲	127003002	出租车专用发票［卷式］	京价（收）字〔1999〕第087号	预算管理
▲	127003003	出租车专用发票［刷卡式］	京发改〔2004〕60号	预算管理
▲	127003004	国际航空旅客运输专用发票	京发改〔2004〕60号	预算管理
▲	127003005	营利性医疗机构专用发票	京发改〔2004〕60号 京发改〔2009〕1393号	预算管理
▲	127003006	保险中介服务统一发票	京发改〔2004〕1912号	预算管理
▲	127003007	29届奥运会涉税收入专业发票	京发改〔2004〕1912号	预算管理
▲	127003010	中国船级社检验业务专业发票	京发改〔2004〕1912号	预算管理
▲	127003011	北京停车收费定额专业发票	京发改〔2004〕1912号	预算管理
▲	127003012	北京市邮电通信、金融保险业卷式发票	京发改〔2005〕1544号	预算管理
▲	127003013	北京市邮电通信、金融保险业折式发票	京发改〔2005〕1544号	预算管理
▲	127003014	北京交通、建筑、不动产、无形资产卷式发票	京发改〔2005〕1544号	预算管理
▲	127003015	北京交通、建筑、不动产、无形资产折式发票	京发改〔2005〕1544号	预算管理
▲	127003017	铁路客运餐车定额发票	京发改〔2006〕492号	预算管理
▲	127003019	新版公路、内河货物运输业统一发票	京发改〔2010〕181号	预算管理
▲	127003020	销售不动产统一发票［自开］	京发改〔2010〕181号	预算管理
▲	127003022	建筑业统一发票［自开］	京发改〔2010〕181号	预算管理
▲	127003024	北京市定额专用发票［1角－2元］	京价（收）字〔2002〕355号	预算管理
▲	127003025	北京市定额专用发票［5元－100元］	京价（收）字〔2003〕83号	预算管理
▲	127003026	服务娱乐业文化体育业专用发票［卷票］	京价（收）字〔2003〕83号	预算管理
▲	127003027	服务娱乐业文化体育业专用发票［折票］	京价（收）字〔2003〕83号	预算管理
▲	127003028	保险业专用发票	京发改〔2008〕672号	预算管理
▲	127003029	国际货物运输代理业专用发票［折票］	京价（收）字〔2003〕83号	预算管理
▲	127003030	国际海运业运输专用发票［税控折票］	京价（收）字〔2003〕83号	预算管理
▲	127003031	国际海运业船舶代理专用发票［税控折票］	京价（收）字〔2003〕83号	预算管理
▲	127003032	银行代收费业务专用发票邮寄票	京发改〔2008〕672号	预算管理

续表

	收费编码	收费项目名称	政策文件	管理形式
▲	127003033	银行代收费业务专用发票平推票	京发改〔2008〕672 号	预算管理
▲	127003034	银行代收费业务专用发票卷式票—1	京发改〔2008〕672 号	预算管理
▲	127003035	银行代收费业务专用发票卷式票—2	京发改〔2008〕1256 号	预算管理
▲	127003036	银行代收费业务专用发票（工商银行自助式一联发票）	京发改〔2008〕1256 号	预算管理
▲	127003037	报关代理业专用发票	京发改〔2008〕1812 号	预算管理
▲	127003038	出租汽车燃油附加费专用发票工本费	京发改〔2009〕2362 号	预算管理
	128	北京市质量技术监督局		
	128001	计量收费		预算管理
▲	128001002	计量器具型式批准	京发改〔2005〕1989 号	预算管理
▲	128001006	计量检定费	京发改〔2009〕548 号 京财综〔2010〕2831 号	预算管理
	128004	特种设备检验费		预算管理
▲	128004001	锅炉检验费	京发改〔2005〕1005 号 京发改〔2009〕2359 号	预算管理
▲	128004002	压力容器检验费	京发改〔2005〕1005 号 京发改〔2009〕2359 号	预算管理
▲	128004003	压力管道检验费	京发改〔2005〕1005 号 京发改〔2009〕2359 号	预算管理
▲	128004004	电梯检验费	京发改〔2005〕1005 号 京发改〔2009〕2359 号	预算管理
▲	128004005	起重机械检验费	京发改〔2005〕1005 号 京发改〔2009〕2359 号	预算管理
▲	128004006	客运索道检验费	京发改〔2005〕1005 号 京发改〔2009〕2359 号	预算管理
▲	128004007	大型游乐设施检验费	京发改〔2005〕1005 号 京发改〔2009〕2359 号	预算管理
	128008	工业产品生产许可证审查收费		预算管理
▲	128008001	工业产品生产许可证审查费	京财综〔2007〕1021 号	预算管理
▲	128008002	工业产品生产许可证审查费［两个以上］	京财综〔2007〕1021 号	预算管理
	128009	质监部门考核收费		预算管理
	128009001	特种设备作业人员考核收费		预算管理
	128009002	特种设备检验检测人员考核收费		预算管理
	128010	索道站长（经理）考核收费		预算管理
	128010001	索道站长（经理）考核费		预算管理
	129	北京市工商行政管理局		

续表

	收费编码	收费项目名称	政策文件	管理形式
	129001	企业注册登记费		预算管理
▲	129001001	企业开业注册登记费	［1992］价费字 414 号 京价（收）字［1999］第 459 号 京财综［2008］1579 号	预算管理
▲	129001002	外商投资企业开业注册登记费	［1992］价费字 414 号 京价（收）字［1999］第 459 号 京发改［2005］59 号	预算管理
▲	129001003	外国、地区企业驻京代表机构开业注册登记	［1992］价费字 414 号 京价（收）字［1999］第 459 号 京发改［2005］59 号	预算管理
▲	129001004	外国、地区企业在京从事生产注册登记	［1992］价费字 414 号 京价（收）字［1999］第 459 号 京发改［2005］59 号	预算管理
▲	129001005	变更登记费	［1992］价费字 414 号 京价（收）字［1998］第 351 号 京财综［2008］1579 号	预算管理
▲	129001006	补换证、照及执照副本工本费	［1992］价费字 414 号 京财综［2008］1579 号	预算管理
▲	129001007	企业年度检验费	［1992］价费字 414 号	预算管理
	129008	个体工商户注册登记收费		预算管理
	129008001	个体工商户注册登记费	［1992］价费字 414 号 京财综［2008］1579 号	预算管理
	130	北京市民政局		
	130001	婚姻登记证书工本收费		预算管理
	130001001	结婚证书费［精装］	京价（收）字［2002］045 号	预算管理
	130001004	结婚证书费［简装］	京价（收）字［2002］045 号	预算管理
	130001005	离婚证书费	京价（收）字［1995］第 158 号	预算管理
	130003	收养登记收费		预算管理
	130003001	收养登记费	［1992］价费字 349 号 京价（收）字［2001］142 号	预算管理
	130004	殡葬收费		预算管理
	130004001	八宝山人民公墓新建骨灰亭安葬费	京价（收）字［1993］第 136 号	预算管理
	130004002	民政系统骨灰廊收费	京价（收）字［1998］第 423 号	预算管理
	130004003	万安公墓骨灰亭收费	京价（收）字［1992］第 86 号	预算管理
	130004004	八宝山殡仪馆全陪承办服务费	京价（收）字［1992］第 392 号	预算管理
	130004005	八宝山公墓骨灰堂室内骨灰寄存费	京价（收）字［1994］第 64 号	预算管理

续表

	收费编码	收费项目名称	政策文件	管理形式
	130004006	万安福田公墓续租和空白墓穴补偿费	京价（收）字〔1994〕第 021 号	预算管理
	130004007	民政系统骨灰墙收费	京价（收）字〔1998〕第 423 号	预算管理
	130004008	殡葬收费［抬尸、绿地、撒海］	京价（收）字〔2001〕351 号	预算管理
	130004009	冷冻尸费	京价（收）字〔2001〕351 号	预算管理
	130004010	殡葬服务收费	京价（收）字〔2001〕351 号	预算管理
	131	北京市审计局		
	131001	国际注册内部审计师资格报名考务费		预算管理
	131001001	国际注册内部审计师资格考试报名费	京价（收）字〔2003〕90 号	预算管理
	131001002	国际注册内部审计师资格考试考务费	京价（收）字〔2003〕90 号	预算管理
	139	北京市卫生局		
	139002	外国医师在京短期行医审核注册收费		预算管理
	139002001	外国医师在京短期行医审核注册费［技术交流项目外］	京价（收）字〔1993〕第 193 号	预算管理
	139002002	外国医师在京短期行医审核注册费［技术交流项目内］	京价（收）字〔1993〕第 193 号	预算管理
	139004	预防保健代理收费		预算管理
	139004001	预防保健代理费	京价（收）字〔1992〕第 379 号	预算管理
	139007	医疗事故鉴定收费		预算管理
▲	139007001	医疗事故鉴定费［市级］	京价（收）字〔2003〕364 号	预算管理
▲	139007002	医疗事故鉴定费［区县］	京价（收）字〔2003〕364 号	预算管理
	139009	卫生监督防疫收费		预算管理
▲	139009016	卫生检测费	京发改〔2005〕1740 号 京发改〔2008〕1141 号 京财综〔2008〕1579 号	预算管理
▲	139009017	卫生质量检验费	京发改〔2005〕1740 号 京发改〔2008〕1141 号 京财综〔2008〕1579 号	预算管理
	139009018	预防性体检费	京发改〔2005〕1740 号 京发改〔2008〕1141 号 京财综〔2008〕1579 号	预算管理
	139009019	预防接种劳务费	京发改〔2005〕1740 号 京发改〔2008〕1141 号 京财综〔2008〕1579 号	预算管理
▲	139009020	委托卫生防疫服务费	京发改〔2005〕1740 号 京发改〔2008〕1141 号	预算管理
▲	139009021	疫情处理费	京发改〔2005〕1740 号 京发改〔2008〕1141 号	预算管理

续表

	收费编码	收费项目名称	政策文件	管理形式
	139011	医师资格考试考务费		预算管理
	139011001	医师资格考试报名费［含助理医师］	京价（收）字〔2000〕第224号	预算管理
	139011002	助理医师资格考试费	京价（收）字〔2000〕第224号	预算管理
	139011004	临床［含公共卫生］类医师实践技能考试	京价（收）字〔2000〕第224号	预算管理
	139011005	口腔专业医师实践技能考试	京价（收）字〔2000〕第224号	预算管理
	139011006	中医医师实践技能考试	京价（收）字〔2000〕第224号	预算管理
	139011007	传统医师和确有专长人员医师资格考试	京价（收）字〔2000〕第224号	预算管理
	139011008	卫生专业技术初级资格考试收费	京价（收）字〔2002〕154号	预算管理
	139011009	卫生专业技术中级资格考试收费	京价（收）字〔2002〕154号	预算管理
	139011010	医师资格考试费	京价（收）字〔2000〕第224号	预算管理
	139013	母婴保健人员岗前考核收费		预算管理
	139013001	母婴保健人员岗前考核费		预算管理
	139014	预防接种异常反应鉴定收费		预算管理
	139014001	预防接种异常反应鉴定费	京发改〔2010〕1069号	预算管理
	140	北京市环境保护局		
	140001	排污收费		预算管理
▲	140001001	污水排污费	京价（收）字〔2003〕313号	预算管理
▲	140001002	噪声超标排污费	京价（收）字〔2003〕313号	预算管理
▲	140001003	废气排污费	京价（收）字〔2003〕313号	预算管理
▲	140001004	固体废物及危险废物排污费	京价（收）字〔2003〕313号	预算管理
▲	140001005	普通煤二氧化硫排污费．含硫量0.5%以上	京价（收）字〔2003〕313号	预算管理
▲	140001006	低硫煤二氧化硫排污费．含硫量0.5%以下	京价（收）字〔2003〕313号	预算管理
	140002	放射性废物（源）收贮收费		预算管理
▲	140002001	放射性废物（源）收贮费	京价（收）字〔2002〕193号	预算管理
	140004	环境监测服务收费		预算管理
▲	140004001	环境放射性和电磁波监测	京价（收）字〔1993〕第309号	预算管理
▲	140004002	环境监测服务费	（89）京环保计财字第202号	预算管理
	142	北京市广播电影电视局		
	142002	新闻编辑记者、播音员、主持人资格考试考务费		预算管理
	142002001	广播电视新闻编辑记者资格考试考务费	京发改〔2008〕1338号	预算管理
	142002002	播音员、主持人资格考试考务费	京发改〔2008〕1338号	预算管理
	144	北京市文物局		
	144002	文物鉴定收费		预算管理
	144002001	文物拍卖标的鉴定费	京价（收）字〔2000〕第022号	预算管理
	144002002	文物鉴定手续费	京价（涉）字〔1989〕第462号	预算管理
	152	北京市交通委员会		

续表

	收费编码	收费项目名称	政策文件	管理形式
	152010	城市道路占用挖掘收费		预算管理
▲	152010001	占道费	京价（收）字〔1994〕第 185 号 京财综〔1999〕329 号	预算管理
▲	152010002	城市道路挖掘修复费	京财综〔2010〕1615 号	预算管理
▲	152010003	停车占道收费	京发改〔2010〕180 号 京发改〔2010〕2291 号	预算管理
	152011	交通部门考核收费		预算管理
	152011001	经营性道路客运驾驶员从业资格考试收费（理论/实操）	京发改〔2010〕2167 号	预算管理
	152011002	经营性道路货运驾驶员从业资格考试收费（理论/实操）	京发改〔2010〕2167 号	预算管理
	152011003	经营性道路危险货物驾驶员从业资格考试收费	京发改〔2010〕2167 号	预算管理
	152011004	经营性道路危险货物装卸人员、押运人员从业资格考试收费	京发改〔2010〕2167 号	预算管理
	152011005	船员考核费（理论/实操）	京发改〔2005〕1455 号	预算管理
	152011006	汽车维修质量检验员岗位考核费（理论/实操）	京发改〔2005〕1455 号	预算管理
	152011007	汽车维修价格结算员岗位考核费（理论/实操）	京发改〔2005〕1455 号	预算管理
	152011008	汽车维修行业从业人员上岗考核费（理论/实操）	京发改〔2005〕1455 号	预算管理
	152012	车辆通行费		预算管理
▲	152012001	京平高速路车辆通行费	京发改〔2008〕1056 号	预算管理
	153	北京市档案局		
	153001	档案收费		预算管理
▲	153001001	利用档案收费	京发改〔2004〕510 号	预算管理
	154	北京市人力资源和社会保障局		
	154001	劳动鉴定收费		预算管理
▲	154001001	劳动鉴定费	京价（收）字〔2002〕056 号	预算管理
	154009	职业技能鉴定收费		预算管理
	154009001	职业技能鉴定费	京财综〔2010〕2267 号 京劳培发字〔1991〕23 号	预算管理
	155001	公务员录用考试报名考务收费		预算管理
	155001001	公务员录用考试报名考务费	京发改〔2006〕719 号	预算管理
	155004	国家级专业技术资格考试报名考务费	京价（收）字〔1997〕第 401 号	预算管理
	155004002	全国职称外语等级考试报名考务费	京价（收）字〔1996〕第 222 号	预算管理
	155004003	全国翻译专业资格（水平）考试二级口译翻译交替传译考试费	京发改〔2009〕1662 号	预算管理
	155004004	全国翻译专业资格（水平）考试二级口译翻译同声传译考试费	京发改〔2009〕1662 号	预算管理

续表

收费编码	收费项目名称	政策文件	管理形式
155004005	全国翻译专业资格（水平）考试三级口译翻译考试费	京发改〔2009〕1662 号	预算管理
155004006	投资建设项目管理师职业水平考试费	京发改〔2009〕101 号	预算管理
155004007	会计专业技术资格考试费	京发改〔2010〕2153 号	预算管理
155004008	质量专业技术人员职业资格考试费	京发改〔2010〕2153 号	预算管理
155004009	审计专业技术资格考试费	京发改〔2010〕2153 号	预算管理
155004010	统计专业技术资格考试费	京发改〔2010〕2153 号	预算管理
155004011	出版专业技术人员职业资格考试费	京发改〔2010〕2153 号	预算管理
155004012	注册咨询工程师［投资］执业资格考试费	京发改〔2010〕2153 号	预算管理
155004013	注册土木工程师［岩土］执业资格考试费	京发改〔2010〕2153 号	预算管理
155004014	房地产经纪人执业资格考试费	京发改〔2010〕2153 号	预算管理
155004015	计算机软件专业技术资格和水平考试费	京发改〔2010〕2153 号	预算管理
155004016	经济专业技术资格考试费	京发改〔2010〕2153 号	预算管理
155004017	价格鉴证师执业资格考试费	京发改〔2010〕2153 号	预算管理
155004018	监理工程师执业资格考试费	京发改〔2010〕2153 号	预算管理
155004019	造价工程师执业资格考试费	京发改〔2010〕2153 号	预算管理
155004020	注册税务师执业资格考试费	京发改〔2010〕2153 号	预算管理
155004021	执业药师［中药师］资格考试费	京发改〔2010〕2153 号	预算管理
155004022	注册资产评估师执业资格考试费	京发改〔2010〕2153 号	预算管理
155004023	企业法律顾问执业资格考试费	京发改〔2010〕2153 号	预算管理
155004024	土地登记代理人员执业资格考试费	京发改〔2010〕2153 号	预算管理
155004025	国际商务专业人员职业资格考试费	京发改〔2010〕2153 号	预算管理
155004026	注册建造师［一级］执业资格考试费	京发改〔2010〕2154 号	预算管理
155004027	注册安全工程师执业资格考试费	京发改〔2008〕326 号	预算管理
155004028	注册设备监理师执业资格考试费	京发改〔2008〕326 号	预算管理
155004029	注册电气工程师执业资格考试费	京发改〔2009〕1230 号	预算管理
155004030	注册化工工程师执业资格考试费	京发改〔2009〕1230 号	预算管理
155004031	注册公用设备工程师执业资格考试费	京发改〔2009〕1230 号	预算管理
155004032	注册土木工程师［港口与航道工程］资格考试费	京发改〔2009〕1230 号	预算管理
155004033	计算机应用能力考试费	京发改〔2010〕2153 号	预算管理
155004034	翻译专业资格［水平］考试笔译考试费	京发改〔2009〕1662 号	预算管理
155004035	注册环保工程师执业资格考试费	京发改〔2010〕179 号	预算管理
155004036	注册土木工程师［水利水电工程］执业资格考试费	京发改〔2010〕179 号	预算管理
155004037	一级注册建筑师考试费	京发改〔2010〕2153 号	预算管理
155004038	二级注册建筑师考试费	京发改〔2010〕2153 号	预算管理

续表

	收费编码	收费项目名称	政策文件	管理形式
	155004039	一级注册结构工程师考试费	京发改〔2010〕2153 号	预算管理
	155004040	二级注册结构工程师考试费	京发改〔2010〕2153 号	预算管理
	155004041	房地产估价师考试费	京发改〔2010〕2153 号	预算管理
	155004042	注册城市规划师考试费	京发改〔2010〕2153 号	预算管理
	155004043	管理咨询师职业水平考试费	京发改〔2010〕182 号	预算管理
	155004044	环境影响评价工程师职业资格考试费	京发改〔2008〕327 号	预算管理
	155004045	助理社会工作师和社会工作师职业水平考试费	京发改〔2010〕2155 号	预算管理
	155004046	招标师职业水平考试收费	京发改〔2009〕1451 号	预算管理
	155004047	物业管理师资格考试收费	京发改〔2009〕1449 号	预算管理
	155004048	注册测绘师资格考试费	京发改〔2010〕2271 号	预算管理
	155007	职称评审费		预算管理
	155007001	高级职称评审费	京价（收）字〔2000〕369 号	预算管理
	155007002	中级职称评审费	京价（收）字〔2000〕369 号	预算管理
	155007003	初级职称评审费	京价（收）字〔2000〕369 号	预算管理
	155007004	申报中高级职称答辩费	京价（收）字〔2000〕369 号	预算管理
	155008	保存档案收费		预算管理
	155008001	保存档案费	京价（收）字〔2002〕154 号	预算管理
	155008002	保存档案费［出国人员］	京价（收）字〔2002〕154 号	预算管理
	155010	北京市专业技术资格报名考务费		预算管理
	155010001	初级专业技术资格报名考务费	京发改〔2009〕1231 号	预算管理
	155010002	中级专业技术资格报名考务费	京发改〔2009〕1231 号	预算管理
	155010003	高级专业技术资格报名考务费	京发改〔2009〕1231 号	预算管理
	155012	干部任职培训收费		预算管理
	155012001	局级干部任职培训收费	京价（收）字〔2003〕49 号	预算管理
	155012002	处级干部任职培训收费	京价（收）字〔2003〕49 号	预算管理
	155012003	科级干部及其他公务员初任、任职培训收费	京价（收）字〔2003〕49 号	预算管理
	155012004	公务员专业知识和更新知识培训收费	京价（收）字〔2003〕49 号	预算管理
	156	北京市知识产权局		
	156001	专利代理人资格报考收费		预算管理
	156001001	专利代理人资格报考费	京发改〔2010〕929 号	预算管理
	159	北京市农业局		
	159003	渔业资源增殖保护费		预算管理
▲	159003001	渔业资源增殖保护费［放养］	市政府 1991 年 19 号令	预算管理
▲	159003002	渔业资源增殖保护费［不放养］	市政府 1991 年 19 号令	预算管理
	159004	水生野生动物资源保护收费		预算管理

续表

	收费编码	收费项目名称	政策文件	管理形式
▲	159004001	水生野生动物资源保护费	京价（收）字〔2002〕069 号 京财综〔2009〕399 号 京财综〔2008〕1579 号	预算管理
	159005	畜禽及畜禽产品防疫检疫费		预算管理
▲	159005001	畜禽及畜禽产品重补检疫费	京发改〔2008〕646 号 京财综〔2010〕2831 号	预算管理
▲	159005002	畜禽及畜禽产品重补消毒费	京发改〔2008〕646 号 京财综〔2010〕2831 号	预算管理
▲	159005003	畜禽及畜禽产品重补免疫费	京发改〔2008〕646 号 京财综〔2010〕2831 号	预算管理
	159006	饲料及饲料添加剂委托检验收费		预算管理
▲	159006001	饲料添加剂检验收费	〔1992〕价费字 452 号 京价（收）字〔2002〕037 号	预算管理
	159007	兽药委托检验收费		预算管理
▲	159007001	兽药检验收费	〔1992〕价费字 452 号 京价（收）字〔2002〕037 号	预算管理
	159011	农机监理费		预算管理
▲	159011002	驾驶证	京发改〔2004〕2955 号	预算管理
▲	159011007	拖拉机号牌［反光］	京发改〔2004〕2955 号	预算管理
▲	159011008	拖拉机号牌［不反光］	京发改〔2004〕2955 号	预算管理
▲	159011011	拖拉机临时号牌	京发改〔2004〕2955 号	预算管理
▲	159011017	行驶证	京发改〔2004〕2955 号	预算管理
▲	159011019	号牌架	京发改〔2004〕2955 号	预算管理
▲	159011023	拖拉机驾驶许可考试费	京发改〔2005〕2275 号	预算管理
▲	159011026	临时行驶证	京发改〔2004〕2955 号	预算管理
▲	159011030	机动车登记证书费	京发改〔2004〕2955 号	预算管理
▲	159011031	单独补发号牌专用固封装置［农机］	京发改〔2004〕2955 号	预算管理
	159013	新兽药审批收费		预算管理
▲	159013001	兽药审批费	〔1992〕价费字 452 号	预算管理
	159015	执业兽医资格考试收费		预算管理
	159015001	执业兽医综合知识考试费	京发改〔2010〕760 号	预算管理
	159015002	执业兽医临床技能考试费		预算管理
	160	北京市国土资源局		
	160007	矿产资源补偿收费		预算管理
▲	160007001	矿产资源补偿费［地热］	京发改〔2004〕1911 号	预算管理
▲	160007002	矿产资源补偿费［矿泉水］	京发改〔2005〕823 号	预算管理

续表

	收费编码	收费项目名称	政策文件	管理形式
▲	160007003	矿产资源补偿费	国务院1994年第150号令 市政府1994年第29号令	预算管理
	160008	矿产资源勘查登记费		预算管理
▲	160008001	矿产资源勘查登记费（一、二类）	〔1992〕价费字251号	预算管理
▲	160008002	矿产资源勘查登记费（其他）	〔1992〕价费字251号	预算管理
	160009	矿山采矿登记收费		预算管理
▲	160009001	矿山采矿登记费［大型］	〔1992〕价费字251号	预算管理
▲	160009002	矿山采矿登记费［中型］	〔1992〕价费字251号	预算管理
▲	160009003	矿山采矿登记费［小型］	〔1992〕价费字251号	预算管理
	160010	耕地开垦收费		预算管理
▲	160010001	耕地开垦费	京政办发〔2002〕51号	预算管理
	160011	土地估价师考试收费		预算管理
▲	160011001	土地估价师考试费	京发改〔2008〕669号	预算管理
	160012	耕地复垦收费		预算管理
▲	160012001	耕地复垦费	土地管理法	预算管理
	163	北京市园林绿化局		
	163007	陆生野生动物资源保护收费		预算管理
▲	163007001	陆生野生动物资源保护费	京林发〔1994〕动字第6号 京价（收）字〔1999〕第459号 京价（收）字〔1998〕第004号	预算管理
	164	北京市水务局		
	164005	水资源费		预算管理
▲	164005002	非居民用水水资源费	京发改〔2004〕1517号 京发改〔2009〕2400号	预算管理
	164005003	居民生活用水水资源费	京发改〔2004〕1517号 京发改〔2009〕2555号	预算管理
▲	164005008	地下水资源费［新改扩建项目］	京财综〔2000〕113号	预算管理
▲	164005009	农业生产用水水资源费	京发改〔2007〕536号	预算管理
	164006	污水处理收费		预算管理
▲	164006001	污水处理费［非居民］	京发改〔2009〕2400号	预算管理
	164006002	污水处理收费［居民］	京发改〔2009〕2555号	预算管理
	171	北京市公安局		
	171001	法医检验收费		预算管理
	171001001	法医检验费	京价（收）字〔1999〕第006号	预算管理
	171003	强制戒毒收费		预算管理
	171003001	强制戒毒费	京价（收）字〔1998〕第243号	预算管理

续表

收费编码	收费项目名称	政策文件	管理形式
171003002	强制戒毒费［从第4个月开始］	京价（收）字〔1998〕第243号	预算管理
171004	警院学生收费		预算管理
171004001	警衔晋升培训费	京价（收）字〔1996〕第398号	预算管理
171004002	警衔晋升考务费	京价（收）字〔1996〕第398号	预算管理
171004003	警院招生身体素质检测费	京价（收）字〔1998〕第067号	预算管理
171005	养犬收费		预算管理
171005001	养犬管理服务费［第一年］	北京市养犬管理规定	预算管理
171005002	养犬服务费［第二年及以后］	北京市养犬管理规定	预算管理
171005005	养犬服务管理费［远郊区县］	北京市养犬管理规定	预算管理
171006	居民身份证收费		预算管理
171006006	第二代居民身份证费	京发改〔2004〕511号	预算管理
171006007	补领第二代居民身份证费	京发改〔2004〕511号	预算管理
171006008	临时第二代居民身份证费	京发改〔2004〕511号	预算管理
171008	户籍管理收费		预算管理
171008004	户口簿费	京价（收）字〔1998〕133号	预算管理
171008006	户口簿外皮费	京价（收）字〔1998〕133号	预算管理
171008007	户口簿内芯费	京价（收）字〔1998〕133号	预算管理
171008008	集体户外皮费	京价（收）字〔1998〕133号	预算管理
171010	外国人签证收费		预算管理
171010001	零次、一次签证费	京发改〔2003〕2215号	预算管理
171010002	二次签证费	京发改〔2003〕2215号	预算管理
171010003	半年多次签证费［含半年］	京发改〔2003〕2215号	预算管理
171010004	一年［含1年］至五年［含5年］多次签证费	京发改〔2003〕2215号	预算管理
171010005	一次团体签证费	京发改〔2003〕2215号	预算管理
171010006	二次团体签证费	京发改〔2003〕2215号	预算管理
171010007	团体签证分离费	京发改〔2003〕2215号	预算管理
171010008	非对等国家签证收费［外币］	京发改〔2003〕2215号	预算管理
171010009	按国别对等收费的国家签证收费	京发改〔2004〕2405号	预算管理
171010010	签证加签费	公通字〔1996〕89号	预算管理
171010011	增加减少携行人收费	京发改〔2003〕2215号	预算管理
171010012	美国公民签证收费	京发改〔2008〕345号	预算管理
171011	外国人证件收费		预算管理
171011001	外国人永久居留申请费	京发改〔2004〕1914号	预算管理
171011002	《外国人永久居留证》费	京发改〔2004〕1914号	预算管理
171011003	换发、丢失、损坏补领《外国人永久居留证》	京发改〔2004〕1914号	预算管理
171011004	外国人居留许可费［有效期不满1年］	京发改〔2005〕66号	预算管理

续表

	收费编码	收费项目名称	政策文件	管理形式
	171011005	外国人居留许可费［有效期 1 年至 3 年内］	京发改〔2005〕66 号	预算管理
	171011006	外国人居留许可费［有效期 3 年至 5 年］	京发改〔2005〕66 号	预算管理
	171011007	外国人居留许可费［增加偕行人］	京发改〔2005〕66 号	预算管理
	171011008	外国人居留许可费［减少偕行人］	京发改〔2005〕66 号	预算管理
	171011009	外国人居留许可变更费	京发改〔2005〕66 号	预算管理
	171011010	外国人出入境证费	公通字〔1996〕89 号	预算管理
	171011011	外国人旅行证费	公通字〔1996〕89 号	预算管理
	171011012	准迁证费［外国人］	京发改〔2003〕2215 号	预算管理
	171012	公民出入境证件收费		预算管理
	171012001	普通护照费	京价（收）字〔2000〕184 号	预算管理
	171012002	护照证件延期加注费	〔1993〕价费字 164 号	预算管理
	171012003	出入境通行证费（一次有效）	〔1993〕价费字 164 号 财综〔2008〕9 号	预算管理
	171012004	出入境通行证费（二次有效）	〔1993〕价费字 164 号 财综〔2008〕9 号	预算管理
	171012005	出入境通行证费（多次有效）	〔1993〕价费字 164 号 财综〔2008〕9 号	预算管理
	171012010	前往港澳通行证费	〔1993〕价费字 164 号	预算管理
	171012011	往来港澳通行证费	京价（收）字〔2002〕356 号	预算管理
	171012012	因私赴港澳签注费［一次有效］	京价（收）字〔2002〕356 号	预算管理
	171012013	因私赴港澳签注费［二次有效］	京价（收）字〔2002〕356 号	预算管理
	171012014	因私赴港澳签注费［多次有效，一年］	京价（收）字〔2002〕356 号	预算管理
	171012015	赴港澳［商务就业］等签注两年以下有效	京发改〔2005〕709 号	预算管理
	171012016	赴港澳［商务就业］等签注三年以下有效	京发改〔2005〕709 号	预算管理
	171012020	台湾居民来往大陆通行证费	〔1993〕价费字 164 号	预算管理
	171012021	一次有效台湾居民来往大陆通行证费	〔1993〕价费字 164 号	预算管理
	171012022	台湾居民来往大陆一次有效签注费	京发改〔2005〕2293 号	预算管理
	171012023	一年（含）以内多次有效来往大陆签注费	京发改〔2005〕2293 号	预算管理
	171012024	口岸一次有效来往大陆签注费	京发改〔2005〕2293 号	预算管理
	171012025	一年以上、三年（含）以下居留签注费	京发改〔2005〕2293 号	预算管理
	171012026	三年以上、五年（含）以下居留签注费	京发改〔2005〕2293 号	预算管理
	171012027	台湾同胞定居证费	京发改〔2005〕59 号	预算管理
	171012028	华侨回国定居证费	京发改〔2005〕59 号	预算管理
	171012029	大陆居民往来台湾通行证费	〔1993〕价费字 164 号	预算管理
	171012030	大陆居民往来台湾通行证签注加注费	〔1993〕价费字 164 号	预算管理
	171012031	大陆居民往来台湾通行证多次签注费	京价（收）字〔2002〕254 号	预算管理

续表

收费编码	收费项目名称	政策文件	管理形式
171012032	5年有效台湾居民来往大陆通行证	京发改〔2008〕1661号	预算管理
171012033	补办5年有效台湾居民来往大陆通行证	京发改〔2008〕1661号	预算管理
171013	中国国籍申请手续费［含证书费］		预算管理
171013001	加入中国国籍证书费	公通字〔1996〕89号	预算管理
171013002	退出中国国籍证书费	公通字〔1996〕89号	预算管理
171013003	恢复中国国籍证书费	公通字〔1996〕89号	预算管理
171013004	国籍申请手续费	公通字〔1996〕89号	预算管理
172	北京市公安局公安交通管理局		
172001	机动车辆号牌工本费		预算管理
172001001	汽车号牌费［反光］	京发改〔2004〕2955号	预算管理
172001002	摩托车号牌费［反光］	京发改〔2004〕2955号	预算管理
172001003	挂车号牌费［反光］	京发改〔2004〕2955号	预算管理
172001004	低速货车、三轮汽车号牌费［反光］	京发改〔2004〕2955号	预算管理
172001005	临时行驶车号牌费	京发改〔2004〕2955号	预算管理
172001011	单独补发号牌专用固封装置费	京发改〔2004〕2955号	预算管理
172001020	汽车号牌费［不反光］	京发改〔2004〕2955号	预算管理
172001021	挂车号牌费［不反光］	京发改〔2004〕2955号	预算管理
172001022	低速货车、三轮汽车号牌费［不反光］	京发改〔2004〕2955号	预算管理
172001023	摩托车号牌费［不反光］	京发改〔2004〕2955号	预算管理
172001024	号牌架铁质/铝合金及其他收费	京发改〔2004〕2955号	预算管理
172002	驾驶员管理收费		预算管理
172002012	道路交通安全法律法规考试费［科目一］	京发改〔2005〕2232号	预算管理
172002013	驾驶员场地驾驶技能考试费［科目二］	京发改〔2005〕2232号	预算管理
172002014	驾驶员道路驾驶技能考试费［科目三］	京发改〔2005〕2232号	预算管理
172003	非机动车管理收费		预算管理
172003004	人力小三轮车号牌证费	京发改〔2006〕761号	预算管理
172003005	人力小三轮车行驶证费	京价（收）字〔1999〕第282号	预算管理
172003006	人力客货运三轮车牌证费	京价（收）字〔1997〕第364号 京价（收）字〔1998〕第088号	预算管理
172003007	人力客货运三轮车行驶证费	京价（收）字〔1997〕第364号 京价（收）字〔1998〕第088号	预算管理
172003010	残疾人专用机动三轮车牌证费	京价（收）字〔1997〕第364号	预算管理
172003011	残疾人专用机动三轮车行驶证费	京价（收）字〔1997〕第364号	预算管理
172003012	人力客货三轮车、残疾专用车变更、过户、转出、注销手续费	京价（收）字〔1997〕第364号 京价（收）字〔1998〕第088号	预算管理
172003015	电动自行车号牌工本费	京发改〔2005〕2714号	预算管理

续表

收费编码	收费项目名称	政策文件	管理形式
172003016	电动自行车行驶证工本费	京发改〔2005〕2714 号	预算管理
172009	机动车行驶证工本费		预算管理
172009001	机动车行驶证费	京发改〔2004〕2955 号	预算管理
172010	机动车登记证书工本费		预算管理
172010001	机动车登记证费	京发改〔2004〕2955 号	预算管理
172011	机动车驾驶证工本费		预算管理
172011001	机动车驾驶证费	京发改〔2004〕2955 号	预算管理
172012	临时入境机动车牌证费		预算管理
172012001	临时入境机动车号牌和行驶证工本费	京发改〔2008〕1565 号	预算管理
172012002	临时入境机动车驾驶许可工本费	京发改〔2008〕1565 号	预算管理
173	北京市教育委员会		
173004	义务教育住宿费		预算管理
173004001	义务教育阶段住宿收费	京价（收）字〔1999〕第 014 号	预算管理
173005	普通高中教育学费		财政专户
173005001	（2000 年）普通高中一般学校学费	京价（收）字〔2000〕254 号	财政专户
173005002	（2000 年）普通高中重点学校学费	京价（收）字〔2000〕254 号	财政专户
173005004	公办高中择校生收费	教财〔2003〕4 号 京教财〔2003〕70 号 京发改〔2007〕862 号	财政专户
173006	普通高中住宿费		财政专户
173006001	普通高中住宿收费	京价（收）字〔1999〕第 014 号	财政专户
173007	中等职业教育学费		财政专户
173007001	（2000 年）中职文科服务类学费	京价（收）字〔2000〕254 号	财政专户
173007002	（2000 年）中职医科类学费	京价（收）字〔2000〕254 号	财政专户
173007003	（2000 年）中职工科类学费	京价（收）字〔2000〕254 号	财政专户
173007004	（2000 年）中职烹任等特殊专业类学费	京价（收）字〔2000〕254 号	财政专户
173007005	（2000 年）中职艺术管理工程技术专业等学费	京价（收）字〔2000〕254 号	财政专户
173007006	（2000 年）中职美术广告设计专业学费	京价（收）字〔2000〕254 号	财政专户
173007007	（2000 年）中职表演等专业学费	京价（收）字〔2000〕254 号 京财综〔2010〕2696 号	财政专户
173007008	全聚德中式烹调专业学费	京价（收）字〔2002〕048 号	财政专户
173007009	中等职业学校美容美发专业学费	京价（收）字〔1994〕第 340 号 京价（收）字〔1997〕第 149 号	财政专户
173008	中等职业教育住宿收费		财政专户
173008001	中等职业教育住宿费	京价（收）字〔1999〕014 号 京发改〔2004〕1891 号	财政专户

续表

收费编码	收费项目名称	政策文件	管理形式
173009	普通高等学校学费		财政专户
173009001	（2000 年）一般高校一般专业学费	京价（收）字〔2000〕217 号	财政专户
173009002	（2000 年）重点高校一般专业学费	京价（收）字〔2000〕217 号	财政专户
173009003	（2000 年）一般高校理工科专业学费	京价（收）字〔2000〕217 号	财政专户
173009004	（2000 年）重点高校理工科专业学费	京价（收）字〔2000〕217 号	财政专户
173009005	（2000 年）一般高校外语医科专业学费	京价（收）字〔2000〕217 号	财政专户
173009006	（2000 年）重点高校外语医科专业学费	京价（收）字〔2000〕217 号	财政专户
173009007	普通高等学校艺术专业学费	京价（收）字〔2003〕251 号 京财综〔2009〕1060 号	财政专户
173009008	改革试点艺术院校学费［舞蹈、表演专业］	计价格〔1999〕84 号	财政专户
173009009	示范性软件学院学费［本科及第二学士学位］	京发改〔2006〕489 号	财政专户
173009010	示范性软件学院学费［硕士学位］	京发改〔2006〕489 号	财政专户
173009011	高职一般专业学费	京价（收）字〔1999〕第 302 号	财政专户
173009012	高职外语医科专业学费	京价（收）字〔1999〕第 302 号	财政专户
173009013	高职表演等专业学费	京价（收）字〔1999〕第 302 号	财政专户
173009014	高职其他艺术类专业学费	京价（收）字〔1999〕第 302 号 京财综〔2010〕2696 号	财政专户
173010	高等学校住宿收费		财政专户
173010001	高等学校住宿费	京价（收）字〔1999〕第 014 号 京价（收）字〔2000〕334 号 京价（收）字〔2001〕298 号 京价（收）字〔2002〕239 号 京价（收）字〔2003〕289 号 京价（收）字〔2003〕348 号 京发改〔2004〕796 号 京发改〔2004〕1891 号 京发改〔2005〕1816 号 京发改〔2007〕2295 号 京发改〔2008〕1364 号 京发改〔2008〕1721 号 京发改〔2009〕1743 号 京发改〔2010〕1392 号	财政专户
173010002	自费来华留学生住宿费	京教财〔1998〕013 号 教外来〔1998〕7 号	财政专户
173010003	成人高校住宿费	京价（收）字〔1999〕第 014 号	财政专户
173011	高校委托培养费		财政专户
173011001	本专科生委托培养费	京高教财字〔1992〕第 113 号	财政专户
173012	研究生学费		财政专户

续表

	收费编码	收费项目名称	政策文件	管理形式
	173012001	非财政拨款硕士研究生学费	京发改〔2007〕1457 号 京发改〔2008〕1071 号	财政专户
	173012002	非财政拨款博士研究生学费	京发改〔2007〕1457 号 京发改〔2008〕1071 号	财政专户
	173013	自学考试评审答辩收费		财政专户
	173013001	自考毕业生申请学位评审费	京价（收）字〔2000〕355 号	财政专户
	173013002	论文指导答辩费	京价（收）字〔2000〕94 号	财政专户
	173014	幼儿园收费		预算管理
	173014001	保育费一级一类［三岁以上/三岁以下］	京价（收）字〔1997〕第 259 号	预算管理
	173014002	保育费一级二类［三岁以上/三岁以下］	京价（收）字〔1997〕第 259 号	预算管理
	173014003	保育费二级一类［三岁以上/三岁以下］	京价（收）字〔1997〕第 259 号	预算管理
	173014004	保育费二级二类［三岁以上/三岁以下］	京价（收）字〔1997〕第 259 号	预算管理
	173014005	保育费二级三类［三岁以上/三岁以下］	京价（收）字〔1997〕第 259 号	预算管理
	173014006	保育费三级二类［三岁以上/三岁以下］	京价（收）字〔1997〕第 259 号	预算管理
	173014007	保育费三级三类［三岁以上/三岁以下］	京价（收）字〔1997〕第 259 号	预算管理
	173014008	保育费四级及未验收［三岁以上/以下］	京价（收）字〔1997〕第 259 号	预算管理
	173014009	保育费［寄宿费］	京价（收）字〔1997〕第 259 号	预算管理
	173014010	体制改革幼儿园保育费	京价（收）字〔2001〕316 号	预算管理
	173014011	体制改革幼儿园保育费［寄宿］	京价（收）字〔2001〕316 号	预算管理
	173014012	取暖期加收保育费	京价（收）字〔2001〕401 号	预算管理
	173014013	外籍儿童入托保育费	京政发〔1994〕39 号	预算管理
	173014014	园所代办费	京价（收）字〔2002〕071 号	预算管理
	173014015	托儿补助费	京价（收）字〔1995〕第 030 号	预算管理
	173015	学前保教费		预算管理
	173015001	学前保教费（城近郊区）	京价（收）字〔1993〕第 91 号	预算管理
	173015002	学前保教费（远郊区县城镇）	京价（收）字〔1993〕第 91 号	预算管理
	173015003	学前保教费（远郊区县农村）	京价（收）字〔1993〕第 91 号	预算管理
	173016	民办公助学校学费		
	173016001	民办公助小学学费	京价（收）字〔1997〕第 276 号	预算管理
	173016002	民办公助初中学费	京价（收）字〔1997〕第 276 号	预算管理
	173016003	民办公助高中学费	京价（收）字〔1997〕第 276 号	财政专户
	173016004	民办公助初中外语艺术专业学费	京价（收）字〔1999〕第 349 号	预算管理
	173016005	民办公助高中外语艺术专业学费	京价（收）字〔1999〕第 349 号	财政专户
	173017	外国籍学生收费		
	173017001	外国籍学生小学学费	京价（收）字〔1997〕第 260 号	预算管理
	173017002	外国籍学生初中学费	京价（收）字〔1997〕第 260 号	预算管理

续表

收费编码	收费项目名称	政策文件	管理形式
173017003	外国籍学生高中学费	京价（收）字〔1997〕第260号	财政专户
173019	补领学籍IC卡收费		预算管理
173019001	补领学籍IC卡费	京发改〔2007〕623号	预算管理
173020	成人教育学费［中专］		财政专户
173020001	（1999年）成人中专一类专业学费	京价（收）字〔1999〕第303号	财政专户
173020002	（1999年）成人中专二类专业学费	京价（收）字〔1999〕第303号	财政专户
173020003	（1999年）成人中专三类专业学费	京价（收）字〔1999〕第303号	财政专户
173020004	（1999年）成人中专四类专业学费	京价（收）字〔1999〕第303号	财政专户
173020005	（1999年）成人职高学费	京价（收）字〔1999〕第303号	财政专户
173021	成人教育学费［本、专科］		财政专户
173021001	（1999年）成人本科一类专业学费	京价（收）字〔1999〕第303号 京价（收）字〔2000〕62号	财政专户
173021002	（1999年）成人本科二类专业学费	京价（收）字〔1999〕第303号 京价（收）字〔2000〕62号	财政专户
173021003	（1999年）成人本科三类专业学费	京价（收）字〔1999〕第303号 京价（收）字〔2000〕62号	财政专户
173021004	（1999年）成人本科四类专业学费	京价（收）字〔1999〕第303号 京价（收）字〔2000〕62号	财政专户
173021005	（1999年）成人专科一类专业学费	京价（收）字〔1999〕第303号 京价（收）字〔2000〕62号	财政专户
173021006	（1999年）成人专科二类专业学费	京价（收）字〔1999〕第303号 京价（收）字〔2000〕62号	财政专户
173021007	（1999年）成人专科三类专业学费	京价（收）字〔1999〕第303号 京价（收）字〔2000〕62号	财政专户
173021008	（1999年）成人专科四类专业学费	京价（收）字〔1999〕第303号 京价（收）字〔2000〕62号	财政专户
173021009	党校研究生委托培养费	京高教财字〔1992〕第113号	财政专户
173051	自学考试考务收费		财政专户
173051001	高等教育自学考试报名考务费	京价（收）字〔2003〕96号 京财综〔2004〕1953号	财政专户
173051002	中等教育自学考试报名考务费	京价（收）字〔2003〕96号	财政专户
173052	成人高考报名考务收费		财政专户
173052001	成人高考报名考务费	京价（收）字〔2003〕88号	财政专户
173053	公共英语考试费		财政专户
173053001	全国英语等级一级B、一级、二级考试费［口笔试］	京价（收）字〔1999〕第283号	财政专户

续表

收费编码	收费项目名称	政策文件	管理形式
173053002	全国英语等级三级考试费［口笔试］	京价（收）字〔1999〕第283号	财政专户
173053003	全国英语等级四级五级考试费［口笔试］	京价（收）字〔1999〕第283号	财政专户
173054	在职人员攻读专业学位报名考试收费		财政专户
173054001	在职人员攻读硕士学位全国联考报考费	京发改〔2005〕59号 京财综〔2010〕1177号	财政专户
173055	普通高等学校报名考务费		财政专户
173055001	普通高校招生报名考试费	京发改〔2008〕1974号	财政专户
173055002	自费来华学生学费报名费	京教财〔1998〕013号	财政专户
173055003	普通高校招生艺术专业加试费［初试费］	京发改〔2004〕2651号	财政专户
173055004	普通高校招生艺术专业加试费［复试费］	京发改〔2004〕2651号	财政专户
173055005	普通高校招生艺术专业加试费［三试费］	京发改〔2004〕2651号	财政专户
173055006	普通高校招生外语专业加试费	京发改〔2008〕1974号	财政专户
173055007	普通高校招生体育专业加试费	京发改〔2008〕1974号	财政专户
173055008	普通高校招收艺术特长生测试费	京发改〔2008〕1974号	财政专户
173055009	普通高校招收体育特长生测试费	京发改〔2008〕1974号	财政专户
173056	研究生招生考试考务收费		财政专户
173056002	硕士研究生入学考试初试费	京发改〔2009〕1603号	财政专户
173056003	硕士研究生入学考试复试费	京发改〔2008〕1974号	财政专户
173056004	博士生入学报名考试费	京发改〔2008〕1974号	财政专户
173057	大学英语四、六级考试考务费		财政专户
173057001	大学英语四、六级考试费	京价（收）字〔2002〕392号 京财综〔2010〕1177号	财政专户
173058	计算机等级考试费		财政专户
173058001	计算机等级考试报名考务费一至三级	京价（收）字〔1999〕第007号	财政专户
173058002	计算机等级考试报名考务费一级B类	京价（收）字〔1999〕第007号	财政专户
173058003	全国计算机应用技术证书考试	京发改〔2009〕188号	财政专户
173059	同等学历人员申请硕士学位考试收费		财政专户
173059001	申请硕士学位外语水平考试费	京价（收）字〔2002〕028号 京财综〔2010〕1177号	财政专户
173059002	申请硕士学位全国统一学科综考费	京价（收）字〔2002〕028号 京财综〔2010〕1177号	财政专户
173060	教师资格考试收费		预算管理
173060001	教师资格考试费	京发改〔2007〕690号	预算管理
173061	普通话水平测试收费		预算管理
173061001	普通话水平测试费	京发改〔2006〕1400号	预算管理
173081	高级中等学校招生考试费		财政专户

续表

	收费编码	收费项目名称	政策文件	管理形式
	173081001	高级中等学校报名费	京价（收）字〔2002〕072 号	财政专户
	173081002	高级中等学校考务费	京价（收）字〔2000〕227 号	财政专户
	173081003	高级中等学校专业加试费	京价（收）字〔2000〕227 号	财政专户
	173081004	高级中等学校毕业会考费	京价（收）字〔2000〕227 号	财政专户
	173082	成人高校本科毕业生外语统一考试收费		预算管理
	173082001	成人高校本科毕业生外语统一考试费	京发改〔2008〕1020 号 京财综〔2010〕1177 号	预算管理
	173083	英语口语等级证书考试收费		财政专户
	173083001	英语口语等级证书考试费［初级］	京价（收）字〔2002〕359 号	财政专户
	173083002	英语口语等级证书考试费［中级］	京价（收）字〔2002〕359 号	财政专户
	173083003	英语口语等级证书考试费［高级］	京价（收）字〔2002〕359 号	财政专户
	173084	招生经费		财政专户
	173084001	普通高校招生录取费	京价（收）字〔2000〕227 号	财政专户
	173084002	成人高考招生经费	京价（收）字〔2000〕94 号	财政专户
	173084003	中专学校委托招生经费	京价（收）字〔2002〕072 号	财政专户
	176	北京市国家税务局		
	176001	税务登记证收费［国税］		预算管理
▲	176001001	税务登记证［国税］	京发改〔2008〕1811 号 京财综〔2008〕1579 号	预算管理
	176002	税务发票工本费		预算管理
▲	176002001	增值税专用发票工本费	京发改〔2009〕1452 号	预算管理
▲	176002010	通用机打发票（折式票）	京发改〔2010〕1601 号	预算管理
▲	176002011	通用机打发票（卷式票）	京发改〔2010〕1601 号	预算管理
▲	176002012	通用手工发票	京发改〔2010〕1601 号	预算管理
▲	176002013	机动车销售统一发票（折式票）	京发改〔2010〕1601 号	预算管理
▲	176002014	二手车销售统一发票（折式票）	京发改〔2010〕1601 号	预算管理
	191	北京市高级人民法院		
	191001	诉讼收费		预算管理
▲	191001001	诉讼费	国务院令 481 号 京发改〔2007〕1111 号	预算管理
	220	市政府部门		
	220001	市民卡工本费		预算管理
	220001001	补办市民卡	京价（收）字〔2002〕276 号	预算管理
	220001002	市民卡挂失和解除挂失、更改个人信息	京价（收）字〔2002〕276 号	预算管理
	220002	依申请提供政府公开信息收费		预算管理
▲	220002001	检索费	京发改〔2010〕294 号	预算管理
▲	220002002	复制费	京发改〔2010〕294 号	预算管理
▲	220002003	邮寄费	京发改〔2010〕294 号	预算管理

说明：凡标注“▲”号的，属于涉企收费项目。

附件 2：

取消、合并行政事业性收费项目

收费编码	收费项目名称	备注
121005	国有资产占用收费	自发文之日起取消
121005001	国有资产占用费	
126001	旅游入境签证收费	
126001001	旅游入境签证费	
127003018	新版公路内河货物运输业统一发票〔代开〕	
127003021	销售不动产统一发票［代开］	
127003023	建筑业统一发票［代开］	
139012	血液调济费	
139012002	用血互助金	
159014	农机产品测试检验费	
159014001	拖拉机安全检验费	
130005	征地超转人员生活补助收费	不作为行政事业性收费管理
130005001	征地超转人员生活补助费	
176002002	北京市普通发票工本费	自 2010 年 12 月 1 日合并变更至新票种收费项目中
176002003	机动车销售发票［手写版］	
176002004	机动车销售发票［电脑版］	
176002005	粮食销售统一发票	
176002006	北京市外商投资企业专用发票	
176002007	北京市二手车销售统一发票	
176002008	北京市商业零售发票［税控卷式］	
176002009	北京市商业零售发票［税控平推］	

北京市财政局关于公布 2010 年北京市政府性基金项目目录的通知

2011 年 2 月 23 日　京财综〔2011〕267 号

市属有关单位，各区县财政局：

为加强政府性基金管理，促进依法行政，根据《财政部关于印发〈政府性基金管理暂行办法〉的通知》（财综〔2010〕80号）和《财政部关于公布2010年全国政府性基金项目目录的通知》（财综〔2011〕4号）的规定，现公布《2010年北京市政府性基金项目目录》（以下简称“《目录》”），并就有关事项通知如下：

一、《目录》所列政府性基金项目为截至2010年12月31日按规定程序经国务院或财政部批准向社会征收的北京市政府性基金项目（包括资金、附加、专项收费，下同）。

二、各项政府性基金的征收范围、标准、期限和资金管理方式等，应严格按照《目录》中注明的有关文件规定执行。凡未列入《目录》以及未经国务院或财政部批准的政府性基金，公民、法人和其他社会组织可拒绝缴纳。2011年1月1日以后新增、调整或取消的政府性基金，按照国务院或财政部有关文件规定执行。

附件：1. 2010年北京市政府性基金项目目录

2. 财政部《关于公布2010年全国政府性基金项目目录的通知》

附件1：

2010年北京市政府性基金项目目录

序号	项目名称	征收依据	说明
1	新型墙体材料专项基金	国发〔1992〕66号，财综〔2007〕3号，财综〔2007〕77号	
2	散装水泥专项资金	国函〔1997〕8号，财综〔2002〕23号，财综〔2007〕3号	
3	育林基金	《森林法》，经重〔1988〕122号，林财字〔1991〕74号，（91）财农字第333号、（93）财农字第144号，财综〔2009〕32号	根据财政部 国家林业局印发的《育林基金征收使用管理办法》（财综〔2009〕32号），经请示市政府批准，我市育林基金征收标准暂确定为零。
4	森林植被恢复费	《森林法》，财综〔2002〕73号	
5	地方水利建设基金	财综〔2011〕2号	执行至2020年12月31日
6	城市公用事业附加	（64）财预王字第380号，（78）财预26号，（78）建发城584号，财综〔2007〕3号	
7	文化事业建设费	国发〔1996〕37号，财税字〔1997〕95号，国办发〔2006〕43号	
8	教育费附加	《教育法》，国务院令第60号，国发〔1986〕50号，国发明电〔1994〕2号、23号，〔1992〕财预字第111号，国发〔2010〕35号，财税〔2010〕103号	
9	残疾人就业保障金	《残疾人保障法》，财综字〔1995〕5号、财综〔2001〕16号	
10	城市基础设施配套费	计价格〔2001〕585号，财综函〔2002〕3号	

附件：

财政部《关于公布2010年全国政府性基金项目目录的通知》

2011 年 1 月 20 日　财综〔2011〕4 号

国务院各部委、各直属机构，各省、自治区、直辖市、计划单列市财政厅（局），新疆生产建设兵团财务局，各中央管理企业：

为加强政府性基金管理，促进依法行政，根据《财政部关于印发〈政府性基金管理暂行办法〉的通知》（财综〔2010〕80 号）的规定，现公布《2010 年全国政府性基金项目目录》（以下简称“《目录》”），并就有关事项通知如下：

一、《目录》所列政府性基金项目为截至2010 年 12 月 31 日按规定程序经国务院或财政部批准的向社会征收的全国政府性基金项目（包括资金、附加、专项收费，下同），各项政府性基金的征收范围、标准、期限和资金管理方式等，应严格按照《目录》中注明的有关文件规定执行。凡未列入《目录》以及未经国务院或财政部批准的政府性基金，公民、法人和其他社会组织可拒绝缴纳。2011 年 1 月 1 日以后新增、调整或取消的政府性基金，按照国务院或财政部相关文件规定执行。

二、根据《财政部关于停止征收水资源补偿费　电源基地建设基金　铁路建设附加费等有关事项的通知》（财综〔2010〕89 号）的规定，自 2011 年 1 月 1 日起停止征收水资源补偿费、电源基地建设基金和铁路建设附加费。

三、经国务院批准，财政部印发《关于机场管理建设费和旅游发展基金政策等有关问题的通知》（财综〔2010〕123 号），明确延长机场管理建设费和旅游发展基金征收期限至2015 年 12 月 31 日。

四、经国务院批准，财政部、国家发展改革委、水利部印发《水利建设基金筹集和使用管理办法》（财综〔2011〕2 号），明确延长水利建设基金征收期限至2020 年 12 月 31 日。

附：2010 年全国政府性基金项目目录

附：

2010 年全国政府性基金项目目录

序号	项目名称	征收依据	资金管理方式	征收期限
1	农网还贷资金	财企〔2001〕820 号，财综〔2007〕3 号	缴入中央和地方国库	随一省一贷体制全面建立相应取消
2	国家重大水利工程建设基金	财综〔2009〕90 号，财综〔2010〕97 号，财税〔2010〕44 号	缴入中央和地方国库	执行至 2019 年 12 月 31 日
3	新型墙体材料专项基金	国发〔1992〕66 号，财综〔2007〕3 号，财综〔2007〕77 号	缴入地方国库	

续表

序号	项目名称	征收依据	资金管理方式	征收期限
4	港口建设费	国发〔1985〕124号，交财发〔1993〕456号，财综〔2007〕3号	缴入中央国库	
5	机场管理建设费	国阅〔1991〕144号，国办发〔1995〕57号，财综字〔1999〕147号，财规〔2000〕28号，财综〔2004〕51号，财综〔2007〕3号，财综〔2007〕78号，财综〔2010〕123号	缴入中央国库	执行至2015年12月31日
6	民航基础设施建设基金	国发〔2002〕6号，财综〔2004〕38号，财会〔2004〕8号	缴入中央国库	
7	铁路建设基金	国发〔1992〕37号，财工字〔1996〕371号，财综〔2007〕3号	缴入中央国库	
8	散装水泥专项资金	国函〔1997〕8号，财综〔2002〕23号，财综〔2007〕3号	缴入地方国库	
9	铁路建设附加费（福建）	国发〔1998〕17号，财综〔2001〕26号，财综〔2007〕3号	缴入地方国库	执行至2010年12月31日
10	育林基金	《森林法》，经重〔1988〕122号，林财字〔1991〕74号，（91）财农字第333号、（93）财农字第144号，财综〔2009〕32号	缴入中央和地方国库	
11	核电站乏燃料处理处置基金	财综〔2010〕58号	缴入中央国库	
12	森林植被恢复费	《森林法》，财综〔2002〕73号	缴入中央和地方国库	
13	水利建设基金	财综〔2011〕2号	缴入中央和地方国库	执行至2020年12月31日
14	大中型水库移民后期扶持基金	国发〔2006〕17号，财综〔2006〕29号，监察部、人事部、财政部令第13号	缴入中央国库	
15	大中型水库库区基金（含跨省际大中型水库库区基金，青海、广东、重庆、四川、吉林、山西、河北、陕西、甘肃、江西、安徽、湖北、湖南、贵州、海南、福建、广西、辽宁、云南、黑龙江、宁夏、浙江、河南）	国发〔2006〕17号，财综〔2007〕26号，财综〔2008〕17号，财综〔2008〕29号、30号、31号、32号、33号、34号、35号、64号、65号、66号、67号、68号、85号、86号、87号、88号、89号、90号，财综〔2009〕51号、59号，财综〔2010〕15号、16号、43号、113号，财综函〔2010〕10号、39号	缴入中央和地方国库	

续表

序号	项目名称	征 收 依 据	资金管理方式	征收期限
16	三峡水库库区基金	国务院令第 299 号，国发〔2006〕17 号，财综〔2007〕69 号	缴入中央国库	
17	南水北调工程基金（北京、天津、河北、江苏、山东、河南）	国函〔2002〕17 号，国办发〔2004〕86 号，财综〔2009〕21 号	缴入中央国库	
18	新菜地开发建设基金	《土地法》，《国家建设征用土地条例》，〔1985〕农（土）字第 11 号	缴入地方国库	
19	城市公用事业附加	（64）财预王字第 380 号，（78）财预 26 号，（78）建发城 584 号，财综〔2007〕3 号	缴入地方国库	
20	文化事业建设费	国发〔1996〕37 号，财税字〔1997〕95 号，国办发〔2006〕43 号	缴入中央和地方国库	
21	国家电影事业发展专项资金	国办发〔2006〕43 号，财教〔2006〕115 号	缴入中央国库	
22	教育费附加	《教育法》，国务院令第 60 号，国发〔1986〕50 号，国发明电〔1994〕2 号、23 号，〔1992〕财预字第 111 号，国发〔2010〕35 号，财税〔2010〕103 号	缴入中央和地方国库	
23	地方教育附加（辽宁、安徽、福建、江苏、四川、广西、宁夏、贵州、青海、河北、山东、浙江、内蒙古、云南、黑龙江、湖南、湖北、江西、新疆、甘肃、广东、海南、河南、上海）	《教育法》，财综函〔2003〕2 号、9 号、10 号、12 号、13 号、14 号、15 号、16 号、18 号，财综〔2001〕58 号，财综〔2004〕73 号，财综函〔2005〕33 号，财综函〔2006〕9 号，财综〔2006〕2 号、61 号，财综函〔2007〕45 号，财综函〔2008〕7 号，财综函〔2010〕2 号、财综函〔2010〕2 号、3 号、7 号、8 号、11 号、71 号、72 号、73 号、75 号、76 号、78 号、79 号、80 号，财综〔2010〕98 号	缴入地方国库	
24	地方教育基金（江苏）	《教育法》，财综函〔2003〕12 号	缴入地方国库	执行至 2011 年 2 月 1 日
25	旅游发展基金	国发〔1995〕57 号，旅办发〔1991〕124 号，财外字〔1996〕396 号，财行〔2001〕24 号，财综〔2006〕3 号，财综〔2010〕123 号	缴入中央国库	执行至 2015 年 12 月 31 日

续表

序号	项目名称	征收依据	资金管理方式	征收期限
26	残疾人就业保障金	《残疾人保障法》，财综字〔1995〕5号、财综〔2001〕16号	缴入地方国库	
27	煤炭可持续发展基金（山西）	国函〔2006〕52号，财综函〔2007〕3号，发改办能源〔2007〕1805号，晋财煤〔2007〕8号	缴入地方国库	
28	水资源补偿费（山西）	计基础〔2001〕349号，财综〔2001〕62号，财综〔2007〕3号，财办综〔2009〕5号	缴入地方国库	执行至2010年12月31日
29	电源基地建设基金（山西）	计价管〔1997〕440号，财综〔2002〕33号，财综〔2007〕3号	缴入地方国库	执行至2010年12月31日
30	高等级公路车辆通行附加费（海南）	财综〔2008〕84号	缴入地方国库	
31	城市基础设施配套费	计价格〔2001〕585号，财综函〔2002〕3号	缴入地方国库	
32	小型水库移民扶助基金	国发〔2006〕17号	缴入地方国库	

北京市财政局　北京市发展和改革委员会
关于取消部分涉企行政事业性收费的通知

2011年4月2日　京财综〔2011〕404号

市属各有关单位，各区县财政局、发展改革委：

为进一步加强涉企行政事业性收费管理，切实减轻企业负担，按照，财政部、国家发展改革委《关于取消部分涉企行政事业性收费的通知》（财综〔2011〕9号）有关规定，结合我市实际情况，决定自2011年2月1日起取消部分涉企行政事业性收费。

现将有关问题通知如下：

一、取消下列涉企行政事业性收费项目

（一）疫情处理费（收费编码：139009021）。

（二）卫生质量检验费（收费编码：139009017）。

（三）税务登记证费［国税］（收费编码：176001001）。

（四）税务登记证费［地税］（收费编码：127002001）。

二、取消下列涉企行政事业性收费项目中部分收费

（一）水生野生动物资源保护费（收费编码：159004001）项目中人工驯养、繁殖动物

资源保护费部分。

（二）陆生野生动物资源保护费（收费编码：163007001）项目中人工驯养、繁殖动物资源保护费部分。

（三）企业年度检验费（收费编码：129001007）项目中合伙企业分支机构年检收费、个人独资企业年检收费、私营公司分公司年检收费、分公司年检收费、非公司制企业分支机构年检费及外商投资企业分支机构年检费部分。

（四）企业开业注册登记费（收费编码：129001001）项目中筹建企业注册登记费、个人独资企业登记费部分。

（五）变更登记费（收费编码：129001005）项目中财政补助事业单位和科技性社会团体从事经营活动或者设立不具备法人条件的企业变更登记费、个人独资企业变更登记费部分。

（六）补换证、照及执照副本工本费（收费编码：129001006）项目中营业执照副本收费、个体工商户营业执照副本收费部分。同时，将该收费项目名称变更为“补换证、照工本费”。

三、取消上述行政事业性收费项目后，有关部门和单位依法履行行政管理职能所需相关经费，由同级财政预算予以保障。其中，财政补助事业单位的相关经费支出，通过部门预算予以安排；自收自支事业单位的相关经费支出，通过安排其上级行政主管部门项目支出予以解决。财政部门应按照上述要求，妥善安排有关部门和单位预算，确保其相关管理工作的正常运转。

四、有关执收部门和单位应按照规定到原核发《收费许可证》的价格主管部门办理《收费许可证》注销或变更手续，并到原核发财政票据的财政部门办理票据缴销手续。同时，将有关收费资金余额全部上缴市级国库。

五、各有关部门和单位应按照规定，对取消的行政事业性收费项目，不得以任何理由拖延或拒绝执行，不得以其他名目变相继续收费。各级财政和价格主管部门要加强监督检查，对违反的部门和单位，按照规定予以处罚，并追究责任人员的行政责任。

附件：财政部　国家发展改革委《关于取消部分涉企行政事业性收费的通知》

附件：

财政部　国家发展改革委
《关于取消部分涉企行政事业性收费的通知》

2011年1月30日　财综〔2011〕9号

国家档案局、司法部、教育部、公安部、国土资源部、住房城乡建设部、交通运输部、工业和信息化部、农业部、国家林业局、卫生部、文化部、海关总署、国家税务总局、国家工商行政管理总局，各省、自治区、直辖市财政厅（局）、发展改革委、物价局：

为加强涉企行政事业性收费管理，切实减轻企业和社会负担，根据国务院办公厅《关于制定治理和规范涉企收费措施意见的分工》和《财政部　国家发展改革委关于清理规范涉企行政事业性收费的通知》（财综〔2010〕32 号）的要求，我们对全国性及中央部门和单位涉企行政事业性收费项目进行了全面清理，决定取消部分涉企行政事业性收费。现将有关问题通知如下：

一、自 2011 年 2 月 1 日起，在全国统一取消 31 项涉企行政事业性收费（具体项目见附件）。

二、上述行政事业性收费项目取消后，有关部门和单位依法履行行政管理职能所需相关经费，由同级财政预算予以保障。其中，财政补助事业单位的相关经费支出，通过部门预算予以安排；自收自支事业单位的相关经费支出，通过安排其上级行政主管部门项目支出予以解决。各级财政部门应按照上述要求，妥善安排有关部门和单位预算，确保其相关管理工作的正常运转。

三、有关执收部门和单位应按规定到原核发《收费许可证》的价格主管部门办理《收费许可证》注销手续，并到原核发财政票据的财政部门办理票据缴销手续。本通知生效前有关收费资金余额应严格按照财政部门原规定渠道全部上缴国库或财政专户。

四、各地区和有关部门及单位应严格执行本通知规定，对公布取消的涉企行政事业性收费项目，不得以任何理由拖延或拒绝执行，不得以其他名目变相继续收费。各级财政和价格主管部门要加强对落实本通知情况的监督检查，对不按规定取消收费项目的，要按规定给予处罚，并追究责任人员的行政责任。

附：取消的涉企行政事业性收费项目

附：

取消的涉企行政事业性收费项目

一、教育部门

1. 中小学阅读图书评审费

二、公安部门

2. 往来港澳小型船舶查验簿收费

三、住房城乡建设部门

3. 城市排水设施有偿使用费

四、交通运输部门

4. 运营车辆二级维护检测收费

5. 运营车辆综合性能技术等级评定（检测）收费

五、工业和信息化部门

6. 卫星转发器信道费

六、农业部门

7. 农药改变剂型登记费

8. 水生野生动物资源保护费（人工驯养、繁殖动物资源保护费）

七、文化部门

9. 音像制品防伪标识费

八、卫生部门

10. 疫情处理费

11. 卫生质量检验费

九、海关部门

12. 施封锁成本费

十、税务部门

13. 税务登记证工本费

十一、工商行政管理部门

14. 营业执照副本收费

15. 个体工商户营业执照副本收费

16. 合伙企业分支机构年检收费

17. 个人独资企业登记、变更登记和年检收费

18. 私营公司分公司年检收费

19. 财政补助事业单位和科技性社会团体从事经营活动或者设立不具备法人条件的企业变更登记费

20. 筹建企业注册登记费

21. 分公司年检收费

22. 非公司制企业分支机构年检费

23. 外商投资企业分支机构年检费

24. 国际注册手续费（商标注册申请）

25. 国际注册手续费（续展注册申请）

26. 国际注册手续费（转让注册申请）

27. 国际注册手续费（变更注册申请）

28. 国际注册手续费（延展注册申请）

29. 国际注册手续费（商标申请基础翻译费）

十二、林业部门

30. 陆生野生动物资源保护管理费（人工驯养、繁殖动物资源保护费）

十三、档案部门

31. 科学技术档案信息资源收费

北京市财政局转发财政部《关于印发〈公益事业捐赠票据使用管理暂行办法〉的通知》

2011 年 6 月 1 日 京财综〔2011〕1061 号

市属各单位、各区县财政局：

现将财政部《关于印发〈公益事业捐赠票据使用管理暂行办法〉的通知》（财综〔2010〕112 号）转发给你们，并结合我市实际情况提出如下要求，请一并遵照执行。

一、从 2011 年 7 月 1 日起，全市正式启用《北京市公益事业捐赠统一票据》（以下简称“捐赠票据”）（票据样式详见附件 2）。原《北京市接收捐赠统一收据》同时废止。

二、各用票单位可于 2011 年 6 月起到同级财政部门按规定购领捐赠票据。购领时，需携带《财政票据购领证》、《北京市财政票据缴销申请表》（详见附件 3）、未使用和未经审验原《北京市接收捐赠统一收据》。其中，整本未使用票据需填写《北京市财政票据缴销申请表》。

三、首次申领捐赠票据的单位，应当提供《财政票据购领证》和详细列明领购捐赠票据的使用范围和项目的申请材料，社会团体还需提供民政部门备案有效的社团（基金会）章程，由财政部门进行审核。对符合财综〔2010〕112 号文件规定的适用范围的予以核准；不符合财综〔2010〕112 号文件规定的不予核准。未办理《财政票据购领证》的单位，应先申请办理《财政票据购领证》。

办理《财政票据购领证》，应携带《单位法人证书》（原件、复印件）、《组织机构代码证书》（原件、复印件）、《银行准许开户许可证》（原件、复印件）及《财政票据购领证申请表》，按照规定程序办理。

再次领购捐赠票据时，各用票单位需携带《财政票据购领证》和已使用的捐赠票据。对已开具的票据存根，应当保存 5 年。保存期满需要核销的捐赠票据，要登记造册，填写《北京市财政票据核销申请表》（详见附件 4），经同级财政部门审查核准后，予以核销。实行垂直管理的行政事业单位，由其主管单位财务部门按照要求统一到市级财政部门办理票据购领和核销手续。

各中央在京单位的捐赠票据应按照财政部《关于中央公益性单位公益事业捐赠票据使用管理有关问题的通知》（财综〔2010〕122 号）的有关规定到财政部办理。

四、市级主管部门及各区县财政部门接此通知后，应立即转发执行。同时，认真学习和准确把握财综〔2010〕112 号文件规定的捐赠票据的适用范围，监督各用票单位按照文件规定的使用范围使用票据。

五、各级财政部门要提前做好捐赠票据启用前的各项准备工作。于 2011 年 6 月 30 日前将捐赠票据发放到用票单位，以确保 2011 年 7 月 1 日正式启用。

各级财政部门要根据用票单位提交的《北京市财政票据缴销申请表》和未使用的票据，进行清理登记和缴销。其中，对整本未使用票据缴销后，需在用票单位《财政票据购领证》

“作废票据栏”登记缴销情况，对票据进行剪角处理；对部分使用的票据审验后，在《财政票据购领证》“审验票据栏”填写审验情况，并对未使用部分进行剪角处理。

六、各级财政部门对捐赠票据的领购继续实行“验旧购新”和“限量领购”制度。按照财综〔2010〕112 号文件规定，对用票单位捐赠票据的使用范围进行审核。票据审验无误的用票单位，可继续购领票据。每次购领票据一般不得超过用票单位 3 个月的使用量。

七、各级财政部门要切实加强对捐赠票据的监管和检查，监督各用票单位严格按照财综〔2010〕112 号文件规定的范围使用捐赠票据，严禁超范围使用捐赠票据。对超范围和违规使用捐赠票据的单位和个人要责令限期整改，并依据相关规定进行处理和处罚。

八、我市各级各类公办学前教育机构、学历教育学校的捐赠收入，按照市教委等七部门关于北京市进一步规范教育收费工作的意见规定，由同级教育主管部门使用捐赠票据统一收取。

附件：1. 财政部关于印发《公益事业捐赠票据使用管理暂行办法》的通知
2. 《北京市公益事业捐赠统一票据》票样（略）
3. 北京市财政票据缴销申请表（略）
4. 北京市财政票据核销申请表（略）

附件 1：

财政部关于印发《公益事业捐赠票据使用管理暂行办法》的通知

2010 年 11 月 28 日　财综〔2010〕112 号

党中央有关部门，国务院各部委、各直属机构，全国人大常委会办公厅，全国政协办公厅，高法院，高检院，有关人民团体，各省、自治区、直辖市、计划单列市财政厅（局），新疆生产建设兵团财务局：

为进一步健全和完善财政票据管理制度，规范捐赠票据使用管理，加强财务管理监督，根据《中华人民共和国公益事业捐赠法》以及国家有关财务会计和财政票据管理的法律制度规定，我们制定了《公益事业捐赠票据使用管理暂行办法》，现印发给你们，请遵照执行。

附：公益事业捐赠票据使用管理暂行办法

附：

公益事业捐赠票据使用管理暂行办法

第一章　总　　则

第一条　为规范公益事业捐赠票据使用行为，加强公益事业捐赠收入财务监督管理，促进社会公益事业发展，根据《中华人民共和国公益事业捐赠法》以及国家有关财务会计和财政票据管理的法律制度规定，制定本办法。

第二条 本办法所称的公益事业捐赠票据（以下简称“捐赠票据”），是指各级人民政府及其部门、公益性事业单位、公益性社会团体及其他公益性组织（以下简称“公益性单位”）按照自愿、无偿原则，依法接受并用于公益事业的捐赠财物时，向提供捐赠的自然人、法人和其他组织开具的凭证。

本办法所称的公益事业，是指下列非营利事项：

（一）救助灾害、救济贫困、扶助残疾人等困难的社会群体和个人的活动。

（二）教育、科学、文化、卫生、体育事业。

（三）环境保护、社会公共设施建设。

（四）促进社会发展和进步的其他社会公共和福利事业。

第三条 捐赠票据是会计核算的原始凭证，是财政、税务、审计、监察等部门进行监督检查的依据。

捐赠票据是捐赠人对外捐赠并根据国家有关规定申请捐赠款项税前扣除的有效凭证。

第四条 捐赠票据的印制、领购、核发、使用、保管、核销、稽查等活动，适用本办法。

第五条 各级人民政府财政部门（以下简称“各级财政部门”）是捐赠票据的主管部门，按照职能分工和管理权限负责捐赠票据的印制、核发、保管、核销、稽查等工作。

第二章 捐赠票据的内容和适用范围

第六条 捐赠票据的基本内容包括票据名称、票据编码、票据监制章、捐赠人、开票日期、捐赠项目、数量、金额、实物（外币）种类、接受单位、复核人、开票人及联次等。

捐赠票据一般应设置为三联，包括存根联、收据联和记账联，各联次以不同颜色加以区分。

第七条 下列按照自愿和无偿原则依法接受捐赠的行为，应当开具捐赠票据：

（一）各级人民政府及其部门在发生自然灾害时或者应捐赠人要求接受的捐赠。

（二）公益性事业单位接受用于公益事业的捐赠。

（三）公益性社会团体接受用于公益事业的捐赠。

（四）其他公益性组织接受用于公益事业的捐赠。

（五）财政部门认定的其他行为。

第八条 下列行为，不得使用捐赠票据：

（一）集资、摊派、筹资、赞助等行为。

（二）以捐赠名义接受财物并与出资人利益相关的行为。

（三）以捐赠名义从事营利活动的行为。

（四）收取除捐赠以外的政府非税收入、医疗服务收入、会费收入、资金往来款项等应使用其他相应财政票据的行为。

（五）按照税收制度规定应使用税务发票的行为。

（六）财政部门认定的其他行为。

第三章 捐赠票据的印制、领购和核发

第九条 捐赠票据分别由财政部或省、自治区、直辖市人民政府财政部门（以下简称“省级政府财政部门”）统一印制，并套印全国统一式样的财政票据监制章。

第十条 捐赠票据由独立核算、会计制度健全的公益性单位向同级财政部门领购。

第十一条 捐赠票据实行凭证领购、分次限量、核旧购新的领购制度。

第十二条 公益性单位首次申领捐赠票据时，应当提供《财政票据领购证》和领购申请函，在领购申请中需详细列明领购捐赠票据的使用范围和项目。属于公益性社会团体的，还需提供社会团体章程。

财政部门依照本办法，对公益性单位提供的捐赠票据使用范围和项目进行审核，对符合捐赠票据适用范围的，予以核准；不符合捐赠票据适用范围的，不予以核准，并向领购单位说明原因。

公益性单位未取得《财政票据领购证》的，应按照规定程序先办理《财政票据领购证》。

第十三条 公益性单位再次领购捐赠票据时，应当出示《财政票据领购证》，并提交前次领购捐赠票据的使用情况说明及存根，经同级财政部门审验无误并核销后，方可继续领购。

捐赠票据的使用情况说明应当包括以下内容：捐赠票据领购、使用、作废、结存等情况，接受捐赠以及捐赠收入的使用情况等。

第十四条 公益性单位领购捐赠票据实行限量发放，每次领购数量一般不超过本单位6个月的需要量。

第十五条 公益性单位领购捐赠票据时，应按照省级以上价格主管部门会同同级财政部门规定的收费标准，向财政部门支付财政票据工本费。

第四章 捐赠票据的使用与保管

第十六条 公益性单位应当严格按照本办法规定和财政部门的要求开具捐赠票据。

第十七条 公益性单位接受货币（包括外币）捐赠时，应按实际收到的金额填开捐赠票据。

第十八条 公益性单位接受非货币性捐赠时，应按其公允价值填开捐赠票据。

第十九条 公益性单位应当按票据号段顺序使用捐赠票据，填写捐赠票据时做到字迹清楚，内容完整、真实，印章齐全，各联次内容和金额一致。填写错误的，应当另行填写。因填写错误等原因作废的票据，应当加盖作废戳记或者注明“作废”字样，并完整保存全部联次，不得私自销毁。

第二十条 捐赠票据的领用单位不得转让、出借、代开、买卖、销毁、涂改捐赠票据，不得将捐赠票据与其他财政票据、税务发票互相串用。

第二十一条 公益性单位应当建立捐赠票据管理制度，设置管理台账，由专人负责捐赠票据的领购、使用登记与保管，并按规定向同级财政部门报送捐赠票据的领购、使用、作废、结存以及接受捐赠和捐赠收入使用情况。

第二十二条 公益性单位领购捐赠票据时，应当检查是否有缺页、号码错误、毁损等情

况，一经发现应当及时交回财政票据监管机构处理。

第二十三条　公益性单位遗失捐赠票据的，应及时在县级以上新闻媒体上声明作废，并将遗失票据名称、数量、号段、遗失原因及媒体声明资料等有关情况，以书面形式报送同级财政部门备案。

第二十四条　公益性单位应当妥善保管已开具的捐赠票据存根，票据存根保存期限一般为5年。

第二十五条　对保存期满需要销毁的捐赠票据存根和未使用的需要作废销毁的捐赠票据，由公益性单位负责登记造册，报经同级财政部门核准后，由同级财政部门组织销毁。

第二十六条　公益性单位撤销、改组、合并的，在办理《财政票据领购证》的变更或注销手续时，应对公益性单位已使用的捐赠票据存根及尚未使用的捐赠票据登记造册，并交送同级财政部门统一核销、过户或销毁。

第二十七条　省级政府财政部门印制的捐赠票据，一般应当在本行政区域内核发使用，不得跨行政区域核发使用，但本地区派驻其他省、自治区、直辖市的公益性单位除外。

第五章　监督检查

第二十八条　各级财政部门应当根据实际情况和管理需要，对捐赠票据的领购、使用、保管等情况进行年度稽查，也可以进行定期或者不定期的专项检查。

第二十九条　公益性单位应当自觉接受财政部门的监督检查，如实反映情况，提供有关资料，不得隐瞒情况、弄虚作假或者拒绝、阻碍监督检查。

第三十条　违反本办法规定领购、使用、管理捐赠票据的，财政部门应当责令公益性单位限期整改，整改期间暂停核发该单位的捐赠票据，按照《财政违法行为处罚处分条例》（国务院令第427号）等规定追究法律责任。

第三十一条　各级财政部门应当按照规定对捐赠票据使用管理情况进行监督检查，不得滥用职权、徇私舞弊，不得向被查公益性单位收取任何费用。

第六章　附　　则

第三十二条　省级政府财政部门可以根据本办法，结合本地区实际情况，制定具体实施办法，报财政部备案。

第三十三条　本办法自2011年7月1日起施行。

附：1. 公益事业捐赠统一票据（本装票）式样及印制说明

2. 公益事业捐赠统一票据（滚筒机打）式样及印制说明

附 1：

公益事业捐赠统一票据（本装票）式样及印制说明

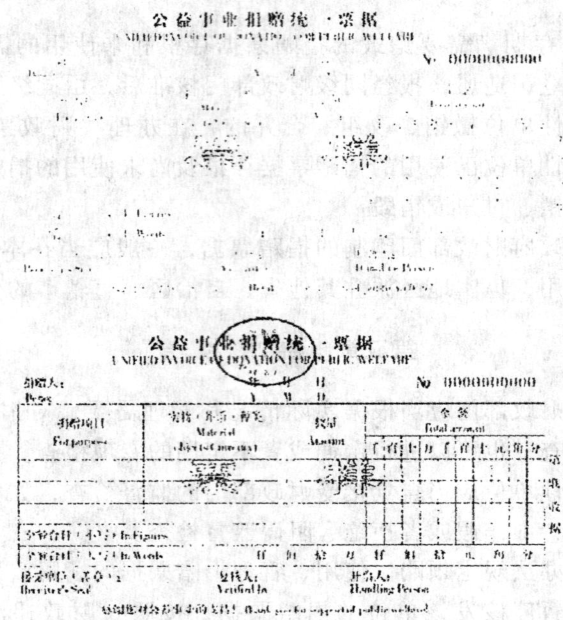

公益事业捐赠统一票据

公益事业捐赠统一票据
UNIFIED INVOICE OF DONATION FOR PUBLIC WELFARE

捐赠人：　　年　月　日　　№ 0000000000
Donor　　Y　M　D

捐赠项目 For purpose	实物（外币）种类 Material objects(Currency)	数量 Amount	金额 Total amount									
			千	百	十	万	千	百	十	元	角	分
金额合计（小写）In Figures												
金额合计（大写）In Words			仟	佰	拾	万	仟	佰	拾	元	角	分

第二联 收据

接受单位（盖章）：Receiver's Seal　　复核人：Verified by　　开票人：Handling Person

感谢您对公益事业的支持！Thank you for support of public welfare!

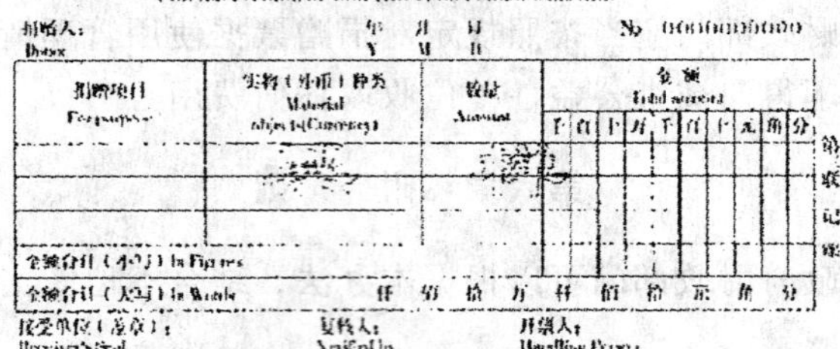

公益事业捐赠统一票据
UNIFIED INVOICE OF DONATION FOR PUBLIC WELFARE

捐赠人：　　年　月　日　　№ 0000000000
Donor　　Y　M　D

捐赠项目 For purpose	实物（外币）种类 Material objects(Currency)	数量 Amount	金额 Total amount									
			千	百	十	万	千	百	十	元	角	分
金额合计（小写）In Figures												
金额合计（大写）In Words			仟	佰	拾	万	仟	佰	拾	元	角	分

第三联 记账

接受单位（盖章）：Receiver's Seal　　复核人：Verified by　　开票人：Handling Person

感谢您对公益事业的支持！Thank you for support of public welfare!

公益事业捐赠统一票据（本装票）印制说明

1. 字体、字号：标题为汉仪大宋，15 磅；内文字体为方正书宋，10 磅；表格尺寸为：156mm×50mm；

2. 成品尺寸：190mm×101.6mm，误差不超过 0.1 毫米；

3. 孔距：标准孔距；

4. 联次及纸张、墨色、套章、防伪等要求：

①票据一式三联；

②票据纸张采用财政票据防伪无碳复写纸，其中：

第一联：存根，克重：45g/m^2；纸张：无碳复写上纸；墨色：红色；号码：10 位，防伪荧光红号；

第二联：收据。克重：52g/m^2；纸张：无碳复写中纸；墨色：棕色（黄色底纹）；号码：10 位，防伪荧光红号；在标题正中位置套印财政票据监制章（荧光）；

第三联：记账。克重：47g/m^2；纸张：无碳复写下纸；墨色：黑色；号码：10 位，防伪荧光红号。

附2：

公益事业捐赠统一票据（滚筒机打）式样及印制说明

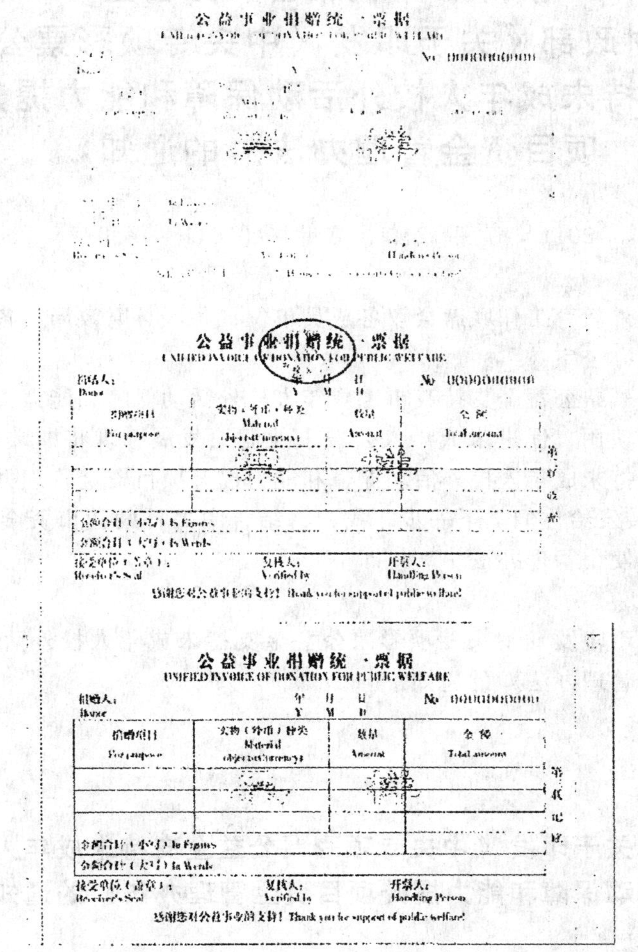

公益事业捐赠统一票据
UNIFIED INVOICE OF DONATION FOR PUBLIC WELFARE

捐赠人：
Donor
年 月 日
Y M D
No 0000000000

捐赠项目 For purpose	实物（外币）种类 Material objects(Currency)	数量 Amount	金额 Total amount
金额合计（小写）In Figures			
金额合计（大写）In Words			

第二联 收据

接受单位（盖章）：Receiver's Seal　　复核人：Verified by　　开票人：Handling Person

感谢您对公益事业的支持！Thank you for support of public welfare!

公益事业捐赠统一票据
UNIFIED INVOICE OF DONATION FOR PUBLIC WELFARE

捐赠人：
Donor
年 月 日
Y M D
No 0000000000

捐赠项目 For purpose	实物（外币）种类 Material objects(Currency)	数量 Amount	金额 Total amount
金额合计（小写）In Figures			
金额合计（大写）In Words			

接受单位（盖章）：Receiver's Seal　　复核人：Verified by　　开票人：Handling Person

感谢您对公益事业的支持！Thank you for support of public welfare!

第三联 记账

公益事业捐赠统一票据（滚筒机打）印制说明

1. 字体、字号：标题为汉仪大宋，15 磅；内文字体为方正书宋，10 磅；表格尺寸为：146mm×50mm；

2. 成品尺寸：190mm×101.6mm，误差不超过 0.1 毫米；

3. 联次及纸张、墨色、套章、防伪等要求：

①票据一式三联；

②票据纸张采用财政票据防伪无碳复写纸。其中：

第一联：存根。克重：45g/m^2；纸张：无碳复写上纸；墨色：红色；号码：10 位，防伪荧光红号；

第二联：收据。克重：52g/m^2；纸张：无碳复写中纸；墨色：棕色（黄色底纹）；号码：10 位，防伪荧光红号；在标题正中位置套印财政票据监制章（荧光）；

第三联：记账。克重：47g/m^2；纸张：无碳复写下纸；墨色：黑色；号码：10 位，防伪荧光红号。

北京市财政局　北京市青少年学生校外教育工作联席会议办公室转发财政部《关于印发〈中央专项彩票公益金支持未成年人校外活动保障和能力提升项目资金管理办法〉的通知》

2011 年 7 月 12 日　京财综〔2011〕1450 号

北京市青少年学生校外教育工作联席会议各成员单位，各区县财政局、各区县青少年学生校外教育工作联席会议办公室：

为做好中央专项彩票公益金支持我市未成年人校外活动保障和能力提升项目资金管理工作，提高彩票公益金使用，促进未成年人公益事业健康发展，现将财政部《关于印发〈中央专项彩票公益金支持未成年人校外活动保障和能力提升项目资金管理办法〉的通知》（财综〔2011〕43 号）转发给你们。下一步，我们将结合中央补助我市资金情况，结合北京市实际，制定具体资金使用管理办法。

特此通知。

附件：财政部关于印发《中央专项彩票公益金支持未成年人校外活动保障和能力提升项目资金管理办法》的通知

附件：

财政部关于印发《中央专项彩票公益金支持未成年人校外活动保障和能力提升项目资金管理办法》的通知

2011 年 6 月 14 日　财综〔2011〕43 号

各省、自治区、直辖市财政厅（局），新疆生产建设兵团财务局：

为了规范和加强中央专项彩票公益金支持未成年人校外活动保障和能力提升项目资金管理工作，根据《彩票管理条例》（国务院令第 554 号）和《彩票公益金管理办法》（财综〔2007〕83 号）的有关规定，财政部制定了《中央专项彩票公益金支持未成年人校外活动保障和能力提升项目资金管理办法》，现印发给你们，请遵照执行。

附：中央专项彩票公益金支持未成年人校外活动保障和能力提升项目资金管理办法

附：

中央专项彩票公益金支持未成年人校外活动保障和能力提升项目资金管理办法

第一章　总　　则

第一条　为了规范和加强中央专项彩票公益金支持未成年人校外活动保障和能力提升项目资金管理工作，根据《彩票管理条例》（国务院令第554号）和《彩票公益金管理办法》（财综〔2007〕83号）的有关规定，制定本办法。

第二条　本办法所称中央专项彩票公益金支持未成年人校外活动保障和能力提升项目（以下简称“项目”），是指2011年至2015年由财政部安排利用中央专项彩票公益金，开展的未成年人校外活动场所活动补助、能力提升和人员培训等工作。

第三条　本办法所称未成年人校外活动场所，是指由各级人民政府投资建设的专门为未成年人提供公益服务的青少年校外活动中心、青少年宫、少年宫、儿童活动中心、综合实践基地等公益性单位。

第四条　用于项目的中央专项彩票公益金（以下简称“项目资金”），安排使用应当坚持公开透明、规范管理和专款专用原则。

第五条　由项目资金资助的设施设备和公益性活动，应当在显著位置标识“彩票公益金资助——中国福利彩票和中国体育彩票”字样。

第二章　资 金 分 配

第六条　项目资金使用范围如下：

（一）活动补助：用于资助未成年人校外活动场所开展普及性的非营利性公益活动。

（二）能力提升：用于改造提升和修缮维护建设时间较早的未成年人校外活动场所，并添置、更新设备。

（三）人员培训：用于培训未成年人校外活动场所的管理人员和骨干教师。

第七条　项目资金综合考虑以下因素进行分配：

（一）当地未成年人校外活动场所数量。

（二）当地小学到高中在校生数。

（三）当地未成年人校外活动场所管理、活动开展和绩效评价等情况。

第三章　资金使用管理

第八条　各省、自治区、直辖市财政厅（局）和新疆生产建设兵团财务局（以下简称“省级财政部门”）应当会同当地青少年校外教育工作联席会议或同级教育、共青团和妇联等未成年人校外活动场所主管部门和单位，结合本地实际，制定具体的项目资金使用管理办法，报财政部备案后组织实施。

第九条　项目资金预算由财政部根据本办法第七条规定的分配方法，按年度下达省级财政部门。

第十条 省级财政部门根据当地财力情况，可以安排资金与中央财政安排的项目资金统筹使用。

第十一条 地方财政部门应当对项目资金实行专项管理，并严格按照规定用途使用，不得截留、挤占、挪用。

第十二条 项目资金安排使用时，填列《政府收支分类科目》中229类“其他支出”60款“彩票公益金安排的支出”04项“用于教育事业的彩票公益金支出”。

第十三条 项目资金支出属于政府采购范围的，按照政府采购有关规定执行。

第十四条 项目资金支付管理，按照财政国库管理制度有关规定执行。

第四章 监督管理

第十五条 各级财政部门应当会同同级未成年人校外活动场所主管部门和单位加强对项目资金管理的监督检查，确保资金专款专用。

第十六条 省级财政部门应当于每年3月底前，将上一年度项目资金分配使用情况报送财政部；于6月底前，向社会公告上一年度项目资金的分配使用情况。

第十七条 单位和个人违反规定，截留、挤占、挪用项目资金等的，依照《财政违法行为处罚处分条例》（国务院令第427号）追究法律责任。

第五章 附则

第十八条 本办法自发布之日起施行。

北京市财政局 北京市青少年学生校外教育工作联席会议办公室转发财政部 教育部《关于印发〈中央专项彩票公益金支持示范性综合实践基地项目管理办法〉的通知》

2011年8月1日 京财综〔2011〕1566号

北京市青少年学生校外教育工作联席会议各成员单位、各区县财政局、各区县青少年学生校外教育工作联席会议办公室：

为做好中央专项彩票公益金支持我市示范性综合实践基地项目管理工作，提高彩票公益金使用效益，推进中小学生素质教育，提高实践能力。现将财政部、教育部关于印发《中央专项彩票公益金支持示范性综合实践基地项目管理办法》的通知（财综〔2011〕45号）转发给你们，请遵照执行。下一步，我们将结合中央资金补助情况和北京市实际，制定具体的项目资金使用管理办法。

附件：财政部　教育部关于印发《中央专项彩票公益金支持示范性综合实践基地项目管理办法》的通知

附件：

财政部　教育部关于印发《中央专项彩票公益金支持示范性综合实践基地项目管理办法》的通知

2011年6月21日　财综〔2011〕45号

各省、自治区、直辖市财政厅（局）、教育厅（教委），新疆生产建设兵团财务局、教育局：

为了规范和加强中央专项彩票公益金支持示范性综合实践基地项目管理工作，根据《彩票管理条例》（国务院令第554号）和《彩票公益金管理办法》（财综〔2007〕83号）的有关规定，财政部、教育部联合制定了《中央专项彩票公益金支持示范性综合实践基地项目管理办法》，现印发给你们，请遵照执行。

附：中央专项彩票公益金支持示范性综合实践基地项目管理办法

附：

中央专项彩票公益金支持示范性综合实践基地项目管理办法

第一章　总　　则

第一条　为了规范和加强中央专项彩票公益金支持示范性综合实践基地项目管理工作，根据《彩票管理条例》（国务院令第554号）和《彩票公益金管理办法》（财综〔2007〕83号）的有关规定，制定本办法。

第二条　本办法所称中央专项彩票公益金支持示范性综合实践基地项目（以下简称“项目”），是指2011年至2015年由财政部和教育部安排利用中央专项彩票公益金，进行的示范性综合实践基地建设。

第三条　本办法所称示范性综合实践基地，是指以推进中小学生素质教育，提高实践能力为目的，具备室内综合实践区、室外劳动实践区、综合训练区、生活区等基本功能区，可容纳集中食宿，开展学工、学农、生命安全教育等综合实践教育活动的公益性场所。

第四条　用于项目的中央专项彩票公益金（以下简称“项目资金”），应当坚持公开透明、规范管理和专款专用原则。

第五条　由项目资金资助建设的场所和设施设备，应当在显著位置标识“彩票公益金资助——中国福利彩票和中国体育彩票”字样。

第二章 资金使用范围与标准

第六条 项目资金用于支持地级市建设示范性综合实践基地和配置设备。

第七条 示范性综合实践基地的建设标准为平均每个基地 3000 万元，其中，基本建设为 2400 万元，设备配置为 600 万元。

第三章 项目申报与资金使用

第八条 项目申报审批程序如下：

（一）教育部会同财政部制定项目整体规划、申报办法和项目申报书范本，每年下达各地示范性综合实践基地建设指标。

（二）省级教育部门会同同级财政部门根据申报办法和申报书范本组织本地区申报工作，经审核并提出意见形成申报文件后，上报教育部和财政部。

（三）教育部和财政部组织专家进行评审立项。

第九条 项目资金预算由财政部根据第七条规定的项目资金标准和各地示范性综合实践基地建设指标，按年度下达各省、自治区、直辖市财政厅（局）和新疆生产建设兵团财务局（以下简称“省级财政部门”）。

第十条 省级财政部门根据当地财力情况，可以安排资金与中央财政安排的项目资金统筹使用。

第十一条 地方财政部门应当对项目资金实行专项管理，并严格按照规定用途使用，不得截留、挤占、挪用。

第十二条 项目资金安排使用时，填列《政府收支分类科目》中 229 类“其他支出”60 款“彩票公益金安排的支出”04 项“用于教育事业的彩票公益金支出”。

第十三条 项目资金支出属于政府采购范围的，按照政府采购有关规定执行。

第十四条 项目资金支付管理，按照财政国库管理制度有关规定执行。

第十五条 项目经批准立项后，原则上不得调整。执行过程中由于特殊原因需要调整的，应当按照原申报审批程序报批。

第十六条 省级教育部门应当会同同级财政部门根据本办法制定具体的项目实施办法，报教育部和财政部备案。

第四章 监督管理

第十七条 各级财政部门和教育部门应当加强对项目资金管理和项目实施情况的监督检查，确保资金专款专用。

第十八条 省级财政部门和教育部门，应当于每年 3 月底前，将上一年度项目资金使用和项目执行情况报送财政部和教育部。

第十九条 省级财政部门和教育部门，应当于每年 6 月底前，向社会公告上一年度项目资金使用和项目执行情况。

第二十条 单位和个人违反规定，截留、挤占、挪用项目资金等的，依照《财政违法行为处罚处分条例》（国务院令第 427 号）追究法律责任。

第五章　附　　则

第二十一条　本办法由财政部和教育部负责解释。

第二十二条　本办法自发布之日起施行。

北京市财政局　北京市发展和改革委员会关于取消部分行政事业性收费项目的通知

2011 年 11 月 22 日　京财综〔2011〕2459 号

市各有关单位，各区县财政局，各区县发展改革委：

为进一步加强我市行政事业性收费管理，清理和规范行政事业性收费行为，现将取消部分行政事业性收费项目、不作为行政事业性收费管理的项目及有关问题通知如下。

一、取消下列行政事业性收费项目

1. 索道站长（经理）考核费（收费编码：128010001）

2. 母婴保健人员岗前考核费（收费编码：139013001）

3. 民办公助小学学费（收费编码：173016001）

4. 民办公助初中学费（收费编码：173016002）

5. 民办公助高中学费（收费编码：173016003）

6. 民办公助初中外语艺术专业学费（收费编码：173016004）

7. 民办公助高中外语艺术专业学费（收费编码：173016005）

二、超能耗加价费（收费编码：103002001）不作为行政事业性收费管理。

三、涉及取消和不作为行政事业性收费项目的执收单位应按照规定到原核发《收费许可证》机关办理《收费许可证》注销或变更手续，并到原核发财政票据的财政部门办理票据缴销手续。同时将有关收费资金余额按照财政部门原规定渠道全部上缴国库或财政专户。

四、各有关单位对取消的行政事业性收费项目，不得以任何理由拖延或拒绝执行，不得以其他名义变相继续收费。对不作为行政事业性收费的项目，不得以行政事业性收费名义继续收取。各级财政、发展改革部门要加强监督检查，对违反规定的单位，按照有关规定予以处罚。

五、本通知自 2011 年 12 月 30 日起执行。

北京市财政局　北京市发展和改革委员会 关于停止征收农机监理收费的通知

2011 年 12 月 8 日　京财综〔2011〕2741 号

市农业局，各区县财政局、发展改革委：

为进一步加强我市行政事业性收费管理，切实减轻农民负担，提高农机监理水平，决定停止征收农机监理费。现将有关问题通知如下：

一、停止征收农机监理收费项目

1. 驾驶证（收费编码：159011002）

2. 拖拉机号牌［反光］（收费编码：159011007）

3. 拖拉机号牌［不反光］（收费编码：159011008）

4. 拖拉机临时号牌（收费编码：159011011）

5. 行驶证（收费编码：159011017）

6. 号牌架（收费编码：159011019）

7. 拖拉机驾驶许可考试费（收费编码：159011023）

8. 临时行驶证（收费编码：159011026）

9. 机动车登记证书费（收费编码：159011030）

10. 单独补发号牌专用固封装置［农机］（收费编码：159011031）

二、停止征收上述行政事业性收费项目后，有关部门和单位依法履行行政管理职能所需相关经费，由同级财政预算予以保障。各级财政部门妥善安排有关部门和单位预算，确保其相关管理工作的正常运转。

三、市农业局及相关执收单位应持此函按照规定到原核发《收费许可证》的发展改革委办理《收费许可证》注销或变更手续，并到原核发财政票据的财政部门办理票据缴销手续。同时，将有关收费资金余额按照财政部门原规定渠道全部上缴财政。

四、市农业局及相关执收单位应按照规定，对停止征收的行政事业性收费项目，不得以任何理由拖延或拒绝执行，不得以其他名目变相继续收费。各级财政和价格主管部门要加强监督检查，对违反的部门和单位，按照规定予以处罚，并追究责任人员的行政责任。

五、本通知自 2011 年 12 月 30 日起执行。

北京市财政局　北京市发展和改革委员会转发财政部　国家发展改革委《关于免征小型微型企业部分行政事业性收费的通知》

2011 年 12 月 14 日　京财综〔2011〕2780 号

市各有关单位，各区县财政局、发展改革委：

现将财政部、国家发展改革委《关于免征小型微型企业部分行政事业性收费的通知》（财综〔2011〕104 号）转发给你们，请遵照执行。

附件：财政部　国家发展改革委《关于免征小型微型企业部分行政事业性收费的通知》

附件：

财政部　国家发展改革委《关于免征小型微型企业部分行政事业性收费的通知》

2011 年 11 月 14 日　财综〔2011〕104 号

工业和信息化部、国家工商行政管理总局、国家税务总局、海关总署、商务部、国家质量监督检验检疫总局、中国贸促会、国土资源部、国家新闻出版总署、农业部、国家林业局、国家旅游局、国家宗教事务局，各省、自治区、直辖市财政厅（局）、发展改革委、物价局，新疆生产建设兵团财务局、发展改革委：

为切实减轻小型微型企业负担，促进小型微型企业健康发展，现决定对小型微型企业暂免征收部分行政事业性收费。现将有关事项通知如下：

一、对依照工业和信息化部、国家统计局、国家发展改革委、财政部《关于印发中小企业划型标准规定的通知》（工信部联企业〔2011〕300 号）认定的小型和微型企业，免征管理类、登记类和证照类等有关行政事业性收费。

二、上述免征的行政事业性收费项目包括：

（一）工商行政管理部门收取的企业注册登记费。

（二）税务部门收取的税务发票工本费。

（三）海关部门收取的海关监管手续费。

（四）商务部门收取的装船证费、手工制品证书费、纺织品原产地证明书费。

（五）质检部门收取的签发一般原产地证书费、一般原产地证工本费和组织机构代码证书工本费。

（六）贸促会收取的货物原产地证明书费、ATA 单证册收费。

（七）国土资源部门收取的土地登记费。

（八）新闻出版部门收取的计算机软件著作权登记费。

（九）农业部门收取的农机监理费（含牌证工本费、安全技术检验费、驾驶许可考试费等）、新兽药审批费、《进口兽药许可证》审批费和已生产兽药品种注册登记费。

（十）林业部门收取的林权证工本费。

（十一）旅游部门收取的星级标牌（含星级证书）工本费、A 级旅游景区标牌（含证书）工本费、工农业旅游示范点标牌（含证书）工本费。

（十二）中国伊斯兰教协会收取的清真食品认证费。

（十三）各省、自治区、直辖市人民政府及其财政、价格主管部门按照管理权限批准设立的管理类、登记类和证照类行政事业性收费。

三、免征上述行政事业性收费后，同级财政部门应统筹安排相关部门的经费预算，保证其正常履行职责。

四、国务院有关部门要督促本系统内相关收费单位认真落实本通知的规定，加强对小型微型企业享受收费优惠政策的登记备案管理，确保符合条件的小型微型企业享受收费优惠政策。

五、各省、自治区、直辖市财政、价格主管部门要通过多种新闻媒体，向社会公布对小型微型企业免征的各项行政事业性收费，使小型微型企业充分了解和享受收费优惠政策。同时，要加强监督检查，对不按规定落实本通知免征行政事业性收费政策的部门和单位，要按规定给予处罚，并追究责任人员的行政责任。

六、本通知自 2012 年 1 月 1 日起执行，有效期至 2014 年 12 月 31 日。

十四、税收管理类

北京市财政局　北京市国家税务局转发财政部国家税务总局《关于对利用废弃的动植物油生产纯生物柴油免征消费税的通知》

2011 年 1 月 28 日　京财税〔2011〕70 号

各区县财政局、国家税务局，市国家税务局各直属税务分局：

现将财政部、国家税务总局《关于对利用放弃的动植物油生产纯生物柴油免征消费税的通知》（财税〔2010〕118 号）转发给你们，请依照执行。

附件：财政部　国家税务总局《关于对利用废弃的动植物油生产纯生物柴油免征消费税的通知》

附件：

财政部　国家税务总局《关于对利用废弃的动植物油生产纯生物柴油免征消费税的通知》

2010 年 12 月 17 日　财税〔2010〕118 号

各省、自治区、直辖市、计划单列市财政厅（局）、国家税务局，新疆生产建设兵团财务局：

经国务院批准，对利用废弃的动物油和植物油为原料生产的纯生物柴油免征消费税。现将有关政策通知如下：

一、从 2009 年 1 月 1 日起，对同时符合下列条件的纯生物柴油免征消费税：

（一）生产原料中废弃的动物油和植物油用量所占比重不低于 70%。

（二）生产的纯生物柴油符合国家《柴油机燃料调合生物柴油（BD100）》标准。

二、对不符合本通知第一条规定的生物柴油或者以柴油、柴油组分调合生产的生物柴油照章征收消费税。

三、从 2009 年 1 月 1 日至本通知下发前，生物柴油生产企业已经缴纳的消费税，符合本通知第一条免税规定的予以退还。

北京市财政局转发财政部　国家税务总局《关于 1.6 升及以下排量乘用车车辆购置税减征政策到期停止执行的通知》

2011 年 1 月 12 日　京财税〔2011〕71 号

各区县财政局：

现将财政部、国家税务总局《关于 1.6 升及以下排量乘用车车辆购置税减征政策到期停止执行的通知》（财税〔2010〕127 号）转发给你们，请依照执行。

附件：财政部　国家税务总局《关于 1.6 升及以下排量乘用车车辆购置税减征政策到期停止执行的通知》

附件：

财政部　国家税务总局《关于 1.6 升及以下排量乘用车车辆购置税减征政策到期停止执行的通知》

2010 年 12 月 27 日　财税〔2010〕127 号

各省、自治区、直辖市、计划单列市财政厅（局）、国家税务局，新疆生产建设兵团财务局：

经国务院批准，对 1.6 升及以下排量乘用车减按 7.5% 的税率征收车辆购置税的政策于 2010 年 12 月 31 日到期后停止执行，自 2011 年 1 月 1 日起，对 1.6 升及以下排量乘用车统一按 10% 的税率征收车辆购置税。

北京市财政局　北京市地方税务局转发财政部国家税务总局《关于发布第五批免征营业税的改制后铁路房建生活单位名单的通知》

2011 年 1 月 25 日　京财税〔2011〕72 号

各区县财政局、地方税务局，市地方税务局直属分局：

现将财政部、国家税务总局《关于发布第五批免征营业税的改制后铁路房建生活单位名单的通知》（财税〔2010〕120 号）转发给你们，请依照执行。

附件：财政部　国家税务总局《关于发布第五批免征营业税的改制后铁路房建生活单位名单的通知》

附件：

财政部　国家税务总局《关于发布第五批免征营业税的改制后铁路房建生活单位名单的通知》

2010 年 12 月 24 日　财税〔2010〕120 号

北京、天津、河北、山西、内蒙古、辽宁、吉林、黑龙江、江苏、安徽、福建、厦门、江西、山东、青岛、河南、湖北、湖南、广东、深圳、广西、重庆、四川、贵州、新疆、青海省（自治区、直辖市、计划单列市）财政厅（局）、地方税务局，青海省国家税务局：

现将第五批改制后铁路房建生活单位名单以及前四批名称发生变更的改制后铁路房建生活单位名单发给你们，请按照《财政部　国家税务总局《关于改革后铁路房建生活单位暂免征收营业税的通知》（财税〔2007〕99 号）的规定执行相关营业税政策。

附：1. 第五批改制后铁路房建生活单位名单

2. 前四批名称发生变更的改制后铁路房建生活单位名单

附 1：

第五批改制后铁路房建生活单位名单

序号	单位名称	所在地
1	北京京铁行车公寓管理有限公司	北京市
2	北京京铁联建建筑工程有限公司通州分公司	北京市
3	北京热力达供热有限责任公司	北京市
4	北京京西建电梯有限责任公司	北京市
5	石家庄铁路恒昌建筑公司	河北省石家庄市
6	石家庄恒立物业管理有限公司	河北省石家庄市
7	河北京铁华泰建筑工程有限责任公司	河北省石家庄市
8	北京热力达供热有限责任公司承德分公司	河北省承德市
9	河北衡水铁运实业开发总公司	河北省衡水市
10	邯郸市铁路工贸实业有限公司	河北省邯郸市
11	邯郸市龙安达贸易有限公司	河北省邯郸市

续表

序号	单位名称	所在地
12	太原铁路房建集团有限公司	山西省太原市
13	太原市银远房地产信息咨询有限公司	山西省太原市
14	太原铁路勘测设计院有限公司	山西省太原市
15	阳泉铁路实业总公司	山西省阳泉市
16	呼和浩特铁路宏康服务公司	内蒙古呼和浩特市
17	呼和浩特市铁键铝塑门窗有限责任公司	内蒙古呼和浩特市
18	呼和浩特铁路园林绿化公司	内蒙古呼和浩特市
19	海拉尔铁路液化石油气公司	内蒙古自治区呼伦贝尔市
20	呼伦贝尔市中舜房地产开发有限责任公司	内蒙古自治区呼伦贝尔市
21	呼伦贝尔铁鑫房地产开发有限责任公司	内蒙古自治区呼伦贝尔市
22	呼伦贝尔中舜锅炉安装有限责任公司	内蒙古自治区呼伦贝尔市
23	呼伦贝尔中舜储运有限责任公司	内蒙古自治区呼伦贝尔市
24	呼伦贝尔中舜物业管理有限责任公司	内蒙古自治区呼伦贝尔市
25	呼和浩特铁路局集铁宏达商贸公司	内蒙古乌兰察布市
26	沈阳铁道双瑞餐饮服务有限公司	辽宁省沈阳市
27	哈尔滨铁路生活服务有限公司	黑龙江省哈尔滨市
28	哈尔滨铁路房建置业集团有限公司	黑龙江省哈尔滨市
29	哈尔滨铁发房地产开发有限公司	黑龙江省哈尔滨市
30	黑龙江龙铁地产评估咨询有限公司	黑龙江省哈尔滨市
31	黑龙江维峰房地产综合开发有限公司	黑龙江省哈尔滨市
32	黑龙江省鸿诚房地产开发有限公司	黑龙江省哈尔滨市
33	哈尔滨市铁房建筑工程有限公司	黑龙江省哈尔滨市
34	哈尔滨铁建经济贸易公司	黑龙江省哈尔滨市
35	黑龙江中科建筑设计有限公司	黑龙江省哈尔滨市
36	哈尔滨新时代建筑设计有限公司	黑龙江省哈尔滨市
37	哈尔滨铁路局直属工程公司	黑龙江省哈尔滨市
38	黑龙江省百隆物业管理有限责任公司	黑龙江省哈尔滨市
39	哈尔滨新家园物业管理有限责任公司	黑龙江省哈尔滨市
40	哈尔滨铁路物业管理有限公司	黑龙江省哈尔滨市
41	哈尔滨铁路局齐齐哈尔液化气站	黑龙江省齐齐哈尔市
42	齐齐哈尔铁路房地产开发有限公司	黑龙江省齐齐哈尔市
43	哈尔滨铁路局齐齐哈尔铁路工程公司	黑龙江省齐齐哈尔市
44	齐齐哈尔市凯旋锅炉安装队	黑龙江省齐齐哈尔市
45	齐齐哈尔市巨龙建筑工程有限责任公司	黑龙江省齐齐哈尔市
46	齐齐哈尔铁路建筑设计有限责任公司	黑龙江省齐齐哈尔市
47	齐齐哈尔市畅达运输处	黑龙江省齐齐哈尔市

续表

序号	单位名称	所在地
48	齐齐哈尔市新嘉园物业有限责任公司	黑龙江省齐齐哈尔市
49	齐齐哈尔新兴建设工程质量检测有限公司	黑龙江省齐齐哈尔市
50	齐齐哈尔铁路物业有限公司	黑龙江省齐齐哈尔市
51	大庆市让胡路区东铁液化石油气充装站	黑龙江省大庆市
52	大庆市庆宏房地产开发有限公司	黑龙江省大庆市
53	大庆市庆宏物业有限公司	黑龙江省大庆市
54	佳木斯市燕盟建筑工程有限公司	黑龙江省佳木斯市
55	佳木斯铁路房产建筑段经济技术开发公司	黑龙江省佳木斯市
56	佳木斯佳铁勘测设计所	黑龙江省佳木斯市
57	佳木斯天源物业管理有限公司	黑龙江省佳木斯市
58	牡丹江铁路青年公寓	黑龙江省牡丹江市
59	牡丹江铁路房产建筑段液化气站	黑龙江省牡丹江市
60	牡丹江宏盛房地产开发有限公司	黑龙江省牡丹江市
61	牡丹江铁路房地产综合开发公司	黑龙江省牡丹江市
62	牡丹江铁路房产段建筑安装工程处	黑龙江省牡丹江市
63	牡丹江兴铁建筑工程有限公司	黑龙江省牡丹江市
64	牡丹江铁路物业管理中心	黑龙江省牡丹江市
65	大兴安岭加格达奇花苑物业有限公司	黑龙江省大兴安岭地区
66	福州铁路天兴物业保洁服务有限公司福州餐营商贸分公司	福建省福州市
67	福州铁路康达贸易经营部	福建省福州市
68	福州福铁工程咨询设计事务所	福建省福州市
69	福州铁路招待所	福建省福州市
70	福州铁路天兴物业保洁服务有限公司厦门分公司	福建省厦门市
71	福州福铁华林建筑工程有限公司厦门分公司	福建省厦门市
72	永安市福铁建筑工程有限公司	福建省永安市
73	邵武铁路地区招待所	福建省邵武市
74	南昌铁路光明物业保洁服务有限公司南昌餐营商贸分公司	江西省南昌市
75	南昌铁路新龙建筑安装工程公司	江西省南昌市
76	江西铁路昌盛贸运代理公司	江西省南昌市
77	南昌铁路光明物业保洁服务有限公司鹰潭保洁分公司	江西省鹰潭市
78	鹰潭建筑发展公司	江西省鹰潭市
79	鹰潭铁路生活服务有限公司	江西省鹰潭市
80	南昌铁路光明物业保洁服务有限公司新余保洁分公司	江西省新余市
81	新余铁路建筑安装公司	江西省新余市
82	南昌铁路光明物业保洁服务有限公司赣州保洁分公司	江西省赣州市
83	三清山铁疗宾馆	江西省上饶市

续表

序号	单位名称	所在地
84	济南铁路铁箭物业中心	山东省济南市
85	济南铁路金鑫实业公司	山东省济南市
86	山东济铁天龙工程公司济南铁达分公司	山东省济南市
87	山东济铁天龙工程公司济南飞龙分公司	山东省济南市
88	山东济铁天龙工程公司济南信通分公司	山东省济南市
89	济南铁路信通电务工程公司	山东省济南市
90	济南铁路鑫诚综合服务中心	山东省济南市
91	济南铁路广源服务公司	山东省济南市
92	山东济铁天龙工程公司聊城分公司	山东省聊城市
93	淄博凯博物业有限公司	山东省淄博市
94	青岛铁路红宇物业管理中心	山东省青岛市
95	青岛铁路红宇建筑工程有限责任公司	山东省青岛市
96	山东济铁天龙工程公司临沂分公司	山东省临沂市
97	兖州工务段工贸服务公司	山东省兖州市
98	山东济铁天龙工程公司兖州水电分公司	山东省兖州市
99	泰安市田园物业管理有限公司	山东省泰安市
100	山东济铁天龙工程公司泰安分公司	山东省泰安市
101	泰安恒基铁路综合服务中心	山东省泰安市
102	山东济铁天龙工程公司兖州分公司	山东省兖州市
103	郑州铁路经济开发集团有限公司生活服务分公司	河南省郑州市
104	郑州置业有限公司	河南省郑州市
105	郑州铁路局房地产综合开发总公司	河南省郑州市
106	郑州铁路局房地产综合开发总公司金城商贸分公司	河南省郑州市
107	郑州铁路局房地产综合开发总公司置业分公司	河南省郑州市
108	郑州铁路扶轮建设工程发展有限公司第一工程分公司	河南省郑州市
109	郑州铁路扶轮建设工程发展有限公司物业管理分公司	河南省郑州市
110	郑州铁路扶轮建设工程发展有限公司园林绿化分公司	河南省郑州市
111	郑州铁路扶轮建设工程发展有限公司窗业制造分公司	河南省郑州市
112	郑州铁路豫鼎工程检测有限公司	河南省郑州市
113	洛阳铁路运通集团生活服务有限公司	河南省洛阳市
114	洛阳铁路嘉阳房地产开发有限公司	河南省洛阳市
115	襄樊铁路铁信建筑设计有限公司	湖北省襄樊市
116	湖南高铁环境工程有限公司	湖南省长沙市
117	衡阳铁安线路巡护有限公司	湖南省衡阳市
118	广州市铁龙物业管理有限公司	广东省广州市
119	深圳广深铁路生活服务公司	广东省深圳市
120	柳州铁路建安物业服务有限责任公司	广西壮族自治区柳州市
121	贵阳驭志建筑设计有限公司	贵州省贵阳市
122	青海玉峰铁路酒店管理中心	青海省西宁市

附 2：

前四批名称发生变更的改制后铁路房建生活单位名单

序号	原单位名称	变更后单位名称	所在地	备注
1	天津路鑫建设工程有限公司天津分公司	天津路鑫建设工程有限公司一分公司	天津市	原第一批名单
2	山西铁诚房地产开发有限公司太原铁路房建公司	太原铁路房建集团有限公司太原铁路房建分公司	山西省太原市	原第二批名单
3	山西铁诚房地产开发有限公司太原项目开发分公司	山西铁诚房地产开发有限公司太原项目分公司	山西省太原市	原第二批名单
4	太原市诚信铁路物业管理有限公司	太原诚信铁路物业管理有限公司	山西省太原市	原第二批名单
5	太原铁路局大同铁路房建公司	太原铁路房建集团有限公司大同铁路房建分公司	山西省大同市	原第二批名单
6	山西铁诚房地产开发有限公司临汾铁路房建公司	太原铁路房建集团有限公司临汾铁路房建分公司	山西省临汾市	原第二批名单
7	临铁惠通物业管理中心	临汾市惠通物业管理有限责任公司	山西省临汾市	原第二批名单
8	沈阳铁道房产生活管理有限公司	沈阳铁道房产生活管理集团有限公司	辽宁省沈阳市	原第三批名单
9	吉林市吉铁万达运输服务所	吉林市铁晟钢结构工程有限公司	吉林省吉林市	原第四批名单
10	南京铁路园林建设有限公司	南京铁路建筑有限公司南京园林建设分公司	江苏省南京市	原第三批名单
11	徐州铁路天龙贸易公司	徐州铁路经营集团有限公司天龙分公司	江苏省徐州市	原第二批名单
12	芜湖铁建实业发展有限公司	南京铁路建筑有限公司芜湖分公司	安徽省芜湖市	原第一批名单
13	芜湖铁路申达实业有限公司	南京铁路生活服务有限公司芜湖分公司	安徽省芜湖市	原第一批名单
14	青岛铁路分局淄博铁路机务工贸公司	淄博铁路富润德机车修理厂	山东省淄博市	原第三批名单
15	洛阳铁路中伟建筑工程部	洛阳铁路中伟建筑工程有限公司	河南省洛阳市	原第三批名单
16	柳铁建筑安装工程公司	柳州铁路建筑安装工程公司	广西壮族自治区柳州市	原第一批名单
17	柳州铁路生活服务总公司	广西宁铁生活服务总公司	广西壮族自治区柳州市	原第一批名单
18	广西铁林林业有限公司	广西宁铁林业有限公司	广西壮族自治区柳州市	原第二批名单

续表

序号	原单位名称	变更后单位名称	所在地	备注
19	广西铁建铁路工程有限责任公司	广西宁铁工程有限责任公司	广西壮族自治区柳州市	原第四批名单
20	成都铁路生活服务有限责任公司重庆商贸分公司	成都铁路生活发展有限责任公司重庆分公司	重庆市	原第一批名单
21	成都铁路生活服务有限责任公司	成都铁路生活发展有限责任公司	四川省成都市	原第一批名单
22	成都铁路生活服务有限责任公司商贸分公司	成都铁路生活发展有限责任公司成都分公司	四川省成都市	原第三批名单
23	成都铁路生活服务有限责任公司站车食品配送分公司	成都铁路生活发展有限责任公司站车食品配送分公司	四川省成都市	原第四批名单
24	成都铁路生活服务有限责任公司贵阳商贸分公司	成都铁路生活发展有限责任公司贵阳分公司	贵州省贵阳市	原第一批名单
25	新铁天汇（集团）有限责任公司城际生活物流分公司	乌鲁木齐城际迅达商贸有限公司	新疆维吾尔自治区乌鲁木齐市	原第三批名单

北京市财政局　北京市地方税务局转发财政部国家税务总局《关于安置残疾人就业单位城镇土地使用税等政策的通知》

2011年2月14日　京财税〔2011〕157号

各区县财政局、地方税务局，市地方税务局直属分局：

现将财政部、国家税务总局《关于安置残疾人就业单位城镇土地使用税等政策的通知》（财税〔2010〕121号）转发给你们，并补充如下内容，请一并遵照执行。

一、对于符合财政部、国家税务总局《关于安置残疾人就业单位城镇土地使用税等政策的通知》（财税〔2010〕121号）第一款规定条件的纳税人，免征当年的城镇土地使用税。

二、上述纳税人应于每年1月31日前向主管税务机关申请上年度免税情况备案，提交《安置残疾人就业单位年度享受城镇土地使用税免征政策申请表》、《减免税备案表》及《减免税申请资料清单》。经主管税务机关登记备案后，办理上年度已缴纳税款退税手续。

三、凡地价未计入房产原值征收房产税的，纳税人应于2011年4月征期前到主管税务机关办理税源登记变更手续，将地价计入房产原值。

附件：1. 财政部　国家税务总局《关于安置残疾人就业单位城镇土地使用税等政策的

通知》

2. 安置残疾人就业单位年度享受城镇土地使用税免征政策申请表（略）

3. 减免税备案表（略）

4. 减免税申请资料清单（略）

附件 1：

财政部　国家税务总局《关于安置残疾人就业单位城镇土地使用税等政策的通知》

2010 年 12 月 21 日　财税〔2010〕121 号

各省、自治区、直辖市、计划单列市财政厅（局）、地方税务局，西藏、青海、宁夏省（自治区）国家税务局，新疆生产建设兵团财务局：

经研究，现将安置残疾人就业单位城镇土地使用税等政策通知如下：

一、关于安置残疾人就业单位的城镇土地使用税问题

对在一个纳税年度内月平均实际安置残疾人就业人数占单位在职职工总数的比例高于 25%（含 25%）且实际安置残疾人人数高于 10 人（含 10 人）的单位，可减征或免征该年度城镇土地使用税。具体减免税比例及管理办法由省、自治区、直辖市财税主管部门确定。

《国家税务局关于土地使用税若干具体问题的解释和暂行规定》（国税地字〔1988〕15 号）第十八条第四项同时废止。

二、关于出租房产免收租金期间房产税问题

对出租房产，租赁双方签订的租赁合同约定有免收租金期限的，免收租金期间由产权所有人按照房产原值缴纳房产税。

三、关于将地价计入房产原值征收房产税问题

对按照房产原值计税的房产，无论会计上如何核算，房产原值均应包含地价，包括为取得土地使用权支付的价款、开发土地发生的成本费用等。宗地容积率低于 0.5 的，按房产建筑面积的 2 倍计算土地面积并据此确定计入房产原值的地价。

本通知自发文之日起执行。此前规定与本通知不一致的，按本通知执行。各地财税部门要加强对政策执行情况的跟踪了解，对执行中发现的问题，及时上报财政部和国家税务总局。

北京市财政局　北京市国家税务局　北京市地方税务局转发财政部　国家税务总局《关于发布免征营业税的一年期以上返还性人身保险产品名单（第二十四批）的通知》

2011 年 2 月 14 日　京财税〔2011〕167 号

各区县财政局、国家税务局、地方税务局，市国家税务局直属税务分局，市地方税务局直属分局：

现将财政部、国家税务总局《关于发布免征营业税的一年期以上返还性人身保险产品名单（第二十四批）的通知》（财税〔2011〕5 号）转发给你们，请依照执行。

附件：财政部　国家税务总局《关于发布免征营业税的一年期以上返还性人身保险产品名单（第二十四批）的通知》

附件：

财政部　国家税务总局《关于发布免征营业税的一年期以上返还性人身保险产品名单（第二十四批）的通知》

2011 年 1 月 17 日　财税〔2011〕5 号

各省、自治区、直辖市、计划单列市财政厅（局）、地方税务局，北京、西藏、宁夏、青海省（自治区、直辖市）国家税务局，新疆生产建设兵团财务局：

根据财政部、国家税务总局《关于对若干项目免征营业税的通知》（财税字〔1994〕002 号）和《财政部　国家税务总局关于人寿保险业务免征营业税若干问题的通知》（财税字〔2001〕118 号）的有关规定，经审核，决定对有关保险公司开办的符合免税条件的下列保险产品取得的保费收入免征营业税，具体免税保险产品清单见附件。

附：免征营业税的人身保险产品清单（第二十四批）

附：

免征营业税的人身保险产品清单（第二十四批）

一、安邦人寿保险股份有限公司

1. 安邦财富增长 666 号终身寿险（万能型）
2. 安邦健康管理团体医疗保险
3. 安邦住院团体医疗保险
4. 安邦团体重大疾病保险
5. 安邦附加财富增长重大疾病保险
6. 安邦团体年金保险（分红型）
7. 安邦附加门急诊团体医疗保险
8. 安邦女性安康团体疾病保险
9. 安邦团体转换年金保险
10. 安邦团体年金保险（万能型）
11. 安邦附加一帆风顺意外伤害医疗保险 A 款
12. 安邦附加一帆风顺意外伤害医疗保险 B 款
13. 安邦附加一帆风顺意外住院津贴医疗保险
14. 安邦价值增长 999 号年金保险（分红型）A 款
15. 安邦价值增长 999 号年金保险（分红型）B 款
16. 安邦安详 1 号定期寿险
17. 安邦价值增长 8 号终身寿险（分红型）A 款
18. 安邦价值增长 8 号终身寿险（分红型）B 款
19. 安邦价值增长 777 号年金保险（分红型）
20. 安邦价值增长 888 号年金保险（分红型）
21. 安邦附加安保 1 号意外伤害医疗保险
22. 安邦价值增长 1 号两全保险（分红型）A 款
23. 安邦价值增长 1 号两全保险（分红型）B 款
24. 安邦附加价值增长 8 号重大疾病保险
25. 安邦价值增长 6 号少儿两全保险（分红型）
26. 安邦附加价值增长 999 号重大疾病保险
27. 安邦黄金鼎 1 号两全保险（分红型）A 款
28. 安邦黄金鼎 2 号两全保险（分红型）A 款
29. 安邦聚宝盆 1 号两全保险（分红型）A 款
30. 安邦附加黄金鼎 2 号两全保险（分红型）A 款
31. 安邦黄金鼎 3 号两全保险（分红型）A 款
32. 安邦聚宝盆 2 号两全保险（分红型）A 款
33. 安邦一年团体定期寿险

二、百年人寿保险股份有限公司

1. 百年团体定期寿险
2. 百年福寿两全保险（分红型）
3. 百年附加定期寿险
4. 百年团体重大疾病保险
5. 百年住院费用团体医疗保险
6. 百年附加意外费用补偿团体医疗保险
7. 百年附加意外费用补偿医疗保险
8. 百年附加祥瑞提前给付重大疾病保险
9. 百年附加住院津贴型医疗保险
10. 百年附加住院费用型医疗保险
11. 百年附加康顺重大疾病保险
12. 百年传家宝两全保险
13. 百年信贷定期寿险
14. 百年附加传家宝提前给付重大疾病保险
15. 百年附加学生儿童意外费用补偿医疗保险
16. 百年附加学生儿童住院津贴医疗保险
17. 百年黄金十年年金保险（分红型）A 款
18. 百年附加住院津贴团体医疗保险
19. 百年附加保费豁免重大疾病保险 A 款
20. 百年附加门诊费用团体医疗保险
21. 百年福娃娃少儿两全保险（分红型）
22. 百年附加大学教育年金保险（分红型）
23. 百年附加高中教育年金保险（分红型）
24. 百年附加保费豁免定期寿险 A 款
25. 百年富富有余年金保险（分红型）
26. 百年岁岁红年金保险（分红型）
27. 百年红两全保险（分红型）D 款
28. 百年附加公共保额团体医疗保险

三、长城人寿保险股份有限公司

1. 长城附加住院定额给付医疗保险（2007）
2. 长城附加乐康住院定额给付医疗保险
3. 长城幸福人生终身寿险 B 款
4. 长城附加吉祥定期寿险

四、长生人寿保险有限公司

1. 长生金六顺两全保险（分红型）
2. 长生红运来两全保险（分红型）
3. 长生汇金富投资连结保险 B 款
4. 长生大藏金投资连结保险 B 款

五、光大永明人寿保险有限公司

1. 光大永明 2009 团体重大疾病保险（A 款）
2. 光大永明 2009 团体重大疾病保险（B 款）
3. 光大永明成长无忧两全保险（分红型）
4. 光大永明附加初中教育金两全保险（分红型）
5. 光大永明附加大学教育金两全保险（分红型）
6. 光大永明附加定期医疗保险
7. 光大永明附加高中教育金两全保险（分红型）
8. 光大永明附加金保丰重大疾病保险
9. 光大永明附加少儿重大疾病保险
10. 光大永明附加深造金两全保险（分红型）
11. 光大永明附加投保人豁免保险费重大疾病保险
12. 光大永明附加终身医疗保险
13. 光大永明金保丰两全保险（万能型）
14. 光大永明金保泰两全保险（万能型）

六、国华人寿保险股份有限公司

1. 国华盛世年年两全保险（分红型）
2. 国华终身寿险（分红型）（2009）
3. 国华财富增值终身寿险（万能型）
4. 国华华润年年两全保险（分红型）A 款
5. 国华华润年年两全保险（分红型）C 款
6. 国华盛世年年两全保险（分红型）
7. 国华附加万能提前给付重大疾病保险
8. 国华附加华润年年 C 款提前给付重大疾病保险
9. 国华锦绣年年两全保险（分红型）
10. 国华聚鑫团体年金保险
11. 国华华宝金禧两全保险
12. 国华少儿重大疾病保险
13. 国华附加长期重大疾病保险
14. 国华附加学生平安补充住院医疗保险
15. 国华补充住院团体医疗保险（2010）
16. 国华留学生境外紧急救援医疗保险
17. 国华附加华宝金安长期住院津贴医疗保险

七、海康人寿保险有限公司

1. 海康［超满意］两全保险（C 款）（分红型）
2. 海康［守护天使］两全保险
3. 海康附加［守护天使］女性疾病保险
4. 海康［串串红］两全保险（C 款）（分红型）
5. 海康团体终身年金保险

6. 海康附加团体住院津贴医疗保险
7. 海康［海纳福利］年金保险（分红型）
8. 海康［超满意］两全保险（B 款）（分红型）
9. 海康［安享无忧］两全保险（分红型）
10. 海康附加［安享无忧］提前给付重大疾病保险
11. 海康［增划算］两全保险
12. 海康附加［增划算］住院津贴医疗保险
13. 海康［金如意］投资连结保险（B 款）
14. 海康［创富赢家］两全保险（万能型）（B 款）
15. 海康附加［关爱天使］少儿重大疾病保险
16. 海康［钱多多］两全保险（分红型）
17. 海康附加住院费用补偿医疗保险（C 型）
18. 海康“康乐无忧”两全保险
19. 海康附加“康乐无忧”提前给付重大疾病保险
20. 海康附加“康乐无忧”特定疾病保险
21. 海康附加“康乐无忧”额外给付重大疾病保险

八、合众人寿保险股份有限公司

1. 合众爱心宝两全保险（分红型）
2. 合众附加爱心宝重大疾病保险
3. 合众璀璨长红两全保险（分红型）

九、恒安标准人寿保险有限公司

1. 恒安标准金福缘年金保险（分红型）（A 款）
2. 恒安标准幸福金生终身寿险（分红型）
3. 恒安标准附加幸福金生提前给付重大疾病保险
4. 恒安标准附加学生平安住院补充医疗保险
5. 恒安标准附加学生平安住院医疗保险
6. 恒安标准附加学生平安意外伤害医疗保险
7. 恒安标准学生平安定期寿险
8. 恒安标准金福来两全保险（分红型）（A 款）
9. 恒安标准幸福玖玖两全保险（分红型）
10. 恒安标准附加黄金十年年金保险（分红型）
11. 恒安标准附加初中教育金年金保险（分红型）
12. 恒安标准附加高中教育金年金保险（分红型）
13. 恒安标准附加大学教育金年金保险（分红型）
14. 恒安标准个人意外伤害住院津贴医疗保险
15. 恒安标准个人意外伤害医疗保险（B 款）
16. 恒安标准恒爱相传两全保险（分红型）
17. 恒安标准珍爱相随两全保险（分红型）（A 款）

十、华泰人寿保险股份有限公司

1. 华泰人寿金鑫延年年金保险（分红型）
2. 华泰人寿财智人生终身寿险（万能型）C 款
3. 华泰人寿财智人生终身寿险（万能型）D 款
4. 华泰人寿小翰林两全保险（分红型）
5. 华泰人寿吉庆年年年金保险（分红型）
6. 华泰人寿吉年富年金保险（分红型）
7. 华泰人寿安心五年两全保险（分红型）
8. 华泰人寿安心财富终身寿险（万能型）
9. 华泰人寿附加吉康额外给付重大疾病保险
10. 华泰人寿附加吉康住院津贴医疗保险

十一、华夏人寿保险股份有限公司

1. 盛世貔貅两全保险（分红型，财富版）
2. 华智人生两全保险（分红型）
3. 华美人生年金保险（分红型）
4. 铂金樽两全保险（分红型）
5. 附加铂金樽重大疾病保险
6. 鑫囍年年年金保险（分红型）
7. 附加鑫囍年年提前给付重大疾病保险
8. 爱心宝两全保险
9. 福富有余终身寿险（万能型，B 款）
10. 盛世貔貅两全保险（分红型，世博版）
11. 金牌大篷车两全保险
12. 鎏金宝两全保险（分红型，B 款）
13. 附加鎏金宝提前给付重大疾病保险（B 款）
14. 盛世鲲鹏两全保险（万能型）
15. 附加提前给付重大疾病保险
16. 福富有余终身寿险（万能型）
17. 母婴安康定期寿险
18. 女性团体疾病保险
19. 安无忧住院给付医疗保险
20. 附加意外医药补偿医疗保险
21. 附加每日住院给付医疗保险
22. 附加每日重症监护给付医疗保险
23. 鎏金宝两全保险（分红型，2010 版）

十二、汇丰人寿保险有限公司

1. 汇丰鸿禧年年年金保险（分红型）
2. 汇丰汇盈终身寿险 D 款（分红型）
3. 汇丰安贷保定期寿险
4. 汇丰汇智财丰投资连结保险

5. 汇丰汇财宝投资连结保险（A 款）
6. 汇丰汇财宝投资连结保险（B 款）
7. 汇丰康盈两全保险 A 款（分红型）
8. 汇丰康盈两全保险 B 款（分红型）
9. 汇丰安盈两全保险
10. 汇丰团体定期寿险
11. 汇丰安康医疗保险
12. 汇丰附加康盈重大疾病保险 A 款
13. 汇丰附加康盈重大疾病保险 B 款
14. 汇丰附加安盈住院补贴医疗保险
15. 汇丰附加团体重大疾病保险
16. 汇丰团体综合医疗保险

十三、交银康联人寿保险有限公司

1. 交银康联优越人生两全保险（A）（分红型）
2. 交银康联福临门两全保险（5 年 A）（分红型）
3. 交银康联福临门两全保险（10 年 A）（分红型）
4. 交银康联吉利通宝两全保险（8 年 A）（分红型）
5. 交银康联吉利通宝两全保险（12 年 A）（分红型）
6. 交银康联安康一生终身寿险
7. 交银康联逍遥综合意外伤害医疗保险
8. 交银康联康乐终身寿险（分红型）
9. 交银康联金如意年金保险（分红型）
10. 交银康联安心卫士重大疾病保险
11. 交银康联精彩人生两全保险
12. 交银康联康乐定期寿险
13. 交银康联收入保障定期寿险
14. 交银康联金色人生养老两全保险（分红型）
15. 交银康联 VIP 医疗保险（C）
16. 交银康联团体定期寿险
17. 交银康联团体重大疾病保险
18. 交银康联团体每日住院补贴医疗保险
19. 交银康联团体住院医疗保险
20. 交银康联金宝宝两全保险（分红型）
21. 交银康联附加金宝宝定期寿险
22. 交银康联金喜来两全保险（分红型）
23. 交银康联钟爱一生两全保险（分红型）
24. 交银康联附加长期住院补贴医疗保险
25. 交银康联附加女性疾病保险
26. 交银康联附加意外伤害医疗保险（综合型 B）

27. 交银康联附加住院补贴医疗保险（B）
28. 交银康联附加住院费用医疗保险（C）
29. 交银康联附加安康一生长期疾病保险
30. 交银康联附加钟爱一生重大疾病保险
31. 交银康联附加重大疾病保险
32. 交银康联附加递增年金保险
33. 交银康联附加额外两全保险
34. 交银康联两全保险
35. 交银康联财富人生两全保险（分红型）
36. 交银康联金瑞福两全保险（分红型）
37. 交银康联金满堂两全保险（分红型）
38. 交银康联锦绣人生两全保险（分红型）
39. 交银康联乐得保消费信贷（个人型）定期寿险
40. 交银康联终身医疗保险（B）

十四、君龙人寿保险有限公司

1. 君龙鸿运八八 A 款两全保险（分红型）
2. 君龙鸿运八八 B 款两全保险（分红型）
3. 君龙团体一年定期寿险
4. 君龙金百合两全保险（分红型）
5. 君龙金添利两全保险（分红型）
6. 君龙财意双全两全保险
7. 君龙金得意两全保险
8. 君龙龙意宝两全保险
9. 君龙快乐童年年金保险（分红型）
10. 君龙快乐年年年金保险（分红型）
11. 君龙财星高照两全保险（分红型）（2009）
12. 君龙附加定期寿险（2009）
13. 君龙团体重大疾病保险（2009）
14. 君龙享乐一生终身寿险（万能型）
15. 君龙附加享乐一生提前给付重大疾病保险
16. 君龙金彩年年年金保险（分红型）
17. 君龙账户式团体医疗保险
18. 君龙附加额外给付重大疾病保险
19. 君龙团体补充医疗保险
20. 君龙团体住院费用补偿医疗保险
21. 君龙伴我一生终身寿险（万能型）
22. 君龙附加伴我一生提前给付重大疾病保险
23. 君龙附加豁免保费重大疾病保险
24. 君龙附加康乐双至住院定额给付医疗保险

25. 君龙附加龙安康提前给付重大疾病保险
26. 君龙康乐双至两全保险（分红型）
27. 君龙龙安康两全保险
28. 君龙幸福年年年金保险（分红型）
29. 君龙真爱终身寿险（分红型）
30. 君龙附加意外住院定额给付医疗保险（2009）
31. 君龙附加意外伤害费用补偿医疗保险（2009）

十五、乐爱金财产保险（中国）有限公司

1. 附加意外医疗保险
2. 附加意外住院津贴保险
3. 附加重大疾病保险
4. 附加超额医疗费保险
5. 附加紧急救治保险
6. 个人重大疾病诊断保险
7. 团体住院医疗保险
8. 团体重大疾病诊断保险
9. 个人住院医疗保险
10. 附加个人住院医疗费用津贴保险
11. 附加个人门诊急诊医疗保险
12. 附加个人住院医疗保险紧急救治保险
13. 附加意外伤害团体医疗保险
14. 附加意外伤害住院收入保障保险
15. 附加个人意外伤害医疗保险
16. 附加个人意外伤害住院收入保障保险

十六、利宝保险有限公司

1. 利宝关爱无限全球个人医疗保险
2. 利宝关爱无限全球团体医疗保险
3. 利宝关爱有加全球团体医疗保险
4. 利宝关爱员工全球团体医疗保险
5. 利宝重大疾病保险团体保险
6. 利宝住院津贴保险团体保险
7. 利宝综合疾病及意外保险团体保险

十七、联泰大都会人寿保险有限公司

1. 联泰大都会人寿保险有限公司吉祥无忧两全保险（B 款）（分红型）
2. 联泰大都会人寿保险有限公司如意两全保险（A 款）
3. 联泰大都会人寿保险有限公司合美两全保险
4. 联泰大都会人寿保险有限公司和谐一生两全保险
5. 联泰大都会人寿保险有限公司财富传家终身寿险（万能型）
6. 联泰大都会人寿保险有限公司财富优选投资连结保险（A 款）

7. 联泰大都会人寿保险有限公司财富优选投资连结保险（B 款）
8. 联泰大都会人寿保险有限公司财富智选投资连结保险
9. 联泰大都会人寿保险有限公司附加吉祥无忧提前给付长期重大疾病保险（B 款）
10. 联泰大都会人寿保险有限公司附加如意长期重大疾病保险（A 款）
11. 联泰大都会人寿保险有限公司附加合美防癌疾病保险
12. 联泰大都会人寿保险有限公司附加和谐一生防癌疾病保险
13. 联泰大都会人寿保险有限公司附加健康宝贝少儿长期重大疾病保险
14. 联泰大都会人寿保险有限公司附加意外住院补贴医疗保险（A 款）

十八、美国友邦保险有限公司北京分公司

1. 友邦附加天惠意外住院给付医疗保险
2. 友邦金丰宝 B 款年金保险（分红型）
3. 友邦附加金丰宝 B 款定期寿险
4. 友邦附加添馨女性疾病保险
5. 友邦康悦两全保险
6. 友邦附加康悦重大疾病保险
7. 友邦金喜多多两全保险（分红型）
8. 友邦附加金喜多多定期寿险
9. 友邦附加添益少儿综合住院医疗保险
10. 友邦康乐保两全保险
11. 友邦附加康乐保重大疾病保险
12. 友邦全佑一生“五合一”疾病保险
13. 友邦关爱一生“五合一”疾病保险
14. 友邦利宝年金保险
15. 友邦附加三十四种重大疾病团体疾病保险
16. 友邦附加职业伤害每日给付团体医疗保险
17. 友邦附加意外住院给付 B 款团体医疗保险
18. 友邦附加每日住院给付团体医疗保险
19. 友邦附加添益住院给付医疗保险
20. 友邦附加意外住院给付医疗保险
21. 友邦附加孝心意外重病监护给付医疗保险
22. 友邦附加特别每日住院给付医疗保险
23. 友邦附加境外每日住院给付医疗保险
24. 友邦附加境外每日重病监护医疗保险
25. 友邦附加每日重病监护给付医疗保险
26. 友邦附加孝心意外住院给付医疗保险
27. 友邦附加安翔意外住院给付医疗保险

十九、美国友邦保险有限公司广东分公司

1. 友邦附加天惠意外住院给付医疗保险
2. 友邦金丰宝 B 款年金保险（分红型）

3. 友邦附加金丰宝 B 款定期寿险
4. 友邦附加添馨女性疾病保险
5. 友邦康悦两全保险
6. 友邦附加康悦重大疾病保险
7. 友邦金喜多多两全保险（分红型）
8. 友邦附加金喜多多定期寿险
9. 友邦附加添益少儿综合住院医疗保险
10. 友邦康乐保两全保险
11. 友邦附加康乐保重大疾病保险
12. 友邦全佑一生“五合一”疾病保险
13. 友邦关爱一生“五合一”疾病保险
14. 友邦利宝年金保险
15. 友邦附加三十四种重大疾病团体疾病保险
16. 友邦附加职业伤害每日给付团体医疗保险
17. 友邦附加意外住院给付 B 款团体医疗保险
18. 友邦附加每日住院给付团体医疗保险
19. 友邦附加添益住院给付医疗保险
20. 友邦附加意外住院给付医疗保险
21. 友邦附加孝心意外重病监护给付医疗保险
22. 友邦附加特别每日住院给付医疗保险
23. 友邦附加境外每日住院给付医疗保险
24. 友邦附加境外每日重病监护医疗保险
25. 友邦附加每日重病监护给付医疗保险
26. 友邦附加孝心意外住院给付医疗保险
27. 友邦附加安翔意外住院给付医疗保险

二十、美国友邦保险有限公司江门支公司

1. 友邦附加天惠意外住院给付医疗保险
2. 友邦金丰宝 B 款年金保险（分红型）
3. 友邦附加金丰宝 B 款定期寿险
4. 友邦附加添馨女性疾病保险
5. 友邦康悦两全保险
6. 友邦附加康悦重大疾病保险
7. 友邦金喜多多两全保险（分红型）
8. 友邦附加金喜多多定期寿险
9. 友邦附加添益少儿综合住院医疗保险
10. 友邦康乐保两全保险
11. 友邦附加康乐保重大疾病保险
12. 友邦全佑一生“五合一”疾病保险
13. 友邦关爱一生“五合一”疾病保险

14. 友邦利宝年金保险
15. 友邦附加三十四种重大疾病团体疾病保险
16. 友邦附加职业伤害每日给付团体医疗保险
17. 友邦附加意外住院给付 B 款团体医疗保险
18. 友邦附加每日住院给付团体医疗保险
19. 友邦附加添益住院给付医疗保险
20. 友邦附加意外住院给付医疗保险
21. 友邦附加孝心意外重病监护给付医疗保险
22. 友邦附加特别每日住院给付医疗保险
23. 友邦附加境外每日住院给付医疗保险
24. 友邦附加境外每日重病监护医疗保险
25. 友邦附加每日重病监护给付医疗保险
26. 友邦附加孝心意外住院给付医疗保险
27. 友邦附加安翔意外住院给付医疗保险

二十一、美国友邦保险有限公司东莞支公司

1. 友邦附加天惠意外住院给付医疗保险
2. 友邦金丰宝 B 款年金保险（分红型）
3. 友邦附加金丰宝 B 款定期寿险
4. 友邦附加添馨女性疾病保险
5. 友邦康悦两全保险
6. 友邦附加康悦重大疾病保险
7. 友邦金喜多多两全保险（分红型）
8. 友邦附加金喜多多定期寿险
9. 友邦附加添益少儿综合住院医疗保险
10. 友邦康乐保两全保险
11. 友邦附加康乐保重大疾病保险
12. 友邦全佑一生“五合一”疾病保险
13. 友邦关爱一生“五合一”疾病保险
14. 友邦利宝年金保险
15. 友邦附加三十四种重大疾病团体疾病保险
16. 友邦附加职业伤害每日给付团体医疗保险
17. 友邦附加意外住院给付 B 款团体医疗保险
18. 友邦附加每日住院给付团体医疗保险
19. 友邦附加添益住院给付医疗保险
20. 友邦附加意外住院给付医疗保险
21. 友邦附加孝心意外重病监护给付医疗保险
22. 友邦附加特别每日住院给付医疗保险
23. 友邦附加境外每日住院给付医疗保险
24. 友邦附加境外每日重病监护医疗保险

25. 友邦附加每日重病监护给付医疗保险
26. 友邦附加孝心意外住院给付医疗保险
27. 友邦附加安翔意外住院给付医疗保险

二十二、美国友邦保险有限公司江苏分公司

1. 友邦附加天惠意外住院给付医疗保险
2. 友邦金丰宝 B 款年金保险（分红型）
3. 友邦附加金丰宝 B 款定期寿险
4. 友邦附加添馨女性疾病保险
5. 友邦康悦两全保险
6. 友邦附加康悦重大疾病保险
7. 友邦金喜多多两全保险（分红型）
8. 友邦附加金喜多多定期寿险
9. 友邦附加添益少儿综合住院医疗保险
10. 友邦康乐保两全保险
11. 友邦附加康乐保重大疾病保险
12. 友邦全佑一生“五合一”疾病保险
13. 友邦关爱一生“五合一”疾病保险
14. 友邦利宝年金保险
15. 友邦附加三十四种重大疾病团体疾病保险
16. 友邦附加职业伤害每日给付团体医疗保险
17. 友邦附加意外住院给付 B 款团体医疗保险
18. 友邦附加每日住院给付团体医疗保险
19. 友邦附加添益住院给付医疗保险
20. 友邦附加意外住院给付医疗保险
21. 友邦附加孝心意外重病监护给付医疗保险
22. 友邦附加特别每日住院给付医疗保险
23. 友邦附加境外每日住院给付医疗保险
24. 友邦附加境外每日重病监护医疗保险
25. 友邦附加每日重病监护给付医疗保险
26. 友邦附加孝心意外住院给付医疗保险
27. 友邦附加安翔意外住院给付医疗保险

二十三、美国友邦保险有限公司上海分公司

1. 友邦附加天惠意外住院给付医疗保险
2. 友邦金丰宝 B 款年金保险（分红型）
3. 友邦附加金丰宝 B 款定期寿险
4. 友邦附加添馨女性疾病保险
5. 友邦康悦两全保险
6. 友邦附加康悦重大疾病保险
7. 友邦金喜多多两全保险（分红型）

8. 友邦附加金喜多多定期寿险
9. 友邦附加添益少儿综合住院医疗保险
10. 友邦康乐保两全保险
11. 友邦附加康乐保重大疾病保险
12. 友邦全佑一生“五合一”疾病保险
13. 友邦关爱一生“五合一”疾病保险
14. 友邦利宝年金保险
15. 友邦附加三十四种重大疾病团体疾病保险
16. 友邦附加职业伤害每日给付团体医疗保险
17. 友邦附加意外住院给付B款团体医疗保险
18. 友邦附加每日住院给付团体医疗保险
19. 友邦附加添益住院给付医疗保险
20. 友邦附加意外住院给付医疗保险
21. 友邦附加孝心意外重病监护给付医疗保险
22. 友邦附加特别每日住院给付医疗保险
23. 友邦附加境外每日住院给付医疗保险
24. 友邦附加境外每日重病监护医疗保险
25. 友邦附加每日重病监护给付医疗保险
26. 友邦附加孝心意外住院给付医疗保险
27. 友邦附加安翔意外住院给付医疗保险

二十四、美国友邦保险有限公司深圳分公司

1. 友邦附加天惠意外住院给付医疗保险
2. 友邦金丰宝B款年金保险（分红型）
3. 友邦附加金丰宝B款定期寿险
4. 友邦附加添馨女性疾病保险
5. 友邦康悦两全保险
6. 友邦附加康悦重大疾病保险
7. 友邦金喜多多两全保险（分红型）
8. 友邦附加金喜多多定期寿险
9. 友邦附加添益少儿综合住院医疗保险
10. 友邦康乐保两全保险
11. 友邦附加康乐保重大疾病保险
12. 友邦全佑一生“五合一”疾病保险
13. 友邦关爱一生“五合一”疾病保险
14. 友邦利宝年金保险
15. 友邦附加三十四种重大疾病团体疾病保险
16. 友邦附加职业伤害每日给付团体医疗保险
17. 友邦附加意外住院给付B款团体医疗保险
18. 友邦附加每日住院给付团体医疗保险

19. 友邦附加添益住院给付医疗保险
20. 友邦附加意外住院给付医疗保险
21. 友邦附加孝心意外重病监护给付医疗保险
22. 友邦附加特别每日住院给付医疗保险
23. 友邦附加境外每日住院给付医疗保险
24. 友邦附加境外每日重病监护医疗保险
25. 友邦附加每日重病监护给付医疗保险
26. 友邦附加孝心意外住院给付医疗保险
27. 友邦附加安翔意外住院给付医疗保险

二十五、民生人寿保险股份有限公司

1. 民生金玉六福两全保险（分红型）
2. 民生附加康禧意外伤害医疗保险
3. 民生附加康禧意外住院每日给付医疗保险
4. 民生金玉良缘两全保险（分红型）
5. 民生附加金康额外给付重大疾病保险
6. 民生幸福 360 少儿两全保险（分红型）
7. 民生附加幸福宝贝少儿重大疾病保险
8. 民生富贵双盈 A 款两全保险（分红型）
9. 民生富贵双盈 B 款两全保险（分红型）
10. 民生商业补充医疗团体医疗保险

二十六、平安健康保险股份有限公司

1. 平安长期特定医疗团体医疗保险
2. 平安附加女性生育医疗保险
3. 平安附加住院定额给付医疗保险
4. 平安全球团体医疗保险
5. 平安综合团体医疗保险
6. 平安尊贵人生全球医疗保险
7. 平安尊爵人生全球医疗保险
8. 平安尊荣人生全球医疗保险
9. 平安尊尚人生全球医疗保险

二十七、瑞泰人寿保险有限公司

1. 瑞泰健康之选两全保险
2. 瑞泰附加健康之选重大疾病保险
3. 瑞泰甲型 H1N1 流感住院津贴医疗保险
4. 瑞泰宝赢之选终身寿险（万能型）
5. 瑞泰独尊之选两全保险（万能型）
6. 瑞泰附加增利之选投资连结保险 A 款
7. 瑞泰附加增利之选投资连结保险 B 款
8. 瑞泰恒利之选两全保险 A 款

9. 瑞泰恒利之选两全保险 B 款
10. 瑞泰极致之选投资连结保险
11. 瑞泰智赢人生终身寿险（万能型）
12. 瑞泰诺亚之选（A 款）投资连结保险
13. 瑞泰诺亚之选（B 款）投资连结保险

二十八、生命人寿保险股份有限公司

1. 生命伙伴福满堂两全保险（分红型）
2. 生命附加福满堂重大疾病保险
3. 生命伙伴金康两全保险（分红型）
4. 生命附加金康重大疾病保险
5. 生命伙伴财富连连年金保险（分红型）
6. 生命伙伴福安康年金保险（分红型）
7. 生命伙伴恒泰两全保险
8. 生命附加恒泰长期意外医疗保险
9. 生命红上红 A 款两全保险（分红型）
10. 生命红上红 C 款两全保险（分红型）
11. 生命红上红 D 款两全保险（分红型）
12. 生命吉祥三宝两全保险（分红型）
13. 生命财富 A 款两全保险（分红型）
14. 生命鼎利丰两全保险（分红型）
15. 生命附加定期重大疾病保险（A 款）
16. 生命健康增额终身重大疾病保险
17. 生命金满堂终身年金保险（分红型）
18. 生命附加全佑一生长期护理保险
19. 生命富贵全能年金保险（分红型）
20. 生命附加金管家年金保险（万能型）
21. 生命健宁天使失能收入损失保险
22. 生命伙伴至欢两全保险（B 款）（分红型）

二十九、太平财产保险有限公司

1. 太平团体全球医疗保险

三十、太平人寿保险有限公司

1. 太平附加真爱意外伤害医疗保险 2009
2. 太平附加意外伤害医疗保险 2009
3. 太平附加少儿意外伤害医疗保险 2009
4. 太平附加团体意外医疗保险
5. 太平精英全球团体医疗保险
6. 太平乐享人生团体长期护理保险 B 款
7. 太平财富环球医疗保险
8. 太平乐宁住院津贴医疗保险

9. 太平财富定投两全保险（分红型）
10. 太平祥和补充养老团体年金保险（分红型）
11. 太平如意一号两全保险（分红型）
12. 太平如意二号两全保险（分红型）
13. 太平如意三号两全保险（分红型）
14. 太平如意宝两全保险（分红型）
15. 太平吉祥安康两全保险
16. 太平财富成长一号两全保险（分红型）
17. 太平财富成长二号两全保险（分红型）
18. 太平财富成长三号两全保险（分红型）

三十一、太平洋安泰人寿保险有限公司

1. 富贵一生变额终身寿险（万能型）
2. 亲亲宝贝两全保险（分红型）

三十二、太平养老保险股份有限公司

1. 太平盛世团体一年定期寿险
2. 太平盛世学生、幼儿定期寿险
3. 太平盛世团体母婴定期寿险
4. 太平盛世团体定期寿险
5. 太平盛世团体年金保险（分红型）
6. 太平盛世保险金转换年金保险
7. 太平盛世祥和补充养老团体年金保险（分红型）
8. 太平附加盛世绿洲住院团体医疗保险
9. 太平附加盛世绿洲门诊团体医疗保险
10. 太平附加盛世绿洲生育团体医疗保险
11. 太平附加盛世绿洲公共团体医疗保险
12. 太平附加盛世团体意外医疗保险
13. 太平附加盛世学生、幼儿住院医疗保险
14. 太平附加盛世团体意外住院津贴医疗保险
15. 太平盛世住院津贴团体医疗保险
16. 太平附加盛世重大疾病住院津贴团体医疗保险
17. 太平盛世金盾团体医疗保险
18. 太平盛世环球团体医疗保险
19. 太平盛世团体重大疾病保险
20. 太平盛世团体艾滋病病毒感染疾病保险
21. 太平附加盛世团体婴儿特定疾病保险
22. 太平盛世团体女性疾病保险
23. 太平盛世精英全球团体医疗保险
24. 太平盛世蓝盾健康保障委托管理产品

三十三、泰康人寿保险股份有限公司

1. 泰康财富人生 B 款终身年金保险（分红型）
2. 泰康附加财富 B 款提前给付重大疾病保险
3. 泰康开泰稳利精选年金投资连结保险
4. 泰康安享人生 B 款两全保险（分红型）
5. 泰康附加安享人生 B 款重大疾病保险
6. 泰康永福人生年金保险（分红型）
7. 泰康附加永福人生住院津贴医疗保险
8. 泰康附加出国务工人员团体定期寿险
9. 泰康祥云康顺两全保险（分红型）
10. 泰康附加祥云康顺住院津贴医疗保险
11. 泰康吉祥相伴定期寿险
12. 泰康 e 顺女性疾病保险
13. 泰康附加借款人疾病身故定期寿险
14. 泰康附加借款人意外伤害医疗保险
15. 泰康附加借款人意外住院津贴医疗保险
16. 泰康常安终身团体重大疾病保险
17. 泰康幸福人生 A 款终身年金保险（分红型）
18. 泰康财富人生终身年金保险（分红型）
19. 泰康附加财富人生提前给付重大疾病保险
20. 泰康附加祥云吉顺意外伤害医疗保险
21、泰康附加永福人生提前给付重大疾病保险

三十四、天安人寿保险股份有限公司

1. 天安人寿附加安健宝住院费用补偿医疗保险
2. 天安人寿附加安宁宝意外住院补贴医疗保险
3. 天安人寿附加富康（A）疾病保险
4. 天安人寿附加富康（B）疾病保险
5. 天安人寿附加如意（A）疾病保险
6. 天安人寿附加如意（B）疾病保险
7. 天安人寿附加如意（C）疾病保险
8. 天安人寿附加安康宝（B）重大疾病保险
9. 天安人寿附加安颐宝（B）重大疾病保险
10. 天安人寿附加安意宝意外伤害医疗保险
11. 天安人寿附加团体重大疾病保险（2007）
12. 天安人寿附加团体意外住院补贴医疗保险
13. 天安人寿附加团体意外伤害医疗保险
14. 天安人寿吉祥鸟终身重大疾病保险
15. 天安人寿吉祥鸟定期重大疾病保险
16. 天安人寿附加团体住院费用补偿医疗保险
17. 天安人寿永康（C）团体医疗保险

18. 天安人寿附加新世代住院补贴终身医疗保险
19. 天安人寿附加安心宝（B）医疗保险
20. 天安人寿附加团体住院补贴医疗保险
21. 天安人寿附加团体门诊急诊费用补偿医疗保险
22. 天安人寿助医保终身寿险（万能型）
23. 天安人寿溢财宝（B）两全保险（分红型）
24. 天安人寿新世代终身寿险
25. 天安人寿小太阳两全保险（分红型）
26. 天安人寿团体一年定期寿险
27. 天安人寿万全理财（B）终身寿险（万能型）
28. 天安人寿富康（A）两全保险（分红型）
29. 天安人寿富康（B）两全保险（分红型）
30. 天安人寿如意（A）两全保险（分红型）
31. 天安人寿如意（B）两全保险（分红型）
32. 天安人寿如意（C）两全保险（分红型）
33. 天安人寿鸿运来终身寿险（分红型）
34. 天安人寿附加初中教育年金保险（分红型）
35. 天安人寿附加高中教育年金保险（分红型）
36. 天安人寿附加大学教育年金保险（分红型）
37. 天安人寿安颐宝（B）两全保险
38. 天安人寿金多多（B）两全保险（分红型）
39. 天安人寿附加恒惠宝（B）定期寿险
40. 天安人寿附加儿童寿险保费豁免定期寿险
41. 天安人寿安享宝（B）两全保险
42. 天安人寿多利宝两全保险
43. 天安人寿保利安（A）两全保险（分红型）
44. 天安人寿保利安（B）两全保险（分红型）
45. 天安人寿保利安（C）两全保险（分红型）
46. 天安人寿永寿团体养老年金保险（分红型）
47. 天安人寿金算盘年金保险（分红型）
48. 天安人寿福寿多两全保险（分红型）
49. 天安人寿红禧年年两全保险（分红型）

三十五、新华人寿保险股份有限公司

1. 红双喜金富贵年金保险（分红型）
2. 荣享人生养老年金保险（分红型）
3. 优越人生 A 款防癌综合医疗保险
4. 优越人生 B 款防癌综合医疗保险
5. 附加祥泰意外伤害医疗保险
6. 附加祥禄意外住院津贴医疗保险

三十六、信诚人寿保险有限公司

1. 信诚「康赢年年」年金保险 C 款（分红型）
2. 信诚「六福盈门」两全保险 B 款（分红型）
3. 信诚附加「安享未来」长期重大疾病保险 B 款

三十七、信泰人寿保险股份有限公司

1. 信泰附加定期寿险
2. 信泰保险金转换年金保险 A 款
3. 信泰爱无忧两全保险（分红型）C 款
4. 信泰爱满溢两全保险（分红型）
5. 信泰瑞福两全保险（分红型）A 款
6. 信泰世纪星辰个人住院医疗保险
7. 信泰附加世纪星辰重大疾病住院医疗保险
8. 信泰附加世纪星辰手术医疗保险
9. 信泰附加世纪星辰器官移植医疗保险
10. 信泰附加恒泰重大疾病保险
11. 信泰附加安福提前给付重大疾病保险 A 款
12. 信泰金瑞两全保险（分红型）A 款
13. 信泰金祥两全保险（分红型）A 款
14. 信泰大富豪两全保险（分红型）A 款

三十八、阳光财产保险股份有限公司

1. 阳光关爱女性团体特定疾病保险（2009 版）
2. 阳光团体住院安心保险（2009 版）
3. 阳光团体防癌保险（2009 版）
4. 阳光团体基本医疗保险（2009 版）
5. 阳光团体重大疾病保险（2009 版）
6. 阳光团体住院医疗保险（2009 版）
7. 阳光住院团体医疗保险（A 款）（2009 版）
8. 阳光附加个人住院津贴医疗保险（2009 版）
9. 阳光附加疾病身故保险（2009 版）
10. 阳光附加门诊急诊团体医疗保险（A 款）（2009 版）
11. 阳光附加学生、幼儿补充住院医疗保险（2009 版）
12. 阳光附加学生、幼儿疾病身故保险（2009 版）
13. 阳光附加学生、幼儿疾病住院医疗保险（2009 版）
14. 阳光附加学生、幼儿意外伤害医疗保险（2009 版）
15. 阳光附加意外伤害团体医疗保险（2009 版）
16. 阳光附加意外伤害医疗保险（2009 版）
17. 阳光附加意外伤害住院津贴团体医疗保险（2009 版）
18. 阳光附加意外伤害住院津贴医疗保险（2009 版）
19. 阳光健康保障委托管理产品合同（2009 版）

20. 安康团体医疗保险条款（2010 版）
21. 阳光团体全球医疗保险（A 款）（2010 版）
22. 阳光附加学生幼儿住院医疗保险（2009 版）（江苏地区适用）

三十九、阳光人寿保险股份有限公司

1. 阳光人寿阳光 365 两全保险
2. 阳光人寿阳光财富两全保险（分红型）
3. 阳光人寿大富翁两全保险 A 款（分红型）
4. 阳光人寿大富翁两全保险 B 款（分红型）
5. 阳光人寿财富宝两全保险（分红型）
6. 阳光人寿附加财富宝额外给付重大疾病保险

四十、招商信诺人寿保险有限公司

1. 招商信诺附加安逸无忧第二代癌症疾病保险
2. 招商信诺附加康健无忧第二代重大疾病保险
3. 招商信诺附加康丽无忧女性癌症疾病保险
4. 招商信诺安逸无忧第二代两全保险
5. 招商信诺康健无忧第二代两全保险
6. 招商信诺信运无忧两全保险
7. 招商信诺康丽无忧两全保险
8. 招商信诺常青终身寿险
9. 招商信诺稳得利五年期两全保险（分红型）
10. 招商信诺周全防癌疾病保险
11. 招商信诺附加女性防癌疾病保险
12. 招商信诺附加男性防癌疾病保险
13. 招商信诺安康如意团体医疗保险

四十一、正德人寿保险股份有限公司

1. 正德附加意外住院津贴医疗保险
2. 正德龙腾年金保险（分红型）
3. 正德龙鑫年金保险（分红型）
4. 正德附加投保人豁免保费定期寿险
5. 正德龙泰年丰年金保险 A 款（分红型）
6. 正德龙泰年丰年金保险 B 款（分红型）

四十二、中德安联人寿保险有限公司

1. 安联附加安康伊人女性疾病保险
2. 安联安顺易贷定期寿险
3. 安联安康顺心两全保险
4. 安联附加安康顺心长期医疗保险

四十三、中国平安人寿保险股份有限公司

1. 平安一年期团体定期寿险
2. 平安养老金转换年金保险

3. 平安逸享人生养老年金保险（万能型）
4. 平安金彩未来两全保险（万能型）
5. 平安金福康两全保险（分红型）
6. 平安丰沃一生年金保险（分红型）
7. 平安吉星送宝少儿两全保险（分红型）
8. 平安金富贵两全保险（分红型，A）
9. 平安金富贵两全保险（分红型，B）
10. 平安增利两全保险
11. 平安附加团体意外伤害医疗保险
12. 平安附加逸享人生定期重大疾病保险
13. 平安附加金福康重大疾病保险
14. 平安附加丰沃一生提前给付重大疾病保险
15. 平安住院安心团体医疗保险（A 款）

四十四、中国人民健康保险股份有限公司

1. 城乡医疗救助团体医疗保险
2. 康利相伴个人护理保险（万能型）
3. 阳光关爱女性特定重大疾病保险
4. 尊享人生个人护理保险（万能型）
5. 幸福宝个人护理保险
6. 守护专家意外住院定额医疗保险
7. 附加健康宝个人重大疾病保险（A 款）

四十五、中国人民人寿保险股份有限公司

1. 人保寿险智胜金账户年金保险（万能型）（B 款）
2. 人保寿险小额贷款借款人定期寿险
3. 人保寿险福进万家两全保险（分红型）
4. 人保寿险金鼎富贵两全保险（分红型）（C 款）
5. 人保寿险金鼎富贵两全保险（分红型）（D 款）
6. 人保寿险鑫盛两全保险（万能型）

四十六、中国太平洋财产保险股份有限公司

1. 附加境外人员紧急医疗援助保险
2. 附加团体补充重大疾病保险
3. 附加疾病致残保险
4. 团体重大疾病保险（东莞地区）
5. 附加学生幼儿意外伤害医疗保险（广西地区）
6. 附加学生幼儿短期补充医疗保险（宁波地区）
7. 信用卡持卡人附加旅行住院医疗保险（上海地区）
8. 附加意外伤害住院津贴保险（深圳地区）
9. 附加意外伤害医疗保险（深圳地区）
10. 和安昆明附加意外伤害医疗保险

11. 附加学生幼儿短期医疗保险（浙江地区）
12. 附加学生幼儿短期补充医疗保险（浙江地区）
四十七、中航三星人寿保险有限公司
1. 中航三星 B 款社保补充团体医疗保险
2. 中航三星康利双赢两全保险
3. 中航三星附加康利双赢重大疾病保险
4. 中航三星综合团体医疗保险
5. 中航三星终身团体重大疾病保险
6. 中航三星 B 款团体定期寿险
7. 中航三星家鑫两全保险（分红型）
8. 中航三星附加家鑫提前给付重大疾病保险
9. 中航三星家家乐两全保险（分红型）
10. 中航三星附加保险费豁免定期重大疾病保险（B 款）
四十八、中荷人寿保险有限公司
1. 中荷金生无忧年金保险（分红型）B 款
2. 中荷康乐人生医疗保险 A 款
3. 中荷安康增值两全保险 B 款（分红型）
4. 中荷欢乐年年两全保险 B 款（分红型）
四十九、中宏人寿保险有限公司
1. 中宏长保无忧丙款两全保险（分红型）
2. 中宏附加长保无忧丙款长期疾病保险
3. 中宏附加康健额外给付重大疾病保险
4. 中宏附加安康重大疾病长期医疗保险
5. 中宏附加康宝住院赔偿医疗保险
6. 中宏附加康宝综合住院医疗保险
7. 中宏金玉年年两全保险（分红型）
8. 中宏锦绣人生两全保险（分红型）
9. 中宏聪明宝宝两全保险（分红型）
10. 中宏丰裕年年年金保险（分红型）
11. 中宏财富宝宝年金保险（分红型）
12. 中宏团体投资连结保险
13. 中宏附加鸿运人生投资连结保险
14. 中宏终身寿险（分红型）
15. 中宏附加变额现金给付两全保险（分红型）
16. 中宏附加等额现金给付两全保险（分红型）
17. 中宏附加两全保险（分红型）
18. 中宏金玉盈盈投资连结保险
19. 中宏金福连连 A 款两全保险（分红型）
20. 中宏金福连连 B 款两全保险（分红型）

五十、中美大都会人寿保险有限公司

1. 安心年年定期两全保险（分红型，2010）
2. 附加住院津贴医疗保险（2010）
3. 附加住院津贴医疗保险（C款）
4. 终身寿险（2010）
5. 附加长期医疗保险（2010）
6. 都会挚爱两全保险（2010版）
7. 附加都会挚爱长期重大疾病保险（2010版）
8. 美满一生两全保险
9. 附加美满一生长期重大疾病保险
10. 真心关爱住院津贴医疗保险（2010版）
11. 附加短期意外伤害住院津贴医疗保险（2010）
12. 一生守护终身寿险（2010）
13. 附加一生守护住院补贴医疗保险（2010）

五十一、中意人寿保险有限公司

1. 中意福瑞来年金保险（分红型）
2. 中意附加福瑞来投资连结保险
3. 中意附加理财儿童疾病保险
4. 中意附加年年创意定期寿险
5. 中意附加年年创意重大疾病保险（B款）
6. 中意附加年年创意住院津贴医疗保险
7. 中意年年创意理财投资连结保险（B款）
8. 中意年年安康两全保险（分红型）（A款）
9. 中意附加年年安康疾病保险（A款）
10. 中意全球保障医疗保险
11. 中意吉祥如意两全保险E款（万能型）
12. 中意附加吉祥如意重大疾病保险E款
13. 中意吉祥两全保险C款（分红型）

五十二、中英人寿保险有限公司

1. 中英人寿安居无忧定期寿险A款
2. 中英人寿安居无忧定期寿险B款
3. 中英人寿附加意外伤害住院费用医疗保险
4. 中英高端团体医疗保险
5. 中英附加牙科团体医疗保险
6. 中英人寿附加意外伤害住院津贴医疗保险
7. 中英团体重大疾病保险
8. 中英人寿金苹果两全保险（分红型）D款
9. 中英人寿住院费用医疗保险（社保型）
10. 中英人寿住院费用医疗保险（非社保型）

11. 中英人寿尊荣岁月国际医疗保险
12. 中英人寿附加尊荣岁月牙科医疗保险
13. 中英人寿寰宇一家国际医疗保险

北京市财政局　北京市地方税务局
转发财政部　国家税务总局
《关于调整个人住房转让营业税政策的通知》

2011 年 2 月 12 日　京财税〔2011〕171 号

各区县财政局、地方税务局，市地方税务局直属分局：

现将财政部、国家税务总局《关于调整个人住房转让营业税政策的通知》（财税〔2011〕12 号）转发给你们，请依照执行。

附件：财政部　国家税务总局《关于调整个人住房转让营业税政策的通知》

附件：

财政部　国家税务总局《关于调整个人住房转让营业税政策的通知》

2011 年 1 月 27 日　财税〔2011〕12 号

各省、自治区、直辖市、计划单列市财政厅（局）、地方税务局，西藏、宁夏、青海省（自治区）国家税务局，新疆生产建设兵团财务局：

为了促进房地产市场健康发展，经国务院批准，现将个人住房转让营业税政策通知如下：

一、个人将购买不足 5 年的住房对外销售的，全额征收营业税；个人将购买超过 5 年（含 5 年）的非普通住房对外销售的，按照其销售收入减去购买房屋的价款后的差额征收营业税；个人将购买超过 5 年（含 5 年）的普通住房对外销售的，免征营业税。

二、上述普通住房和非普通住房的标准、办理免税的具体程序、购买房屋的时间、开具发票、差额征税扣除凭证、非购买形式取得住房行为及其他相关税收管理规定，按照《国务院办公厅转发建设部等部门关于做好稳定住房价格工作意见的通知》（国办发〔2005〕26 号）、《国家税务总局　财政部　建设部关于加强房地产税收管理的通知》（国税发〔2005〕89 号）和《国家税务总局关于房地产税收政策执行中几个具体问题的通知》（国税发〔2005〕172 号）的有关规定执行。

三、本通知自发文次日起执行，《财政部　国家税务总局关于调整个人住房转让营业税政策的通知》（财税〔2009〕157 号）同时废止。

北京市财政局　北京海关　北京市国家税务局北京市地方税务局转发财政部　海关总署国家税务总局《关于支持舟曲灾后恢复重建有关税收政策问题的通知》

2011 年 2 月 28 日　京财税〔2011〕226 号

各区县财政局、国家税务局、地方税务局，市国家税务局直属税务分局，市地方税务局直属分局：

现将财政部、海关总署、国家税务总局《关于支持舟曲灾后恢复重建有关税收政策问题的通知》（财税〔2010〕107 号）转发给你们，并将有关内容补充如下，请一并遵照执行：

纳税人在享受财税〔2010〕107 号文件第四条第 2 款向灾区捐赠在当年企业所得税和个人所得税前全额扣除时，需按照《北京市财政局、北京市国家税务局、北京市地方税务局、北京市民政局转发财政部、国家税务总局、民政部关于公益性捐赠税前扣除有关问题的补充通知》（京财税〔2010〕2039 号）的规定留存有关资料备查。

附件：财政部　海关总署　国家税务总局《关于支持舟曲灾后恢复重建有关税收政策问题的通知》

附件：

财政部　海关总署　国家税务总局《关于支持舟曲灾后恢复重建有关税收政策问题的通知》

2010 年 12 月 29 日　财税〔2010〕107 号

各省、自治区、直辖市、计划单列市财政厅（局）、国家税务局、地方税务局，新疆生产建设兵团财务局，广东分署、各直属海关：

为统筹引导各方面力量，支持和帮助遭受特大山洪泥石流灾害的舟曲灾后恢复重建，使灾区基本生产生活条件和经济社会发展全面恢复并超过灾前水平，根据《国务院关于支持舟曲灾后恢复重建政策措施的意见》（国发〔2010〕34 号）的有关规定，现就支持舟曲灾后恢复重建有关税收政策问题通知如下：

一、关于减轻企业税收负担的税收政策

1. 对灾区损失严重的企业，免征企业所得税。

2. 自 2010 年 8 月 8 日起，对灾区企业通过公益性社会团体、县级以上人民政府及其部门取得的抢险救灾和灾后恢复重建款项和物资，以及税收法律、法规和国务院批准的减免税金及附加收入，免征企业所得税。

3. 自 2010 年 1 月 1 日至 2014 年 12 月 31 日，对灾区农村信用社免征企业所得税。

4. 自 2010 年 8 月 8 日至 2012 年 12 月 31 日，对灾区企业、单位或支援灾区重建的企业、单位，进口国内不能满足供应并直接用于灾后恢复重建的大宗物资、设备等，给予进口税收优惠。

各省、自治区、直辖市、计划单列市人民政府或国务院有关部门负责将所在地企业或归口管理的单位提交的直接用于灾后恢复重建的进口国内不能满足供应的物资减免税申请汇总后报财政部，由财政部会同海关总署、国家税务总局等部门审核提出处理意见，报请国务院批准后执行。

二、关于减轻个人税收负担的税收政策

自 2010 年 8 月 8 日起，对灾区个人接受捐赠的款项、取得的各级政府发放的救灾款项以及参与抢险救灾的一线人员按照地方各级政府及其部门规定标准取得的与抢险救灾有关的补贴收入，免征个人所得税。

三、关于支持灾区基础设施、房屋建筑物等恢复重建的税收政策

1. 对政府为受灾居民组织建设的安居房建设用地，免征城镇土地使用税，转让时免征土地增值税。

2. 对灾区住房倒塌的农（牧）民重建住房占用耕地的，在规定标准内的部分免征耕地占用税。

3. 由政府组织建设的安居房，所签订的建筑工程勘察设计合同、建筑安装工程承包合同、产权转移书据、房屋租赁合同，免征印花税。

4. 对因灾损毁的应缴而未缴契税的居民住房，不再征收契税；对受灾居民购买安居房，免征契税。

5. 经甘肃省人民政府批准，对经有关部门鉴定因灾损毁的房产、土地，免征房产税和城镇土地使用税。对经批准免税的纳税人已缴税款可以在以后年度的应缴税款中抵扣。

本通知所称安居房，按照国务院有关部门确定的标准执行。所称因灾毁损的居民住房，是指经县级以上（含县级）人民政府房屋主管部门出具证明，在灾害中倒塌或遭受严重破坏而不能居住的居民住房。

四、关于鼓励社会各界支持抢险救灾和灾后恢复重建的税收政策

1. 自 2010 年 8 月 8 日起，对单位和个体经营者将自产、委托加工或购买的货物通过公益性社会团体、县级以上人民政府及其部门捐赠给受灾地区的，免征增值税、城市维护建设税及教育费附加。

2. 自 2010 年 8 月 8 日起，对企业、个人通过公益性社会团体、县级以上人民政府及其部门向灾区的捐赠，允许在当年企业所得税前和当年个人所得税前全额扣除。

3. 对财产所有人将财产（物品）直接捐赠或通过公益性社会团体、县级以上人民政府及其部门捐赠给灾区或受灾居民所书立的产权转移书据，免征印花税。

4. 对专项用于抢险救灾和灾后恢复重建、能够提供由县级以上（含县级）人民政府或其授权单位出具的抢险救灾证明的新购特种车辆，免征车辆购置税。符合免税条件但已经征

税的特种车辆，退还已征税款。

五、关于促进就业的税收政策

1. 灾区的商贸企业、服务型企业（除广告业、房屋中介、典当、桑拿、按摩、氧吧外）、劳动就业服务企业中的加工型企业和街道社区具有加工性质的小型企业实体在新增加的就业岗位中，招用当地因灾失去工作的人员，与其签订一年以上期限劳动合同并依法缴纳社会保险费的，经县级人力资源社会保障部门认定，按实际招用人数和实际工作时间予以定额依次扣减营业税、城市维护建设税、教育费附加和企业所得税。

定额标准为每人每年4000元，可上下浮动20%，由甘肃省人民政府根据本地实际情况具体确定。

按上述标准计算的税收抵扣额应在企业当年实际应缴纳的营业税、城市维护建设税、教育费附加和企业所得税税额中扣减，当年扣减不足的，不得结转下年使用。

2. 灾区因灾失去工作后从事个体经营（除建筑业、娱乐业以及销售不动产、转让土地使用权、广告业、房屋中介、桑拿、按摩、网吧、氧吧外）的人员以及因灾损失严重的个体工商户，按每户每年8000元为限额依次扣减其当年实际应缴纳的增值税、营业税、城市维护建设税、教育费附加和个人所得税。

纳税人年度应缴纳税款小于上述扣减限额的，以其实际缴纳的税款为限；大于上述扣减限额的，应以上述扣减限额为限。

六、关于税收政策的适用范围

根据《国务院关于印发舟曲灾后恢复重建总体规划的通知》（国发〔2010〕38号）的规定，本通知所称“灾区”包括甘肃省舟曲县城关镇和江盘乡的15个村、2个社区，灾区具体范围见附件。

七、关于税收政策的执行期限

以上税收优惠政策，凡未注明具体期限的，一律执行至2012年12月31日。

如果纳税人按规定既可享受本通知的税收优惠政策，也可享受国家支持汶川地震灾后恢复重建的税收优惠政策，可由纳税人自主选择适用的政策，但两项政策不得叠加使用。

各地财政、税务部门和各直属海关要加强领导、周密部署，把大力支持舟曲灾后恢复重建工作作为一项重要任务，贯彻落实好相关税收优惠政策。同时，要密切关注税收政策的执行情况，对发现的问题及时逐级向财政部、海关总署、国家税务总局反映。

附：舟曲灾区范围

附：

舟曲灾区范围

灾害等级	范　围
极重区域	城关镇的三眼村、月圆村、南街村、瓦厂村、东城社区、西城社区和北街村大部、东街村大部、北关村部分、罗家峪村部分地区
严重区域	城关镇的西关村、西街村大部，江盘乡的南桥村、河南村部分地区等
一般区域	城关镇的锁儿头村、真牙头村、沙川村等村的部分地区

北京市财政局　北京市地方税务局转发财政部国家税务总局《关于中国信达资产管理股份有限公司改制过程中有关契税和印花税问题的通知》

2011年3月1日　京财税〔2011〕258号

各区县财政局、地方税务局，市地方税务局直属分局：

现将《财政部、国家税务总局《关于中国信达资产管理股份有限公司改制过程中有关契税和印花税问题的通知》（财税〔2011〕2号）转发给你们，请遵照执行。

附件：财政部　国家税务总局《关于中国信达资产管理股份有限公司改制过程中有关契税和印花税问题的通知》

附件：

财政部　国家税务总局《关于中国信达资产管理股份有限公司改制过程中有关契税和印花税问题的通知》

2011年1月24日　财税〔2011〕2号

各省、自治区、直辖市、计划单列市财政厅（局）、地方税务局，新疆生产建设兵团财务局：

为支持资产管理公司改制，促进我国金融业健康发展，现对中国信达资产管理股份有限公司改制过程中有关契税、印花税问题通知如下：

一、对中国信达资产管理股份有限公司承受原中国信达资产管理公司的土地、房屋权属，免征契税；对中国信达资产管理股份有限公司与其所属企业之间，中国信达资产管理股份有限公司所属企业之间土地、房屋权属的无偿划转，免征契税。对中国信达资产管理股份有限公司及其所属企业以出让或国家作价出资（入股）方式取得原国有划拨土地使用权的，照章征收契税。

二、对中国信达资产管理股份有限公司改制过程中资产评估增值转增资本金涉及的印花税予以免征。对改制后再增加的资本金涉及的印花税照章征收。

请遵照执行。

北京市财政局　北京市国家税务局　北京市地方税务局转发财政部　国家税务总局《关于促进节能服务产业发展增值税　营业税和企业所得税政策问题的通知》

2011 年 3 月 11 日　京财税〔2011〕320 号

各区县财政局、国家税务局、地方税务局，市国家税务局直属税务分局，市地方税务局直属分局：

现将财政部、国家税务总局《关于促进节能服务产业发展增值税　营业税和企业所得税政策问题的通知》（财税〔2010〕110 号）转发给你们，请依照执行。

附件：财政部　国家税务总局《关于促进节能服务产业发展增值税　营业税和企业所得税政策问题的通知》

附件：

财政部　国家税务总局《关于促进节能服务产业发展增值税　营业税和企业所得税政策问题的通知》

2010 年 12 月 20 日　财税〔2010〕110 号

各省、自治区、直辖市、计划单列市财政厅（局）、国家税务局、地方税务局，新疆生产建设兵团财务局：

为鼓励企业运用合同能源管理机制，加大节能减排技术改造工作力度，根据税收法律法规有关规定和《国务院办公厅转发发展改革委等部门关于加快推进合同能源管理促进节能服务产业发展意见的通知》（国办发〔2010〕25 号）精神，现将节能服务公司实施合同能源管理项目涉及的增值税、营业税和企业所得税政策问题通知如下：

一、关于增值税、营业税政策问题

（一）对符合条件的节能服务公司实施合同能源管理项目，取得的营业税应税收入，暂免征收营业税。

（二）节能服务公司实施符合条件的合同能源管理项目，将项目中的增值税应税货物转让给用能企业，暂免征收增值税。

（三）本条所称“符合条件”是指同时满足以下条件：

1. 节能服务公司实施合同能源管理项目相关技术应符合国家质量监督检验检疫总局和国家标准化管理委员会发布的《合同能源管理技术通则》（GB/T24915－2010）规定的技术要求；

2. 节能服务公司与用能企业签订《节能效益分享型》合同，其合同格式和内容，符合《合同法》和国家质量监督检验检疫总局和国家标准化管理委员会发布的《合同能源管理技术通则》（GB/T24915－2010）等规定。

二、关于企业所得税政策问题

（一）对符合条件的节能服务公司实施合同能源管理项目，符合企业所得税税法有关规定的，自项目取得第一笔生产经营收入所属纳税年度起，第一年至第三年免征企业所得税，第四年至第六年按照25%的法定税率减半征收企业所得税。

（二）对符合条件的节能服务公司，以及与其签订节能效益分享型合同的用能企业，实施合同能源管理项目有关资产的企业所得税税务处理按以下规定执行：

1. 用能企业按照能源管理合同实际支付给节能服务公司的合理支出，均可以在计算当期应纳税所得额时扣除，不再区分服务费用和资产价款进行税务处理；

2. 能源管理合同期满后，节能服务公司转让给用能企业的因实施合同能源管理项目形成的资产，按折旧或摊销期满的资产进行税务处理，用能企业从节能服务公司接受有关资产的计税基础也应按折旧或摊销期满的资产进行税务处理；

3. 能源管理合同期满后，节能服务公司与用能企业办理有关资产的权属转移时，用能企业已支付的资产价款，不再另行计入节能服务公司的收入。

（三）本条所称“符合条件”是指同时满足以下条件：

1. 具有独立法人资格，注册资金不低于100万元，且能够单独提供用能状况诊断、节能项目设计、融资、改造（包括施工、设备安装、调试、验收等）、运行管理、人员培训等服务的专业化节能服务公司；

2. 节能服务公司实施合同能源管理项目相关技术应符合国家质量监督检验检疫总局和国家标准化管理委员会发布的《合同能源管理技术通则》（GB/T24915－2010）规定的技术要求；

3. 节能服务公司与用能企业签订《节能效益分享型》合同，其合同格式和内容，符合《合同法》和国家质量监督检验检疫总局和国家标准化管理委员会发布的《合同能源管理技术通则》（GB/T24915－2010）等规定；

4. 节能服务公司实施合同能源管理的项目符合《财政部　国家税务总局　国家发展改革委关于公布环境保护节能节水项目企业所得税优惠目录（试行）的通知》（财税〔2009〕166号）“4. 节能减排技术改造”类中第一项至第八项规定的项目和条件；

5. 节能服务公司投资额不低于实施合同能源管理项目投资总额的70%；

6. 节能服务公司拥有匹配的专职技术人员和合同能源管理人才，具有保障项目顺利实施和稳定运行的能力。

（四）节能服务公司与用能企业之间的业务往来，应当按照独立企业之间的业务往来收取或者支付价款、费用。不按照独立企业之间的业务往来收取或者支付价款、费用，而减少其应纳税所得额的，税务机关有权进行合理调整。

（五）用能企业对从节能服务公司取得的与实施合同能源管理项目有关的资产，应与企业其他资产分开核算，并建立辅助账或明细账。

（六）节能服务公司同时从事适用不同税收政策待遇项目的，其享受税收优惠项目应当单独计算收入、扣除，并合理分摊企业的期间费用；没有单独计算的，不得享受税收优惠政策。

三、本通知自2011年1月1日起执行。

北京市财政局　北京市国家税务局　北京市地方税务局转发财政部　国家税务总局《关于2010年上海世博会有关税收政策问题的补充通知》

2011年3月5日　京财税〔2011〕353号

各区县财政局、国家税务局、地方税务局，市国家税务局直属税务分局、市地方税务局直属分局：

现将财政部、国家税务总局《关于2010年上海世博会有关税收政策问题的补充通知》（财税〔2011〕9号）转发给你们，请依照执行。

附件：财政部　国家税务总局《关于2010年上海世博会有关税收政策问题的补充通知》

附件：

财政部　国家税务总局《关于2010年上海世博会有关税收政策问题的补充通知》

2011年1月3日　财税〔2011〕9号

各省、自治区、直辖市、计划单列市财政厅（局）、国家税务局、地方税务局，新疆生产建设兵团财务局：

经国务院批准，现就2010年上海世博会有关税收政策问题通知如下：

一、鉴于上海市对承办2010年上海世博会的组织架构和任务分工进行了调整，原由上海世博（集团）公司承担的部分筹办、运营职能转由上海世博局、上海世博会运营有限公司（以下简称运营公司）、上海世博土地控股有限公司等共同承担，为落实上海世博会的税收优惠政策，同意调整后的相关主体按其职能享受财政部、国家税务总局《关于2010年上海世博会有关税收政策问题的通知》（财税〔2005〕180号）中给予上海世博（集团）公司的相关税收优惠政策。

二、对上海世博局、运营公司取得的下列收入给予税收优惠政策：

1. 对上海世博局或上海世博局委托运营公司对园区内商业活动收取的提成费收入，免征营业税。

2. 对上海世博局委托运营公司所承担世博园区内的物流服务、车辆租赁业务所取得的收入，免征营业税。

3. 对上海世博局及运营公司收取的各类证件的制证工本费收入，免征营业税。

4. 对运营公司受上海世博局委托出售世博会纪念邮票取得的收入，免征增值税。

三、除再销售捐赠和赞助货物收入、世博会结束后出让资产等收入的税收优惠政策在财务清算完结后停止执行外，上海世博会相关税收优惠政策一律执行至 2010 年 12 月 31 日。从事世博会筹办、运营的相关主体在上海世博会结束后继续存在的，自 2011 年 1 月 1 日起照章纳税。

请遵照执行。

北京市财政局　北京市国家税务局 北京市地方税务局转发财政部　国家税务总局《关于继续实施小型微利企业所得税优惠政策的通知》

2011 年 3 月 17 日　京财税〔2011〕360 号

各区县财政局、国家税务局、地方税务局，市地方税务局直属分局：

现将财政部、国家税务总局《关于继续实施小型微利企业所得税优惠政策的通知》（财税〔2011〕4 号）转发给你们，请依照执行。

附件：财政部　国家税务总局《关于继续实施小型微利企业所得税优惠政策的通知》

附件：

财政部　国家税务总局《关于继续实施小型微利企业所得税优惠政策的通知》

2011 年 1 月 27 日　财税〔2011〕4 号

各省、自治区、直辖市、计划单列市财政厅（局）、国家税务局、地方税务局，新疆生产建设兵团财务局：

为巩固和扩大应对国际金融危机冲击的成果，发挥小企业在促进经济发展、增加就业等方面的积极作用，经国务院批准，2011 年继续实施小型微利企业所得税优惠政策。现将有关政策通知如下：

一、自 2011 年 1 月 1 日至 2011 年 12 月 31 日，对年应纳税所得额低于 3 万元（含 3 万元）的小型微利企业，其所得减按 50% 计入应纳税所得额，按 20% 的税率缴纳企业所得税。

二、本通知所称小型微利企业，是指符合《中华人民共和国企业所得税法》及其实施条例以及相关税收政策规定的小型微利企业。

请遵照执行。

北京市财政局　北京海关
北京市国家税务局　北京市地方税务局
转发财政部　海关总署　国家税务总局
《关于第三届亚洲沙滩运动会税收政策的通知》

2011 年 3 月 7 日　京财税〔2011〕384 号

各区县财政局、国家税务局、地方税务局，市国家税务局直属税务分局，市地方税务局直属分局：

现将财政部、海关总署、国家税务总局《关于第三届亚洲沙滩运动会税收政策的通知》（财税〔2011〕11 号）转发给你们，请依照执行。

附件：财政部　海关总署　国家税务总局《关于第三届亚洲沙滩运动会税收政策的通知》

附件：

财政部　海关总署　国家税务总局
《关于第三届亚洲沙滩运动会税收政策的通知》

2011 年 1 月 19 日　财税〔2011〕11 号

各省、自治区、直辖市、计划单列市财政厅（局）、国家税务局、地方税务局，新疆生产建设兵团财务局，海关总署广东分署、各直属海关：

经国务院批准，现就 2012 年海阳第三届亚洲沙滩运动会（以下简称亚沙会）的有关税收政策问题通知如下：

一、关于亚沙会组织委员会（以下简称组委会）的税收政策

1. 对组委会取得的电视转播权销售收入及来源于电视、因特网等媒体的收入，免征应缴纳的营业税。

2. 对组委会取得的国内外赞助收入、宣传推广费收入、转让无形资产（如标志）特许收入、销售门票收入及所发收费卡收入，免征应缴纳的营业税。

3. 对组委会取得的与国家邮政局合作发行纪念邮票收入、与中国人民银行合作发行纪念币收入，免征应缴纳的营业税。

4. 对组委会按亚奥理事会核定价格收取的运动员食宿费及提供有关服务取得的收入，免征应缴纳的营业税。

5. 对组委会赛后出让资产取得的收入，免征应缴纳的营业税。

6. 对组委会使用的营业账簿和签订的各类合同等应税凭证，免征组委会应缴纳的印花

税。

7. 对组委会免征应缴纳的车船税。

二、关于亚沙会参与者的税收政策

1. 对参赛运动员参加亚沙会比赛获得的奖金和其他奖赏收入，按现行税收法律法规的有关规定征免应缴纳的个人所得税。

2. 对企事业单位、社会团体和其他组织以及个人通过公益性社会团体或者县级以上人民政府及其部门捐赠亚沙会的资金、物资支出，在计算企业和个人应纳税所得额时按现行税收法律法规的有关规定予以税前扣除。

3. 对财产所有人将财产（物品）捐赠给组委会所书立的产权转移书据免征应缴纳的印花税。

三、关于亚沙会的进口税收政策

对组委会为举办亚沙会进口的亚奥理事会或国际单项体育组织指定的，国内不能生产或性能不能满足需要的直接用于亚沙会比赛的消耗品，免征关税、进口环节增值税和消费税。享受免税政策的进口比赛用消耗品的范围、数量清单，由组委会汇总后报财政部商有关部门审核确定。

四、上述税收政策自文件印发之日起执行。各地财政、税务及海关等管理部门要密切关注税收政策的执行情况，对发现的问题及时逐级向财政部、国家税务总局和海关总署反映。

北京市财政局　北京市地方税务局
北京市住房和城乡建设委员会
关于加强存量房交易税收征管工作的通知

2011 年 11 月 22 日　京财税〔2011〕418 号

各区县财政局、地方税务局、建委、房管局，市地方税务局直属分局，开发区国土房管局：

为贯彻落实《北京市人民政府办公厅关于贯彻落实国务院办公厅文件精神进一步加强本市房地产市场调控工作的通知》（京政办发〔2011〕8 号），按照财政部、国家税务总局关于《推进应用房地产评估技术加强存量房交易税收征管工作的通知》（财税〔2010〕105 号）、财政部　国家税务总局《关于推广应用房地产估价技术加强存量房交易税收征管工作的通知》（财税〔2011〕61 号）和有关工作要求，经市政府批准，现就严格规范房地产市场交易税收秩序，堵塞税收漏洞，做好我市应用房地产估价技术加强存量房交易税收征管工作通知如下：

一、存量房交易双方当事人应当在申请权属转移登记前，遵循依法、自愿、公平、诚信原则，进行存量房买卖合同网上签约并如实申报房屋成交价格。

二、在存量房交易税收征管工作中，对于纳税人报送资料齐全、符合受理条件的，主管税务机关受理后，对纳税人申报的存量房成交价格（以下简称“申报价格”）符合存量房交易价格评估值的，按照申报价格征收税款；对于申报价格明显偏低且无正当理由的，按核定计税价格征收税款，有正当理由的，按申报价格征收税款。

核定计税价格参照存量房交易价格评估值确定。

三、存量房交易价格评估值由北京市财政局、北京市地方税务局、北京市住房和城乡建设委员会应用房地产批量估价技术确定，并根据北京市房地产市场交易情况进行动态更新。

四、对于交易双方签定的不需网上签约的房屋权属转移合同、协议等，按照上述第二条规定执行。

五、加强对房地产经纪机构的管理。房地产经纪机构应当严格执行房地产经纪相关法律、法规，公正、公平地组织实施经纪业务，加强对经纪从业人员的管理、教育。房地产经纪机构违反房地产经纪规范和标准，诱导、协助交易双方出具“阴阳合同”等行为，一经发现将按照有关法律、法规规定严肃查处。

六、本通知自2011年12月10日起执行。以存量房交易双方当事人办理存量房买卖合同（网上）签约的时间为准。《北京市地方税务局关于调整二手房交易计税价格的通知》（京地税地〔2006〕302号）同时废止。

北京市财政局　北京市国家税务局北京市地方税务局关于公布北京市2008、2009年度获得非营利组织免税资格单位名单（第四批）的通知

2011年3月31日　京财税〔2011〕462号

各区县财政局、国家税务局、地方税务局，市地方税务局直属分局，各有关单位：

根据财政部、国家税务总局《关于非营利组织免税资格认定管理有关问题的通知》（财税〔2009〕123号）和北京市财政局、北京市国家税务局、北京市地方税务局《关于非营利组织免税资格认定管理有关问题的补充通知》（京财税〔2010〕388号）有关规定，经研究，现将北京市2008、2009年度获得非营利组织免税资格的单位名单（第四批）予以公布。

附件：1. 北京市2008年度获得非营利组织免税资格的单位名单（第四批）

2. 北京市2009年度获得非营利组织免税资格的单位名单（第四批）

附件 1：

北京市 2008 年度获得非营利组织免税资格的单位名单（第四批）

1. 中国钢铁工业协会
2. 中国计量协会
3. 中国酿酒工业协会
4. 中华全国专利代理人协会
5. 中国液压气动密封件工业协会
6. 中国少数民族用品协会
7. 中国农药发展与应用协会
8. 中国摩托车协会
9. 北京市搜候中国城市文化基金会
10. 中国宋庆龄基金会
11. 中国造纸学会
12. 北京市农发扶贫基金会
13. 北京中医协会
14. 北京林业大学教育基金会
15. 中国电子节能技术协会
16. 中国航天科技文化交流协会
17. 中国汽车工程学会
18. 中国铁道工程建设协会
19. 中国医药报刊协会
20. 中国知识产权研究会
21. 中国制冷学会
22. 中国滋根乡村教育与发展促进会
23. 中国磷肥工业协会
24. 中国信息协会
25. 中国塑料机械工业协会
26. 中国光学光电子行业协会
27. 中国汽车维修行业协会
28. 中国舞蹈家协会
29. 中国航空学会
30. 中国华侨经济文化基金会
31. 中国煤炭职工思想政治研究会
32. 中国期刊协会
33. 中国实验动物学会

34. 中央企业党建思想政治工作研究会
35. 北京市闪联信息产业协会
36. 中国动画学会
37. 中国建设工程造价管理协会
38. 中国建筑材料企业管理协会
39. 中国电子专用设备工业协会
40. 中国茶叶流通协会
41. 全国预算与会计研究会
42. 中国老年保健协会
43. 中国发酵工业协会
44. 中国光彩事业促进会
45. 中国红十字基金会
46. 中国基本建设优化研究会
47. 中国农垦经贸流通协会
48. 中国钱币学会
49. 中国商业联合会
50. 中国橡胶工业协会
51. 中国新华书店协会
52. 中国质量检验协会
53. 中国人力资源开发研究会
54. 中国对外承包工程商会
55. 北京市法律援助基金会
56. 中国轻工业机械协会
57. 中国物流与采购联合会
58. 中国国际商会
59. 中国资产评估协会
60. 中国拆船协会
61. 中国房地产业协会
62. 中国化工企业管理协会
63. 北京市仁爱慈善基金会
64. 中国化学纤维工业协会
65. 北京生物化学与分子生物协会
66. 北京市商业企业文化建设协会
67. 北京人力资源服务行业协会
68. 北京中医药学会
69. 北京中西医结合学会
70. 北京护理学会
71. 北京医学会
72. 北京青少年发展基金会

73. 北京新闻学会
74. 北京房地产业协会
75. 北京市出版工作者协会
76. 中国免疫学会
77. 北京市浙江大学校友会
78. 中国化学试剂工业协会
79. 中国氟硅有机材料工业协会
80. 北京药学会
81. 中国家用电器服务维修协会
82. 北京市高等教育学会
83. 中国医药质量管理协会
84. 中华文化促进会
85. 中国轮胎翻修与循环利用协会
86. 中国物流技术协会
87. 北京海峡两岸民间交流促进会
88. 北京市公证协会
89. 全国城市农贸中心联合会
90. 中国日用杂品流通协会
91. 北京市眼镜行业协会
92. 北京工程勘察设计行业协会
93. 北京宇航学会
94. 中国国际货运代理协会
95. 中国电子视像行业协会
96. 北京工程爆破协会
97. 北京市商业联合会
98. 中国可再生能源学会
99. 中国儿童少年电影学会
100. 中国汽车保修设备行业协会
101. 中国输血协会
102. 中国期货行业协会
103. 中国法律援助基金会
104. 中国老年学学会
105. 中国特奥委员会
106. 北京市殡葬协会
107. 中国中医药研究促进会
108. 北京市慈善协会
109. 北京市老新闻工作者协会

附件2：

北京市2009年度获得非营利组织免税资格的单位名单（第四批）

1. 中国农业节水和农村供水技术协会
2. 中国种子贸易协会
3. 中国快递协会
4. 中国广播电影电视报刊协会
5. 中国仓储协会
6. 北京城市科学研究会
7. 中国连锁经营协会
8. 中国涂料工业协会
9. 北京医学奖励基金会
10. 北京市希思科临床肿瘤学研究基金会
11. 中华环保联合会
12. 中国特种设备检验协会
13. 中国农药工业协会
14. 中国电石工业协会
15. 北京安徽企业商会
16. 中国纺织机械器材工业协会
17. 中国生态文化协会
18. 中国泰国商会
19. 中华预防医学会
20. 北京歌华文化创意产业发展基金会
21. 中国总会计师协会
22. 中国无线电协会
23. 中国五金制品协会
24. 中国制冷空调工业协会
25. 亚洲大学生体育联合会
26. 中国电子企业协会
27. 北京市卫生信息职工技术协会
28. 北京股权投资基金协会
29. 中国政策科学研究会
30. 北京市奶业协会
31. 中国土地估价师协会
32. 中国文物保护基金会
33. 中国电子商会

34. 中国农村卫生协会
35. 北京妇女儿童发展基金会
36. 首都民间组织发展促进会
37. 北京博物馆协会
38. 北京基督教女青年会
39. 首都见义勇为基金会
40. 北京市华侨事业基金会
41. 北京家具行业协会
42. 北京华商会
43. 中国旅游饭店业协会
44. 中国旅行社协会
45. 中国旅游协会
46. 中国旅游车船协会
47. 中国交响乐发展基金会
48. 中国染料工业协会
49. 首都企业家俱乐部
50. 中国医药生物技术协会
51. 中国殡葬协会
52. 中国电力建设企业协会
53. 中国水利电力医学科学技术学会
54. 中国注册税务师协会
55. 中国性病艾滋病防治协会
56. 北京市粮食行业协会
57. 中国轴承工业协会
58. 北京市茶业协会
59. 北京市天主教爱国会
60. 中国资源综合利用协会
61. 中国医科大学北京校友会
62. 北京市绿色建筑促进会
63. 北京市建筑业联合会
64. 中国植物学会
65. 北京市三露厂职工生活保障资金管理协会
66. 北京市中国人民大学教育基金会
67. 中国兽医协会
68. 中国青少年研究会
69. 北京烹饪协会
70. 中国药理学会
71. 北京友好法人俱乐部
72. 首都文明工程基金会

73. 北京国珍爱心基金会
74. 中国文学艺术基金会
75. 北京市社会福利行业协会
76. 中国国际税收研究会
77. 中国文物学会
78. 北京注册会计师协会

北京市财政局　北京市国家税务局　北京市地方税务局转发财政部　国家税务总局《关于收购烟叶支付的价外补贴进项税额抵扣问题的通知》

2011 年 4 月 13 日　京财税〔2011〕536 号

各区县财政局、国家税务局、地方税务局，市国税局直属税务分局，市地税局直属分局：

现将财政部、国家税务总局《关于收购烟叶支付的价外补贴进项税额抵扣问题的通知》（财税〔2011〕21 号）转发给你们，请依照执行。

附件：财政部　国家税务总局《关于收购烟叶支付的价外补贴进项税额抵扣问题的通知》

附件：

财政部　国家税务总局《关于收购烟叶支付的价外补贴进项税额抵扣问题的通知》

2011 年 3 月 2 日　财税〔2011〕21 号

各省、自治区、直辖市、计划单列市财政厅（局）、国家税务局、地方税务局，新疆生产建设兵团财务局：

根据有关方面的反映，现将收购烟叶给烟农的生产投入补贴增值税进项税额抵扣问题明确如下：

烟叶收购单位收购烟叶时按照国家有关规定以现金形式直接补贴烟农的生产投入补贴（以下简称价外补贴），属于农产品买价，为《中华人民共和国增值税暂行条例实施细则》（财政部　国家税务总局令第 50 号）第十七条中“价款”的一部分。烟叶收购单位，应将价外补贴与烟叶收购价格在同一张农产品收购发票或者销售发票上分别注明．否则，价外补贴不得计算增值税进项税额进行抵扣。

本通知自 2009 年 1 月 1 日起执行。

北京市财政局　北京市国家税务局
北京市地方税务局　北京市科学技术委员会
北京市商务委员会转发财政部　国家税务总局
《关于居民企业技术转让
有关企业所得税政策问题的通知》

2011 年 4 月 25 日　京财税〔2011〕553 号

各区县财政局、国家税务局、地方税务局，市国税局各直属单位，市地方税务局直属分局，各有关单位：

现将财政部、国家税务总局《关于居民企业技术转让有关企业所得税政策问题的通知》（财税〔2010〕111 号）转发给你们，并补充通知如下，请一并遵照执行。

一、北京市行政区域内居民企业签订的符合条件的境内技术转让合同，由北京市科学技术委员会进行登记；跨境技术转让合同由北京市商务委员会进行登记。

二、纳税人办理境内技术转让减免税备案手续时，应附送经北京技术市场管理办公室登记并加盖技术合同登记专用章的技术转让合同（复印件）。

纳税人办理跨境技术转让减免税备案手续时，应附送加盖北京市商务委员会技术进出口、软件出口合同登记专用章（以下简称“出口登记专用章”）的《技术出口合同登记证书》（复印件）；如发生合同数据变更，还应附送加盖出口登记专用章的《技术出口合同数据变更记录表》（复印件）。

三、财税〔2010〕111 号文件下发前已办理减免税、但不符合文件规定技术范围的企业，应在 2010 年汇算清缴期内更正相关年度申报并补缴税款。

附件：财政部　国家税务总局《关于居民企业技术转让有关企业所得税政策问题的通知》

附件：

财政部　国家税务总局《关于居民企业技术
转让有关企业所得税政策问题的通知》

2010 年 12 月 31 日　财税〔2010〕111 号

各省、自治区、直辖市、计划单列市财政厅（局）、国家税务局、地方税务局，新疆生产建设兵团财务局：

根据《中华人民共和国企业所得税法》（以下简称“企业所得税法”）及《中华人民共和国企业所得税法实施条例》（国务院令第512号，以下简称“实施条例”）的有关规定，现就符合条件的技术转让所得减免企业所得税有关问题通知如下：

一、技术转让的范围，包括居民企业转让专利技术、计算机软件著作权、集成电路布图设计权、植物新品种、生物医药新品种，以及财政部和国家税务总局确定的其他技术。

其中：专利技术，是指法律授予独占权的发明、实用新型和非简单改变产品图案的外观设计。

二、本通知所称技术转让，是指居民企业转让其拥有符合本通知第一条规定技术的所有权或5年以上（含5年）全球独占许可使用权的行为。

三、技术转让应签订技术转让合同。其中，境内的技术转让须经省级以上（含省级）科技部门认定登记，跨境的技术转让须经省级以上（含省级）商务部门认定登记，涉及财政经费支持产生技术的转让，需省级以上（含省级）科技部门审批。

居民企业技术出口应由有关部门按照商务部、科技部发布的《中国禁止出口限制出口技术目录》（商务部、科技部令2008年第12号）进行审查。居民企业取得禁止出口和限制出口技术转让所得，不享受技术转让减免企业所得税优惠政策。

四、居民企业从直接或间接持有股权之和达到100%的关联方取得的技术转让所得，不享受技术转让减免企业所得税优惠政策。

五、本通知自2008年1月1日起执行。

北京市财政局　北京市地方税务局
关于调整个人独资企业和合伙企业投资者
个人所得税核定征收方式鉴定工作的通知

2011年4月25日　京财税〔2011〕625号

各区县财政局、地方税务局，市地方税务局直属分局：

为进一步加强我市个人独资、合伙企业投资者个人所得税核定征收管理工作，规范核定征收方式鉴定工作程序，现就有关事项明确如下：

一、我市独资、合伙企业投资者个人所得税核定征收方式鉴定对象具体包括：

（一）本年度采取核定征收方式缴纳个人所得税的独资、合伙企业；

（二）由查账征收方式变为核定征收方式的独资、合伙企业；

（三）依照国家有关规定可不设置账簿的新办独资、合伙企业。

二、核定征收方式鉴定工作要求

（一）鉴定内容

主管税务机关应依照《财政部、国家税务总局关于印发〈关于个人独资企业和合伙企业投资者征收个人所得税的规定〉的通知》（财税〔2000〕91号）文件附件1第七条内容进行审核。

（二）鉴定时间

1. 主管税务机关应于每年 12 月开展下一年度核定征收方式鉴定工作。除特殊情形外，征收方式确定后，在一个纳税年度内不做变更。

2. 对于新办的独资、合伙企业，主管税务机关应在企业报到后 10 个工作日内完成鉴定工作。

（三）鉴定流程

1. 主管税务所初审人员按照要求对企业实际经营情况核实后应填写《个人独资企业和合伙企业投资者个人所得税核定征收方式鉴定表》（见附件）。

2.《个人独资企业和合伙企业投资者个人所得税核定征收方式鉴定表》一式两份，经税务所长审核后签署意见，并加盖税务所公章。

3. 主管税务所初审人员将鉴定结果录入核心征管系统。

4. 主管税务所初审人员将一份《个人独资企业和合伙企业投资者个人所得税核定征收方式鉴定表》留存，另一份送独资、合伙企业，同时制作《税务文书送达回证》，并按照有关要求归档。

5. 鉴定工作中产生的资料按北京市地方税务局税务档案管理规定归入税费管理类税收征收方式核定（4100）子目录下。

三、各区县地方税务局、直属分局可结合政策宣传辅导、评估和稽查检查，加强对核定征收企业的管理，税政管理科应掌握辖区内投资者的情况和税源状况，定期开展对税务所鉴定工作的检查，督促企业建制建账。

四、本通知自 2011 年 5 月 1 日起执行，以下文件中部分条款同时停止执行：

（一）《北京市财政局、北京市地方税务局关于转发财政部国家税务总局〈关于个人独资企业和合伙企业投资者征收个人所得税的规定的通知〉的补充规定》（京财税〔2001〕6 号）中附件 4《个人独资、合伙企业个人所得税征收方式鉴定办法》。

（二）《北京市财政局、北京市地方税务局关于个人独资和合伙企业投资者核定征收个人所得税有关政策问题的通知》（京财税〔2010〕18 号）中第五条及附件 2《个人独资企业和合伙企业投资者个人所得税征收方式鉴定表》。

附件：个人独资企业和合伙企业投资者个人所得税核定征收方式鉴定表（略）

北京市财政局转发财政部　国家税务总局《关于暂停部分玉米深加工企业购进玉米增值税抵扣政策的通知》

2011 年 4 月 28 日　京财税〔2011〕755 号

各区县财政局：

现将财政部、国家税务总局《关于暂停部分玉米深加工企业购进玉米增值税抵扣政策的通知》（财税〔2011〕34 号）转发给你们，请依照执行。

附件：财政部　国家税务总局《关于暂停部分玉米深加工企业购进玉米增值税抵扣政策的通知》

附件：

财政部　国家税务总局《关于暂停部分玉米深加工企业购进玉米增值税抵扣政策的通知》

2011 年 4 月 19 日　财税〔2011〕34 号

各省、自治区、直辖市、计划单列市财政厅（局）、国家税务局，新疆生产建设兵团财务局：

为控制玉米深加工过快发展，经国务院批准，暂停玉米深加工企业收购玉米增值税抵扣政策。现将有关事项通知如下：

自 2011 年 4 月 20 日起至 6 月 30 日，纳税人向农业生产者购进玉米深加工生产除饲料产品之外的货物，不得开具农产品收购发票并计提进项税额。

北京市财政局　北京市国家税务局　北京市地方税务局转发财政部　国家税务总局《关于中国联合网络通信集团有限公司转让 CDMA 网及其用户资产企业合并　资产整合过程中涉及的增值税营业税　印花税和土地增值税政策问题的通知》

2011 年 5 月 9 日　京财税〔2011〕756 号

各区县财政局、国家税务局、地方税务局，市国税局直属税务分局，市地税局直属分局：

现将财政部、国家税务总局《关于中国联合网络通信集团有限公司转让 CDMA 网及其用户资产　企业合并　资产整合过程中涉及的增值税　营业税　印花税和土地增值税政策问题的通知》（财税〔2011〕13 号）转发给你们，请依照执行。

附件：财政部　国家税务总局《关于中国联合网络通信集团有限公司转让 CDMA 网及其用户资产　企业合并　资产整合过程中涉及的增值税　营业税　印花税和土地增值税政策问题的通知》

附件：

财政部　国家税务总局《关于中国联合网络通信集团有限公司转让 CDMA 网及其用户资产企业合并　资产整合过程中涉及的增值税营业税　印花税和土地增值税政策问题的通知》

2011 年 3 月 10 日　财税〔2011〕13 号

各省、自治区、直辖市、计划单列市财政厅（局）、国家税务局、地方税务局，新疆生产建设兵团财务局：

经国务院批准，现就中国联合网络通信集团有限公司及其所属公司因电信重组改革转让 CDMA 网及其用户资产、企业合并、资产整合过程中涉及的增值税、营业税、印花税和土地增值税政策问题通知如下：

一、对中国联合网络通信集团有限公司（原中国联合通信有限公司）、联通新时空通信有限公司（原联通新时空移动通信有限公司）、中国联合网络通信有限公司（原中国联通有限公司）在转让 CDMA 资产和业务过程中应缴纳的增值税、营业税，予以免征。

二、对中国联合网络通信集团有限公司向中国联合网络通信有限公司转让原网通南方

21省固网业务、北方一级干线资产，原联通天津、四川、重庆三地固网业务及天津固网资产，向联通新时空通信有限公司（原联通新时空移动通信有限公司）注入原网通南方21省固网资产及原联通四川、重庆固网资产过程中应缴纳的增值税、营业税，予以免征。

三、对联通新国信通信有限公司向中国联合网络通信集团有限公司（原中国联合通信有限公司）转让不动产过程中涉及的营业税，予以免征。

四、对中国联合网络通信集团有限公司吸收合并中国网络通信集团公司，中国联合网络通信有限公司吸收合并中国网通（集团）有限公司过程中，新增加的资本金，凡原已贴花的部分不再贴花。

五、对中国联合网络通信集团有限公司吸收合并中国网络通信集团公司，中国联合网络通信有限公司吸收合并中国网通（集团）有限公司过程中，所签订的产权转移书据涉及的印花税，予以免征。

六、对中国联合通信有限公司、联通新时空移动通信有限公司、联通兴业科贸有限公司向中国电信集团公司转让CDMA资产、股权，中国联通有限公司、中国联通股份有限公司、联通国际通信有限公司向中国电信股份有限公司转让CDMA业务、股权过程中所签订的协议涉及的印花税，予以免征。

七、对中国联合网络通信集团有限公司、中国网络通信集团公司向中国联合通信股份有限公司转让相关电信业务、资产及股权，中国联合通信股份有限公司向中国联合网络通信有限公司转让相关电信业务、资产及股权，联通新国信通信有限公司向中国联合通信有限公司转让资产，联通新国信通信有限公司向联通新时空移动通信有限公司转让股权过程中，所签订的协议涉及的印花税，予以免征。

八、对联通新时空移动通信有限公司接受中国联合网络通信集团有限公司南方21省、自治区、直辖市的固定通信网络资产而增加资本金涉及的印花税，予以免征。

九、对中国联合网络通信集团有限公司（原中国联合通信有限公司）、联通新时空通信有限公司（原联通新时空移动通信有限公司）、中国联合网络通信有限公司（原中国联通有限公司）向中国电信转让CDMA网络资产和业务过程中，转让房地产涉及的土地增值税，予以免征。

十、对中国联合网络通信集团有限公司吸收合并中国网络通信集团公司、中国联合网络通信有限公司吸收合并中国网通（集团）有限公司过程中涉及的土地增值税，予以免征。

十一、对联通新国信通信有限公司在资产整合过程中，向中国联合网络通信集团有限公司（原中国联合通信有限公司）转让房地产涉及的土地增值税，予以免征。

请遵照执行。

北京市财政局　北京市国家税务局
北京市地方税务局关于规范我市非营利
组织免税资格认定管理工作有关问题的通知

2011 年 5 月 17 日　京财税〔2011〕813 号

各区（县）财政局、国家税务局、地方税务局：

为进一步规范我市非营利组织免税资格认定和税收管理工作，依据财政部、国家税务总局《关于非营利组织企业所得税免税收入问题的通知》（财税〔2009〕122 号，以下简称“122 号文件”）、财政部、国家税务总局《关于非营利组织免税资格认定管理有关问题的通知》（财税〔2009〕123 号，以下简称“123 号文件”）有关规定，结合我市实际情况，现将非营利组织免税资格认定及管理工作有关事项明确如下：

一、非营利组织免税资格的申请

（一）申请受理机关

1. 经本市市级（含市级）以上登记管理机关批准设立或登记的符合条件的非营利组织，企业所得税由国税部门负责征管的，应向北京市国家税务局提出免税资格申请；企业所得税由地税部门负责征管的，应向北京市地方税务局提出免税资格申请。

经本市区（县）级登记管理机关批准设立或登记的符合条件的非营利组织，企业所得税由国税部门负责征管的，应向所在区（县）国家税务局提出免税资格申请；企业所得税由地税部门负责征管的，应向所在区（县）地方税务局提出免税资格申请。

根据《国家税务总局关于调整新增企业所得税征管范围问题的通知》（国税发〔2008〕120 号）规定，2009 年 1 月 1 日以后新增企业所得税纳税人中，应缴纳增值税的，其企业所得税由国家税务局管理；应缴纳营业税的，其企业所得税由地方税务局管理。

2. 非营利组织申请免税资格的申请资料一律交至本组织企业所得税主管国、地税税务机关。

（二）申请时间

非营利组织应进行自我评价，凡认为符合 123 号文件规定条件的，于申请免税资格年度的次年 4 月 15 日前，提出该年度免税资格认定申请。所报送的申请资料所属年度应与申请免税资格的年度相对应。

（三）应报送的资料及相关要求

非营利组织提出免税资格申请时，应按照 123 号文件第三条的规定报送资料，并保证报送资料的完备性和合规性，具体要求如下：

1. 申请报告

纳税人应按照以下要求在申请报告中逐一说明本组织符合 123 号文件第一条所规定的九项条件的依据，并填报《非营利组织免税资格认定申请表》（附件 1）。

（1）基本情况说明。具体内容包括本组织的名称、成立时间、成立法律依据、非营利组织类型、非营利组织登记证书编号、登记管理机关和业务主管部门等。

（2）从事公益性或者非营利性活动，且活动范围主要在中国境内的说明。非营利组织须详细说明所从事活动的内容、地点以及符合公益性或非营利性目的的依据；对于超出章程或管理制度规定的事项须单独予以注明。

（3）申请免税资格年度的支出情况说明。非营利组织须列明申请免税资格年度的总支出、明细支出以及对应的收款单位和支出内容；对用于超出登记管理机关所核定的或章程所规定的公益性或非营利性事业的支出须单独予以注明。

（4）财产及其孳息的分配情况说明。非营利组织应详细说明截至申请免税资格年度末，该组织财产及孳息的实际情况及分配情况，应包括成立时投入人投入资产的情况、申请免税资格年度购入资产的情况、申请免税资格年度接受捐赠的情况、产生孳息的明细情况（经营性收入产生的孳息、非经营性收入产生的孳息）等。

（5）登记核定或章程对于注销后的剩余财产用途的规定。非营利组织应结合章程或管理制度说明对于注销后的剩余财产用途的相关规定。

（6）投入人对投入该组织的财产不保留或者享有任何财产权利的说明。非营利组织应详细说明本组织财产的来源，并提供投入人对投入该组织的财产不保留或者享有任何财产权利的声明或列示章程、管理制度中的相关规定。本款所称投入人是指除各级人民政府及其部门外的法人、自然人和其他组织。

（7）申请免税资格年度的工作人员平均工资薪金水平、福利情况说明。非营利组织应详细说明本组织工作人员平均工资薪金水平，以向与本组织签订劳动合同并按照有关规定为其缴纳社会保险人员发放的工资总额除以同口径的年平均人数得出。

非营利组织应详细说明本组织截至申请免税资格年度末发放给与本组织建立劳动关系的工作人员福利情况，并核算实际发放的各种福利占工资总额的比例。

（8）申请免税资格年度的年检情况说明。非营利组织应说明其参加年检的情况及登记管理机关出具的年检结论。

（9）应税收入及其有关的成本、费用、损失与免税收入及其有关的成本、费用、损失能够分别核算的说明。

非营利组织应详细列明申请免税资格年度各项收入及对应形成的支出的内容和金额。

2. 事业单位、社会团体、基金会、民办非企业单位的组织章程或宗教活动场所的管理制度

非营利组织所提交的章程或管理制度，应与经登记管理部门核准的相一致。

3. 税务登记证复印件

4. 非营利组织登记证复印件

5. 申请前年度的资金来源及使用情况、公益活动和非营利活动的明细情况

应包括非营利性收入、营利性收入的来源及取得收入的方式；公益性和非营利性活动的项目名称、活动时间和地点、支出金额（含货币性和非货币性）；其他合理支出的支出（处置）项目以及支出金额（含货币性和非货币性）等。

6. 具有资质的中介机构鉴证的申请前会计年度的财务报表和审计报告

7. 登记管理机关出具的事业单位、社会团体、基金会、民办非企业单位申请前年度的

年度检查结论

8. 财政、税务部门要求提供的其他材料

非营利组织报送的所有资料均应加盖本组织公章。并对所报送资料的真实性作书面声明。

二、非营利组织免税资格的认定

（一）认定单位

1. 市级认定

经本市市级（含市级）以上登记管理机关批准设立或登记的非营利组织享受免税资格的，由北京市财政局、北京市国家税务局、北京市地方税务局共同认定。

2. 区（县）级认定

经本市区（县）级登记管理机关批准设立或登记的非营利组织享受免税资格的，由所在区（县）财政局、国家税务局、地方税务局共同认定。

（二）认定流程

1. 市级认定

（1）初审。主管税务机关收到经本市市级（含市级）以上登记管理机关批准设立或登记的非营利组织免税资格申请材料后，应对所报送资料的完备性和合规性进行即时审核。

初审合格的，主管税务机关应于收取资料 10 个工作日内填写《非营利组织申请认定免税资格资料审核（转交）单》（附件 2），并将资料移送市国税局、市地税局。初审不合格的，主管税务机关应将申请资料退回非营利组织。

（2）复审。市国（地）税局收到区（县）局移送的资料后，应及时对申请资料的完备性和合规性进行复审。

复审合格的，应及时填写《非营利组织免税资格申请资料移送单》（附件 3）并将相关资料送市财政局。复审不合格的，应填写《非营利组织申请认定免税资格资料退回单》（附件 4），详细注明退回原因，及时退回非营利组织主管税务机关，并由主管税务机关通知申请人。

（3）认定。北京市财政局接收资料并及时召集北京市国家税务局、北京市地方税务局参加审议，对非营利组织的免税资格进行共同认定。

认定合格的，北京市财政局、北京市国家税务局、北京市地方税务局应联合以正式文件的形式公布享受免税资格的非营利组织名单，并于文件印发后及时在各自部门的官方网站上发布；认定不合格的，应共同填写《非营利组织申请认定免税资格资料退回单》，注明退回原因，由主管税务机关通知申请人。

2. 区（县）级认定

（1）审核。主管税务机关收到经本市区（县）级登记管理机关批准设立或登记的非营利组织免税资格申请材料后，应对所报送资料的完备性和合规性进行即时审核。

审核合格的，应及时将相关资料送区（县）财政局。审核不合格的，主管税务机关应将申请资料退回非营利组织。

（2）认定。区（县）财政部门接收资料并及时召集同级国、地税税务部门参加审议，对非营利组织的免税资格进行共同认定。

认定合格的，区（县）财政、税务部门应联合以正式文件的形式公布享受免税资格的非营利组织名单，并于正式文件印发5个工作日内在各自部门的官方网站上公布；认定不合格的，应共同填写《非营利组织申请认定免税资格资料退回单》，注明退回原因，由主管税务机关通知申请人。

（3）备案。区（县）财政、税务部门应将其制发的公布享受非营利组织免税资格名单的正式文件抄报上级财政、税务部门备案。

三、取得免税资格的非营利组织的企业所得税后续管理

（一）享受税收优惠的备案管理

1. 企业所得税由国税部门征管的非营利组织取得免税资格后，应在取得免税资格的第一个年度企业所得税汇算清缴申报时，按照北京市国家税务局企业所得税减免税管理工作的要求到主管税务机关完成免税资格的备案。

免税资格有效期内的非营利组织应随同年度企业所得税汇算清缴申报，报送以下资料（被认定免税资格的第一个年度可不报送）：

（1）加盖非营利组织公章的关于该纳税年度是否符合免税条件以及是否受到登记管理机关处罚的说明；

（2）经主管税务机关税源管理部门确认的该年度是否受到主管税务机关行政处罚的声明；

（3）已完成该年度年检的，应报送登记管理机关出具的该年度的年度检查结论复印件；已参加该年度年检，但因登记管理机关原因而尚未完成年检的，应报送加盖非营利组织公章的情况说明，并于完成年检后5个工作日内报送登记管理机关出具的该年度的年度检查结论复印件。

2. 企业所得税由地税部门征管的非营利组织取得免税资格后，应在每年的企业所得税汇算清缴期内，按照《北京市地方税务局关于印发〈企业所得税减免税备案管理工作规程（试行）〉的通知》（京地税企〔2010〕39号）的规定，到主管税务机关进行减免税备案。备案时，应报送以下资料：

（1）财政、税务部门公布符合条件非营利组织名单的文件；

（2）非营利组织取得财税〔2009〕122号文件规定的免税收入的证明；

（3）该纳税年度是否符合免税条件的说明；

（4）该纳税年度是否受到登记管理机关处罚的说明；

（5）登记管理机关出具的该年度的年检结论复印件；

（6）税务机关要求报送的其他资料。

（二）企业所得税预缴及汇算清缴的有关事项

1. 免税资格有效期内的非营利组织，应按期进行预缴申报，预缴企业所得税时，对其取得符合122号文件规定条件的免税收入应免征的税额，在预缴申报表“减免所得税额”行中予以填列。

2. 处于免税资格有效期内的非营利组织，进行年度企业所得税汇算清缴申报时，应随同申报资料、备案资料同时报送加盖非营利组织公章的、作为免税收入申报的收入清单。清单应包括：122号文件第一条所列举的免税收入种类名称、金额、符合免税收入条件的证明材料名称。

3. 对于取得免税资格的非营利组织申报的免税收入，主管税务机关应结合本局征管实

际，在日常管理中，严格按照123号文件第五条第二款的规定进行审查。

（三）免税条件、资格的审核

主管税务机关应结合非营利组织报送的年度汇算清缴资料，对其所申报的免税收入是否符合规定、免税条件是否发生变化以及是否存在123号文件第六条规定的应取消资格的情况进行审核。经审核，对免税条件发生变化或存在应取消资格情况的，按以下原则处理：

1. 经本市市级认定机构认定免税资格的，主管税务机关应填写《非营利组织免税资格复核申请单》（附件5），详细注明复核原因，上报北京市国家税务局、北京市地方税务局。市局收到《非营利组织免税资格复核申请单》后，应及时将复核申请单转交北京市财政局，北京市财政局应及时召集专门会议进行复核。

经复核予以撤销免税资格的，由北京市财政局、北京市国家税务局、北京市地方税务局联合以正式文件的形式公布取消免税资格的非营利组织名单，并于正式文件印发后及时在各自部门的官方网站上公布。经复核继续享受免税资格的，由北京市财政局、北京市国家税务局、北京市地方税务局分别签署意见并注明原因后，反馈给提出复核申请的主管税务机关。

2. 经本市区（县）级认定机构认定免税资格的，主管税务机关应填写《非营利组织免税资格复核申请单》，详细注明复核原因，转交同级财政部门，同级财政部门应及时召集专门会议进行复核。

经复核予以撤销免税资格的，由区（县）财政、税务部门联合以正式文件的形式公布取消免税资格的非营利组织名单，并于正式文件印发后及时在各自部门的官方网站上公布。公布取消免税资格的非营利组织名单的正式文件应抄报上级财政、税务部门。经复核继续享受免税资格的，财政、税务部门分别签署意见后，由各部门分别留存。

四、本通知自印发之日开始执行。

附件：1. 非营利组织免税资格认定申请表（略）

2. 非营利组织申请认定免税资格资料审核（转交）单（略）

3. 非营利组织免税资格申请资料移送单（略）

4. 非营利组织申请认定免税资格资料退回单（略）

5. 非营利组织免税资格复核申请单（略）

北京市财政局　北京市国家税务局
北京市地方税务局转发财政部
国家税务总局《关于享受企业所得税
优惠的农产品初加工有关范围的补充通知》

2011年6月29日　京财税〔2011〕1186号

各区县财政局、国家税务局、地方税务局、市国家税务局直属税务分局、市地方税务局直属分局：

现将财政部、国家税务总局《关于享受企业所得税优惠的农产品初加工有关范围的补充通知》（财税〔2011〕26号）转发给你们，请依照执行。

附件：财政部　国家税务总局《关于享受企业所得税优惠的农产品初加工有关范围的补充通知》

附件：

财政部　国家税务总局《关于享受企业所得税优惠的农产品初加工有关范围的补充通知》

2011年5月11日　财税〔2011〕26号

各省、自治区、直辖市、计划单列市财政厅（局）、国家税务局、地方税务局，新疆生产建设兵团财务局：

为进一步规范农产品初加工企业所得税优惠政策，现就财政部、国家税务总局《关于发布享受企业所得税优惠政策的农产品初加工范围（试行）的通知》（财税〔2008〕149号，以下简称"《范围》"）涉及的有关事项细化如下（以下序数对应《范围》中的序数）：

一、种植业类

（一）粮食初加工

1. 小麦初加工。

《范围》规定的小麦初加工产品还包括麸皮、麦糠、麦仁。

2. 稻米初加工。

《范围》规定的稻米初加工产品还包括稻糠（砻糠、米糠和统糠）。

4. 薯类初加工。

《范围》规定的薯类初加工产品还包括变性淀粉以外的薯类淀粉。

* 薯类淀粉生产企业需达到国家环保标准，且年产量在一万吨以上。

6. 其他类粮食初加工。

《范围》规定的杂粮还包括大麦、糯米、青稞、芝麻、核桃；相应的初加工产品还包括大麦芽、糯米粉、青稞粉、芝麻粉、核桃粉。

（三）园艺植物初加工

2. 水果初加工。

《范围》规定的新鲜水果包括番茄。

（四）油料植物初加工

《范围》规定的粮食副产品还包括玉米胚芽、小麦胚芽。

（五）糖料植物初加工

《范围》规定的甜菊又名甜叶菊。

（八）纤维植物初加工

2. 麻类初加工。

《范围》规定的麻类作物还包括芦苇。

3. 蚕茧初加工。

《范围》规定的蚕包括蚕茧，生丝包括厂丝。

二、畜牧业类

（一）畜禽类初加工

1. 肉类初加工。

《范围》规定的肉类初加工产品还包括火腿等风干肉、猪牛羊杂骨。

三、本通知自2010年1月1日起执行。

北京市财政局 北京市国家税务局 北京市地方税务局转发财政部 国家税务总局《关于邮政企业代办邮政速递物流业务免征营业税的通知》

2011年5月23日 京财税〔2011〕881号

各区县财政局、国家税务局、地方税务局，市国税局直属税务分局，市地税局直属分局：

现将财政部、国家税务总局《关于邮政企业代办邮政速递物流业务免征营业税的通知》（财税〔2011〕24号）转发给你们，请依照执行。

附件：财政部 国家税务总局《关于邮政企业代办邮政速递物流业务免征营业税的通知》

附件：

财政部 国家税务总局《关于邮政企业代办邮政速递物流业务免征营业税的通知》

2011年4月14日 财税〔2011〕24号

各省、自治区、直辖市、计划单列市财政厅（局）、地方税务局，北京、西藏、宁夏、青海省（自治区、直辖市）国家税务局，新疆生产建设兵团财务局：

为了支持邮政行业重组改制，经国务院批准，现将邮政企业代办邮政速递物流业务营业税政策通知如下：

对中国邮政集团公司及其所属邮政企业为中国邮政速递物流股份有限公司及其子公司（含各级分支机构）代办速递、物流、国际包裹、快递包裹以及礼仪业务等速递物流类业务取得的代理速递物流业务收入，自2010年6月1日至2013年5月31日免征营业税。对于本通知发布之日前已缴纳的应予免征的营业税，从以后应缴的营业税税款中抵减。

北京市财政局 北京市地方税务局
转发财政部 国家税务总局
《关于购房人办理退房有关契税问题的通知》

2011 年 5 月 25 日 京财税〔2011〕897 号

各区县财政局、地方税务局，市地方税务局直属分局：

现将财政部、国家税务总局《关于购房人办理退房有关契税问题的通知》（财税〔2011〕32 号）转发给你们，请遵照执行。

附件：财政部 国家税务总局《关于购房人办理退房有关契税问题的通知》

附件：

财政部 国家税务总局《关于购房人办理退房有关契税问题的通知》

2011 年 4 月 26 日 财税〔2011〕32 号

各省、自治区、直辖市、计划单列市财政厅（局）、地方税务局，新疆生产建设兵团财务局：

根据《中华人民共和国契税暂行条例》（国务院令第 224 号）及其细则的规定，现对购房单位和个人办理退房有关契税问题明确如下：

对已缴纳契税的购房单位和个人，在未办理房屋权属变更登记前退房的，退还已纳契税；在办理房屋权属变更登记后退房的，不予退还已纳契税。

请遵照执行。

北京市财政局　北京市国家税务局　北京市地方税务局　中共北京市委宣传部　转发财政部　国家税务总局　中宣部《关于下发红旗出版社有限责任公司等中央所属转制文化企业名单的通知》

2011 年 5 月 24 日　京财税〔2011〕899 号

各区县党委宣传部、财政局、国家税务局、地方税务局，市国税局直属税务分局，市地税局直属分局：

现将财政部、国家税务总局、中宣部《关于下发红旗出版社有限责任公司等中央所属转制文化企业名单的通知》（财税〔2011〕3 号）转发给你们，请依照执行。

附件：财政部　国家税务总局　中宣部《关于下发红旗出版社有限责任公司等中央所属转制文化企业名单的通知》

附件：

财政部　国家税务总局　中宣部《关于下发红旗出版社有限责任公司等中央所属转制文化企业名单的通知》

2011 年 3 月 16 日　财税〔2011〕3 号

各省、自治区、直辖市、计划单列市党委宣传部、财政厅（局）、国家税务局、地方税务局，新疆生产建设兵团财务局：

一、按照《财政部　国家税务总局　中宣部关于转制文化企业名单及认定问题的通知》（财税〔2009〕105 号）的规定，红旗出版社有限责任公司等二十二家中央所属文化企业已被认定为转制文化企业，现将名单发给你们，名单所列转制文化企业按照《财政部　国家税务总局关于文化体制改革中经营性文化事业单位转制为企业的若干税收政策问题的通知》（财税〔2009〕34 号）的规定享受税收优惠政策。

二、财税〔2009〕34 号文件中“转制注册之日”是指经营性文化事业单位转制为企业并进行工商注册之日。对于经营性文化事业单位转制前已进行企业法人登记，则按注销事业单位法人登记之日或核销事业编制的批复之日（转制前并没有进行事业单位法人登记）起确定转制完成并享受财税〔2009〕34 号文件规定的税收优惠政策。本通知下发前各地不论是按转制注册之日还是按转制批复之日计算已征免的税款部分，不再做调整。

特此通知。

附：中央所属转制文化企业名单

附：

中央所属转制文化企业名单

红旗出版社有限责任公司
线装书局
西苑出版社
金城出版社
中国建材工业出版社
当代中国出版社
方志出版社
中国少年儿童新闻出版总社
语文出版社
中国铁道出版社
中国劳动社会保障出版社
开明出版社
中国画报出版社
新世界出版社有限责任公司
新星出版社有限责任公司
中国旅游出版社
原子能出版社
法律出版社
中国法制出版社
团结出版社
《中国汽车报》社
新华网络有限公司

北京市财政局　北京市国家税务局
北京市地方税务局　中共北京市委宣传部
转发财政部　国家税务总局　中宣部
《关于下发人民网股份有限公司等
81 家中央所属转制文化企业名单的通知》

2011 年 5 月 24 日　京财税〔2011〕937 号

各区县党委宣传部、财政局、国家税务局、地方税务局，市国税局直属税务分局，市地税局直属分局：

现将财政部、国家税务总局、中宣部《关于下发人民网股份有限公司等 81 家中央所属转制文化企业名单的通知》（财税〔2011〕27 号）转发给你们，请依照执行。

附件：财政部　国家税务总局　中宣部《关于下发人民网股份有限公司等 81 家中央所属转制文化企业名单的通知》

附件：

财政部　国家税务总局　中宣部《关于下发人民网股份
有限公司等 81 家中央所属转制文化企业名单的通知》

2011 年 4 月 27 日　财税〔2011〕27 号

北京市财政局、国家税务局、地方税务局，北京市委宣传部：

按照财政部、国家税务总局、中宣部《关于转制文化企业名单及认定问题的通知》（财税〔2009〕105 号）的规定，人民网股份有限公司等 81 家中央所属文化企业已被认定为转制文化企业，现将名单发给你们，名单所列转制文化企业按照财政部、国家税务总局《关于文化体制改革中经营性文化事业单位转制为企业的若干税收政策问题的通知》（财税〔2009〕34 号）的规定享受税收优惠政策。税收优惠政策的执行启始期限按财政部、国家税务总局、中宣部《关于下发红旗出版社有限责任公司等中央所属转制文化企业名单的通知》（财税〔2011〕3 号）的规定执行。

特此通知。

附：中央所属转制文化企业名单

附：

中央所属转制文化企业名单

人民网股份有限公司
社会科学文献出版社
企业管理出版社
人民卫生出版社
宗教文化出版社
经济管理出版社
华语教学出版社有限责任公司
朝华出版社有限责任公司
外文出版社有限责任公司
海豚出版社有限责任公司
中共党史出版社
高等教育出版社
人民教育出版社
中国社会科学出版社
知识产权出版社
中国国际图书贸易集团有限公司
国家行政学院出版社
中央文献出版社
党建读物出版社
中国工商出版社
中国工人出版社
中国青年出版社
中国建筑工业出版社
中国统计出版社
中国方正出版社
中国税务出版社
中国财政经济出版社
中国城市出版社
中国摄影出版社
中国长安出版社
中国戏剧出版社
中国地图出版社
科学普及出版社
中国市场出版社

中国计划出版社
冶金工业出版社
中国石化出版社有限公司
中国发展出版社
人民交通出版社
中国体育报业总社
航空工业出版社
北京航宇音像出版社
《国际航空》杂志社
人民日报出版社
化学工业出版社
中国中医药出版社
电子工业出版社
中国妇女出版社
文物出版社
华文出版社
中国民族摄影艺术出版社
中央编译出版社
中国人口出版社
作家出版社
经济科学出版社
中国华侨出版社
中国宇航出版有限责任公司
中国纺织出版社
台海出版社
中共中央党校出版社
中国民航出版社
群言出版社
中国经济出版社
中国社会出版社
中国商务出版社
九州出版社
中国医药科技出版社
中国言实出版社
五洲传播出版社
研究出版社
中国电影出版社
中国文联出版社
中国三峡出版社

海洋出版社
中国商业出版社
当代世界出版社
中国农业科学技术出版社
中国农业出版社
中国人事出版社
华夏出版社
中国水利水电出版社

北京市财政局转发财政部 海关总署 国家税务总局《关于印发〈动漫企业进口动漫开发生产用品免征进口税收的暂行规定〉的通知》

2011年6月20日 京财税〔2011〕1243号

各区（县）财政局：

现将财政部 海关总署 国家税务总局《关于印发〈动漫企业进口动漫开发生产用品免征进口税收的暂行规定〉的通知》（财关税〔2011〕27号）转发给你们，请遵照执行。

附件：财政部 海关总署 国家税务总局关于印发《动漫企业进口动漫开发生产用品免征进口税收的暂行规定》的通知

附件：

财政部 海关总署 国家税务总局 关于印发《动漫企业进口动漫开发生产用品免征进口税收的暂行规定》的通知

2011年5月19日 财关税〔2011〕27号

各省、自治区、直辖市、计划单列市财政厅（局）、国家税务局，新疆生产建设兵团财务局，海关总署广东分署、各直属海关：

根据《国务院办公厅转发财政部等部门关于推动我国动漫产业发展若干意见的通知》（国办发〔2006〕32号）的精神，经国务院有关部门认定的动漫企业自主开发、生产动漫直接产品，确需进口的商品可享受免征进口关税及进口环节增值税的政策。为促进我国动漫产业健康快速发展，增强动漫产业的自主创新能力，财政部、海关总署、国家税务总局会同文化部共同制定了《动漫企业进口动漫开发生产用品免征进口税收的暂行规定》，现印发给你们，请遵照执行。

附：动漫企业进口动漫开发生产用品免征进口税收的暂行规定

附：

动漫企业进口动漫开发生产用品免征进口税收的暂行规定

一、根据《国务院办公厅转发财政部等部门关于推动我国动漫产业发展若干意见的通知》（国办发〔2006〕32 号）中对经国务院有关部门认定的动漫企业自主开发、生产动漫直接产品，确需进口的商品可享受免征进口关税及进口环节增值税政策的精神，特制定本规定。

二、本规定所指经国务院有关部门认定的动漫企业应符合以下标准：

（一）符合文化部、财政部、国家税务总局《关于印发〈动漫企业认定管理办法（试行）〉的通知》（文市发〔2008〕51 号）中动漫企业的基本认定标准。

（二）具备自主开发、生产动漫直接产品的资质和能力。

（三）企业注册资本金达到 80 万元人民币及以上。

三、本规定所称动漫直接产品包括：

（一）漫画：单幅和多格漫画、插画、漫画图书、动画抓帧图书、漫画报刊、漫画原画等。

（二）动画：动画电影、动画电视剧、动画短片、动画音像制品，影视特效中的动画片段，科技、军事、气象、医疗等影视节目中的动画片段等。

（三）网络动漫（含手机动漫）：以计算机互联网和移动通信网等信息网络为主要传播平台，以电脑、手机及各种手持电子设备为接收终端的动画、漫画作品，包括 FLASH 动画、网络表情、手机动漫等。

四、符合本规定第二款条件的企业于每年的 3 月底前向文化部提出申请，由文化部会同财政部、海关总署、国家税务总局对动漫企业的免税资格进行审核。审核合格的，由文化部、财政部、海关总署、国家税务总局联合公布享受进口税收优惠政策的动漫企业名单，并在已取得的“动漫企业证书”中对该企业是否享受本规定的进口税收优惠政策予以标注。

对经认定获得进口免税资格的动漫企业实行年审制度。进口免税资格的年审由文化部直接负责，对年度认定合格的企业在证书上加盖年审专用章。不提出年审申请或年度审核不合格的企业，其动漫企业进口免税资格到期自动失效。

五、经认定获得进口免税资格的动漫企业，凭本年度有效的“动漫企业证书”及证书上标注的享受本规定的进口税收优惠政策的相关规定，向主管海关申请办理享受进口税收优惠政策的手续。动漫企业在本年度有效期内进口《动漫企业免税进口动漫开发生产用品清单》（附件）范围内的商品免征进口关税和进口环节增值税。该清单由财政部会同相关部门根据国内配套产业发展能力的提高及动漫企业的需求变化适时调整。海关审核该类进口商品免税时，以《动漫企业免税进口动漫开发生产用品清单》所列的产品名称和技术指标为准。

六、经认定的动漫企业应在每年的 2 月底前将上一年度实际免税进口的商品、数量、免税金额及所用于的项目报文化部文化产业司，并由文化部文化产业司汇总后报财政部关税司，抄送海关总署关税征管司和国家税务总局货物和劳务税司。

七、对用于自主开发、生产动漫直接产品免税进口的商品，未经海关核准，不得抵押、质押、转让、移作他用或者进行处置。如经查实，获得免税资格的动漫企业存在以虚报情况获得免税资格、非法转让免税物资、偷税、骗税等违法经营行为，将被撤销进口免税资格，并予以公布。

八、本规定执行时间暂定为2011年1月1日至2015年12月31日。

附：动漫企业免税进口动漫开发生产用品清单

附：

动漫企业免税进口动漫开发生产用品清单

编号	产品类别	产品名称	参考税则号列	技术规格	主要功能用途	产品简单描述
1	二维无纸动画软件与设备	二维无纸动画制作软件	85234020	工作模式：点阵式、矢量式 支持分辨率≥1080 口型自动对位	二维无纸动画造型建立、动画口型同步、特效制作等全流程支持软件。	光盘
		数字化仪	84715040	像素数≥1600×1200 分辨率≥0.005毫米/点 笔压感级数≥2048级	提供创作人员类似图画板的数字化输入工具 能精确模拟各种传统画笔、笔刷与马克笔的笔触表现，可以在超过21.3英寸的屏幕上更加自然和直观地操作。	数字交互式绘制屏幕及数字绘制笔
2	定格动画创作软件	定格动画创作软件	85234020	以每秒30格的速度预览动画影片 支持输入影像灯箱功能（可以用来和已截取的画面做比较） 可以使用 Rig Removal 工具删除拍摄时使用的辅助构件	定格动画制作全流程支持软件。	光盘
3	三维建模、动画软件	三维建模、动画软件	85234020	可以自由绘制设定相机运动轨迹，并可保存、输出、导入、复用 支持三维建模，动画，可视化设计，特效，渲染等功能 提供模拟布料和毛发形态的工具	计算机三维图形的模型创建、表示与修改；三维图形动画的制作。	光盘
4	镜头轨迹运动控制设备与软件	运动拍摄控制系统	85234020 84289090 84714920 84714940	机头旋转速度每秒钟90度以上 系统移动速度大于每秒钟2米 运动误差小于0.01毫米 有效载荷30公斤以上	由软件控制的精密机械与电子装置，实现对所安装的摄像机的运动轨迹进行精确控制与记录。	底座 机械控制臂 旋转控制塔身 摄影设备安装架 精确轨道

续表

编号	产品类别	产品名称	参考税则号列	技术规格	主要功能用途	产品简单描述
5	胶片扫描设备	胶片数字化仪	84716050	35 毫米 4 片孔扫描分辨率超过 4K 数字化色彩深度超过 12bit 2K 处理速度大于 4 格/秒	动画前期制作的胶片输入，将电影胶片转换成数字图像。	主机柜式胶片数字化仪及系统控制器
6	三维扫描设备	三维激光扫描仪	90314990	获取时间：<20 秒 每个扫描仪纹理贴图分辨率：1280×1024	通过对物体空间外形和结构数字化信息的获取，设计和制作动画中的虚拟角色和场景。	激光扫描头 扫描主控机身
		三维光学扫描仪	90314990	精度：单帧≤0.15mm 复帧≤0.05mm 分辨率：单帧≥200000 points 速率≥30km/h 捕捉时间<1s		光学扫描头 扫描主控机身
7	运动捕捉设备	光学动作捕捉系统	90314990	捕捉精度误差小于 0.001 毫米 采集速度大于 120 次/秒 分辨率超过 400 万像素 支持多单元、多摄像机的实时三维运动数据采集	用于动画制作，将表演者的肢体动作或者面部表情进行数字化采集。	高分辨率、高速数字摄像头 数据手套 图像数据集线器 专用采集服装
		惯性动作捕捉系统	90314990	节点数>10 个 传输范围（户外）>100 米 传输范围(室内无障碍)>50 米 传感器分辨率<0.1 度 实际分辨率<2 度		机械式传感器组件 图像数据集线器
8	集群渲染软件与管理系统	三维渲染软件	85234020	支持局部光线追踪 支持全域照明 支持 HDRI 支持深影效果：可表现出电影中真实的毛发运动和影子运动	计算机三维图形专业渲染软件	光盘
		集群渲染管理系统	85234020	包含渲染节点和管理节点许可 可支持多节点发布渲染 支持多种应用软件的分发渲染：3DsMax、Maya、Nuke、Skake 等	将三维场景分发给集群渲染中的其他机器进行处理，并提供网络渲染、在线渲染结果查看、多用户管理、计费管理、调度管理等功能。	光盘
9	数字特效、合成、后期调色与调光软件及设备	视觉特效设计与合成软件	85234020	提供真实 3D 合成环境 支持大部分常用图像格式 支持 4 通道以上图像 支持浮点格式图像合成	通过计算机对视频或图像文件进行管理和图像处理，对原始视频与图像素材进行计算，生成新的视频与图像。实现动画中立体的虚拟的特殊视觉效果，包括动画片素材合成、二维动画特效、三维动画特效创作与制作。	光盘
		视觉特效设计、合成、后期调色与调光软硬一体化系统	85234020 84714120 84714140 84714920 84714940	支持 2K 以上、对数编码的无压缩数据的实时采集，播放、制作输出 色彩深度达到 10Bit 以上 输入输出格式高清 10Bit 以上 含有内置的色彩校正管理系统		超高性能工作站主机 专用操作面板 高级显示设备 外置高速特殊存储装置 高性能特殊图像处理板卡

续表

编号	产品类别	产品名称	参考税则号列	技术规格	主要功能用途	产品简单描述
10	数字剪辑、编辑软件及设备	非线性剪辑、编辑软件	85234020	包含大部分整合、剪辑、音频、绘画、文字制作、图形设计和视觉特效创造工具 支持大部分主要媒体格式 可进行高清 1920×1080 以上分辨率项目剪辑	现代动漫视频的剪辑、编辑工作都是借助计算机来进行数字化制作。非线性编辑只要上传一次就可以多次的编辑，信号质量始终不会变低，所以节省了设备、人力，提高了效率。非线性编辑需要专用的编辑软件、硬件，在现在绝大多数的动画制作机构都采用了这类系统。	光盘
		非线性剪辑、编辑软硬一体化系统	85234020 84714120 84714140 84714920 84714940	支持高标清所有格式文件剪辑 支持 edl 和 cutlist 文件		高性能工作站主机 显示设备 高性能图像处理板卡
11	胶片记录设备	胶片记录仪	84716060	分辨率：可在 35 毫米胶片上记录 2K、4K 或更高分辨率 记录速度：2K 分辨率的速度不低于 2 秒一格；4K 分辨率的速度不低于 6 秒一格 可接受胶片类型片种：至少包括中间片和底片 密度范围：能够在中间片上记录 2.046 个密度值	动画后期制作的胶片输出，将存储在计算机中的图像或视频序列曝光在胶片负片上。	机柜式记录仪主机
12	图像视频转换、输出设备	图像视频转换、输出设备	84714120 84714140 84718000	图像记录码率 440 兆以上 同时记录 8 轨以上非压缩音频 能够记录不压缩的 DPX 格式计算机图形文件，可以使用 SDI 接口输出图像	通过记录设备对数字视频信号进行记录，通过采集设备将数字视频信号转换成数字视频文件或图像文件，通过输出设备将数字视频文件或图像文件转换成数字图像信号。	数字视频、文件转换器 超高码率数字录像机
13	音频后期处理设备与软件	音频后期处理软件	85234020	可以同时处理的音轨数量 >128 个 支持最多 1024 轨声音同时播放混合	对动画片声音进行处理与加工。	光盘
		数字调音台	85234020 85437099	可以同时处理的音轨数量 >128 个 支持最多 1024 轨声音同时播放混合 调音台全部模块具备自动化记忆能力，能够根据时间点记忆旋钮和推子位置，并无限还原每一部操作		工作站式数字调音台

北京市财政局 北京市地方税务局转发财政部国家税务总局《关于企业促销展业赠送礼品有关个人所得税问题的通知》

2011 年 7 月 4 日 京财税〔2011〕1354 号

各区县财政局、地方税务局，市地方税务局直属分局：

现将财政部、国家税务总局《关于企业促销展业赠送礼品有关个人所得税问题的通知》（财税〔2011〕50 号）转发给你们，请遵照执行。

《北京市地方税务局转发国家税务总局关于个人所得税有关问题的批复》（京地税个〔2000〕113 号）、《北京市地方税务局转发国家税务总局关于个人所得税若干政策问题的批复》（京地税个〔2004〕242 号）附件的第二条同时废止。

附件：财政部 国家税务总局《关于企业促销展业赠送礼品有关个人所得税问题的通知》

附件：

财政部 国家税务总局《关于企业促销展业赠送礼品有关个人所得税问题的通知》

2011 年 6 月 9 日 财税〔2011〕50 号

各省、自治区、直辖市、计划单列市财政厅（局）、地方税务局、西藏、宁夏、青海省（自治区）国家税务局，新疆生产建设兵团财务局：

根据《中华人民共和国个人所得税法》及其实施条例有关规定，现对企业和单位（包括企业、事业单位、社会团体、个人独资企业、合伙企业和个体工商户等，以下简称企业）在营销活动中以折扣折让、赠品、抽奖等方式，向个人赠送现金、消费券、物品、服务等（以下简称礼品）有关个人所得税问题通知如下：

一、企业在销售商品（产品）和提供服务过程中向个人赠送礼品，属于下列情形之一的，不征收个人所得税：

1. 企业通过价格折扣、折让方式向个人销售商品（产品）和提供服务；

2. 企业在向个人销售商品（产品）和提供服务的同时给予赠品，如通信企业对个人购买手机赠话费、入网费，或者购话费赠手机等；

3. 企业对累积消费达到一定额度的个人按消费积分反馈礼品。

二、企业向个人赠送礼品，属于下列情形之一的，取得该项所得的个人应依法缴纳个人所得税，税款由赠送礼品的企业代扣代缴：

1. 企业在业务宣传、广告等活动中，随机向本单位以外的个人赠送礼品，对个人取得的礼品所得，按照“其他所得”项目，全额适用20%的税率缴纳个人所得税。

2. 企业在年会、座谈会、庆典以及其他活动中向本单位以外的个人赠送礼品，对个人取得的礼品所得，按照“其他所得”项目，全额适用20%的税率缴纳个人所得税。

3. 企业对累积消费达到一定额度的顾客，给予额外抽奖机会，个人的获奖所得，按照“偶然所得”项目，全额适用20%的税率缴纳个人所得税。

三、企业赠送的礼品是自产产品（服务）的，按该产品（服务）的市场销售价格确定个人的应税所得；是外购商品（服务）的，按该商品（服务）的实际购置价格确定个人的应税所得。

四、本通知自发布之日起执行。《国家税务总局关于个人所得税有关问题的批复》（国税函〔2000〕57号）、《国家税务总局关于个人所得税若干政策问题的批复》（国税函〔2002〕629号）第二条同时废止。

北京市财政局　北京市国家税务局　北京市地方税务局　北京市民政局转发财政部　国家税务总局　民政部《关于公布2010年度第二批获得公益性捐赠税前扣除资格的公益性社会团体名单的通知》

2011年8月29日　京财税〔2011〕1369号

各区县财政局、国家税务局、地方税务局、民政局，市国家税务局直属税务分局、市地方税务局直属分局：

现将财政部、国家税务总局、民政部《关于公布2010年度第二批获得公益性捐赠税前扣除资格的公益性社会团体名单的通知》（财税〔2011〕30号）转发给你们，请依照执行。

附件：财政部　国家税务总局　民政部《关于公布2010年度第二批获得公益性捐赠税前扣除资格的公益性社会团体名单的通知》

附件：

财政部　国家税务总局　民政部
《关于公布 2010 年度第二批获得公益性捐赠税前扣除资格的公益性社会团体名单的通知》

2011 年 5 月 24 日　财税〔2011〕30 号

各省、自治区、直辖市、计划单列市财政厅（局）、国家税务局、地方税务局、民政厅（局），新疆生产建设兵团财务局、民政局：

根据财政部、国家税务总局、民政部《关于公益性捐赠税前扣除有关问题的通知》（财税〔2008〕160 号）和财政部、国家税务总局、民政部《关于公益性捐赠税前扣除有关问题的补充通知》（财税〔2010〕45 号）精神，现将经民政部初步审核，财政部、国家税务总局会同民政部联合审核确认的 2010 年度第二批获得公益性捐赠税前扣除资格的公益性社会团体名单，予以公布。

附：2010 年度第二批获得公益性捐赠税前扣除资格的公益性社会团体名单

附：

2010 年度第二批获得公益性捐赠税前扣除资格的公益性社会团体名单

1. 中国红十字基金会
2. 南都公益基金会
3. 华民慈善基金会
4. 中国金融教育发展基金会
5. 中国残疾人福利基金会
6. 中国肝炎防治基金会
7. 詹天佑科学技术发展基金会
8. 中国人口福利基金会
9. 中国健康促进基金会
10. 中国老龄事业发展基金会
11. 友成企业家扶贫基金会
12. 中国华夏文化遗产基金会
13. 中国扶贫基金会
14. 海仓慈善基金会
15. 爱佑华夏慈善基金会
16. 北京大学教育基金会

17. 清华大学教育基金会
18. 中国光华科技基金会
19. 中国古生物化石保护基金会
20. 中国检察官教育基金会
21. 中国华文教育基金会
22. 中国医药卫生事业发展基金会
23. 中国预防性病艾滋病基金会
24. 中国人寿慈善基金会
25. 中国孔子基金会
26. 中国华侨经济文化基金会
27. 中国绿化基金会
28. 万科公益基金会
29. 援助西藏发展基金会
30. 中华环境保护基金会
31. 中国初级卫生保健基金会
32. 人保慈善基金会
33. 中远慈善基金会
34. 中华慈善总会
35. 中华健康快车基金会
36. 中国法律援助基金会
37. 中国癌症基金会
38. 桃源居公益事业发展基金会
39. 腾讯公益慈善基金会
40. 中国西部人才开发基金会
41. 中国教育发展基金会
42. 中国儿童少年基金会
43. 中国煤矿尘肺病治疗基金会
44. 香江社会救助基金会
45. 中华思源工程扶贫基金会
46. 凯风公益基金会
47. 北京航空航天大学教育基金会
48. 天诺慈善基金会
49. 中国青少年发展基金会
50. 中国发展研究基金会
51. 心平公益基金会
52. 中国妇女发展基金会
53. 中国光彩事业基金会
54. 中国青年创业就业基金会
55. 中国宋庆龄基金会

56. 中国拥军优属基金会
57. 中国敦煌石窟保护研究基金会
58. 中华社会文化发展基金会
59. 中国国际文化交流基金会
60. 中国交响乐发展基金会
61. 南航“十分”关爱基金会
62. 中华全国体育基金会
63. 国家电网公益基金会
64. 中国志愿服务基金会
65. 中华社会救助基金会
66. 中国保护黄河基金会
67. 中国经济改革研究基金会
68. 中国公安民警英烈基金会
69. 浙江大学教育基金会
70. 华阳慈善基金会
71. 中国企业管理科学基金会
72. 中国移动慈善基金会
73. 纺织之光科技教育基金会
74. 中国航天基金会
75. 中国禁毒基金会
76. 中国友好和平发展基金会
77. 威盛信望爱公益基金会
78. 中国国际战略研究基金会
79. 招商局慈善基金会
80. 中国农业大学教育基金会
81. 中华少年儿童慈善救助基金会
82. 中科院研究生教育基金会
83. 中央财经大学教育基金会
84. 北京交通大学教育基金会
85. 中国社会工作协会
86. 中国对外文化交流协会
87. 中国国际民间组织合作促进会
88. 中国绿色碳汇基金会
89. 陈香梅公益基金会
90. 比亚迪慈善基金会
91. 神华公益基金会
92. 中国煤矿文化宣传基金会
93. 顶新公益基金会
94. 瀛公益基金会

北京市财政局　北京市国家税务局　北京市地方税务局　北京市民政局转发财政部　国家税务总局　民政部《关于公布2011年度第一批获得公益性捐赠税前扣除资格的公益性社会团体名单的通知》

2011年8月29日　京财税〔2011〕1370号

各区县财政局、国家税务局、地方税务局、民政局、市国家税务局直属税务分局、市地方税务局直属分局：

现将财政部、国家税务总局、民政部《关于公布2011年度第一批获得公益性捐赠税前扣除资格的公益性社会团体名单的通知》（财税〔2011〕45号）转发给你们，请依照执行。

附件：财政部　国家税务总局　民政部《关于公布2011年度第一批获得公益性捐赠税前扣除资格的公益性社会团体名单的通知》

附件：

财政部　国家税务总局　民政部《关于公布2011年度第一批获得公益性捐赠税前扣除资格的公益性社会团体名单的通知》

2011年6月3日　财税〔2011〕45号

各省、自治区、直辖市、计划单列市财政厅（局）、国家税务局、地方税务局、民政厅（局），新疆生产建设兵团财务局、民政局：

根据财政部、国家税务总局、民政部《关于公益性捐赠税前扣除有关问题的通知》（财税〔2008〕160号）和财政部、国家税务总局、民政部《关于公益性捐赠税前扣除有关问题的补充通知》（财税〔2010〕45号）规定，现将经民政部初步审核，财政部、国家税务总局会同民政部联合审核确认的2011年度第一批获得公益性捐赠税前扣除资格的公益性社会团体名单，予以公布。

附：2011年度第一批获得公益性捐赠税前扣除资格的公益性社会团体名单

附：

2011 年度第一批获得公益性捐赠税前扣除资格的公益性社会团体名单

1. 泛海公益基金会
2. 安利公益基金会
3. 中南大学教育基金会
4. 中国和平发展基金会
5. 亨通慈善基金会
6. 中社社会工作发展基金会

北京市财政局　北京市地方税务局
转发财政部　国家税务总局
《关于跨境设备租赁合同继续
实行过渡性营业税免税政策的通知》

2011 年 7 月 21 日　京财税〔2011〕1490 号

各区县财政局、地方税务局，市地税局直属分局：

现将财政部、国家税务总局《关于跨境设备租赁合同继续实行过渡性营业税免税政策的通知》（财税〔2011〕48 号）转发给你们，并补充如下内容，请一并遵照执行。

一、请各主管税务机关做好对纳税人的政策宣传工作，以便符合规定的纳税人于 2011 年 9 月 30 日前办理备案手续，逾期主管税务机关将不再受理备案申请。

二、具体备案手续应按照《北京市地方税务局关于印发〈北京市地方税务局税收减免管理实施办法（试行）〉的通知》（京地税征〔2006〕287 号）相关规定办理。

三、主管税务机关应按照减免税管理有关规定，加强对减免税的日常监督和管理，及时登记《减免税台账》掌握具体减免情况和金额，当减免税期满后，主管税务机关应监控其恢复缴税的有关情况。

四、对符合征管法第五十一条规定的，纳税人可以申请退税。扣缴义务人代纳税人办理退税手续的，应出具纳税人授权代办退税事项的授权委托书（原件作为退税申请资料留存税务机关），经退税审批批准后退税款退至扣缴义务人账户，扣缴义务人收到退税款后应及时退还纳税人。

附件：财政部　国家税务总局《关于跨境设备租赁合同继续实行过渡性营业税免税政策的通知》

附件：

财政部　国家税务总局《关于跨境设备租赁合同继续实行过渡性营业税免税政策的通知》

2011 年 6 月 10 日　财税〔2011〕48 号

各省、自治区、直辖市、计划单列市财政厅（局）、地方税务局，北京、西藏、宁夏、青海省（自治区、直辖市）国家税务局，新疆生产建设兵团财务局：

经国务院批准，现对 2008 年 12 月 31 日前签订的并在此前尚未执行完毕的境外向境内出租设备合同（以下简称“跨境设备租赁老合同”）有关营业税政策通知如下：

一、自 2010 年 1 月 1 日起至合同到期日，对境外单位或个人执行跨境设备租赁老合同（包括融资租赁和经营性租赁老合同）取得的收入，继续实行免征营业税的过渡政策。

二、跨境设备租赁老合同是指同时符合以下条件的合同：

（一）2008 年 12 月 31 日前（含）以书面形式订立，且租赁期限超过 365 天。

（二）合同标的物为飞机、船舶、飞机发动机、大型发电设备、机械设备、大型环保设备、大型建筑施工机械、大型石油化工成套设备、集装箱及其他设备，且合同约定的年均租赁费不低于 50 万元人民币。

（三）合同标的物、租赁期限、租金条款不发生变更；

合同标的物、租赁期限、租金条款未变更而出租人发生变更的，仍属于本通知所称跨境设备租赁老合同。

（四）2009 年 12 月 31 日前（含）境内承租人（或通过其境外所属公司）按合同约定的金额已通过金融机构向境外出租人以外汇形式支付了租金（包括保证金或押金，下同）。

三、境内承租方应于 2011 年 9 月 30 日前持跨境设备租赁老合同、已付租金的付款凭证及出租方相应的发票（或账单）的原件和复印件以及主管税务机关要求的其他材料到主管税务机关办理备案手续。

四、自 2010 年 1 月 1 日至发文之日，纳税人已缴、多缴或扣缴义务人已扣缴、多扣缴的上述应予免征的营业税税款，允许其从以后应缴或应扣缴的营业税税款中抵减，2011 年年底前抵减不完的予以退税。

北京市财政局转发财政部　海关总署国家税务总局《关于种子（苗）种畜（禽）鱼种（苗）和种用野生动植物种源免征进口环节增值税政策及 2011 年进口计划的通知》

2011 年 7 月 18 日　京财税〔2011〕1491 号

市属各有关单位，各区（县）财政局：

现将财政部、海关总署、国家税务总局《关于种子（苗）种畜（禽）鱼种（苗）和种用野生动植物种源免征进口环节增值税政策及 2011 年进口计划的通知》（财关税〔2011〕36 号）转发给你们，请遵照执行。

附件：财政部　海关总署　国家税务总局《关于种子（苗）种畜（禽）鱼种（苗）和种用野生动植物种源免征进口环节增值税政策及 2011 年进口计划的通知》

附件：

财政部　海关总署　国家税务总局《关于种子（苗）种畜（禽）鱼种（苗）和种用野生动植物种源免征进口环节增值税政策及 2011 年进口计划的通知》

2011 年 6 月 24 日　财关税〔2011〕36 号

各省、自治区、直辖市、计划单列市财政厅（局）、国家税务局，新疆生产建设兵团财务局，海关总署广东分署、各直属海关：

为支持引进和推广良种，加强物种资源保护，丰富我国动植物资源，发展优质、高产、高效农林业，经国务院批准，“十二五”期间对进口种子（苗）、种畜（禽）、鱼种（苗）和种用野生动植物种源（以下简称“种子种源”）免征进口环节增值税。现将有关问题通知如下：

一、享受上述免税政策的商品范围包括：

（一）与农、林业生产密切相关的进口种子（苗）、种畜（禽）、鱼种（苗），以及具备研究和培育繁殖条件的动植物科研院所、动物园、专业动植物保护单位、养殖场和种植园进口的用于科研、育种、繁殖的野生动植物种源。

（二）军队、武警、公安、安全部门（含缉私警察）进口的警用工作犬以及繁育用的工作犬精液及胚胎。

二、农业部2011年度种子（苗）种畜（禽）鱼种（苗）免税进口计划（见附1）和国家林业局2011年度种子（苗）和种用野生动植物种源免税进口计划（见附2、附3）已经审核确定。各地海关可凭农业部和国家林业局签发的机打审批表办理相关单位进口种子种源的免税审批手续，并对2011年凭保进口的种子种源在办理免税审批手续后，给予退保核销。

2011年云南省进口花卉种苗、种球、种籽的具体品种和数量另行规定。

三、自2012年起，在年度种子种源（不包括警用工作犬、繁育用的工作犬精液及胚胎）免税进口计划下发前，对于上一年度免税进口计划中已列名的种子种源品种，农业部和国家林业局可以在上一年度确定的免税进口额度的30%以内，提前签发审批表，有关进口单位可凭审批表向海关申请办理免税审批手续。

四、未经批准或未列入年度计划的进口种子种源应照章征收进口环节增值税。

五、免税进口的种子种源，未经合理种植、培育、试种、养殖或饲养，不得擅自转让和销售。对违反规定的种子种源进口单位，按照有关规定处罚，并暂停其1年免税资格；依法被追究刑事责任的种子种源进口单位，暂停其3年免税资格。

附：1. 农业部2011年度种子（苗）种畜（禽）鱼种（苗）免税进口计划

2. 国家林业局2011年度种子（苗）免税进口计划

3. 国家林业局2011年度种用野生动植物种源免税进口计划

附1：

农业部2011年度种子（苗）种畜（禽）鱼种（苗）免税进口计划

序号	产　品	规格*	单位	数量
1	无根插枝及接穗		万条	0.5
2	水果、干果种子（苗）		吨	1
2	水果、干果种子（苗）		万株	0.5
3	菌种		吨	20
9	种用薯类		吨	4
10	豆类种子		吨	1000
11	瓜类种子		吨	146
16	麦类种子		吨	5
17	玉米种子		吨	600
19	其他谷物种子		吨	5
21	麻类种子		吨	100
24	棉花种子		吨	2
20－22－23－28－29	种用花生、油菜子、向日葵籽、芝麻及其他油料种子		吨	9600
25－27	郁金香、百合、唐菖蒲种球		万头	5000
30，49	甜菜种子、甘蔗种苗		吨	2000
31	紫苜蓿子		吨	300

续表

序号	产　品	规格 *	单位	数量
32	三叶草子		吨	600.6
33	羊茅子		吨	4200
34	早熟禾子		吨	1630.68
35	黑麦草种子		吨	4800
42	草坪种子		吨	800
43	其他饲草、饲料植物种子		吨	2000
44	花卉种子（苗、球、茎）		万株	530
45	蔬菜类		吨	12000
46	其他种植用的种子、果实及孢子		吨	50
47	其他种植用根、茎、苗、芽等繁殖材料		万株	10
52	改良种用的马		匹	107
54	改良种用的牛		万头	19.1
55	改良种用的猪		头	40000
56	改良种用的绵羊		只	3292
57	改良种用的山羊		只	240
58	不超过 185 克的改良种用鸡		万只	308
60	不超过 185 克的其他改良种用家禽		万只	16
64	改良种用的其他活动物		（头）只	68000
65	种用禽蛋		万枚	25
66	牛的精液		万剂	140
67	动物精液（牛精液除外）		万剂	4.6
68	种用动物胚胎		万枚	4.7
70	鳟鱼鱼苗	鱼卵及苗	万尾（粒）	1000
71	鳗鱼鱼苗	鱼苗	吨	60
73	其他鱼苗及其卵或受精卵或发眼卵	亲本及苗	万尾（粒）	8000
74 - 78	龙虾、大螯虾、小虾、对虾、蟹的种苗及其他甲壳动物种苗或休眠卵	亲本及苗	万尾	50
79 - 81	牡蛎（蚝）、扇贝（含海扇）、贻贝种苗	亲贝及苗	万个（枚）	4
84	水生无脊椎动物的种苗	亲本及苗	万尾	1.8
85	经济藻类种苗及其配子或孢	亲本及苗	万株	0.5
125	龟鳖类	种龟及幼体	万只	10
133	鳗类	亲本	万尾	0.5

注：具体规格见《中华人民共和国农业部动植物苗种进（出）口审批表》备注说明。

附 2：

国家林业局 2011 年度种子（苗）免税进口计划

序号	名　　称	种子（吨）	苗木（万株）	球茎（万粒）
1	无根插枝及接穗		150	
2	水果、干果种子苗	100	100	
4	松、杉、柏类种子	50		
5	桉、相思类种子	5		
8	棕榈、漆、槭种子	20		
25	郁金香种球	100		5000
26	百合种球	200		8000
27	唐菖蒲种球	100		1000
32	三叶草子	2000		
33	羊茅子	6000		
34	早熟禾子	3500		
35	黑麦草种子	6000		
38	狗牙根种子	1500		
42	草坪种子	2500		
44	花卉种子（苗、球、茎）	50	1200	1500
46	其他种植用的种子、果实及孢子	560		100
47	其他种植用根、茎、苗、芽等繁殖材料		400	

附 3：

国家林业局 2011 年度种用野生动植物种源免税进口计划

序号	名称*	数量
86	有袋类	80
87	灵长类	6000
88	鲸类	140
89	大型蝠类	10
90	熊类	16
91	浣熊类	10
92	鼬类	26000

续表

序号	名称*	数量
93	犬狐类	9216
94	灵猫类	10
95	狮虎豹类	100
96	猫类	10
97	海豹类（包括海狮、海狗、海象）	100
98	海牛类	10
99	鹿类	100
100	野牛类	10
101	羚羊类	100
102	野羊类	10
103	野驼类（包括原驼、骆马）	20
104	象类	20
105	斑马类	120
106	貘类	10
107	犀牛类	120
108	大型啮齿类	60
109	野马	10
110	河马	10
111	鸵鸟类	1000
112	鹈鹕类	50
113	企鹅类	130
114	鹳鹤类	90
115	火烈鸟类	410
116	雁鸭类	100
117	鹰隼类	30
118	猫头鹰类	10
119	雉鸡类	50
120	鸥类	10
121	鸽鸠类	10
122	鹦鹉类	120
123	犀鸟类	30
124	雀鸟类	30
125	龟鳖类	1000
126	鳄类（包括苗）	15000
127	蜥蜴类	100
128	蛇类	100

续表

序号	名称 *	数量
129	蛙蟾类	50
130	鲵螈类	10
131	观赏鱼类	100
132	鲟类	50
133	鳗类	70
134	鲨类	30
135	蝴蝶类	100
136	观赏昆虫类	100
137	贝类	100
138	珊瑚类	50
139	兰花类（万株，含瓶苗）	150
140	参类（千克）	100
141	苏铁类	10 万株，22 千克
142	仙人掌类（万株）	10
143	仙客来类（万株，含瓶苗）	10
144	樟类	1.6 万株，12 千克
145	木棉类	1.6 万株，12 千克
146	红豆杉类（万株）	10
147	大戟类（万株，含瓶苗）	10
148	蚌壳蕨类	1 万株，8 千克
149	骨碎补类（万株）	10
150	菊类（万株）	10
151	杨柳类（万株）	10
152	棕榈类（万株）	10
153	百合类（万株）	10
154	山茶类（万株）	10
155	槭树类（万株）	10
156	桑类（万株）	10
157	石松类（万株）	6
158	壳斗类（万株）	3

注：86－138 项单位为只、匹、头等；139－158 项单位已在有关栏目标明。

北京市财政局转发财政部　国家税务总局《关于明确废弃动植物油生产纯生物柴油免征消费税适用范围的通知》

2011年7月18日　京财税〔2011〕1492号

各区县财政局：

现将财政部、国家税务总局《关于明确废弃动植物油生产纯生物柴油免征消费税适用范围的通知》（财税〔2011〕46号）转发给你们，请依照执行。

附件：财政部　国家税务总局《关于明确废弃动植物油生产纯生物柴油免征消费税适用范围的通知》

附件：

财政部　国家税务总局《关于明确废弃动植物油生产纯生物柴油免征消费税适用范围的通知》

2011年6月15日　财税〔2011〕46号

各省、自治区、直辖市、计划单列市财政厅（局）、国家税务局，新疆生产建设兵团财务局，财政部驻各省、自治区、直辖市、计划单列市监察专员办事处：

为方便税收征管，现将财政部、国家税务总局《关于对利用废弃的动植物油生产纯生物柴油免征消费税的通知》（财税〔2010〕118号）所称“废弃的动物油和植物油”的范围明确如下：

一、餐饮、食品加工单位及家庭产生的不允许食用的动植物油脂。主要包括泔水油、煎炸废弃油、地沟油和抽油烟机凝析油等。

二、利用动物屠宰分割和皮革加工修削的废弃物处理提炼的油脂，以及肉类加工过程中产生的非食用油脂。

三、食用油脂精炼加工过程中产生的脂肪酸、甘油脂及含少量杂质的混合物。主要包括酸化油、脂肪酸、棕榈酸化油、棕榈油脂肪酸、白土油及脱臭馏出物等。

四、油料加工或油脂储存过程中产生的不符合食用标准的油脂。

特此通知，请遵照执行。

北京市财政局　北京市国家税务局　北京市地方税务局关于公布北京市取得非营利组织免税资格单位名单的通知

2011 年 7 月 29 日　京财税〔2011〕1560 号

各区县财政局、国家税务局、地方税务局，市国家税务局各直属单位，市地方税务局直属分局，各有关单位：

根据财政部、国家税务总局《关于非营利组织免税资格认定管理有关问题的通知》（财税〔2009〕123 号）、《北京市财政局、北京市国家税务局、北京市地方税务局关于非营利组织免税资格认定管理有关问题的补充通知》（京财税〔2010〕388 号）和《北京市财政局、北京市国家税务局、北京市地方税务局关于规范我市非营利组织免税资格认定管理工作有关问题的通知》（京财税〔2011〕813 号）等有关规定，经研究，现将北京市 2008、2009 年度获得非营利组织免税资格的单位名单（第六批）以及北京市 2010 年度获得非营利组织免税资格的单位名单（第二批）予以公布。

附件：1. 北京市 2008 年度获得非营利组织免税资格的单位名单（第六批）
　　　2. 北京市 2009 年度获得非营利组织免税资格的单位名单（第六批）
　　　3. 北京市 2010 年度获得非营利组织免税资格的单位名单（第二批）

附件 1：

北京市 2008 年度获得非营利组织免税资格的单位名单（第六批）

1. 中国产业发展促进会
2. 中国蜂产品协会
3. 中国保险行业协会

附件 2：

北京市 2009 年度获得非营利组织免税资格的单位名单（第六批）

1. 中国机电产品进出口商会

2. 北京中国石油大学教育基金会
3. 中国石油和石油化工设备工业协会
4. 中国密码协会
5. 世界中国烹饪联合会
6. 中国轻工工艺品进出口商会

附件 3：

北京市 2010 年度获得非营利组织
免税资格的单位名单（第二批）

1. 中国医学基金会
2. 国家电网公益基金会
3. 中国光华科技基金会

北京市财政局　北京市国家税务局 北京市地方税务局转发财政部 国家税务总局《关于我国石油企业在境外从事油（气）资源开采所得税收抵免有关问题的通知》

2011 年 8 月 5 日　京财税〔2011〕1601 号

各区县财政局、国家税务局、地方税务局，市国家税务局各直属单位，市地方税务局直属分局：

现将财政部、国家税务总局《关于我国石油企业在境外从事油（气）资源开采所得税收抵免有关问题的通知》（财税〔2011〕23 号）转发给你们，请遵照执行。

附件：财政部　国家税务总局《关于我国石油企业在境外从事油（气）资源开采所得税收抵免有关问题的通知》

附件：

财政部　国家税务总局《关于我国石油企业在境外从事油（气）资源开采所得税收抵免有关问题的通知》

2011年5月21日　财税〔2011〕23号

各省、自治区、直辖市、计划单列市财政厅（局）、国家税务局、地方税务局，新疆生产建设兵团财务局：

根据《中华人民共和国企业所得税法》及其《实施条例》和《财政部　国家税务总局关于企业境外所得税收抵免有关问题的通知》（财税〔2009〕125号）的有关规定，现就我国石油企业在境外从事油（气）资源开采所得计征企业所得税时抵免境外已纳或负担所得税额的有关问题补充通知如下：

一、石油企业可以选择按国（地区）别分别计算（即“分国（地区）不分项”），或者不按国（地区）别汇总计算（即“不分国（地区）不分项”）其来源于境外油（气）项目投资、工程技术服务和工程建设的油（气）资源开采活动的应纳税所得额，并按照财税〔2009〕125号文件第八条规定的税率，分别计算其可抵免境外所得税税额和抵免限额。上述方式一经选择，5年内不得改变。

石油企业选择采用不同于以前年度的方式（以下简称新方式）计算可抵免境外所得税税额和抵免限额时，对该企业以前年度按照财税〔2009〕125号文件规定没有抵免完的余额，可在税法规定结转的剩余年限内，按新方式计算的抵免限额中继续结转抵免。

二、石油企业在境外从事油（气）项目投资、工程技术服务和工程建设的油（气）资源开采活动取得股息所得，在按规定计算该石油企业境外股息所得的可抵免所得税额和抵免限额时，由该企业直接或者间接持有20%以上股份的外国企业，限于按照财税〔2009〕125号文件第六条规定的持股方式确定的五层外国企业，即：

第一层：石油企业直接持有20%以上股份的外国企业；

第二层至第五层：单一上一层外国企业直接持有20%以上股份，且由该石油企业直接持有或通过一个或多个符合财税〔2009〕125号文件第六条规定持股方式的外国企业间接持有总和达到20%以上股份的外国企业。

三、石油企业境外所得税收抵免的其他事项，按照财税〔2009〕125号文件的有关规定执行。

四、本通知自2010年1月1日起执行。

北京市财政局　北京市地方税务局
转发财政部　国家税务总局
《关于调整个体工商户业主个人独资企业和合伙企业自然人投资者个人所得税费用扣除标准的通知》

2011 年 8 月 25 日　京财税〔2011〕1815 号

各区县财政局、地方税务局，市地方税务局直属分局：

现将财政部、国家税务总局《关于调整个体工商户业主个人独资企业和合伙企业自然人投资者个人所得税费用扣除标准的通知》（财税〔2011〕62 号）转发给你们，请遵照执行。

附件：财政部　国家税务总局《关于调整个体工商户业主个人独资企业和合伙企业自然人投资者个人所得税费用扣除标准的通知》

附件：

财政部　国家税务总局《关于调整个体工商户业主个人独资企业和合伙企业自然人投资者个人所得税费用扣除标准的通知》

2011 年 7 月 29 日　财税〔2011〕62 号

各省、自治区、直辖市、计划单列市财政厅（局）、地方税务局，西藏、宁夏、青海省（自治区）国家税务局，新疆生产建设兵团财务局：

根据新修订的个人所得税法及其实施条例和相关政策规定，现对个体工商户业主、个人独资企业和合伙企业自然人投资者个人所得税费用扣除标准问题通知如下：

一、对个体工商户业主、个人独资企业和合伙企业自然人投资者的生产经营所得依法计征个人所得税时，个体工商户业主、个人独资企业和合伙企业自然人投资者本人的费用扣除标准统一确定为 42000 元/年（3500 元/月）。

二、《国家税务总局关于印发〈个体工商户个人所得税计税办法（试行）〉的通知》（国税发〔1997〕43 号）第十三条第一款修改为：“个体户业主的费用扣除标准为 42000 元/年（3500 元/月）；个体户向其从业人员实际支付的合理的工资、薪金支出，允许在税前据实扣除。”

三、《财政部　国家税务总局关于印发〈关于个人独资企业和合伙企业投资者征收个人所得税的规定〉的通知》（财税〔2000〕91 号）附件 1 第六条（一）修改为：“投资者的费用扣除标准为42000元/年（3500元/月）。投资者的工资不得在税前扣除。”

四、《财政部　国家税务总局关于调整个体工商户　个人独资企业和合伙企业个人所得税税前扣除标准有关问题的通知》（财税〔2008〕65号）第一条停止执行。

五、本通知自2011年9月1日起执行。

北京市财政局　北京海关　北京市国家税务局　北京市地方税务局转发财政部　海关总署　国家税务总局《关于深入实施西部大开发战略有关税收政策问题的通知》

2011年8月19日　京财税〔2011〕1816号

各区县财政局、国家税务局、地方税务局，北京海关各隶属办事处，市国家税务局直属税务分局，市地方税务局直属分局：

现将财政部、海关总署、国家税务总局《关于深入实施西部大开发战略有关税收政策问题的通知》（财税〔2011〕58号）转发给你们，请依照执行。

附件：财政部　海关总署　国家税务总局《关于深入实施西部大开发战略有关税收政策问题的通知》

附件：

财政部　海关总署　国家税务总局《关于深入实施西部大开发战略有关税收政策问题的通知》

2011年7月27日　财税〔2011〕58号

各省、自治区、直辖市、计划单列市财政厅（局）、国家税务局、地方税务局，新疆生产建设兵团财务局，海关总署广东分署、各直属海关：

为贯彻落实党中央、国务院关于深入实施西部大开发战略的精神，进一步支持西部大开发，现将有关税收政策问题通知如下：

一、对西部地区内资鼓励类产业、外商投资鼓励类产业及优势产业的项目在投资总额内进口的自用设备，在政策规定范围内免征关税。

二、自2011年1月1日至2020年12月31日，对设在西部地区的鼓励类产业企业减按15%的税率征收企业所得税。

上述鼓励类产业企业是指以《西部地区鼓励类产业目录》中规定的产业项目为主营业

务，且其主营业务收入占企业收入总额70%以上的企业。《西部地区鼓励类产业目录》另行发布。

三、对西部地区2010年12月31日前新办的、根据《财政部 国家税务总局 海关总署关于西部大开发税收优惠政策问题的通知》（财税〔2001〕202号）第二条第三款规定可以享受企业所得税“两免三减半”优惠的交通、电力、水利、邮政、广播电视企业，其享受的企业所得税“两免三减半”优惠可以继续享受到期满为止。

四、本通知所称西部地区包括重庆市、四川省、贵州省、云南省、西藏自治区、陕西省、甘肃省、宁夏回族自治区、青海省、新疆维吾尔自治区、新疆生产建设兵团、内蒙古自治区和广西壮族自治区。湖南省湘西土家族苗族自治州、湖北省恩施土家族苗族自治州、吉林省延边朝鲜族自治州，可以比照西部地区的税收政策执行。

五、本通知自2011年1月1日起执行。《财政部 国家税务总局海关总署关于西部大开发税收优惠政策问题的通知》（财税〔2001〕202号）、《国家税务总局关于落实西部大开发有关税收政策具体实施意见的通知》（国税发〔2002〕47号）、《财政部 国家税务总局关于西部大开发税收优惠政策适用目录变更问题的通知》（财税〔2006〕165号）、《财政部 国家税务总局关于将西部地区旅游景点和景区经营纳入西部大开发税收优惠政策范围的通知》（财税〔2007〕65号）自2011年1月1日起停止执行。

北京市财政局　北京市国家税务局
北京市地方税务局转发财政部　国家税务总局
《关于中国移动等通信公司与中国红十字基金会
中国宋庆龄基金会合作项目营业税政策的通知》

2011年9月6日　京财税〔2011〕1930号

各区县财政局、国家税务局、地方税务局，市国税局直属税务分局，市地税局直属分局：

现将财政部、国家税务总局《关于中国移动等通信公司与中国红十字基金会 中国宋庆龄基金会合作项目营业税政策的通知》（财税〔2011〕56号）转发给你们，请依照执行。

附件：财政部 国家税务总局《关于中国移动等通信公司与中国红十字基金会 中国宋庆龄基金会合作项目营业税政策的通知》

附件：

财政部 国家税务总局《关于中国移动等通信公司与中国红十字基金会 中国宋庆龄基金会合作项目营业税政策的通知》

2011 年 7 月 29 日 财税〔2011〕56 号

各省、自治区、直辖市、计划单列市财政厅（局）、地方税务局，北京、西藏、宁夏、青海省（自治区、直辖市）国家税务局，新疆生产建设兵团财务局：

为支持社会公益事业发展，对中国移动通信集团公司、中国联合网络通信有限公司、中国电信集团公司通过手机特服号“10699990”和“10699998”分别为中国红十字基金会和中国宋庆龄基金会接受捐款业务，以全部收入减去支付给中国红十字基金会和中国宋庆龄基金会的价款后的余额为营业额，计算征收营业税。

本通知自 2011 年 9 月 1 日起执行。

北京市财政局 北京市国家税务局 北京市地方税务局转发财政部 国家税务总局《关于延长国家大学科技园和科技企业孵化器税收政策执行期限的通知》

2011 年 9 月 19 日 京财税〔2011〕2001 号

各区县财政局、国家税务局、地方税务局，市国税局直属税务分局，市地税局直属分局：

现将财政部、国家税务总局《关于延长国家大学科技园和科技企业孵化器税收政策执行期限的通知》（财税〔2011〕59 号）转发给你们，请依照执行。

附件：财政部 国家税务总局《关于延长国家大学科技园和科技企业孵化器税收政策执行期限的通知》

附件：

财政部　国家税务总局《关于延长国家大学科技园和科技企业孵化器税收政策执行期限的通知》

2011年8月11日　财税〔2011〕59号

各省、自治区、直辖市、计划单列市财政厅（局）、国家税务局、地方税务局，新疆生产建设兵团财务局：

经国务院批准，《财政部　国家税务总局关于国家大学科技园有关税收政策问题的通知》（财税〔2007〕120号）、《财政部　国家税务总局关于科技企业孵化器有关税收政策问题的通知》（财税〔2007〕121号）规定的2010年12月31日到期的有关税收优惠政策继续执行至2012年12月31日。

请遵照执行。

北京市财政局　北京市地方税务局转发财政部　国家税务总局《关于房屋土地权属由夫妻一方所有变更为夫妻双方共有契税政策的通知》

2011年9月15日　京财税〔2011〕2031号

各区县财政局、地方税务局，市地方税务局直属分局：

现将财政部、国家税务总局《关于房屋土地权属由夫妻一方所有变更为夫妻双方共有契税政策的通知》（财税〔2011〕82号）转发给你们，请遵照执行。

附件：财政部　国家税务总局《关于房屋土地权属由夫妻一方所有变更为夫妻双方共有契税政策的通知》

附件：

财政部 国家税务总局《关于房屋 土地权属由夫妻一方所有变更为夫妻双方共有契税政策的通知》

2011年8月31日 财税〔2011〕82号

各省、自治区、直辖市、计划单列市财政厅（局）、地方税务局，新疆生产建设兵团财务局：

现就房屋、土地权属由夫妻一方所有变更为夫妻双方共有的契税政策通知如下：

婚姻关系存续期间，房屋、土地权属原归夫妻一方所有，变更为夫妻双方共有的，免征契税。

本通知自印发之日起执行。

北京市财政局 北京市国家税务局 北京市地方税务局转发财政部 国家税务总局《关于继续对邮政企业代办金融业务免征营业税的通知》

2011年9月22日 京财税〔2011〕2060号

各区县财政局、国家税务局、地方税务局，市国税局直属税务分局，市地税局直属分局：

现将财政部、国家税务总局《关于继续对邮政企业代办金融业务免征营业税的通知》（财税〔2011〕66号）转发给你们，请遵照执行。

《北京市财政局 北京市地方税务局转发财政部 国家税务总局关于邮政企业代办金融业务免征营业税的通知》（京财税〔2009〕204号）到期停止执行。

联系人：梅月华；联系电话：68416402

附件：财政部 国家税务总局《关于继续对邮政企业代办金融业务免征营业税的通知》

附件：

财政部　国家税务总局《关于继续对邮政企业代办金融业务免征营业税的通知》

2011 年 8 月 31 日　财税〔2011〕66 号

各省、自治区、直辖市、计划单列市财政厅（局）、地方税务局，北京、西藏、宁夏、青海省（自治区、直辖市）国家税务局，新疆生产建设兵团财务局：

为减轻邮政企业改组改制后增加的营业税负担，经国务院批准，决定继续对邮政企业为邮政储蓄银行代办金融业务免征营业税。现将有关政策通知如下：

对中国邮政集团公司及其所属邮政企业为中国邮政储蓄银行及其所属分行、支行代办金融业务取得的代理金融业务收入，自 2011 年 1 月 1 日至 2012 年 12 月 31 日免征营业税。对于本通知到达之日前已缴纳的应予免征的营业税，允许从纳税人以后应缴的营业税税款中抵减或予以退税。

财政部、国家税务总局《关于邮政企业代办金融业务免征营业税的通知》（财税〔2009〕7 号）到期停止执行。

北京市财政局　北京市国家税务局 北京市商务委员会关于我市连锁经营企业增值税纳税地点问题的通知

2011 年 10 月 12 日　京财税〔2011〕2092 号

各区县财政局、国家税务局、商务委员会，市国税局直属税务分局：

根据财政部、国家税务总局《关于连锁经营企业增值税纳税地点问题的通知》（财税字〔1997〕97 号）和《财政部　国家税务总局关于连锁经营企业有关税收问题的通知》（财税〔2003〕1 号）的有关规定，为进一步规范我市连锁经营企业税收缴纳，对我市连锁经营企业实行统一缴纳增值税的有关问题通知如下。

一、对我市连锁经营企业符合财税字〔1997〕97 号第一条第一款规定条件，并申请对总店和分店实行由总店向其所在地主管国税机关统一申报缴纳增值税的，由总店向其所在地的主管国税机关报送书面申请及《统一缴纳增值税的连锁经营企业总店、分店情况表》（见附件）。

二、对我市范围内跨区、县的连锁经营企业报送的统一缴纳增值税申请，由区县国家税务局审核并提出审核意见后上报北京市国家税务局（以下简称市国税局），由市国税局会同北京市财政局（以下简称市财政局）依据各自职责审批。

三、对同一区、县范围内的连锁经营企业报送的统一缴纳增值税申请，由区县国家税务局会同本区县财政局共同审批，具体操作办法由区县国家税务局商本区县财政局共同确定。

四、我市连锁经营企业经财政机关、国税机关批准（含本通知下发之前已经批准的）实行由总店统一申报缴纳增值税后，新增设分店且该分店符合统一缴纳增值税政策的，可以直接比照原审批文件的原则实行由总店统一申报缴纳增值税，无需再办理统一缴纳增值税的审批手续。

五、纳税人未经财政机关、国税机关批准而自行对总店和分店采取由总店统一申报缴纳增值税方式的，一经发现应予以纠正，总店及其各个分店应当分别向各自所在地的主管国税机关申报缴纳增值税。

六、执行中发现的问题请分别向市财政局和市国税局报告。

七、本通知自发布之日起执行。《北京市国家税务局、北京市财政局转发财政部、国家税务总局关于连锁经营企业增值税纳税地点的通知的通知》（京国税〔1998〕081号）的补充规定、《北京市财政局、北京市商务局、北京市国家税务局关于北京易初莲花连锁经营超市有限公司跨区县税收分配办法的通知》（京财预〔2005〕11号）、《北京市财政局、北京市商务局、北京市国家税务局关于北京沃尔玛百货有限公司和北京欧尚超市有限公司集中缴纳增值税、企业所得税跨区县财政利益分配办法的通知》（京财预〔2005〕734号）同时废止。

附件：统一缴纳增值税的连锁经营企业总店、分店情况表（略）

北京市财政局　北京市地方税务局
转发财政部　国家税务总局《关于经营
高校学生公寓和食堂有关税收政策的通知》

2011年10月8日　京财税〔2011〕2096号

各区县财政局、地方税务局，市地方税务局直属分局：

现将财政部、国家税务总局《关于经营高校学生公寓和食堂有关税收政策的通知》（财税〔2011〕78号）转发给你们，请遵照执行。

附件：财政部　国家税务总局《关于经营高校学生公寓和食堂有关税收政策的通知》

附件：

财政部　国家税务总局《关于经营高校学生公寓和食堂有关税收政策的通知》

2011年9月6日　财税〔2011〕78号

各省、自治区、直辖市、计划单列市财政厅（局）、地方税务局，北京、西藏、宁夏、青海省（区、市）国家税务局，新疆生产建设兵团财务局：

经国务院批准，现对高校学生公寓和食堂的有关税收政策通知如下：

一、对高校学生公寓免征房产税。

二、对与高校学生签订的高校学生公寓租赁合同，免征印花税。

三、对按照国家规定的收费标准向学生收取的高校学生公寓住宿费收入，免征营业税。

四、对高校学生食堂为高校师生提供餐饮服务取得的收入，免征营业税。

五、本通知所述“高校学生公寓”，是指为高校学生提供住宿服务，按照国家规定的收费标准收取住宿费的学生公寓。

“高校学生食堂”是指依照《学校食堂与学生集体用餐卫生管理规定》（教育部令第14号）管理的高校学生食堂。

六、本通知执行时间自2011年1月1日至2012年12月31日，2011年1月1日至文到之日已征的应予免征的房产税、印花税和营业税税款，分别从纳税人以后应纳的房产税、印花税和营业税税额中抵减或者予以退税。《财政部　国家税务总局关于经营高校学生公寓和食堂有关税收政策的通知》（财税〔2009〕155号）到期废止。

北京市财政局　北京市国家税务局　北京市地方税务局转发财政部　国家税务总局《关于地方政府债券利息所得免征所得税问题的通知》

2011年10月10日　京财税〔2011〕2147号

各区县财政局、国家税务局、地方税务局，市国家税务局直属税务分局，市地方税务局直属分局：

现将财政部、国家税务总局《关于地方政府债券利息所得免征所得税问题的通知》（财税〔2011〕76号）转发给你们，请依照执行。

附件：财政部　国家税务总局《关于地方政府债券利息所得免征所得税问题的通知》

附件：

财政部　国家税务总局《关于地方政府债券利息所得免征所得税问题的通知》

2011 年 8 月 26 日　财税〔2011〕76 号

各省、自治区、直辖市、计划单列市财政厅（局）、国家税务局、地方税务局，新疆生产建设兵团财务局：

经国务院批准，现就地方政府债券利息所得有关所得税政策通知如下：

一、对企业和个人取得的 2009 年、2010 年和 2011 年发行的地方政府债券利息所得，免征企业所得税和个人所得税。

二、地方政府债券是指经国务院批准，以省、自治区、直辖市和计划单列市政府为发行和偿还主体的债券。

北京市财政局　中国人民银行营业管理部 北京市国家税务局转发财政部　中国人民银行 国家税务总局《关于延续执行部分石脑油　燃料油消费税政策的通知》

2011 年 10 月 26 日　京财税〔2011〕2174 号

各区县财政局、国家税务局，国家金库北京市各代理支库，市国税局直属税务分局：

现将财政部、中国人民银行、国家税务总局《关于延续执行部分石脑油 燃料油消费税政策的通知》（财税〔2011〕87 号）转发给你们，请遵照执行。

附件：财政部　中国人民银行　国家税务总局《关于延续执行部分石脑油　燃料油消费税政策的通知》

附件：

财政部　中国人民银行　国家税务总局
《关于延续执行部分石脑油　燃料油消费税政策的通知》

2011 年 9 月 15 日　财税〔2011〕87 号

各省、自治区、直辖市、计划单列市财政厅（局）、国家税务局，中国人民银行上海总部，各分行、营业管理部，省会（首府）城市中心支行，各副省级城市中心支行：

为促进我国烯烃类化工行业的发展，经国务院批准，现将用于生产乙烯、芳烃类化工产品的石脑油、燃料油消费税退（免）税政策延续问题明确如下：

一、自 2011 年 10 月 1 日起，对生产石脑油、燃料油的企业（以下简称“生产企业”）对外销售的用于生产乙烯、芳烃类化工产品的石脑油、燃料油，恢复征收消费税。

二、自 2011 年 10 月 1 日起，生产企业自产石脑油、燃料油用于生产乙烯、芳烃类化工产品的，按实际耗用数量暂免征消费税。

三、自 2011 年 10 月 1 日起，对使用石脑油、燃料油生产乙烯、芳烃的企业（以下简称“使用企业”）购进并用于生产乙烯、芳烃类化工产品的石脑油、燃料油，按实际耗用数量暂退还所含消费税。

退还石脑油、燃料油所含消费税计算公式为：

应退还消费税税额 = 石脑油、燃料油实际耗用数量 × 石脑油、燃料油消费税单位税额。

使用企业所在地主管国家税务局（以下简称主管税务机关）负责退税工作。主管税务机关根据使用企业石脑油、燃料油实际耗用量核定应退税金额，并开具“收入退还书”（预算科目为：101020121 成品油消费税退税），后附退税审批表、退税申请书等，送交当地国库部门。国库部门审核后从中央预算收入中退付税款。

四、2011 年 1 月 1 日至 9 月 30 日，生产企业销售给使用企业用于生产乙烯、芳烃类化工产品的石脑油、燃料油，仍按《财政部　国家税务总局关于提高成品油消费税税率后相关成品油消费税政策的通知》（财税〔2008〕168 号）、《财政部　国家税务总局关于调整部分燃料油消费税政策的通知》（财税〔2010〕66 号）和《国家税务总局关于印发〈石脑油消费税免税管理办法〉的通知》（国税发〔2008〕45 号）规定免征消费税。

五、在 2011 年 1 月 1 日至 9 月 30 日期间，对使用企业购进的用于生产乙烯、芳烃类化工产品的已含消费税石脑油、燃料油，按照本通知第三条规定退还。

六、主管税务机关要对使用企业 2011 年 1 月 1 日至 9 月 30 日购进石脑油、燃料油的库存情况认真检查核实，对耗用库存的已享受退（免）消费税的石脑油、燃料油，不得退税。

七、2010 年 12 月 31 日前，生产企业自营进口或委托代理进口的石脑油、燃料油消费税应退未退的，仍按《财政部　国家税务总局关于提高成品油消费税税率后相关成品油消费税政策的通知》（财税〔2008〕168 号）、《财政部　国家税务总局关于调整部分燃料油消费税政策的通知》（财税〔2010〕66 号）、《财政部　国家税务总局关于调整成品油进口环节消费税的通知》（财关税〔2008〕103 号）、《财政部关于调整部分进口燃料油消费税政策的通知》（财关税〔2010〕56号）和《财政部　海关总署　国家税务总局关于进口石脑油消费税先征后返有关问题的通知》（财预〔2009〕347号）继续退还。

八、用石脑油、燃料油生产乙烯、芳烃类化工产品的产量占本企业用石脑油、燃料油生产产品总量的50%以上（含50%）的企业，享受本通知规定的退（免）消费税政策。符合本条规定条件的企业，应在本通知下发后到主管税务机关提请退（免）税资格认定。

九、乙烯类化工产品是指乙烯、丙烯、丁二烯及衍生品；芳烃类化工产品是指苯、甲苯、二甲苯、重芳烃、混合芳烃及衍生品。

十、使用企业生产乙烯、芳烃类化工产品过程中所生产的消费税应税产品，照章缴纳消费税。

十一、用于生产乙烯、芳烃类化工产品的石脑油、燃料油消费税具体退（免）税管理办法，由国家税务总局另行制定。

十二、财政部驻各地财政监察专员办事处要加强对消费税退（免）税政策执行情况的监督检查。各级国家税务局要加强对消费税退（免）税的组织、监督，严格管理，堵塞漏洞。对于发现并经查实的骗取退（免）税的行为，依法处罚，并取消退（免）消费税的资格。

北京市财政局　北京市国家税务局　北京市地方税务局转发财政部　国家税务总局《关于期货投资者保障基金有关税收优惠政策继续执行的通知》

2011年10月24日　京财税〔2011〕2194号

各区县财政局、国家税务局、地方税务局、市国家税务局各直属单位、市地方税务局直属分局：

现将财政部、国家税务总局《关于期货投资者保障基金有关税收优惠政策继续执行的通知》（财税〔2011〕69号）转发给你们，请依照执行。

附件：财政部　国家税务总局《关于期货投资者保障基金有关税收优惠政策继续执行的通知》

附件：

财政部　国家税务总局《关于期货投资者保障基金有关税收优惠政策继续执行的通知》

2011 年 9 月 20 日　财税〔2011〕69 号

各省、自治区、直辖市、计划单列市财政厅（局）、国家税务局、地方税务局，新疆生产建设兵团财务局：

经国务院批准，《财政部　国家税务总局关于期货投资者保障基金有关税收问题的通知》（财税〔2009〕68 号）规定的有关税收优惠政策继续执行至 2012 年 12 月 31 日。

请遵照执行。

北京市财政局　北京市国家税务局　北京市地方税务局　北京市科学技术委员会　中关村科技园区管理委员会《关于进一步落实中关村国家自主创新示范区企业所得税试点政策的通知》

2011 年 10 月 14 日　京财税〔2011〕2207 号

各区县财政局、国家税务局、地方税务局、科学技术委员会，中关村示范区各园管委会，市国税局各直属单位，市地税局直属分局，各有关单位：

为支持中关村科技园区建设国家自主创新示范区，财政部、国家税务总局制定了《对中关村科技园区建设国家自主创新示范区有关研究开发费用加计扣除试点政策的通知》（财税〔2010〕81 号）、《对中关村科技园区建设国家自主创新示范区有关职工教育经费税前扣除试点政策的通知》（财税〔2010〕82 号）等文件，明确了中关村国家自主创新示范区（以下简称“示范区”）企业所得税试点政策，为进一步发挥税收政策的调控功能，深入贯彻落实国家有关税收政策，现就有关事项通知如下：

一、本通知适用于示范区内的科技创新创业企业（以下简称“企业”），即注册在示范区内、实行查账征收、经北京市高新技术企业认定管理机构认定的高新技术企业。

二、各级税务部门应做好纳税服务，保障示范区企业所得税试点政策的落实。

企业可于 2011 年 10 月 31 日前，按照《北京市财政局、北京市国家税务局、北京市地方税务局、北京市科学技术委员会、中关村科技园区管理委员会关于贯彻落实国家支持中关村科技园区建设国家自主创新示范区试点税收政策的通知》（京财税〔2010〕2948号）中相关规定，向企业所得税主管税务机关报送《企业研究开发项目鉴定意见书》、《中关村国家自主创新示范区企业在园区内注册证明》等资料，并办理相关减免税手续，按照国家规定的期限享受示范区企业所得税试点政策。

企业在申请享受研究开发费用加计扣除政策过程中，应按照京财税〔2010〕2948号文件的规定，向市科委申请进行研究开发项目鉴定。具体办理方式按照《北京市科学技术委员会关于组织开展2011年度第二批北京市企业研究开发项目鉴定工作的通知》（京科发〔2011〕517号）等文件的规定执行。

三、示范区各园管委会应根据企业工商登记情况，按照京财税〔2010〕2948号文件的要求，为企业出具在园区内注册的证明。

四、各级财政、税务、科技部门和中关村各园管委会应加强对示范区试点税收政策的宣传力度，并做好政策咨询工作。

特此通知。

北京市财政局　北京市地方税务局转发财政部国家税务总局《关于天然林保护工程（二期）实施企业和单位房产税　城镇土地使用税政策的通知》

2011年10月24日　京财税〔2011〕2231号

各区县财政局、地方税务局，市地方税务局直属分局：

现将财政部、国家税务总局《关于天然林保护工程（二期）实施企业和单位房产税 城镇土地使用税政策的通知》（财税〔2011〕）90号）转发给你们，请遵照执行。

附件：财政部　国家税务总局《关于天然林保护工程（二期）实施企业和单位房产税城镇土地使用税政策的通知》

附件：

财政部　国家税务总局《关于天然林保护工程（二期）实施企业和单位房产税 城镇土地使用税政策的通知》

2011年9月26日　财税〔2011〕90号

各省、自治区、直辖市、计划单列市财政厅（局）、地方税务局，西藏、宁夏、青海省（自治区）国家税务局，新疆生产建设兵团财务局：

根据国务院2011年至2020年实施天然林资源保护二期工程的决定精神，为支持国家天然林资源保护二期工程（以下简称天然林二期工程）的实施，现就天然林二期工程实施企业和单位有关房产税、城镇土地使用税政策通知如下：

一、对长江上游、黄河中上游地区，东北、内蒙古等国有林区天然林二期工程实施企业和单位专门用于天然林保护工程的房产、土地免征房产税、城镇土地使用税。对上述企业和单位用于其他生产经营活动的房产、土地按规定征收房产税、城镇土地使用税。

二、对由于实施天然林二期工程造成森工企业房产、土地闲置一年以上不用的，暂免征收房产税和城镇土地使用税；闲置房产和土地用于出租或重新用于天然林二期工程之外其他生产经营的，按规定征收房产税、城镇土地使用税。

三、用于天然林二期工程的免税房产、土地应单独划分，与其他应税房产、土地划分不清的，按规定征收房产税、城镇土地使用税。

本通知执行期限为 2011 年 1 月 1 日至 2020 年 12 月 31 日。

北京市财政局　北京市国家税务局 北京市地方税务局转发财政部　国家税务总局《关于铁路建设债券利息收入企业所得税政策的通知》

2011 年 11 月 4 日　京财税〔2011〕2232 号

各区县财政局、国家税务局、地方税务局、市国家税务局直属税务分局、市地方税务局直属分局：

现将财政部、国家税务总局《关于铁路建设债券利息收入企业所得税政策的通知》（财税〔2011〕99 号）转发给你们，请依照执行。

附件：财政部　国家税务总局《关于铁路建设债券利息收入企业所得税政策的通知》

附件：

财政部　国家税务总局《关于铁路建设债券利息收入企业所得税政策的通知》

2011 年 10 月 10 日　财税〔2011〕99 号

各省、自治区、直辖市、计划单列市财政厅（局）、国家税务局、地方税务局，新疆生产建设兵团财务局：

经国务院批准，现就企业取得中国铁路建设债券利息收入有关企业所得税政策通知如下：

一、对企业持有 2011－2013 年发行的中国铁路建设债券取得的利息收入，减半征收企业所得税。

二、中国铁路建设债券是指经国家发展改革委核准，以铁道部为发行和偿还主体的债券。

请遵照执行。

北京市财政局　北京市国家税务局
北京市地方税务局转发财政部　国家税务总局
《关于专项用途财政性资金企业所得税处理问题的通知》

2011年11月4日　京财税〔2011〕2295号

各区县财政局、国家税务局、地方税务局，市国家税务局直属税务分局，市地方税务局直属分局：

现将财政部、国家税务总局《关于专项用途财政性资金企业所得税处理问题的通知》（财税〔2011〕70号）转发给你们，请依照执行。

附件：财政部　国家税务总局《关于专项用途财政性资金企业所得税处理问题的通知》

附件：

财政部　国家税务总局《关于专项用途财政性
资金企业所得税处理问题的通知》

2011年9月7日　财税〔2011〕70号

各省、自治区、直辖市、计划单列市财政厅（局）、国家税务局、地方税务局，新疆生产建设兵团财务局：

根据《中华人民共和国企业所得税法》及《中华人民共和国企业所得税法实施条例》（国务院令第512号，以下简称实施条例）的有关规定，经国务院批准，现就企业取得的专项用途财政性资金企业所得税处理问题通知如下：

一、企业从县级以上各级人民政府财政部门及其他部门取得的应计入收入总额的财政性资金，凡同时符合以下条件的，可以作为不征税收入，在计算应纳税所得额时从收入总额中减除：

（一）企业能够提供规定资金专项用途的资金拨付文件；

（二）财政部门或其他拨付资金的政府部门对该资金有专门的资金管理办法或具体管理要求；

（三）企业对该资金以及以该资金发生的支出单独进行核算。

二、根据实施条例第二十八条的规定，上述不征税收入用于支出所形成的费用，不得在计算应纳税所得额时扣除；用于支出所形成的资产，其计算的折旧、摊销不得在计算应纳税所得额时扣除。

三、企业将符合本通知第一条规定条件的财政性资金作不征税收入处理后，在 5 年（60 个月）内未发生支出且未缴回财政部门或其他拨付资金的政府部门的部分，应计入取得该资金第六年的应税收入总额；计入应税收入总额的财政性资金发生的支出，允许在计算应纳税所得额时扣除。

四、本通知自 2011 年 1 月 1 日起执行。

北京市财政局　北京市地方税务局 转发财政部　国家税务总局《关于延长农村金融机构营业税政策执行期限的通知》

2011 年 11 月 3 日　京财税〔2011〕2312 号

各区县财政局、地方税务局、市地税局直属分局：

现将财政部、国家税务总局《关于延长农村金融机构营业税政策执行期限的通知》（财税〔2011〕101 号）转发给你们，请遵照执行。

附件：财政部　国家税务总局《关于延长农村金融机构营业税政策执行期限的通知》

附件：

财政部　国家税务总局《关于延长农村金融机构营业税政策执行期限的通知》

2011 年 10 月 17 日　财税〔2011〕101 号

各省、自治区、直辖市、计划单列市财政厅（局）、地方税务局，北京、西藏、宁夏、青海省（区、市）国家税务局，新疆生产建设兵团财务局：

为支持农村金融发展，经国务院同意，决定将《财政部　国家税务总局关于农村金融有关税收政策的通知》（财税〔2010〕4 号）第三条规定的“对农村信用社、村镇银行、农村资金互助社、由银行业机构全资发起设立的贷款公司、法人机构所在地在县（含县级市、区、旗）及县以下地区的农村合作银行和农村商业银行的金融保险业收入减按 3% 的税率征收营业税”政策的执行期限延长至 2015 年 12 月 31 日。

北京市财政局　北京市地方税务局 转发财政部　国家税务总局《关于金融机构与小型微型企业签订借款合同免征印花税的通知》

2011年11月5日　京财税〔2011〕2324号

各区县财政局、地方税务局，市地方税务局直属分局：

现将财政部、国家税务总局《关于金融机构与小型微型企业签订借款合同免征印花税的通知》（财税〔2011〕105号）转发给你们，请遵照执行。

附件：财政部　国家税务总局《关于金融机构与小型微型企业签订借款合同免征印花税的通知》

附件：

财政部　国家税务总局《关于金融机构与小型微型企业签订借款合同免征印花税的通知》

2011年10月17日　财税〔2011〕105号

各省、自治区、直辖市、计划单列市财政厅（局）、地方税务局，新疆生产建设兵团财务局：

经国务院批准，为鼓励金融机构对小型、微型企业提供金融支持，促进小型、微型企业发展，自2011年11月1日起至2014年10月31日止，对金融机构与小型、微型企业签订的借款合同免征印花税。

上述小型、微型企业的认定，按照《工业和信息化部　国家统计局　国家发展和改革委员会　财政部关于印发中小企业划型标准规定的通知》（工信部联企业〔2011〕300号）的有关规定执行。

北京市财政局　北京市国家税务局
北京市经济和信息化委员会
转发财政部　国家税务总局
《关于软件产品增值税政策的通知》

2011年11月3日　京财税〔2011〕2325号

各区县财政局、国家税务局、经济和信息化委员会，市国税局各直属单位：

现将财政部、国家税务总局《关于软件产品增值税政策的通知》（财税〔2011〕100号，以下简称“《通知》”）转发给你们，并补充通知如下，请一并遵照执行。

一、纳税人申请享受《通知》规定的软件产品增值税优惠政策时，应向主管税务机关报送以下资料：

（一）《软件产品增值税优惠政策审批确认表》（一份，附件2）；

（二）省级软件产业主管部门认可的软件检测机构出具的检测证明（复印件，一份）；

（三）由软件产业主管部门颁发的《软件产品登记证书》或由著作权行政管理部门颁发的《计算机软件著作权登记证书》（复印件，一份）。

报送资料为复印件的，应携带资料原件供主管税务机关审核；同时，应按照《通知》第六条的规定，将选定的无法划分软件产品进项税额的分摊方式报主管税务机关备案。

二、各区县国家税务局应对纳税人报送的资料进行案头审核，审核程序按照税务所初审、货物和劳务税管理部门复审、主管货物和劳务税工作的局领导审批的流程进行。审核时，应核对纳税人所提交的复印件与原件是否一致，以及申请事项是否符合规定。审批通过后，应向纳税人下达《税务事项通知书》（附件3），告知纳税人经审核批准其享受软件产品增值税优惠政策。

三、经批准享受软件产品增值税优惠政策的纳税人，其全部货物及应税劳务的应纳税款应及时足额入库，按月向主管税务机关申请退税，并报送《增值税即征即退申请表》（一式三份，附件4，以下简称“《申请表》”）。

四、各区县国家税务局应按月对享受软件产品增值税优惠政策的纳税人办理即征即退手续，对纳税人报送的《申请表》依照本通知第二条规定的审核程序进行审核。审核后，按现行退税程序办理退库手续，退税情况于办理退库手续次月10日前抄送同级财政部门。

五、各区县国家税务局要做好政策执行的衔接工作。对纳税人自2011年1月1日起销售的符合《通知》规定的软件产品，及时按规定办理增值税退税。

六、北京市经济和信息化委员会将进一步加强我市范围内软件检测机构管理，并另行公布认可的北京市行政区域内软件检测机构名单。在此之前，各区县国家税务局按照《软件检测机构名单》（附件5）执行政策。

七、各区县财政局、国家税务局应做好对软件产品增值税政策的宣传、辅导工作。对执行中发现的问题，应认真研究并及时报告市财政局、市国税局。

八、本通知自 2011 年 1 月 1 日起执行。《北京市国家税务局转发财政部、国家税务总局关于贯彻落实中共中央国务院关于加强技术创新发展高科技实现产业化的决定有关税收问题的通知的通知》（京国税〔1999〕183 号）第一条、《北京市国家税务局转发财政部、国家税务总局、海关总署关于鼓励软件产业和集成电路产业发展有关税收政策问题的通知的通知》（京国税〔2000〕187 号）第一条、《北京市国家税务局转发国家税务总局关于明确电子出版物属于软件征税范围的通知的通知》（京国税流〔2000〕278 号）、《北京市财政局转发财政部、国家税务总局关于嵌入式软件增值税政策问题的通知》（京财税〔2007〕31 号）、《北京市财政局转发财政部、国家税务总局关于嵌入式软件增值税政策的通知》（京财税〔2008〕1974 号）、《北京市国家税务局转发财政部、国家税务总局关于嵌入式软件增值税政策的通知的通知》（京国税发〔2008〕209 号）同时废止。

附件：1. 财政部　国家税务总局关于软件产品增值税政策的通知（财税〔2011〕100 号）

2. 软件产品增值税优惠政策审批确认表

3. 税务事项通知书

4. 增值税即征即退申请表

5. 软件检测机构名单

附件 1：

财政部　国家税务总局
关于软件产品增值税政策的通知

2011 年 10 月 13 日　财税〔2011〕100 号

各省、自治区、直辖市、计划单列市财政厅（局）、国家税务局、地方税务局，新疆生产建设兵团财务局：

为落实《国务院关于印发进一步鼓励软件产业和集成电路产业发展若干政策的通知》（国发〔2011〕4 号）的有关精神，进一步促进软件产业发展，推动我国信息化建设，现将软件产品增值税政策通知如下：

一、软件产品增值税政策

（一）增值税一般纳税人销售其自行开发生产的软件产品，按 17% 税率征收增值税后，对其增值税实际税负超过 3% 的部分实行即征即退政策。

（二）增值税一般纳税人将进口软件产品进行本地化改造后对外销售，其销售的软件产品可享受本条第一款规定的增值税即征即退政策。

本地化改造是指对进口软件产品进行重新设计、改进、转换等，单纯对进口软件产品进行汉字化处理不包括在内。

（三）纳税人受托开发软件产品，著作权属于受托方的征收增值税，著作权属于委托方或属于双方共同拥有的不征收增值税；对经过国家版权局注册登记，纳税人在销售时一并转让著作权、所有权的，不征收增值税。

二、软件产品界定及分类

本通知所称软件产品，是指信息处理程序及相关文档和数据。软件产品包括计算机软件产品、信息系统和嵌入式软件产品。嵌入式软件产品是指嵌入在计算机硬件、机器设备中并随其一并销售，构成计算机硬件、机器设备组成部分的软件产品。

三、满足下列条件的软件产品，经主管税务机关审核批准，可以享受本通知规定的增值税政策：

1. 取得省级软件产业主管部门认可的软件检测机构出具的检测证明材料；

2. 取得软件产业主管部门颁发的《软件产品登记证书》或著作权行政管理部门颁发的《计算机软件著作权登记证书》。

四、软件产品增值税即征即退税额的计算

（一）软件产品增值税即征即退税额的计算方法：

即征即退税额 = 当期软件产品增值税应纳税额 - 当期软件产品销售额 ×3%

当期软件产品增值税应纳税额 = 当期软件产品销项税额 - 当期软件产品可抵扣进项税额

当期软件产品销项税额 = 当期软件产品销售额 ×17%

（二）嵌入式软件产品增值税即征即退税额的计算：

1. 嵌入式软件产品增值税即征即退税额的计算方法

即征即退税额 = 当期嵌入式软件产品增值税应纳税额 - 当期嵌入式软件产品销售额 ×3%

当期嵌入式软件产品增值税应纳税额 = 当期嵌入式软件产品销项税额 - 当期嵌入式软件产品可抵扣进项税额

当期嵌入式软件产品销项税额 = 当期嵌入式软件产品销售额 ×17%

2. 当期嵌入式软件产品销售额的计算公式

当期嵌入式软件产品销售额 = 当期嵌入式软件产品与计算机硬件、机器设备销售额合计 - 当期计算机硬件、机器设备销售额

计算机硬件、机器设备销售额按照下列顺序确定：

（1）按纳税人最近同期同类货物的平均销售价格计算确定；

（2）按其他纳税人最近同期同类货物的平均销售价格计算确定；

（3）按计算机硬件、机器设备组成计税价格计算确定。

计算机硬件、机器设备组成计税价格 = 计算机硬件、机器设备成本 ×（1 + 10%）。

五、按照上述办法计算，即征即退税额大于零时，税务机关应按规定，及时办理退税手续。

六、增值税一般纳税人在销售软件产品的同时销售其他货物或者应税劳务的，对于无法划分的进项税额，应按照实际成本或销售收入比例确定软件产品应分摊的进项税额；对专用于软件产品开发生产设备及工具的进项税额，不得进行分摊。纳税人应将选定的分摊方式报主管税务机关备案，并自备案之日起一年内不得变更。

专用于软件产品开发生产的设备及工具，包括但不限于用于软件设计的计算机设备、读写打印器具设备、工具软件、软件平台和测试设备。

七、对增值税一般纳税人随同计算机硬件、机器设备一并销售嵌入式软件产品，如果适用本通知规定按照组成计税价格计算确定计算机硬件、机器设备销售额的，应当分别核算嵌

入式软件产品与计算机硬件、机器设备部分的成本。凡未分别核算或者核算不清的，不得享受本通知规定的增值税政策。

八、各省、自治区、直辖市、计划单列市税务机关可根据本通知规定，制定软件产品增值税即征即退的管理办法。主管税务机关可对享受本通知规定增值税政策的纳税人进行定期或不定期检查。纳税人凡弄虚作假骗取享受本通知规定增值税政策的，税务机关除根据现行规定进行处罚外，自发生上述违法违规行为年度起，取消其享受本通知规定增值税政策的资格，纳税人三年内不得再次申请。

九、本通知自2011年1月1日起执行。《财政部　国家税务总局关于贯彻落实〈中共中央国务院关于加强技术创新，发展高科技，实现产业化的决定〉有关税收问题的通知》（财税字〔1999〕273号）第一条、《财政部　国家税务总局　海关总署关于鼓励软件产业和集成电路产业发展有关税收政策问题的通知》（财税〔2000〕25号）第一条第一款、《国家税务总局关于明确电子出版物属于软件征税范围的通知》（国税函〔2000〕168号）、《财政部　国家税务总局关于增值税若干政策的通知》（财税〔2005〕165号）第十一条第一款和第三款、《财政部　国家税务总局关于嵌入式软件增值税政策问题的通知》（财税〔2006〕174号）、《财政部　国家税务总局关于嵌入式软件增值税政策的通知》（财税〔2008〕92号）、《财政部国家税务总局关于扶持动漫产业发展有关税收政策问题的通知》（财税〔2009〕65号）第一条同时废止。

附件2：

软件产品增值税优惠政策审批确认表

纳税人名称		纳税人识别号	
经营地址		联系电话	
纳税人申请享受增值税优惠政策的软件产品情况			
软件产品名称	检测证明的字号及检测机构名称	《软件产品登记证书》字号及证件发放部门	《计算机软件著作权登记证书》字号及证件发放部门

纳税人申请意见及声明：

我单位承诺此表所申请的软件产品均属于本单位自行开发生产。现就上述软件产品申请享受《财政部　国家税务总局关于软件产品增值税政策的通知》（财税〔2011〕100号）规定的软件产品增值税优惠政策。我单位销售软件产品的同时销售其他货物或者应税劳务的，对于无法划分的进项税额，选择按照（☐实际成本　☐销售收入）比例确定软件产品应分摊的进项税额。

经办人：　　法人代表（负责人）：　　纳税人（公章）

年　月　日　　年　月　日

续表

<table>
<tr><td colspan="2">纳税人名称</td><td></td><td>纳税人识别号</td><td></td></tr>
<tr><td rowspan="3">税务
机关
意见</td><td colspan="4">初审意见：
经办人：　　　　负责人：　　　　税务机关（签章）
年　月　日　　　　年　月　日</td></tr>
<tr><td colspan="4">复审意见：
经办人：　　　　负责人：　　　　税务机关（签章）
年　月　日　　　　年　月　日</td></tr>
<tr><td colspan="4">审批意见：
负责人：　　　　税务机关（签章）
年　月　日</td></tr>
</table>

注：1. 因纳税人申请的软件产品数量较多无法在本表中全部填列的，可以在附件中列明并加盖纳税人公章；2. 本表一式一份，主管局长进行审批后由税务所留存。

附件3：

北京市　　区（县）国家税务局
税务事项通知书

字轨〔年份〕＊＊号

纳税人名称：＿＿＿＿＿＿＿＿＿＿＿＿＿＿＿＿

事由：享受软件产品增值税优惠政策

依据：《财政部、国家税务总局关于软件产品增值税政策的通知》（财税〔2011〕100号，以下简称《通知》）

通知内容：经核准，同意你单位符合《通知》规定的软件产品＿＿＿＿＿＿（注：因软件产品数量较多无法在本栏中全部填列的，可以在附件中列明并加盖区县国家税务局章），享受增值税即征即退的政策，自　　年　月　日起执行。

如对本通知不服，可自收到本通知之日起六十日内依法向北京市国家税务局申请行政复议。

（局章）

年　月　日

附件4：

增值税即征即退申请表

税款所属时间：　　年　月　　　　　　　　　　　　　　　　金额单位：元至角分

纳税人名称（公章）：		纳税人识别号：	
主要产品及劳务名称：			
其中：申请增值税即征即退的产品及劳务名称：			
项目	序号	一般货物及劳务	即征即退货物及劳务
销售额	1		
销项税额	2		
进项税额	3		
进项税额转出	4		
应纳税额	5		
已缴纳增值税	6		
申请退还的增值税	7	—	
以上由纳税人负责填写			

税务所意见：	货物和劳务税管理部门意见：	局领导意见：
（公章） 年　月　日	（公章） 年　月　日	（公章） 年　月　日

注：1. 实行增值税即征即退优惠政策的纳税人，应按月向主管国税机关报送本表；

2. 本表一式三份，税务所、货物和劳务税管理部门、收入规划核算部门各留存一份。

附件5：

软件检测机构名单

序号	名称	主管部门
1	中国软件评测中心	工业和信息化部
2	信息产业部信息安全测评中心（信息产业部计算机安全技术检测中心）	
3	中国电子技术标准化研究所（信息处理产品标准符合性检测中心）	
4	信息产业部通信软件测评中心	
5	信息产业部图文通信设备质量监督检验中心	
6	工业和信息化部软件与集成电路促进中心（赛普评测中心）	
7	中国赛宝实验室	
8	国家信息中心软件评测中心（国家信息中心国家计委学术委员会软件评测研究中心）	国家发展和改革委员会
9	公安部防伪产品质量监督检验中心	公安部
10	公安部信息安全产品检测中心	
11	公安部计算机信息系统安全产品质量监督检验中心	
12	公安部交通安全产品质量监督检测中心	
13	公安部安全与警用电子产品质量检测中心	
14	公安部刑事技术产品质量监督检验中心	
15	中华人民共和国公安部第三电子研究所	
16	天津市质量监督检验站第70站（计算机病毒防治产品检验中心）	
17	北京软件产品质量检测检验中心（国家应用软件产品质量监督检验中心）	北京市科学技术委员会
18	北京市电子产品质量检测中心（北京市电子产品质量监督检验站）	北京电子控股集团有限公司
20	国家保密局涉密信息系统安全保密测评中心	国家保密局
20	中国人民解放军信息安全测评认证中心	中国人民解放军保密委员会
21	中国航天科技集团公司运载火箭软件检测站	中国航天科技集团
22	航天软件评测中心	中国航天二院七〇六所
23	北京市产品质量监督检验所（国家中文信息处理产品质量监督检验中心）	北京市质量技术监督局
24	中国科学院软件研究所基础软件测评实验室	中国科学院
25	银行卡检测中心	中国人民银行总行
26	国家食品药品监督管理局北京医疗器械质量监督检验中心	国家食品药品监督管理局
27	国家广播电影电视总局广播电视计量检测中心	国家广播电影电视总局
28	铁道部产品质量监督检验中心	铁道部
29	中国信息安全测评中心（中国信息安全产品测评认证中心）	国家质量技术监督局

北京市财政局 北京市地方税务局 转发财政部 国家税务总局《关于员工制家政服务免征营业税的通知》

2011 年 11 月 15 日 京财税〔2011〕2403 号

各区县财政局、地方税务局，市地方税务局直属分局：

现将财政部、国家税务总局《关于员工制家政服务免征营业税的通知》（财税〔2011〕51 号）（以下简称“《通知》”）转发给你们，并补充有关规定如下，请一并遵照执行。

一、家政服务企业依法与员工制家政服务员签订半年及半年以上的劳动合同或服务协议，应当在合同签订后三个月内，持以下资料到主管税务机关办理备案手续．经过备案的企业方可申请《通知》规定的营业税优惠政策。具体备案资料包括：

（一）家政服务企业《营业执照》副本；

（二）家政服务企业《税务登记证》副本；

（三）《减免税备案表》；

（四）《减免税申请资料清单》；

（五）家政服务企业与员工制家政服务员签订的劳动合同或服务协议及复印件；

（六）家政服务企业社保主管部门出具的其为员工制家政服务员缴纳社会保险费的缴费记录及复印件，或员工制家政服务员出具的不再缴纳社会保险的书面材料及其所在乡镇或原单位开具的已缴纳相关保险的证明及复印件；

（七）家政服务企业向员工制家政服务员通过银行等金融机构实际支付工资的凭证及复印件。

二、家政服务企业与员工制家政服务员续签劳动合同或服务协议以及新增员工制家政服务员，应当在合同签订后三个月内，持上述第 3、4、5、6、7 项资料到主管税务机关办理备案手续。

附件：财政部 国家税务总局《关于员工制家政服务免征营业税的通知》

附件：

财政部 国家税务总局《关于员工制家政服务免征营业税的通知》

2011 年 9 月 28 日 财税〔2011〕51 号

各省、自治区、直辖市、计划单列市财政厅（局）、地方税务局，北京、西藏、宁夏、青海省（自治区、直辖市）国家税务局，新疆生产建设兵团财务局：

为支持家政服务行业发展，增加就业，改善民生，经国务院批准，现将员工制家政服务营业税政策通知如下：

一、自2011年10月1日至2014年9月30日，对家政服务企业由员工制家政服务员提供的家政服务取得的收入免征营业税。

二、本通知所称家政服务企业，是指在企业营业执照的规定经营范围中包括家政服务内容的企业。

三、本通知所称员工制家政服务员，是指同时符合下列三个条件的家政服务员：

1. 依法与家政服务企业签订半年及半年以上的劳动合同或服务协议，且在该企业实际上岗工作；

2. 家政服务企业为其按月足额缴纳了企业所在地人民政府根据国家政策规定的基本养老保险、基本医疗保险、工伤保险、失业保险等社会保险。

对已享受新型农村养老保险和新型农村合作医疗等社会保险或者下岗职工原单位继续为其缴纳社会保险的家政服务员，如果本人书面提出不再缴纳企业所在地人民政府根据国家政策规定的相应的社会保险，并出具其所在乡镇或原单位开具的已缴纳相关保险的证明，可视同家政服务企业已为其按月足额缴纳了相应的社会保险。

3. 家政服务企业通过金融机构向其实际支付不低于企业所在地适用的经省级人民政府批准的最低工资标准的工资。

四、本通知所称家政服务，是指婴幼儿及小学生看护、老人和病人护理、孕妇和产妇护理、家庭保洁（不含产品售后服务）、家庭烹饪。

五、家政服务企业应将员工制家政服务员提供的家政服务收入按照《中华人民共和国营业税暂行条例》（国务院令第540号）第九条的规定，与其他收入分别核算，未分别核算的，不得享受本通知规定的免征营业税优惠政策。

六、家政服务企业依法与员工制家政服务员签订半年及半年以上的劳动合同或服务协议，应当在合同签订后三个月内到当地营业税主管税务机关进行备案，经过备案的企业方可申请本通知规定的营业税优惠政策。

七、家政服务企业凡弄虚作假骗取本通知规定的营业税优惠政策的，除根据现行规定进行处罚外，自发生上述违法违规行为年度起取消其享受本通知规定的营业税优惠政策的资格，3年内不得再次申请。

北京市财政局　北京市国家税务局 北京市地方税务局　北京市民政局转发财政部 国家税务总局　民政部《关于生产和装配伤残人员专门用品企业免征企业所得税的通知》

2011 年 12 月 23 日　京财税〔2011〕2427 号

各区县财政局、国家税务局、地方税务局、民政局，市国家税务局直属税务分局、市地方税务局直属分局：

现将财政部、国家税务总局、民政部《关于生产和装配伤残人员专门用品企业免征企业所得税的通知》（财税〔2011〕81 号）转发给你们，请依照执行。

附件：财政部　国家税务总局　民政部《关于生产和装配伤残人员专门用品企业免征企业所得税的通知》

附件：

财政部　国家税务总局　民政部《关于生产和装配伤残人员专门用品企业免征企业所得税的通知》

2011 年 10 月 20 日　财税〔2011〕81 号

各省、自治区、直辖市、计划单列市财政厅（局）、国家税务局、地方税务局、民政厅（局），新疆生产建设兵团财务局：

为了帮助伤残人员康复或者恢复残疾肢体功能，保证伤残人员人身安全、劳动就业以及平等参与社会生活，保障和提高伤残人员的权益，经请示国务院同意，现对生产和装配伤残人员专门用品的企业征免企业所得税问题明确如下：

一、符合下列条件的居民企业，可在 2015 年底以前免征企业所得税：

（一）生产和装配伤残人员专门用品，且在民政部发布的《中国伤残人员专门用品目录》范围之内；

（二）以销售本企业生产或者装配的伤残人员专门用品为主，且所取得的年度伤残人员专门用品销售收入（不含出口取得的收入）占企业全部收入 60% 以上；

（三）企业账证健全，能够准确、完整地向主管税务机关提供纳税资料，且本企业生产或者装配的伤残人员专门用品所取得的收入能够单独、准确核算；

（四）企业拥有取得注册登记的假肢、矫形器（辅助器具）制作师执业资格证书的专业技术人员不得少于 1 人；其企业生产人员如超过 20 人，则其拥有取得注册登记的假肢、矫形器（辅助器具）制作师执业资格证书的专业技术人员不得少于全部生产人员的 1/6；

（五）企业取得注册登记的假肢、矫形器（辅助器具）制作师执业资格证书的专业技术人员每年须接受继续教育，制作师《执业资格证书》须通过年检；

（六）具有测量取型、石膏加工、抽真空成型、打磨修饰、钳工装配、对线调整、热塑成型、假肢功能训练等专用设备和工具；

（七）具有独立的接待室、假肢或者矫形器（辅助器具）制作室和假肢功能训练室，使用面积不少于 115 平方米。

二、符合前条规定的企业，可在年度终了 4 个月内向当地税务机关办理免税手续。办理免税手续时，企业应向主管税务机关提供下列资料：

（一）免税申请报告；

（二）伤残人员专门用品制作师名册、《执业资格证书》（复印件），以及申请前年度制作师《执业资格证书》检查合格证明；

（三）收入明细资料；

（四）税务机关要求的其他材料。

三、税务机关收到企业的免税申请后，应严格按照本通知规定的免税条件及《国家税务总局关于企业所得税减免税管理问题的通知》（国税发〔2008〕111 号）的有关规定，对申请免税的企业进行认真审核，符合条件的应及时办理相关免税手续。企业在未办理免税手续前，必须按统一规定报送纳税申报表、相关的纳税资料以及财务会计报表，并按规定预缴企业所得税；企业办理免税手续后，税务机关应依法及时退回已经预缴的税款。

四、企业以隐瞒、欺骗等手段骗取免税的，按照《中华人民共和国税收征收管理法》的有关规定进行处理。

五、本通知自 2011 年 1 月 1 日起至 2015 年 12 月 31 日止执行。

附：中国伤残人员专门用品目录

附：

中国伤残人员专门用品目录

产品名称	单位	用途及材料结构
一、上肢假肢		
1. 手部假肢		
假手指	只	用于手指截肢的装饰性假肢　成品硅胶
假手指	只	用于手指截肢的装饰性假肢　定制硅胶仿真
部分手假肢	只	用于部分手截肢的装饰性假肢　成品硅胶
部分手假肢	只	用于部分手截肢的装饰性假肢　硅胶仿真手套
部分手假肢	只	用于部分手截肢的装饰性假肢　定制硅胶仿真手套
半掌单自由度肌电假肢	具	用于掌骨截肢

续表

产品名称	单位	用途及材料结构
半掌肌电手假肢功能训练费	天	用于掌骨截肢患者肌电信号和功能训练
2. 腕离断假肢		
腕离断装饰手假肢	具	用于腕关节离断　有被动功能
腕离断装饰手假肢	具	用于腕关节离断　有被动功能 硅胶仿真手套
腕离断自身力源手假肢	具	用于腕关节离断 牵引索控制假手 树脂接受腔
腕离断自身来源手假肢	具	用于腕关节离断 牵引索控制假手 树脂接受腔 硅胶仿真手套
腕离断单自由度肌电手假肢	具	用于腕关节离断 双层树脂接受腔
腕离断假肢功能训练费	天	用于腕离断截肢患者肌电信号和功能训练
3. 前臂假肢		
前臂装饰手假肢	具	用于前臂截肢 有被动功能
前臂装饰手假肢	具	用于前臂截肢 有被动功能 硅胶仿真手套
前臂自身力源手假肢	具	用于前臂截肢 牵引索控制假手 树脂接受腔
前臂电动手假肢	具	用于前臂截肢 单自由度 开关控制假手 双层树脂接受腔
前臂单自由度肌电手假肢	具	用于前臂截肢 肌电信号控制假手 双层树脂接受腔
前臂双自由度肌电手假肢	具	用于前臂截肢 肌电信号控制假手 双层树脂接受腔
前臂双自由度比例控制肌电手假肢	具	用于前臂截肢 肌电信号控制假手 双层树脂接受腔
前臂假肢功能训练费	天	用于前臂截肢患者肌电信号和功能训练
4. 肘离断假肢		
骨骼式肘离断装饰手假肢	具	用于肘关节离断 有被动功能 双层树脂接受腔
壳式肘离断装饰手假肢	具	用于肘关节离断 有被动功能 双层树脂接受腔
肘离断自身力源手假肢	具	用于肘关节离断 牵引索实现屈肘和开闭手动作双层树脂接受腔
肘离断单自由度肌电手假肢	具	用于肘关节离断 自身力源肘关节 肌电信号控制手 双层树脂接受腔
肘离断双自由度肌电手假肢	具	用于肘关节离断 自身力源肘关节 肌电信号控制手 双层树脂接受腔
肘离断假肢功能训练费	天	用于肘离断截肢患者肌电信号和功能训练
5. 上臂假肢		
骨骼式上臂装饰手假肢	具	用于上臂截肢 有被动功能 双层树脂接受腔
壳式上臂装饰手假肢	具	用于上臂截肢 有被动功能 双层树脂接受腔
上臂自身力源手假肢	具	用于上臂中长残肢 牵引索实现屈肘和开闭手动作 双层树脂接受腔
上臂自身力源手假肢	具	用于上臂短残肢 牵引索实现屈肘和开闭手动作 双层树脂接受腔
上臂单自由度肌电手假肢	具	用于上臂截肢 自身力源肘关节 肌电信号控制手 双层树脂接受腔
上臂双自由度肌电手假肢	具	用于上臂截肢 自身力源肘关节 肌电信号控制手双层树脂接受腔
上臂电动肘关节单自由度肌电手假肢	具	用于上臂截肢 开关控制肘关节 肌电信号控制手双层树脂接受腔
上臂电动肘关节双自由度肌电手假肢	具	用于上臂截肢 开关控制肘关节 肌电信号控制手双层树脂接受腔
上臂电动肘关节双自由度比例控制肌电手假肢	具	用于上臂截肢 开关控制肘关节 肌电信号控制手双层树脂接受腔
上臂三自由度肌电手假肢	具	用于上臂截肢 肌电信号控制肘关节和手 双层树脂接受腔

续表

产品名称	单位	用途及材料结构
上臂三自由度比例控制肌电手假肢	具	用于上臂截肢 肌电信号控制肘关节和手 双层树脂接受腔
上臂假肢功能训练费	天	用于上臂截肢患者肌电信号和功能训练
6. 肩部假肢		
骨骼式肩离断装饰手假肢	具	用于肩关节离断等 有被动功能 双层树脂接受腔
壳式肩离断装饰手假肢	具	用于肩关节离断等 有被动功能 双层树脂接受腔
肩离断电动肘关节两自由度肌电手假肢	具	用于肩关节离断等 开关控制肘关节 肌电信号控制手 双层树脂接受腔
肩离断三自由度肌电手假肢	具	用于肩关节离断等 肌电信号控制肘关节和手 双层树脂接受腔
肩离断三自由度比例控制肌电手假肢	具	用于肩关节离断等 肌电信号控制肘关节和手 双层树脂接受腔腔
肩离断假肢功能训练费	天	用于肩离断截肢患者肌电信号和功能训练
二、下肢假肢		
1. 足部假肢		
部分足假肢	具	用于部分足截肢 取型 硅胶制作
部分足假肢	具	用于部分足截肢 取型 硅胶仿真制作
足部假肢	具	用于足部截肢 碳纤增强树脂接受腔、聚氨脂脚
足部假肢	具	用于足部截肢 碳纤增强树脂接受腔、碳纤储能脚
足部假肢功能训练费	天	用于足部截肢患者功能训练
2. 小腿假肢		
小腿假肢接受腔	个	全面接触式 PTK 接受腔
临时小腿假肢	具	用于小腿截肢 EVA 内衬套 树脂（或 PP）全面接触式 PTK 接受腔（不包括零部件）
壳式 SACH 脚小腿假肢	具	用于小腿截肢 EVA 内衬套 树脂（或 PP）全面接触式 PTK 接受腔
壳式单轴动踝脚小腿假肢	具	用于小腿截肢 EVA 内衬套 树脂（或 PP）全面接触式 PTK 接受腔
壳式储能脚小腿假肢	具	用于小腿截肢 EVA 内衬套 树脂（或 PP）全面接触式 PTK 接受腔
壳式万向踝脚小腿假肢	具	用于小腿截肢 EVA 内衬套 树脂（或 PP）全面接触式 PTK 接受腔
骨骼式合金钢 SACH 脚小腿假肢	具	用于小腿截肢 EVA 内衬套 树脂（或 PP）全面接触式 PTK 接受腔合金钢连接件
骨骼式不锈钢 SACH 脚小腿假肢	具	用于小腿截肢 EVA 内衬套 树脂（或 PP）全面接触式 PTK 接受腔不锈钢连接件
骨骼式钛合金 SACH 脚小腿假肢	具	用于小腿截肢 EVA 内衬套 树脂（或 PP）全面接触式 PTK 接受腔钛合金连接件
骨骼式镁铝合金 SACH 脚小腿假肢	具	用于小腿截肢 EVA 内衬套 树脂（或 PP）全面接触式 PTK 接受腔镁铝合金连接件
骨骼式碳纤 SACH 脚小腿假肢	具	用于小腿截肢 EVA 内衬套 树脂（或 PP）全面接触式 PTK 接受腔 碳纤连接件
骨骼式合金钢储能脚小腿假肢	具	用于小腿截肢 EVA 内衬套 树脂（或 PP）全面接触式 PTK 接受腔合金钢连接件

续表

产品名称	单位	用途及材料结构
骨骼式不锈钢储能脚小腿假肢	具	用于小腿截肢 EVA 内衬套 树脂（或 PP）全面接触式 PTK 接受腔不锈钢连接件
骨骼式钛合金碳纤储能脚小腿假肢	具	用于小腿截肢 EVA 内衬套 树脂（或 PP）全面接触式 PTK 接受腔钛合金连接件
骨骼式镁铝合金碳纤储能脚小腿假肢	具	用于小腿截肢 EVA 内衬套 树脂（或 PP）全面妾触式 PTK 接受腔镁铝合金连接件
骨骼式碳纤储碳纤能脚小腿假肢	具	用于小腿截肢 EVA 内衬套 树脂（或 PP）全面妾触式 PTK 接受腔碳纤连接件
骨骼式合金钢单轴动踝脚小腿假肢	具	用于小腿截肢 EVA 内衬套 树脂（或 PP）全面接触式 PTK 接受腔合金钢连接件
骨骼式不锈钢单轴动踝脚小腿假肢	具	用于小腿截肢 EVA 内衬套 树脂（或 PP）全面接触式 PTK 接受腔不锈钢连接件
骨骼式钛合金单轴动踝脚小腿假肢	具	用于小腿截肢 EVA 内衬套 树脂（或 PP）全面接触式 PTK 接受腔钛合金连接件
骨骼式镁铝合金单轴动踝脚小腿假肢	具	用于小腿截肢 EVA 内衬套 树脂（或 PP）全面接触式 PTK 接受腔镁铝合金连接件
骨骼式合金钢万向踝脚小腿假肢	具	用于小腿截肢 EVA 内衬套 树脂（或 PP）全面接触式 PTK 接受腔合金钢连接件
骨骼式不锈钢万向踝脚小腿假肢	具	用于小腿截肢 EVA 内衬套 树脂（或 PP）全面接触式 PTK 接受腔不锈钢连接件
骨骼式钛合金万向踝脚小腿假肢	具	用于小腿截肢 EVA 内衬套 树脂（或 PP）全面接触式 PTK 接受腔钛合金连接件
骨骼式镁铝合金万向踝脚小腿假肢	具	用于小腿截肢 EVA 内衬套 树脂（或 PP）全面接触式 PTK 接受腔镁铝合金连接件
骨骼式碳纤万向踝小腿假肢	具	用于小腿截肢 EVA 内衬套 树脂（或 PP）全面接触式 PTK 接受腔碳纤连接件
小腿假肢功能训练费	天	用于小腿截肢患者功能训练
3. 膝部假肢		
骨骼式合金钢 SACH 脚膝部假肢	具	用于膝关节离断和小腿极短截肢 合金钢膝离断关节和连接件 EVA 内衬套 树脂（或 PP）接受腔
骨骼式不锈钢 SACH 脚膝部假肢	具	用于膝关节离断和小腿极短截肢 不锈钢膝离断关节和连接件 EVA 内衬套 树脂（或 PP）接受腔
骨骼式钛合金 SACH 脚膝部假肢	具	用于膝关节离断和小腿极短截肢 钛合金膝离断关节和连接件 EVA 内衬套 树脂（或 PP）接受腔
骨骼式镁铝合金 SACH 脚膝部假肢	具	用于膝关节离断和小腿极短截肢 镁铝合金膝离断关节和连接件 EVA 内衬套 树脂（或 PP）接受腔

续表

产品名称	单位	用途及材料结构
骨骼式碳纤 SACH 脚膝部假肢	具	用于膝关节离断和小腿极短截肢 碳纤膝关节和碳纤连接件 EVA 内衬套 树脂（或 PP）接受腔
骨骼式合金钢储能脚膝部假肢	具	用于膝关节离断和小腿极短截肢 合金钢膝离断关节和连接件 EVA 内衬套 树脂（或 PP）接受腔
骨骼式不锈钢储能脚膝部假肢	具	用于膝关节离断和小腿极短截肢 不锈钢膝离断关节和连接件 EVA 内衬套 树脂（或 PP）接受腔
骨骼式钛合金储能脚膝部假肢	具	用于膝关节离断和小腿极短截肢 钛合金膝离断关节和连接件 EVA 内衬套 树脂（或 PP）接受腔
骨骼式镁铝合金储能脚膝部假肢	具	用于膝关节离断和小腿极短截肢 镁铝合金膝离断关节和连接件 EVA 内衬套 树脂（或 PP）接受腔
骨骼式碳纤万向踝和储能脚膝部假肢	具	用于膝关节离断和小腿极短残肢 碳纤膝关节和碳纤连接件 EVA 内衬套 树脂（或 PP）接受腔
骨骼式合金钢单轴动踝脚膝部假肢	具	用于膝关节离断和小腿极短截肢 合金钢膝离断关节和连接件 EVA 内衬套 树脂（或 PP）接受腔
骨骼式不锈钢单轴动踝脚膝部假肢	具	用于膝关节离断和小腿极短截肢 不锈钢膝离断关节和连接件 EVA 内衬套 树脂（或 PP）接受腔
骨骼式钛合金单轴动踝脚膝部假肢	具	用于膝关节离断和小腿极短截肢 钛合金膝离断关节和连接件 EVA 内衬套 树脂（或 PP）接受腔
骨骼式镁铝合金单轴动踝脚膝部假肢	具	用于膝关节离断和小腿极短截肢 镁铝合金膝离断关节和连接件 EVA 内衬套 树脂（或 PP）接受腔
骨骼式合金钢万向踝脚膝部假肢	具	用于膝关节离断和小腿极短截肢 合金钢膝离断关节和连接件 EVA 内衬套 树脂（或 PP）接受腔
骨骼式不锈钢万向踝脚膝部假肢	具	用于膝关节离断和小腿极短截肢 不锈钢膝离断关节和连接件 EVA 内衬套 树脂（或 PP）接受腔
骨骼式钛合金万向踝脚膝部假肢	具	用于膝关节离断和小腿极短截肢 钛合金膝离断关节和连接件 EVA 内衬套 树脂（或 PP）接受腔
骨骼式镁铝合金万向踝脚膝部假肢	具	用于膝关节离断和小腿极短截肢 镁铝合金膝离断关节和连接件 EVA 内衬套 树脂（或 PP）接受腔
骨骼式碳纤万向踝膝部假肢	具	用于膝关节离断和小腿极短残肢 碳纤膝关节和碳纤连接件 EVA 内衬套 树脂（或 PP）接受腔
骨骼式碳纤万向踝气压膝部假肢	具	用于膝关节离断和小腿极短残肢 碳纤气压膝关节和碳纤连接件 EVA 内衬套 树脂（或 PP）接受腔
膝部假肢功能训练费	天	用于膝部截肢患者功能训练
4. 大腿假肢		
坐骨包容式大腿假肢接受腔	个	普通树脂（或 PP）接受
腔坐骨包容式大腿假肢接受腔	个	树脂（或 PP）双层接受腔（内腔软，外腔硬）

续表

产品名称	单位	用途及材料结构
坐骨包容式大腿假肢接受腔	个	特制木材和树脂接受腔（内腔木材，外腔树脂）
临时大腿假肢	具	用于大腿截肢（步态训练用，不含部件）
骨骼式不锈钢单轴膝关节 SACH 脚大腿假肢	具	用于大腿截肢 不锈钢连接件 普通树脂（或 PP）坐骨包容式接受腔
骨骼式钛合金单轴膝关节 SACH 脚大腿假肢	具	用于大腿截肢 钛合金连接件 普通树脂（或 PP）坐骨包容式接受腔
骨骼式镁铝合金单轴膝关节 SACH 脚大腿假肢	具	用于大腿截肢 镁铝合金连接件 普通树脂（或 PP）坐骨包容式接受腔
骨骼式不锈钢单轴膝关节储能脚大腿假肢	具	用于大腿截肢 不锈钢连接件 普通树脂（或 PP）坐骨包容式接受腔
骨骼式钛合金单轴膝关节储能脚大腿假肢	具	用于大腿截肢 钛合金连接件 普通树脂（或 PP）坐骨包容式接受腔
骨骼式镁铝合金单轴膝关节储能脚大腿假肢	具	用于大腿截肢 镁铝合金连接件 普通树脂（或 PP）坐骨包容式接受腔
骨骼式不锈钢单轴膝关节单轴脚大腿假肢	具	用于大腿截肢 不锈钢连接件 普通树脂（或 PP）坐骨包容式接受腔
骨骼式钛合金单轴膝关节单轴脚大腿假肢	具	用于大腿截肢 钛合金连接件 普通树脂（或 PP）坐骨包容式接受腔
骨骼式镁铝合金单轴膝关节单轴脚大腿假肢	具	用于大腿截肢 镁铝合金连接件 普通树脂（或 PP）坐骨包容式接受腔
骨骼式不锈钢单轴膝关节万向踝脚大腿假肢	具	用于大腿截肢 不锈钢连接件 普通树脂或 PP 坐骨包容式接受腔
骨骼式钛合金单轴膝关节万向踝脚大腿假肢	具	用于大腿截肢 钛合金连接件 普通树脂或 PP 坐骨包容式接受腔
骨骼式镁铝合金单轴膝关节万向踝脚大腿假肢	具	用于大腿截肢 镁铝合金连接件 普通树脂或 PP 坐骨包容式接受腔
骨骼式不锈钢多轴膝关节 SACH 脚大腿假肢	具	用于大腿截肢 不锈钢连接件 普通树脂或 PP 坐骨包容式接受腔
骨骼式钛合金多轴膝关节 SACH 脚大腿假肢	具	用于大腿截肢 钛合金连接件 普通树脂或 PP 坐骨包容式接受腔
骨骼式镁铝合金多轴膝关节 SACH 脚大腿假肢	具	用于大腿截肢 镁铝合金连接件 普通树脂或 PP 坐骨包容式接受腔
骨骼式碳纤多轴膝关节 SACH 脚大腿假肢	具	用于大腿截肢 碳纤膝关节和碳纤连接件 普通树脂或 PP 坐骨包容式接受腔
骨骼式不锈钢多轴膝关节储能脚大腿假肢	具	用于大腿截肢 不锈钢连接件 普通树脂或 PP 坐骨包容式接受腔

续表

产品名称	单位	用途及材料结构
骨骼式钛合金多轴膝关节储能脚大腿假肢	具	用于大腿截肢 钛合金连接件 普通树脂或 PP 坐骨包容式接受腔
骨骼式镁铝合金多轴膝关节储能脚大腿假肢	具	用于大腿截肢 镁铝合金连接件 普通树脂或 PP 坐骨包容式接受腔
骨骼式不锈钢多轴膝关节万向踝脚大腿假肢	具	用于大腿截肢 不锈钢连接件 普通树脂或 PP 坐骨包容式接受腔
骨骼式钛合金多轴膝关节万向踝脚大腿假肢	具	用于大腿截肢 钛合金连接件 普通树脂或 PP 坐骨包容式接受腔
骨骼式镁铝合金多轴膝关节万向踝脚大腿假肢	具	用于大腿截肢 镁铝合金连接件 普通树脂或 PP 坐骨包容式接受腔
骨骼式碳纤多轴膝关节万向踝大腿假肢	具	用于大腿截肢 碳纤连接件 普通树脂或 PP 坐骨包容式接受腔
骨骼式碳纤多轴膝关节万向踝储能脚大腿假肢	具	用于大腿截肢 碳纤连接件 碳纤储能脚 普通树脂（或 PP）坐骨包容式接受腔
骨骼式碳纤多轴膝关节万向踝储能脚大腿假肢	具	用于大腿截肢 碳纤连接件 碳纤储能脚（脚套分离） 普通树脂或 PP 坐骨包容式接受腔
骨骼式气压膝关节 SACH 脚大腿假肢	具	用于大腿截肢 不锈钢连接件 普通树脂或 PP 坐骨包容式接受腔
骨骼式液压膝关节 SACH 脚大腿假肢	具	用于大腿截肢 不锈钢连接件 普通树脂或 PP 坐骨包容式接受腔
骨骼式气压膝关节储能脚大腿假肢	具	用于大腿截肢 钛合金连接件 普通树脂或 PP 坐骨包容式接受腔
骨骼式液压膝关节储能脚大腿假肢	具	用于大腿截肢 钛合金连接件 普通树脂或 PP 坐骨包容式接受腔
骨骼式气压膝关节单轴脚大腿假肢	具	用于大腿截肢 不锈钢钢连接件 普通树脂或 PP 坐骨包容式接受腔
骨骼式液压膝关节单轴脚大腿假肢	具	用于大腿截肢 不锈钢连接件 普通树脂或 PP 坐骨包容式接受腔
骨骼式气压膝关节万向踝脚大腿假肢	具	用于大腿截肢 钛合金连接件 普通树脂或 PP 坐骨包容式接受腔
骨骼式碳纤多轴膝关节万向踝气压膝大腿假肢	具	用于大腿截肢 碳纤气压膝关节和碳纤连接件 普通树脂或 PP 坐骨包容式接受腔
骨骼式碳纤多轴膝关节万向踝气压膝大腿假肢	具	用于大腿截肢 碳纤双缸气压膝关节和碳纤连接件 普通树脂或 PP 坐骨包容式接受腔
骨骼式液压膝关节万向踝能脚大腿假肢	具	用于大腿截肢 钛合金连接件 普通树脂或 PP 坐骨包容式接受腔
大腿假肢功能训练费	天	用于大腿截肢患者功能训练
5. 髋部假肢		
骨骼式不锈钢多轴膝关节 SACH 脚髋部假肢	具	用于髋关节离断和大腿极短残肢 不锈钢连接件 树脂或 PP 接受腔（髋关节可以用铝合金）
骨骼式钛合金多轴膝关节 SACH 脚髋部假肢	具	用于髋关节离断和大腿极短残肢 钛合金连接件 树脂或 PP 接受腔（髋关节可以用铝合金）
骨骼式镁铝金多轴膝关节 SACH 脚髋部假肢	具	用于髋关节离断和大腿极短残肢 镁铝合金连接件 树脂或 PP 接受腔（髋关节可以用铝合金）

续表

产品名称	单位	用途及材料结构
骨骼式碳纤多轴膝关节单轴脚髋离断假肢	具	用于髋关节离断和大腿极短残肢 碳纤连接件 树脂或 PP 接受腔碳纤髋关节
骨骼式不锈钢多轴膝关节储能脚髋部假肢	具	用于髋关节离断和大腿极短残肢 不锈钢连接件 树脂或 PP 接受腔（髋关节可以用铝合金）
骨骼式钛合金多轴膝关节储能脚髋部假肢	具	用于髋关节离断和大腿极短残肢 钛合金连接件 树脂接受腔（髋关节可以用铝合金）
骨骼式碳纤多轴膝关节储能脚髋离断假肢	具	用于髋关节离断和大腿极短残肢 碳纤连接件 树脂或 PP 接受腔碳纤髋关节 碳纤储能脚
骨骼式碳纤多轴膝关节储能脚髋离断假肢	具	用于髋关节离断和大腿极短残肢 碳纤连接件 树脂或 PP 接受腔 碳纤髋关节 碳纤储能脚（脚套分离）
骨骼式碳纤气压膝关节单轴脚髋离断假肢	具	用于髋关节离断和大腿极短残肢 碳纤连接件 树脂或 PP 接受腔碳纤髋关节 碳纤气压膝关节
骨骼式镁铝金多轴膝关节储能脚髋部假肢	具	用于髋关节离断和大腿极短残肢 镁铝合金连接件 树脂（或 PP）接受腔（髋关节可以用铝合金）
骨骼式不锈钢多轴膝关节单轴脚髋部假肢	具	用于髋关节离断和大腿极短残肢 不锈钢连接件 树脂接受腔（髋关节可以用铝合金）
骨骼式钛合金多轴膝关节单轴脚髋部假肢	具	用于髋关节离断和大腿极短残肢 钛合金连接件 树脂（或 PP）接受腔（髋关节可以铝合金）
骨骼式镁铝金多轴膝关节单轴脚髋部假肢	具	用于髋关节离断和大腿极短残肢 镁铝合金连接件 树脂（或 PP）接受腔（髋关节可以用铝合金）
骨骼式不锈钢多轴膝关节万向踝脚髋部假肢	具	用于髋关节离断和大腿极短残肢 不锈钢连接件 树脂（或 PP）接受腔（髋关节可以铝合金）
骨骼式钛合金多轴膝关节万向踝脚髋部假肢	具	用于髋关节离断和大腿极短残肢 钛合金连接件 树脂（或 PP）接受腔（髋关节可以铝合金）
骨骼式镁铝金多轴膝关节万向踝脚髋部假肢	具	用于髋关节离断和大腿极短残肢 镁铝合金连接件 树脂（或 PP）接受腔（髋关节可以用铝合金）
髋部假肢功能训练费	天	用于髋部截肢患者功能训练
三、上肢矫形器		
1. 手部矫形器		
手指矫形器	具	用于单指手指固定（可调式）
手指矫形器	具	用于单指手指固定（包括槌状、鹅颈、扣眼）
手指矫形器	具	用于手指恢复功能锻炼（包括指伸、指曲）
掌指矫形器	具	用于手指固定（可调式）
掌指矫形器	具	用于手指损伤固定
掌指矫形器	具	用于手指恢复功能锻炼

续表

产品名称	单位	用途及材料结构
短式手指功能康复支架	具	用于手指挛缩畸形
长式手指功能康复支架	具	用于手指挛缩畸形
手部功能训练矫形器	具	用于手指挛缩畸形
橡筋式手指康复附件	具	用于手指挛缩畸形 手指康复支架配件
弹簧式手指康复附件	具	用于手指挛缩畸形 手指康复支架配件
2. 腕部矫形器		
腕手矫形器	具	用于腕部损伤固定（可调式）
腕手矫形器	具	用于腕部损伤固定（手功能位）
腕手矫形器	具	用于腕部恢复功能锻炼
护腕	只	用于腕关节损伤和预防损伤
腕关节矫形器	具	用于腕关节骨折及伤残固定
腕关节矫形器	具	用于腕关节骨折及伤残固定 低温板材
3. 前臂矫形器		
前臂矫形器	具	用于前臂骨折及伤残固定
前臂矫形器	具	用于前臂骨折及伤残固定 低温板材
肘腕手矫形器	具	用于肘腕部或前臂损伤固定（可调式）
肘腕手矫形器	具	用于肘腕部或前臂损伤固定
肘腕手矫形器	具	用于肘腕部或前臂恢复功能锻炼
护肘	只	用于肘关节损伤和预防损伤
4. 上臂矫形器		
上臂矫形器	具	用于上臂骨折及伤残固定
上臂矫形器	具	用于上臂骨折及伤残固定 低温板材
前臂吊带	个	用于上臂损伤辅助固定位置
5. 肩部矫形器		
肩锁关节脱位固定带	个	用于肩锁关节脱位后固定
肩锁带	个	用于肩锁骨骨折后固定
肩肘腕手矫形器	具	用于上臂或肘部损伤固定（可调式）
肩肘腕手矫形器	具	用于上臂或肘部损伤固定
肩肘腕手矫形器	具	用于上臂或肘部恢复功能锻炼
肩关节矫形器	具	用于肩关节损伤
肩外展支架	具	用于肩关节及肱骨骨折 固定式
肩外展支架	具	用于肩关节及肱骨骨折 可调式
护肩	只	用于肩关节损伤和预防损伤
四、脊柱矫形器		
1. 颈部矫形器		
颈托	个	用于颈椎损伤 金属支条

续表

产品名称	单位	用途及材料结构
曲边围领	个	PE 板
曲边围领	个	舒适
曲边围领	个	用于颈椎轻度损伤
曲边围领	个	软围领
曲边围领	个	充气
颈托	个	用于颈椎轻度损伤（取型制作）
颈托	个	用于颈椎轻度损伤
费城围领	个	用于颈椎病或颈椎轻度损伤（有牵引功能）
进口充气式颈椎矫形器	个	用于颈椎轻度损伤（成品）
充气式颈椎矫形器	个	用于颈椎轻度损伤（成品）
四连杆支撑颈椎矫形器	具	用于颈椎损伤
颈胸矫形器	具	用于颈椎损伤固定
颈胸矫形器	具	用于颈椎损伤（可调式）
头颈胸矫形器	具	用于颈椎损伤（普通型）
头颈胸矫形器	具	用于颈椎损伤（核磁兼容型）
头颈胸矫形器	具	用于颈椎损伤（成品）
头颈胸矫形器	具	用于颈椎损伤（取型制作）
胸枕颌支撑矫形器	具	用于颈椎损伤
颈胸腰骶	具	用于颈胸腰椎损伤（取型制作）
2. 胸腰骶椎矫形器		
胸腰骶椎矫形器	具	用于腰椎损（成品）
胸腰骶椎矫形器	具	用于胸腰骶椎损伤 金属支条
泰勒式胸腰骶椎矫形器	具	用于胸腰骶椎损伤 金属支条
密尔沃基颈胸腰骶部矫形器	具	用于矫正脊柱变形 金属支条
腰椎矫形器	具	用于腰椎损伤 金属支条
海泊式脊柱过伸矫形器	具	用于胸腰椎后凸畸形
弹性围腰	件	用于腰椎轻度损伤
弹性围腰	件	用于腰椎轻度损伤（带支条）
胸腰椎矫形器	具	用于矫正脊柱变形
胸腰椎矫形器	具	用于矫正脊柱变形（进口材料）
腰骶椎矫形器	具	用于腰骶椎疼痛（成品）
腰骶矫形器	具	用于腰骶椎疼痛（取型制作）
骶椎矫形器	具	用于骶椎疼痛（取型制作）
骶髋护围	件	用于骶髋关节损伤后期的康复
加强型围腰	件	用于腰椎骨折和损伤后期的康复
加高式软性围腰	件	用于腰椎骨折和损伤后期的康复

续表

产品名称	单位	用途及材料结构
框架脊柱过伸矫形器	具	用于腰椎骨折及损伤的康复
脊柱过伸矫形器	具	用于胸腰椎后凸畸形
色努矫形器	具	用于矫正脊柱变形 塑料板和金属支条
里昂矫形器	具	用于矫正脊柱变形 塑料板和金属支条
大阪一大	具	用于矫正脊柱变形 塑料板和金属支条
查尔斯顿	具	用于矫正脊柱变形 塑料板
波士顿	具	用于矫正脊柱变形 塑料板
软性脊柱侧弯矫形器	件	用于矫正脊柱轻度变形 纺织材料
五、下肢矫形器		
1. 足部矫形器		
单矫形鞋	双	用于下肢不等长及足部病变 牛皮、矮腰
单矫形鞋	双	用于下肢不等长及足部病变 牛皮、高腰
单矫形鞋	双	用于下肢不等长及足部病变 牛皮、超高腰
棉矫形鞋	双	用于下肢不等长及足部病变 牛皮、矮腰
棉矫形鞋	双	用于下肢不等长及足部病变 牛皮、高腰
棉矫形鞋	双	用于下肢不等长及足部病变 牛皮、超高腰
足部综合病变病理鞋	只	用于足部发生多种疾病的矫形
布朗矫形鞋	只	用于矫正足部畸形
平足垫	只	用于扁平足（成品）
平足垫	只	用于扁平足（取型制作）
平足横弓垫	只	用于扁平足及横弓塌陷
半足鞋垫	只	用于足部病变
全足矫形平足垫	只	用于足部病变
足跟垫	只	用于减轻跟骨刺引起的疼痛
跗骨垫	只	用于减轻跗骨部位压力
硅胶足弓垫	只	用于扁平足
分趾梳	只	用于脚趾叠压
硅胶跖骨垫	只	用于足部骨骼病变
足趾矫形器	只	用于脚趾畸形
硅胶跗骨垫	只	用于减轻跗骨部位压力
硅胶足跟垫	只	用于减轻跟骨刺引起的疼痛
拇外翻矫正带	只	用于矫正拇外翻
拇外翻趾夹垫	只	用于矫正拇外翻
2. 足踝部矫形器		
踝固定带	只	用于踝关节损伤
踝足矫形器	只	用于小腿外伤或畸形 双侧夹板

续表

产品名称	单位	用途及材料结构
踝足矫形器	只	用于小腿外伤或畸形（双侧金属支条）
踝足矫形器	只	用于小腿外伤或畸形（髌韧带承重式）
踝足矫形器	只	用于小腿外伤或畸形（钛合金支条）
踝足矫形器	只	用于足、踝畸形矫正
塑料托板踝足矫形器	只	用于腓神经损伤
踝足矫形器	只	用于足、踝畸形矫正
3. 膝部矫形器		
膝内外翻矫形器	只	用于X和O型腿矫正（夜用型）取型制作
膝关节保护矫形器	只	用于膝关节韧带损伤（包括侧副和十字韧带）
膝关节反屈矫形器	只	用于矫正膝关节反屈
膝踝足矫形器	只	用于大腿、小腿骨折或神经损伤及畸形
膝关节限位矫形器	只	用于大腿、小腿骨折或神经损伤恢复功能锻炼
膝踝足矫形器	只	用于大腿、小腿骨折或神经损伤及畸形坐骨承重
膝踝足矫形器	只	用于大腿、小腿骨折或神经损伤及畸形铝合金件
膝部矫形器	只	用于大腿、小腿骨折或神经韧带损伤及畸形
组建式膝矫形器	只	用于大腿、小腿骨折或神经韧带损伤及畸形
4. 髋膝踝足矫形器		
单侧低温板髋人字矫形器	具	用于大腿骨、骨股胫骨折及术后固定
单侧高温板髋人字矫形器	具	用于大腿骨、骨股胫骨折及术后固定
双侧低温板髋人字矫形器	具	用于大腿骨、骨股胫骨折及术后固定
双侧高温板髋人字矫形器	具	用于大腿骨、骨股胫骨折及术后固定
髋膝踝足矫形器	只	用于大腿骨折或神经损伤及畸形 不锈钢件
髋膝踝足矫形器	只	用于大腿骨折或神经损伤及畸形 铝合金件
髋膝踝足矫形器	只	用于大腿骨折或神经损伤及畸形 钛合金件
髋膝踝足截瘫矫形器	只	用于截瘫病人辅助站立或近距离行走不锈钢件
髋膝踝足截瘫矫形器	只	用于截瘫病人辅助站立或近距离行走钛合金件
髋矫形器（RB 吊带）	具	用于出生数周内婴儿髋臼发育不良及髋脱位
髋矫形器	具	用于周岁内幼儿髋臼发育不良及髋脱位
髋矫形器	具	用于周岁以上学龄前儿童髋臼发育不良及髋脱位
髋矫形器	具	术后康复
髋矫形器	具	闭合复位
髋矫形器	具	术中固定式
六、轮椅车		
轮椅防褥疮坐垫	个	用于肢体瘫患残疾人座椅
轮椅防褥疮褥垫	个	用于肢体瘫患残疾人座椅
偏瘫轮椅	辆	用于肢体偏瘫残疾人代步工具　手摇驱动方式

续表

产品名称	单位	用途及材料结构
道路型三轮轮椅车	辆	用于肢体残疾人代步工具　手摇驱动方式
普通型轮椅	辆	用于肢体残疾人和老年人代步工具　助推及手摇驱动方式
功能性轮椅	辆	用于肢体残疾人和老年人代步工具　助推及手摇驱动方式
铝合金轻型功能性轮椅	辆	用于肢体残疾人和老年人代步工具　助推及手摇驱动方式
道路型三轮电动轮椅	辆	用于肢体残疾人代步工具 电动及手动驱动方式
室内型四轮电动轮椅	辆	用于肢体残疾人代步工具 电动及手动驱动方式
七、其他产品		
疝气带	只	用于疝气病
假眼	只	用于眼球缺损 普通树脂
假眼	只	用于眼球缺损 新型高分子材料
假鼻	只	用于鼻部缺损 硅胶
假耳	只	用于耳部缺损 硅胶
假乳	只	用于乳房缺损 硅胶
自粘性硅胶片 120×150×2	片	帮助平复伤残的瘢痕，尽快适应穿戴假肢
自粘性硅胶片 120×60×2	片	帮助平复伤残的瘢痕，尽快适应穿戴假肢
自粘性硅胶片 120×25×2	片	帮助平复残肢的瘢痕，尽快适应穿戴假肢
轻度静脉曲张袜	只	用于腿部静脉曲张 弹力织物（进口）
治疗静脉曲张袜	只	用于腿部静脉曲张 弹力织物（进口）
残肢袜	只	用于残肢的保护 织物
小腿内衬套	只	取型，重新制作，EVA 材质
不锈钢拐杖	只	
铝合金拐杖	只	
木拐杖	只	
电镀铁拐	只	
三脚手杖	只	
四脚手杖	只	
助行器	只	
坐便器	只	

注：1. 未注明产地的材料和部件均属国产（包括台湾、香港地区）材料和部件；

2. 上肢假肢的功能一般特指假手的功能，三自由度是指假手二自由度、肘关节一个自由度；

3. 大腿假肢除气压、液压膝关节外，均按结构分类。本《目录》大腿假肢价格中的接受腔指单层接受腔；

4. 硅（凝）胶制产品使用寿命不低于 6 个月，一般正常使用 1 至 1.5 年；

5. 假脚使用寿命不低于 24 个月，一般正常使用 2 至 3 年；

6. 假肢主要零部件使用寿命不低于 36 个月，一般正常使用 36－60 个月；

7. 本《目录》中的下肢假肢连接管是指常用的铝管；

8. 矫形器的是按人体使用部位分类；

9. 矫形器的塑料板材和金属材料使用寿命一般正常使用分别是 6 至 12 个月和 36 至 60 个月，矫形器的穿戴时间必须谨遵医嘱；

10. 假肢矫形器种类繁多，本目录不可能尽收于内，各装配机构可在大类别中选择接近的产品价格参考。

北京市财政局 北京市国家税务局 北京市地方税务局转发财政部 国家税务总局《关于延长金融企业涉农贷款和中小企业贷款损失准备金税前扣除政策执行期限的通知》

2011 年 11 月 30 日 京财税〔2011〕2428 号

各区县财政局、国家税务局、地方税务局，市国家税务局直属税务分局，市地方税务局直属分局：

现将财政部、国家税务总局《关于延长金融企业涉农贷款和中小企业贷款损失准备金税前扣除政策执行期限的通知》（财税〔2011〕104 号）转发给你们，请依照执行。

附件：财政部 国家税务总局《关于延长金融企业涉农贷款和中小企业贷款损失准备金税前扣除政策执行期限的通知》

附件：

财政部 国家税务总局《关于延长金融企业涉农贷款和中小企业贷款损失准备金税前扣除政策执行期限的通知》

2011 年 10 月 19 日 财税〔2011〕104 号

各省、自治区、直辖市、计划单列市财政厅（局）、国家税务局、地方税务局，新疆生产建设兵团财务局：

经国务院批准，《财政部 国家税务总局关于金融企业涉农贷款和中小企业贷款损失准备金税前扣除政策的通知》（财税〔2009〕99 号）规定的金融企业涉农贷款和中小企业贷款损失准备金税前扣除的政策，继续执行至 2013 年 12 月 31 日。

请遵照执行。

北京市财政局 北京市商务委员会 北京海关转发财政部 商务部 海关总署 国家税务总局《关于继续执行研发机构采购设备税收政策的通知》

2011 年 12 月 21 日 京财税〔2011〕2447 号

各区县财政局、商务委员会，北京海关各隶属海关办事处：

现将财政部、商务部、海关总署、国家税务总局《关于继续执行研发机构采购设备税收政策的通知》（财税〔2011〕88 号）转发给你们，请依照执行。

附件：财政部 商务部 海关总署 国家税务总局《关于继续执行研发机构采购设备税收政策的通知》

附件：

财政部 商务部 海关总署 国家税务总局《关于继续执行研发机构采购设备税收政策的通知》

2011 年 10 月 10 日 财税〔2011〕88 号

各省、自治区、直辖市、计划单列市财政厅（局）、商务主管部门、国家税务局，海关总署广东分署、各直属海关，新疆生产建设兵团财务局：

为了鼓励科学研究和技术开发，促进科技进步，经国务院批准，继续对外资研发中心进口科技开发用品免征进口关税和进口环节增值税、消费税（以下统称“进口税收”），继续对内资研发机构和外资研发中心采购国产设备全额退还增值税。现将有关事项明确如下：

一、外资研发中心适用《科技开发用品免征进口税收暂行规定》（财政部、海关总署、国家税务总局令第 44 号）和《关于修改〈科技开发用品免征进口税收暂行规定〉和〈科学研究和教学用品免征进口税收规定〉的决定》（财政部、海关总署、国家税务总局令第 63 号）免征进口税收。根据其设立时间，应分别满足下列条件：

（一）对 2009 年 9 月 30 日及之前设立的外资研发中心，应同时满足下列条件：

1. 研发费用标准：（1）对外资研发中心，作为独立法人的，其投资总额不低于 500 万美元；作为公司内设部门或分公司的非独立法人的，其研发总投入不低于 500 万美元；（2）企业研发经费年支出额不低于 1000 万元。

2. 专职研究与试验发展人员不低于 90 人。

3. 设立以来累计购置的设备原值不低于1000万元。

（二）对2009年10月1日及之后设立的外资研发中心，应同时满足下列条件：

1. 研发费用标准：作为独立法人的，其投资总额不低于800万美元；作为公司内设部门或分公司的非独立法人的，其研发总投入不低于800万美元。

2. 专职研究与试验发展人员不低于150人。

3. 设立以来累计购置的设备原值不低于2000万元。

外资研发中心须经商务主管部门会同有关部门按照上述条件进行资格审核认定。具体审核认定办法见附件1。

二、适用采购国产设备全额退还增值税政策的内资研发机构和外资研发中心包括

（一）《科技开发用品免征进口税收暂行规定》（财政部、海关总署、国家税务总局令第44号）规定的科学研究、技术开发机构。

（二）《科学研究和教学用品免征进口税收规定》（财政部、海关总署、国家税务总局令第45号）规定的科学研究机构和学校。

（三）符合本通知第一条规定条件的外资研发中心。

具体退税管理办法由国家税务总局会同财政部另行制定。

三、本通知的有关定义

（一）本通知所述“投资总额”，是指外商投资企业批准证书所载明的金额。

（二）本通知所述“研发总投入”，是指外商投资企业专门为设立和建设本研发中心而投入的资产，包括即将投入并签订购置合同的资产（应提交已采购资产清单和即将采购资产的合同清单）。

（三）本通知所述“研发经费年支出额”，是指近两个会计年度研发经费年均支出额；不足两个完整会计年度的，可按外资研发中心设立以来任意连续12个月的实际研发经费支出额计算；现金与实物资产投入应不低于60%。

（四）本通知所述“专职研究与试验发展人员”，是指企业科技活动人员中专职从事基础研究、应用研究和试验发展三类项目活动的人员，包括直接参加上述三类项目活动的人员以及相关专职科技管理人员和为项目提供资料文献、材料供应、设备的直接服务人员，上述人员须与外资研发中心或其所在外商投资企业签订1年以上劳动合同，以外资研发中心提交申请的前一日人数为准。

（五）本通知所述“设备”，是指为科学研究、教学和科技开发提供必要条件的实验设备、装置和器械。在计算累计购置的设备原值时，应将进口设备和采购国产设备的原值一并计入，包括已签订购置合同并于当年内交货的设备（应提交购置合同清单及交货期限），上述设备应属于本通知《科技开发、科学研究和教学设备清单》所列设备（见附2）。对执行中国产设备范围存在异议的，由主管税务机关逐级上报国家税务总局商财政部核定。

四、本通知规定的税收政策执行期限为2011年1月1日至2015年12月31日，具体从内资研发机构和外资研发中心取得资格的次月1日起执行。《财政部　海关总署　国家税务总局关于研发机构采购设备税收政策的通知》（财税〔2009〕115号）和《商务部　财政部　海关总署　国家税务总局关于外资研发中心采购设备免/退税资格审核办法的通知》（商资发〔2010〕93号）同时废止。

对于在2011年1月1日至11月1日期间批准设立的外资研发中心，从取得资格的次月

1 日至 11 月 1 日期间进口的科技开发用品，已缴纳税款的，可按照海关有关规定向海关申请办理退税手续。

附：1. 外资研发中心采购设备免、退税资格审核办法

2. 科技开发、科学研究和教学设备清单

附 1：

外资研发中心采购设备免、退税资格审核认定办法

为落实好外资研发中心（包括独立法人和非独立法人研发中心，以下简称“研发中心”）采购设备相关税收政策，特制定以下资格审核认定办法：

一、资格条件的审核

（一）各省、自治区、直辖市、计划单列市及新疆生产建设兵团商务主管部门会同同级财政、国税部门和研发中心所在地直属海关（以下简称“审核部门”），根据本地情况，制定审核流程和具体办法。研发中心应按本通知有关要求向其所在地商务主管部门提交申请材料。

（二）商务主管部门牵头召开审核部门联席会议，对研发中心上报的申请材料进行审核，按照本通知正文第一条所列条件和本审核认定办法要求，确定符合免、退税资格条件的研发中心名单。

（三）经审核，对符合免、退税资格条件的研发中心，由审核部门以公告形式联合发布，并将名单抄送商务部（外资司）、财政部（税政司、关税司）、海关总署（关税征管司）、国家税务总局（货物和劳务税司）备案。对不符合有关规定的，由商务主管部门根据联席会议的决定出具书面审核意见，并说明理由。上述公告或审核意见应在审核部门受理申请之日起 45 个工作日之内作出。

（四）审核部门每两年对已获得免、退税资格的研发中心进行资格复审。对于不再符合条件的研发中心取消其享受免、退税优惠政策的资格。

二、需报送的材料

研发中心申请采购设备免、退税资格，应提交以下材料：

（一）研发中心采购设备免、退税资格申请书和审核表；

（二）研发中心为独立法人的，应提交外商投资企业批准证书及营业执照复印件；研发中心为非独立法人的，应提交其所在外商投资企业的外商投资企业批准证书、营业执照的复印件以及研发中心的确认文件（商务主管部门的批复或出具的《国家鼓励发展的外资项目确认书》）；

（三）验资报告及上一年度审计报告复印件；

（四）研发费用支出明细、设备购置支出明细和清单以及通知规定应提交的材料；

（五）专职研究与试验发展人员名册（包括姓名、工作岗位、劳动合同期限、联系方式）。

（六）审核部门要求提交的其他材料。

三、相关工作的管理

（一）在公告发布后，列入公告名单的研发中心，可按有关规定直接向其所在地直属海关申请办理有关科技开发用品的进口免税手续，向其所在地国税部门申请办理采购国产设备退税手续。

（二）审核部门在共同审核认定研发中心资格的过程中，可到研发中心查阅有关资料，了解情况，核实其报送的申请材料的真实性。同时应注意加强对研发中心的政策指导和服务，提高工作效率。

（三）省级商务主管部门应将《外资研发中心采购设备免、退税资格审核表》有关信息及时录入外商投资审批管理系统研发中心选项，并向商务部进行电子备案。

（四）海关和国税部门应加强对免、退税设备的监管。对于研发中心违反规定，将享受税收优惠政策的设备擅自转让、销售、移作他用或者进行其他处置的，按照有关规定予以处罚，自违法行为发现之日起 1 年内不得享受免、退税优惠政策；被依法追究刑事责任的，自违法行为发现之日起 3 年内不得享受免、退税优惠政策。

附：外资研发中心采购设备免、退税资格审核表

附：

外资研发中心采购设备免、退税资格审核表

编码：__________

<table>
<tr><td>研发中心名称</td><td colspan="5"></td></tr>
<tr><td>设立批准机关</td><td colspan="5"></td></tr>
<tr><td>组织机构代码</td><td colspan="2"></td><td>研发中心
设立日期</td><td colspan="2">年　月　日</td></tr>
<tr><td>研发中心性质</td><td colspan="5">□ 独立法人　□ 分公司　□ 内设部门</td></tr>
<tr><td>联　系　人</td><td></td><td>电话</td><td></td><td>传真</td><td></td></tr>
<tr><td>经营范围</td><td colspan="5"></td></tr>
<tr><td>研发领域
（可多选）</td><td colspan="5">□电子　□生物医药　□新能源　□新材料　□环保　□汽车　□化工　□农业
□软件开发　□专用设备　□轻工　□其他________</td></tr>
<tr><td>投资总额/研发总投入
（万美元）</td><td></td><td colspan="2">专职研究与试验
发展人员人数</td><td colspan="2"></td></tr>
<tr><td>研发经费年支出额
（万元）</td><td></td><td colspan="2">已缴税金（元）</td><td colspan="2"></td></tr>
<tr><td rowspan="3">累计采购设备原值
（万元）</td><td>进口设备</td><td colspan="4"></td></tr>
<tr><td>采购国产设备</td><td colspan="4"></td></tr>
<tr><td>总计</td><td colspan="4"></td></tr>
<tr><td colspan="6">以下由审核部门填写</td></tr>
<tr><td>审核意见</td><td colspan="4"></td><td>□ 通过
□ 未通过</td></tr>
</table>

续表

各部门签字（盖章）	商务	财政	海关	税务
	年 月 日	年 月 日	年 月 日	年 月 日
公告日期	年 月 日			

注：1. 外资研发中心为分公司或内设机构的，企业名称和组织机构代码均填写其所在外商投资企业。

2. 币种以表内标注为准，金额根据当年人民币汇率平均价计算。

3. 已缴税金为自 2011 年 1 月 1 日起，外资研发中心采购符合条件的设备所缴纳的增值税。

附 2：

科技开发、科学研究和教学设备清单

科技开发、科学研究和教学设备，是指符合《中华人民共和国增值税暂行条例实施细则》（财政部　国家税务总局令第 50 号）第二十一条“固定资产”的相关规定，为科学研究、教学和科技开发提供必要条件的实验设备、装置和器械（不包括中试设备）。具体包括以下四类：

一、实验环境方面

（一）教学实验仪器及装置；

（二）教学示教、演示仪器及装置；

（三）超净设备（如换气、灭菌、纯水、净化设备等）；

（四）特殊实验环境设备（如超低温、超高温、高压、低压、强腐蚀设备等）；

（五）特殊电源、光源设备；

（六）清洗循环设备；

（七）恒温设备（如水浴、恒温箱、灭菌仪等）；

（八）小型粉碎、研磨制备设备。

二、样品制备设备和装置

（一）特种泵类（如分子泵、离子泵、真空泵、蠕动泵、蜗轮泵、干泵等）；

（二）培养设备（如培养箱、发酵罐等）；

（三）微量取样设备（如取样器、精密天平等）；

（四）分离、纯化、浓缩设备（如离心机、层析、色谱、萃取、结晶设备、旋转蒸发器等）；

（五）气体、液体、固体混合设备（如旋涡混合器等）；

（六）制气设备、气体压缩设备；

（七）专用制样设备（如切片机、压片机、镀膜机、减薄仪、抛光机等），实验用注射、挤出、造粒、膜压设备；实验室样品前处理设备。

三、实验室专用设备

（一）特殊照相和摄影设备（如水下、高空、高温、低温等）；

（二）科研飞机、船舶用关键设备；

（三）特种数据记录设备（如大幅面扫描仪、大幅面绘图仪、磁带机、光盘机等）；

（四）材料科学专用设备（如干胶仪、特种坩埚、陶瓷、图形转换设备、制版用干板、特种等离子体源、离子源、外延炉、扩散炉、溅射仪、离子刻蚀机，材料实验机等），可靠性试验设备，微电子加工设备，通信模拟仿真设备，通信环境试验设备；

（五）小型熔炼设备（如真空、粉末、电渣等），特殊焊接设备；

（六）小型染整、纺丝试验专用设备；

（七）电生理设备。

四、计算机工作站，中型、大型计算机。

北京市财政局　北京市国家税务局 北京市地方税务局转发财政部　国家税务总局《关于高新技术企业境外所得适用税率及税收抵免问题的通知》

2011 年 11 月 22 日　京财税〔2011〕2456 号

各区县财政局、国家税务局、地方税务局，市国家税务局直属税务分局，市地方税务局直属分局：

现将财政部、国家税务总局《关于高新技术企业境外所得适用税率及税收抵免问题的通知》（财税〔2011〕47 号）转发给你们，请遵照执行。

附件：财政部　国家税务总局《关于高新技术企业境外所得适用税率及税收抵免问题的通知》

附件：

财政部　国家税务总局《关于高新技术企业境外所得适用税率及税收抵免问题的通知》

2011 年 5 月 31 日　财税〔2011〕47 号

各省、自治区、直辖市、计划单列市财政厅（局）、国家税务局、地方税务局，新疆生产建设兵团财务局：

根据《中华人民共和国企业所得税法》及其实施条例以及财政部、国家税务总局《关于企业境外所得税收抵免有关问题的通知》（财税〔2009〕125 号）的有关规定，现就高新技术企业境外所得适用税率及税收抵免有关问题补充明确如下：

一、以境内、境外全部生产经营活动有关的研究开发费用总额、总收入、销售收入总额、高新技术产品（服务）收入等指标申请并经认定的高新技术企业，其来源于境外的所得可以享受高新技术企业所得税优惠政策，即对其来源于境外所得可以按照15%的优惠税率缴纳企业所得税，在计算境外抵免限额时，可按照15%的优惠税率计算境内外应纳税总额。

二、上述高新技术企业境外所得税收抵免的其他事项，仍按照财税〔2009〕125号文件的有关规定执行。

三、本通知所称高新技术企业，是指依照《中华人民共和国企业所得税法》及其实施条例规定，经认定机构按照《高新技术企业认定管理办法》（国科发火〔2008〕172号）和《高新技术企业认定管理工作指引》（国科发火〔2008〕362号）认定取得高新技术企业证书并正在享受企业所得税15%税率优惠的企业。

四、本通知自2010年1月1日起执行。

北京市财政局　北京市国家税务局
转发财政部　国家税务总局《关于退还集成电路企业采购设备增值税期末留抵税额的通知》

2011年11月25日　京财税〔2011〕2539号

各区县财政局、国家税务局，市国税局各直属单位：

现将财政部、国家税务总局《关于退还集成电路企业采购设备增值税期末留抵税额的通知》（财税〔2011〕107号）转发给你们，请遵照执行。

附件：财政部　国家税务总局《关于退还集成电路企业采购设备增值税期末留抵税额的通知》

附件：

财政部　国家税务总局《关于退还集成电路企业采购设备增值税期末留抵税额的通知》

2011年11月14日　财税〔2011〕107号

北京、天津、内蒙古、大连、上海、江苏、安徽、厦门、湖北、深圳、重庆、广东省（自治区、直辖市、计划单列市）财政厅（局）、国家税务局，财政部驻北京、天津、内蒙古、大连、上海、江苏、安徽、厦门、湖北、深圳、重庆、广东省（自治区、直辖市、计划单列市）财政监察专员办事处：

为落实《国务院关于印发进一步鼓励软件产业和集成电路产业发展若干政策的通知》（国发〔2011〕4号）有关要求，解决集成电路重大项目企业采购设备引起的增值税进项税额占用资金问题，决定对其因购进设备形成的增值税期末留抵税额予以退还。现将有关事项通知如下：

一、对国家批准的集成电路重大项目企业（具体名单见附件）因购进设备形成的增值税期末留抵税额（以下称“购进设备留抵税额”）准予退还。购进的设备应属于《中华人民共和国增值税暂行条例实施细则》第二十一条第二款规定的固定资产范围。

二、准予退还的购进设备留抵税额的计算

企业当期购进设备进项税额大于当期增值税纳税申报表“期末留抵税额”的，当期准予退还的购进设备留抵税额为期末留抵税额；企业当期购进设备进项税额小于当期增值税纳税申报表“期末留抵税额”的，当期准予退还的购进设备留抵税额为当期购进设备进项税额。

当期购进设备进项税额，是指企业取得的按照现行规定允许在当期抵扣的增值税专用发票或海关进口增值税专用缴款书（限于2009年1月1日及以后开具的）上注明的增值税额。

三、退还购进设备留抵税额的申请和审批

（一）企业应于每月申报期结束后10个工作日内向主管税务机关申请退还购进设备留抵税额。

主管税务机关接到企业申请后，应审核企业提供的增值税专用发票或海关进口增值税专用缴款书是否符合现行政策规定，其注明的设备名称与企业实际购进的设备是否一致，申请退还的购进设备留抵税额是否正确。审核无误后，由县（区、市）级主管税务机关审批。

（二）企业收到退税款项的当月，应将退税额从增值税进项税额中转出。未转出的，按照《中华人民共和国税收征收管理法》有关规定承担相应法律责任。

（三）企业首次申请退还购进设备留抵税额时，可将2009年以来形成的购进设备留抵税额，按照上述规定一次性申请退还。

四、退还的购进设备留抵税额由中央和地方按照现行增值税分享比例共同负担。

五、本通知自2011年11月1日起执行。

附：国家批准的集成电路重大项目企业名单

附：

国家批准的集成电路重大项目企业名单

序号	项目企业	所在省市和区县
1	中芯国际集成电路制造（北京）有限公司	北京亦庄经济技术开发区
2	北京京东方显示技术有限公司	北京市经济技术开发区
3	中芯国际集成电路制造（天津）有限公司	天津西青经济开发区
4	飞思卡尔半导体（中国）有限公司	天津经济技术开发区

续表

序号	项目企业	所在省市和区县
5	鄂尔多斯市源盛光电有限责任公司	内蒙古自治区鄂尔多斯市东胜区
6	英特尔半导体（大连）有限公司	大连经济技术开发区
7	上海华虹NEC电子有限公司	上海市浦东新区
8	上海华力微电子有限公司	上海市浦东新区
9	上海集成电路研发中心有限公司	上海市浦东新区
10	上海先进半导体制造股份有限公司	上海市徐汇区
11	台积电（中国）有限公司	上海市松江区
12	中芯国际集成电路制造（上海）有限公司	上海市浦东新区
13	上海宏力半导体制造有限公司	上海市浦东新区
14	日月光集成电路制造（中国）有限公司	上海市浦东新区
15	南京中电熊猫液晶显示科技有限公司	江苏省南京市栖霞区
16	和舰科技（苏州）有限公司	江苏省苏州工业园
17	无锡华润上华科技有限公司	江苏省无锡国家高新技术产业开发区
18	海力士半导体（中国）有限公司	江苏省无锡市出口加工区
19	友达光电（昆山）有限公司	江苏省昆山经济技术开发区
20	苏州三星电子液晶显示科技有限公司	江苏省苏州工业园区
21	智瑞达科技（苏州）有限公司	江苏省苏州工业园区
22	苏州日月新半导体有限公司	江苏省苏州工业园区
23	合肥鑫晟光电科技有限公司	安徽省合肥市新站综合开发试验区
24	合肥京东方光电科技有限公司	安徽省合肥市新站综合开发试验区
25	厦门天马微电子有限公司	厦门火炬高新区
26	武汉新芯集成电路制造有限公司	湖北省武汉市武汉东湖新技术开发区
27	乐金显示（中国）有限公司	广东省广州高新技术产业开发区
28	深圳市华星光电技术有限公司	深圳市光明新区
29	渝德科技（重庆）有限公司	重庆市沙坪坝区

北京市财政局　北京市地方税务局
转发财政部　国家税务总局《关于原油天然气资源税改革有关问题的通知》

2011年12月1日　京财税〔2011〕2560号

各区县财政局、地方税务局，市地方税务局直属分局：

现将财政部、国家税务总局《关于原油天然气资源税改革有关问题的通知》（财税〔2011〕114号）转发给你们，请遵照执行。

附件：财政部 国家税务总局《关于原油天然气资源税改革有关问题的通知》

附件：

财政部 国家税务总局《关于原油天然气资源税改革有关问题的通知》

2011年11月15日 财税〔2011〕114号

各省、自治区、直辖市、计划单列市财政厅（局）、地方税务局，天津、上海、深圳、广东省（直辖市、计划单列市）国家税务局，新疆生产建设兵团财务局：

根据国务院决定，自2011年11月1日起，在全国实施原油、天然气资源税改革，现就有关问题通知如下：

一、关于原油、天然气资源税优惠政策问题

经国务院批准，对开采下列原油、天然气免征或减征资源税：

（一）油田范围内运输稠油过程中用于加热的原油、天然气免征资源税。

（二）稠油、高凝油和高含硫天然气资源税减征40%。

稠油，是指地层原油粘度大于或等于50毫帕/秒或原油密度大于或等于0.92克/立方厘米的原油。高凝油，是指凝固点大于40℃的原油。高含硫天然气，是指硫化氢含量大于或等于30克/立方米的天然气。

（三）三次采油资源税减征30%。

三次采油，是指二次采油后继续以聚合物驱、复合驱、泡沫驱、气水交替驱、二氧化碳驱、微生物驱等方式进行采油。

（四）低丰度油气田资源税暂减征20%。

低丰度油田，是指每平方公里原油可采储量丰度在25万立方米以下的油田。低丰度气田，是指每平方公里天然气可采储量丰度在2.5亿立方米以下的气田。

（五）深水油气田资源税减征30%。

深水油气田，是指水深超过300米（不含）的油气田。

符合上述减免税规定的原油、天然气划分不清的，一律不予减免；同时符合上述两项及两项以上减税规定的，只能选择其中一项执行，不能叠加适用。

财政部和国家税务总局可根据国家有关规定标准及实际情况的变化对上述政策进行调整。

二、关于原油、天然气资源税优惠政策实施问题

为便于征管，对开采稠油、高凝油、高含硫天然气、低丰度油气资源及三次采油的陆上油气田企业，根据以前年度符合上述减税规定的原油、天然气销售额占其原油、天然气总销售额的比例，确定资源税综合减征率和实际征收率，计算资源税应纳税额。计算公式为：

综合减征率 = Σ（减税项目销售额 × 减征幅度 × 5%）÷ 总销售额

实际征收率 = 5% − 综合减征率

应纳税额 = 总销售额 × 实际征收率

中国石油天然气集团公司和中国石油化工集团公司（以下简称中石油、中石化）陆上油气田企业的综合减征率和实际征收率由财政部和国家税务总局确定，具体综合减征率和实际征收率按本通知所附《全国陆上油气田企业原油天然气资源税实际征收率表》执行。今后财政部和国家税务总局将根据陆上油气田企业原油、天然气产品结构的实际变化情况进行调整。附件中未列举的中石油、中石化陆上对外合作油气田及全资和控股陆上油气田企业，比照附件中所列同一区域油气田企业的综合减征率和实际征收率执行；其他陆上油气田企业的综合减征率和实际征收率，暂比照附件中邻近油气田企业的综合减征率和实际征收率执行。

海上油气田开采符合本通知所列资源税优惠规定的原油、天然气，由主管税务机关据实计算资源税减征额。

三、关于中外合作油气田及海上自营油气田资源税征收问题

（一）开采海洋或陆上油气资源的中外合作油气田，在本通知实施前已签订的合同继续缴纳矿区使用费，不缴纳资源税；自本通知实施后新签订的合同缴纳资源税，不再缴纳矿区使用费。

开采海洋油气资源的自营油气田，自本通知实施之日起统一缴纳资源税，不再缴纳矿区使用费。

（二）开采海洋或陆上油气资源的中外合作油气田，按实物量计算缴纳资源税，以该油气田开采的原油、天然气扣除作业用量和损耗量之后的原油、天然气产量作为计税依据。中外合作油气田的资源税由作业者负责代扣，申报缴纳事宜由参与合作的中国石油公司负责办理。计征的原油、天然气资源税实物随同中外合作油气田的原油、天然气一并销售，按实际销售额（不含增值税）扣除其本身所发生的实际销售费用后入库。

中国海洋石油总公司海上自营油气田比照上述规定执行。

（三）海洋原油、天然气资源税由国家税务总局海洋石油税务管理局各分局负责征收管理。

本通知自 2011 年 11 月 1 日起执行。

附：全国陆上油气田企业原油天然气资源税实际征收率表

附：

全国陆上油气田企业原油天然气资源税实际征收率表

序号	油气田企业	所在省份	综合减征率	实际征收率
1	大庆油田有限责任公司	黑龙江　内蒙古	0.65%	4.35%
2	中国石油天然气股份有限公司辽河油田分公司	辽宁　内蒙古	1.20%	3.80%
3	中国石油天然气股份有限公司吉林油田分公司	吉林	0.86%	4.14%
4	中国石油天然气股份有限公司大港油田分公司	天津　河北	0.68%	4.32%
5	中国石油天然气股份有限公司华北油田分公司	河北　山西　内蒙古	0.91%	4.09%

续表

序号	油气田企业	所在省份	综合减征率	实际征收率
6	中国石油天然气股份有限公司冀东油田分公司	河北	0.22%	4.78%
7	中国石油天然气股份有限公司浙江油田分公司	江苏	2%	3%
8	南方石油勘探开发有限责任公司	广东 海南	0	5%
9	中国石油天然气股份有限公司西南油气田分公司	重庆 四川	0.57%	4.43%
10	中国石油天然气股份有限公司长庆油田分公司	陕西 甘肃 宁夏 内蒙古	0.91%	4.09%
11	中国石油天然气股份有限公司玉门油田分公司	甘肃	0.03%	4.97%
12	中国石油天然气股份有限公司青海油田分公司	青海	0.33%	4.67%
13	中国石油天然气股份有限公司新疆油田分公司	新疆	0.37%	4.63%
14	中国石油天然气股份有限公司塔里木油田分公司	新疆	0.04%	4.96%
15	中国石油天然气股份有限公司吐哈油田分公司	新疆	0.44%	4.56%
16	中国石油化工股份有限公司胜利油田分公司	山东 新疆	1.20%	3.80%
17	中国石油化工股份有限公司中原油田分公司	河南 山东 内蒙古	1%	4%
18	中国石油化工股份有限公司河南油田分公司	河南	1.31%	3.69%
19	中国石油化工股份有限公司江汉油田分公司	湖北 重庆	0.51%	4.49%
20	中国石油化工股份有限公司江苏油田分公司	江苏 安徽	0.28%	4.72%
21	中国石油化工股份有限公司西北油田分公司	新疆	1.80%	3.20%
22	中国石油化工股份有限公司西南油气分公司	四川 云南 贵州 广西	1%	4%
23	中国石油化工股份有限公司华东分公司	江苏	0.81%	4.19%
24	中国石油化工股份有限公司华北分公司	陕西 甘肃 宁夏 内蒙古	1%	4%
25	中国石油化工股份有限公司东北油气分公司	吉林	0.44%	4.56%
26	中国石油化工股份有限公司中原油田普光分公司	四川	2%	3%
27	中国石油化工股份有限公司河南油田分公司新疆勘探开发中心	新疆	0	5%

北京市财政局　北京市国家税务局 北京市地方税务局转发财政部　国家税务总局《关于营业税改征增值税的试点方案和在上海市开展试点工作的实施方案的通知》

2011 年 11 月 30 日　京财税〔2011〕2573 号

各区县财政局、国家税务局、地方税务局，市国家税务局直属税务分局，市地方税务局直属分局：

现将财政部、国家税务总局关于印发《营业税改征增值税试点方案》的通知（财税〔2011〕110 号）和财政部、国家税务总局《关于在上海市开展交通运输业和部分现代服务业营业税改征增值税试点的通知》（财税〔2011〕111 号）转发给你们，请遵照执行。

附件：1. 财政部　国家税务总局关于印发《营业税改征增值税试点方案》的通知

2. 财政部　国家税务总局《关于在上海市开展交通运输业和部分现代服务业营业税改征增值税试点的通知》

附件 1：

财政部　国家税务总局 关于印发《营业税改征增值税试点方案》的通知

2011 年 11 月 11 日　财税〔2011〕110 号

各省、自治区、直辖市、计划单列市财政厅（局）、国家税务局、地方税务局，新疆生产建设兵团财务局：

《营业税改征增值税试点方案》已经国务院同意，现印发你们，请遵照执行。

附：营业税改征增值税试点方案

附：

营业税改征增值税试点方案

根据党的十七届五中全会精神，按照《中华人民共和国国民经济和社会发展第十二个五年规划纲要》确定的税制改革目标和 2011 年《政府工作报告》的要求，制定本方案。

一、指导思想和基本原则

（一）指导思想

建立健全有利于科学发展的税收制度，促进经济结构调整，支持现代服务业发展。

（二）基本原则

1. 统筹设计、分步实施。正确处理改革、发展、稳定的关系，统筹兼顾经济社会发展要求，结合全面推行改革需要和当前实际，科学设计，稳步推进。

2. 规范税制、合理负担。在保证增值税规范运行的前提下，根据财政承受能力和不同行业发展特点，合理设置税制要素，改革试点行业总体税负不增加或略有下降，基本消除重复征税。

3. 全面协调、平稳过渡。妥善处理试点前后增值税与营业税政策的衔接、试点纳税人与非试点纳税人税制的协调，建立健全适应第三产业发展的增值税管理体系，确保改革试点有序运行。

二、改革试点的主要内容

（一）改革试点的范围与时间

1. 试点地区。综合考虑服务业发展状况、财政承受能力、征管基础条件等因素，先期选择经济辐射效应明显、改革示范作用较强的地区开展试点。

2. 试点行业。试点地区先在交通运输业、部分现代服务业等生产性服务业开展试点，逐步推广至其他行业。条件成熟时，可选择部分行业在全国范围内进行全行业试点。

3. 试点时间。2012 年 1 月 1 日开始试点，并根据情况及时完善方案，择机扩大试点范围。

（二）改革试点的主要税制安排

1. 税率。在现行增值税 17% 标准税率和 13% 低税率基础上，新增 11% 和 6% 两档低税率。租赁有形动产等适用 17% 税率，交通运输业、建筑业等适用 11% 税率，其他部分现代服务业适用 6% 税率。

2. 计税方式。交通运输业、建筑业、邮电通信业、现代服务业、文化体育业、销售不动产和转让无形资产，原则上适用增值税一般计税方法。金融保险业和生活性服务业，原则上适用增值税简易计税方法。

3. 计税依据。纳税人计税依据原则上为发生应税交易取得的全部收入。对一些存在大量代收转付或代垫资金的行业，其代收代垫金额可予以合理扣除。

4. 服务贸易进出口。服务贸易进口在国内环节征收增值税，出口实行零税率或免税制度。

（三）改革试点期间过渡性政策安排

1. 税收收入归属。试点期间保持现行财政体制基本稳定，原归属试点地区的营业税收入，改征增值税后收入仍归属试点地区，税款分别入库。因试点产生的财政减收，按现行财政体制由中央和地方分别负担。

2. 税收优惠政策过渡。国家给予试点行业的原营业税优惠政策可以延续，但对于通过改革能够解决重复征税问题的，予以取消。试点期间针对具体情况采取适当的过渡政策。

3. 跨地区税种协调。试点纳税人以机构所在地作为增值税纳税地点，其在异地缴纳的营业税，允许在计算缴纳增值税时抵减。非试点纳税人在试点地区从事经营活动的，继续按照现行营业税有关规定申报缴纳营业税。

4. 增值税抵扣政策的衔接。现有增值税纳税人向试点纳税人购买服务取得的增值税专用发票，可按现行规定抵扣进项税额。

三、组织实施

（一）财政部和国家税务总局根据本方案制定具体实施办法、相关政策和预算管理及缴库规定，做好政策宣传和解释工作。经国务院同意，选择确定试点地区和行业。

（二）营业税改征的增值税，由国家税务局负责征管。国家税务总局负责制定改革试点的征管办法，扩展增值税管理信息系统和税收征管信息系统，设计并统一印制货物运输业增值税专用发票，全面做好相关征管准备和实施工作。

附件2：

财政部　国家税务总局关于在上海市开展交通运输业和部分现代服务业营业税改征增值税试点的通知

2011年11月16日　财税〔2011〕111号

各省、自治区、直辖市、计划单列市财政厅（局）、国家税务局、地方税务局，新疆生产建设兵团财务局：

经国务院批准，在上海市开展交通运输业和部分现代服务业营业税改征增值税试点。根据《营业税改征增值税试点方案》，我们制定了《交通运输业和部分现代服务业营业税改征增值税试点实施办法》、《交通运输业和部分现代服务业营业税改征增值税试点有关事项的规定》和《交通运输业和部分现代服务业营业税改征增值税试点过渡政策的规定》。现印发你们，自2012年1月1日起施行。

上海市各相关部门要根据试点的要求，认真组织试点工作，确保试点的顺利进行，遇到问题及时向财政部和国家税务总局报告。

附：1. 交通运输业和部分现代服务业营业税改征增值税试点实施办法

2. 交通运输业和部分现代服务业营业税改征增值税试点有关事项的规定

3. 交通运输业和部分现代服务业营业税改征增值税试点过渡政策的规定

附1：

交通运输业和部分现代服务业营业税改征增值税试点实施办法

第一章　纳税人和扣缴义务人

第一条　在中华人民共和国境内（以下称境内）提供交通运输业和部分现代服务业服务（以下称应税服务）的单位和个人，为增值税纳税人。纳税人提供应税服务，应当按照本办法缴纳增值税，不再缴纳营业税。

单位，是指企业、行政单位、事业单位、军事单位、社会团体及其他单位。

个人，是指个体工商户和其他个人。

第二条 单位以承包、承租、挂靠方式经营的，承包人、承租人、挂靠人（以下称承包人）以发包人、出租人、被挂靠人（以下称发包人）名义对外经营并由发包人承担相关法律责任的，以该发包人为纳税人。否则，以承包人为纳税人。

第三条 纳税人分为一般纳税人和小规模纳税人。

应税服务的年应征增值税销售额（以下称应税服务年销售额）超过财政部和国家税务总局规定标准的纳税人为一般纳税人，未超过规定标准的纳税人为小规模纳税人。

应税服务年销售额超过规定标准的其他个人不属于一般纳税人；非企业性单位、不经常提供应税服务的企业和个体工商户可选择按照小规模纳税人纳税。

第四条 小规模纳税人会计核算健全，能够提供准确税务资料的，可以向主管税务机关申请一般纳税人资格认定，成为一般纳税人。

会计核算健全，是指能够按照国家统一的会计制度规定设置账簿，根据合法、有效凭证核算。

第五条 符合一般纳税人条件的纳税人应当向主管税务机关申请一般纳税人资格认定。具体认定办法由国家税务总局制定。

除国家税务总局另有规定外，一经认定为一般纳税人后，不得转为小规模纳税人。

第六条 中华人民共和国境外（以下称境外）的单位或者个人在境内提供应税服务，在境内未设有经营机构的，以其代理人为增值税扣缴义务人；在境内没有代理人的，以接受方为增值税扣缴义务人。

第七条 两个或者两个以上的纳税人，经财政部和国家税务总局批准可以视为一个纳税人合并纳税。具体办法由财政部和国家税务总局另行制定。

第二章 应税服务

第八条 应税服务，是指陆路运输服务、水路运输服务、航空运输服务、管道运输服务、研发和技术服务、信息技术服务、文化创意服务、物流辅助服务、有形动产租赁服务、鉴证咨询服务。

应税服务的具体范围按照本办法所附的《应税服务范围注释》执行。

第九条 提供应税服务，是指有偿提供应税服务。

有偿，是指取得货币、货物或者其他经济利益。

非营业活动中提供的交通运输业和部分现代服务业服务不属于提供应税服务。

非营业活动，是指：

（一）非企业性单位按照法律和行政法规的规定，为履行国家行政管理和公共服务职能收取政府性基金或者行政事业性收费的活动。

（二）单位或者个体工商户聘用的员工为本单位或者雇主提供交通运输业和部分现代服务业服务。

（三）单位或者个体工商户为员工提供交通运输业和部分现代服务业服务。

（四）财政部和国家税务总局规定的其他情形。

第十条 在境内提供应税服务，是指应税服务提供方或者接受方在境内。

下列情形不属于在境内提供应税服务：

（一）境外单位或者个人向境内单位或者个人提供完全在境外消费的应税服务。

（二）境外单位或者个人向境内单位或者个人出租完全在境外使用的有形动产。

（三）财政部和国家税务总局规定的其他情形。

第十一条 单位和个体工商户的下列情形，视同提供应税服务：

（一）向其他单位或者个人无偿提供交通运输业和部分现代服务业服务，但以公益活动为目的或者以社会公众为对象的除外。

（二）财政部和国家税务总局规定的其他情形。

第三章 税率和征收率

第十二条 增值税税率：

（一）提供有形动产租赁服务，税率为17%。

（二）提供交通运输业服务，税率为11%。

（三）提供现代服务业服务（有形动产租赁服务除外），税率为6%。

（四）财政部和国家税务总局规定的应税服务，税率为零。

第十三条 增值税征收率为3%。

第四章 应纳税额的计算

第一节 一般性规定

第十四条 增值税的计税方法，包括一般计税方法和简易计税方法。

第十五条 一般纳税人提供应税服务适用一般计税方法计税。

一般纳税人提供财政部和国家税务总局规定的特定应税服务，可以选择适用简易计税方法计税，但一经选择，36个月内不得变更。

第十六条 小规模纳税人提供应税服务适用简易计税方法计税。

第十七条 境外单位或者个人在境内提供应税服务，在境内未设有经营机构的，扣缴义务人按照下列公式计算应扣缴税额：

应扣缴税额＝接受方支付的价款÷（1＋税率）×税率

第二节 一般计税方法

第十八条 一般计税方法的应纳税额，是指当期销项税额抵扣当期进项税额后的余额。应纳税额计算公式：

应纳税额＝当期销项税额－当期进项税额

当期销项税额小于当期进项税额不足抵扣时，其不足部分可以结转下期继续抵扣。

第十九条 销项税额，是指纳税人提供应税服务按照销售额和增值税税率计算的增值税额。销项税额计算公式：

销项税额＝销售额×税率

第二十条 一般计税方法的销售额不包括销项税额，纳税人采用销售额和销项税额合并定价方法的，按照下列公式计算销售额：

销售额＝含税销售额÷（1＋税率）

第二十一条 进项税额，是指纳税人购进货物或者接受加工修理修配劳务和应税服务，支付或者负担的增值税税额。

第二十二条 下列进项税额准予从销项税额中抵扣：

（一）从销售方或者提供方取得的增值税专用发票上注明的增值税额。

（二）从海关取得的海关进口增值税专用缴款书上注明的增值税额。

（三）购进农产品，除取得增值税专用发票或者海关进口增值税专用缴款书外，按照农产品收购发票或者销售发票上注明的农产品买价和13%的扣除率计算的进项税额。计算公式为：

进项税额 = 买价 × 扣除率

买价，是指纳税人购进农产品在农产品收购发票或者销售发票上注明的价款和按照规定缴纳的烟叶税。

（四）接受交通运输业服务，除取得增值税专用发票外，按照运输费用结算单据上注明的运输费用金额和7%的扣除率计算的进项税额。进项税额计算公式：

进项税额 = 运输费用金额 × 扣除率

运输费用金额，是指运输费用结算单据上注明的运输费用（包括铁路临管线及铁路专线运输费用）、建设基金，不包括装卸费、保险费等其他杂费。

（五）接受境外单位或者个人提供的应税服务，从税务机关或者境内代理人取得的解缴税款的中华人民共和国税收通用缴款书（以下称通用缴款书）上注明的增值税额。

第二十三条 纳税人取得的增值税扣税凭证不符合法律、行政法规或者国家税务总局有关规定的，其进项税额不得从销项税额中抵扣。

增值税扣税凭证，是指增值税专用发票、海关进口增值税专用缴款书、农产品收购发票、农产品销售发票、运输费用结算单据和通用缴款书。

纳税人凭通用缴款书抵扣进项税额的，应当具备书面合同、付款证明和境外单位的对账单或者发票。资料不全的，其进项税额不得从销项税额中抵扣。

第二十四条 下列项目的进项税额不得从销项税额中抵扣：

（一）用于适用简易计税方法计税项目、非增值税应税项目、免征增值税项目、集体福利或者个人消费的购进货物、接受加工修理修配劳务或者应税服务。其中涉及的固定资产、专利技术、非专利技术、商誉、商标、著作权、有形动产租赁，仅指专用于上述项目的固定资产、专利技术、非专利技术、商誉、商标、著作权、有形动产租赁。

（二）非正常损失的购进货物及相关的加工修理修配劳务和交通运输业服务。

（三）非正常损失的在产品、产成品所耗用的购进货物（不包括固定资产）、加工修理修配劳务或者交通运输业服务。

（四）接受的旅客运输服务。

（五）自用的应征消费税的摩托车、汽车、游艇，但作为提供交通运输业服务的运输工具和租赁服务标的物的除外。

第二十五条 非增值税应税项目，是指非增值税应税劳务、转让无形资产（专利技术、非专利技术、商誉、商标、著作权除外）、销售不动产以及不动产在建工程。

非增值税应税劳务，是指《应税服务范围注释》所列项目以外的营业税应税劳务。

不动产，是指不能移动或者移动后会引起性质、形状改变的财产，包括建筑物、构筑物和其他土地附着物。

纳税人新建、改建、扩建、修缮、装饰不动产，均属于不动产在建工程。

个人消费，包括纳税人的交际应酬消费。

固定资产，是指使用期限超过 12 个月的机器、机械、运输工具以及其他与生产经营有关的设备、工具、器具等。

非正常损失，是指因管理不善造成被盗、丢失、霉烂变质的损失，以及被执法部门依法没收或者强令自行销毁的货物。

第二十六条　适用一般计税方法的纳税人，兼营简易计税方法计税项目、非增值税应税劳务、免征增值税项目而无法划分不得抵扣的进项税额，按照下列公式计算不得抵扣的进项税额：

不得抵扣的进项税额 = 当期无法划分的全部进项税额 ×（当期简易计税方法计税项目销售额 + 非增值税应税劳务营业额 + 免征增值税项目销售额）÷（当期全部销售额 + 当期全部营业额）

主管税务机关可以按照上述公式依据年度数据对不得抵扣的进项税额进行清算。

第二十七条　已抵扣进项税额的购进货物、接受加工修理修配劳务或者应税服务，发生本办法第二十四条规定情形（简易计税方法计税项目、非增值税应税劳务、免征增值税项目除外）的，应当将该进项税额从当期进项税额中扣减；无法确定该进项税额的，按照当期实际成本计算应扣减的进项税额。

第二十八条　纳税人提供的适用一般计税方法计税的应税服务，因服务中止或者折让而退还给购买方的增值税额，应当从当期的销项税额中扣减；发生服务中止、购进货物退出、折让而收回的增值税额，应当从当期的进项税额中扣减。

第二十九条　有下列情形之一者，应当按照销售额和增值税税率计算应纳税额，不得抵扣进项税额，也不得使用增值税专用发票：

（一）一般纳税人会计核算不健全，或者不能够提供准确税务资料的。

（二）应当申请办理一般纳税人资格认定而未申请的。

第三十条　简易计税方法的应纳税额，是指按照销售额和增值税征收率计算的增值税额，不得抵扣进项税额。应纳税额计算公式：

应纳税额 = 销售额 × 征收率

第三十一条　简易计税方法的销售额不包括其应纳税额，纳税人采用销售额和应纳税额合并定价方法的，按照下列公式计算销售额：

销售额 = 含税销售额 ÷（1 + 征收率）

第三十二条　纳税人提供的适用简易计税方法计税的应税服务，因服务中止或者折让而退还给接受方的销售额，应当从当期销售额中扣减。扣减当期销售额后仍有余额造成多缴的税款，可以从以后的应纳税额中扣减。

第三十三条　销售额，是指纳税人提供应税服务取得的全部价款和价外费用。

价外费用，是指价外收取的各种性质的价外收费，但不包括代为收取的政府性基金或者行政事业性收费。

第三十四条　销售额以人民币计算。

纳税人按照人民币以外的货币结算销售额的，应当折合成人民币计算，折合率可以选择销售额发生的当天或者当月 1 日的人民币汇率中间价。纳税人应当在事先确定采用何种折合率，确定后 12 个月内不得变更。

第三十五条 纳税人提供适用不同税率或者征收率的应税服务，应当分别核算适用不同税率或者征收率的销售额；未分别核算的，从高适用税率。

第三十六条 纳税人兼营营业税应税项目的，应当分别核算应税服务的销售额和营业税应税项目的营业额；未分别核算的，由主管税务机关核定应税服务的销售额。

第三十七条 纳税人兼营免税、减税项目的，应当分别核算免税、减税项目的销售额；未分别核算的，不得免税、减税。

第三十八条 纳税人提供应税服务，开具增值税专用发票后，提供应税服务中止、折让、开票有误等情形，应当按照国家税务总局的规定开具红字增值税专用发票。未按照规定开具红字增值税专用发票的，不得按照本办法第二十八条和第三十二条的规定扣减销项税额或者销售额。

第三十九条 纳税人提供应税服务，将价款和折扣额在同一张发票上分别注明的，以折扣后的价款为销售额；未在同一张发票上分别注明的，以价款为销售额，不得扣减折扣额。

第四十条 纳税人提供应税服务的价格明显偏低或者偏高且不具有合理商业目的的，或者发生本办法第十一条所列视同提供应税服务而无销售额的，主管税务机关有权按照下列顺序确定销售额：

（一）按照纳税人最近时期提供同类应税服务的平均价格确定。

（二）按照其他纳税人最近时期提供同类应税服务的平均价格确定。

（三）按照组成计税价格确定。组成计税价格的公式为：

组成计税价格 = 成本 ×（1 + 成本利润率）

成本利润率由国家税务总局确定。

第五章 纳税义务、扣缴义务发生时间和纳税地点

第四十一条 增值税纳税义务发生时间为：

（一）纳税人提供应税服务并收讫销售款项或者取得索取销售款项凭据的当天；先开具发票的，为开具发票的当天。

收讫销售款项，是指纳税人提供应税服务过程中或者完成后收到款项。

取得索取销售款项凭据的当天，是指书面合同确定的付款日期；未签订书面合同或者书面合同未确定付款日期的，为应税服务完成的当天。

（二）纳税人提供有形动产租赁服务采取预收款方式的，其纳税义务发生时间为收到预收款的当天。

（三）纳税人发生本办法第十一条视同提供应税服务的，其纳税义务发生时间为应税服务完成的当天。

（四）增值税扣缴义务发生时间为纳税人增值税纳税义务发生的当天。

第四十二条 增值税纳税地点为：

（一）固定业户应当向其机构所在地或者居住地主管税务机关申报纳税。总机构和分支机构不在同一县（市）的，应当分别向各自所在地的主管税务机关申报纳税；经财政部和国家税务总局或者其授权的财政和税务机关批准，可以由总机构合并向总机构所在地的主管

税务机关申报纳税。

（二）非固定业户应当向应税服务发生地主管税务机关申报纳税；未申报纳税的，由其机构所在地或者居住地主管税务机关补征税款。

（三）扣缴义务人应当向其机构所在地或者居住地主管税务机关申报缴纳其扣缴的税款。

第四十三条 增值税的纳税期限分别为1日、3日、5日、10日、15日、1个月或者1个季度。纳税人的具体纳税期限，由主管税务机关根据纳税人应纳税额的大小分别核定。以1个季度为纳税期限的规定适用于小规模纳税人以及财政部和国家税务总局规定的其他纳税人。不能按照固定期限纳税的，可以按次纳税。

纳税人以1个月或者1个季度为1个纳税期的，自期满之日起15日内申报纳税；以1日、3日、5日、10日或者15日为1个纳税期的，自期满之日起5日内预缴税款，于次月1日起15日内申报纳税并结清上月应纳税款。

扣缴义务人解缴税款的期限，按照前两款规定执行。

第六章 税收减免

第四十四条 纳税人提供应税服务适用免税、减税规定的，可以放弃免税、减税，依照本办法的规定缴纳增值税。放弃免税、减税后，36个月内不得再申请免税、减税。

第四十五条 个人提供应税服务的销售额未达到增值税起征点的，免征增值税；达到起征点的，全额计算缴纳增值税。

增值税起征点不适用于认定为一般纳税人的个体工商户。

第四十六条 增值税起征点幅度如下：

（一）按期纳税的，为月应税销售额5000－20000元（含本数）。

（二）按次纳税的，为每次（日）销售额300－500元（含本数）。

起征点的调整由财政部和国家税务总局规定。省、自治区、直辖市财政厅（局）和国家税务局应当在规定的幅度内，根据实际情况确定本地区适用的起征点，并报财政部和国家税务总局备案。

第七章 征收管理

第四十七条 营业税改征的增值税，由国家税务局负责征收。

第四十八条 纳税人提供适用零税率的应税服务，应当按期向主管税务机关申报办理退（免）税，具体办法由财政部和国家税务总局制定。

第四十九条 纳税人提供应税服务，应当向索取增值税专用发票的接受方开具增值税专用发票，并在增值税专用发票上分别注明销售额和销项税额。

属于下列情形之一的，不得开具增值税专用发票：

（一）向消费者个人提供应税服务。

（二）适用免征增值税规定的应税服务。

第五十条 小规模纳税人提供应税服务，接受方索取增值税专用发票的，可以向主管税务机关申请代开。

第五十一条 纳税人增值税的征收管理，按照本办法和《中华人民共和国税收征收管理法》及现行增值税征收管理有关规定执行。

第八章　附　则

第五十二条　纳税人应当按照国家统一的会计制度进行增值税会计核算。

第五十三条　本办法适用于试点地区的单位和个人以及向试点地区的单位和个人提供应税服务的境外单位和个人。

试点地区的单位和个人，是指机构所在地在试点地区的单位和个体工商户以及居住地在试点地区的其他个人。

附：应税服务范围注释

附：

应税服务范围注释

一、交通运输业

交通运输业，是指使用运输工具将货物或者旅客送达目的地，使其空间位置得到转移的业务活动。包括陆路运输服务、水路运输服务、航空运输服务和管道运输服务。

（一）陆路运输服务

陆路运输服务，是指通过陆路（地上或者地下）运送货物或者旅客的运输业务活动，包括公路运输、缆车运输、索道运输及其他陆路运输，暂不包括铁路运输。

（二）水路运输服务

水路运输服务，是指通过江、河、湖、川等天然、人工水道或者海洋航道运送货物或者旅客的运输业务活动。

远洋运输的程租、期租业务，属于水路运输服务。

程租业务，是指远洋运输企业为租船人完成某一特定航次的运输任务并收取租赁费的业务。

期租业务，是指远洋运输企业将配备有操作人员的船舶承租给他人使用一定期限，承租期内听候承租方调遣，不论是否经营，均按天向承租方收取租赁费，发生的固定费用均由船东负担的业务。

（三）航空运输服务

航空运输服务，是指通过空中航线运送货物或者旅客的运输业务活动。

航空运输的湿租业务，属于航空运输服务。

湿租业务，是指航空运输企业将配备有机组人员的飞机承租给他人使用一定期限，承租期内听候承租方调遣，不论是否经营，均按一定标准向承租方收取租赁费，发生的固定费用均由承租方承担的业务。

（四）管道运输服务

管道运输服务，是指通过管道设施输送气体、液体、固体物质的运输业务活动。

二、部分现代服务业

部分现代服务业，是指围绕制造业、文化产业、现代物流产业等提供技术性、知识性服务的业务活动。包括研发和技术服务、信息技术服务、文化创意服务、物流辅助服务、有形动产租赁服务、鉴证咨询服务。

（一）研发和技术服务

研发和技术服务，包括研发服务、技术转让服务、技术咨询服务、合同能源管理服务、工程勘察勘探服务。

1. 研发服务，是指就新技术、新产品、新工艺或者新材料及其系统进行研究与试验开发的业务活动。

2. 技术转让服务，是指转让专利或者非专利技术的所有权或者使用权的业务活动。

3. 技术咨询服务，是指对特定技术项目提供可行性论证、技术预测、专题技术调查、分析评价报告和专业知识咨询等业务活动。

4. 合同能源管理服务，是指节能服务公司与用能单位以契约形式约定节能目标，节能服务公司提供必要的服务，用能单位以节能效果支付节能服务公司投入及其合理报酬的业务活动。

5. 工程勘察勘探服务，是指在采矿、工程施工以前，对地形、地质构造、地下资源蕴藏情况进行实地调查的业务活动。

（二）信息技术服务

信息技术服务，是指利用计算机、通信网络等技术对信息进行生产、收集、处理、加工、存储、运输、检索和利用，并提供信息服务的业务活动。包括软件服务、电路设计及测试服务、信息系统服务和业务流程管理服务。

1. 软件服务，是指提供软件开发服务、软件咨询服务、软件维护服务、软件测试服务的业务行为。

2. 电路设计及测试服务，是指提供集成电路和电子电路产品设计、测试及相关技术支持服务的业务行为。

3. 信息系统服务，是指提供信息系统集成、网络管理、桌面管理与维护、信息系统应用、基础信息技术管理平台整合、信息技术基础设施管理、数据中心、托管中心、安全服务的业务行为。

4. 业务流程管理服务，是指依托计算机信息技术提供的人力资源管理、财务经济管理、金融支付服务、内部数据分析、呼叫中心和电子商务平台等服务的业务活动。

（三）文化创意服务

文化创意服务，包括设计服务、商标著作权转让服务、知识产权服务、广告服务和会议展览服务。

1. 设计服务，是指把计划、规划、设想通过视觉、文字等形式传递出来的业务活动。包括工业设计、造型设计、服装设计、环境设计、平面设计、包装设计、动漫设计、展示设计、网站设计、机械设计、工程设计、创意策划等。

2. 商标著作权转让服务，是指转让商标、商誉和著作权的业务活动。

3. 知识产权服务，是指处理知识产权事务的业务活动。包括对专利、商标、著作权、软件、集成电路布图设计的代理、登记、鉴定、评估、认证、咨询、检索服务。

4. 广告服务，是指利用图书、报纸、杂志、广播、电视、电影、幻灯、路牌、招贴、橱窗、霓虹灯、灯箱、互联网等各种形式为客户的商品、经营服务项目、文体节目或者通告、声明等委托事项进行宣传和提供相关服务的业务活动。包括广告的策划、设计、制作、发布、播映、宣传、展示等。

5. 会议展览服务，是指为商品流通、促销、展示、经贸洽谈、民间交流、企业沟通、国际往来等举办的各类展览和会议的业务活动。

（四）物流辅助服务

物流辅助服务，包括航空服务、港口码头服务、货运客运场站服务、打捞救助服务、货物运输代理服务、代理报关服务、仓储服务和装卸搬运服务。

1. 航空服务，包括航空地面服务和通用航空服务。

航空地面服务，是指航空公司、飞机场、民航管理局、航站等向在我国境内航行或者在我国境内机场停留的境内外飞机或者其他飞行器提供的导航等劳务性地面服务的业务活动。包括旅客安全检查服务、停机坪管理服务、机场候机厅管理服务、飞机清洗消毒服务、空中飞行管理服务、飞机起降服务、飞行通讯服务、地面信号服务、飞机安全服务、飞机跑道管理服务、空中交通管理服务等。

通用航空服务，是指为专业工作提供飞行服务的业务活动，包括航空摄影，航空测量，航空勘探，航空护林，航空吊挂播洒、航空降雨等。

2. 港口码头服务，是指港务船舶调度服务、船舶通讯服务、航道管理服务、航道疏浚服务、灯塔管理服务、航标管理服务、船舶引航服务、理货服务、系解缆服务、停泊和移泊服务、海上船舶溢油清除服务、水上交通管理服务、船只专业清洗消毒检测服务和防止船只漏油服务等为船只提供服务的业务活动。

3. 货运客运场站服务，是指货运客运场站（不包括铁路运输）提供的货物配载服务、运输组织服务、中转换乘服务、车辆调度服务、票务服务和车辆停放服务等业务活动。

4. 打捞救助服务，是指提供船舶人员救助、船舶财产救助、水上救助和沉船沉物打捞服务的业务活动。

5. 货物运输代理服务，是指接受货物收货人、发货人的委托，以委托人的名义或者以自己的名义，在不直接提供货物运输劳务情况下，为委托人办理货物运输及相关业务手续的业务活动。

6. 代理报关服务，是指接受进出口货物的收、发货人委托，代为办理报关手续的业务活动。

7. 仓储服务，是指利用仓库、货场或者其他场所代客贮放、保管货物的业务活动。

8. 装卸搬运服务，是指使用装卸搬运工具或人力、畜力将货物在运输工具之间、装卸现场之间或者运输工具与装卸现场之间进行装卸和搬运的业务活动。

（五）有形动产租赁服务

有形动产租赁，包括有形动产融资租赁和有形动产经营性租赁。

1. 有形动产融资租赁，是指具有融资性质和所有权转移特点的有形动产租赁业务活动。即出租人根据承租人所要求的规格、型号、性能等条件购入有形动产租赁给承租人，合同期内设备所有权属于出租人，承租人只拥有使用权，合同期满付清租金后，承租人有权按照残值购入有形动产，以拥有其所有权。不论出租人是否将有形动产残值销售给承租人，均属于融资租赁。

2. 有形动产经营性租赁，是指在约定时间内将物品、设备等有形动产转让他人使用且租赁物所有权不变更的业务活动。

远洋运输的光租业务、航空运输的干租业务，属于有形动产经营性租赁。

光租业务，是指远洋运输企业将船舶在约定的时间内出租给他人使用，不配备操作人员，不承担运输过程中发生的各项费用，只收取固定租赁费的业务活动。

干租业务，是指航空运输企业将飞机在约定的时间内出租给他人使用，不配备机组人员，不承担运输过程中发生的各项费用，只收取固定租赁费的业务活动。

（六）鉴证咨询服务

鉴证咨询服务，包括认证服务、鉴证服务和咨询服务。

1. 认证服务，是指具有专业资质的单位利用检测、检验、计量等技术，证明产品、服务、管理体系符合相关技术规范、相关技术规范的强制性要求或者标准的业务活动。

2. 鉴证服务，是指具有专业资质的单位，为委托方的经济活动及有关资料进行鉴证，发表具有证明力的意见的业务活动。包括会计、税务、资产评估、律师、房地产土地评估、工程造价的鉴证。

3. 咨询服务，是指提供和策划财务、税收、法律、内部管理、业务运作和流程管理等信息或者建议的业务活动。

附 2：

交通运输业和部分现代服务业营业税改征增值税试点有关事项的规定

为贯彻《交通运输业和部分现代服务业营业税改征增值税试点实施办法》（以下称“《试点实施办法》”），保证营业税改征增值税试点顺利实施，现将试点期间有关事项规定如下：

一、试点纳税人（指按照《试点实施办法》缴纳增值税的纳税人）有关政策

（一）混业经营

试点纳税人兼有不同税率或者征收率的销售货物、提供加工修理修配劳务或者应税服务的，应当分别核算适用不同税率或征收率的销售额，未分别核算销售额的，按照以下方法适用税率或征收率：

1. 兼有不同税率的销售货物、提供加工修理修配劳务或者应税服务的，从高适用税率。

2. 兼有不同征收率的销售货物、提供加工修理修配劳务或者应税服务的，从高适用征收率。

3. 兼有不同税率和征收率的销售货物、提供加工修理修配劳务或者应税服务的，从高适用税率。

（二）油气田企业

试点地区的油气田企业提供应税服务，应当按照《试点实施办法》缴纳增值税，不再执行《财政部　国家税务总局关于印发〈油气田企业增值税管理办法〉的通知》（财税〔2009〕8 号）。

（三）销售额

1. 试点纳税人提供应税服务，按照国家有关营业税政策规定差额征收营业税的，允许

其以取得的全部价款和价外费用，扣除支付给非试点纳税人（指试点地区不按照《试点实施办法》缴纳增值税的纳税人和非试点地区的纳税人）价款后的余额为销售额。

试点纳税人中的小规模纳税人提供交通运输业服务和国际货物运输代理服务，按照国家有关营业税政策规定差额征收营业税的，其支付给试点纳税人的价款，也允许从其取得的全部价款和价外费用中扣除。

试点纳税人中的一般纳税人提供国际货物运输代理服务，按照国家有关营业税政策规定差额征收营业税的，其支付给试点纳税人的价款，也允许从其取得的全部价款和价外费用中扣除；其支付给试点纳税人的价款，取得增值税专用发票的，不得从其取得的全部价款和价外费用中扣除。

允许扣除价款的项目，应当符合国家有关营业税差额征税政策规定。

2. 试点纳税人从全部价款和价外费用中扣除价款，应当取得符合法律、行政法规和国家税务总局有关规定的凭证。否则，不得扣除。

上述凭证是指：

（1）支付给境内单位或者个人的款项，且该单位或者个人发生的行为属于增值税或营业税征收范围的，以该单位或者个人开具的发票为合法有效凭证。

（2）支付的行政事业性收费或者政府性基金，以开具的财政票据为合法有效凭证。

（3）支付给境外单位或者个人的款项，以该单位或者个人的签收单据为合法有效凭证，税务机关对签收单据有疑义的，可以要求其提供境外公证机构的确认证明。

（4）国家税务总局规定的其他凭证。

（四）进项税额

试点纳税人接受试点纳税人中的小规模纳税人提供的交通运输业服务，按照取得的增值税专用发票上注明的价税合计金额和7%的扣除率计算进项税额。

试点纳税人从试点地区取得的2012年1月1日（含）以后开具的运输费用结算单据（铁路运输费用结算单据除外），不得作为增值税扣税凭证。

（五）一般纳税人资格认定和计税方法

1.《试点实施办法》第三条规定的应税服务年销售额标准为500万元（含本数，下同）。

财政部和国家税务总局可以根据试点情况对应税服务年销售额标准进行调整。

试点地区应税服务年销售额未超过500万元的原公路、内河货物运输业自开票纳税人，应当申请认定为一般纳税人。

2. 试点纳税人中的一般纳税人提供的公共交通运输服务（包括轮客渡、公交客运、轨道交通、出租车），可以选择按照简易计税方法计算缴纳增值税。

（六）跨年度租赁

试点纳税人在2011年12月31日（含）前签订的尚未执行完毕的租赁合同，在合同到期日之前继续按照现行营业税政策规定缴纳营业税。

（七）非固定业户

机构所在地或者居住地在试点地区的非固定业户在非试点地区提供应税服务，应当向其机构所在地或者居住地主管税务机关申报缴纳增值税。

二、扣缴义务人有关政策

符合下列情形的，按照《试点实施办法》第六条规定代扣代缴增值税：

（一）以境内代理人为扣缴义务人的，境内代理人和接受方的机构所在地或者居住地均在试点地区。

（二）以接受方为扣缴义务人的，接受方的机构所在地或者居住地在试点地区。

不符合上述情形的，仍按照现行营业税有关规定代扣代缴营业税。

三、原增值税纳税人（指按照《中华人民共和国增值税暂行条例》缴纳增值税的纳税人）有关政策

（一）进项税额

1. 原增值税一般纳税人接受试点纳税人提供的应税服务，取得的增值税专用发票上注明的增值税额为进项税额，准予从销项税额中抵扣。

2. 原增值税一般纳税人接受试点纳税人中的小规模纳税人提供的交通运输业服务，按照从提供方取得的增值税专用发票上注明的价税合计金额和 7% 的扣除率计算进项税额，从销项税额中抵扣。

3. 试点地区的原增值税一般纳税人接受境外单位或者个人提供的应税服务，按照规定应当扣缴增值税的，准予从销项税额中抵扣的进项税额为从税务机关或者代理人取得的解缴税款的中华人民共和国税收通用缴款书（以下称通用缴款书）上注明的增值税额。

上述纳税人凭通用缴款书抵扣进项税额的，应当具备书面合同、付款证明和境外单位的对账单或者发票。否则，进项税额不得从销项税额中抵扣。

4. 试点地区的原增值税一般纳税人购进货物或者接受加工修理修配劳务，用于《应税服务范围注释》所列项目的，不属于《中华人民共和国增值税暂行条例》（以下称《增值税条例》）第十条所称的用于非增值税应税项目，其进项税额准予从销项税额中抵扣。

5. 原增值税一般纳税人接受试点纳税人提供的应税服务，下列项目的进项税额不得从销项税额中抵扣：

（1）用于简易计税方法计税项目、非增值税应税项目、免征增值税项目、集体福利或者个人消费，其中涉及的专利技术、非专利技术、商誉、商标、著作权、有形动产租赁，仅指专用于上述项目的专利技术、非专利技术、商誉、商标、著作权、有形动产租赁。

（2）接受的旅客运输服务。

（3）与非正常损失的购进货物相关的交通运输业服务。

（4）与非正常损失的在产品、产成品所耗用购进货物相关的交通运输业服务。

上述非增值税应税项目，对于试点地区的原增值税一般纳税人，是指《增值税条例》第十条所称的非增值税应税项目，但不包括《应税服务范围注释》所列项目；对于非试点地区的原增值税一般纳税人，是指《增值税条例》第十条所称的非增值税应税项目。

6. 原增值税一般纳税人从试点地区取得的 2012 年 1 月 1 日（含）以后开具的运输费用结算单据（铁路运输费用结算单据除外），一律不得作为增值税扣税凭证。

（二）一般纳税人认定

试点地区的原增值税一般纳税人兼有应税服务，按照《试点实施办法》和本规定第一条第（五）款的规定应当申请认定一般纳税人的，不需要重新办理一般纳税人认定手续。

（三）增值税期末留抵税额

试点地区的原增值税一般纳税人兼有应税服务的，截止到 2011 年 12 月 31 日的增值税

期末留抵税额，不得从应税服务的销项税额中抵扣。

附 3：

交通运输业和部分现代服务业营业税改征增值税试点过渡政策的规定

交通运输业和部分现代服务业营业税改征增值税后，为实现试点纳税人（指按照《试点实施办法》缴纳增值税的纳税人）原享受的营业税优惠政策平稳过渡，现将试点期间试点纳税人有关增值税优惠政策规定如下：

一、下列项目免征增值税

（一）个人转让著作权。

（二）残疾人个人提供应税服务。

（三）航空公司提供飞机播洒农药服务。

（四）试点纳税人提供技术转让、技术开发和与之相关的技术咨询、技术服务。

1. 技术转让，是指转让者将其拥有的专利和非专利技术的所有权或者使用权有偿转让他人的行为；技术开发，是指开发者接受他人委托，就新技术、新产品、新工艺或者新材料及其系统进行研究开发的行为；技术咨询，是指就特定技术项目提供可行性论证、技术预测、专题技术调查、分析评价报告等。

与技术转让、技术开发相关的技术咨询、技术服务，是指转让方（或受托方）根据技术转让或开发合同的规定，为帮助受让方（或委托方）掌握所转让（或委托开发）的技术，而提供的技术咨询、技术服务业务，且这部分技术咨询、服务的价款与技术转让（或开发）的价款应当开在同一张发票上。

2. 审批程序。试点纳税人申请免征增值税时，须持技术转让、开发的书面合同，到试点纳税人所在地省级科技主管部门进行认定，并持有关的书面合同和科技主管部门审核意见证明文件报主管国家税务局备查。

（五）符合条件的节能服务公司实施合同能源管理项目中提供的应税服务。

上述“符合条件”是指同时满足下列条件：

1. 节能服务公司实施合同能源管理项目相关技术，应当符合国家质量监督检验检疫总局和国家标准化管理委员会发布的《合同能源管理技术通则》（GB/T24915 - 2010）规定的技术要求。

2. 节能服务公司与用能企业签订《节能效益分享型》合同，其合同格式和内容，符合《中华人民共和国合同法》和国家质量监督检验检疫总局和国家标准化管理委员会发布的《合同能源管理技术通则》（GB/T24915 - 2010）等规定。

（六）自 2012 年 1 月 1 日起至 2013 年 12 月 31 日，注册在上海的企业从事离岸服务外包业务中提供的应税服务。

从事离岸服务外包业务，是指注册在上海的企业根据境外单位与其签订的委托合同，由本企业或其直接转包的企业为境外提供信息技术外包服务（ITO）、技术性业务流程外包服务（BPO）或技术性知识流程外包服务（KPO）。

（七）台湾航运公司从事海峡两岸海上直航业务在大陆取得的运输收入。

台湾航运公司，是指取得交通运输部颁发的“台湾海峡两岸间水路运输许可证”且该许可证上注明的公司登记地址在台湾的航运公司。

（八）台湾航空公司从事海峡两岸空中直航业务在大陆取得的运输收入。

台湾航空公司，是指取得中国民用航空局颁发的“经营许可”或依据《海峡两岸空运协议》和《海峡两岸空运补充协议》规定，批准经营两岸旅客、货物和邮件不定期（包机）运输业务，且公司登记地址在台湾的航空公司。

（九）美国 ABS 船级社在非营利宗旨不变、中国船级社在美国享受同等免税待遇的前提下，在中国境内提供的船检服务。

（十）随军家属就业。

1. 为安置随军家属就业而新开办的企业，自领取税务登记证之日起，其提供的应税服务 3 年内免征增值税。

享受税收优惠政策的企业，随军家属必须占企业总人数的 60%（含）以上，并有军（含）以上政治和后勤机关出具的证明。

2. 从事个体经营的随军家属，自领取税务登记证之日起，其提供的应税服务 3 年内免征增值税。

随军家属必须有师以上政治机关出具的可以表明其身份的证明，但税务部门应当进行相应的审查认定。

主管税务机关在企业或个人享受免税期间，应当对此类企业进行年度检查，凡不符合条件的，取消其免税政策。

按照上述规定，每一名随军家属可以享受一次免税政策。

（十一）军队转业干部就业。

1. 从事个体经营的军队转业干部，经主管税务机关批准，自领取税务登记证之日起，其提供的应税服务 3 年内免征增值税。

2. 为安置自主择业的军队转业干部就业而新开办的企业，凡安置自主择业的军队转业干部占企业总人数 60%（含）以上的，经主管税务机关批准，自领取税务登记证之日起，其提供的应税服务 3 年内免征增值税。

享受上述优惠政策的自主择业的军队转业干部必须持有师以上部队颁发的转业证件。

（十二）城镇退役士兵就业。

1. 为安置自谋职业的城镇退役士兵就业而新办的服务型企业当年新安置自谋职业的城镇退役士兵达到职工总数 30% 以上，并与其签订 1 年以上期限劳动合同的，经县级以上民政部门认定、税务机关审核，其提供的应税服务（除广告服务外）3 年内免征增值税。

2. 自谋职业的城镇退役士兵从事个体经营的，自领取税务登记证之日起，其提供的应税服务（除广告服务外）3 年内免征增值税。

新办的服务型企业，是指《国务院办公厅转发民政部等部门关于扶持城镇退役士兵自谋职业优惠政策意见的通知》（国办发〔2004〕10 号）下发后新组建的企业。原有的企业合并、分立、改制、改组、扩建、搬迁、转产以及吸收新成员、改变领导或隶属关系、改变企业名称的，不能视为新办企业。

自谋职业的城镇退役士兵，是指符合城镇安置条件，并与安置地民政部门签订《退役士兵自谋职业协议书》，领取《城镇退役士兵自谋职业证》的士官和义务兵。

（十三）失业人员就业。

1. 持《就业失业登记证》（注明“自主创业税收政策”或附着《高校毕业生自主创业证》）人员从事个体经营的，在3年内按照每户每年8000元为限额依次扣减其当年实际应缴纳的增值税、城市维护建设税、教育费附加和个人所得税。

试点纳税人年度应缴纳税款小于上述扣减限额的，以其实际缴纳的税款为限；大于上述扣减限额的，应当以上述扣减限额为限。

享受优惠政策的个体经营试点纳税人，是指提供《应税服务范围注释》服务（除广告服务外）的试点纳税人。

持《就业失业登记证》（注明“自主创业税收政策”或附着《高校毕业生自主创业证》）人员是指：（1）在人力资源和社会保障部门公共就业服务机构登记失业半年以上的人员；（2）零就业家庭、享受城市居民最低生活保障家庭劳动年龄内的登记失业人员；（3）毕业年度内高校毕业生。

高校毕业生，是指实施高等学历教育的普通高等学校、成人高等学校毕业的学生；毕业年度，是指毕业所在自然年，即1月1日至12月31日。

2. 服务型企业（除广告服务外）在新增加的岗位中，当年新招用持《就业失业登记证》（注明“企业吸纳税收政策”）人员，与其签订1年以上期限劳动合同并依法缴纳社会保险费的，在3年内按照实际招用人数予以定额依次扣减增值税、城市维护建设税、教育费附加和企业所得税优惠。定额标准为每人每年4000元，可上下浮动20%，由试点地区省级人民政府根据本地区实际情况在此幅度内确定具体定额标准，并报财政部和国家税务总局备案。

按照上述标准计算的税收扣减额应当在企业当年实际应缴纳的增值税、城市维护建设税、教育费附加和企业所得税税额中扣减，当年扣减不足的，不得结转下年使用。

持《就业失业登记证》（注明“企业吸纳税收政策”）人员是指：（1）国有企业下岗失业人员；（2）国有企业关闭破产需要安置的人员；（3）国有企业所办集体企业（即厂办大集体企业）下岗职工；（4）享受最低生活保障且失业1年以上的城镇其他登记失业人员。

服务型企业，是指从事原营业税“服务业”税目范围内业务的企业。

国有企业所办集体企业（即厂办大集体企业），是指20世纪70、80年代，由国有企业批准或资助兴办的，以安置回城知识青年和国有企业职工子女就业为目的，主要向主办国有企业提供配套产品或劳务服务，在工商行政机关登记注册为集体所有制的企业。厂办大集体企业下岗职工包括在国有企业混岗工作的集体企业下岗职工。

3. 享受上述优惠政策的人员按照下列规定申领《就业失业登记证》、《高校毕业生自主创业证》等凭证：

（1）按照《就业服务与就业管理规定》（中华人民共和国劳动和社会保障部令第28号）第六十三条的规定，在法定劳动年龄内，有劳动能力，有就业要求，处于无业状态的城镇常住人员，在公共就业服务机构进行失业登记，申领《就业失业登记证》。其中，农村进城务工人员和其他非本地户籍人员在常住地稳定就业满6个月的，失业后可以在常住地登记。

（2）零就业家庭凭社区出具的证明，城镇低保家庭凭低保证明，在公共就业服务机构登记失业，申领《就业失业登记证》。

（3）毕业年度内高校毕业生在校期间凭学校出具的相关证明，经学校所在地省级教育行政部门核实认定，取得《高校毕业生自主创业证》（仅在毕业年度适用），并向创业地公共就业服务机构申请取得《就业失业登记证》；高校毕业生离校后直接向创业地公共就业服务机构申领《就业失业登记证》。

（4）服务型企业招录的人员，在公共就业服务机构申领《就业失业登记证》。

（5）《再就业优惠证》不再发放，原持证人员应当到公共就业服务机构换发《就业失业登记证》。正在享受下岗失业人员再就业税收优惠政策的原持证人员，继续享受原税收优惠政策至期满为止。

（6）上述人员申领相关凭证后，由就业和创业地人力资源和社会保障部门对人员范围、就业失业状态、已享受政策情况审核认定，在《就业失业登记证》上注明“自主创业税收政策”或“企业吸纳税收政策”字样，同时符合自主创业和企业吸纳税收政策条件的，可同时加注；主管税务机关在《就业失业登记证》上加盖戳记，注明减免税所属时间。

4. 上述税收优惠政策的审批期限为 2011 年 1 月 1 日至 2013 年 12 月 31 日，以试点纳税人到税务机关办理减免税手续之日起作为优惠政策起始时间。税收优惠政策在 2013 年 12 月 31 日未执行到期的，可继续享受至 3 年期满为止。

二、下列项目实行增值税即征即退

（一）注册在洋山保税港区内试点纳税人提供的国内货物运输服务、仓储服务和装卸搬运服务。

（二）安置残疾人的单位，实行由税务机关按照单位实际安置残疾人的人数，限额即征即退增值税的办法。

上述政策仅适用于从事原营业税“服务业”税目（广告服务除外）范围内业务取得的收入占其增值税和营业税业务合计收入的比例达到 50% 的单位。

有关享受增值税优惠政策单位的条件、定义、管理要求等按照《财政部　国家税务总局关于促进残疾人就业税收优惠政策的通知》（财税〔2007〕92 号）中有关规定执行。

（三）试点纳税人中的一般纳税人提供管道运输服务，对其增值税实际税负超过 3% 的部分实行增值税即征即退政策。

（四）经人民银行、银监会、商务部批准经营融资租赁业务的试点纳税人中的一般纳税人提供有形动产融资租赁服务，对其增值税实际税负超过 3% 的部分实行增值税即征即退政策。

三、2011 年 12 月 31 日（含）前，如果试点纳税人已经按照有关政策规定享受了营业税税收优惠，在剩余税收优惠政策期限内，按照本办法规定享受有关增值税优惠。

北京市财政局　北京市国家税务局 北京市地方税务局 关于调整我市增值税和营业税起征点的通知

2011 年 11 月 30 日　京财税〔2011〕2601 号

各区县财政局、国家税务局、地方税务局，市国家税务局直属单位，市地方税务局直属分局：

按照财政部、国家税务总局《关于修改〈中华人民共和国增值税暂行条例实施细则〉和〈中华人民共和国营业税暂行条例实施细则〉的决定》（财政部　国家税务总局令第 65 号）规定，经市政府同意，现将我市增值税、营业税起征点调整如下。

一、增值税起征点

（一）销售货物的，为月销售额 20000 元；

（二）销售应税劳务的，为月销售额 20000 元；

（三）按次纳税的，为每次（日）销售额 500 元。

二、营业税起征点

（一）按期纳税的，为月营业额 20000 元；

（二）按次纳税的，为每次（日）营业额 500 元。

三、本通知自 2011 年 11 月 1 日起执行。

北京市财政局　北京市国家税务局 转发财政部　国家税务总局《关于调整完善资源综合利用产品及劳务增值税政策的通知》

2011 年 12 月 9 日　京财税〔2011〕2677 号

各区县财政局、国家税务局，市国家税务局直属单位：

现将财政部、国家税务总局《关于调整完善资源综合利用产品及劳务增值税政策的通知》（财税〔2011〕115 号）转发给你们，请遵照执行。

附件：财政部　国家税务总局《关于调整完善资源综合利用产品及劳务增值税政策的通知》

附件：

财政部　国家税务总局《关于调整完善资源综合利用产品及劳务增值税政策的通知》

2011 年 11 月 21 日　财税〔2011〕115 号

各省、自治区、直辖市、计划单列市财政厅（局）、国家税务局，财政部驻各省、自治区、直辖市、计划单列市财政监察专员办事处，新疆生产建设兵团财务局：

为深入贯彻节约资源和保护环境基本国策，大力发展循环经济，加快资源节约型、环境友好型社会建设，经国务院批准，决定对农林剩余物资源综合利用产品增值税政策进行调整完善，并增加部分资源综合利用产品及劳务适用增值税优惠政策。现将有关政策明确如下：

一、对销售自产的以建（构）筑废物、煤矸石为原料生产的建筑砂石骨料免征增值税。生产原料中建（构）筑废物、煤矸石的比重不低于90%。其中以建（构）筑废物为原料生产的建筑砂石骨料应符合《混凝土用再生粗骨料》（GB/T 25177 - 2010）和《混凝土和砂浆用再生细骨料》（GB/T 25176 - 2010）的技术要求；以煤矸石为原料生产的建筑砂石骨料应符合《建筑用砂》（GB/T 14684 - 2001）和《建筑用卵石碎石》（GB/T 14685 - 2001）的技术要求。

二、对垃圾处理、污泥处理处置劳务免征增值税。垃圾处理是指运用填埋、焚烧、综合处理和回收利用等形式，对垃圾进行减量化、资源化和无害化处理处置的业务；污泥处理处置是指对污水处理后产生的污泥进行稳定化、减量化和无害化处理处置的业务。

三、对销售下列自产货物实行增值税即征即退 100% 的政策

（一）利用工业生产过程中产生的余热、余压生产的电力或热力。发电（热）原料中100% 利用上述资源。

（二）以餐厨垃圾、畜禽粪便、稻壳、花生壳、玉米芯、油茶壳、棉籽壳、三剩物、次小薪材、含油污水、有机废水、污水处理后产生的污泥、油田采油过程中产生的油污泥（浮渣），包括利用上述资源发酵产生的沼气为原料生产的电力、热力、燃料。生产原料中上述资源的比重不低于 80%，其中利用油田采油过程中产生的油污泥（浮渣）生产燃料的资源比重不低于 60%。

上述涉及的生物质发电项目必须符合国家发展改革委《可再生能源发电有关管理规定》（发改能源〔2006〕13 号）要求，并且生产排放达到《火电厂大气污染物排放标准》（GB13223—2003）第 1 时段标准或者《生活垃圾焚烧污染控制标准》（GB18485—2001）的有关规定。利用油田采油过程中产生的油污泥（浮渣）的生产企业必须取得《危险废物综合经营许可证》。

（三）以污水处理后产生的污泥为原料生产的干化污泥、燃料。生产原料中上述资源的比重不低于 90%。

（四）以废弃的动物油、植物油为原料生产的饲料级混合油。饲料级混合油应达到《饲料级 混合油》（NY/T 913 - 2004）规定的技术要求，生产原料中上述资源的比重不低于90%。

（五）以回收的废矿物油为原料生产的润滑油基础油、汽油、柴油等工业油料。生产企业必须取得《危险废物综合经营许可证》，生产原料中上述资源的比重不低于90%。

（六）以油田采油过程中产生的油污泥（浮渣）为原料生产的乳化油调和剂及防水卷材辅料产品。生产企业必须取得《危险废物综合经营许可证》，生产原料中上述资源的比重不低于70%。

（七）以人发为原料生产的档发。生产原料中90%以上为人发。

四、对销售下列自产货物实行增值税即征即退80%的政策

以三剩物、次小薪材和农作物秸秆等3类农林剩余物为原料生产的木（竹、秸秆）纤维板、木（竹、秸秆）刨花板，细木工板、活性炭、栲胶、水解酒精、炭棒；以沙柳为原料生产的箱板纸。

五、对销售下列自产货物实行增值税即征即退50%的政策

（一）以蔗渣为原料生产的蔗渣浆、蔗渣刨花板及各类纸制品。生产原料中蔗渣所占比重不低于70%。

（二）以粉煤灰、煤矸石为原料生产的氧化铝、活性硅酸钙。生产原料中上述资源的比重不低于25%。

（三）利用污泥生产的污泥微生物蛋白。生产原料中上述资源的比重不低于90%。

（四）以煤矸石为原料生产的瓷绝缘子、煅烧高岭土。其中瓷绝缘子生产原料中煤矸石所占比重不低于30%，煅烧高岭土生产原料中煤矸石所占比重不低于90%。

（五）以废旧电池、废感光材料、废彩色显影液、废催化剂、废灯泡（管）、电解废弃物、电镀废弃物、废线路板、树脂废弃物、烟尘灰、湿法泥、熔炼渣、河底淤泥、废旧电机、报废汽车为原料生产的金、银、钯、铑、铜、铅、汞、锡、铋、碲、铟、硒、铂族金属，其中综合利用危险废弃物的企业必须取得《危险废物综合经营许可证》。生产原料中上述资源的比重不低于90%。

（六）以废塑料、废旧聚氯乙烯（PVC）制品、废橡胶制品及废铝塑复合纸包装材料为原料生产的汽油、柴油、废塑料（橡胶）油、石油焦、碳黑、再生纸浆、铝粉、汽车用改性再生专用料、摩托车用改性再生专用料、家电用改性再生专用料、管材用改性再生专用料、化纤用再生聚酯专用料（杂质含量低于0.5mg/g、水份含量低于1%）、瓶用再生聚对苯二甲酸乙二醇酯（PET）树脂（乙醛质量分数小于等于1ug/g）及再生塑料制品。生产原料中上述资源的比重不低于70%。

上述废塑料综合利用生产企业必须通过ISO9000、ISO14000认证。

（七）以废弃天然纤维、化学纤维及其制品为原料生产的纤维纱及织布、无纺布、毡、粘合剂及再生聚酯产品。生产原料中上述资源的比重不低于90%。

（八）以废旧石墨为原料生产的石墨异形件、石墨块、石墨粉和石墨增碳剂。生产原料中上述资源的比重不低于90%。

六、本通知所述“三剩物”，是指采伐剩余物（指枝丫、树梢、树皮、树叶、树根及藤条、灌木等）、造材剩余物（指造材截头）和加工剩余物（指板皮、板条、木竹截头、锯沫、碎单板、木芯、刨花、木块、篾黄、边角余料等）。

“次小薪材”，是指次加工材（指材质低于针、阔叶树加工用原木最低等级但具有一定利用价值的次加工原木，其中东北、内蒙古地区按LY/T1 505－1999标准执行，南方及其他

地区按 LY/T1369－1999 标准执行）、小径材（指长度在 2 米以下或径级 8 厘米以下的小原木条、松木杆、脚手杆、杂木杆、短原木等）和薪材。

“农作物秸秆”，是指农业生产过程中，收获了粮食作物（指稻谷、小麦、玉米、薯类等）、油料作物（指油菜籽、花生、大豆、葵花籽、芝麻籽、胡麻籽等）、棉花、麻类、糖料、烟叶、药材、蔬菜和水果等以后残留的茎秆。

“蔗渣”，是指以甘蔗为原料的制糖生产过程中产生的含纤维 50% 左右的固体废弃物。

“烟尘灰”，是指金属冶炼厂火法冶炼过程中，为保护环境经除尘器（塔）收集的粉灰状残料物。

“湿法泥”，是指湿法冶炼生产排出的污泥，经集中环保处置后产生的中和渣，且具有一定回收价值的污泥状废弃物。

“熔炼渣”，是指在铅、锡、铜、铋火法还原冶炼过程中，由于比重的差异，金属成分因比重大沉底形成金属锭，而比重较小的硅、铁、钙等化合物浮在金属表层形成的废渣。

七、本通知所称综合利用资源占生产原料的比重，除第三条第（一）项外，一律以重量比例计算，不得以体积比例计算。

八、增值税一般纳税人应单独核算综合利用产品的销售额。一般纳税人同时生产增值税应税产品和享受增值税即征即退产品而存在无法划分的进项税额时，按下列公式对无法划分的进项税额进行划分：

享受增值税即征即退产品应分摊的进项税额＝当月无法划分的全部进项税额×当月享受增值税即征即退产品的销售额合计÷当月无法划分进项税额产品的销售额合计

增值税小规模纳税人应单独核算综合利用产品的销售额和应纳税额。

凡未单独核算资源综合利用产品的销售额和应纳税额的，不得享受本通知规定的退（免）税政策。

九、申请享受本通知规定的资源综合利用产品及劳务增值税优惠政策的纳税人，还应符合下列条件：

（一）纳税人生产、利用资源综合利用产品及劳务的建设项目已按照《中华人民共和国环境影响评价法》编制环境影响评价文件，且已获得经法律规定的审批部门批准同意。

（二）自 2010 年 1 月 1 日起，纳税人未因违反《中华人民共和国环境保护法》等环境保护法律法规受到刑事处罚或者县级以上环保部门相应的行政处罚。

（三）生产过程中如果排放污水的，其污水已接入污水处理设施，且生产排放达到《城镇污水处理厂污染物排放标准》（GB18918－2002）。

（四）申请享受本通知规定的资源综合利用产品，已送交由省级以上质量技术监督部门资质认定的产品质量检验机构进行质量检验，并已取得该机构出具的符合产品质量标准要求及本文件规定的生产工艺要求的检测报告。

（五）申请享受本通知规定的资源综合利用产品及劳务增值税优惠政策的，应当在初次申请时按照要求提交资源综合利用产品及劳务有关数据，报主管税务机关审核备案，并在以后每年 2 月 15 日前按照要求提交上一年度资源综合利用产品及劳务有关数据，报主管税务机关审核备案。具体数据要求和提交办法由财政部和国家税务总局另行通知。

十、各省、自治区、直辖市、计划单列市税务机关可根据本通知规定并结合各地实际情况，商同级财政部门制定资源综合利用产品及劳务增值税退（免）税管理办法，并报财政部、国家税务总局备案。

十一、本通知规定的增值税退（免）税事宜由主管税务机关按照现行有关规定办理。各级税务机关应采取严密措施加强对享受资源综合利用增值税优惠政策企业的动态监管，不定期对企业生产经营情况［包括本通知第九条第（五）项要求提交的数据］、纳税申报情况和退税申报情况的真实性进行核实。凡经核实纳税人有弄虚作假骗取享受本通知规定的增值税政策的，税务机关追缴其此前骗取的退税税款，并自纳税人发生上述违法违规行为年度起，取消其享受本通知规定增值税政策的资格，且纳税人3年内不得再次申请。

十二、本通知中所列各类国家标准、行业标准等，如在执行过程中有更新、替换，统一按新的国家标准、行业标准执行，财政部、国家税务总局不再另行发文明确。

十三、本通知第四条、第五条第（一）项规定的政策自2011年1月1日起执行；第一条、第二条、第三条和第五条其他款项规定的政策自2011年8月1日起执行。纳税人销售（提供）本通知规定的免税产品（劳务），如果已向购买方开具了增值税专用发票，应将专用发票追回后方可申请办理免税。凡专用发票无法追回的，一律按照规定征收增值税，不予免税。

十四、财政部、国家税务总局《关于以农林剩余物为原料的综合利用产品增值税政策的通知》（财税〔2009〕148号）和财政部、国家税务总局《关于以蔗渣为原料生产综合利用产品增值税政策的补充通知》（财税〔2010〕114号）自2011年1月1日起废止。

北京市财政局　北京市地方税务局
北京市商务委员会　北京市粮食局
转发财政部　国家税务总局
《关于部分国家储备商品有关税收政策的通知》

2011年12月21日　京财税〔2011〕2770号

各区县财政局、地方税务局、商务委、粮食局，市地方税务局直属分局：

现将财政部、国家税务总局《关于部分国家储备商品有关税收政策的通知》（财税〔2011〕94号）转发给你们，并附北京市执行该项政策的单位名单（附件2），请遵照执行。

附件：1. 财政部　国家税务总局《关于部分国家储备商品有关税收政策的通知》

2. 北京市储备商品管理公司及其直属库名单

附件1：

财政部　国家税务总局
《关于部分国家储备商品有关税收政策的通知》

2011年10月19日　财税〔2011〕94号

各省、自治区、直辖市、计划单列市财政厅（局）、地方税务局，西藏、宁夏、青海省（自治区）国家税务局，新疆生产建设兵团财务局：

为支持国家商品储备业务发展，依据国务院有关批复精神和印花税、房产税、城镇土地使用税暂行条例有关规定，现将中央和地方部分商品储备政策性业务（以下简称“商品储备业务”）有关税收政策明确如下：

一、对商品储备管理公司及其直属库资金账簿免征印花税；对其承担商品储备业务过程中书立的购销合同免征印花税，对合同其他各方当事人应缴纳的印花税照章征收。

二、对商品储备管理公司及其直属库承担商品储备业务自用的房产、土地，免征房产税、城镇土地使用税。

三、本通知所称商品储备管理公司及其直属库，是指接受中央、省、市、县四级政府有关部门委托，承担粮（含大豆）、食用油、棉、糖、肉、盐（限于中央储备）6种商品储备任务，取得财政储备经费或补贴的商品储备企业。

对中国华粮物流集团公司及其直属企业、中粮集团有限公司所属储备库接受中国储备粮管理总公司、分公司及其直属库委托，承担的粮（含大豆）、食用油商品储备业务，可按本通知第一条、第二条规定享受相应税收优惠。

四、承担中央政府有关部门委托商品储备业务的储备管理公司及其直属库以及接受中国储备粮管理总公司、分公司及其直属库的委托承担粮（含大豆）、食用油等商品储备业务的中国华粮物流集团公司及其直属企业、中粮集团有限公司所属储备库名单见附件。

承担省、市、县政府有关部门委托商品储备业务的储备管理公司及其直属库名单由省、自治区、直辖市财政、税务部门会同有关部门明确或制定具体管理办法，并报省、自治区、直辖市人民政府批准后予以发布。

名单若有变化，财政、税务等部门应及时进行调整。

五、本通知执行时间为2011年1月1日至2012年12月31日。2011年1月1日以后已缴上述应予免税的税款，从企业应缴纳的相应税款中抵扣，2011年度内抵扣不完的，按有关规定予以退税。

六、有关部门在办理免税、退税手续时，要认真审核企业提供的相关材料，符合要求的及时办理。如发现不符合本通知规定政策的企业及其直属库，应取消其免退税资格。

七、财政部、国家税务总局《关于部分国家储备商品有关税收政策的通知》（财税〔2009〕151号）同时废止。

请遵照执行。

附：中央储备商品管理公司及其直属库、直属企业名单

附：

中央储备商品管理公司及其直属库、直属企业名单

一、中国储备粮管理总公司及其直属库

（一）中国储备粮管理总公司

（二）中国储备粮管理总公司直属库

1. 中央储备粮北京顺义直属库
2. 中央储备粮北京密云直属库
3. 中储粮油脂有限公司
4. 中央储备粮天津东丽直属库
5. 中央储备粮天津蓟县直属库
6. 中央储备粮天津大港直属库
7. 中央储备粮天津宁河直属库
8. 中央储备粮天津武清直属库
9. 中央储备粮天津保税区直属库
10. 中央储备粮天津宝坻直属库
11. 中央储备粮沧州直属库
12. 中央储备粮衡水直属库
13. 中央储备粮霸州直属库
14. 中央储备粮高碑店直属库
15. 中央储备粮邯郸直属库
16. 中央储备粮新乐直属库
17. 中央储备粮邢台直属库
18. 中央储备粮定州直属库
19. 中央储备粮三河直属库
20. 中央储备粮承德直属库
21. 中央储备粮兴隆直属库
22. 中央储备粮秦皇岛直属库
23. 中央储备粮涿州直属库
24. 中央储备粮保定直属库
25. 中央储备粮景县直属库
26. 中央储备粮辛集直属库
27. 中央储备粮故城直属库
28. 中央储备粮张家口直属库
29. 中央储备粮泊头直属库
30. 中央储备粮故城兴粮直属库

31. 中央储备粮唐山直属库
32. 中央储备粮肃宁直属库
33. 中央储备粮石家庄直属库
34. 中央储备粮武邑直属库
35. 中央储备粮冀州直属库
36. 中央储备粮深泽直属库
37. 中央储备粮高邑直属库
38. 中央储备粮大名直属库
39. 中央储备粮永年直属库
40. 中央储备粮武安直属库
41. 中央储备粮临漳直属库
42. 中央储备粮峰峰直属库
43. 中央储备粮磁县直属库
44. 中央储备粮馆陶直属库
45. 中央储备粮曲周直属库
46. 中央储备粮魏县直属库
47. 中央储备粮深州直属库
48. 中央储备粮饶阳直属库
49. 中央储备粮吴桥直属库
50. 中央储备粮太原直属库
51. 中央储备粮太原直属库平定分库
52. 中央储备粮大同直属库
53. 中央储备粮大同直属库鳌石分库
54. 中央储备粮大同直属库友宰分库
55. 中央储备粮襄垣直属库
56. 中央储备粮襄垣直属库开村分库
57. 中央储备粮襄垣直属库漳源分库
58. 中央储备粮长子直属库
59. 中央储备粮忻州直属库
60. 中央储备粮忻州直属库盂县分库
61. 中央储备粮洪洞直属库
62. 中央储备粮河津直属库
63. 寿阳中储粮平阳仓储有限公司
64. 山西中储粮黎城直属库
65. 山西中储粮文水直属库
66. 山西中储粮夏县直属库
67. 山西中储粮太谷直属库
68. 山西中储粮寿阳直属库
69. 山西中储粮介休直属库

70. 山西中储粮原平直属库
71. 中央储备粮通辽直属库
72. 中央储备粮乌兰浩特直属库
73. 中央储备粮呼和浩特直属库
74. 中央储备粮鄂尔多斯直属库
75. 中央储备粮巴彦淖尔直属库
76. 中央储备粮锡林郭勒直属库
77. 中央储备粮阿拉善直属库
78. 中央储备粮达拉特直属库
79. 中央储备粮呼伦贝尔直属库
80. 中央储备粮包头直属库
81. 中央储备粮通辽东郊直属库
82. 中央储备粮通辽甘旗卡直属库
83. 中央储备粮海拉尔直属库
84. 中央储备粮乌兰察布直属库
85. 中央储备粮赤峰直属库
86. 中央储备粮通辽庆和直属库
87. 中央储备粮通辽西辽河直属库
88. 中央储备粮通辽余粮堡直属库
89. 中央储备粮巴彦淖尔直属库乌拉山库
90. 中央储备粮巴彦淖尔直属库五原库
91. 中央储备粮乌兰浩特直属库突泉分库
92. 中央储备粮呼伦贝尔直属库阿荣分库
93. 中央储备粮呼伦贝尔直属库额尔古纳分库
94. 中央储备粮赤峰直属库牛营子分库
95. 中央储备粮赤峰直属库汐子分库
96. 中央储备粮通辽直属库大林分库
97. 中央储备粮通辽直属库东来分库
98. 中央储备粮通辽直属库八仙筒分库
99. 中央储备粮通辽直属库保康分库
100. 中央储备粮通辽直属库鲁北分库
101. 中央储备粮通辽直属库木里图分库
102. 中央储备粮通辽直属库宝龙山分库
103. 中央储备粮通辽直属库协尔苏分库
104. 中央储备粮通辽直属库大沁他拉分库
105. 中央储备粮通辽东郊直属库欧里分库
106. 中央储备粮通辽甘旗卡直属库金宝屯分库
107. 中储粮北方公司尼尔基直属库
108. 中央储备粮哈尔滨直属库

109. 中央储备粮齐齐哈尔直属库
110. 中央储备粮牡丹江直属库
111. 中央储备粮大庆直属库
112. 中央储备粮鸡西直属库
113. 中央储备粮建三江直属库
114. 黑龙江中央储备粮创业直属库
115. 黑龙江中央储备粮前锋直属库
116. 黑龙江中央储备粮抚远直属库
117. 黑龙江中央储备粮宝清直属库
118. 中央储备粮嫩江直属库
119. 中央储备粮汤原直属库
120. 黑龙江中储粮虎林直属库
121. 黑龙江中储粮宾县直属库
122. 黑龙江中储粮讷河直属库
123. 黑龙江中储粮肇东直属库
124. 黑龙江中储粮萝北直属库
125. 黑龙江中储粮宾州直属库
126. 黑龙江中储粮五常直属库
127. 黑龙江中储粮五常山河直属库
128. 黑龙江中储粮双城直属库
129. 黑龙江中储粮双城五家直属库
130. 黑龙江中储粮依兰直属库
131. 黑龙江中储粮木兰直属库有限公司
132. 黑龙江中储粮通河直属库
133. 黑龙江中储粮甘南直属库
134. 黑龙江中储粮海林直属库
135. 黑龙江中储粮佳木斯直属库
136. 黑龙江中储粮香兰直属库有限公司
137. 黑龙江中储粮绥化直属库有限公司
138. 黑龙江中储粮海伦直属库有限公司
139. 黑龙江中储粮北安直属库
140. 黑龙江中储粮勃利直属库有限公司
141. 黑龙江中储粮林甸直属库
142. 黑龙江中储粮双城临江直属库
143. 黑龙江中储粮巴彦万发屯直属库
144. 黑龙江中储粮阿城直属库
145. 黑龙江中储粮双城韩甸直属库
146. 中央储备粮齐齐哈尔直属库依安分库
147. 中央储备粮齐齐哈尔直属库克东分库

148. 黑龙江中储粮富裕直属库有限公司
149. 中央储备粮牡丹江直属库穆棱分库
150. 勃利县双河粮库有限责任公司
151. 中央储备粮鸡西直属库柳毛分库
152. 中央储备粮鸡西直属库连珠山分库
153. 中央储备粮榆树直属库
154. 中央储备粮长春直属库
155. 中央储备粮四平直属库
156. 中央储备粮吉林直属库
157. 中央储备粮农安直属库
158. 中央储备粮永吉直属库
159. 中央储备粮白城直属库
160. 中央储备粮白山直属库
161. 中央储备粮龙嘉直属库
162. 中央储备粮公主岭直属库
163. 中央储备粮蛟河直属库
164. 中央储备粮舒兰直属库
165. 中央储备粮镇赉直属库
166. 中央储备粮双辽直属库
167. 中央储备粮通榆直属库
168. 中央储备粮四平平东直属库
169. 中央储备粮延吉直属库
170. 中央储备粮辽源直属库
171. 中央储备粮松原直属库
172. 中央储备粮珲春直属库
173. 中央储备粮梅河口直属库
174. 中央储备粮柳河直属库
175. 中央储备粮长春直属库分库
176. 中央储备粮松原直属库分库
177. 中央储备粮敦化直属库
178. 中储粮油脂蛟河直属库
179. 吉林双阳齐家粮食收储库
180. 吉林双阳晟田粮食收储库
181. 吉林双阳新安粮食收储库
182. 九台市沐石河粮食储备库
183. 永吉县黄榆粮库
184. 永吉县金家粮库
185. 永吉县大岗子粮库
186. 永吉县西阳粮库

187. 柳河县五道沟粮库
188. 舒兰市粮库
189. 舒兰市莲花粮库
190. 榆树中储粮保寿粮库
191. 榆树中储粮恩育粮库
192. 农安华家粮食储备库
193. 吉林农安前岗粮食收储库
194. 吉林农安靠山粮食收储库
195. 吉林农安烧锅粮食收储库
196. 吉林农安杨树林粮食收储库
197. 吉林市西关国家粮食储备库
198. 吉林市两家子粮库
199. 吉林市搜登站粮库
200. 吉林市缸窑粮库
201. 吉林市东关粮库
202. 吉林市杨木粮库
203. 吉林市大绥河粮库
204. 吉林市太平粮库
205. 吉林市土城子粮库
206. 吉林镇赉东屏粮食收储库
207. 吉林镇赉莫莫格粮食收储库
208. 公主岭中储粮二十家子国储库
209. 吉林伊通范家屯国家粮食储备库
210. 永吉县粮库
211. 永吉县一拉溪粮库
212. 永吉县三家子粮库
213. 永吉县北大湖粮库
214. 永吉县城郊粮库
215. 乾安城西粮库
216. 吉林市中心粮库
217. 吉林省吉林粮食中心库
218. 汪清县天桥岭粮库
219. 辽源市第三粮库
220. 辽源裕丰粮食收储库
221. 辽源市东站粮库
222. 吉林白城国家粮食储备库
223. 白城市第四粮库
224. 前郭宝甸粮库
225. 松原中储粮长龙国储库

226. 前郭县王府粮库
227. 前郭县丰收粮库
228. 松原市哈拉毛都粮库
229. 前郭县额如粮库
230. 前郭县红旗粮库
231. 吉林安图国家粮食储备库
232. 吉林龙井国家粮食储备库
233. 松原中储粮朝阳粮库
234. 松原中储粮新民粮库
235. 松原中储粮风华粮库
236. 松原新城粮食收储库
237. 松原伯都粮食收储库
238. 松原前阳粮食收储库
239. 松原大洼粮食收储库
240. 吉林四平国家粮食储备库
241. 四平市孤家子粮库
242. 四平市叶赫粮库
243. 吉林梨树郭家店国家粮食储备库
244. 梨树县梨树一粮库
245. 吉林磐石中储粮直属库
246. 吉林省磐石粮食中心库
247. 磐石大旺粮食收储库
248. 磐石红旗岭粮食收储库
249. 磐石取柴河粮食收储库
250. 磐石富太粮食收储库
251. 磐石三棚粮食收储库
252. 磐石松山粮食收储库
253. 磐石石咀粮食收储库
254. 磐石城郊粮食收储库
255. 磐石呼兰粮食收储库
256. 磐石明城粮食收储库
257. 磐石黑石粮食收储库
258. 磐石官马粮食收储库
259. 磐石驿马粮食收储库
260. 磐石细林粮食收储库
261. 吉林省双辽粮食中心库
262. 双辽中储粮双山粮库
263. 双辽中储粮服先粮库
264. 双辽中储粮新立粮库

265. 双辽中储粮柳东粮库
266. 双辽中储粮兴龙粮库
267. 双辽中储粮向阳粮库
268. 梅河口市红梅镇粮库
269. 梅河口市义民粮库
270. 蛟河市池水粮库
271. 蛟河市青背粮库
272. 蛟河市松江粮库
273. 蛟河市蛟河第二粮库
274. 柳河县安口镇粮库
275. 柳河县圣水粮库
276. 吉林中储粮白城三和粮库
277. 吉林扶余中储粮直属库
278. 榆树八号粮食收储库
279. 扶余中储粮长春岭粮库
280. 扶余中储粮陶赖昭粮库
281. 吉林扶余新城局粮食收储库
282. 扶余县长春岭植物油厂粮库
283. 扶余县第三粮库
284. 扶余县五家站粮库
285. 扶余县伊家店粮库
286. 扶余县增盛粮库
287. 扶余县三井子粮库
288. 扶余县二龙粮库
289. 扶余县四马架粮库
290. 扶余县更新粮库
291. 扶余县社里粮库
292. 扶余县榆树沟粮库
293. 扶余县大三家子粮库
294. 扶余县团山粮库
295. 洮南市黑水粮食储备库
296. 洮南市向阳粮食储备库
297. 吉林省洮南粮食中心库
298. 洮南市蛟流河粮食储备库
299. 洮南市洮安粮食储备库
300. 洮南市安定粮食储备库
301. 洮南市瓦房粮食储备库
302. 洮南市聚宝粮食储备库
303. 洮南市野马粮食储备库

304. 洮南市西郊粮食储备库
305. 洮南市二龙粮食储备库
306. 洮南市万宝粮食储备库
307. 洮南市大通粮食储备库
308. 洮南市胡力吐粮食储备库
309. 洮南市永茂粮食储备库
310. 洮南市那金粮食储备库
311. 洮南市福顺粮食储备库
312. 吉林长岭中储粮直属库
313. 吉林省长岭粮食中心库
314. 吉林长岭东兴粮食收储库
315. 吉林长岭前七号粮食收储库
316. 吉林长岭巨宝粮食收储库
317. 吉林长岭三县堡粮食收储库
318. 吉林长岭光明粮食收储库
319. 吉林长岭利发盛粮食收储库
320. 吉林长岭前进粮食收储库
321. 吉林长岭东岭粮食收储库
322. 吉林长岭三青山粮食收储库
323. 吉林长岭八十八粮食收储库
324. 吉林长岭太平山粮食收储库
325. 吉林长岭三团粮食收储库
326. 吉林长岭流水粮食收储库
327. 吉林长岭永久粮食收储库
328. 吉林长岭腰坨子粮食收储库
329. 吉林长岭海青粮食收储库
330. 吉林长岭新安镇粮食收储库
331. 吉林长岭北正镇粮食收储库
332. 吉林长岭永升粮食收储库
333. 吉林长岭集体粮食收储库
334. 吉林长岭三十号粮食收储库
335. 吉林大安中储粮直属库
336. 吉林省大安粮食中心库
337. 大安粮食中心库大赉粮库
338. 大安粮食中心库太山粮库
339. 大安粮食中心库海坨粮库
340. 大安粮食中心库两家粮库
341. 大安粮食中心库联合粮库
342. 大安粮食中心库平安粮库

343. 大安粮食中心库龙沼粮库
344. 大安粮食中心库烧锅镇粮库
345. 大安粮食中心库舍力粮库
346. 吉林省伊通粮食中心库
347. 吉林伊通大孤山粮食收储库
348. 吉林伊通小孤山粮食收储库
349. 吉林伊通三道粮食收储库
350. 吉林伊通靠山粮食收储库
351. 吉林伊通西苇粮食收储库
352. 吉林伊通七一七粮食收储库
353. 吉林伊通景台粮食收储库
354. 吉林伊通地局子粮食收储库
355. 吉林省粮食中心库
356. 德惠市布海粮库
357. 德惠市第三粮库
358. 农安开安粮食储备库
359. 吉林省双阳粮食中心库
360. 吉林双阳鹿乡粮食收储库
361. 吉林双阳石溪粮食收储库
362. 吉林双阳双营粮食收储库
363. 吉林双阳佟家粮食收储库
364. 吉林双阳太平粮食收储库
365. 吉林双阳土顶粮食收储库
366. 吉林双阳齐东粮食收储库
367. 吉林省前郭粮食中心库
368. 吉林前郭新庙粮食收储库
369. 吉林前郭图嘎粮食收储库
370. 吉林前郭海勃日戈粮食收储库
371. 吉林前郭查干花粮食收储库
372. 吉林前郭套浩太粮食收储库
373. 吉林前郭蒙古艾里粮食收储库
374. 吉林前郭浩特芒哈粮食收储库
375. 吉林前郭八郎粮食收储库
376. 吉林前郭塔拉粮食收储库
377. 吉林前郭洪泉粮食收储库
378. 吉林前郭平凤粮食收储库
379. 吉林前郭白依拉嘎粮食收储库
380. 吉林镇赉第五粮食收储库
381. 吉林镇赉五棵树粮食收储库

382. 吉林镇赉第一粮食收储库
383. 吉林镇赉大屯粮食收储库
384. 吉林镇赉第四粮食收储库
385. 吉林镇赉黑鱼泡粮食收储库
386. 吉林镇赉沿江粮食收储库
387. 吉林镇赉嘎什根粮食收储库
388. 吉林镇赉建平粮食收储库
389. 蛟河市新站粮库
390. 吉林洮南铁东粮食收储库
391. 舒兰市平安粮库
392. 舒兰市白旗粮库
393. 吉林市河湾子粮库
394. 吉林中储粮白城纯阳粮库
395. 吉林市江密峰粮库
396. 吉林市大口钦粮库
397. 吉林汇通大屯粮库有限公司
398. 吉林汇通粮食有限公司劝农粮库分公司
399. 吉林省金发粮库
400. 中央储备粮沈阳直属库
401. 中央储备粮大连直属库
402. 中央储备粮台安直属库
403. 中央储备粮营口直属库
404. 中央储备粮大石桥直属库
405. 中央储备粮丹东直属库
406. 中央储备粮辽阳直属库
407. 中央储备粮朝阳直属库
408. 中央储备粮兴城直属库
409. 中央储备粮建昌直属库
410. 中央储备粮鞍山直属库
411. 中央储备粮海城直属库
412. 中央储备粮阜新直属库
413. 中央储备粮抚顺直属库
414. 中央储备粮盘锦直属库
415. 中央储备粮昌图直属库
416. 中央储备粮开原直属库
417. 中央储备粮建平直属库
418. 中央储备粮朝阳竹林直属库
419. 中央储备粮朝阳直属库喀左分库
420. 中央储备粮昌图直属库宝力分库

421. 中储粮北方物流有限公司岫岩分库
422. 凤城中储粮大堡直属库有限公司
423. 中央储备粮新民直属库
424. 中央储备粮锦州直属库
425. 中国储备粮管理总公司大洼直属库
426. 中央储备粮昌图马仲河直属库
427. 中国储备粮管理总公司凌源直属库
428. 中国储备粮管理总公司双庙子直属库
429. 中储粮鞍山千山直属库
430. 中央储备粮东港直属库
431. 中央储备粮营口站前直属库
432. 中央储备粮老边直属库
433. 中央储备粮黑山直属库
434. 中央储备粮凌海直属库
435. 中央储备粮上海直属库
436. 中央储备粮上海直属油库
437. 中央储备粮嘉兴直属库
438. 中央储备粮湖州直属库
439. 中央储备粮慈溪直属库
440. 中央储备粮余姚直属库
441. 中央储备粮舟山直属库
442. 中央储备粮宁海直属库
443. 中央储备粮金华直属库
444. 中央储备粮衢州直属库
445. 中央储备粮温州直属库
446. 中央储备粮玉环直属库
447. 中央储备粮丽水直属库
448. 中央储备粮邳州直属库
449. 中央储备粮苏州直属库
450. 中央储备粮扬州直属库
451. 中央储备粮扬州直属库仪征分库
452. 中央储备粮扬州直属库江都分库
453. 中央储备粮扬州直属库高邮分库
454. 中央储备粮淮安直属库
455. 中央储备粮淮安直属库盱眙分库
456. 中央储备粮淮安直属库涟水分库
457. 中央储备粮宿迁直属库
458. 中央储备粮宿迁直属库泗阳分库
459. 中央储备粮徐州直属库

460. 中央储备粮南京直属库
461. 中央储备粮新沂直属库
462. 中央储备粮连云港直属库
463. 中央储备粮太仓直属库
464. 中央储备粮丰县直属库
465. 江苏中储粮收储经销有限公司金湖粮库
466. 中储粮南通直属库有限公司
467. 中央储备粮镇江直属库
468. 中央储备粮盐城直属库
469. 盐城市穗兴粮油收储有限公司
470. 中央储备粮淮安楚州直属库
471. 中央储备粮灌云直属库
472. 中央储备粮响水直属库
473. 射阳兴桥国家粮食储备库
474. 宿迁洋北国家粮食储备库
475. 中央储备粮海安直属库
476. 金湖县城南国家粮食储备库
477. 常州中储粮库
478. 中央储备粮泰州直属库
479. 中央储备粮如东直属库
480. 沛县正阳国家粮食储备库
481. 建湖县国家直属粮食储备库
482. 江苏射阳中储粮粮食收储有限公司
483. 中央储备粮淮北直属库
484. 中央储备粮宿州直属库
485. 中央储备粮阜阳直属库
486. 中央储备粮蚌埠直属库
487. 中央储备粮六安直属库
488. 中央储备粮巢湖直属库
489. 中央储备粮庐江直属库
490. 中央储备粮芜湖直属库
491. 中央储备粮安庆直属库
492. 中央储备粮宣城直属库
493. 中央储备粮黄山直属库
494. 中央储备粮芜湖秃矶山直属库
495. 中央储备粮全椒直属库
496. 中央储备粮涡阳直属库
497. 中国储备粮管理总公司合肥油脂库
498. 中央储备粮铜陵直属库

499. 中央储备粮亳州直属库
500. 中央储备粮滁州直属库
501. 中央储备粮宿州永安直属库
502. 中央储备粮合肥直属库
503. 望江县新桥省级粮食储备库
504. 中央储备粮淮北直属库濉溪分库
505. 中央储备粮宿州直属库屏山分库
506. 中央储备粮六安直属库金安分库
507. 中央储备粮巢湖直属库无为分库
508. 中央储备粮庐江直属库南郊分库
509. 中央储备粮铜陵直属库东至分库
510. 中央储备粮济南直属库
511. 中央储备粮青岛直属库
512. 中央储备粮莱西直属库
513. 中央储备粮平度直属库
514. 中央储备粮淄博直属库
515. 中央储备粮枣庄直属库
516. 中央储备粮东营直属库
517. 中央储备粮莱阳直属库
518. 中央储备粮莱州直属库
519. 中央储备粮潍坊直属库
520. 中央储备粮泰安直属库
521. 中央储备粮文登直属库
522. 中央储备粮乳山直属库
523. 中央储备粮日照直属库
524. 中央储备粮莱芜直属库
525. 中央储备粮临沂直属库
526. 中央储备粮德州直属库
527. 中央储备粮乐陵直属库
528. 中央储备粮聊城直属库
529. 中央储备粮滨州直属库
530. 中央储备粮曹县直属库
531. 中央储备粮单县直属库
532. 中央储备粮昌邑储备库
533. 中储粮日照粮油储备库
534. 中央储备粮滕州直属库
535. 中央储备粮济宁直属库
536. 中央储备粮莒南直属库
537. 中央储备粮巨野直属库

538. 中央储备粮淄博直属库高青分库
539. 中央储备粮枣庄直属库台儿庄分库
540. 中央储备粮东营直属库广饶分库
541. 潍坊国家粮食储备有限公司
542. 中央储备粮济宁直属库金乡分库
543. 山东肥城国家粮食储备库
544. 中央储备粮荣成储备库
545. 中央储备粮临沂直属库苍山分库
546. 山东平邑国家粮食储备库
547. 中央储备粮临沂直属库临沭分库
548. 中央储备粮临沂直属库蒙阴分库
549. 中央储备粮临沂直属库沂南分库
550. 中央储备粮临沂直属库沂水分库
551. 中央储备粮德州直属库武城分库
552. 中央储备粮德州直属库夏津有限公司
553. 禹城市裕丰粮食购销有限公司
554. 中央储备粮聊城直属库冠县分库
555. 中央储备粮聊城直属库高唐分库
556. 中央储备粮莘县直管库有限公司
557. 中央储备粮阳谷直管库（有限公司）
558. 山东惠民国家粮食储备库
559. 中央储备粮曹县直属库东明分库
560. 中央储备粮郑州直属库
561. 中央储备粮开封直属库
562. 中央储备粮平顶山直属库
563. 中央储备粮安阳直属库
564. 中央储备粮焦作直属库
565. 中央储备粮许昌直属库
566. 中央储备粮漯河直属库
567. 中央储备粮商丘直属库
568. 中央储备粮周口直属库
569. 中央储备粮沈丘直属库
570. 中央储备粮南阳向东直属库
571. 中央储备粮邓州直属库
572. 中央储备粮潢川直属库
573. 中央储备粮荥阳直属库
574. 中央储备粮宁陵直属库
575. 中央储备粮三门峡直属库
576. 中央储备粮驻马店直属库

577. 中央储备粮河南公司新郑直属库（中央储备粮河南公司）
578. 中央储备粮新郑直属库
579. 中央储备粮安阳直属库安阳县分库
580. 中央储备粮安阳直属库内黄分库
581. 中央储备粮安阳直属库林州分库
582. 中央储备粮许昌直属库禹州分库
583. 中央储备粮许昌直属库鄢陵分库
584. 中央储备粮漯河直属库舞阳分库
585. 中央储备粮漯河直属库临颍分库
586. 中央储备粮商丘直属库永城分库
587. 中央储备粮商丘直属库睢阳分库
588. 中央储备粮商丘直属库虞城分库
589. 中央储备粮沈丘直属库郸城分库
590. 中央储备粮沈丘直属库商水分库
591. 中央储备粮南阳向东直属库光武分库
592. 中央储备粮驻马店直属库平舆分库
593. 中央储备粮河南公司温县直属库（中央储备粮河南公司温县储备库）
594. 中央储备粮河南公司泌阳直属库
595. 中央储备粮河南公司获嘉直属库
596. 中央储备粮河南公司浚县直属库
597. 中央储备粮河南公司尉氏直属库
598. 中央储备粮河南公司新蔡直属库
599. 中央储备粮河南公司偃师直属库
600. 中央储备粮河南公司原阳直属库
601. 中央储备粮河南公司南阳直属库
602. 中央储备粮河南公司濮阳直属库
603. 中央储备粮河南公司淇县直属库
604. 中央储备粮河南公司夏邑直属库
605. 中央储备粮河南公司夏邑直属库杨集分库
606. 中央储备粮河南公司夏邑直属库车站分库
607. 中央储备粮河南公司信阳直属库
608. 中央储备粮河南公司延津储备库
609. 中央储备粮许昌直属库襄城分库
610. 中央储备粮焦作直属库修武分库
611. 中央储备粮周口直属库商水分库
612. 中央储备粮漯河直属库召陵分库
613. 中央储备粮沈丘直属库槐店分库
614. 中央储备粮潢川直属库弋阳分库
615. 中央储备粮潢川直属库淮滨分库

616. 中央储备粮驻马店直属库驿城分库
617. 中央储备粮驻马店直属库上蔡分库
618. 中央储备粮驻马店直属库西平分库
619. 中央储备粮驻马店直属库遂平分库
620. 中央储备粮驻马店直属库汝南分库
621. 中央储备粮驻马店直属库正阳分库
622. 中央储备粮驻马店直属库确山分库
623. 中央储备粮驻马店直属库新蔡分库
624. 中央储备粮河南公司卫辉直属库
625. 中央储备粮河南公司滑县直属库
626. 中央储备粮河南公司南阳直属库漯河分库
627. 中央储备粮河南公司洛阳直属库
628. 中央储备粮河南公司鹿邑直属库
629. 中央储备粮武汉直属库
630. 中央储备粮荆州直属库
631. 中央储备粮宜昌直属库
632. 中央储备粮襄阳直属库
633. 中央储备粮荆门直属库
634. 中央储备粮麻城直属库
635. 中央储备粮赤壁直属库
636. 中央储备粮安陆直属库
637. 湖北中储粮油脂有限公司
638. 湖北中储粮汉川直属库
639. 湖北中储粮随州直属库
640. 湖北中储粮广水直属库
641. 湖北中储粮仙桃直属库
642. 湖北中储粮潜江直属库
643. 湖北中储粮天门直属库
644. 湖北中储粮大冶直属库
645. 湖北中储粮鄂州直属库
646. 湖北中储粮洪湖直属库
647. 湖北中储粮监利直属库
648. 中央储备粮麻城直属库英山分库
649. 湖北武穴国家粮食储备库
650. 中央储备粮宜城直管库
651. 湖北宜城国家粮食储备库
652. 中央储备粮枣阳直管库
653. 湖北枣阳国家粮食储备库
654. 湖北襄阳国家粮食储备库

655. 湖北谷城黄坑国家粮食储备库
656. 湖北老河口国家粮食储备库
657. 郜营粮食储备库
658. 湖北十堰国家粮食储备库
659. 湖北樊东国家粮食储备库
660. 中央储备粮荆州直属库公安分库
661. 中央储备粮荆州直属库石首分库
662. 中央储备粮荆州直属库松滋分库
663. 湖北枝江国家粮食储备库
664. 湖北宜昌三峡国家粮食储备库
665. 利川市粮食储备库
666. 中央储备粮京山直管库
667. 中央储备粮荆门双堰直管库
668. 中央储备粮钟祥直管库
669. 中央储备粮荆门东宝直管库
670. 中央储备粮荆门掇刀直管库
671. 中央储备粮荆门罗店直管库
672. 中央储备粮沙洋直管库
673. 中央储备粮宁乡直属库
674. 中央储备粮郴州直属库
675. 中央储备粮湘潭直属库
676. 中央储备粮益阳直属库
677. 中央储备粮株洲直属库
678. 中央储备粮临澧直属库
679. 中央储备粮衡阳直属库
680. 中央储备粮新化直属库
681. 中央储备粮常德直属库
682. 中央储备粮岳阳直属库
683. 中央储备粮怀化直属库
684. 中央储备粮长沙直属库
685. 中央储备粮张家界直属库
686. 中央储备粮永州直属库
687. 中央储备粮东安直属库
688. 中央储备粮韶山直属库
689. 中央储备粮湘乡直属库
690. 中央储备粮茶陵直属库
691. 中央储备粮祁东直属库
692. 中央储备粮澧县直属库
693. 中央储备粮汉寿直属库

694. 中央储备粮岳阳卫农直属库
695. 中央储备粮华容直属库
696. 中央储备粮桃江直属库
697. 中央储备粮湘西州直属库
698. 中央储备粮邵阳直属库
699. 中央储备粮岳阳小港直属库
700. 中央储备粮汨罗直属库
701. 中央储备粮慈利直属库
702. 中央储备粮祁阳直属库
703. 中央储备粮双峰直属库
704. 中央储备粮衡阳直属库衡东分库
705. 中储粮邵阳直属库白仓分库
706. 中央储备粮长沙直属库湘阴分库
707. 永州市零陵区五里堆国家粮食储备库
708. 中央储备粮永顺分库
709. 湖南望城国家粮食储备库
710. 中储粮靖州分库
711. 湖南怀化国家粮食储备库
712. 中央储备粮汨罗直属库平江分库
713. 株洲市粮油仓库
714. 湘潭市板塘粮油仓库
715. 中央储备粮萍乡直属库
716. 中央储备粮共青城直属库
717. 中央储备粮贵溪直属库
718. 中央储备粮泰和直属库
719. 中央储备粮南昌直属库
720. 中央储备粮上高直属库
721. 中央储备粮兴国直属库
722. 中央储备粮宜春直属库
723. 中央储备粮峡江直属库
724. 中央储备粮信丰直属库
725. 中央储备粮瑞金直属库
726. 中央储备粮高安直属库
727. 中央储备粮上饶直属库
728. 中央储备粮景德镇直属库
729. 中央储备粮宁都直属库
730. 中央储备粮宁都直属库崇仁分库
731. 中央储备粮石城直属库
732. 中央储备粮弋阳直属库

733. 中央储备粮万安直属库
734. 中央储备粮定南直属库
735. 中央储备粮丰城直属库
736. 中央储备粮婺源直属库
737. 中央储备粮吉水直属库
738. 中央储备粮资溪直属库
739. 中央储备粮横峰直属库
740. 中央储备粮乐安直属库
741. 中央储备粮抚州直属库
742. 江西中储粮余江直属库
743. 江西中储粮遂川直属库
744. 江西中储粮安福直属库
745. 江西中储粮德兴直属库
746. 江西中储粮万年直属库
747. 江西中储粮赣州直属库
748. 江西中储粮靖安直属库
749. 江西中储粮永丰直属库
750. 江西中储粮鄱阳直属库
751. 江西中储粮金溪直属库
752. 江西中储粮东乡直属库
753. 江西中储粮鹰潭直属库
754. 江西中储粮吉安直属库
755. 江西中储粮修水直属库
756. 江西中储粮铅山直属库
757. 江西中储粮湖口直属库
758. 江西中储粮井冈山分库
759. 中央储备粮福州直属库
760. 中央储备粮厦门直属库
761. 中央储备粮莆田直属库
762. 中央储备粮泉州直属库
763. 中央储备粮漳州直属库
764. 中央储备粮三明直属库
765. 中央储备粮邵武直属库
766. 中央储备粮建瓯直属库
767. 中央储备粮平和直属库
768. 中央储备粮长乐直属库
769. 中央储备粮广东新沙港直属库
770. 中央储备粮广州花都直属库
771. 中央储备粮茂名直属库

772. 中央储备粮清远直属库
773. 中央储备粮汕头直属库
774. 中央储备粮江门直属库
775. 中央储备粮佛山直属库
776. 中央储备粮云浮直属库
777. 中央储备粮潮州直属库
778. 中央储备粮揭阳直属库
779. 中央储备粮河源直属库
780. 中央储备粮汕尾直属库
781. 中央储备粮阳江直属库
782. 中央储备粮台山直属库
783. 中央储备粮肇庆直属库
784. 中央储备粮惠州直属库
785. 中央储备粮深圳直属库
786. 中央储备粮东莞油脂直属库
787. 中央储备粮海口直属库
788. 中央储备粮三亚直属库
789. 中央储备粮南宁直属库
790. 中央储备粮梧州直属库
791. 中央储备粮贺州直属库
792. 中央储备粮北海直属库
793. 中央储备粮桂林直属库
794. 中央储备粮全州直属库
795. 平果粮库
796. 中央储备粮成都直属库
797. 中央储备粮金堂直属库
798. 中央储备粮内江直属库
799. 中央储备粮广安直属库
800. 中央储备粮遂宁直属库
801. 中央储备粮西昌直属库
802. 中央储备粮泸州直属库
803. 中央储备粮南充直属库
804. 中央储备粮绵阳直属库
805. 中央储备粮四川新津直属库
806. 中央储备粮眉山直属库
807. 中央储备粮剑阁直属库
808. 中央储备粮广元直属库
809. 中央储备粮三台直属库
810. 中央储备粮营山直属库

811. 中央储备粮仪陇直属库
812. 中央储备粮资阳直属库
813. 中央储备粮荣县直属库
814. 中央储备粮南江直属库
815. 中央储备粮南部直属库
816. 中央储备粮蓬安直属库
817. 中央储备粮广安直属库协兴分库
818. 中央储备粮泸州直属库合江分库
819. 中央储备粮重庆北碚直属库
820. 中央储备粮重庆綦江直属库
821. 中央储备粮拉萨直属库
822. 中央储备粮西安大明宫直属库
823. 中央储备粮榆林直属库
824. 中央储备粮安康直属库
825. 中央储备粮延安直属库
826. 中央储备粮西安田家湾直属库
827. 中央储备粮汉中直属库
828. 中央储备粮蒲城直属库
829. 中央储备粮商洛直属库
830. 中央储备粮宝鸡直属库
831. 中央储备粮渭南高田直属库
832. 中央储备粮铜川直属库
833. 中央储备粮大荔直属库
834. 宝鸡市陈仓区第六寨粮库
835. 陕西扶风国家粮食储备库
836. 陕西城固国家粮食储备库
837. 陕西兴平国家粮食储备库
838. 陕西蒲城国家粮食储备库
839. 中央储备粮渭南直属库
840. 中央储备粮中宁直属库
841. 中央储备粮银川直属库
842. 中央储备粮兰州直属库
843. 中央储备粮平凉直属库
844. 中央储备粮酒泉直属库
845. 中央储备粮高台直属库
846. 中央储备粮武威直属库
847. 中央储备粮凉州直属库
848. 中央储备粮金昌直属库
849. 中央储备粮武威车站直属库

850. 中央储备粮临泽直属库
851. 中央储备粮白银直属库
852. 中央储备粮定西直属库
853. 中央储备粮榆中直属库
854. 中央储备粮天水直属库
855. 中央储备粮陇南直属库
856. 中央储备粮庆阳直属库
857. 中央储备粮西宁直属库
858. 中央储备粮平安直属库
859. 中央储备粮格尔木直属库
860. 中央储备粮乐都直属库
861. 中央储备粮石河子直属库
862. 中央储备粮霍城直属库
863. 中央储备粮阿克苏直属库
864. 中央储备粮阜康直属库
865. 中央储备粮精河直属库
866. 中央储备粮库尔勒直属库
867. 中央储备粮奎屯直属库
868. 中央储备粮哈密直属库
869. 中央储备粮伊宁直属库
870. 中央储备粮喀什直属库
871. 中央储备粮乌鲁木齐直属库
872. 中央储备粮五家渠直属库
873. 中央储备粮奇台直属库
874. 中央储备粮和田直属库
875. 中央储备粮塔城直属库
876. 中央储备粮阿勒泰直属库
877. 中央储备粮图木舒克直属库
878. 中央储备粮额敏直属库
879. 中央储备粮北屯直属库
880. 中央储备粮和硕直属库
881. 中储粮新疆分公司新源直属库
882. 中央储备粮昆明直属库
883. 中央储备粮曲靖直属库
884. 中央储备粮大理直属库
885. 中央储备粮德宏直属库
886. 中央储备粮景洪直属库
887. 中央储备粮楚雄直属库
888. 中央储备粮师宗直属库

889. 中央储备粮丽江直属库
890. 中央储备粮文山直属库
891. 中储粮红河国家粮食储备有限责任公司
892. 中储粮昭通国家粮食储备有限责任公司
893. 中储粮普洱国家粮食储备有限责任公司
894. 中央储备粮贵阳直属库
895. 中央储备粮遵义直属库
896. 中央储备粮六盘水直属库
897. 中央储备粮兴义直属库
898. 中央储备粮都匀直属库
899. 中央储备粮凯里直属库
900. 中央储备粮独山直属库
901. 中央储备粮松桃直属库
902. 中储粮贵州分公司毕节直属库
903. 中储粮贵州分公司安顺直属库

二、中国储备棉管理总公司及直属储备棉库

（一）中国储备棉管理总公司

（二）中国储备棉管理总公司直属单位

1. 中国储备棉管理总公司阜阳直属库
2. 中国储备棉管理总公司兰州直属库
3. 中国储备棉管理总公司漯河直属库
4. 中国储备棉管理总公司武汉直属库
5. 中国储备棉管理总公司岳阳直属库
6. 中国储备棉管理总公司徐州直属库
7. 中国储备棉管理总公司盐城直属库
8. 中国储备棉管理总公司九江直属库
9. 中国储备棉管理总公司青岛直属库
10. 中国储备棉管理总公司泾阳直属库
11. 中国储备棉管理总公司天津直属库
12. 中国储备棉管理总公司绍兴直属库
13. 中储棉新疆有限责任公司
14. 中储棉广东有限责任公司
15. 中储棉库尔勒有限责任公司
16. 德州中央直属棉花储备库筹建处（中储棉德州有限公司〈筹〉）

三、华商储备商品管理中心及中央直属储备糖库、肉库

（一）华商储备商品管理中心

（二）中央直属储备糖库

1. 南通中央直属储备糖库（中糖世纪股份有限公司江苏分公司、中国糖业酒类集团公司南通储运公司）

2. 滠口中央直属储备糖库（中糖世纪股份有限公司湖北分公司）

3. 蚌埠中央直属储备糖库（中糖世纪股份有限公司安徽分公司）

4. 新郑中央直属储备糖库（中糖世纪股份有限公司河南分公司）

5. 塘沽中央直属储备糖库（天津中糖物流公司、中糖世纪股份有限公司塘沽分公司、中皇有限公司）

6. 廊坊中央直属储备糖库（河北中糖物流有限公司）

7. 霸州中央直属储备糖库（河北中糖华洋物流有限公司）

8. 西营门中央直属储备糖库（天津中糖华丰物流有限公司）

9. 顺德中央直属储备糖库（佛山市顺德区中糖储备糖库、广东中糖贸易发展有限公司）

10. 北海中央直属储备糖库（广西中糖物流有限公司）

11. 德阳中央直属储备糖库（四川中糖物流有限公司、中国糖酒集团成都有限责任公司）

12. 魏善庄中央直属储备糖库（北京中糖物流有限公司）

13. 漳州中央直属储备糖库（漳州中糖物流有限公司、福建中糖糖业发展有限公司）

14. 宁波中央直属储备糖库（宁波中糖物流有限公司）

15. 营口中央直属储备糖库（辽宁中糖物流有限公司）

16. 青岛中央直属储备糖库（青岛中糖海湾物流有限公司）

17. 小塘中央直属储备糖库（佛山市华商物流有限公司）

18. 吉林中央直属储备糖库（吉林华商物流有限公司）

19. 昭陵中央直属储备糖库（湖南中糖物流有限公司）

20. 湛江中央直属储备糖库（湛江中糖糖业有限公司）

21. 昆明中央直属储备糖库（云南中糖物流有限公司）

22. 长春中央直属储备糖库（长春华商物流有限公司）

23. 南宁中央直属储备糖库（广西中糖糖业发展有限公司）

24. 德州中央直属储备糖库（山东中糖物流有限公司）

（三）中央直属储备肉库

1. 保定中央直属储备肉库（中食产业集团保定有限公司）

2. 大兴中央直属储备肉库（北京中瑞食品有限公司）

3. 南阳中央直属储备肉库（南阳华商冷藏物流有限公司）

4. 张家口中央直属清真储备肉库［华商（张家口）清真冷藏有限公司］

5. 赤峰中央直属清真储备肉库［华商（赤峰）清真食品有限公司］

6. 唐山中央直属储备肉库（唐山华商冷藏物流有限公司）

7. 蒲江中央直属储备肉库（中国食品集团公司、中食成都冷藏物流有限公司）

8. 周口中央直属储备肉库［中国食品集团公司、中食（周口）冷藏物流有限公司］

9. 太仓中央直属储备肉库（太仓华商冷藏物流有限公司）

10. 汕尾中央直属储备肉库（汕尾华商冷藏物流有限公司）

11. 德州中央直属储备肉库（德州华商冷藏物流有限公司）

12. 大连中央直属储备肉库（大连华商冷藏物流有限公司）

13. 长春中央直属储备肉库（长春华商冷藏物流有限公司）

14. 北京中央直属储备肉库（中国食品集团公司、北京中食冷藏有限公司）
15. 武汉中央直属储备肉库（中国食品集团公司、中食武汉冷藏物流有限公司）
16. 长沙中央直属储备肉库（中国食品集团公司、长沙中食冷藏有限公司）
17. 合肥中央直属储备肉库（中国食品集团公司、合肥中食冷藏有限公司）

四、中国盐业总公司新郑 206 盐库

五、中国华粮物流集团公司及直属企业

（一）中国华粮物流集团公司

（二）中国华粮物流集团公司直属企业

1. 中国华粮物流集团扎兰屯国家粮食储备库
2. 中国华粮物流集团乌兰浩特国家粮食储备库
3. 中国华粮物流集团舍伯吐国家粮食储备库
4. 中国华粮物流集团开鲁国家粮食储备库
5. 中国华粮物流集团乌兰花国家粮食储备库
6. 中国华粮物流集团通辽粮库
7. 中国华粮物流集团内蒙古华夏杂粮有限公司
8. 中国华粮物流集团绥化粮库
9. 中国华粮物流集团佳木斯粮食中转库
10. 中国华粮物流集团迎春粮库
11. 中国华粮物流集团兴隆粮库
12. 中国华粮物流集团密山粮库
13. 中国华粮物流集团龙镇国家粮食储备库
14. 中国华粮物流集团嫩江国家粮食储备库
15. 中国华粮物流集团兰棱粮库
16. 中国华粮物流集团克东国家粮食储备库
17. 中国华粮物流集团讷河国家粮食储备库
18. 中国华粮物流集团克山粮库
19. 中国华粮物流集团五常粮库
20. 中国华粮物流集团宋站粮库
21. 中国华粮物流集团海伦粮库
22. 中国华粮物流集团桦南粮库
23. 中国华粮物流集团富锦粮库
24. 中国华粮物流集团康金粮库
25. 黑龙江珍宝岛米业有限公司
26. 桦南县绿缘米业有限公司
27. 黑龙江华粮金鑫经贸有限公司
28. 中国华粮物流集团德惠粮库
29. 中国华粮物流集团松原国家粮食储备库
30. 中国华粮物流集团通榆粮食储备库
31. 中国华粮物流集团榆树粮库

32. 中国华粮物流集团九台国家粮食储备库
33. 中国华粮物流集团农安国家粮食储备库
34. 中国华粮物流集团三岔河国家粮食储备库
35. 中国华粮物流集团烟筒山粮库
36. 中国华粮物流集团东丰国家粮食储备库
37. 中国华粮物流集团吉林镇赉粮食中转库
38. 中国华粮物流集团金山国家粮食储备库
39. 中国华粮物流集团双辽粮库
40. 中国华粮物流集团五棵树国家粮食储备库
41. 中国华粮物流集团桦皮厂粮库
42. 中国华粮物流集团哈拉海粮库
43. 中国华粮物流集团白平国家粮食储备库
44. 中国华粮物流集团朝阳国家粮食储备库
45. 中国华粮物流集团华夏米业有限公司
46. 中国华粮物流集团大布苏粮库
47. 中国华粮物流集团吉林华通粮食有限公司
48. 中国华粮物流集团西丰粮食中转库
49. 中国华粮物流集团凡河中心粮库
50. 中国华粮物流集团曲家中心粮库
51. 中国华粮物流集团开原国家粮食储备库
52. 中国华粮物流集团前进国家粮食储备库
53. 中国华粮物流集团灯塔国家粮食储备库
54. 中国华粮物流集团灯塔国家粮食储备库米厂
55. 中国华粮物流集团辽中粮食中转库
56. 中国华粮物流集团康平粮食中转储备库
57. 中国华粮物流集团法库国家粮食储备库
58. 中国华粮物流集团沈阳第四粮食中转库有限责任公司
59. 中国华粮物流集团沈阳粮食机械设备维修培训中心
60. 中国华粮物流集团辽宁粮油有限公司
61. 北京华粮贸易有限公司
62. 中国华粮物流集团北京粮食销区中心供应库
63. 中国华粮物流集团新良海运有限公司
64. 中国华粮物流集团青山港口库
65. 中国华粮物流集团城陵矶港口库
66. 中国华粮物流集团防城港港口库
67. 中国华粮物流集团北良有限公司
68. 中国华粮物流集团南通粮油接运有限责任公司

六、中粮集团有限公司所属储备库

1. 西安中谷中实国家粮食储备库

2. 湖南长沙中谷国家粮食储备库
3. 吉林前郭中宏国家粮食储备库
4. 山东黄岛国家粮食储备库
5. 辽宁大连粮贸国家粮食储备库
6. 江苏江阴中谷国家粮食储备库
7. 临清中谷国家粮食储备库
8. 吉林农安中谷粮库
9. 吉林梨树蔡家中谷国家粮食储备库
10. 吉林大安中谷国家粮食储备库
11. 安徽阜阳中谷国家粮食储备库
12. 安徽中谷国家粮食储备库
13. 中谷集团乍浦国家粮食储备库
14. 中谷成吉思汗国家粮食储备库
15. 浙江中谷国家粮食储备库
16. 中谷集团安吉油厂有限公司
17. 内蒙古开鲁中谷国家粮食储备库
18. 梁山中谷国家粮食储备库
19. 九江中谷国家粮食储备库
20. 晋江中谷国家粮食储备库
21. 吉林梅河口中谷国家粮食储备库
22. 黑龙江宝泉岭中谷国家粮食储备库
23. 黑龙江北安中谷国家粮食储备库
24. 江西九江中宏国家油脂储备库
25. 辽宁大连新良国家粮食储备库
26. 吉林德惠新良国家粮食储备库
27. 山东东明中谷国家粮食储备库
28. 北京顺义中宏国家粮食储备库
29. 北京八达岭华天国家粮食储备库
30. 河北承德榆树沟国家粮食储备库
31. 河南延津中谷国家粮食储备库
32. 吉林大安中谷国家粮食储备库白城分库
33. 中国植物油公司
34. 中谷集团长春粮油有限公司榆树分公司
35. 锦州中孚仓储有限公司
36. 湖北中粮祥瑞粮油仓储有限公司
37. 中粮东海粮油工业（张家港）有限公司

附件2：

北京市储备商品管理公司及其直属库名单

一、承储粮油企业

1. 北京市粮食公司
2. 北京市西北郊粮食收储库
3. 北京市西南郊粮食收储库
4. 北京怀柔国家粮食储备库
5. 北京市怀柔杨宋粮食收储库
6. 北京市怀柔城关粮食购销站
7. 北京市古船粮食调销中心
8. 北京市京都金谷粮食购销库
9. 北京市东北郊粮食收储库
10. 北京市大红门粮食收储库
11. 北京市南郊粮食收储库
12. 北京市天维康油脂调销中心
13. 北京艾森绿宝油脂有限公司
14. 北京古船油脂有限责任公司
15. 北京古船米业有限公司
16. 北京京粮物流有限公司
17. 北京市通州粮食收储库
18. 北京市通州区粮油贸易公司供应站
19. 北京市房山粮油贸易总公司
20. 北京市良乡昊天粮食收储库
21. 北京市房山石楼粮食收储库
22. 北京市房山窦店粮食收储库
23. 北京市房山南观粮食收储库
24. 北京市顺义平各庄粮食收储库
25. 北京市顺义牛栏山粮食收储库
26. 北京市顺义铁匠营粮食收储库
27. 北京市顺义上辇粮食收储库
28. 北京市顺义杨镇粮食收储库
29. 北京市顺义王各庄粮食收储库
30. 北京市顺义大孙各庄粮食收储库
31. 北京龙盛众望早餐有限公司
32. 北京市京都卫士粮油供应站
33. 北京顺鑫鑫悦面粉有限公司

34. 北京市皇城粮油有限责任公司
35. 北京市昌平粮食收储库
36. 北京市昌平沙河粮食收储库
37. 北京市昌平后牛坊粮食收储库
38. 北京市昌平南口粮食购销站
39. 北京市南口面粉厂
40. 北京市平谷粮油工贸总公司
41. 北京市平谷官庄粮食收储库
42. 北京市平谷山东庄粮食收储库
43. 北京市平谷北杨桥粮食收储库
44. 北京市粮安粮食收储库
45. 北京市延庆粮油总公司
46. 北京市延庆粮食收储库
47. 北京京门良实国有资产经营管理公司
48. 北京门头沟石门营粮食收储库
49. 北京门头沟三家店粮食收储库
50. 门头沟三家店粮食收储库三家店粮库
51. 门头沟三家店粮食收储库三家店粮库杨坨分库
52. 门头沟三家店粮食收储库斋堂粮库
53. 门头沟三家店粮食收储库石门营粮库
54. 北京宝益粮油储备库
55. 北京市密云溪翁庄粮食收储库
56. 北京市高岭粮食收储库
57. 北京市西田各庄粮食收储库
58. 北京密云沙河粮油购销站
59. 北京市燕谷粮油购销公司
60. 北京市张辛粮食储备库
61. 北京大兴国家粮食储备库
62. 北京大兴青云店粮食收储库
63. 北京大兴礼贤粮食收储库
64. 北京大兴魏善庄粮食收储库
65. 北京大兴北藏村粮食收储库
66. 北京大兴长子营粮食收储库
67. 北京大兴采育粮食收储库
68. 北京大兴安定粮食收储库
69. 北京大兴榆垡粮食收储库
70. 北京大兴定福庄粮食收储库
71. 北京大辛庄粮食购销站

二、承储糖企业

1. 北京市糖业烟酒公司

三、承储肉企业

1. 北京华都阳光食品有限责任公司
2. 北京顺鑫农业股份有限公司鹏程食品分公司
3. 西郊食品冷冻厂
4. 西南郊食品冷冻厂
5. 北京二商大红门肉类食品有限公司
6. 北京市第五肉类联合加工厂
7. 北京月盛斋清真食品公司
8. 北京顺鑫农业股份有限公司小店畜禽良种场
9. 北京顺鑫农业股份有限公司小店畜禽良种场茶棚种猪选育场
10. 北京顺鑫农业股份有限公司小店畜禽良种场丁甲庄分场
11. 北京鲲鹏食品集团公司太平养猪场
12. 迁安顺鑫小店种猪繁育有限公司
13. 北京市昌平区种猪场
14. 北京安定猪选育有限公司
15. 北京腾跃兴旺畜牧业养殖有限公司
16. 北京长红亮生猪养殖基地
17. 北京市下营百合原种猪场
18. 北京汇正农业发展有限公司
19. 北京华都种猪繁育有限责任公司
20. 北京中育种猪养殖中心南口种猪场
21. 北京长城丹玉畜产有限公司
22. 北京金维畜牧有限公司
23. 北京金鑫现代农业发展有限公司
24. 北京卓宸畜牧有限公司

北京市财政局　北京市经济和信息化委员会　北京海关转发财政部　工业和信息化部　海关总署　国家税务总局《关于国家中小企业公共技术服务示范平台适用科技开发用品进口税收政策的通知》

2011 年 12 月 31 日　京财税〔2011〕2812 号

各区县财政局、经济和信息化委员会，北京海关各隶属办事处：

现将财政部、工业和信息化部、海关总署、国家税务总局《关于国家中小企业公共技术服务示范平台适用科技开发用品进口税收政策的通知》（财关税〔2011〕71号）转发给你们，请遵照执行。

附件：财政部　工业和信息化部　海关总署　国家税务总局《关于国家中小企业公共技术服务示范平台适用科技开发用品进口税收政策的通知》

附件：

财政部　工业和信息化部　海关总署　国家税务总局《关于国家中小企业公共技术服务示范平台适用科技开发用品进口税收政策的通知》

2011年11月21日　财关税〔2011〕71号

各省、自治区、直辖市、计划单列市财政厅（局）、工业和信息化主管部门（中小企业厅、局）、国家税务局，海关总署广东分署、各直属海关，新疆生产建设兵团财务局：

为鼓励中小企业公共技术服务示范平台向中小企业提供科学研究和技术开发类的公共服务，促进中小企业技术进步、提高产品质量，经国务院批准，对符合条件的国家中小企业公共服务示范平台中的技术类服务平台纳入现行科技开发用品进口税收优惠政策范围，对其在2015年12月31日前，在合理数量范围内进口国内不能生产或者国内产品性能尚不能满足需要的科技开发用品，免征进口关税和进口环节增值税、消费税。为落实上述政策，财政部、工业和信息化部、海关总署、国家税务总局共同制定了《国家中小企业公共服务示范平台（技术类）进口设备免征进口税收的暂行规定》，现印发给你们，请遵照执行。

附：国家中小企业公共服务示范平台（技术类）进口科技开发用品免征进口税收的暂行规定

附：

国家中小企业公共服务示范平台（技术类）进口科技开发用品免征进口税收的暂行规定

一、为贯彻落实《国务院关于进一步促进中小企业发展的若干意见》（国发〔2009〕36号），促进中小企业技术创新，提高市场竞争力，经国务院批准，将符合条件的国家中小企业公共服务示范平台（以下简称“示范平台”）中的技术类服务平台纳入现行科技开发用品进口税收优惠政策范围。据此，制定本规定。

二、本规定所指的示范平台应同时满足以下条件：（一）属于工业和信息化部认定的国家中小企业公共服务示范平台范围，且平台类别为技术、检测和工业设计类；（二）资产总额不低于1000万元；（三）累计购置设备总额（国产和进口设备原值）不低于300万元；（四）具有良好的服务资质和业绩，年服务中小企业至少150家，用户满意度在90%以上。

三、符合本规定第二款条件的示范平台，应于每年3月1日前向所在省、自治区、直辖市、计划单列市、新疆生产建设兵团中小企业主管部门（以下简称“省级中小企业主管部门”）提出书面申请，并附以下材料：1. 进口科技开发用品免税资格审核表（见*附*1）；2. 资产总额（指为建设本平台而投入的资产，包括即将投入并签订购置合同的资产，应提交已采购资产清单和即将采购资产的合同清单）和累计购置设备原值（是指将为建设本平台而进口的设备和采购的国产设备的原值合并计算，包括已签订购置合同并于当年内交货的设备原值，当年交货的设备应提交购置合同清单及交货期限）的审计报告并附设备购置支出明细及清单；3. 年度服务中小企业情况的报告；4. 省级中小企业主管部门对平台服务中小企业户数及服务满意度的测评意见（具体测评要求以及测评意见表详见*附*2、3）；5. 审核部门要求提交的其他材料。

四、各省、自治区、直辖市、计划单列市及新疆生产建设兵团中小企业主管部门会同同级财政、国税部门和示范平台所在地直属海关对提出申请的示范平台的免税资格进行初审，并将审核意见于每年3月底前报工业和信息化部。工业和信息化部会同财政部、海关总署、国家税务总局对示范平台的免税资格最终进行审核。审核合格的，由工业和信息化部、财政部、海关总署、国家税务总局联合公布享受科技开发用品进口税收优惠政策的示范平台名单。

五、经认定可享受科技开发用品进口税收优惠政策的示范平台，在2015年12月31日前，在合理数量范围内进口国内不能生产或者性能不能满足需要的科技开发用品，免征进口关税和进口环节增值税、消费税。免税进口科技开发用品的具体范围及相关规定，按照《科技开发用品免征进口税收暂行规定》（财政部、海关总署、国家税务总局令第63号）的“第三条、第四条、第五条、第六条、第七条”规定执行。

六、免税资格每两年复审一次。享受免税政策的示范平台将复审申请报告和两年的工作总结报省级中小企业主管部门。省级中小企业主管部门对其服务中小企业的业绩进行测评，出具测评意见，报工业和信息化部。工业和信息化部会同财政部、海关总署、国家税务总局对示范平台的免税资格进行复审。复审不合格的，取消免税资格，并由工业和信息化部、财政部、海关总署、国家税务总局联合公布名单。

七、获得免税资格的示范平台，如经查实，存在以虚报情况获得免税资格、偷税、骗税、或者将享受税收优惠政策的进口物资擅自转让、移作他用或者进行其他处置的，按照有关规定予以处罚，自违法行为发现之日起1年内不得享受免税优惠政策；被依法追究刑事责任的，自违法行为发现之日起3年内不得享受免税优惠政策。

八、本规定执行时间为2012年1月1日至2015年12月31日。

附：1. 国家中小企业公共服务示范平台（技术类）进口科技开发用品免税资格审核表

2. 国家中小企业公共服务示范平台（技术类）服务满意度测评要求

3. 国家中小企业公共服务示范平台（技术类）服务满意度测评意见表

附1：

国家中小企业公共服务示范平台（技术类）进口科技开发用品免税资格审核表

省（市）：________

<table>
<tr><td>平台机构名称</td><td colspan="5"></td></tr>
<tr><td>国家示范平台
批准时间、类别</td><td colspan="5"></td></tr>
<tr><td>法人代表姓名</td><td colspan="2"></td><td colspan="2">联系电话</td><td></td></tr>
<tr><td>平台性质</td><td colspan="5">☐企业　☐事业　☐民办非企业法人　☐其他</td></tr>
<tr><td>联系人</td><td></td><td>电话</td><td></td><td>传真</td><td></td></tr>
<tr><td>服务内容</td><td colspan="5"></td></tr>
<tr><td>资产总额（万元）</td><td colspan="2"></td><td>员工人数</td><td colspan="2"></td></tr>
<tr><td>年营业收入（万元）</td><td colspan="2"></td><td>专职技术人员数</td><td colspan="2"></td></tr>
<tr><td>年服务小企业数（家）</td><td colspan="2"></td><td>服务满意度（%）</td><td colspan="2"></td></tr>
<tr><td rowspan="3">累计购置设备原值
（万元）</td><td colspan="2">进口设备</td><td></td><td rowspan="3">台（套）数</td><td></td></tr>
<tr><td colspan="2">采购国产设备</td><td></td><td></td></tr>
<tr><td colspan="2">总计</td><td></td><td></td></tr>
<tr><td>省市测评、审核意见：
（服务户数、满意度）</td><td colspan="4"></td><td>☐通过
☐未通过</td></tr>
<tr><td rowspan="2">各部门签字
（盖章）</td><td>省级中小企业
管理部门</td><td colspan="2">财政</td><td>直属海关</td><td>国税</td></tr>
<tr><td>年　月　日</td><td colspan="2">年　月　日</td><td>年　月　日</td><td>年　月　日</td></tr>
</table>

附2：

国家中小企业公共服务示范平台（技术类）服务满意度测评要求

一、测评组织

由省级中小企业管理部门组织对申请享受进口设备免税优惠政策的示范平台上年度的服务户数和满意度情况进行测评。

二、测评数量

根据示范平台上年度服务中小企业户数（不得低于 150 家）随机抽取 10%，了解其对示范平台服务情况和满意度。

三、测评方法

对随机抽取的中小企业客户，采取上门拜访、电话询问、网络互动、书面征求意见等方式，并将测评意见表报工业和信息化部。

*附*3：

国家中小企业公共服务示范平台（技术类）服务满意度测评意见表

<table>
<tr><td>服务平台名称</td><td colspan="6"></td></tr>
<tr><td>测评方法</td><td colspan="6">□上门拜访　□电话询问　□网络互动　□书面征求　□其他</td></tr>
<tr><td>抽样企业名称</td><td colspan="6"></td></tr>
<tr><td>地 址</td><td colspan="6"></td></tr>
<tr><td>从业人员
（人数）</td><td></td><td>主营收入</td><td colspan="4">□4亿元以下　□2000万元以下　□300万元以下</td></tr>
<tr><td>被访人员
姓名</td><td colspan="2"></td><td>职务</td><td></td><td>联系电话</td><td></td></tr>
<tr><td></td><td colspan="2">很满意</td><td colspan="2">基本满意</td><td colspan="2">不满意</td></tr>
<tr><td>服务质量</td><td colspan="2"></td><td colspan="2"></td><td colspan="2"></td></tr>
<tr><td>服务价格</td><td colspan="2"></td><td colspan="2"></td><td colspan="2"></td></tr>
<tr><td>服务态度</td><td colspan="2"></td><td colspan="2"></td><td colspan="2"></td></tr>
<tr><td>总体评价</td><td colspan="2"></td><td colspan="2"></td><td colspan="2"></td></tr>
<tr><td colspan="7">省中小企业管理部门意见：

盖章
年　月　日</td></tr>
</table>

北京市财政局　北京市商务委员会　北京海关转发财政部　商务部　海关总署　国家税务总局《关于来料加工企业转型为法人企业进口设备税收政策有关问题的通知》

2012 年 1 月 4 日　京财税〔2011〕2813 号

各区县财政局、商务委员会，北京海关各隶属办事处：

现将财政部、商务部、海关总署、国家税务总局《关于来料加工企业转型为法人企业进口设备税收政策有关问题的通知》（财关税〔2011〕66 号）转发给你们，请遵照执行。

附件：财政部　商务部　海关总署　国家税务总局《关于来料加工企业转型为法人企业进口设备税收政策有关问题的通知》

附件：

财政部　商务部　海关总署　国家税务总局《关于来料加工企业转型为法人企业进口设备税收政策有关问题的通知》

2011 年 11 月 14 日　财关税〔2011〕66 号

各省、自治区、直辖市、计划单列市财政厅（局）、商务主管部门、国家税务局，海关总署广东分署、各直属海关，新疆生产建设兵团财务局、商务局：

为进一步促进来料加工企业转型，经国务院批准，现就有关来料加工企业转型为法人企业过程中涉及的进口设备税收政策问题通知如下：

一、在 2011 年 7 月 1 日至 2012 年 12 月 31 日期间，对不具备法人资格的来料加工企业以外商提供的全部不作价设备作为投资设立法人企业的，或在 2009 年 7 月 1 日至 2012 年 12 月 31 日期间，将该企业全部不作价设备作为投资整体转入同一投资方已设立的法人企业的，准予对其在 2008 年 12 月 31 日及以前已经办理了加工贸易备案、并且在 2009 年 6 月 30 日及以前申报进口尚未解除海关监管的不作价设备，免予补缴进口关税和进口环节增值税。有关不作价设备的海关监管年限可连续计算。

二、在 2008 年 9 月 9 日至 2009 年 6 月 30 日期间已由不具备法人资格的来料加工企业整体转型为法人企业的，对已结转到法人企业但尚未解除海关监管的不作价设备，准予其作为投资处理，免予补缴进口关税和进口环节增值税。有关不作价设备的海关监管年限可连续计算。

北京市财政局　北京市国家税务局
北京市地方税务局转发财政部　国家税务总局
《关于小型微利企业所得税优惠政策有关问题的通知》

2011 年 12 月 26 日　京财税〔2011〕2932 号

各区县财政局、国家税务局、地方税务局，市国家税务局直属税务分局，市地方税务局直属分局：

现将财政部、国家税务总局《关于小型微利企业所得税优惠政策有关问题的通知》（财税〔2011〕117 号）转发给你们，请依照执行。

附件：财政部　国家税务总局《关于小型微利企业所得税优惠政策有关问题的通知》

附件：

财政部　国家税务总局《关于小型微利企业所得税优惠政策有关问题的通知》

2011 年 11 月 29 日　财税〔2011〕117 号

各省、自治区、直辖市、计划单列市财政厅（局）、国家税务局、地方税务局，新疆生产建设兵团财务局：

为了进一步支持小型微利企业发展，经国务院批准，现就小型微利企业所得税政策通知如下：

一、自 2012 年 1 月 1 日至 2015 年 12 月 31 日，对年应纳税所得额低于 6 万元（含 6 万元）的小型微利企业，其所得减按 50% 计入应纳税所得额，按 20% 的税率缴纳企业所得税。

二、本通知所称小型微利企业，是指符合《中华人民共和国企业所得税法》及其实施条例以及相关税收政策规定的小型微利企业。

请遵照执行。